El impacto de la CONEAU en universidades argentinas

Ángela Corengia

El impacto de la CONEAU en universidades argentinas

Estudio de casos

Corengia, Angela
El impacto de la CONEAU en universidades argentinas : estudio de casos . - 1a ed. - Ciudad Autónoma de Buenos Aires : Teseo, 2015.
516 p. ; 23x15 cm.
ISBN 978-987-723-019-2
1. Universidades. 2. Política Educativa. 3. Estudio de Casos. I. Título
CDD 379

© Editorial Teseo, 2015

UNIVERSIDAD
AUSTRAL
Escuela de Educación

© Universidad Austral, 2015

Buenos Aires, Argentina

ISBN 978-987-723-019-2

Editorial Teseo

Hecho el depósito que previene la ley 11.723

Para sugerencias o comentarios acerca del contenido de esta obra, escríbanos a:
info@editorialteseo.com

www.editorialteseo.com

A mis padres

Índice

Prólogo de Juan Carlos del Bello y Julio César Durand 13

1. Introducción 17
2. Sistemas de evaluación de la calidad universitaria: ¿mejora real o apariencias? 23
    2.1. Planteo del problema. Contexto sociohistórico. Justificación 23
    2.2. Objetivo general y objetivos específicos 26
3. Antecedentes y contexto conceptual 29
    3.1. Estado del arte. Estudios que se aproximan a una medición del impacto de las políticas de evaluación y acreditación de la calidad universitaria 29
    3.2. Perspectivas de análisis, aspectos contextuales, diseños metodológicos, resultados y líneas teóricas comunes a los estudios relevados 29
        3.2.1. Antecedentes internacionales 31
        3.2.2. Antecedentes latinoamericanos 37
        3.2.3. Antecedentes nacionales 38
    3.3. Líneas teóricas sustantivas 44
    3.4. Definición de conceptos claves: "evaluación institucional", "acreditación", "aseguramiento de la calidad", "impacto", "perspectiva integral" y "funciones sustantivas" 46
4. Sistemas comparados de aseguramiento de la calidad de las universidades europeas. Breve descripción 51
5. Marco metodológico 63
    5.1. Descripción de la metodología utilizada 63
    5.2. Criterios de selección de los casos 64
    5.3. Áreas de análisis y dimensiones 66
    5.4. Descripción de las fuentes de información y de los instrumentos de recolección y análisis de datos 68
6. Impacto de la política de evaluación y acreditación de la calidad universitaria. Caso 1 69
    6.1. Presentación del caso 69
    6.2. Descripción de fuentes de información 69
    Fuentes secundarias: documentos 69
    Fuentes primarias: entrevistas 70
    6.3. Impacto de la política de evaluación institucional y de la acreditación de carreras de grado y posgrado en las funciones de docencia, investigación, extensión y gestión 70
        6.3.1. Impacto de la política de evaluación institucional 70
    Conclusión 75
        6.3.2. Impacto de la política de acreditación de carreras de grado: ciencias de la salud, carrera de Medicina 75

Conclusión 89
   6.3.3. Impacto de la política de acreditación de carreras de grado:
   ciencias aplicadas, carrera de Ingeniería Industrial 90
   Conclusión 98
   6.3.4. Impacto de la política de acreditación de carreras de posgrado 98
   Conclusión 124
   6.4. La política de evaluación y acreditación de la calidad universitaria.
   Percepción de actores institucionales 124
   6.4.1. Acerca de la existencia de sistemas externos que evalúen y
   acrediten la calidad universitaria 125
   6.4.2. Acerca de algunos aspectos del sistema de evaluación y acreditación universitario argentino 127
   6.4.3. Percepción sobre diversos aspectos del funcionamiento de la
   Comisión Nacional de Evaluación y Acreditación Universitaria (CONEAU) 137
   6.4.4. El impacto de estos procesos en la organización y la cultura de la
   institución 153
   6.5. Reflexiones finales 177

**7. Impacto de la política de evaluación y acreditación de la calidad
universitaria. Caso 2** 181

   7.1. Presentación del caso 181
   7.2. Descripción de fuentes de información 181
   Fuentes secundarias: documentos 181
   Fuentes primarias: entrevistas 182
   7.3. Impacto de la política de evaluación institucional y de la acreditación de carreras de grado y posgrado en las funciones de docencia,
   investigación, extensión y gestión 182
   7.3.1. Impacto de la política de evaluación institucional 182
   Conclusión 190
   7.3.2. Impacto de la política de acreditación de carreras de grado:
   ciencias de la salud, carrera de Medicina 191
   Conclusión 202
   7.3.3. Impacto de la política de acreditación de carreras de grado:
   ciencias aplicadas, carrera de Ingeniería Industrial 203
   Conclusión 217
   7.3.4. Impacto de la política de acreditación de carreras de posgrado 218
   Conclusión del impacto de la acreditación de carreras de posgrados
   en ciencias de la salud, ciencias aplicadas y ciencias sociales 243
   7.4. La política de evaluación y acreditación de la calidad universitaria.
   Percepción de actores institucionales 243
   7.4.1. Acerca de la existencia de sistemas externos que evalúen y
   acrediten la calidad universitaria 243
   7.4.2. Acerca de algunos aspectos del sistema de evaluación y acreditación universitario argentino 245
   7.4.3. Opinión sobre diversos aspectos de la CONEAU 257
   7.4.4. El impacto de estos procesos en la organización y la cultura de la
   institución 268
   7.5. Reflexiones finales 289

8. Impacto de la política de evaluación y acreditación de la calidad universitaria. Caso 3 291

    8.1. Presentación del caso 291
    8.2. Descripción de fuentes de información 291
        Fuentes secundarias: documentos 291
        Fuentes primarias: entrevistas 292
    8.3. Impacto de la política de evaluación institucional y de la acreditación de carreras de grado y posgrado en las funciones de docencia, investigación, extensión y gestión 292
        8.3.1. Impacto de la política de evaluación institucional 292
        Conclusión 299
        8.3.2. Impacto de la política de acreditación de carreras de grado: ciencias de la salud, carrera de Medicina 299
        Conclusión 306
        8.3.3. Impacto de la política de acreditación de carreras de grado: ciencias aplicadas, carrera de Ingeniería Electrónica, orientación en Telecomunicaciones 307
        Conclusión 315
        8.3.4. Impacto de la política de acreditación de carreras de grado: ciencias aplicadas, carrera de Arquitectura 315
        Conclusión 321
        8.3.5. Impacto de la política de acreditación de carreras de posgrado 321
    Conclusión del impacto de la acreditación de carreras de posgrado en ciencias de la salud, ciencias aplicadas y ciencias sociales 337
    8.4. La política de evaluación y acreditación de la calidad universitaria. Percepción de actores institucionales 337
        8.4.1. Acerca de la existencia de sistemas externos que evalúen y acrediten la calidad universitaria 338
        8.4.2. Acerca de algunos aspectos del sistema de evaluación y acreditación universitario argentino 340
        8.4.3. Opinión sobre diversos aspectos de la CONEAU 350
        8.4.4. El impacto de estos procesos en la organización y la cultura de la institución 364
    8.5. Reflexiones finales 383

9. Impacto de la política de evaluación y acreditación de la calidad universitaria. Caso 4 387

    9.1. Presentación del caso 387
    9.2. Descripción de fuentes de información 387
        Fuentes secundarias: documentos 387
        Fuentes primarias: entrevistas 388
    9.3. Impacto de la política de evaluación institucional y de la acreditación de carreras de grado y posgrado en las funciones de docencia, investigación, extensión y gestión 388
        9.3.1. Impacto de la política de evaluación institucional 388
        Conclusión 397
        9.3.2. Impacto de la política de acreditación de carreras de grado: ciencias aplicadas, carrera de Ingeniería en Materiales (unidad académica: Instituto de Tecnología) 397

Conclusión 402
9.3.3. Impacto de la política de acreditación de carreras de grado: ciencias aplicadas, carrera de Ingeniería Electrónica, en el marco de la acreditación de otros proyectos de Ingeniería acreditados (unidad académica: Escuela de Ciencia y Tecnología)...403
Conclusión 410
9.3.4. Impacto de la política de acreditación de carreras de posgrado 411
Conclusión del impacto de la acreditación de carreras de posgrado en ciencias de la salud, ciencias aplicadas y ciencias sociales..............................425
9.4. La política de evaluación y acreditación de la calidad universitaria. Percepción de actores institucionales...425
9.4.1. Opinión acerca de la existencia de sistemas externos que evalúen y acrediten la calidad universitaria...426
9.4.2. Acerca de algunos aspectos del sistema de evaluación y acreditación universitario argentino 427
9.4.3. Opinión sobre diversos aspectos de la CONEAU 438
9.4.4. El impacto de estos procesos en la organización y la cultura de la institución 450
9.5. Reflexiones finales...464

10. Discusión y conclusiones..467

I. Impacto de la política de evaluación institucional, de acreditación de carreras de grado y de acreditación de carreras de posgrado 467
II. Percepción de actores institucionales 476
III. Casos paradigmáticos 477
IV. Sugerencias de mejora del sistema de evaluación y acreditación de la calidad universitaria en Argentina 478
V. Los hallazgos y su relación con los estudios relevados en el estado del arte 481

11. Referencias bibliográficas..487

Sitios web consultados...493

APÉNDICES..495

APÉNDICE I: Estado del universo de universidades argentinas según la implementación (o no) de procesos de evaluación institucional, de acreditación de carreras de grado y de acreditación de carreras de posgrado. Información elaborada al mes de julio de 2007, al momento de seleccionar los casos de estudio para esta investigación..............................495
APÉNDICE II: Guía de análisis de contenido. Fuentes documentales 501
APÉNDICE III: Guías de entrevistas. Información sobre las entrevistas 502
Guía de entrevista a directivos de las instituciones 502
Información acerca de las entrevistas realizadas: unidad académica, cargo de las personas entrevistadas, día y duración de cada entrevista 507
Guía de entrevista para integrantes de la agencias europeas de aseguramiento de la calidad...510

Prólogo

Es un grato privilegio poder prologar esta magnífica obra escrita por nuestra destacada y apreciada colega, la Dra. Ángela Corengia.

Desde hace ya bastantes años, hemos tenido la suerte de compartir con la autora numerosos proyectos de investigación, preparar conjuntamente ponencias y artículos, discutir problemáticas académicas, desafíos institucionales, asesoramientos, etc. Una característica ha sobresalido sobre tantos dones que Ángela nos regala de manera permanente: su infatigable capacidad de dialogar y profundizar con rigor científico sus objetos de estudio, procurando lograr evidencias empíricas más que suficientes para confirmar sus hipótesis.

Siempre que vienen a la memoria imágenes de estos sucesos, Ángela aparece rodeada de interlocutores: compañeras del doctorado, colegas y alumnos en las cátedras, el equipo de la autoevaluación de la universidad, el grupo de investigación, etcétera.

Esta obra, sin embargo, lleva solo su nombre, y es lo que corresponde, ya que se trata de la publicación de su notable tesis doctoral, que tuvimos la suerte de dirigir, evaluar y acompañar. Finalmente, celebramos que llegue a la comunidad académica vinculada al estudio de la universidad.

Ciertamente corresponde señalar, con la clásica imagen del saber y de la ciencia, que la obra de Ángela se sube a hombros de una tradición universitaria que trasciende la joven historia de la Universidad de San Andrés en la que realizó su doctorado, y de la Universidad Austral, cuya Dirección de Calidad Institucional ha proporcionado el marco de su actuación profesional.

Pero también destacamos la capacidad de Ángela para ampliar el horizonte, multiplicar el apoyo recibido, gratificar a sus docentes y colaboradores, entusiasmar a compañeros y colegas, y a todos llevarlos un escalón más alto.

Sin duda alguna, parte destacada de esta contribución a la vida académica de esta obra es el tema que aborda: el caso argentino respecto del impacto de las políticas públicas de mejoramiento y aseguramiento de la calidad en las instituciones universitarias. Adecuadas políticas públicas en la materia son de capital importancia para los países y la sociedad toda, cada vez más dependientes de las exigencias que plantea la generación de nuevos conocimientos y la formación apropiada de las nuevas generaciones en todos los ámbitos profesionales y laborales.

La autora de este trabajo se sumerge en las turbulentas aguas de la evaluación de la calidad institucional y de la acreditación de las carreras desde la perspectiva del impacto de las políticas públicas relacionadas en forma directa. Destacamos este punto justamente por ser muchas veces un aspecto soslayado en diversos ámbitos de la gestión pública. La falta de continuidad de las políticas lleva a que se interrumpan los procesos normalmente planificados, que incluyen la medición de los resultados alcanzados y su contraste con las metas u objetivos planteados.

Las políticas de evaluación y acreditación de la calidad, que la autora aborda en su trabajo, constituyen una *rara avis* con 14 años de aplicación continuada cuando Ángela desarrolló su tesis, como se recuerda recientemente en una obra colectiva en la que ella aportó un interesante capítulo.[1] Este hecho aumenta el interés que despierta la obra para especialistas y gestores de campos diversos, no solo los vinculados a la educación superior.

Una especial mención corresponde al estudio comparado de los sistemas de aseguramiento de la calidad de las universidades europeas, que permite vislumbrar alternativas para el futuro de nuestro propio sistema, sin caer en innecesarios inmovilismos, evitando la mera formalización a la que puede conducir una "colonización" burocrática de los mecanismos de evaluación.

Ángela se propuso pasar de las conjeturas a las evidencias empíricas del impacto de las políticas y los procesos de evaluación y acreditación de la calidad, en las funciones de docencia, investigación y extensión y en la percepción de los actores. Utilizó el método de estudio de casos como estrategia de investigación, examinando cuatro instituciones universitarias de diferente tamaño, antigüedad y carácter de su gestión (estatal y privada).

Con las profusas evidencias recolectadas, pudo concluir que los procesos de evaluación institucional tienen un impacto moderado en las instituciones —particularmente en los aspectos de la gestión institucional e infraestructura, equipamiento y bibliotecas—, apuntando que la ausencia de instrumentos de apoyo estatal a la mejora institucional en general limita el alcance de la política pública, así como también sucede con la ausencia de "sanciones" en términos del marco legal vigente. Algo así como la ausencia de "palos y zanahorias" podría explicar la limitada repercusión.

Por el contrario, concluye que el impacto a nivel de cambios fácticos y no meramente enunciativos es importante en los procesos de acreditación de carreras de grado de profesiones reguladas (investigó el caso de medicina y las ingenierías), en todas las dimensiones analizadas (docencia, investigación y extensión). El impacto fue más grande en las instituciones con mayores debilidades en investigación. No obstante, plantea que la visibilidad pública

---

[1] Raquel San Martín *et al.* (ed.), *Evaluación y acreditación universitaria. Actores y políticas en perspectiva*, Buenos Aires, Universidad de Palermo, 2014.

de la carrera de Medicina induce un impacto fáctico que iría más allá de los estándares y los criterios de evaluación externa de la calidad.

En el caso de la acreditación de posgrados, observa un impacto menor, producto de las "estrategias adaptativas" que adoptan las instituciones para superar las evaluaciones críticas de los pares disciplinares. No obstante, también concluye que el carácter vinculante de los resultados de la acreditación de la calidad es determinante para la apertura de nuevas cohortes y, por ende, los compromisos y las recomendaciones para la mejora de la calidad son adoptados.

Finalmente, el análisis de Ángela sobre la percepción de los actores es muy sugerente, a partir de su propuesta analítica de agrupar las percepciones según una línea que, en un extremo, las caracteriza como de "adopción plena", y en otro, de "resistencia pasiva", pasando por la "adopción pragmática".

Concluye que la evaluación de impacto requiere un período de tiempo mayor en la aplicación de políticas públicas en la materia, que resulta de un proceso de maduración a nivel institucional, mesoinstitucional (sistemas institucionales privado y estatal) y macroinstitucional (consolidación de una política pública de Estado).

El libro seguramente será de lectura obligatoria para los investigadores científicos en esta materia.

Desde su reflexión personal, y sobre todo desde su práctica profesional, Ángela ha sido una audaz promotora del mejoramiento continuo de las instituciones, las carreras y/o las funciones sustantivas que corresponden a las verdaderas universidades. No se trata solo de "cumplir", aunque lo que busque la normativa sea asegurar unos mínimos, sino de aspirar a lo mejor, de apuntar a lo más alto. Y esto no por elitismo, sino al contrario, por verdadero sentido de responsabilidad social: cuanto mejores sean nuestras instituciones educativas, mejor servirán a la sociedad.

Esta completísima obra que llega ahora al público es fruto de una tesis doctoral que, a su vez, refleja muchos años de trabajo de la autora. Esa tesis mereció la máxima calificación y también honra a quienes dirigen el programa doctoral de la Escuela de Educación de la Universidad de San Andrés, promoviendo el rigor científico y la relevancia académica de las investigaciones.

¡Disfruten! Solamente nos queda volver a agradecer a Ángela el hecho de que nos haya invitado a presentar su obra y a compartir su entusiasmo por la universidad y la investigación con nosotros. Anímense a deleitarse con su lectura.

Juan Carlos del Bello y Julio César Durand

Buenos Aires y Viedma, 17 de diciembre de 2014

1. Introducción

En los últimos años, se ha producido un fuerte incremento en la adopción de sistemas de aseguramiento de la calidad en la educación superior. El "aseguramiento de la calidad" comprende un conjunto de mecanismos, procedimientos y procesos cuyo propósito es asegurar un tipo de calidad deseada de acuerdo con la misión específica de cada institución o con los estándares previamente definidos para las carreras. Según esta concepción, "aseguramiento de la calidad" implica el diseño y la implementación de procesos tanto de "evaluación" como de "acreditación" (Harvey y Green, 1993).

Según la información relevada, el número de países que han adoptado sistemas de aseguramiento de la calidad era de 68[2] en 2002 y de aproximadamente 146 en 2006.[3]

Si bien se puede afirmar que la evaluación y la acreditación de la calidad universitaria es una práctica consolidada en algunos países como Estados Unidos, no es así en el resto del mundo. Los países europeos y latinoamericanos utilizan este instrumento desde hace relativamente pocos años, y los asiáticos recién lo incorporaron a fines de los años noventa.

En Argentina, desde la creación de la Comisión Nacional de Evaluación y Acreditación Universitaria (CONEAU) (1995) se pusieron en marcha, de

---

[2] Año 2002: países con sistemas de aseguramiento de la calidad: *I. Europa del Este y Asia Central:* 1. Bulgaria, 2. Eslovaquia, 3. Eslovenia, 4. Estonia, 5. Grecia, 6. Hungría, 7. Letonia, 8. Lituania, 9. Mongolia, 10. Polonia, 11. República Checa, 12. Rumania, 13. Rusia, 14. Turquía. *II. Asia del Este y Pacífico:* 15. Australia, 16. China, 17. Corea, 18. Filipinas, 19. Hong Kong, 20. Indonesia, 21. Japón, 22. Malasia, 23. Nueva Zelanda, 24. Singapur, 25. Tailandia. *III. América Latina y el Caribe:* 26. Argentina, 27. Belice, 28. Bolivia, 29. Brasil, 30. Chile, 31. Colombia, 32. Costa Rica, 33. Ecuador, 34. El Salvador, 35. Jamaica, 36. México, 37. Nicaragua, 38. Perú, 39. República Dominicana, 40. Venezuela. *IV. Medio Oriente y África del Norte:* 41. Israel, 42. Jordania. *V. Asia del Sur:* 43. India, 44. Pakistán. *VI. África Subsahariana:* 45. África del Sur, 46. Costa de Marfil, 47. Gana, 48. Kenia, 49. Mauricio, 50. Namibia, 51. Nigeria. *VII. Europa Occidental y América del Norte:* 52. Alemania, 53. Austria, 54. Bélgica, 55. Canadá, 56. Dinamarca, 57. Estados Unidos, 58. España, 59. Finlandia, 60. Gran Bretaña, 61. Francia, 62. Holanda, 63. Islandia, 64. Italia, 65. Noruega, 66. Portugal, 67. Suiza, 68. Suecia. Fuente: Brunner (2005), sobre la base de The World Bank, *Constructing Knowledge Societies: New Challenges for Tertiary Education*, 2002, e información adicional.

[3] De esos 146 países, 88 llevan a cabo algún tipo de sistema de acreditación formal, 40 están adoptando un mecanismo de acreditación formal y 18 utilizan algún tipo de mecanismo de evaluación. Fuente: *Global University Network for Innovation* (2006).

manera sistemática, procesos de evaluación de instituciones universitarias y de acreditación de carreras de grado (artículo 43 de la Ley de Educación Superior 24521 —LES—)[4] y de posgrado.

Hasta mediados de la década de 1990, las experiencias de autoevaluación institucional habían sido muy limitadas, y la incorporación de las actividades de evaluación a la política universitaria fue fuertemente resistida por la dirigencia universitaria estatal, con algunas excepciones.[5] También las universidades privadas tradicionales, que habían superado el largo período de fiscalización por parte del Ministerio de Educación, manifestaron su preocupación por las nuevas regulaciones. No fue el caso de comunidades académicas en ciencias básicas y aplicadas que, a partir de la creación en 1993-1994 de la Comisión de Acreditación de Posgrados (CAP) y del Fondo para el Mejoramiento de la Calidad (FOMEC), encontraron instancias de financiamiento público orientado a la mejora de la calidad, condicionadas a procesos de evaluación externa y formulación de programas de mejora.

---

[4] Los títulos que han sido declarados de interés público hasta la actualidad son: Arquitectura, Biología, Bioquímica, Farmacia, Geología, Licenciatura en Computación / Sistemas, Ingeniería en Computación / Sistemas, Ingeniería Aeronáutica, Ingeniería en Alimentos, Ingeniería Ambiental, Ingeniería Civil, Ingeniería Eléctrica, Ingeniería Electromecánica, Ingeniería Electrónica, Ingeniería en Materiales, Ingeniería Mecánica, Ingeniería en Minas, Ingeniería Nuclear, Ingeniería en Petróleo, Ingeniería Química, Ingeniería en Agrimensura, Ingeniería Industrial, Ingeniería Hidráulica, Ingeniería en Recursos Hídricos, Ingeniería Biomédica y Bioingeniería, Ingeniería Metalúrgica, Ingeniería en Telecomunicaciones, Ingeniería Agronómica, Ingeniería en Recursos Naturales, Ingeniería Forestal, Ingeniería Zootecnista, Medicina, Odontología, Psicología, Química y Veterinaria. Sin embargo, no todos estos títulos han sido objeto de acreditación. Además de la declaración de interés público de una carrera, el lanzamiento de un proceso de acreditación por parte de la CONEAU requiere que el Ministerio de Educación, en acuerdo con el Consejo de Universidades, establezca las actividades reservadas al título, la carga horaria mínima, los contenidos curriculares básicos, los criterios de intensidad sobre la formación práctica y los estándares de acreditación. La Resolución Ministerial que fija estos elementos es la norma central para la acreditación de cada carrera de interés público. Hasta ahora, el Ministerio de Educación ha dictado las resoluciones que establecen dichos parámetros para los títulos de médico, 18 especialidades de ingeniería, ingeniero agrónomo, farmacéutico, bioquímico, veterinario, ingeniero industrial, ingeniero agrimensor, bioingeniero, ingeniero biomédico, ingeniero metalúrgico, arquitecto, odontólogo, licenciado en Ciencias de la Computación, licenciado en Sistemas, licenciado en Sistemas de Información, licenciado en Análisis de Sistemas, licenciado en Informática, ingeniero en Computación, ingeniero en Sistemas de Información e ingeniero informático, psicólogo, licenciado en Psicología, licenciado en Química, licenciado en Geología, licenciado en Ciencias Geológicas, ingeniero forestal, ingeniero en Recursos Naturales, ingeniero zootecnista, biólogo, licenciado en Ciencias Biológicas, licenciado en Biología, licenciado en Biodiversidad, licenciado en Ciencias Básicas con orientación en Biología. El dictado de estas resoluciones marca el ritmo de incorporación de carreras a los procesos de acreditación. Fuente: www.coneau.edu.ar, octubre de 2014.

[5] Se entiende por dirigencia las autoridades universitarias y la conducción del movimiento estudiantil y el gremio docente (Corengia, 2005).

El FOMEC y la CAP se constituyeron en los principales antecedentes de la CONEAU.[6]

Actualmente, habiendo transcurrido casi veinte años desde la creación de la CONEAU, surge la necesidad de realizar más investigaciones que permitan pasar de las conjeturas y aproximaciones a las evidencias empíricas del impacto de estas políticas y procesos de evaluación y acreditación en el mejoramiento de las funciones sustantivas de la universidad argentina y en la percepción de los actores ante este nuevo fenómeno evaluativo.

Al respecto, se citan las palabras de Sánchez Martínez en el acto de conmemoración de la década de funcionamiento de la CONEAU 1996-2006:

No existen evidencias contundentes de que la evaluación haya contribuido a desencadenar procesos más generalizados de cambio y mejoramiento institucional. La pregunta sobre si los procesos de evaluación y acreditación están realmente incidiendo en las funciones sustantivas de las universidades es, en mi opinión, todavía eso, un interrogante, que requiere ser analizado y convenientemente evaluado (Sánchez Martínez, 2006: 7).

Si bien se han realizado inferencias basadas principalmente en la información disponible en la CONEAU, hasta el momento son escasas las investigaciones que se aproximan a constatar los cambios producidos en las principales funciones de las instituciones universitarias como consecuencia de las políticas de evaluación y acreditación; tampoco se ha dimensionado su magnitud.

Con esta investigación se busca responder a las siguientes preguntas: ¿cuál es el impacto de la política y de los procesos de evaluación institucional y de acreditación de carreras de grado y posgrado en las funciones de docencia, investigación, extensión y gestión de las universidades argentinas? ¿Qué percepción tienen los directivos de las instituciones universitarias acerca de estas políticas y procesos? Realizamos este análisis desde la perspectiva del neoinstitucionalismo (Powell y Dimaggio, 1991) y desde el enfoque internalista del análisis organizacional (Clark, 1991).

En síntesis, esta investigación da cuenta del impacto de la política de evaluación y acreditación universitaria argentina en las funciones sustantivas de la universidad: docencia, investigación, extensión y de la percepción de actores involucrados. El estudio comprende también el análisis de impacto en la gestión institucional (planeación estratégica y operativa, desenvolvimiento de las actividades universitarias sustantivas, etcétera).

---

[6] La CAP fue creada por la Secretaría de Políticas Universitarias (SPU) en 1994. Según la categoría de acreditación de la CAP, el posgrado podía solicitar distintos tipos de cooperación para su financiamiento. El FOMEC fue creado en 1995 con financiamiento parcial del Banco Mundial. Tenía como finalidad brindar apoyo financiero a las mejoras en la enseñanza de las universidades estatales. "De esta forma, la asignación de recursos constituyó una política de estímulo a la evaluación en el sector estatal" (Del Bello *et al.*, 2006: 350).

Se trata de un estudio cualitativo de naturaleza descriptiva-evaluativa. Se utiliza el "estudio de casos" como estrategia de investigación empírica (Yin, 1984; Neiman y Quaranta, 2006). La primera etapa se realizó sobre la base de fuentes documentales públicas (resoluciones de acreditación de carreras, cartas de rectores, informes de evaluación externa). En la segunda etapa se buscó conocer la opinión que los actores institucionales, principalmente directivos, de universidades públicas y privadas tienen sobre el impacto de esta política en el mejoramiento (o no) de las funciones universitarias.

Se trata de un estudio de cuatro universidades seleccionadas por "tipo de gestión" (dos estatales[7] y dos privadas), tamaño (dos grandes/medianas y dos pequeñas), año de creación (dos antiguas y dos creadas después de los noventa) y ubicación geográfica (dos del interior del país y dos del aglomerado metropolitano de Buenos Aires). Como criterios constantes se tuvieron en cuenta que las universidades elegidas hubieran implementado los tres procesos cuyo impacto se intenta medir: evaluación institucional, acreditación de carreras de posgrado y acreditación de carreras de grado (particularmente se eligieron universidades que tuviesen carreras de grado de Medicina y/o Ingeniería acreditadas, ya que estas disciplinas fueron las primeras incluidas en el régimen estatal de acreditación obligatoria —art. 43 de la Ley de Educación Superior 24521/95—).

Este libro, producto de una tesis doctoral (Corengia, 2010), se divide en diez secciones. Primero, esta introducción. Luego, se define el problema, se analiza el contexto sociohistórico y se exponen los objetivos y la justificación de la investigación. A continuación se presenta el estado del arte realizado a partir de investigaciones nacionales e internacionales. Se exponen también los lineamientos teóricos utilizados para abordar el estudio de impacto de una política pública. Se incluye una breve revisión terminológica. Después se describe el funcionamiento de los sistemas de aseguramiento de la calidad de 11 países europeos: Dinamarca, Noruega, Suecia, Finlandia, Austria, Italia, Suiza, Alemania, Holanda, Reino Unido y Francia. También se describe la organización "paraguas" de las agencias europeas de aseguramiento de la calidad: European Association for Quality Assurance in Higher Education (ENQA), del Consorcio Europeo para la Acreditación (ECA) y del registro europeo European Quality Assurance Register for Higher Education (EQAR). La fuente principal de recolección de esta información fue la visita *in situ* realizada a 15 agencias de aseguramiento de la calidad pertenecientes a estos países. Se realizaron entrevistas semiestructuradas a sus integrantes.[8]

---

[7] Se habla de gestión "estatal" y no de gestión "pública" porque se prefiere utilizar el término "público" para referirnos a la educación superior como "bien público", ya sea que la provea el Estado o la sociedad civil.

[8] Es de señalar que este apartado fue ampliado y publicado en Corengia, Á.; Del Bello, J. C.; Pita Carranza, M., y Adrogué, C. (2014), "Quality Assurance Systems of Higher Education Institutions in Europe. Origin, Evolution and Trends", en revista *Gestão Universitária na*

A continuación, se desglosan la metodología utilizada y los criterios de selección de cada caso en función de categorías conceptuales y metodológicas. En los capítulos 6, 7, 8 y 9 se presentan los resultados hallados a partir del análisis de fuentes documentales —informes de evaluación externa, carta de rectores y resoluciones de acreditación de carreras de CONEAU— y de las entrevistas realizadas para cada uno de los casos seleccionados. Por último, se plantean la discusión y la conclusión acerca de los resultados encontrados en los estudios de casos, y el rol que cumple la política de evaluación y acreditación para el mejoramiento de las funciones sustantivas de la universidad y de su gestión.

Se agregan tres apéndices. En el apéndice I se detalla el universo de universidades argentinas según la implementación (o no) de procesos de evaluación institucional, de acreditación de carreras de grado y de posgrado (a la fecha de realización de este estudio). En el apéndice II se presentan las áreas de análisis, las dimensiones, las preguntas que guiaron el análisis de contenido y las fuentes de información utilizadas para dicho análisis. En el apéndice III se incluyen las guías de entrevistas e información referida a cada una de ellas, tanto las realizadas en las agencias europeas de aseguramiento de la calidad como en las universidades de Argentina.

2. Sistemas de evaluación de la calidad universitaria: ¿mejora real o apariencias?

2.1. Planteo del problema. Contexto sociohistórico. Justificación

El problema de la evaluación de la calidad en la educación superior constituye uno de los temas clave en la agenda de reformas de la educación superior. La nueva agenda de la educación superior ha sido el producto de distintos factores políticos, sociales y económicos que motivaron revisar el vínculo entre el Estado y la sociedad y también las relaciones entre el Estado y las universidades (Krotsch, 1999).

La introducción de procedimientos sistemáticos de evaluación en el nivel de los sistemas nacionales implica una redistribución de las relaciones entre la autoridad del Estado, la investida en las elites académicas (y sus instituciones) y la ejercida por los mercados pertinentes y sus agentes (Brunner, 1994).

En la bibliografía consultada se encuentra presente la idea del despliegue de políticas de evaluación de la calidad universitaria como mecanismo de redistribución del poder central del Estado con relación a las universidades. También se redistribuye el poder interno en las universidades.[9] Esto trae como consecuencia un control más remoto a través de instituciones intermedias públicas o privadas —según los países— y una articulación más estrecha con los mecanismos de mercado. Para Tedesco (2000: 78), "el vínculo entre universidad y sociedad tiene dos ejes principales íntimamente vinculados entre sí: la relación con el Estado y con el sector productivo".

La evaluación y la acreditación de la calidad universitaria se han trasladado hacia el centro de los debates y las preocupaciones dentro del campo de la educación superior (Brunner, 1994). Esta tendencia se viene dando en los distintos países. Concretamente, a partir de los años ochenta la evaluación ha sido adoptada en forma paulatina por los diversos sistemas de educación

---

[9] Por ejemplo, como consecuencia de la acreditación de carreras de grado en Argentina, las comunidades académicas disciplinarias lograron mayor poder y visibilidad en contraste con las autoridades de cada institución (Del Bello *et al.*, 2007).

superior. Pocos son, en efecto, los sistemas europeos occidentales en los que este asunto no sea el foco de una actividad frenética (Neave, 2001). El único sistema que ya tenía una larga experiencia en evaluación era el estadounidense, donde las agencias de acreditación formadas por las universidades funcionan desde hace más de cien años (Mignone, 1992).

Las causas que han dado origen a lo que podríamos llamar el "auge de la evaluación universitaria" varían según los contextos culturales, económicos, sociales y educativos de los distintos países. En Europa continental la evaluación fue adoptada en el marco del crecimiento del número de alumnos, la escasez de los recursos y como contrapartida de una mayor autonomía. Se pasa de la universidad de masas a la universalización. En América Latina se ha dado por una mayor complejidad de los sistemas con la creciente participación del sector privado y, en algunos países, la ausencia de procedimientos que aseguren la calidad de la oferta educativa (Márquez y Marquina, s/f). También se observa una redefinición del papel del Estado. Aunque existen diferencias, hay una característica común, y es que los Estados han tenido un innegable protagonismo en la construcción de los sistemas de evaluación y acreditación (Toribio, 1995).

Más allá de los matices, los objetivos centrales de la evaluación y la acreditación se focalizan en la necesidad de controlar y mejorar la calidad de instituciones y carreras universitarias, lograr una mayor transparencia del sistema y resguardar la fe pública de la calidad de las carreras impartidas desde las universidades. Este es el "para qué" de la evaluación y acreditación. Si nos preguntásemos el "porqué", la respuesta sería clara y contundente: hay una circunstancia totalmente desconocida en la larga historia de esta institución, y es que hoy, por primera vez, a la universidad se la interpela desde afuera. La sociedad es la que no está conforme con la universidad. La sociedad desconfía de que la universidad esté cumpliendo con la demanda de los tiempos que corren. Antes era una actividad que no necesitaba justificación, porque conllevaba de algún modo su propia legitimidad. Su calidad no entraba en discusión (Pujadas, 1995). Asimismo, podemos afirmar que, en la organización universitaria napoleónica dominante en la Europa no anglosajona y en América Latina, el Estado, a través de hiperregulaciones —contenido de los planes de estudio, concursos ministeriales para la designación de profesores, etc.—, aseguraba la calidad *ex ante* (Del Bello *et al.*, 2007).

En lo que respecta a las políticas de evaluación y acreditación de la educación superior, siguiendo el documento de Márquez y Marquina (s/f), podemos distinguir dos grandes líneas: en la primera se ubican los países anglosajones, siendo el más representativo Estados Unidos. Estos países no consideran que la evaluación y la acreditación sean competencia o atribución del "Estado". Reisberg (1994) destaca los siguientes aspectos del sistema de evaluación en Estados Unidos: a) es totalmente privado; b) el gobierno federal no interviene; c) la evaluación depende de varias autoridades; d) la acreditación que se otorga a una universidad nunca es permanente. En la segunda línea se ubican países como Francia, España y los países de América Latina, en los que la evaluación no es un proceso librado a los particulares, sino que se realiza a través de organismos creados por el Estado, con mayor o menor grado de independencia de este.

También existen países donde, por medio de estas políticas, el Estado se ha involucrado en el funcionamiento de la educación superior como nunca antes lo había hecho: Reino Unido, Australia, Alemania, Holanda, entre otros.

Harvey (2008) se interroga acerca de qué se está haciendo en la práctica para mejorar la docencia y la investigación en la universidad. Este autor se pregunta si estamos llevando a cabo algo más que "hacer que luzcan mejor". El aseguramiento de la calidad es, supuestamente, la principal herramienta para el mejoramiento. Entonces ¿qué ha conseguido el aseguramiento de la calidad en la educación superior?[10]

En Argentina, las políticas de evaluación y acreditación de la calidad universitaria se ubican en la llamada segunda generación de reformas del Estado, la cual se ocupó principalmente de las mejoras en términos de calidad institucional, en particular de aquellas áreas de política que se consideran como funciones indelegables del Estado, entre ellas la educación (Camou, 2007).

Si bien algunos autores afirman que "en la década de 1990, la preocupación por la 'calidad junto a la eficiencia universitaria' fue recuperada fundamentalmente por algunas agencias internacionales externas a la universidad, condicionando el diagnóstico y homogeneizando el remedio para su enfermedad" (Mollis, 2003: 10), otros, como Mignone, consideran que "constituye un absurdo imaginar que la evaluación resulte de una suerte de conspiración del Banco Mundial o de otros entes perversos que dominan el mundo" (citado en Márquez y Marquina, s/f: 35). Mignone (1995) admite el problema de la relación entre evaluación e ideología, evaluación e intereses políticos, pero con espíritu positivo ve en la evaluación un instrumento idóneo para mejorar la calidad de la educación superior y alcanzar diversos objetivos de fundamental importancia para el progreso de las instituciones universitarias y el avance social (Márquez y Marquina, s/f).

Se observa, entonces, cómo el problema de la evaluación y acreditación de la calidad universitaria tiene profundas implicancias culturales, políticas, ideológicas, sociológicas y económicas. Se vincula con las diferentes cosmovisiones, con intereses específicos, con proyectos políticos y modelos económicos. "Se relaciona con la vinculación entre el Estado y la universidad,

---

[10] El autor plantea este dilema en un encuentro cuya temática fue "Polishing the silver: Are we really improving higher education?", en el 30th Annual EAIR Forum, Copenhague, Dinamarca, 24-27 de agosto de 2008.

el poder central y las instituciones universitarias; con el proceso de distribución de autoridad y de poder" (Márquez y Marquina, s/f: 32).

Se considera que el problema objeto de estudio es relevante por múltiples factores:

(i) La evaluación y acreditación de la calidad universitaria se está consolidando como proceso central de los sistemas universitarios a escala internacional, en el marco de la construcción de nuevas relaciones entre el Estado, el mercado y la sociedad, y las instituciones universitarias autónomas.

(ii) La evaluación y la acreditación no son un fin en sí mismo. Los enormes esfuerzos (y costos) en los que incurren las universidades y el Estado para desarrollar estos procesos se justifican, ante todo, en la medida en que efectivamente estos impacten en el mejoramiento de las funciones sustantivas de la universidad.

(iii) A su vez, el estudio del problema es relevante para los *policy makers*, en particular para la mejora de los instrumentos de la política pública en la materia.

(iv) La identificación de resultados y efectos directos e indirectos de la evaluación y acreditación universitaria contribuirá también a mejorar las futuras acreditaciones de carreras y evaluaciones institucionales.

(v) La proliferación de estas prácticas en todo el mundo reclama la realización de más estudios que demuestren —desde diferentes perspectivas— los efectos de estas acciones. Sobre todo, se necesita más evidencia empírica que dé cuenta de los límites y los alcances de estas políticas para producir cambios significativos en las instituciones de educación superior.

(vi) Por último, y centralmente, se busca efectuar un aporte a la discusión teórica sobre la utilidad de estas políticas, procesos y procedimientos de evaluación y acreditación para el mejoramiento de la calidad universitaria.

2.2. Objetivo general y objetivos específicos

El objetivo general de esta investigación es analizar el impacto de la política de evaluación y acreditación de la calidad universitaria argentina en las funciones sustantivas de la universidad y en su gestión.

Más específicamente se propone:

1. Analizar el impacto producido por el proceso de evaluación institucional (etapa de autoevaluación y evaluación externa), acreditación de carreras de grado y de posgrado en las funciones de docencia, investigación, extensión y gestión en dos universidades privadas y dos estatales del sistema universitario nacional.
2. Analizar la opinión que los actores del sistema (universidades estatales y privadas) tienen sobre el impacto de esta política en el mejoramiento (o no) de las funciones universitarias.

3. Analizar el impacto producido por el proceso de *acreditación de carreras de grado* en las funciones de docencia-investigación-extensión y en la percepción de los actores en las *unidades académicas* de las universidades seleccionadas.
4. Analizar el impacto producido por el proceso de *acreditación de carreras de posgrado* en las funciones de docencia-investigación-extensión y en la percepción de los actores en las *unidades académicas* de las universidades seleccionadas.
5. Establecer los mecanismos académicos y de gestión a través de los cuales operan los procesos de evaluación y acreditación universitaria, comparando las carreras de grado y posgrado dentro de cada universidad incluida en el estudio, y entre facultades.
6. Analizar en qué medida los procesos de acreditación en carreras de grado y posgrado influyen en la evaluación institucional y viceversa.

3. Antecedentes y contexto conceptual

3.1. Estado del arte. Estudios que se aproximan a una medición del impacto de las políticas de evaluación y acreditación de la calidad universitaria[11]

En este apartado se presentan algunos antecedentes que abordan el problema de la evaluación y/o acreditación y su efecto en las instituciones universitarias. Para ello se realizó una revisión y síntesis de estudios, fundamentalmente empíricos, que se han llevado a cabo tanto a nivel nacional como internacional.

El resultado de la búsqueda bibliográfica[12] arrojó un importante número de trabajos que abordan el tema desde distintas o similares perspectivas teóricas y metodológicas. Del análisis de estas investigaciones —en el que se observaron sistemáticamente los objetivos y las preguntas de investigación, el marco teórico, la metodología y los resultados—, surge una serie de apreciaciones que se exponen a continuación.

3.2. Perspectivas de análisis, aspectos contextuales, diseños metodológicos, resultados y líneas teóricas comunes a los estudios relevados

Los trabajos seleccionados, tanto a nivel internacional (Harvey, 2008; Hagerty y Stark, 1989; Nilsson y Walhen, 2000; Aiello, 2005; Tsui Chung Bing Sum, 2002; Dill, 2003; López Segrera, 2003; Hopkin 2004; Strydom, Zulu y Murria, 2004; Varghese, 2004; Del Castillo 2004; Radamés Borroto Cruz y Syr

---

[11] No se pretende agotar todos los antecedentes bibliográficos, sino solo describir aquellos más relevantes relacionados con los objetivos de esta investigación.
[12] Tesis de posgrado, libros sobre la temática, investigaciones halladas en *journals* internacionales, etc. La búsqueda en *journals* se realizó a través de base de datos en ciencias sociales. Principalmente: EBSCO, Jstor y ERIC. Acotamos por "palabras claves en títulos y abstract" y por "mayor cantidad de veces citado".

Salas Perea, 2004; Houston y Maniku, 2005; Carr, Hamilton y Meade, 2005; Pillai y Srinivas, 2006; Schwarz y Westerheijden, 2004; Informe GUNI, 2006; Lemaitre y Zenteno, 2012) como nacional (Brunner y Martínez Nogueira, 1999; Guerrini, Rasetti, Jeppesen, 2002; CONEAU, 2002; Isuani, 2003; Campos, 2007 y 2012; Vázquez, 2008; Krotsch, Camou y Prati, 2007; Mujica, 2008) buscan indagar acerca de lo que sucede en las instituciones universitarias —atendiendo a los actores, las culturas organizacionales, los programas— como consecuencia de la implementación de políticas de evaluación y acreditación.

Los resultados arrojan evidencias heterogéneas. En la mayoría de las investigaciones se destaca el rol de la política de evaluación y acreditación *como uno* de los detonantes del cambio universitario. Los estudios muestran que la evaluación y la acreditación no bastan para impulsar cambios de mayor alcance asociados a la calidad del desarrollo institucional.

Varios autores coinciden en que los sistemas de aseguramiento de la calidad tienen diversas fases de maduración (Strydom, Zulu y Murray, 2004; Jeliazkova y Westerheijden, 2002; Hopkin, 2004). Por lo tanto, un estudio de medición de impacto de la política de evaluación y acreditación debe necesariamente considerar en qué fase de maduración se encuentra según el sistema de educación superior y el contexto político, económico y social.

Metodológicamente, prevalece un abordaje cualitativo, donde la estrategia más empleada es el estudio de casos con la utilización de técnicas de análisis documental, entrevistas y/o cuestionarios a los actores involucrados. De los diseños metodológicos utilizados en las investigaciones relevadas, se deduce que es posible examinar la influencia de la evaluación y de la acreditación en las instituciones, pero si se lo hace de manera combinada con otros factores, ya que parece ser excesivamente difícil cuantificarla de manera independiente.

Como modelos de análisis empleados en los estudios relevados para medir el impacto podemos destacar tres enfoques: i) énfasis en los indicadores de desempeño, ii) énfasis en la percepción de los actores y iii) combinación de ambos enfoques.

En cuanto a las perspectivas teóricas que alimentan el análisis de estos procesos, cabe mencionar la perspectiva del neoinstitucionalismo (Powell y Dimaggio, 1991), el enfoque internalista desarrollado por Burton Clark (1991), la teoría de "juego" institucional de regulación (Camou, 2007) y el modelo desarrollado por Brunner y Martínez Nogueira (1999).

Dicho lo anterior, se exponen a continuación los estudios relevados. Comenzamos por el contexto internacional, seguimos por América Latina y finalizamos con el estado del arte a nivel nacional.

3.2.1. Antecedentes internacionales

Respecto a los antecedentes internacionales, resulta interesante el análisis de las experiencias con mayor dinamismo, tales como Alemania, que introduce un sistema similar al estadounidense, chileno y mexicano, basado en una agencia estatal acreditadora de entidades disciplinarias de evaluación externa; Holanda, que adoptó un sistema autorregulador, con una baja intervención estatal y fuerte protagonismo de las instituciones universitarias; los países nórdicos (Suecia, Dinamarca, Noruega y Finlandia), que con matices introdujeron un sistema de carácter voluntario pero fuertemente asociado a mecanismos de financiamiento indirecto *(target-oriented)*, y los países asiáticos, que han sido los más tardíos en implementar políticas públicas vinculadas a la calidad de la educación superior, sobre las cuales no existe mayor información.

Se ha accedido a estudios que miden el impacto de las políticas y los procesos de evaluación y acreditación en Estados Unidos, Suecia, España, Botsuana, Sudáfrica, Este Asiático, Islas Maldivas, India, Hong Kong, Nueva Zelanda, México y Cuba.

A continuación se presentan sintéticamente estas investigaciones. Resaltamos aspectos que se consideran de relevancia para este estudio.

En Estados Unidos, una investigación realizada por Hagerty y Stark (1989) explora la relación entre los "estándares de acreditación de diez programas perteneciente a diversas disciplinas" con "la percepción de los profesores". A través de un análisis documental y de la aplicación de cuestionarios a profesores, los autores descubren que existe una brecha importante entre lo que miden los estándares y aquellos aspectos que los docentes consideran más importantes: mientras que estos asignan una gran importancia a los ítems referidos a resultados (logros que alcanzan los alumnos), pocas agencias acreditadoras los incluyen en sus estándares. Los autores contraponen dos posturas: a) los que argumentan que la validación externa de la calidad de los programas, realizada por expertos externos a la institución, fomenta la excelencia continua, asegura al público la calidad, da a los programas herramientas de negociación en el interior de la institución, promueve la comunicación interinstitucional y genera prestigio y credibilidad; y b) los críticos del sistema de acreditación que afirman que esta es una pérdida de tiempo y de recursos, que elimina la creatividad, que la interpretación de los datos no es consistente y que no se encuentra información que relacione los estándares de acreditación y los resultados educativos. Se concluye demostrando cómo, sorprendentemente, los estudios acerca de los estándares de acreditación y su impacto en los distintos campos profesionales es muy escasa. De ahí que este trabajo se presenta como un esfuerzo exploratorio para promover investigaciones que comparen estándares de acreditación de distintas profesiones con la percepción de los actores académicos —sobre todo profesores— acerca del rigor de los procesos de acreditación y sus efectos en la mejora de las actividades educativas.

Otro estudio realizado por Dill (2003) en la University of North Carolina hace referencia a la necesidad de desarrollar políticas de evaluación de la calidad para impactar de manera efectiva en la actividad académica. Sugiere la realización de estudios tendientes a examinar la relación entre las políticas regulatorias y lo que sucede en el interior de las instituciones con el fin de medir cómo impactan en el núcleo del comportamiento académico. Se señala que el diseño de políticas de evaluación de la calidad universitaria es más efectivo para proteger el interés público que el diseño de políticas que regulen directamente la calidad académica. Se insiste en la necesidad de estudiar el impacto de estas políticas públicas en un esfuerzo por generar conocimiento para el diseño o el rediseño de futuras regulaciones.

Por su parte, Nilsson y Walhen (2000) presentan una evaluación del modelo sueco de aseguramiento de la calidad de la educación superior, en función de las respuestas de las instituciones al sistema instituido por el gobierno en 1993. Para ello, realizan un análisis documental —27 informes de evaluación— y entrevistas a actores claves de 19 instituciones evaluadas. Los autores crean un escenario para el futuro desarrollo de los procesos de aseguramiento de la calidad. Muestran cómo, a medida que las instituciones desarrollan este profesionalismo —entendido como gestión interna de la calidad—, las evaluaciones van orientándose más a los resultados que a los procesos. En la práctica, hay una actitud adaptativa de las instituciones a los nuevos marcos regulatorios. Concluyen con la afirmación de que se está construyendo un sistema de aseguramiento y mejoramiento de la calidad en las universidades como respuesta a requerimientos establecidos por el gobierno. Observan el inicio de un cambio cultural: cada universidad está construyendo su propio sistema de aseguramiento y mejora de la calidad de acuerdo a sus características. Sostienen que en un primer ciclo el foco estuvo puesto en la adopción de esta filosofía por parte de la gestión central de la institución, y proponen que para un segundo ciclo se enfatice más en la mejora y la evaluación de los productos que de los procesos.

Por su parte, Aiello (2005) analiza el impacto de la evaluación institucional universitaria en la cultura académica de los profesores de la Universidad de Barcelona. Su tesis responde las siguientes preguntas: ¿cuál es el impacto cultural de los procesos de evaluación en los profesores? ¿Qué papel juegan las disciplinas y la institución en la conformación de esta cultura? En su marco teórico utiliza, entre otros, la teoría de Barnett (2003), que previene acerca del peligro de que se instale la calidad como una ideología externa al profesorado —calidad como ideología perniciosa— generando resistencia a los procesos de mejora y de cambio. Para que la calidad sea una ideología virtuosa, debe necesariamente relacionarse con las necesidades de los profesores, con sus normas y juicios de valor; en definitiva, con sus culturas académicas. A través de entrevistas semiestructuradas a los profesores que participaron de la evaluación de las titulaciones de Ciencias Experimentales y Matemáticas y mediante análisis documental —informes de evaluación—, el autor concluye que se puede apreciar un impacto cultural importante, donde la evaluación institucional jugó un papel relevante. La evaluación institucional permitió pasar de una cultura académica centrada en la investigación y en los parámetros internos a normas, actitudes y herramientas de acción sobre la docencia. Estas preocupaciones por la docencia se orientan tanto a valores intrínsecos (promover mejores condiciones para un aprendizaje efectivo en los estudiantes) como extrínsecos (adaptación de los estudios a la inserción laboral de los graduados).

Schwarz y Westerheijden (2004) muestran el desarrollo de los procesos de acreditación y de evaluación en veinte países europeos. El libro analiza las fuerzas que conducen a la aparición de diferentes modelos de acreditación. Esto permite comprender por qué los sistemas de evaluación y acreditación han evolucionado de la forma que lo han hecho y cómo están impactando en las instituciones.

Por su influencia directa en los proceso de evaluación y acreditación universitaria, es de destacar la conformación del Espacio Europeo de Educación Superior (EEES). La Declaración de Bolonia (1999) y posteriormente la de Praga (2001) concretan las medidas que se deben llevar a cabo para poner en marcha el EEES en 2010. Entre las principales medidas, se encuentra la del establecimiento de sistemas de evaluación de la calidad universitaria. El EEES, con sus cuarenta Estados, se caracteriza por la diversidad de sus sistemas políticos, de sus sistemas de educación superior, sus tradiciones socioculturales y educativas, idiomas, aspiraciones y expectativas. Todo esto hace que una aproximación única y monolítica a la calidad, a los criterios y a la garantía de calidad en la educación superior sea totalmente inapropiada. Teniendo en cuenta esta condición, la European Association for Quality Assurance in Higher Education elaboró "Los criterios y las directrices para la garantía de la calidad en el Espacio Europeo de Educación Superior".[13] Actualmente las universidades de cuarenta países europeos se encuentran en este proceso de convergencia al EEES.

En los países africanos también se han realizado estudios que apuntan a conocer el impacto de la evaluación de la calidad en las instituciones de educación superior. Hopkin (2004) explora cómo el entorno operativo de una agencia externa de aseguramiento de la calidad (en Botsuana) impacta en su rol y su funcionamiento. Esta investigación indaga acerca de la manera en que esta agencia opera hacia adentro y cómo responde a su contexto,

---

[13] Este informe consta de tres partes. "Parte 1: Criterios y directrices europeas para la garantía de calidad interna en las instituciones de educación superior"; "Parte 2: Criterios y directrices europeas para la garantía de calidad externa de la educación superior"; "Parte 3: Criterios y directrices europeas para las Agencias de garantía externa de calidad".

describiendo y evaluando diversos factores, como a) tamaño del país, b) el rol de la universidad hegemónica, c) el contexto político tanto micro como macro, d) factores personales en un contexto de desarrollo y e) presiones externas. El autor hace referencia a las cuestiones y los problemas que surgen en el interior de las instituciones cuando se introducen sistemas de aseguramiento de la calidad, y elabora una categorización de los sistemas de educación superior según su reacción hacia estos procesos de aseguramiento de la calidad: sistemas "embrionarios", sistemas "evolutivos" y sistemas "maduros".[14]

En Sudáfrica, Strydom, Zulu y Murray (2004) centran su investigación en las relaciones y tensiones —entre la calidad, la cultura y el cambio— que se producen como consecuencia de la introducción de sistemas de aseguramiento de la calidad en las instituciones de educación superior. Desde una perspectiva psicológica de la organización y tomando la teoría de resistencia al cambio, los autores discuten el impacto del aseguramiento de la calidad en las culturas organizacionales, analizan las fuentes individuales y organizacionales de resistencia al cambio y, finalmente, exploran algunas estrategias para la creación de una cultura de la calidad en el interior de las instituciones. Se trata de un estudio de casos cuyas "lecciones" ameritan ser retomadas para esta investigación: a) la implementación de los sistemas de aseguramiento de la calidad necesita de varios ciclos para que un sistema madure en el interior de una institución; b) el aseguramiento de la calidad debe formar parte de la planificación estratégica de las instituciones; c) la información debe ser adecuada; d) la transformación de la cultura académica necesita un desarrollo planificado de las acciones de personal; e) el proceso puede ser mejorado por mecanismos de autoevaluación bien diseñados; f) un cambio exitoso de la cultura organizacional parece ser vital al desarrollo de sistemas efectivos de gestión de la calidad; g) la creación de una cultura de calidad en la organización va a conducir a prácticas y procedimientos enfocados en el mejoramiento más que en el mero cumplimiento formal.

Como ya se dijo, los países asiáticos han sido los más tardíos en implementar políticas públicas vinculadas a la calidad de la educación superior. La cantidad de estudios que abordan la temática es, por esa razón, más limitada.

Una investigación realizada por Varghese (2004) acerca de los efectos del proceso de reestructuración de la educación superior desde la perspectiva de los *stakeholders* ha servido para ampliar el foco de análisis. El autor estudia los cambios producidos en Indonesia, Malasia, Mongolia, Tailandia y Vietnam como consecuencia de la reestructuración de la educación superior. Para alcanzar este objetivo se estudiaron los documentos pertinentes a la

---

[14] Oros autores refieren esta idea de "fases" o "etapas de maduración" de los sistemas de aseguramiento de la calidad. Entre ellos, se destacan las cuatro fases desarrolladas por Jeliazkova y Westerheijden (2002).

reestructuración, se realizaron entrevistas con informantes claves y se aplicaron encuestas a distintos segmentos de la universidad. Entre los resultados, interesa señalar que la reestructuración académica ha sido considerada por el autor como lo más importante de la reestructuración institucional, porque permitió mejorar la capacidad para responder a las necesidades sociales y a las señales del mercado.

Otro estudio, realizado por Houston y Maniku (2005) en Islas Maldivas, afirma que los sistemas de educación superior pequeños y emergentes que contemplan la adopción de "mejores prácticas" para las actividades de aseguramiento de la calidad deben considerar cuidadosamente la mejor manera de ubicarse en el contexto local sin dar por sentado que los modelos genéricos son los más apropiados. Los sistemas de educación superior nuevos y de pequeña escala deben considerar con cuidado adaptar las prescripciones al contexto local en vez de adoptar sistemas genéricos.

Pillai y Srinivas (2006) se propusieron evaluar el impacto del proceso de acreditación del National Assessment and Acreditation Council (NAAC), creado en 1994, en las instituciones y sus problemas potenciales. El trabajo lo realizaron en la región noreste de la India en aquellos estados con mayor porcentaje de programas acreditados. Evaluaron la percepción de cien rectores acerca del trabajo de la agencia. Las preguntas se refieren a la visión institucional acerca de la composición del equipo de pares, a la interacción de los miembros de la institución con el equipo de pares, a la satisfacción respecto del trabajo de los pares, al desempeño de los evaluadores durante la visita, a la relación "institución-NAAC" durante la etapa de la preacreditación y, por último, al efecto de la evaluación en el escenario de la postacreditación y los beneficios significativos resultados de la acreditación. El estudio destaca la aceptación de la NAAC por parte de la comunidad académica luego de diez años de implementación de los proceso de acreditación.

Se considera que la tesis doctoral de Tsui Chung Bing Sum (2002) puede ser un antecedente importante a la hora de mirar estudios de impacto de esta política. La autora señala que la calidad ha sido una cuestión implícita en la educación superior en Hong Kong desde el establecimiento de su primera universidad, pero que, a principios de los años noventa, mecanismos sistemáticos y formales de aseguramiento de la calidad comenzaron a evolucionar, intentando dar respuesta a la expansión sin precedente de la educación superior. Esta investigación describe cómo en los últimos años los contextos cambiantes hicieron rever el mismo concepto de calidad. A través de entrevistas en profundidad con informantes clave, cuestionarios y análisis de documentos, la autora se propone responder las siguientes preguntas de investigación: ¿cuál es la percepción de los *stakeholders* acerca de la calidad de los graduados y de la educación superior? ¿Cuál es el significado del aseguramiento de la calidad en la educación superior en el siglo XXI? Aprendiendo de los "países pioneros", ¿cómo puede Hong Kong desarrollar sus propios mecanismos? ¿Cómo se pueden diseñar las políticas de educación superior para alcanzar los desafíos de la calidad, la diversidad y la eficiencia presupuestaria? ¿Cómo alcanzar el diseño de una política efectiva para equilibrar la rendición de cuentas y la mejora de la gestión institucional en la educación superior? Entre los aportes que esta tesis desea realizar, se destacan: a) mejorar el concepto de calidad en la educación superior desde la perspectiva de los *stakeholders;* b) modelar mecanismos internos y externos de aseguramiento de la calidad, y c) proveer una mejor comprensión de la interfase entre las políticas y las prácticas a fin de facilitar la mejora en la enseñanza y el aprendizaje, la gestión institucional y la decisión política en la educación superior.

A través de un caso de estudio, la University of Otago en Dunedin, Nueva Zelanda, Carr, Hamilton y Meade (2005) se propusieron identificar el impacto de la acreditación de calidad externa (EQA) en la institución a través de los últimos diez años como un ejemplo ilustrativo de lo que ocurre a nivel nacional, con relevancia global. Los autores desarrollaron un modelo que ayuda a identificar y describir los distintos factores internos y externos que influyen en el desempeño de la universidad. Evaluaron: a) mejoras en los resultados de la enseñanza-aprendizaje (encuesta a alumnos, tasa de graduación y retención, empleabilidad de los alumnos, premios a la excelencia de la docencia, cantidad de becas a la docencia); b) mejoras en la calidad de la investigación (cantidad de publicaciones); c) mejora en resultados de la evaluación (comparación de los informes). Este estudio demostró que las recomendaciones de los informes están más frecuentemente dirigidas a los procesos (liderazgo, gestión y planeamiento) que a los resultados. Entre las conclusiones, se destaca aquella que afirma que solo es posible examinar la influencia de la evaluación externa si se lo hace combinada con otros factores, ya que resulta excesivamente difícil cuantificarla de manera independiente. La evaluación externa tiene un poderoso rol inicial como catalizador de los cambios.

Finalmente, cabe hacer referencia al informe de Global University Network For Innovation "La educación superior en el mundo 2007. Acreditación para la garantía de la calidad: ¿qué está en juego?". Este informe contiene publicaciones de 48 autores (pertenecientes a países desarrollados y en vías de desarrollo) especializados en temas de evaluación y acreditación universitaria. La situación actual de una gran parte de los países del mundo con sistemas de aseguramiento de la calidad queda muy bien detallada y analizada, como así también las principales discusiones teóricas acerca de la evaluación y la acreditación de la calidad universitaria. No obstante, en este informe, son pocos los estudios que dan cuenta de evidencias empíricas acerca del impacto de estos procesos en las funciones de docencia, investigación, extensión y gestión de las universidades en tan variada gama de países y regiones del mundo.

3.2.2. Antecedentes latinoamericanos

Para América Latina también se encontraron investigaciones relacionadas con este objeto de estudio.

Del Castillo (2004) se propone abordar el impacto de la evaluación externa en dos instituciones de educación superior de distinto régimen jurídico: la Universidad Autónoma Metropolitana (UAM) y la Universidad Iberoamericana (UIA). La autora analiza la política mexicana de educación superior en cuanto al financiamiento y la calidad. Intenta verificar la centralidad de dicha política como el principal detonador del cambio institucional en el ámbito de las universidades. Desde la perspectiva teórica del isomorfismo burocrático —acción de asimilar o cumplir una norma o regla externa de evaluación en función de la dependencia del financiamiento público—, del isomorfismo disciplinario —la acción de asimilar o cumplir una norma o regla de evaluación externa con una orientación disciplinaria— y de la "legitimidad" y "eficacia instrumental", concluye que las políticas institucionales de evaluación externa promueven y facilitan las dinámicas de cambio en el interior de las instituciones universitarias. La política gubernamental de evaluación logra equilibrar la constante tensión entre legitimidad y eficacia instrumental. Pese a las críticas —afirma— la evaluación externa produce un impacto positivo en dos instituciones altamente contrastantes. El impacto se observa en la actualización de los planes de estudio que pasaron por un ejercicio de evaluación externa (diagnóstica o de acreditación) y, en menor medida, en la gestión de la calidad educativa.

Los enfoques sobre la calidad de la educación y los procesos de acreditación universitaria en Cuba son abordados por Radamés Borroto Cruz y Syr Salas Perea (2004). Esta investigación describe la evaluación institucional como instrumento para detectar puntos fuertes o débiles y áreas a mejorar; se exponen sus objetivos, aportes y condiciones mínimas así como sus obstáculos principales. Se presenta el procedimiento operacional de la acreditación institucional, su estructura por etapas y metodología a seguir.

López Segrera (2003), exdirector de IESALC-UNESCO, realizó un estudio denominado *Los procesos de evaluación institucional en América Latina. Medición de su impacto en el caso cubano*. Este estudio describe cómo en Argentina (a través de la CONEAU), en México (vía la CONAEVA), en Brasil (con CAPES y el SINAES), en Uruguay (mediante la Universidad de la República) y en Cuba (por intermedio del Ministerio de Educación Superior —MES—), se está construyendo una "cultura de la evaluación" en que, paulatinamente, no solo las autoridades sino también los propios estudiantes comienzan a tomar conciencia de la presencia de la evaluación como herramienta de mejoramiento. En el análisis del impacto de la política para el caso cubano, López Segrera concluye que la política de evaluación institucional de las instituciones de educación superior cubanas desarrollada por el MES ha tenido un impacto positivo en las universidades. Sin embargo, sugiere la necesidad de llevar a cabo un estudio más detallado con la medición de este impacto en la última década.

3.2.3. Antecedentes nacionales

La evaluación de la calidad universitaria como objeto de estudio tiene un desarrollo relativamente reciente en el país. Han prevalecido los estudios sobre la política pública y su influencia en la relación de la universidad con el Estado. Más recientemente, se están desarrollando estudios e investigaciones que intentan medir, de diversas maneras, el impacto de las evaluaciones institucionales y los efectos derivados de la acreditación de carreras de grado y posgrado.

Identificar el impacto que produjo el desarrollo del sistema de evaluación y acreditación no es una tarea sencilla, entre otras cosas, porque resulta casi imposible aislar unos factores de otros en un desarrollo histórico e imputar determinados efectos a determinadas causas. Además, el tiempo de maduración de los procesos de evaluación y acreditación aún es escaso para apreciar en forma concluyente los cambios (CONEAU, 2002).

Se ha optado por clasificar los antecedentes nacionales según su autoría: i) estudios procedentes de la agencia de evaluación y acreditación o del Ministerio de Educación, y ii) estudios de investigadores independientes de la agencia de evaluación y acreditación. Los primeros —al realizar una mirada "desde dentro"— tienen la ventaja de contar con información más abarcativa del sistema universitario y la desventaja de poseer un mayor riesgo de sesgo debido a que se trabaja, sobre todo, con información producida por las universidades para la agencia.

Los segundos trabajos —procedentes de investigadores independientes de la agencia— abordan estudios de casos cuyos resultados no pueden ser generalizables al sistema. El énfasis se pone en la percepción de los actores y en la descripción de los cambios efectivamente producidos en las instituciones como consecuencia de la implementación de estas políticas.

3.2.3.1. Estudios procedentes de la Comisión Nacional de Evaluación y Acreditación Universitaria (CONEAU) y/o del Ministerio de Educación

En este apartado destacamos el *Estudio sobre algunos resultados de la labor de la Comisión Nacional de evaluación y Acreditación Universitaria Argentina (CONEAU)*, de Ernesto Aldo Isuani (2003); la *Evaluación integral de procesos en la acreditación de grado*, de Victoria Guerrini, Carlos Pérez Rasetti y Cynthia Jeppesen (2002); las *Contribuciones para un análisis del impacto del sistema de evaluación y acreditación*, documento de CONEAU (2002), y el *Informe de la evaluación externa de la CONEAU de Argentina*, documento del Instituto para la Educación Superior de América Latina y el Caribe (IESALC) (2007).

El primero se centra en los procesos de evaluación institucional y acreditación de carreras de grado y posgrado. Compara la visión de la CONEAU sobre sí misma con aquella que tienen los usuarios/beneficiarios. Se observó el grado de utilidad y las dificultades de estos procesos para las universidades tanto estatales como privadas, y los cambios ocasionados como consecuencia de la evaluación y de la acreditación. Para obtener esta información, se realizaron entrevistas a miembros del directorio de CONEAU, a rectores, directores de carreras de grado y posgrado, y a pares evaluadores. También se aplicaron encuestas. Como resultado de este estudio surge lo que el autor denomina "principales aspectos sobre los que hay consenso y disenso". Por su relación con esta investigación, parece importante resaltar uno de los aspectos sobre los que se detectó disenso:

> *Existe una cierta contradicción en las opiniones de los usuarios respecto a los cambios producidos a raíz de los procesos de evaluación institucional. Mientras que a través de la información proporcionada, para algunos parece haberse producido un nivel razonable de cambios, para otros no arroja ese resultado: aquí los cambios aparecen como escasos y en temas relativamente secundarios. También respecto a las carreras de posgrado las opiniones están divididas en cuanto a la dimensión de los cambios producidos antes o después de la acreditación: un porcentaje elevado de usuarios dice que no se produjeron cambios anteriores o posteriores a la acreditación y otro porcentaje similar sostiene lo contrario (Isuani, 2003: 6).*

El autor señala la conveniencia de completar este estudio con estudio de casos.

El estudio *Contribuciones para un análisis del impacto del sistema de evaluación y acreditación* se propone responder a la pregunta "¿cuál ha sido el impacto de este conjunto de acciones?". Se trata de una reflexión "desde dentro" de la agencia acerca de las modificaciones registradas en el sistema universitario como consecuencia de estos procesos. Se busca detectar aquellos efectos que pueden imputarse a los procesos de evaluación y acreditación desarrollados por la CONEAU. Utilizaron fuentes documentales y realizaron entrevistas a miembros de la Comisión y del equipo técnico. De los resultados de este trabajo se hacen notar algunas conclusiones:

> *El sistema de evaluación y acreditación es solo uno de los instrumentos (más que nada una plataforma) que pueden aportar al mejoramiento de la calidad en las instituciones universitarias. Las expectativas sobre sus efectos y la valoración que de ellos se haga deben ponderar esta característica (CONEAU, 2002: 59).*

Además, la CONEAU en este trabajo señala como una limitación que

> *no se ha constatado qué cambios han tenido lugar en las instituciones ni dimensionado su magnitud; ya que se han realizado inferencias basadas en la información disponible en la CONEAU, que es limitada porque responde a las demandas del organismo y que podría estar sesgada por la adecuación formal de las instituciones hacia las pautas de evaluación (CONEAU, 2002: 59).*
>
> *Es necesario que el presente informe se confronte con un estudio sobre las apreciaciones al respecto de los distintos actores de las instituciones universitarias y sobre los efectos realmente registrados a partir de dichos procesos (CONEAU, 2002: 7 y 8).*

Respecto al tercer estudio, Evaluación integral de procesos en la acreditación de grado, cabe destacar, por su relación con esta investigación, la propuesta que realizan los autores acerca de lo que denominan un enfoque integral que relacione condiciones de base, prácticas y resultados tanto de la "capacidad para educar de la *unidad académica*" como de la "calidad académica de la *carrera*".

Dentro de este apartado, también se ubica un estudio realizado por Brunner y Martínez Nogueira (1999), "Evaluación preliminar y metodología para la evaluación de impacto", del FOMEC (Fondo para el Mejoramiento de la Calidad Universitaria). Los autores realizaron análisis documental, entrevistas a actores claves del proyecto FOMEC y visitaron tres universidades estatales (seleccionadas según tamaño, trayectoria universitaria y presencia de un número mínimo de proyectos aprobados en las primeras convocatorias). Además, realizaron entrevistas en profundidad en las universidades. Este trabajo recorre los principales autores que estudian el "cambio" en la educación superior. Se realiza una síntesis de la teoría de Burton Clark y de Michael Gibbons y se elabora una propuesta integradora para medir el cambio desde cuatro modalidades: a) desde adentro, b) desde afuera, c) impulsados desde el conocimiento, d) impulsados desde la administración. El estudio concluye con una propuesta para una evaluación más completa del FOMEC (o de otra política pública). Se trata de un modelo que permite analizar y ubicar "el cambio" en ocho posiciones según una matriz construida desde el lugar donde se produce el cambio, denominado *ámbito* (local, intermedio, instituciones, sistémico); y desde la *esfera* donde incide el cambio (conocimiento o gestión). De las conclusiones de este trabajo, interesa destacar dos:

> *El FOMEC promovió y facilitó cambios originados inicialmente desde afuera (por la creación de un contexto competitivo de oferta de recursos), los cuales, sin embargo, se desarrollaron desde adentro de las propias instituciones.*
>
> *No es posible aislar el impacto de los proyectos FOMEC del cuadro más global (Brunner y Martínez Nogueira, 1999: 45).*

Por último, es de mencionar el *Informe de la Evaluación Externa de la CONEAU, de Argentina,* documento del Instituto para la Educación Superior de América Latina y el Caribe (IESALC). Este estudio se realizó comparando lo señalado en el Informe de Autoevaluación con lo expresado por los distintos actores de la educación superior argentina entrevistados. Entre estos últimos, el comité conversó con varios de los miembros de la comisión y con parte sustantiva del personal técnico de la CONEAU, con responsables institucionales de la evaluación, con pares evaluadores, con varios rectores y con funcionarios gubernamentales ligados a las actividades y operación de la CONEAU. Entre los resultados de esta evaluación externa, el comité evaluador señala:

> Es el sentir del Comité que las actividades de CONEAU responden adecuadamente a los objetivos para los que fue creada, y que sus prácticas se comparan satisfactoriamente con las que se observan en las agencias para el aseguramiento de la calidad de la educación superior bien establecidas (INQAAHE) (Informe de la Evaluación Externa, 2007: 4).

Según consta en este informe, en la visita y el proceso de evaluación externa, el comité evaluador pudo apreciar algunos aspectos, varios de ellos mencionados en el Informe de Autoevaluación y por la propia CONEAU, que constituyen puntos que demandan la atención de la comisión y, tal vez, del Ministerio de Educación a fin de asegurar la continuidad de la respuesta de la CONEAU en la misión que tiene encomendada (pp. 4 y 5). Entre esos aspectos se destacan

> la posible sobrecarga para la CONEAU que la creciente demanda de acreditaciones y la derivada de las revisiones cíclicas que pronto tendrá que realizar podrían generar. Esta sobrecarga puede conducir no solo al retraso, ya presente, en los dictámenes sino, más importante aún, a una acción rutinaria por parte de los pares o a una evaluación "en papel" sin contacto real con las instituciones y, en consecuencia, a la trivialización de las evaluaciones;

> la influencia que la limitada estructura, organización e infraestructura (áreas de responsabilidad, mecanismos de comunicación y flujos de información internos, formas alternativas de contrato, oficinas y espacios de trabajo y de documentación, equipo de procesamiento, almacenamiento y transmisión de información y datos) de la CONEAU puedan tener en la dinámica organizacional y en la comunicación interna, favoreciendo o entorpeciendo la consolidación de su equipo técnico y la capacidad e impacto de su acción evaluadora en la educación superior argentina;

> la percepción que tienen algunos sectores en el sentido de que prevalece una sola visión —universitaria y excesivamente academicista— acerca de la educación superior, y en particular del posgrado, que va en contra de la diversificación, flexibilidad y plasticidad de las carreras, la formación profesional, los posgrados, la docencia y el aprendizaje;

> la dificultad para integrar coherente y constructivamente la evaluación institucional con la acreditación de programas, así como para precisar y

delimitar más clara y eficazmente los traslapes que algunos perciben entre las acciones de la CONEAU y las de otros estamentos gubernamentales;

los mecanismos y las formas para integrar, aprovechar y difundir la información y experiencias derivadas de las evaluaciones y acreditaciones con los datos y los aspectos de la educación superior de las propias universidades y del Ministerio de Educación a fin de que sean útiles para el análisis, la reflexión y la toma de decisiones y para que la sociedad esté mejor informada.

3.2.3.2. Estudios de investigadores independientes de la CONEAU y del Ministerio de Educación

Entre ellos, se destacan tres tesis de maestría pertenecientes a la Escuela de Educación de la Universidad de San Andrés: a) "Acreditación de las carreras de Medicina: formalismo o mejora institucional", de M. Soledad Campos; b) "Impacto de las políticas de evaluación en universidades públicas. Estudio de casos", de Cecilia Vázquez Campos, y c) *"Procesos de evaluación institucional en la educación superior en Argentina. Una mirada desde la gestión privada. Estudio de caso"*, de M. Genoveva Mujica. También es de mencionar la tesis de doctorado denominada "La acreditación de carreras de Medicina en la Argentina: entre la danza ritual y la mejora de la calidad. Un estudio de casos", de M. Soledad Campos.

Los trabajos arriba mencionados indagan sobre lo que sucede en las instituciones —en sus actores, culturas, programas— como consecuencia de la implementación de la política de evaluación y acreditación universitaria argentina plasmada en la Ley de Educación Superior 24521 y ejecutada a partir de la creación de la CONEAU desde mediados de los años noventa. En todos los casos prevalece un abordaje metodológico cualitativo y la utilización de técnicas de análisis documental y entrevistas con actores claves.

Campos (2007) se propuso indagar en qué medida la acreditación de las carreras de medicina implementada por la CONEAU ha generado, o no, prácticas que revelen una incipiente cultura de evaluación en los actores y en la gestión de las carreras; y en qué medida dichas carreras han realizado cambios (en la gestión, el plan de estudios, el cuerpo académico, los alumnos y graduados, la infraestructura y el equipamiento) tendientes al logro de la calidad educativa, expresado en el modelo teórico. Utilizando el ciclo de maduración de la calidad en la universidad (Durand y Gregoraz, 2005), y el modelo definido en los 126 estándares de acreditación de carreras de Medicina, la autora analizó fuentes documentales, realizó entrevistas y encuestó a directivos y docentes de dos universidades, una estatal y otra privada. Entre las conclusiones se desea destacar aquella que afirma que someterse al proceso de acreditación ha contribuido a la maduración de la cultura de evaluación. Cada una de las carreras se encuentra en diferentes etapas de maduración de la calidad de acuerdo al modelo teórico de Durand y Gregoraz. También en esta tesis se evidencia cómo ambas carreras realizaron cambios en las distintas dimensiones. Se observa que algunos cambios fueron realizados con el fin de lograr el modelo teórico de los 126 estándares, en respuesta a las recomendaciones; otros (la mayoría), persiguiendo la mejora de la calidad de las carreras con una visión superadora de ese modelo.

Por su parte, Vázquez (2008) se propuso indagar acerca del proceso de implementación de las políticas de evaluación universitaria y su impacto atendiendo a la actuación de la CONEAU y a la respuesta producida por tres universidades nacionales argentinas que difieren en tamaño, origen y tradición. El impacto se observó tanto en términos de la dinámica institucional como de las estrategias desplegadas por los actores universitarios involucrados. A partir de un análisis documental y de entrevistas con actores claves, la autora concluye que los procesos de evaluación no significan estímulos para la innovación en la base del sistema, ni siquiera estímulos para realizar cambios superficiales. El trabajo muestra que la evaluación no queda instalada en ninguna de las universidades como un proceso continuo de retroalimentación. Sin embargo, se reconoce que en uno de los casos la implementación de la política de evaluación institucional alcanzó importantes logros.

La tesis de Mujica (2008) plantea los siguientes interrogantes: ¿cómo definen las universidades los mecanismos e instrumentos para los procesos de evaluación? ¿Elaboran o adoptan modelos externos de evaluación? ¿Cuáles son los que efectivamente utilizan? ¿Tienen alguna influencia las políticas públicas en los procesos institucionales de evaluación en las universidades? ¿Qué actores participan de los procesos de evaluación y cómo lo hacen? ¿Qué percepciones tienen de dichos procesos? Desde una mirada con foco en lo institucional (Kells, 1995; Durand y Gregoraz, 2005), la autora describe los procesos de evaluación institucional implementados por una universidad privada argentina en el marco de las transformaciones operadas por los mecanismos de evaluación y acreditación.

Otros antecedentes son las investigaciones desarrolladas en el marco de los proyectos a) "Estado, actores y reformas estatales de segunda generación: el caso de las políticas de evaluación universitaria", y b) "Evaluando la evaluación: un estudio comparado sobre la implementación de las políticas de evaluación universitaria en cinco universidades nacionales". Algunos de sus resultados fueron publicados en Krotsch, Camou y Prati (2007). Estas investigaciones analizan la vinculación entre las políticas de evaluación universitaria y la doble respuesta generada, por un lado, en términos de dinámica institucional de las universidades y, en otro nivel, por las estrategias de los actores universitarios involucrados por dichas políticas. Por su relación con esta investigación, se quiere resaltar las categorías analíticas del neoinstitucionalismo (Powel y Dimaggio, 1991) y del pensamiento organizacional (Clark, 1991) utilizadas en estas investigaciones. También ha servido el análisis desarrollado por Camou (2007) para comprender cómo los procesos de evaluación pueden ser explicados en términos de un "juego" institucional de regulación. De los resultados producidos por estas investigaciones, se desprende, en palabra de uno de los autores,

> la ineludible necesidad de llevar a cabo estudios de casos capaces de captar las complejidades de las instituciones concretas. La posterior realización de estudios comparados permitirá la elaboración de enunciados razonablemente extrapolables al conjunto del sistema (Varela, 2007: 147).

3.3. Líneas teóricas sustantivas

Siguiendo la síntesis realizada por Krotsch (2001), podemos afirmar que en Durkheim (1982 y 1992), Bourdieu (1987, 1989 y 1994) y Clark (1991) se hallan tres perspectivas para estudiar el cambio en la universidad. En el primero, se da un juego permanente entre la evolución interna de las estructuras en dirección a una mayor diferenciación. Se trata de una perspectiva que valora especialmente la génesis histórica de las prácticas sociales y educativas. Bourdieu, desde una perspectiva marxista, da cuenta del carácter socialmente reproductor que tiene el sistema de enseñanza y el papel central que en esta reproducción juega la cultura y el capital cultural de los alumnos. La universidad constituye un lugar de disputa entre las disciplinas y sus criterios de apreciación y clasificación entre sí, y un campo de conflicto dentro de las propias disciplinas. Desde este autor podría destacarse el rol de la evaluación y acreditación como mecanismos sociales para establecer credenciales y la reproducción social. Sin embargo, el autor más influyente para comprender el funcionamiento interno de los sistemas de educación superior y sus relaciones con la sociedad es Burton Clark, que desde la sociología de las organizaciones ha permitido echar luz sobre la "caja negra" que representaba la vida de las universidades (Krotsch, 2001).

En esta investigación, siguiendo a Camou, Krotsch y Prati (2007), se parte del supuesto de que los procesos de evaluación y acreditación producen un impacto heterogéneo y una gama diferenciada de respuestas por parte de las instituciones que es preciso relevar y tipificar con evidencias empíricas confiables. En palabras de la misma CONEAU:

> Naturalmente los efectos de los procesos de evaluación y acreditación no son necesariamente generales y, seguramente, son disparejos, pues ellos dependen también —y principalmente— de las características de las instituciones y comunidades académicas involucradas, es decir, de cómo capitalicen la experiencia de participar en estos procesos en función de su propio desarrollo (CONEAU, 2002: 60).

Para abordar el objeto de estudio elegido, se combinaron tres perspectivas teóricas: el "análisis organizacional" (Clark, 1991), el "nuevo institucionalismo en el análisis organizacional" (Powell y Dimaggio, 1991) y el "modelo para evaluar el impacto de una política pública" (Brunner y Martínez Nogueira, 1999).

En el primero prevalece una mirada internalista del cambio. Este enfoque concentra la atención en el modo en que el sistema mismo determina la acción y el cambio; su ventaja radica en que el énfasis está puesto en las respuestas institucionales. Clark (1991) ha identificado una serie de tendencias de cambio básicas y las ha ubicado en un arco de referencia que permite comprender mejor el problema. Este autor resalta la necesidad de especificar los niveles en los que opera el cambio, debido a que es probable que una disposición opuesta sea característica de los niveles que no estamos observando. De ahí que en esta investigación interese de manera especial indagar el impacto de la evaluación institucional, de la acreditación de grado y posgrado en los distintos niveles: carrera, unidad académica, universidad.

En el segundo enfoque, los autores destacan la capacidad de las instituciones para influir en la conducta de los individuos (Powell y Dimaggio, 1991; Varela, 2007). Para el institucionalismo sociológico, los cambios organizacionales producto de la presión del entorno conducen a la homogeneidad organizacional. Estos cambios no son el resultado de la búsqueda de mayor eficiencia organizacional, sino de fuerzas isomórficas desencadenadas por el marco legal (isomorfismo coercitivo), la incertidumbre del entorno y la búsqueda de legitimidad (isomorfismo mimético) y por las comunidades profesionales (isomorfismo normativo) (Powell y Dimaggio, 1991). En síntesis, para el nuevo institucionalismo, las instituciones afectan a las organizaciones. En este caso, el "sistema de evaluación y acreditación" sería el campo institucional en el que se desenvuelven las organizaciones universitarias.

En sus dos extremos, el cambio puede ser considerado reactivo (cambio debido básicamente a las fuerzas exógenas a la organización) o sustantivo (proviene de fuerzas endógenas). En el marco de esta teoría, se considera útil la tipología elaborada por Camou (2007), que va desde la "adopción plena" del cambio a la "resistencia activa", con las variantes de "adopción pragmática" y "resistencia pasiva". De los mecanismos del cambio institucional isomorfo (Powell y Dimaggio, 1991), el isomorfismo ilumina este tipo de estudios debido a que reconoce el cambio como respuesta a presiones que se pueden sentir como una fuerza, persuasión o invitación a la homogeneización.

El modelo elaborado por Brunner y Martínez Nogueira (1999) para evaluar el impacto de una política pública[15] —para esta investigación sería la política de evaluación y acreditación universitaria— propone identificar cambios producidos por su puesta en marcha. Estos cambios pueden tener como resultados, a su vez, procesos o productos de mayor calidad, eficiencia, equidad y pertinencia, y dar lugar —o no— a cambios en la cultura

---

[15] Estos autores realizan un estudio de impacto de los proyectos del FOMEC.

organizacional del respectivo ámbito. El "ámbito" designa la unidad de incidencia de la política de evaluación y acreditación. Este puede ser: a) local (un académico individual, una cátedra o departamento); b) intermedio (escuelas, carreras, institutos o facultades); c) institucional, o d) sistémico (incluye al conjunto de instituciones del sistema de educación superior o a un nivel de este). La "esfera" se refiere al campo donde incide la política de evaluación y acreditación.[16] En esta investigación se observan los cambios producidos a nivel local, intermedio e institucional, tanto en la esfera del conocimiento (funciones de docencia, investigación y extensión) como en la esfera de la gestión (función gestión).

3.4. Definición de conceptos claves: "evaluación institucional", "acreditación", "aseguramiento de la calidad", "impacto", "perspectiva integral" y "funciones sustantivas"

En la presente investigación, se entiende por políticas de evaluación y acreditación a las definidas por la Ley de Educación Superior 24521/95 (LES) y asignadas como funciones específicas de la Comisión Nacional de Evaluación y Acreditación Universitaria (CONEAU). Concretamente: evaluación institucional, acreditación de carreras de grado consideradas de interés público y de posgrado.

El objeto de la evaluación institucional —de acuerdo a lo definido en la LES— consiste en analizar los logros y las dificultades de las instituciones en el cumplimiento de sus funciones, así como sugerir medidas para el mejoramiento. La acreditación de carreras de grado de interés público y las de posgrado se realiza sobre la base de estándares previamente definidos por el Ministerio de Educación en acuerdo con el Consejo de Universidades, es decir, se privilegia un enfoque de evaluación para el aseguramiento de la calidad.

Según el documento *Lineamientos para la evaluación institucional* (CONEAU, 1997: 6):

> *La evaluación institucional supone un proceso complejo para determinar el valor de algo, que implica una delicada tarea de interpretación de un conjunto de elementos que interactúan configurando una realidad particular y significativa. De hecho, evaluar no es, rigurosamente, la etapa posterior o final de un proceso, sino un momento en el camino para apreciar lo caminado, y decidir cómo continuar. Si se sigue profundizando, se puede decir que la evaluación que se formula debe aspirar a la credibilidad y al consenso. Una evaluación, asimismo, no es los "datos", aunque estos sean indispensables,*

---

[16] Esfera del conocimiento: es aquel más propio del trabajo académico, sea en términos de producción (investigación), de transmisión (docencia y extensión) o de almacenamiento (bibliotecas). Esfera de la gestión: abarca todos los procesos de conducción y administración institucionales, desde al ámbito local hasta el sistémico.

sino el proceso por el que se aprecia y discierne el valor de las acciones y realizaciones; un proceso profundamente humano que se nutre y se articula en el diálogo, la discusión y la reflexión.

De la bibliografía consultada surge que existen tres términos en idioma inglés frecuentemente utilizados en los ámbitos relacionados con la evaluación universitaria: *accreditation, accountability* y *assessment*. Cada uno de ellos ha aparecido en distintos momentos, pero en la actualidad operan simultáneamente en los procesos de aseguramiento de la calidad de la educación superior en la mayor parte de los países industrializados (Hendel y Lewis, 2005). Por su influencia en Argentina, nos detendremos en dos conceptos: acreditación y evaluación institucional.

La acreditación implica verificar que se alcanzan determinados estándares predeterminados, los que pueden ser de dos niveles: mínimos, que implica satisfacer las condiciones esenciales para permitir el funcionamiento (nivel satisfactorio), o de excelencia, que significa no solo haber alcanzado un nivel satisfactorio, sino que se verifica un alto nivel de calidad o excelente. Peón lo define así:

> *Es un procedimiento más estricto, y está muy orientado a la verificación de adecuación de pautas y criterios definidos en forma general, aunque por supuesto también implica un proceso evaluativo y resulta un elemento de ayuda al mejoramiento de la calidad de los programas educativos (Peón y Pugliese, 2003: 6).*

La acreditación se ha transformado en los últimos años en un tema polémico en Europa (Scheele, 2004; Stensaker y Harvey, 2006), aunque tiene una larga tradición en Estados Unidos (Thrash, 1979), no exenta de ciertas críticas. Sin embargo, sus permanentes ajustes han consolidado un sistema respetado (Bollag, 2004). La acreditación en Estados Unidos ha quedado muy marcada por el funcionamiento de organizaciones voluntarias, no oficiales, autogobernadas que periódicamente revisan los criterios de acreditación y los requisitos institucionales (Thrash, 1979). La acreditación incorpora un mecanismo intrínseco no solo para garantizar la calidad, sino también, según afirma el informe de Global University Network for Innovation (2006), para mejorarla de forma contextualizada.

La evaluación institucional tiene como objetivo primario el mejoramiento de la calidad de las instituciones universitarias; aunque también este concepto de "mejoramiento" ha adquirido cada vez mayor relevancia en los procesos de acreditación de carreras, principalmente en las de grado.[17]

---

[17] Es aquí donde aparece con claridad la necesidad de reconocer la tensión entre la acreditación orientada fundamentalmente al aseguramiento de la calidad y la evaluación para el mejoramiento de la calidad. El trabajo de CONEAU hasta el momento ha estado orientado a que el objetivo de aseguramiento de la calidad esté en concordancia con el objetivo de política educativa de producir, mediante la acreditación, diagnósticos detallados y planes

De acuerdo con Harvey y Green (1993), se puede concluir que el aseguramiento de la calidad *(quality assurance)* no está referido a un mecanismo específico de evaluación a través del cual se busquen los niveles de calidad en un sistema o una institución de educación superior, sino que comprende un conjunto de mecanismos, procedimientos y procesos existentes con el propósito de asegurar el tipo de calidad deseada, de acuerdo con la misión específica de cada sistema o institución. Según esta concepción, "aseguramiento de la calidad" implica el diseño y la implementación de procesos tanto de "evaluación" como de "acreditación". Se considera crucial que estos procesos de aseguramiento de la calidad puedan llegar a ajustarse a la nueva forma de generar conocimientos, denominada por Gibbons (1998) "modalidad 2".[18] Para ello, el aseguramiento de la calidad debería centrarse en la eficacia, la eficiencia y la pertinencia de los productos logrados (García de Fanelli, 2002).

En la presente investigación se aborda una perspectiva integral. Esta perspectiva refiere a un enfoque que privilegia las consecuencias de los procesos tanto de evaluación como de acreditación (evaluación institucional —autoevaluación y evaluación externa—, acreditación de carreras de grado, acreditación de carreras de posgrado) en las instituciones universitarias, estatales y privadas.

Según Westerheijden (1999), entre las distintas direcciones que deben seguir las investigaciones empíricas, el impacto es una de ellas. Frecuentemente se confunde el término "evaluación de resultados" con el de "evaluación de impacto".

> *En un intento de acotar y clarificar podemos definir el término evaluación del impacto como la denominación genérica para toda estrategia de evaluación que trate de analizar y verificar los efectos producidos por una intervención o programa concreto (Apodaca, 1999: 364).*

En esta investigación no se busca evaluar el impacto con relaciones causales exactas. Westerheijden (1999) señala que se deben seguir las investigaciones que tienen una menor ambición: conocer la percepción de los participantes sobre lo que ha producido el proceso evaluativo (Aiello, 2005). Por lo tanto,

---

de mejoramiento creíbles y realizables en las instituciones. De este modo se busca producir un tipo de cambio institucional orientado a lograr mejorar y no simples "cosméticos" para obtener una acreditación. Por lo tanto, la relación entre evaluación institucional y la acreditación de carreras deben poder ser pensados y puestos en práctica de modo que permitan la complementación mutua (Guerrini, Rasseti, Jeppesen, 2002: 3).

[18] La tesis central de Gibbons es que las universidades están organizadas según las estructuras de las disciplina científicas (modalidad 1) y que estas estructuras se están modificando en dirección a lo que llama "modalidad 2". Esta modalidad supone que la producción y divulgación del conocimiento -investigación y enseñanza- ya no son actividades autónomas, sino que implica una interacción con otros diversos productores de conocimiento (en García de Fanelli, 2002).

se entiende por "impacto" al conjunto de efectos directos e indirectos de los procesos de evaluación y acreditación en el quehacer de una institución universitaria. Se prestará especial atención a aquellos que se inscriben en el plano de la cultura organizacional reflejada en las funciones de docencia, investigación y extensión, y en la percepción de los actores. Este impacto incluye también resultados —indicadores— concretos de las acciones emprendidas.

En el ir y venir de los datos relevados en el trabajo de campo a la teoría, y viceversa, para esta investigación se termina definiendo impacto de la siguiente manera:

> *Cambios hacia la mejora u obstáculos hacia la mejora producidos en las funciones universitarias como consecuencia de la implementación de estas políticas. Es decir, cambios y obstáculos para la mejora de las funciones de docencia, investigación, extensión y gestión en su relación con la implementación de la política de evaluación institucional y de acreditación de carreras de grado y posgrado. A su vez, se definen dos tipos de cambios para la mejora: a) cambios enunciativos y b) cambios fácticos. Los primeros refieren tanto a las recomendaciones para la mejora realizadas por CONEAU como a los planes de mejoramiento comprometidos por las instituciones luego de un proceso de autoevaluación y/o acreditación. Los segundos son aquellos cambios efectivamente realizados durante el proceso de implementación de estas políticas (fase de autoevaluación, respuesta a requerimientos de CONEAU —respuesta a la vista— cumplimiento de compromisos asumidos o de recomendaciones recibidas en una acreditación anterior).*[19]

Puede afirmarse que los fines nos llevan a la esencia de una cosa. ¿Cuáles son aquellos fines que hacen que una universidad sea tal? Desde un punto de vista formal y actual, es posible sintetizar en tres fines la idea de la universidad: investigar, enseñar en el más alto nivel y transferir conocimientos a la sociedad (Pérez Lindo, 1995). De la bibliografía consultada y de la normativa vigente, surge que las funciones sustantivas de la universidad son: la docencia, como labor predominante de todo el sistema de educación superior; la investigación, entendida como generación,[20] descubrimiento y confección de nuevos cuerpos de conocimiento; las aplicaciones directas o extensión, que se produce cuando los académicos o las instituciones utilizan su poder en forma práctica para ayudar a otros sectores sociales (Clark, 1991). Estas funciones son organizadas y coordinadas por la gestión.

Se considera que mejorar la calidad universitaria es mejorar la invención del conocimiento y su transmisión (Llano, 2003).

---

[19] Metodológicamente, se considera que surge la denominada "teoría fundamentada en los datos" *(Grounded Theory)* (Soneira, 2006).

[20] A la formación de un concepto, de una idea, se le aplica rigurosamente el verbo "generar" porque la realidad no se "produce" a partir de ninguna materia preexistente, sino que surge originalmente de la propia vida del intelecto, vertido de manera intencional a la realidad esencial de las cosas (Llano, 2003).

4. Sistemas comparados de aseguramiento de la calidad de las universidades europeas. Breve descripción[21]

En este capítulo se describe el origen, la evolución, el funcionamiento y las tendencias de los sistemas de aseguramiento de la calidad de 11 países europeos: Dinamarca, Noruega, Suecia, Finlandia, Austria, Italia, Suiza, Alemania, Holanda, Reino Unido y Francia. También se analiza el funcionamiento de la organización "paraguas" de las agencias europeas de aseguramiento de la calidad: European Association for Quality Assurance in Higher Education (ENQA), del Consorcio Europeo para la Acreditación (ECA) y del registro europeo European Quality Assurance Register for Higher Education (EQAR).

La fuente principal de recolección de la información fue la visita *in situ* realizada a 16 agencias de aseguramiento de la calidad pertenecientes a estos países. Se realizaron entrevistas semiestructuradas a integrantes de estas agencias. Esta información se completó con fuentes secundarias (bibliografía sobre la temática y los sitios web de las agencias).[22]

---

[21] Como se dijo más arriba, este capítulo fue completado y publicado como artículo en Corengia, Á.; Del Bello, J. C.; Pita Carranza, M., y Adrogué, C. (2014), "Quality Assurance Systems of Higher Education Institutions in Europe. Origin, Evolution and Trends", en *Revista Gestão Universitária na América Latina (GUAL)*, Florianópolis, vol. 7, núm. 3, pp. 61-76, septiembre de 2014. Disponible en línea: <http://dx.doi.org/10.5007/1983-4535.2014v7n3p61>.

[22] Listado de Agencias visitadas y entrevistadas *in situ* (2008): 1. Danish Evaluation Institute (EVA) (Copenhagen, Dinamarca) 27 de agosto; 2. Norwegian Agency for Quality Assurance in Education (NOKUT) (Oslo, Noruega), 29 de Agosto; 3. National Agency for Higher Education (NAHE) (Estocolmo, Suecia), 2 de septiembre; 4. Finnish Higher Education Evaluation Council (FINHEEC) (Helsinki, Finlandia), 4 de septiembre; 5. European Association for Quality Assurance in Higher Education (ENQA) (Helsinki, Finlandia), 5 de septiembre; 6. Austrian Accreditation Council (AAC) (Viena, Austria), 9 de septiembre; 7. Comitato Nazionale per la Valutazione del Sistema Universitario (Roma, Italia), 11 de septiembre; 8. Center for Accreditation and Quality Assurance of the Swiss Universities (OAQ) (Berna, Suiza), 12 de septiembre; 9. Accreditation, Certification and Quality Assurance Institute (ACQUIN) (Bayreuth Alemania), 15 de septiembre; 10. Foundation for the Accreditation of Study Programmes in Germany (Akkreditierungsrat) (Bonn Alemania), 16 de septiembre; 11. Accreditation Organisation of the Netherlands and Flanders (NVAO) (La Haya, Holanda), 18 de septiembre; 12. International Network for Quality Assurance Agencies in Higher Education (INQUAAHE) (La Haya, Holanda), 18 de septiembre; 13. Netherlands Quality Agency (NQA) (Ultrecht, Holanda), 19 de septiembre; 14. British Accreditation

Siguiendo a Lee Harvey (2008), se puede decir que la gran pregunta acerca de la calidad de la educación superior es si realmente se está mejorando la educación superior o si solo se trata de apariencias. Este autor presenta tres visiones. (a) Una visión positiva, que sostiene que se han producido reales cambios como resultado de la intervención de fuerzas externas. Entre estas fuerzas, el aseguramiento de la calidad es un instrumento que ha dado como resultado un sistema más transparente, con un impacto general positivo. (b) Una visión negativa que sugiere que se ha deteriorado la educación superior. De acuerdo a esta visión, la masificación no ha hecho que el acceso a la educación se amplíe y mejore. Por último, (c) una visión intermedia, que sugiere que la educación superior ha mejorado, pero no en la medida deseada.

Harvey afirma que cabe hacerse un planteo de fondo, como por ejemplo "si se considera que la educación superior está mejorando, ¿qué es lo que se ha mejorado?"; "¿se está haciendo algo más allá de 'hacer parecer' que las cosas son mejores?"; "¿cómo lo sabemos?"; "¿el aseguramiento de la calidad es la herramienta principal de la mejora?"; "¿cómo se ha alcanzado el aseguramiento de la calidad?"; "¿los 20 años de aseguramiento de la calidad han tenido algún impacto?" (Harvey, 2008).

Si bien en este capítulo no se da una respuesta acabada a cada una de estas preguntas, se intenta dejar planteado un panorama de lo que al respecto sucede en algunos países europeos tanto a nivel descriptivo como propositivo (tendencias). En el capítulo de discusión y conclusiones se toman elementos del caso europeo para iluminar la experiencia argentina, principalmente en términos de sugerencias para la mejora del actual sistema.

En el cuadro 4.1 se muestran algunas características del sistema de educación superior de los países seleccionados. En el cuadro 4.2 se describen las características principales y las tendencias de los sistemas de aseguramiento de la calidad de cada país. En el cuadro 4.3 se describen las denominadas "asociaciones paraguas".

Un primer análisis de la información obtenida[23] nos permite concluir:
- Existe una fuerte tendencia de los sistemas de aseguramiento de la calidad hacia el fortalecimiento de los sistemas internos de calidad, es decir, aquellos que se desarrollan en las propias instituciones de educación superior.
- El instrumento de política más utilizado es el de las "auditorias de calidad". Se infiere que lo más importante es que la reflexión hacia la mejora de la calidad se genera "desde dentro", aunque muchas veces impulsado "desde afuera". Estos procedimientos promueven autonomía junto a una mayor responsabilidad por la propia gestión de la calidad.

Council (BAC) (Londres, Reino Unido), 22 de septiembre; 15. Quality Assurance Agency for Higher Education (QAA) (Gloucester, Reino Unido), 23 de septiembre; 16. Evaluation Agency for Research and Higher Education (AERES) (París, Francia), 26 de septiembre.

[23] Véanse los cuadros 4.1, 4.2 y 4.3 al final de este capítulo.

- El esfuerzo por no confundir el medio (evaluación y acreditación) con el fin (asegurar calidad de la educación superior) podría ser un paso a favor de los sistemas de aseguramiento de la calidad, tanto internos como externos.
- La preocupación por la burocratización que pueden producir, y de hecho producen, estos procesos no es un tema menor. Si el aseguramiento de la calidad burocratiza no solo no asegura calidad, sino que probablemente la disminuye. Incluso la puede anular.
- Desde afuera de las instituciones —Estado, agencias, mercado, etc.—, a través de instrumentos de política, se puede motivar y facilitar el desarrollo de una cultura de calidad en el seno más profundo de cada institución.
- El desafío de ENQA, ECA y del registro es ayudar a las agencias a no perder de vista que nadie da lo que no tiene, o que solo se puede dar lo que uno es y posee. Si las agencias de aseguramiento de la calidad se miran a sí mismas, reflexionan y evalúan sus prácticas, podrán entender y ayudar mejor a las instituciones evaluadas por ellas. No obstante, parece necesario aminorar el crecimiento de estas asociaciones paraguas. Sin darnos cuenta, podemos estar alejándonos cada vez más de lo más importante en una institución de educación superior: el conocimiento, su generación y transmisión. Podría transformase en un círculo vicioso en lugar de virtuoso.
- Tenemos la responsabilidad de evidenciar científicamente dónde estos procesos producen mejoras, dónde entorpecen y frenan lo esencial de una institución de educación superior. La dificultad metodológica no puede ser una respuesta a tal magnitud de carencia. Se está invirtiendo mucho tiempo (veinte años), dinero (millones), personas (miles) en estos procesos como para permitirnos seguir avanzado sin saber "científicamente" cuáles son sus virtudes y sus defectos.

A continuación, se muestran los cuadros 4.1. Características de los sistemas de educación superior de los países visitados; 4.2. Origen y tendencias de los sistemas de aseguramiento de la calidad, y 4.3. Descripción de las asociaciones denominadas "paraguas".

Cuadro 4.1. Algunas características de los sistemas de educación superior de 11 países europeos

País	Características
1. Dinamarca	- Estructura: a) breve ciclo de educación superior; b) ciclo medio; c) ciclo universitario. - En su gran mayoría estatales. - Adoptan el proceso de Bologna.
2. Noruega	- Estructura: a) universidades; b) universidades especializadas; c) *colleges* universitarios. - En su gran mayoría estatales. - Sector privado pequeño financiado casi en su totalidad por el Estado. - No existe casi competencia entre ambos sectores. - Adoptan el proceso de Bologna.
3. Suecia	- Estructura: a) universidades (39); b) *colleges* (22). - En su gran mayoría estatales. - Adoptan el proceso de Bologna.
4. Finlandia	- Estructura: a) universidades (39); b) politécnicos o universidades de ciencias aplicadas (26). - Próxima reforma estructural del sistema: fusionar instituciones. - En su gran mayoría estatales. - Adoptan el proceso de Bologna.
5. Austria	- Estructura: a) universidades estatales-públicas (22); b) universidades privadas (12, existen desde 1999); c) universidades de ciencias aplicadas. - Adoptan el proceso de Bologna.
6. Suiza	- Estructura: a) universidades estatales-públicas (12); b) universidades de ciencias aplicadas (7). - Sistema federal. - En su gran mayoría son estatales. - Adoptan el proceso de Bologna
7. Alemania	- Estructura: a) universidades; b) universidades de ciencias aplicadas. - Sistema federal. Se produjo un cambio importante: el Estado se retiró del manejo del Sistema de Educación Superior. Las instituciones tienen más autonomía para crear sus propios perfiles. - Adoptan el proceso de Bologna.
8. Holanda	- Estructura: a) universidades basadas en la investigación: universidades académicas; b) universidades profesionales, de ciencias aplicadas. Estatales (14); privadas (8). - Flandes tiene una estructura similar. - Títulos de "*bachelor-master* profesionales"; "*bachelor-master* académicos". - Adoptan el proceso de Bologna.
9. Reino Unido	- Estructura: a) universidades (119 -94 de Inglaterra, 9 de Gales, 14 de Escocia y 2 de Norte de Irlanda-); b) "otro tipo de instituciones de educación superior" (50 —37 de Inglaterra; 4 de Gales; 7 de Escocia; 2 de Irlanda del Norte—). - Autónomas. No pertenecen al gobierno ni son dirigidas por él. - Financiamiento público centralizado. - Adoptan el proceso de Bologna.
10. Francia	- Estructura: a) universidades (84); b) escuelas (*écoles*, instituciones de elite); c) organismos de investigación. - Sistema muy estatal-público. Solo el 10% de los estudiantes van a instituciones privadas. - Adoptan el proceso de Bologna.
11. Italia	- Estructura: a) universidades estatales (75); b) universidades no estatales (14); c) universidades telemáticas, a distancia (5). Todas son consideradas "públicas", estatales o no estatales. - Adoptan el proceso de Bologna

Fuente: elaboración propia a partir de la información obtenida principalmente en las entrevistas

Cuadro 4.2. Sistemas de aseguramiento de la calidad. Origen y tendencias, por país

País	Agencia/s	Función principal	Tendencia
1. Dinamarca	- Desde 1992 hasta 2007 The Danish Evaluation Institute (EVA) Naturaleza: agencia pública independiente del Ministerio.	- Desde 1992: evaluar / acreditar programas universitarios (enfoque de adecuación al propósito). - A partir de 1999: evaluar / acreditar todos los programas del sistema de Educación Superior. - 2004: se implementa la "auditoría institucional" para ayudar a construir un sistema interno de Aseguramiento de la Calidad. Se pasó de un sistema de "evaluación de programas" a un sistema de "auditoría institucional" a fin de lograr mayor impacto a nivel estratégico.	Volver a las "Auditorías Institucionales" con algún sistema aleatorio de "acreditación de programas"
	- Desde 2007 1. Accreditation Agency (ACE) 2. The Danish Evaluation Institute (EVA)	- ACE: evaluar / acreditar programas universitarios - EVA: evaluar el resto de los programas de Educación Superior.	
2. Noruega	Desde 2002/2003: Norwegian Agency for Quality Assurance in Education (NOKUT)	- Evaluar / acreditar carreras de grado y posgrado. - Evaluar los sistemas de aseguramiento de la calidad de las instituciones.	- Reducir el control de detalles en la acreditación de programas *ex-ante*. - Fortalecer los Sistemas Internos de Aseguramiento de la Calidad de las instituciones. - Aumentar la confianza para que la institución sea la verdadera responsable de la calidad.
3. Suecia	Desde 1995: The Swedish National Agency for Higher Education. (Högskoleverket - HSV)	- Evaluación de asignaturas y programas (no tan exhaustiva). - Auditorías institucionales (más rigurosas). No solo se evalúa que tengan sistemas de aseguramiento de la calidad, sino, además, sus efectos en la calidad. - Se evalúa el derecho a otorgar títulos de las universidades (vocacionales o profesionales) y *colleges* (todos). - Se evalúa el cambio de status de los *colleges* a universidad. - En el 2007 se implementó un premio a la excelencia. Hubo 20 solicitudes de instituciones de diferente tipo, y se entregaron 5 premios.	- Se aproximan cambios en el gobierno, ya que habrá elecciones, y de acuerdo a las tendencias se volverá a un Gobierno Social Demócrata. No hay indicios de qué acciones se implementarán.

País	Agencia/s	Función principal	Tendencia
4. Finlandia	- Desde 1996: Finnish Higher Education Evaluation Council (FINHEEC).	- El objetivo más importante es respaldar el desarrollo de sistemas de aseguramiento de la calidad en las instituciones de Educación Superior y cumplir con los principios de aseguramiento de la calidad europeos. - Se evalúa la institución en su totalidad, en particular el sistema de aseguramiento de la calidad. No se mira los resultados sino los procesos y las maneras en que monitorean su propia calidad y cómo hacen mejoras, es decir, cómo mejoran y cuidan sus propios resultados. Se audita el sistema.	- La tendencia principal seguirá siendo la auditoría. - Quizás podría existir algún tipo de acreditación voluntaria para aquellos que quieren tener contactos internacionales. - Los MBA tienen su propia acreditación. En las Escuelas de Negocios usan las acreditaciones de Escuelas de Negocios internacionales. - Algunas instituciones han analizado el sistema ISO y podrían obtener un certificado ISO 9001 para el sistema de aseguramiento de la calidad interna. Se podría suponer que en el futuro podría convertirse en una auditoría competitiva para FINHEEC. - Se está esperando lo que plantee la nueva ley, en 2009/2010.
5. Austria	- Desde 2000 Austrian Accreditation Council (AAC).	Acreditar y re-acreditar universidades privadas.	Está planificado que este sistema segmentado con AAC, AQA y Fachhochschulrat se unifique, para tener una sola agencia de aseguramiento de la calidad para todas las instituciones. Actualmente se está trabajando en este proyecto, pero queda supeditado a lo que ocurra en las próximas elecciones.
	Fachhochschulrat.	Acreditan universidades de ciencias aplicadas	
	Austrian Agency for Quality Assurance (AQA).	Agencia para el sector público. No es obligatoria. Tiene como tarea principal ayudar a las universidades públicas (también al resto pero principalmente a las públicas) a desarrollar sus sistemas internos de aseguramiento de la calidad.	La intención es unirlas porque, según los entrevistados, no tiene sentido tener diferentes agencias, habría más sinergias si fuera solo una.
6. Suiza	- Desde 2001: Center for Accreditation and Quality Assurance (OAQ).	- Auditoría Institucional: cada 4 años para las universidades (no es obligatoria para los politécnicos). - Acreditación voluntaria de programas: con excepción de medicina, que es obligatoria por ley. De acuerdo a OAQ, es mejor concentrarse en las instituciones que en los programas porque la evaluación de los programas debe estar dentro de la autonomía de las universidades. En las auditorías institucionales, OAQ se concentra en el sistema de aseguramiento de la calidad de la universidad. Las universidades tienen que tener un buen sistema interno de aseguramiento de la calidad para "pasar la prueba". La existencia de un buen sistema interno debe garantizar que las instituciones evalúen sus propios programas (ellas mismas deben hacerse cargo de la calidad de los programas) por lo que la agencia solo debe controlar cómo lo hacen y que lo hagan periódica y sistemáticamente.	Va a haber una nueva ley de educación superior en 2012, y la tendencia es que se tratará a todos los diferentes tipos de instituciones de educación superior de la misma manera. Las universidades, los politécnicos, las instituciones de capacitación docente, van a tener las mismas reglas, el sistema se va a armonizar. Se va hacia un sistema de acreditación obligatoria en la que todas las instituciones de educación superior van a tener que someterse a la acreditación. En cuanto a las privadas, es un tema difícil en Suiza. En la nueva ley habrá mucha presión para que las instituciones privadas hagan la acreditación, ya que perderán el derecho de utilizar el nombre de 'universidad' si no tienen una acreditación positiva. Se continuará con la acreditación voluntaria de programas. En medicina seguirá siendo obligatoria.

País	Agencia/s	Función principal	Tendencia
7. Alemania	Desde 1999: Consejo de Acreditación Akkreditierungsrat	Supervisar todas las agencias de acreditación en Alemania. Promueve la competencia justa entre las agencias.	La tendencia es la evaluación de las instituciones, en vez de los programas. Al estilo de una acreditación institucional. Esto está implementado, -pero los procedimientos no habían comenzado al momento de hacer las entrevistas-. Se conservará la misma "construcción" de una agencia acreditadora de agencias. Las agencias deberán conseguir los permisos para llevar a cabo los procedimientos de acreditación de sistemas. Esto es inminente.
	Agencias intermedias ACQUIN, etc. 6 en total.	Acreditar programas, tanto de grado como de posgrado, de todas las instituciones de Educación Superior de Alemania (universidades de ciencias aplicadas, universidades, universidades privadas). En el caso de las universidades privadas es un poco diferente, ya que si quieren ser aceptadas a nivel estatal deben tener una acreditación institucional aparte. Lo más importante en la acreditación de programas es el resultado. Se observan los objetivos que la institución se ha fijado para el programa y las competencias obtenidas por los estudiantes. No se observa la forma en que se realiza, porque eso es de la autonomía de la institución.	En este momento se acreditan programas, pero ACQUIN ha comenzado proyectos de acreditación del sistema, que son como auditorías de calidad. Se busca reducir la burocracia de la acreditación de programas —la universidad tiene que pagar mucho dinero por el proceso, los profesores tienen que dedicarse a hacer la acreditación de cada uno de los programas, etc.—. A futuro se podría decir, de acuerdo a lo establecido en el Proceso de Bologna -donde se declara la autonomía de las instituciones de educación superior-, que todas las instituciones de educación superior tendrán su propio sistema de aseguramiento de la calidad para mejorar y certificar sus propios programas. Las instituciones desarrollarán un sistema interno de acreditación, certificación y evaluación para desarrollar y examinar la calidad de sus propios programas. En principio van a hacer un poco lo que hacen las agencias y luego tendrán que tener un sistema para eso, un sistema de aseguramiento de calidad para sus programas. Este sistema se va examinar y a acreditar. Y luego, si el sistema es acreditado, todos sus programas estarán acreditados.

País	Agencia/s	Función principal	Tendencia
8. Holanda	- Desde 2003: Educational accreditation organisation of the Netherlands and Flanders (NVAO)	Acreditar programas. Todos los años NVAO publica una lista de las agencias que estima que son confiables. Hay 7 para Holanda, de la lista de Agencias de QA (Evaluación de la Calidad). La institución contrata a una de estas agencias para que realice la evaluación externa.	Se acordó que habrá un nuevo sistema después de 2010, en el que van a haber auditorías institucionales. Se va a continuar acreditando cada programa pero existe una posibilidad de que las instituciones pasen por una auditoría institucional. Se tendrá un equipo auditor de expertos que van a visitar una institución y van a observar su sistema de aseguramiento de la calidad interno y si consideran que está bien, puede ser suficiente para NVAO. Así se aliviana el enfoque de la acreditación de programas. Pueden contratar expertos ellos mismos para evaluar sus programas. Se está empezando con un programa piloto de este nuevo sistema. Se han seleccionado algunas instituciones en las cuales se está probando este nuevo método. Se formalizará en 2009 – 2010.
	Actualmente existen 7 agencias: NQA, QANU, FIBAA, ASIIN, IAPA, etc. Las universidades pueden elegir una de estas agencias	Realizar la evaluación externa de los programas que se van a acreditar en NVAO.	
9. Reino Unido	- Desde 1997: Quality Assurance Agency For Higher Education (QAA).	Realizar el Servicio Integrado de Aseguramiento de la Calidad. Antes de 1997 existían dos procedimientos de calidad. Uno era el procedimiento de auditoría institucional, que lo realizaba el Consejo de Calidad de la Educación Superior; y otro era el proceso de revisión de asignaturas, también denominado evaluación de la calidad de la enseñanza, realizado por los Consejos de Financiamiento, con el objetivo asegurar el cumplimiento los estándares de los programas financiados. Las universidades afirmaban que no tenía sentido tener dos procesos de revisión por separado, que era mucho mejor unirlos como un solo proceso bajo una organización. Y así fue como se fundó QAA en 1997. Se evalúa la institución en su totalidad. Los programas son responsabilidad de la institución porque tienen las facultades para otorgar títulos. La auditoría institucional se realiza aproximadamente cada 6 años.	Por una parte existe un sistema muy estable para el aseguramiento de la calidad construido sobre una auditoría institucional que ha funcionado por muchos años y que ha asegurado que las universidades están administrando la calidad eficazmente. Por otra parte, se considera que puede haber temas ocultos que necesiten explorar más detalladamente, y ese es el desafío en los próximos 5 años.
	- Desde 1984: British Accreditation Council (BAC) Es una organización privada, sin fines de lucro.	Acreditación de *Colleges*	Mayor intercambio de información. Internalizar dentro de los *colleges* los principios de la calidad.

EL IMPACTO DE LA CONEAU EN UNIVERSIDADES ARGENTINAS

País	Agencia/s	Función principal	Tendencia
10. Francia	- Antes, desde 1984, existía el CNE, Comité Nacional de Evaluación. Evaluaba instituciones. - Desde marzo de 2007 AERES. Con la ley de investigación del 2006, se creó esta nueva agencia.	- Evaluación de instituciones (similar a lo que hacía CNE) - Evaluar unidades de investigación. - Evaluar y categorizar carreras. - Acreditar y categorizar escuelas doctorales.	Se buscará evaluar como se hace en el resto de Europa: los procesos de calidad internos. Es decir, en el futuro se evaluarán esencialmente los mecanismos que la misma universidad desarrolla para asegurar su calidad.
11. Italia	- Desde 1999. Comitato nazionale per la valutazione del sistema universitario (CNVSU).	- Acreditar instituciones con estándares mínimos. - Base de información. - El último tramo del año 2007, se pasó de los estándares mínimos a los estándares necesarios, lo que se considera un pequeño paso. El Comité insistió en tener en cuenta primero los requisitos necesarios. La primera necesidad a los requisitos necesarios es la transparencia. Es decir, la obligación que tienen las universidades de dar a los estudiantes toda la información necesaria.	Se creará una Agencia en reemplazo del Comité. El sistema italiano se dirige a la acreditación, sobre todo de las instituciones, a través de la acreditación de los programas. Todos los programas, de grado y posgrado.

Fuente: elaboración propia a partir de la información obtenida principalmente en las entrevistas.

Cuadro 4.3. Asociaciones "paraguas"

Asociación	Función principal
1. European Association for Quality Assurance In Higher Education (ENQA) Génesis: - 1994: primeros antecedentes. Marco o referencias comunes acerca del aseguramiento de la calidad en Europa. - 1999: tema de la Declaración de Bologna. - 2000: ENQA se fundó como una red informal en Finlandia, porque el Ministro de Educación de Finlandia se ofreció para coordinar la red. En ese momento ENQA estaba ubicado y era estructuralmente una parte del Ministerio de Educación. - 2004 ENQA se convirtió en una asociación independiente y se separó del Ministerio de Educación.	Actualmente: organización "paraguas" de las Agencias Europeas de Aseguramiento de la Calidad. Existen 36 miembros plenos y 11 candidatos a miembros. Las agencias deben cumplir los ESG (*European Standards and Guidelines for Quality Assurance*) para poder ser miembros plenos de ENQA. Los candidatos a miembros tienen dos años para demostrar que pueden alcanzar ese nivel para convertirse en miembros plenos. Hay una revisión externa de pares y todos los miembros deberán ser evaluados externamente para 2010 para ver que cumplan con los ESG. Estas son las dos partes principales de los ESG: a) las agencias tienen que ser independientes y tienen que tener una Declaración de Admisión, y b) deben tener recursos financieros y procedimientos de responsabilidad, etc. que están mencionados en los ESG, que es el nivel mínimo para las agencias. Además los ESG introdujeron un sistema de revisión de pares que es la revisión externa que se puede usar como requisito para ser miembro de ENQA. La tendencia conduce al desarrollo global en el aseguramiento de la calidad, los *rankings*, y los resultados en el aprendizaje.
2. European Consortium for Accreditation in Higher Education (ECA) *Consorcio Europeo para la Acreditación (ECA)* Génesis: Fue establecido en Córdoba en Noviembre de 2003 y renovado en Cracovia en Junio de 2008.	Los miembros de ECA consideran que el mutuo reconocimiento de las decisiones de acreditación contribuirá al reconocimiento de las calificaciones y la movilidad de los estudiantes en Europa. También será un facilitador para las instituciones y programas que operan a través de las fronteras. Cuando los acuerdos de reconocimiento mutuo se establezcan, las instituciones solo necesitarán aplicar para la acreditación en uno de los países miembros de ECA en lugar de obtener la acreditación en cada país por separado. Así pues, mediante la realización de las actividades necesarias para el reconocimiento mutuo, ECA contribuye a alcanzar el Espacio Europeo de Educación Superior. El Consorcio también trabajará para proporcionar información transparente acerca de la calidad para apoyar la internacionalización de las instituciones y los estudiantes. Además, las organizaciones que conforman ECA desean aprender unos de otros y promover las buenas prácticas en materia de acreditación. Las organizaciones que participan de ECA se reúnen una vez al año en un *Workshop*. También habrá seminarios anuales y conferencias con la participación de *stakeholders* como instituciones, estudiantes, organismos reconocidos, representantes del gobierno y empleadores. Un primer Acuerdo de Cooperación fue firmado por 12 organizaciones acreditadoras en Córdoba en Noviembre de 2003. Estas firmas marcaron el establecimiento formal del Consorcio. Un nuevo Acuerdo de Cooperación en Junio de 2008. Tanto los miembros existentes como los nuevos miembros podían unirse al renovado ECA. Actualmente 15 organizaciones de acreditación son miembros de ECA.

3. EQAR (European Quality Assurance Register for Higher Education). Registro Europeo	
Génesis: 2007: luego de una reunión en Londres, los Ministros Europeos de Educación acordaron la creación del EQAR (Registro Europeo de Agencias de Aseguramiento de la Calidad). Los Ministros hicieron hincapié en la naturaleza voluntaria e independiente de EQAR. Adhirieron a la creación del Registro propuesto por el Grupo E4, con un informe a los Ministros. Los Ministros reconocieron que había habido progresos en el sector de aseguramiento de la calidad en la enseñanza superior y, sobre todo, en la participación de los estudiantes. El Comunicado de Londres alentó a los exitosos Foros de Aseguramiento de la Calidad organizados por E4, para que se realicen anualmente.	EQAR es una asociación internacional sin fines de lucro, bajo la ley de Bélgica, que ha sido creada por las organizaciones del E4, para operar el Registro de las agencias de aseguramiento de la calidad. Fue fundada para aumentar la transparencia del aseguramiento de la calidad de la educación superior en toda Europa. Los miembros de la asociación son los cuatro fundadores, E4: ENQA, ESU, EUA y EURASHE (los representantes europeos de las agencias de aseguramiento de la calidad, los estudiantes, las universidades y otras instituciones de educación superior respectivamente), así como también las organizaciones sociales socias representadas en el Bologna Follow-Up Group (BFUG) y los gobiernos europeos que hubieran decidido apoyar el funcionamiento de EQAR e involucrarse en su gestión global. EQAR publicará y administrará un registro de agencias de aseguramiento de la calidad que cumplan sustancialmente con los *European Standards and Guidelines for Quality Assurance* (ESG), para proveer al público información clara y confiable acerca de las agencias de aseguramiento de la calidad que operan en Europa. El Registro está basado en la *web* y su acceso es libre. Todas las agencias que cumplan sustancialmente con los ESG pueden ser admitidas en el Registro. El cumplimiento de los ESG se debe evidenciar a través de una revisión externa realizada por expertos externos internacionales. Esta revisión es coordinada tanto por una autoridad nacional como por otra organización que sea independiente de la agencia de aseguramiento de la calidad bajo la revisión. La membresía plena de ENQA, también basada en el cumplimiento sustancial de los ESG, normalmente constituirá una evidencia satisfactoria para la inclusión en el Registro

Fuente: elaboración propia a partir de la información obtenida en las entrevistas y en las *web site*

Se considera que el panorama planteado acerca de lo que sucede actualmente en Europa aporta instrumentos novedosos que podrían ser tomados en cuenta para el actual sistema de evaluación y acreditación de la calidad universitaria argentina: auditorías de calidad, agencias disciplinarias, evaluación de las agencias que evalúan la calidad, entre otros. Esto se retoma en el capítulo de discusión y conclusión.[24]

---

[24] Un estudio comparado en profundidad entre el caso europeo y el caso argentino excede los objetivos esta investigación.

5. Marco metodológico

5.1. Descripción de la metodología utilizada

Estudiar "las políticas y los procesos de evaluación que impactan y, a la vez, son generados por organizaciones" —cualesquiera sean estas— supone indagar acerca de fenómenos dinámicos, sociales, en los que intervienen actores que, por definición, tienen capacidad para interrelacionarse de acuerdo con intereses diversos. Asimismo, la evaluación está lejos de ser una práctica neutra, ajena a elementos centrales de la dinámica institucional como son: las relaciones interpersonales, los procesos de toma de decisiones, la reflexión crítica para la mejora, la construcción y/o el mantenimiento del prestigio de la organización y de sus miembros y, en última instancia, el problema de la supervivencia de la institución. Esto conlleva múltiples consecuencias para el proceso de investigación; entre ellas, posibles restricciones en el acceso a información relevante. En el plano metodológico, esto se traduce en la necesidad de pensar un diseño que permita la reconstrucción de estos fenómenos (Campos, Corengia, Larripa, Vázquez y Mujica, 2007).

Atendiendo a lo expuesto, se realiza un estudio principalmente cualitativo de naturaleza descriptiva-evaluativa. Se utiliza la estrategia de estudios de casos (Yin, 1984; Neiman y Quaranta, 2006). También emerge algo de la teoría fundamentada en los datos o *Grounded Theory* (Soneira, 2006), debido a que, en algún caso, se construyen inductivamente categorías por el análisis sistemático de comparar similitudes y diferencias hasta la saturación (concepto de impacto, por ejemplo).

Se observa el efecto de las políticas de evaluación institucional, acreditación de carreras de grado y de posgrado en las funciones de docencia, investigación, extensión y gestión, y en la percepción de los actores. Es decir, se estudia si se han producido cambios y, en ese caso, de qué tipo, como consecuencia de la implementación de la política de evaluación y acreditación universitaria y el grado de asimilación de estas políticas (en términos de adopción/adaptación o resistencia) por parte de directivos y personal relacionado directamente con estos procesos. Para ello se ha utilizado la denominada reflexividad de primer orden, debido a que, en varias ocasiones, se toma para el mismo análisis la voz del actor. A medida que se avanza en el análisis y la comprensión del impacto, se llega a la reflexividad de segundo orden (voz del investigador).

Universo temporal: 1996-2009. Desde que comenzaron a implementarse las políticas de evaluación institucional y acreditación de carreras hasta la actualidad.

Universo espacial: Argentina (universidades de Capital Federal y del interior de país).

Unidades de análisis: universidades argentinas de gestión pública y privada.

Dado que el número de universidades argentinas[25] es, en octubre de 2014, de 97,[26] de las cuales 47 son estatales y 50 son privadas, se considera que el universo es de gran tamaño y, por lo tanto, conviene trabajar con una muestra intencional. El subuniverso de instituciones que se han visto involucradas en los tres procesos (evaluación institucional, acreditación de carreras de grado y acreditación de carreras de posgrado) independientemente de si los dictámenes fueron favorables o no es de 22 universidades estatales y 20 universidades privadas en el momento de selección de los casos.[27]

5.2. Criterios de selección de los casos

A continuación, se desglosan los criterios metodológicos y conceptuales que se tuvieron en cuenta para la selección de cada caso de estudio:

a. Criterios constantes:

I. Procesos de evaluación institucional y acreditación de carreras implementados.

Se seleccionaron universidades que hubiesen implementado los tres procesos cuyo impacto se intenta medir: evaluación institucional, acreditación de carreras de grado y acreditación de carreras de posgrado. En el apéndice I, se muestra la situación del universo de universidades argentinas respecto de su involucramiento (o no) en los procesos de evaluación institucional y acreditación de carreras al momento de elegir los casos de estudio.

II. Carreras de grado acreditadas en Medicina y/o Ingeniería.

Para observar los efectos en la acreditación de las carreras de grado, se eligieron carreras de Medicina y/o Ingeniería por ser las dos primeras carreras de grado incluidas en el art. 43 de la Ley de Educación Superior 24521. Ambas carreras han completado el proceso de acreditación en sus dos fases. Como se desprende de los antecedentes y del marco teórico, el impacto de

---

[25] Nótese que estamos considerando solo las instituciones universitarias denominadas por nuestro sistema legal como "universidades", es decir, no estamos contando a los institutos universitarios nacionales. De ser así, el número ascendería a 118.
[26] Véase <www.me.gov.ar/spu>.
[27] Elaboración propia a partir de <www.coneau.edu.ar>. Véase el apéndice I.

una política pública puede observarse mejor luego de transcurrido un lapso de tiempo considerable.

III. Carreras de posgrado acreditadas en ciencias de la salud, ciencias aplicadas, ciencias sociales.

Por un lado, se eligieron las disciplinas relacionadas con la selección que se hizo para carreras de grado: "ciencias de la salud" y "ciencias aplicadas". Por otro, se seleccionó "ciencias sociales". Esto permitirá observar qué tipo de relación existe entre el impacto producido por la acreditación de carreras de grado y posgrado en las unidades académicas afectadas por ambos procesos o por uno solo de ellos.

b. Criterios variables:

I. Tamaño y año de creación.

Se estima que el tamaño de las instituciones es una variable importante para identificar el efecto derrame de los procesos de evaluación y acreditación universitaria. Distintos autores insisten en la necesidad de considerar el tamaño de las instituciones afectadas por el cambio. Se espera que los sistemas más maduros y desarrollados impongan numerosos frenos al cambio. Sin embargo, afirma Clark (1991), los establecimientos y los sistemas académicos suelen ser impredecibles: puede que se resistan más al cambio o, por el contrario, podría suceder que los sistemas académicos maduros cuenten con un conocimiento profundo de la adaptación y la evolución que los establecimientos y sistemas nuevos aún no han adquirido.

II. Tipo de gestión: estatal o privada.

Se identificará si el diferente tipo de gestión (estatal o privada) condiciona distintas respuestas frente a los procesos de evaluación y acreditación. Las estructuras de gobierno de las universidades de gestión estatal suelen ser más lentas en la toma de decisiones debido a que ellas cuentan con la participación y el voto de todos los estamentos de la vida universitaria, y para la implementación de nuevas acciones pueden llegar a requerir de la aprobación de todos los órganos de gobierno. Como contrapartida, en algunas universidades de gestión privada, influenciadas por la cultura *managerial*, las estructuras de gobierno suelen ser más pequeñas, con pocas personas involucradas en la toma de decisiones y mayor agilidad (Campos, 2007).

c. Otro: posibilidad de acceso a la información.

Por último, se realizó una consulta a expertos claves, quienes señalaron qué casos convenía elegir dentro de los que podían ser seleccionados de acuerdo a los criterios antes descriptos y considerando la posibilidad de acceso a la información.

A continuación, en el cuadro 5.1 se presentan las cuatro universidades seleccionadas.

Cuadro 5.1. Casos de estudio seleccionados para estudiar el impacto de los procesos de evaluación y acreditación universitaria argentina

Tipo de gestión Tamaño	Gestión privada	Gestión estatal
Pequeña, creada en la década de 1990	Caso 1	Caso 4
Mediana/grande	Caso 3	Caso 2

Fuente: elaboración propia a partir de los criterios de selección

La recolección y el análisis de la información se realizaron en dos etapas. En la primera, se analizó información documental (informes de evaluación externa y resoluciones de acreditación de carreras de grado y posgrado). En la segunda etapa se accedió a entrevistas con actores institucionales, principalmente directivos, a fin de conocer su percepción acerca del impacto de estas políticas en sus instituciones. En ambas etapas, pero principalmente en la segunda, la recolección y el análisis de los datos se realizaron de manera conjunta.

5.3. Áreas de análisis y dimensiones

En el cuadro 5.2, se esbozan las áreas de análisis y las dimensiones que se tuvieron en cuenta para observar el impacto[28] en las funciones sustantivas y en la gestión. En la segunda parte del trabajo de campo (en las entrevistas), se indagó en qué medida los cambios hallados en el análisis documental responden a estos procesos, o si intervienen otros factores (internos o externos) que ayudan o dificultan la generación de cambios.[29]

---

[28] Como ya se dijo en el capítulo 2 —sección 2.4—, en el ir venir de los datos relevados en el trabajo de campo a la teoría, y viceversa, para esta investigación, se termina definiendo *impacto* de la siguiente manera: "Cambios hacia la mejora u obstáculos hacia la mejora producidos en las funciones universitarias como consecuencia de la implementación de estas políticas. Es decir, cambios y obstáculos para la mejora de las funciones de docencia, investigación, extensión y gestión en su relación con la implementación de la política de evaluación institucional y de acreditación de carreras de grado y posgrado. A su vez, se definen dos tipos de cambios para la mejora: a) cambios enunciativos y b) cambios fácticos. Los primeros refieren tanto a las recomendaciones para la mejora realizadas por CONEAU como a los planes de mejoramiento comprometidos por las instituciones luego de un proceso de autoevaluación y/o acreditación. Los segundos son aquellos cambios efectivamente realizados durante el proceso de implementación de estas políticas (fase de autoevaluación, respuesta a requerimientos de CONEAU —respuesta a la vista— cumplimiento de compromisos asumidos o de recomendaciones recibidas en una acreditación anterior)".

[29] En un estudio de naturaleza cualitativa como el que se está abordando, resulta casi imposible aislar totalmente unos factores de otros en un desarrollo histórico e imputar determinados

En el cuadro 5.3 se plasma la tipología a utilizar para analizar la reacción de los actores universitarios frente a la política de evaluación y acreditación universitaria. Para el análisis de la percepción de actores, entre las opciones analíticas de un diseño cualitativo se ha escogido aquella donde prevalece la estrategia de categorización por análisis temático (Maxwell, 1996).

Cuadro 5.2. Áreas de análisis y dimensiones en los que se observan cambios producidos u obstaculizados por los procesos de evaluación y acreditación universitaria

Áreas de análisis	Dimensiones
1. Función docencia	1.1. Cuerpo de profesores
	1.1.1. Titulación académica
	1.1.2. Dedicación
	1.1.3. Categorización
	1.1.4. Formación pedagógica
	1.1.5. Selección
	1.2. Proceso-metodología de enseñanza-aprendizaje
	1.3. Currículum. Plan de estudio y programas
	1.4. Alumnos y graduados
2. Función investigación	2.1. Profesores investigadores. Formación de recursos humanos
	2.2. Proyectos de investigación
	2.3. Financiamiento de la investigación
	2.4. Productos de investigación
	2.5. Infraestructura, equipamiento y biblioteca[30]
3. Función extensión	3.1. Concepto de extensión.
	3.2. Programas de extensión.
4. Gestión	4.1. Gobierno y gestión
	4.2. Gestión de la calidad de los procesos de evaluación y acreditación

Fuente: elaboración propia a partir del documento de CONEAU, *Lineamientos para la evaluación institucional,* de las resoluciones ministeriales que definen los estándares de acreditación para carreras de grado de Medicina: Resolución Ministerial 535/99; de Ingeniería: Resolución Ministerial 1232/01, 1054/02 y de posgrado: Resolución Ministerial 1168/97.

---

efectos a determinadas causas. Esto requeriría de un abordaje metodológico diferente que permitiese controlar las interacciones entre esos diferentes factores.

[30] Se ha optado por incluir esta dimensión en la *función investigación,* pero se entiende que afecta también a la *función docencia.*

Cuadro 5.3. Respuesta de los actores universitarios frente
a los procesos de evaluación y acreditación

Tipo de estrategia / Modalidad de incorporación	Adopción/Adaptación	Resistencia
Substantiva	**Adopción plena:** acepta los medios y los fines de la evaluación y acreditación	**Resistencia activa:** rechaza los fines y los medios
Instrumental	**Adopción pragmática:** rechaza los fines pero acepta los medios	**Resistencia pasiva:** acepta los fines pero rechaza los medios (se rechazan los medios por la burocratización de la actividad, ritualización, etc.)

Fuente: Camou (2007: 48).

5.4. Descripción de las fuentes de información y de los instrumentos de recolección y análisis de datos

a) Fuentes secundarias: documentos

Se analizaron en profundidad los informes de la evaluación externa realizada por la Comisión Nacional de Evaluación y Acreditación Universitaria (CONEAU), la carta del rector, y resoluciones de acreditación de carreras de grado y de posgrado de los casos seleccionados. Véase el apéndice II.

b) Fuentes primarias: entrevistas

Se realizaron 48 entrevistas a directivos y personal relacionado con los procesos de evaluación y acreditación de los cuatro casos seleccionados. Véase el apéndice III.

c) Instrumentos

- Guías de análisis de documentos. Véase el apéndice II.
- Guía de entrevistas (segunda etapa) para rectores, decanos, secretarios académicos, líderes de los procesos de evaluación y acreditación y guía de entrevistas para integrantes de agencias europeas de aseguramiento de la calidad. Véase el apéndice III.

6. Impacto de la política de evaluación y acreditación de la calidad universitaria
Caso 1

6.1. Presentación del caso

Se trata de una universidad de gestión privada, perteneciente a una asociación civil sin fines de lucro. Fue creada en la década de 1990 y está ubicada en el aglomerado metropolitano de Buenos Aires. El número de alumnos de pregrado, grado y posgrado asciende a 4.000, aproximadamente.[31]

Esta universidad realizó la primera autoevaluación institucional entre los años 1996-1997, y la evaluación externa data del año 2000. Posee reconocimiento definitivo desde 2001. Las carreras de Medicina e Ingeniería han sido sometidas a procesos de acreditación en más de una oportunidad. Tiene posgrados acreditados y, en varios casos, reacreditados, en las áreas correspondientes a ciencias de la salud, ciencias aplicadas y ciencias sociales, entre otras.

6.2. Descripción de fuentes de información

Fuentes secundarias: documentos
Se analizó en profundidad el informe de la evaluación externa realizada por la Comisión Nacional de Evaluación y Acreditación Universitaria (CONEAU), la carta del rector, tres resoluciones de acreditación de carreras de grado (dos de Medicina; una de Ingeniería Industrial) y resoluciones de acreditación de 13 carreras de posgrados (tres de ciencias de la salud; una de ciencias aplicadas; nueve de ciencias sociales).

---

[31] Fuente: Anuario 2011 de Estadísticas Universitarias. Coordinación de Investigaciones e Información Estadística (CIIE) de la Secretaría de Políticas Universitarias (SPU), del Ministerio de Educación de la Nación.

Fuentes primarias: entrevistas

Se realizaron 13 entrevistas a directivos y personal relacionado con los procesos de evaluación y acreditación.[32]

En el apéndice II se muestran los datos correspondientes a los documentos analizados, y en el apéndice III, información referida a las entrevistas realizadas.

6.3. Impacto de la política de evaluación institucional y de la acreditación de carreras de grado y posgrado en las funciones de docencia, investigación, extensión y gestión

El objetivo de este apartado es rastrear, a partir de la información obtenida en el análisis documental y en las entrevistas en profundidad, cambios y obstáculos para la mejora de las funciones de docencia, investigación, extensión y gestión en su relación con la implementación de la política de evaluación institucional y de acreditación de carreras de grado y posgrado.

Como se explicó en al apartado teórico y en el metodológico, se definen dos tipos de cambio para la mejora: a) cambios enunciativos y b) cambios fácticos.

En las entrevistas se indagó acerca de la existencia (o no) de "obstáculos para la mejora" en su relación con la política de evaluación y acreditación.

6.3.1. Impacto de la política de evaluación institucional

Para la *función docencia,* se hallaron cambios enunciativos en todas las dimensiones estudiadas. Sin embargo, de las entrevistas en profundidad surge que, para la mayoría de las dimensiones analizadas, son pocos los que se transformaron en cambios fácticos significativos.

Así, del análisis documental de estas dimensiones, surge la necesidad que tiene esta institución de mejorar aspectos pedagógicos. Estos aspectos abarcan varias dimensiones: "plan de estudio y programas", "metodología de enseñanza aprendizaje", "alumnos y graduados". Se observa que se trata de un problema reconocido por la institución: "Necesidad de mejorar la capacitación pedagógica de los docente, necesidad de integrar los programas entre sí, disminuir la deserción", pero más fuertemente señalado por la CONEAU: "Institucionalizar líneas de formación pedagógica, generar en toda la universidad una reflexión seria

---

[32] (1) Rector. (2) Secretaria académica, Facultad de Ciencias Biomédicas. (3) Director del Departamento de Educación Médica, Facultad de Ciencias Biomédicas. (4) Integrante del Departamento de Educación Médica, Facultad de Ciencias Biomédicas. (5) Coordinadora de Acreditación, Facultad de Ciencias Biomédicas. (6) Directiva de una carrera de posgrado, Facultad de Ciencias Biomédicas. (7) Decano, Facultad de Ingeniería. (8) Secretario académico, Facultad de Ingeniería. (9) Coordinadora de Acreditación, Facultad de Ingeniería. (10) Director de un proyecto de carrera de posgrado, Facultad de Ingeniería. (11) Decano, Facultad de Derecho. (12) Director de una carrera de posgrado, Facultad de Derecho. (13) Director de Posgrados, Facultad de Comunicación.

acerca de los alcances de la educación a distancia, flexibilizar planes y programas, realizar investigaciones complementarias acerca del rendimiento académico y la deserción", entre otras. En cuanto a la "titulación académica" y la "dedicación", la carta del rector que se anexa al informe de evaluación externa resalta el esfuerzo realizado por la institución "para impulsar a los profesores a obtener el título de doctor y para incrementar el número de profesores a tiempo completo".

De las entrevistas realizadas, no surge que se haya producido un cambio fáctico significativo en estas dimensiones a raíz del proceso de evaluación institucional. Algunas autoridades hicieron explícita mención a su leve impacto:

> *En todas estas dimensiones, en institucional fue mucho más light (decano de la Facultad de Ingeniería).*

> *Bueno, me parece que eso —categorización— lo produjo la evaluación institucional que fue el reglamento de profesores, y en nuestro caso, la ordenanza de profesores [...]. Igual me da la sensación de que fue más un proceso interno que se hubiese dado de todos modos, quizás hubiese demorado más (director de una carrera de posgrado, Facultad de Derecho).*

En lo que se refiere a la dimensión "alumnos y graduados", se halló que la necesidad de *mejorar la retención y la atención personal de los alumnos* (Asesoramiento Académico Personal) es reconocida por la propia institución y recomendada por la CONEAU.

De las entrevistas, surge que la universidad ha trabajado en este sentido. Algunas investigaciones realizadas desde la Oficina de Evaluación Institucional dan cuenta del avance en esta dimensión.

> *Sí, recibimos resultados de los test y del cuestionario de hábitos de estudio. [...] Me parece que algo bueno que se hace en la facultad es devolverles a los alumnos en general qué significa el DAT y qué significa el CHE, el Cuestionario de Hábitos de Estudio (integrante del Departamento de Educación Médica).*

Respecto de la *función investigación*, se hallaron indicios de cambios enunciativos pero ningún cambio fáctico. Los cambios hacia la mejora realizados por esta institución —en lo que se refiere a esta función— dan señales de no estar relacionados con el proceso de evaluación institucional.

En el análisis documental llaman la atención las diferencias de apreciación entre la autoevaluación y la evaluación externa. Mientras que la primera considera que esta es relevante si se considera el corto tiempo de vida de la institución, la CONEAU la considera escasa. No obstante, unos y otros reconocen aspectos concretos para mejorar: "Búsqueda de recursos externos para incrementar la investigación, continuar con el plan de formación de doctores, afianzar/generar líneas de investigación, mejorar el equipamiento". La explicación de las diferentes apreciaciones puede atribuirse a lo señalado por el entonces rector en la carta de respuesta a CONEAU con la que se cierra el proceso de evaluación institucional: "La evaluación de una de las unidades académicas que produce más investigación no se incorporó al informe de evaluación externa debido a que había sido recientemente acreditada por CONEAU".

En las entrevistas, los actores institucionales reconocen que los cambios significativos en una función tan importante para la universidad no se produjeron, ni se producirán, por la política de evaluación institucional, sino por política de la universidad o, para algunos, por el impacto de la acreditación de carreras de grado y posgrado. En este sentido, las palabras del actual rector son contundentes:

> *Investigación es una cosa seria [...] Si las universidades quieren hacer investigación en serio, tienen que evaluarse por los sistemas de ciencia que tiene el país, eso no es la CONEAU, eso es el Consejo Nacional de Investigaciones Científicas y Técnicas, eso es subsidios otorgados por la Secretaría de Ciencia y Técnica, que tiene un sistema de justificación y evaluación durísimo, por pares, que entienden de los temas específicos. Eso no se lo debemos a la CONEAU, se lo debemos a la voluntad de esta universidad de hacer investigación en serio (rector).*

Las palabras del decano de la Facultad de Ingeniería y del director de una carrera de posgrado de Derecho también dan cuenta de que el impacto de la evaluación institucional en la investigación es menor:

> *Diría que en todas estas áreas, a ver, profesores investigadores, formación de personas, proyectos de investigación, financiamiento de investigación, productos de investigación, infraestructura y biblioteca, en todas es mucho más fuerte en grado, después en posgrado y menos en institucional (decano de la Facultad de Ingeniería).*

> *La verdad es esta: uno no investiga en el año 2003 pensando que en el 2009 va a venir la CONEAU a preguntar cuánto investigó, me parece que en ese sentido la CONEAU es tan engorrosa y cada tantos años que no termina siendo del todo efectivo. [...] A diferencia del CONICET, por ejemplo, cada dos años hay que presentar un informe, entonces hay que terminar la investigación para el CONICET, etc. La investigación tiene que ver con bonus económico a fin de año por investigación, tiene que ver con proyectos de investigación internos de la universidad (director de una carrera de posgrado, Facultad de Derecho).*

Para la *función extensión,* observamos que, para las dos dimensiones analizadas, los cambios enunciativos surgen del informe de CONEAU: "Incrementar las actividades solidarias, deportivas y culturales"; "se recomienda concentrar las actividades en aquellas áreas donde la universidad tiene ventajas comparativas". Se encontró discrepancia en la concepción de extensión sostenida por la universidad y aquella utilizada por CONEAU. Esta recomienda "definir con mayor claridad qué entiende la universidad por extensión". La carta del entonces rector fundamenta ampliamente la concepción asumida por la institución y cuestiona —en definitiva pareciera no aceptar— las sugerencias de CONEAU relacionadas con la concepción de extensión que tiene la propia universidad.

En las entrevistas no hubo mención específica de ningún actor en relación con el impacto de la evaluación institucional en esta función, aun cuando fue preguntado explícitamente. Esto nos permite conjeturar que no hubo cambio significativo al respecto o, si lo hubo, no tuvo relación significativa con este proceso. Se concluye que para esta dimensión se hallaron pocos cambios enunciativos y ninguno fáctico.

En la dimensión que analizamos para la *función gestión,* se hallaron cambios enunciativos y fácticos. Un cambio fáctico significativo es la Oficina de Evaluación Institucional creada como efecto de la evaluación institucional, concretamente en su fase de autoevaluación. La institución y la CONEAU reconocen "la necesidad de plantear la autoevaluación como una tarea sistemática basada en metodologías apropiadas y mejorar la información cuanti-cualitativa". La CONEAU recomienda además la "necesidad de reforzar la Oficina de Evaluación Institucional con recursos humanos y tecnología para que pueda cumplir cabalmente sus funciones".

La carta del entonces rector destaca la "satisfacción por la experiencia vivida" y señala "el alto grado de coincidencia entre la valoración de los pares evaluadores y los integrantes de la universidad, en la mayoría de los aspectos considerados, tanto en el diagnóstico de las fortalezas y debilidades como en las recomendaciones".

De las entrevistas surge que esta función ha sido la más afectada por el proceso de evaluación institucional.

En el caso de la universidad, creamos la Oficina de Evaluación Institucional a cargo de estos procesos (rector).

Yo valoro mucho lo que se hace desde el rectorado y desde la Oficina de Evaluación Institucional (director de una carrera de posgrado de la Facultad de Derecho).

En el año 96, como un ejercicio interno en la universidad, se hizo una primera autoevaluación, y eso, de alguna manera, generó un mecanismo de que todos los años nos hacíamos un listado de objetivos, al finalizar el año los evaluábamos y en función de esos elaborábamos unos nuevos (secretaria académica de la Facultad de Ciencias Biomédicas).

De las entrevistas surge la necesidad de mejorar la comunicación entre la producción de esta oficina y una unidad académica:

Yo vi que habías puesto ahí unas preguntas de evaluación institucional, y la verdad que me sentí muy mal, porque no supe qué pensar, y entonces pensé: "¿Qué es esto, cómo puede ser que yo en la posición que tengo en esta universidad no sepa qué es esto?" [...] algo pasó ahí, hubo alguna barrera [...] que impidió que a mí me llegara la información más que tangencialmente o anecdóticamente, [...]. Me llamó mucho la atención eso, porque me parece que es una institución muy evaluadora de uno mismo, bueno, de hecho existe una oficina [...] por primera vez pensé: "Uy, yo de esto no tengo idea, quizá debiera tener idea". [...] Puede estar hablando de un tema ajeno que es que quizá la comunicación de nuestra universidad es difícil (director del Departamento de Educación Médica).

Las siguientes palabras del actual rector de la universidad expresan la percepción del impacto de este proceso en la gestión de esta institución:

> Me parece que nos ha hecho bien, creo que nos ha obligado a mirarnos a nosotros mismos, eso es muy bueno, en general eso es lo que ha pasado en todas las universidades que han pasado por un proceso de evaluación/acreditación. Allí donde hay un interés genuino en mejorar me parece que esto ayuda. [...] la sola iniciativa yo la veo como positiva para aquel que se la toma en serio. Aquella institución que no se la toma en serio, bueno, está bien, pasará por un sistema de acreditación, no mejorará mucho las cosas, se pintará con un poco de colorete, [...] y podrá pasar por lo que no es y entonces de poco le habrá servido el proceso. Pero para aquel que se lo toma en serio es bueno, y nosotros somos ese ejemplo (rector).

Los entrevistados manifestaron que están encarando la segunda evaluación institucional de la universidad.

En el cuadro 6.1 se muestra, esquemáticamente, el impacto en términos de "cambios para la mejora" y "obstáculo para la mejora" de la política de evaluación institucional en las funciones sustantivas y en la gestión.

Cuadro 6.1. Impacto de la política de evaluación institucional en las funciones docencia, investigación, extensión y gestión. Caso 1

Áreas de análisis	Dimensiones	Impacto		
		Cambios para la mejora		Obstáculos para la mejora
		Enunciativos	Fácticos	
1. Función Docencia	1.1 Cuerpo de profesores: titulación académica, dedicación, categorización, formación pedagógica, selección.	X	-	No se hallaron
	1.2 Proceso-metodología de enseñanza-aprendizaje	X	-	
	1.3 Currículum. Planes y programas	X	-	
	1.4 Alumnos y graduados	X	X	
2. Función Investigación	2.1 Profesores investigadores. Formación de recursos humanos.	X	-	
	2.2 Proyectos de investigación.	X	-	
	2.3 Financiamiento de la investigación.	X	-	
	2.4 Productos de investigación.	X	-	
	2.5 Infraestructura - equipamiento y biblioteca	X	-	
3. Función Extensión	3.1 Concepto de extensión.	X	-	
	3.2 Programas de extensión.	X	-	
4. Gestión	4.1 Gestión de la calidad de los procesos de evaluación y acreditación.	X	X	

x: hallazgo de impacto
-: no se halló impacto
Fuente: elaboración propia a partir del análisis documental y de las entrevistas.

Conclusión

Si bien se hallaron cambios enunciativos para la mejora en todas las funciones, se concluye que, para el caso 1, la política de evaluación institucional impactó produciendo cambios fácticos hacia la mejora solo en la *función gestión* y, en menor medida, en la *función docencia*. No se encontraron cambios fácticos para la mejora en las *funciones de investigación* y *extensión*.

Además, los actores entrevistados no identificaron "obstáculos para la mejora" relacionados con esta política.

6.3.2. Impacto de la política de acreditación de carreras de grado: ciencias de la salud, carrera de Medicina

Cabe mencionar que esta carrera fue acreditada por CONEAU en la primera fase, convocatoria voluntaria —año 2000— por tres años por no contar con graduados. Acreditó con recomendaciones para el mejoramiento de la calidad, pero no se le hicieron requerimientos para el aseguramiento de la calidad. En esa oportunidad, a esta carrera no se le pudo dar la máxima acreditación (por seis años) porque aún no tenía graduados. En 2004 —segunda fase— obtuvo la extensión de la acreditación por tres años más. En 2009 se presentó para su reacreditación. Las entrevistas se hicieron en pleno proceso de autoevaluación de esta nueva convocatoria de acreditación de carreras de Medicina.

Para la *función docencia*, del análisis de las resoluciones de acreditación surgen indicios de cambios fácticos relacionados con el proceso de acreditación en la dimensión "cuerpo de profesores" subdimensiones referidas a "dedicación" (incremento de dedicaciones), "formación" (crecimiento del número de doctores) y "selección del cuerpo docente" (creación de una comisión para el proceso de selección de docentes). Estos cambios se producen en el tiempo que transcurre entre la primera y la segunda fase de acreditación. Esto pudo observarse en el dictamen de acreditación de la segunda fase debido a que este contiene no solo lo descripto por la institución, sino también lo corroborado por el Comité de Pares Evaluadores (CPE) en la visita que hizo a la institución.

De las entrevistas, surge que la relación entre cambios hacia la mejora en la "formación" y en la "dedicación" del cuerpo docente y el proceso de acreditación se da en la medida en que este proceso ayuda a reflexionar, empujar y promover una meta que tenía la propia facultad y la universidad:

> La acreditación nos sirvió para volver a reflexionar sobre la dedicación, la necesidad de tener profesores full time. Pero esto ya lo teníamos en la universidad, porque nace con este espíritu de profesores full time. [...] esto nos sirve porque hay un estándar que te lo recuerda. A su vez, la universidad también empezó de alguna forma a poner orden, no fue la carrera, fue la universidad. [...] Llega un momento en que uno dice en qué medida se mezcla una cosa con otra, [...] qué es lo que está primero. Indudablemente que el tener estándares que te hacen referencia a eso, si aquello ya lo tenías, te

lo empuja, me parece que sirve para promoverlo, si ya estaba en marcha es un empujón (secretaria académica de la Facultad de Ciencias Biomédicas).

Respecto al indicio de cambio fáctico hallado para la dimensión "selección del cuerpo docente", de las entrevistas surge que se trata de un cambio formal o "cosmético" más que real:

Se hizo un cambio efectivamente, se creó una Comisión de Selección Docente, no sé cómo se llama, era una comisión que estaba formada por decano, secretario académico y yo, más el profesor, algún profesor de un área relacionada con la que se estaba por designar, está bien, pero no era una cosa de fondo, era una cosa más... cosmética. [...] Es uno de los típicos cambios formales que induce la CONEAU. En este caso no es grave porque, bueno, ordena, me parece que quizás ordena un poco pero no cambia nada de fondo (director del Departamento de Educación Médica).

Hicimos una especie como de jurado para seleccionar profesores. [...] aquí se da justo un ejemplo en el cual la CONEAU nos hace recomendaciones que no podemos seguir, entonces ¿qué hacemos?, le damos al César lo que es del César y a Dios lo que es de Dios (rector).

Además, de las entrevistas con diversas autoridades de la Facultad de Ciencias Biomédicas surge que este proceso ayudó a ordenar la "categorización" de los docentes:

La categorización sí que mejoró porque se ordenó un poquito eso, es como que estaba ahí muerta, estaba stand by el tema y no se hacía nada, y la verdad es que se ha categorizado bastante acá últimamente y me parece que la CONEAU ha ayudado en eso (director del Departamento de Educación Médica).

Cambiaron las categorizaciones de los docentes. Esto fue a raíz de la acreditación. Algunos que no estaban categorizados se categorizaron, se evaluó nuevamente la lista de todos los docentes de la carrera, eso es algo que hizo la secretaría académica, en general es un trabajo minucioso, se vio cuáles seguían, cuáles no, si estaban bien categorizados, si había que agregar a profesores, si había que sacar profesores, creo que eso fue particularmente en este proceso de autoevaluación. Se notó bastante que hubo mucho movimiento en esa lista de docentes y que lo necesitábamos para poder pedir las fichas docentes también. [...] Entonces ahí, a raíz de eso, se trabajó bastante. [...]. Hubo casos en los que faltaba, sí, faltaba categorizar o recategorizar o poner en la lista de docentes que no estaban, creo que sirvió más para eso y sobre todo para actualizar el SIA (Sistema de Información Académica) (integrante del Departamento de Educación Médica).

En relación con la "formación pedagógica", los actores entrevistados coinciden en afirmar que el proceso en sí no afecta debido a que en la Facultad existe un Departamento de Educación Médica, previo a los procesos de acreditación, que hace mucho hincapié en esta dimensión. Sí admiten que las reuniones para rearmar los programas de cada materia de algún modo ayudaron a reflexionar más en temas pedagógicos, como por ejemplo, la forma de evaluar:

> *Formación pedagógica, [...] la ficha de unidad curricular [...] les ha servido como instrumento para poder responder al requerimiento de la CONEAU, no creo que les haya servido el instrumento para otra cosa. [...] No creo que nadie haya modificado su accionar por esto, creo que sí aprendió a llenar los papeles. [...] Pero lo de evaluación sí, dijeron "pero ah, claro, no puede ser cómo estamos tomando examen de esta manera", ahí hubo mucho. Así que eso pudo haberlos ayudado (director del Departamento de Educación Médica).*

Del análisis documental y de las entrevistas, surgen cambios fácticos significativos en la dimensión "metodología de enseñanza-aprendizaje" impulsados por el proceso de acreditación de la carrera.

> *Nos pidieron que modificáramos la enseñanza de la atención primaria de la salud, cosa que nosotros hicimos, ya es una cosa específica y concreta que nosotros respondimos a la CONEAU [...]. Metodología de la enseñanza y aprendizaje: ahí sí creo que hemos hablado mucho de, sí, de la enseñanza individual, del uso de distintos métodos, eso lo hemos hecho, claro, pero eso no sé si la CONEAU, bueno, sí, la CONEAU lo que hizo fue... es como que nos dio el motivo para hablar de estos temas, ayuda, en realidad ayudó, sí. Ayudó porque está la unidad acá de alguna manera [...] sí, sí, era como muy natural hacerlo, bueno, pero lo hicimos (director del Departamento de Educación Médica).*

> *En función de lo que ha sido la acreditación, concretamente hicimos cambios respondiendo a requerimientos de los pares, como fue atención primaria de la salud, como el tema de supervisión de las prácticas. [...]. Nosotros hemos ido mucho más por delante de lo que los pares nos decían, me parece que estas eran cosas muy concretas (secretaria académica de la Facultad de Ciencias Biomédicas).*

> *Proceso de metodología de enseñanza y aprendizaje también, creo que está relacionado con lo anterior de formación pedagógica, porque al abrir espacios de participación y quizás más de reflexión —como decimos en el departamento— fueron cambiando los procesos de metodología de enseñanza hacia la mejora, por el proceso. Sí, por el proceso de acreditación. Quizá pueda aumentar la cantidad de clases o abrir un poco más la oferta. Sí, cambiaron, y también por eso es que decíamos hoy de hacer mucho hincapié en los programas, en cómo estaban escritos, también eso creo que hizo pensar en la manera de enseñar (integrante del Departamento de Educación Médica).*

En el análisis del impacto del proceso de acreditación en esta dimensión, detectamos disconformidad de las autoridades con el tema de las "competencias", un nuevo ingrediente de esta nueva etapa de reacreditación de las carreras de Medicina. A continuación citamos algunos párrafos de las entrevistas que hace referencia a este tema en particular:

> *Pero eso —competencias— a todo el mundo le hincha, además la realidad es que, como nosotros acá no creemos en eso, también estamos todo el tiempo dándoles mensaje de que no se preocupen demasiado (director del Departamento de Educación Médica).*
>
> *Además reformulamos todo por competencias, y cuando ves el instructivo de CONEAU, en las competencias te pone aprendizaje hasta que "cumple totalmente con la competencia", "la cumple medianamente", "la ve pero no la cumple", y eso te preguntan por materia, es un absurdo, vos tenés treinta y pico de chicos cursando una materia y unos la cumplirán y otros la cumplirán medianamente y otros la mirarán y la terminarán de cumplir cuando cursen la otra materia. [...] el que elaboró eso no sabe lo que es estar parado frente a un aula, [...] no sabe lo que es tener al lado un estudiante, dos, tres, cuatro y que cada cual aprende con lo que tiene, como puede y con su tiempo, y este que hoy no logró esta competencia yo lo veo con las habilidades de comunicación, no la logró en la relación médico paciente 1, y en la relación médico paciente 2 lo logró, pero yo me lo anoto y sé que lo tengo que ir a mirar, no sé, me parece que se ha puesto el aprendizaje casi en términos cuantitativos. [...] es un absurdo. Entonces ¿qué es lo que nos ocurre a nosotros?, como hay que contestar eso, lo contestamos, pero eso no refleja la realidad, no refleja la realidad. Insisto, [...] falta diálogo entre la agencia y las instituciones (secretaria académica en la Facultad de Ciencias Biomédicas).*

En la dimensión "plan de estudio y programas", se encontraron varios cambios fácticos relacionados con el proceso de acreditación: realización de actividades para la integración entre las disciplinas biomédicas y clínicas; recomendaciones de CONEAU referidas a "concentrar el dictado de materias clínicas y de la PFO —Práctica Final Obligatoria—" y a "profundizar la formación en la estrategia de APS" (Atención Primaria de la Salud asegurando la orientación del diseño curricular a la formación requerida por los estándares).

Los cambios realizados en los programas de las materias fueron considerados positivos por los actores institucionales, debido a que les sirvió de instrumento para que los profesores reflexionaran sobre sus materias; acá vuelve a surgir el tema de las "competencia", pero sin connotación negativa. La reflexión que surgió acerca de cómo estaban evaluando es considerada como un cambio fuerte, "pesado". A continuación, se ilustra lo dicho con algunas citas entresacadas de las entrevistas:

> *Nos encontramos con profesores que aprovecharon la CONEAU para reflexionar sobre su materia y ver qué cosas podían cambiar, específicamente las competencias. Yo te diría que para mí el tema que más fuertemente reflexionaron es la coherencia entre la evaluación y el dictado de la materia, trataron de adaptar la evaluación a los objetivos iniciales de la materia, ese fue un punto pesado que yo vi (director del Departamento de Educación Médica).*
>
> *Acá en la de grado uno ve que todos se involucran en la elaboración de los programas, en el caso nuestro ahora concretamente hubo que reformular*

todos los programas por competencia, la gente se puso a pensar, al menos dos de cada materia pensaron cómo trabajar las competencias. [...] Desde la facultad hicimos mucha acción, talleres, actividades, explicar qué era una competencia, reuniones con los docentes (secretaria académica de la Facultad de Ciencias Biomédicas).

No estaba el programa, [...] la materia ya funciona tan aceitada, que viene el docente, sabe que hoy tiene que dictar tal tema y así se van encadenando, pero no había un formato único tampoco de programa. Recién ahora estamos con la necesidad de pasar los programas a competencias, [nombre de un integrante del Comité de Educación Biomédica] les dio un formato único a cada materia con el mismo orden, el nombre de la materia, los objetivos, el plantel que lo integra, la carga horaria, la modalidad de examen, a todos les faltaba algo. Si bien en la práctica se cumple porque evidentemente las evaluaciones existen, los docentes están, pero no estaba todo, y bueno, ahí viene otra vez mi origen del derecho que me lleva a que lo que no está escrito no existe, entonces ahí se organiza bastante todo (coordinadora de acreditación de la Facultad de Ciencias Biomédicas).

Por la ficha de unidad curricular, me parece que al menos en grado hace a la formación. Aparte de cambiar los programas, hay que pensar en las competencias. [...] lo que son las materias del primer ciclo, que son las materias básicas y demás, tienen una noción o lo pueden llevar más al papel o a lo pedagógico, lo que fue esto de pasar a competencias. A los que son de actividad clínica, los años más avanzados, les costó un poco más, no entendían, nunca entendieron qué era una competencia, nunca, la definición de [nombre de los integrantes del Comité de Educación Médica] [...] "es lo que están haciendo, escríbanlo, ustedes no se dan cuenta pero están enseñando por competencias". Lo que pasa es que no está escrito en un programa, entonces con un listado de adjetivos y palabras lograron armar lo que en realidad estaban haciendo, no es que cambiaron su forma de dictar ni de nada, pero les costó pasarlo muchísimo al papel. [...] sé que les dijimos en su momento que era la oportunidad también para modificarlo, detectar las debilidades y fundamentar por qué se cambiaba (coordinadora de acreditación de la Facultad de Ciencias Biomédicas).

Currículum, sí, definitivamente. Los programas sí se modificaron. Ahora tienen todos un formato igual, diríamos, y a su vez otra cosa que agregamos específicamente por este proceso fue agregarle la cantidad de horas dedicadas a la práctica y teóricas en cada materia, que eso es algo que sacamos del formulario electrónico y que nos pareció que era bueno, y que cuando terminemos de pasarlos a todos los cuadros se los vamos a enviar a los docentes para que vean que eso es una información que nos dieron ellos. En algunos casos, el plan de estudios decía una carga horaria, y en la realidad se dan más horas de las que dice el plan de estudios, entonces eso creo que también. Esa es una de las cosas que quizás va a estar como parte de la mejora, tratar de equilibrar esas horas que a veces son de hasta 40 horas de diferencia en una materia, pero sí, creo que es un cambio hacia la mejora (integrante del Departamento de Educación Médica).

En las entrevistas se detectó cierta disconformidad respecto a la exigencia de la Práctica Final Obligatoria (PFO) y de la Atención Primaria de la Salud (APS). A continuación se citan algunos párrafos de actores entrevistados que dan cuenta de esto:

Respecto a las recomendaciones, no consideramos que los cambios hayan sido para la mejora, porque no estamos convencidos de ese modelo de médico, lo estamos haciendo para responder a este modelo que se nos pide, pero ese no es nuestro modelo y esto que te estoy contando yo no es un tema solo de esta universidad, es un tema que lo vive [nombre de otra universidad privada], es un tema que lo vive [nombre de otra universidad privada]. Porque ese es un modelo de atención que va muy bien para un médico que atiende en un área rural, un área comunitaria. A nosotros nos parece que el médico tiene que tener un perfil generalista pero que debe acomodar su tipo de práctica de acuerdo al sitio donde lo hace y que formar un único modelo de médico para todo el país no es una buena cosa (secretaria académica de la Facultad de Ciencias Biomédicas).

En lo que hace a planes de estudio, influyó. Esto me viene clarísimo en el tema de agregar horas de atención primaria, agregar prácticas de atención primaria que nosotros teníamos muy poco y esto fundamentalmente para responder al estándar. Está bien, porque les da un panorama, pero no es nuestra prioridad (secretaria académica de la Facultad de Ciencias Biomédicas).

Tengo muy presente la observación de CONEAU: "Concentrar el dictado de las materias clínicas y de la práctica final obligatoria". Nosotros ahora hemos concentrado un poco más, pero es imposible; porque si queremos que no haya superposición con otros tenemos que distribuirlos. [...]. Lo hacemos por una cuestión práctica, porque supervisar todo esto es muy difícil y lo que nos parece lógico es concentrar, es decir, seguir teniendo esta disparidad de hospitales, disparidad en el sentido de distintos niveles de atención, pero tenerlos más concentrados de manera que podamos supervisar, de alguna forma tener el contralor de todo. Es una observación que está bien hecha, pero no siempre es posible. Hay una cuestión que es la distancia entre lo ideal y la realidad y que el par también tiene que tener criterio para evaluar eso. Lo ideal sería que uno pudiera tener todos los alumnos en la misma institución y dentro de la misma institución distintas modalidades de atención. La realidad es otra cosa. [...] Sería importante que a la hora de evaluar las distintas carreras la vara fuera pareja para mirar a unas y a otras (secretaria académica de la Facultad de Ciencias Biomédicas).

Otra recomendación fue que tuviéramos más control de los hospitales periféricos y de nuestros estudiantes que estaban dando vueltas por ahí. Bueno, sí, intentamos hacerlo, se crearon algunas estructuras intermedias para tratar de lograr eso, no lo hemos logrado demasiado bien, pero reconocemos un tema que existe, que nos preocupa, que es de muy difícil solución dadas las características de nuestra carrera y el hecho de que tenemos por ahí 20 hospitales dando vueltas, pero, bueno, hemos tratado, hicimos cambios al respecto. Bueno, ahí [nombre] se puso un poco al hombro el internado, fue, hacía visitas a hospitales, hay una secretaria del internado que antes no había, son cambios interesantes. El resultado del mismo no ha sido todo lo bueno que queríamos, a diferencia de la atención primaria, no ha sido todo lo bueno, pero es un cambio en la dirección correcta, me parece (director del Departamento de Educación Médica).

Todavía [...] sigue tecleando el tema del seguimiento de los alumnos afuera, en las prácticas afuera. Después lo de la atención primaria de la salud se cumplió con creces (coordinadora de acreditación de la Facultad de Ciencias Biomédicas).

En la dimensión "alumnos y graduados", del análisis documental surge un cambio fáctico concreto realizado entre la primera y la segunda fase de acreditación como consecuencia de una recomendación de CONEAU: "la libreta o credencial[33] universitaria". Otro cambio fáctico hallado en el análisis documental fue la "incorporación de un curso de verano". Sin embargo, este último solo fue puesto como evidencia, pero no es reconocido por las autoridades como un cambio realizado por el proceso de acreditación:

La incorporación de un curso de verano, eso, más que a raíz de la misma acreditación, se puso a raíz de detectar las dificultades que tienen los alumnos y que la distancia cada vez es mayor entre aquel alumno ideal que tienen nuestros profesores recordando su papel como alumnos, al alumno real, y la realidad nos dice que los chicos cada vez tienen más dificultades, más déficit y que no es un problema de carencias, sino es un problema de falta de habilidades que hay que desarrollar, y se fueron haciendo estas estrategias, pero estas estrategias más que ver con la acreditación tienen que ver con el seguimiento que se hace desde el departamento de educación del rendimiento de los alumnos y cómo ayudarlos un poco más. [...] nosotros lo pusimos quizás como evidencia (secretaria académica de la Facultad de Ciencias Biomédicas).

Respecto a la observación de CONEAU referida a "adecuar el número de ingresantes", todos los entrevistados de la unidad académica coincidieron en que se trata de un error. Citamos algunos ejemplos:

Completamente fuera de lugar (secretaria académica de la Facultad de Ciencias Biomédicas).

---

[33] En el dictamen de acreditación se lee: "Los alumnos expresaron que tienen acceso a la información académico administrativa, ya que pueden obtener los certificados analíticos las veces que sea necesario con la certificación correspondiente por parte de las autoridades, pero peticionan libreta o credencial universitaria para ser identificados como universitarios. Al respecto la institución propone a partir de agosto de 2004 satisfacer este requerimiento mediante la utilización de credenciales de proximidad con normas de seguridad "MIFARE"".

> Respecto a la recomendación de CONEAU: adecuar el número de alumnos ingresantes considerando la cantidad de ámbitos de práctica para el ciclo clínico, te digo que no, cualquier cosa, ni la tenía registrada porque es un disparate decir eso. Estamos absolutamente adecuados. Ni la tenía registrada, creo que se les escapó (director del Departamento de Educación Médica).

Del análisis documental surge un indicio de cambio fáctico relacionado con los graduados: la asociación de graduados. Sin embargo, de las entrevistas surge que aún no se trata de un cambio significativo, sino más bien de un proyecto que se "revive porque lo pide CONEAU":

> Dentro de todo este proceso de acreditación, algo que produjo cambios hacia la mejora fue, bueno, en el tema de los graduados, haber hecho este año un poco más organizado un seguimiento de los graduados de la carrera de Medicina con un programa que se va a encargar de tenernos en contacto, armar actividades y demás, y eso fue por todo el proceso de acreditación de medicina (integrante del Comité de Educación Médica).

> Tema de asociación de graduados, [...] sí, eso la CONEAU lo pide, para nosotros siempre existió la idea de hacerlo, no se ha hecho nada, hay como una especie de proyecto que ahora se ha revivido, ahora lo piden, pero cuál es el peso de esto, en la realidad, en este momento, no lo sé. Creo que es un típico ejemplo de algo que ahora explota porque la CONEAU lo pide y no sé qué va a pasar. [...] y eso que nos parece bien, estamos de acuerdo con que haya un seguimiento de graduados (director del Departamento de Educación Médica).

Respecto a la dimensión "infraestructura, equipamiento y biblioteca", se observó que, si bien hay un continuo crecimiento, estos cambios no se relacionan con el proceso de acreditación de la carrera. Citamos algunos ejemplos surgidos de las entrevistas:

> En infraestructura no, porque nosotros [...] hemos seguido creciendo sin necesidad de esto (secretaria académica de la Facultad de Ciencias Biomédicas).

> Biblioteca, bueno, eso está todo perfecto (director del Departamento de Educación Médica).

Respecto a la *función investigación* y sus dimensiones, del análisis documental y de las entrevistas surge que el proceso de acreditación no produjo cambios enunciativos ni fácticos. Esto se debe a que tanto la institución como la CONEAU la consideran como la mayor fortaleza de la carrera. La opinión de los entrevistados es unánime en este sentido. Citamos algunos ejemplos que dan cuenta de este hallazgo:

> La función investigación no influyó, porque desde el comienzo estaba clarísimo que nosotros queríamos tener una investigación fuertísima. Esto ha ido creciendo en la medida en que se incorporaron nuevos investigadores, esos investigadores traían un subsidio, ese subsidio permitió incorporar becarios y

esos becarios, nuevos proyectos y más subsidios, pero no se vio influida de ninguna manera (secretaria académica de la Facultad de Ciencias Biomédicas).

Yo creo que no impacta. Sí para conocer qué se está haciendo, pero no creo que incentive, de hecho no hubo modificaciones allí. No creo que sea disparador, se incentivan de hecho pero no por esto. La investigación existe, los alumnos están invitados, los docentes gran parte trabaja en esto, pero no creo que por la acreditación, al contrario, les saca tiempo, sienten que estar completando esto les saca tiempo para dedicarse a lo suyo (coordinadora de acreditación de la Facultad de Ciencias Biomédicas).

Yo diría que este es un punto fuerte de la facultad. [...] sobrepasamos los estándares larguísimamente, no nos cambió en nada, ni nos cambió ni nos empeoró, nada, nosotros seguimos adelante, los pasamos por arriba en ese punto específicamente. Yo acá comparo un poco con todas las facultades que he tenido oportunidad de ver, y la verdad es que estamos muy, muy avanzados en ese sentido, pero muy avanzados, estamos lejos, en este punto específico estamos lejos de las demás, hay algunas que no tienen nada, cero, pero además cero ideológicamente, ni se les ocurre. [...] En otras, [...] es como que se dibuja mucho lo de investigación para darle una prominencia que en la realidad no tiene. En nuestro perfil es importante la investigación, entonces en esto estamos bien, no hemos mejorado, hemos mejorado pero no por esto (director del Departamento de Educación Médica).

En las facultades que no tienen nada, no sé si es cambio real o cambio formal, pero indujeron a que se pensara en el tema. Lo que yo he visto muchas veces es que investigaciones que hacía un docente en una universidad —como además era docente de la otra— se tomaban como propias, [...] pero lo he visto con mucha frecuencia, sí. Nosotros acá estamos tratando los trabajos que hacen nuestros docentes afuera [...] no incorporarlo a nuestro acervo propio de investigación, sí a la ficha docente porque el docente mejora por haber hecho eso, pero no es un producto genuino de la [nombre de la universidad], es un producto del hospital de Clínicas, lo que fuere, entonces se lo dejamos a esos. Esto no lo he visto en otros lados. No me parece bien, no me parece bien (director del Departamento de Educación Médica).

No, me parece que no. [...] y creo que no porque ya la facultad y la universidad por sí mismas impulsan a la investigación más allá de cualquier proceso de acreditación. Creo que el proceso de acreditación no implica que haya que darle un impulso a la investigación porque en la facultad no se investiga, al contrario, creo que ayuda a que le vaya bien en la acreditación (integrante del Departamento de Educación Médica).

Para la *función extensión*, se encontró falta de unidad de criterio. La CONEAU señala que la lista de actividades presentadas por la institución no corresponde a la concepción descripta por los estándares de acreditación. Aparece así una dicotomía conceptual entre lo que define la institución y lo que evalúa CONEAU. A continuación se cita alguna afirmación de los entrevistados que dan cuenta de esta diferencia conceptual:

> *A nosotros nos cuestionan que no tengamos más actividades en áreas rurales, ¿por qué?, porque esto surge también de una visión sesgada de lo que es la atención primaria, la atención comunitaria. [...] Uno puede hacer atención primaria en el hospital Mercante. [...] uno puede hacer atención primaria en el hospital de Pilar. Gran parte de los pares interpretan la atención primaria como un área carenciada sin agua potable, rural, llena de pobres; error, esa es una visión parcial de lo que es la atención primaria y es una de las cosas que hemos cuestionado, porque cuando nosotros poníamos evidencia, poníamos la definición. Cuando hicimos la respuesta a la vista, la definición de lo que era atención primaria diciendo que en el consultorio del Mercante se estaba haciendo atención primaria, que en el consultorio de Pilar se estaba haciendo [...] En este momento nuestro comodín es la posta sanitaria, la rotación por el Centro de Atención Comunitaria del barrio Toro, hay pobres, no hay agua corriente. Insisto: esto surge de una visión sesgada. [...] y es muy difícil trabajar con eso. Los estándares nunca dicen que atención primaria es atención rural (secretaria académica de la Facultad de Ciencias Biomédicas).*

Se observa un indicio de cambio fáctico debido a que la universidad se comprometió a implementar pasantías comunitarias y acciones de extensión con las características que requieren los estándares:

> *Lo de la atención primaria de la salud se cumplió con creces (coordinadora de acreditación de la Facultad de Ciencias Biomédicas).*

De las entrevistas surge que si bien se producen cambios en la dimensión "programas de extensión", estos responden más al desarrollo y madurez de la institución que al propio proceso de acreditación:

> *En extensión sí, no sé si es por la CONEAU o por la madurez de la institución, la extensión ha crecido mucho. No creo que sea producto de la CONEAU, creo que es producto de que la extensión va creciendo y es natural que ocurra (director del Departamento de Educación Médica).*

> *Yo creo que eso también se aumentó, se aumentó la oferta de la participación de los alumnos desde el inicio, bueno, creo que también con el desarrollo de la posta y de Pilar Solidario eso también ayudó, digamos, de manera... desde afuera, por ahí, si se quiere, a que exista más oferta, los alumnos pueden ir como voluntarios a atender, atender con los médicos, pero ya desde primer año están invitados a ir [...]. No creo que haya aumentado por la acreditación o por el proceso en general, creo que es diferente a lo que pasó con el currículum y los programas o las materias y la incorporación de materias, esto también es un proceso natural, me parece, de la facultad (integrante del Departamento de Educación Médica).*

En cuanto a la *función gestión*, se hallaron cambios enunciativos y fácticos en la dimensión estudiada: "Gobierno y gestión. Foco en la gestión de los procesos de evaluación y acreditación de la calidad".

Luego de destacar las acciones del Departamento de Educación Médica, la CONEAU recomienda sistematizar mecanismos de supervisión incorporando el trabajo conjunto con los docentes responsables. Esta es una acción iniciada por la institución durante el proceso de acreditación, según se desprende de la respuesta a la vista.

En las entrevistas se desvela que el proceso impacta directamente en la gestión positiva y negativamente. Positivamente, porque ayuda a la reflexión y puesta en orden y, negativamente, porque frena otras tareas debido al poco tiempo que por procedimiento de CONEAU se asigna a este proceso:

> Por el corto tiempo que asigna CONEAU a la autoevaluación, mi impresión es que el tiempo de autoevaluación nos frena un montón de tareas, porque tenemos la cabeza solo puesta en eso, y efectivamente yo te diría que este cuatrimestre, es más, es decir, tal cosa la dejamos para agosto, tal cosa la dejamos para septiembre, porque tenemos la cabeza bloqueada. Yo no creo que haya frenado otros cambios, otras acciones, nos bloqueó un cuatrimestre, y si esto pudiera ser una tarea más relajada, relajada en el sentido de más extendida en el tiempo, pienso que sería más fructífera para todos, para la institución misma, y no bloquearía otras actividades. [...] son de las cosas que CONEAU debería rever (secretaria académica de la Facultad de Ciencias Biomédicas).

La incorporación de una persona para seguir los procesos de CONEAU dentro de la unidad académica es un cambio fáctico considerado como muy positivo por los propios actores institucionales:

> Y lo que hace a gestión de calidad sí. Porque hoy por hoy estamos hablando de que tenemos una persona asignada a tareas de CONEAU, que mejoramos nuestro sistema de recolección de datos, que hoy por hoy estamos mirando datos que antes no mirábamos y recolectando datos que antes no recolectábamos. En ese sentido, creo que sí se ha generado un espacio que no estaba, pero también me parece que vale la pena mencionar que nosotros tenemos acá como un embrión de lo que sería una oficina de evaluación, así como rectorado ya la tenía, estaba en nuestro departamento de educación, ¿por qué?, porque estaba cumpliendo estas funciones de seguimiento, de evaluación docente, de evaluación de los planes de estudios, de supervisión de los alumnos, me parece que esto está desde el comienzo de la facultad. Me parece que en ese sentido en eso no, pero sí la necesidad de responder a las acreditaciones, de responder a las demandas, hizo que hoy por hoy tengamos un personal full time asignado a tareas de evaluación y acreditación (secretaria académica de la Facultad de Ciencias Biomédicas).

> La gestión, bueno, algunos cambios se hicieron, bueno, de hecho hay una estructura que lleva adelante lo de CONEAU, ya ese es un cambio el hecho de que esté [nombre] y todo eso está bueno, ella ayuda muchísimo, enormemente, el hecho de que esté es muy bueno, así que ahí te diría que sí, sí... nos ayudó (director del Departamento de Educación Médica).

> Bueno, sí. Me parece que acá, al tener ahora una responsable de procesos de acreditación y de evaluación, es un cambio, y creo que es parte del proceso. Sí, sin duda, me parece que también habla de haber madurado en estos pro-

cesos y saber que se necesita alguien específicamente responsable y capaz de llevar adelante, no porque antes haya ido mal, sino porque debe ser alguien dedicado a eso, como decía hoy de los datos para estar con el ojo fino para ver los detalles acá también, creo que si se toma en serio, como decimos siempre, y creo que en la facultad se ve y en la universidad también. Me parece que alguien responsable de los procesos de acreditación le da como otro marco a la actividad, alguien que esté solo para eso y para ver cómo se va llevando adelante, que sea la cara institucional o de la facultad dice que sea un referente para los docentes (integrante del Departamento de Educación Médica).

Otro cambio fáctico hallado en esta función fue el relacionado con la formalización de convenios, a raíz de los procesos de acreditación:

Los convenios, los convenios es un tema, no sé si en todos los ámbitos, pero en el ámbito médico siempre fue de palabra, te mando tres residentes, tres alumnos, vengan dos, mandame las notas y así van. [...] la parte reglamentaria no estaba, en la práctica tampoco se está cumpliendo exactamente lo que se debe, el seguimiento que se debe hacer, y entonces [...] los cambios acá no son solo cuestión de forma (coordinadora de acreditación de la Facultad de Ciencias Biomédicas).

También se menciona el uso de CONEAU como "cuco" para legitimar o acelerar determinadas acciones directivas:

Y luego está la otra cosa, y es que nosotros mismos, a veces, utilizamos a la CONEAU como excusa para hacer cambios a los que los docentes son resistentes. [...] Utilizamos a CONEAU como el cuco, como el monstruo para legitimar aquello que nosotros queremos que se haga. [...]. Lo que sí sabemos es que la gente tiene mucho temor porque CONEAU dictamina si seguís funcionando o no, y entonces también CONEAU ha sido como una herramienta útil para promover, para impulsar y, de alguna forma, para legitimar cosas que uno quería hacer, casi como trampa, te digo (secretaria académica de la Facultad de Ciencias Biomédicas).

Como percepción general acerca del impacto de estos procesos, los entrevistados dan cuenta de aspectos positivos y negativos.

Como positivo señalan —principalmente— los mecanismos de reflexión interna que se disparan por estos procesos:

Creo que el hecho de que haya aparecido un sistema de evaluación y acreditación puso en marcha, dentro de las mismas instituciones, la necesidad de replantearse lo que estaban haciendo para modificar, para hacer cambios. Me cuesta hablar del impacto concreto en cada institución, creo que en líneas generales ha sido beneficioso (secretaria académica de la Facultad de Ciencias Biomédicas).

Sí, creo que ha tenido impacto. Ha tenido dos impactos: un impacto real y un impacto formal. El impacto real ha sido que muchas facultades se dieron cuenta de que tenían que empezar a ponerse a pensar sobre las cosas que les

> *están pasando si querían poder contestar las preguntas que se les hacía desde la CONEAU, y eso hizo que muchas instituciones que no tenían ni la menor noción o entrenamiento o predisposición o nada respecto de autoevaluarse lo empezaran a hacer, por obligación o por convencimiento, pero lo empezaron a hacer, ese creo que es el verdadero impacto real que ha tenido la CONEAU. El impacto formal también ha sido grande, a veces bueno y a veces malo. Ha sido bueno porque se entrenó mucha gente para poder trabajar en la acreditación de la carrera y buscar mejoras [...] En definitiva, yo creo que el impacto es un impacto positivo, se habla por lo menos del tema, se han hecho muchas cosas, los que mejor hicieron las cosas son los que ya venían con una cultura evaluativa previa, los que ya están convencidos de esto, y los otros, bueno, están en eso, están empezando, hay que darles tiempo, 13 años me parece que es poco, dos acreditaciones es poco, uno es nada y dos es poco (director del Departamento de Educación Médica de la Facultad de Ciencias Biomédicas).*

> *Por lo que yo veo, sobre todo en la facultad, creo que con el pasar de las acreditaciones o con cada autoevaluación la facultad va mejorando ese proceso, y me parece que también CONEAU mejora el proceso de acreditación (integrante del Departamento de Educación Médica).*

> *Internamente me parece una oportunidad única, uno parece que es hijo del rigor, institucionalmente, si no tiene la evaluación encima, muchas cosas —si bien se está trabajando a conciencia y demás—, hay muchas cosas que se escapan y esto lo estoy viendo muchísimo. El tema de lo que es sistematizar las cosas, nombramientos, hay docentes que están dictando clase sin tener su nombramiento (coordinadora de acreditación de la Facultad de Ciencias Biomédicas).*

Como algo negativo o como obstáculo para la mejora, surge reiteradamente el tema de la "burocratización" que muchas veces generan estos procedimientos, y el grado de "formalismo" en algunas respuestas a requerimientos de CONEAU que solo sirven para "pasar la acreditación" y no para mejorar. Además, algunos mencionan que CONEAU provoca emociones y actitudes de "miedo", "temor". En algún caso, se admite que este temor es utilizado por los directivos para legitimar o impulsar cambios. Citamos algunas apreciaciones que ilustran estas afirmaciones:

> *Por otro lado, le tengo miedo a las respuestas formales. [...] por la burocratización de CONEAU, la existencia de formularios [...] existe en el imaginario universitario [...] uno lo escucha acá con los profesores "CONEAU te pide esto", "esto hay que hacerlo para CONEAU", "este es el formato porque CONEAU te lo pide de determinada manera". En realidad, una cosa es la evaluación, la acreditación como un ejercicio único, y otra cosa es acondicionar la vida universitaria en función de ese imaginario que pareciera que es un monstruo que está escondido atrás de un telón y que te está pidiendo rendición de cuentas, y que uno debe modificar la tarea en función de eso. En realidad,*

lo que se espera es que uno modifique la tarea, que haga cambios en función de la mejora de la calidad y no de responder a un ejercicio o a un imaginario de lo que es la CONEAU. De alguna forma, la misma CONEAU ha generado esto sin quererlo, yo no digo que sea una acción intencional; o dentro de las mismas instituciones, a lo mejor nosotros, cómo lo hemos transmitido esto. [...] Y luego está la otra cosa, y es que nosotros mismos, a veces, utilizamos a la CONEAU como excusa para hacer cambios a los que los docentes son resistentes. Ejemplo concreto: decirles que tienen que adecuar la práctica de tal forma porque CONEAU lo va a exigir, y somos nosotros los que queremos hacerlo así. Utilizamos a CONEAU como el cuco, como el monstruo para legitimar aquello que nosotros queremos que se haga. [...]. CONEAU es algo que suena, [...] que pide y demanda: te demanda un currículum y te demanda un programa escrito de determinada forma y te demanda objetivos y ahora competencias. Pero aparte la gente no sabe cómo ejerce esa influencia CONEAU en las instituciones, entonces ahí se mezcla todo. Lo que sí sabemos es que la gente tiene mucho temor porque CONEAU dictamina si seguís funcionando o no, y entonces también CONEAU ha sido como una herramienta útil para promover, para impulsar y, de alguna forma, para legitimar cosas que uno quería hacer, casi como trampa, te digo (secretaria académica de la Facultad de Ciencias Biomédicas).

Ha sido malo porque muchas veces he presenciado, soy testigo, de que lo que se ha hecho es tratar de responder cosméticamente a lo que se quería, es como cuando los alumnos dicen lo que el profesor quiere que les diga y muestran lo que un profesor quiere que le muestren. Eso se ha hecho mucho sobre todo en el área de investigación —no en esta facultad—, se han dibujado muchísimo los resultados y los procesos y las cosas que se hacen, muchísimo, te diría que eso ha sido un punto negativo. Para mí es un punto negativo de la CONEAU que ha puesto mucho énfasis en la investigación, porque la investigación era floja y entonces las facultades de alguna manera empezaron a inventar cosas que eran absolutamente irreales y las presentaron como reales, eso no ayudó, eso no ayudó (director del Departamento de Educación Médica).

El formulario creo que tiene sus partes que están bien hechas y me parece que hay otras que no terminan de tener tanta validez hablando en términos más educativos: no terminan de buscar la información que quieren recolectar (integrante del Comité de Educación Médica).

En el cuadro 6.2 se muestra, esquemáticamente, el impacto de la política de acreditación de la carrera de Medicina en las funciones sustantivas y en la gestión.

Cuadro 6.2. Impacto de la política de acreditación de carreras de grado de Medicina en las funciones docencia, investigación, extensión y gestión. Caso 1

Áreas de análisis	Dimensiones	Impacto		
		Cambios para la mejora		Obstáculos para la mejora
		Enunciativos	Fácticos	
1. Función Docencia	1.1 Cuerpo de profesores: titulación académica, dedicación, categorización, formación pedagógica, selección.	X	-	No se hallaron
	1.2 Proceso-metodología de enseñanza-aprendizaje	X	X	
	1.3 Currículum. Planes y programas	X	X	
	1.4 Alumnos y graduados	X	X	
2. Función Investigación	2.1 Profesores investigadores. Formación de recursos humanos.	–	–	
	2.2 Proyectos de investigación.	–	–	
	2.3 Financiamiento de la investigación.	–	–	
	2.4 Productos de investigación.	–	–	
	2.5 infraestructura-equipamiento y biblioteca	–	–	
3. Función Extensión	3.1 Concepto de extensión.	X	X	
	3.2 Programas de extensión.	X	–	
4. Gestión	4.1 Gestión de la calidad de los procesos de evaluación y acreditación.	X	X	X

x: hallazgo de impacto
-: no se halló impacto
Fuente: elaboración propia a partir del análisis documental y de las entrevistas.

Conclusión

Se concluye que, para el caso 1, la política de acreditación de carreras de grado de Medicina impacta produciendo cambios fácticos —considerados por los propios actores como *"positivos"* o *"hacia la mejora"*— en la *función docencia*, principalmente en las dimensiones: "metodología de enseñanza-aprendizaje", "currículum, plan de estudio y programas", "alumnos y graduados" y en la *función gestión*. En la *función extensión* el impacto es muy leve, y para la *función investigación* se halló que es casi nulo.

Los obstáculos para la mejora se relacionan con las respuestas formales o cosméticas, la burocratización y el freno obligado de otras actividades debido al insumo de recursos humanos y de tiempo que conlleva este proceso.

6.3.3. Impacto de la política de acreditación de carreras de grado: ciencias aplicadas, carrera de Ingeniería Industrial

Se toma el caso de la carrera de Ingeniería Industrial. Esta carrera acreditó en 2006 por tres años. Recibió dos recomendaciones para el mejoramiento de la calidad y 14 requerimientos para el aseguramiento de la calidad. La institución asumió estos compromisos de mejora para el período 2006-2009. En 2009 realiza la segunda fase del proceso de acreditación. Las entrevistas se realizaron en pleno proceso de autoevaluación de esta segunda fase.

Para la *función docencia*, del análisis documental se hallaron cambios enunciativos hacia la mejora en la dimensión "cuerpo de profesores", subdimensiones "dedicación" (aumento de dedicaciones), "categorización" y "formación" (titulación y pedagógica). También surge la realización de un registro público de antecedentes que incluye a todos los docentes.

De las entrevistas con los actores institucionales surge que existe una estrecha relación entre los cambios en esas dimensiones y el proceso de acreditación de la carrera de grado, como puede verse a continuación:

> *En titulación académica nosotros hemos mejorado con la acreditación de la carrera de grado [...]. La titulación académica para mí jugó a favor porque nos hizo ver que necesitábamos, primero, una mayor dedicación docente y, segundo, docentes con mayor titulación, y de hecho este año hemos incorporado tres doctores (secretario académico de la Facultad de Ingeniería).*

> *Entre los mayores cambios está la tendencia a que los profesores se capacitaran en títulos de posgrado (secretario académico de la Facultad de Ingeniería).*

> *La dedicación se mejoró mucho porque también era una de las cosas que se había visto y, bueno, sí, ya desde el año pasado todo lo que es nombramientos y eso, y si comparás lo del 2004 a lo de ahora, han mejorado en su dedicación (coordinadora de acreditación de la Facultad de Ingeniería).*

> *Titulación académica y dedicación ha sido positiva, por la acreditación de grado. En la formación pedagógica, yo creo que sí en grado (decano de la Facultad de Ingeniería).*

> *Estamos poniendo en la web todos los currículums que nos pidió CONEAU (secretario académico de la Facultad de Ingeniería).*

Respecto a la categorización, se encontró disidencia entre la mirada de la facultad y la de la CONEAU:

> *Bueno, la categorización. La CONEAU [...] no ve claramente por qué nosotros tenemos profesores interinos que duran un año en sus funciones. Nosotros tenemos profesores interinos que duran un año en sus funciones porque la mayoría de nuestros profesores son part time, entonces ahora estamos analizando la posibilidad de nombrarlos como profesores efectivos, pero estamos viendo. [...] y lo que yo le puedo mostrar a la CONEAU es que si yo he nombrado durante 14 años en forma permanente a un profesor aunque*

sea año a año, eso implica que en realidad lo tengo con bastante estabilidad, ahí no hay problemas de estabilidad (secretario académico de la Facultad de Ingeniería).

Del análisis documental y de las entrevistas surgen cambios enunciativos y fácticos relacionados con las dimensiones "metodología de enseñanza-aprendizaje" y "currículum, plan de estudio y programas". Concretamente se menciona el "fortalecimiento en la formación experimental", la "incorporación de problemas abiertos" y otros cambios en el plan de estudio, como el "aumento de la carga horaria práctica" y la "incorporación de la práctica final supervisada". Todos estos cambios son considerados por los actores institucionales como reales, positivos y relacionados directamente al proceso de acreditación de la carrera:

Bueno, estamos trabajando en un incremento de horas de práctica, en horas de experiencias prácticas ya sea en laboratorios, en proyectos, en problemas abiertos de la ingeniería, y todo eso es importantísimo (secretario académico de la Facultad de Ingeniería).

Bueno, en el grado también están las prácticas profesionales supervisadas, que eso no estaba antes de la acreditación (coordinadora de Acreditación de la Facultad de Ingeniería).

Sí en grado, creo que ha sido positiva. Esto fundamentalmente porque [...] en la metodología de enseñanza la acreditación de grado estableció problemas transversales que involucren más de una cátedra, problemas de solución abierta. [...] Entonces yo creo que ahí ha aportado una serie de condimentos que han ayudado (decano de la Facultad de Ingeniería).

Sí. Los programas se han revisado... (secretario académico de la Facultad de Ingeniería).

Lo disciplinar en realidad recién ahora y con la expansión de lo que es la responsabilidad de cada uno para cumplir con la CONEAU, digamos, están empezando a ver que tienen que hacer cosas diferentes, [...] porque la CONEAU nos pide que nosotros tengamos una cierta cantidad de horas de formación práctica, esa cantidad de horas de formación práctica se dividen en horas de laboratorio, en horas de problemas abiertos de ingeniería, en horas de proyecto y diseño (secretario académico de la Facultad de Ingeniería).

Otro tema con el que hemos cumplido y hemos mejorado son las prácticas profesionales supervisadas que antes no existían, por lo menos para industrial. Con las prácticas profesionales supervisadas, hemos visto trabajos magníficos, pero magníficos (secretario académico de la Facultad de Ingeniería).

A raíz de la acreditación, claro. Porque nosotros dijimos: en función de lo que tenemos que hacer —porque siempre se nos pide mejorar—, ¿qué es lo que quisiéramos hacer realmente?, lo primero que queremos hacer es saber dónde estamos parados. Hemos sido acreditados, pero ¿estamos conformes con nuestro plan de estudio?, ¿podemos seguir de la misma forma cinco años más?... No. Entonces, estamos trabajando para eliminar las repeticiones y estamos intentando colocar en cuatro materias unos bloques específicos de [...] (secretario académico de la Facultad de Ingeniería).

En el caso de la carrera de grado ya se actualizó [...] se agregó esta materia de práctica profesional que te decía y se incorporaron algunas más (coordinadora de Acreditación de la Facultad de Ingeniería).

Programas: bueno, en realidad, digamos, el proceso administrativo es que se pide al profesor cada año que actualice su programa analítico, ¿no?, de hecho se cumple con los estándares y con todo lo que está previsto, pero bueno, sobre todo el tema de la bibliografía o si cambian algún tipo de metodología pedagógica, ¿y ahora qué pasa?, eso lo hacíamos a nivel interno, como hay que llenar la ficha curricular aprovechamos también para que revean y revisen a ver si sus programas están armados de acuerdo a lo que piden [...] y lo que decíamos que sí sirvió el programa (software), este en particular, era que ellos al ver las otras materias —que pienso que al principio fue un poco por curiosidad—, pero bueno, van viendo que tienen por ahí bibliografía en común, esto saltó ahora chequeando la bibliografía, que era otro de los compromisos que teníamos, el tema de actualizar la bibliografía (coordinadora de Acreditación de la Facultad de Ingeniería).

Currículum, planes y programas, yo creo que fundamentalmente impactó la acreditación de grado (decano de la Facultad de Ingeniería).

En la dimensión "alumnos y graduados", de las entrevistas surge que se ha armado una asociación de graduados por propia iniciativa de la facultad, no atribuible a los procesos de acreditación. Se menciona la incorporación de un curso de ingreso a distancia. Se reconoce que el proceso de acreditación tuvo una leve incidencia en esta iniciativa:

Hemos hecho parte del curso de ingreso a distancia también. Yo creo que nosotros lo hubiéramos hecho igual, pero la acreditación nos incentivó a trabajar más en eso. [...] Nosotros hemos armado nuestra asociación de graduados, tenemos algunas conferencias para ellos, estamos haciendo el seguimiento de dónde está cada uno, en fin, [...] todo eso se va siguiendo y es la parte de graduados, ahí no tuvimos nunca ningún problema con la CONEAU (secretario académico de la Facultad de Ingeniería).

Surge que por el proceso de acreditación se afina en la sistematización de datos referido a los alumnos:

Pero sí lo que pedimos es que del Sistema de Información Académica (SIA) [...] bueno, estamos armando un programita para que vaya sacando finito esos datos (coordinadora de Acreditación de la Facultad de Ingeniería).

Para la dimensión "Infraestructura. Equipamiento. Biblioteca", del análisis documental y de las entrevistas surgen cambios hacia le mejora a raíz del proceso de acreditación de la carrera de grado. Concretamente se actualizan y diversifican los recursos bibliográficos y se mejoran los espacios en los laboratorios:

> *Cambios: hemos trabajado en incorporación de material de equipamiento para los laboratorios, hemos mejorado los laboratorios y hemos armado un laboratorio nuevo y vamos a armar otro más. [...] También el tema de actualización de la bibliografía por materia... estamos haciendo ese trabajo a raíz de la acreditación (secretario académico de la Facultad de Ingeniería).*

> *Mayores cambios: el tema de la biblioteca nosotros hemos..., habíamos puesto como compromiso comprar una cantidad en plata de libros [...] hicimos un estudio en base 0, ¿por qué?, agarramos programa por programa, se está viendo a los profesores y se les dice "¿actualizaste?, tenés un libro del año 92, ¿no hay una versión nueva?, ¿es posible que tengas 50 libros pero de los viejos?, deberías tener una bibliografía básica pequeña que es la que usan y después de consulta podés tener lo que quieras" (secretario académico de la Facultad de Ingeniería).*

> *Lo que es infraestructura, en esta segunda etapa, teníamos varios compromisos, sobre todo en el área de laboratorio. Ya en ingeniería en particular, se hicieron las mejoras, había sobre todo un tema de espacio. [...]. Después, bueno, el tema de la mudanza y eso fueron cosas que ya estaban previstas... metrología y mecatrónica resultó de convenios, no por el proceso de acreditación... Se hubiesen hecho igual y son un valor agregado (coordinadora de Acreditación de la Facultad de Ingeniería).*

> *Biblioteca, estamos trabajando en ese tema en particular, bueno, dentro de los compromisos había que actualizar bibliografía y faltaba bibliografía en biblioteca. El tema era que como se habían armado los programas los profesores ponían toda la bibliografía, pero no la habían distinguido entre obligatoria y complementaria, con lo cual toda la bibliografía que se citaba tenía que estar en biblioteca y de hecho no está. Eso sí surgió del proceso, se habló con los profesores y ahora, al armar los programas, ellos distinguen entre bibliografía obligatoria y complementaria, así mismo por ahí la lista de libros que piden es excesiva y no da el tiempo para que los chicos los miren ni siquiera a los libros, entonces en particular en este mes estamos trabajando, pedimos la bibliografía, pedimos que la actualicen y ahora que tenemos las listas estas estamos trabajando con biblioteca. Decimos: mirá, esto es lo que piden los profesores, a ver ¿qué tenemos?, y después viendo lo que tenemos y lo que piden se va a analizar más en detalle, por ejemplo hay libros que se piden en análisis y en física, es la misma bibliografía, digamos que es como para hacer algo más racional y no salir a comprar libros. [...] después lo que falte se destina una partida y se va a comprar. Pero como para hacer una compra racional y también paulatina, porque por ahí yo puedo salir y comprar todos los libros de una —que lo más probable es que no tengamos el presupuesto— y capaz que ahora no lo necesito. [...] También se va viendo la cantidad de alumnos que hay por año y las materias que van cursando, entonces se da prioridad a donde hay más volumen de alumnos y*

las materias que se están dando ahora, si yo compro libros, no sé, del segundo cuatrimestre en marzo, que no los voy a usar hasta después de julio..., no tiene mucho sentido. Bueno, se está haciendo todo ese análisis finito, eso sí a raíz de esto (coordinadora de Acreditación de la Facultad de Ingeniería).

Para la *función investigación,* del análisis documental surgen cambios enunciativos en todas las dimensiones de análisis. La institución asume el compromiso de promover líneas de investigación en temas relativos a Ingeniería Industrial e incorporar docente y alumnos en las líneas de investigación que estén relacionadas con áreas de referencia de la facultad.

De las entrevistas con las autoridades surge que los cambios fácticos significativos en esta función responden más a una decisión estratégica de la institución y a un proceso interno de maduración que al propio proceso de acreditación.

Lo que estamos haciendo en ingeniería "en serio" está relacionado con investigación de transferencia y no se lo debemos tanto a la CONEAU, se lo debemos a que hemos tomado una decisión estratégica de hacer investigación de transferencia en relación con las empresas, hacer actividades de servicio, es decir, mejorar realmente el nivel de ingeniería de un modo superlativo (rector).

Hay que tener en cuenta que esta facultad es muy nueva, en alguna medida también esta maduración hace a la maduración de la facultad (decano).

No obstante, todos los entrevistados de la unidad académica mencionan el proceso de acreditación de la carrera como uno de los factores que influyó en los cambios hacia la mejora de esta función. Como puede leerse a continuación, los entrevistados consideran que el proceso de acreditación fue disparador de la reflexión y que los compromisos asumidos con CONEAU impulsaron los cambios hacia la mejora:

Investigación yo creo que la facultad ha hecho un avance a su medida, porque tampoco ha sido sustancial. [...] La acreditación fue disparadora del análisis de temas [...] En investigación la acreditación rápidamente nos movió a alcanzar primero a que la mayor parte del cuerpo se fuese volcando a tener títulos de posgrado en las disciplinas afines, y por otro, incorporar personas con antecedentes de investigación, estuvo [nombres], [nombres y proyectos]. Ahora tenemos personas del CONICET, [...], creo que ahí un poco la acreditación nos levantó, y creo que el efecto va a ser positivo en la medida en que logremos alinearlo con nuestra disciplina, y creo que ha sido en temas concretos. Primero porque también la facultad entendió, fue entendiendo cada vez un poco más esto, y por el otro lado, obviamente tenemos metas que ir cumplimentando. Sí, efectivamente, investigación está mucho más organizado, hay un director de investigación que hace entrenamiento con los profesores, hay periódicamente, este año van a ser dos, no es mucho todavía, o un poquito más, sesiones donde cada investigador va y expone en qué está investigando ante sus pares, entonces me parece que eso ha sido un factor importante. [...] La realidad es que cuando miramos el proceso de acreditación yo lo que creo es que quizás CONEAU fue un disparador del problema o un disparador de la reflexión (decano).

Sí, sí, estamos empezando a tener, respecto de lo que teníamos en aquel momento hay una gran diferencia. Hemos tenido un concurso interno, hemos participado de los concursos internos de investigación. [...] Y este año, ya habíamos empezado el año pasado a tener relación con [nombre de investigador]. Y este año lo pusimos como director de investigación y hemos puesto un presupuesto muy pequeño, pero es lo que podíamos en un año muy difícil. [...] Entonces él diseñó para este año una ventanilla, la ventanilla significa "mirá, hay esta plata, entonces presenten los proyectos y vamos a ir viendo qué asignamos en cada caso". Por otro lado, él entrevista a todos y está tratando de ayudarlos a la generación de papers que puedan presentarse en revistas indexadas. [...] entonces, que nosotros estemos hablando de este lenguaje ya indica que hemos cambiado, hemos hecho el "click". Si bien lo que nosotros queremos que se entienda es que en ingeniería la investigación no debiera ser investigación básica, porque eso es para quienes son expertos en las ciencias básicas, lo nuestro es investigación aplicada. Pero no importa, eso es una lucha que va a seguir, pero que todo el CONFEDI está metido adentro, así que algún día recibiremos a vuelta de correo el tema, ya veremos (secretario académico de la Facultad de Ingeniería).

Hemos participado de los concursos internos de la universidad, me dijo [nombre de vicerrectora académica] que probablemente salga un nuevo concurso interno este año y participaremos también. Quiere decir que aquello que se veía como una cosa, bueno, no se puede o que no hay fondos, bueno, lo fuimos haciendo con muy pocos fondos porque esa es la verdad, pero hemos ido reemplazándolo con cierta calidad con el trabajo de la gente (secretario académico de la Facultad de Ingeniería).

Hay un nuevo director de investigación, pero que tiene un perfil de investigador importante. [...] vos ves que está moviendo ahí las estanterías, está incorporando alumnos o a graduados más jóvenes. [...] como que se van armando más equipos. A mí la sensación que me daba antes era que vos tenías un investigador muy bueno en su área, pero como que trabajaba solo y ahora es como que se van armando más equipos de investigación en determinados temas (coordinadora de Acreditación de la Facultad de Ingeniería).

También con financiamiento para estimular la investigación, se presentaron los proyectos y, bueno, la dirección de investigación los aprobaba o no. [...] es esto particular que te digo lo del concurso interno de la facultad, también el interno del rectorado, que dan fondos. Lo que yo noto es que también hay como más control, o sea, está bien, destino fondos, estimulo la investigación pero ¿qué productos concretos tengo de esa gente que está investigando? [...] profesores full time [...] se los estimula a investigar (coordinadora de Acreditación de la Facultad de Ingeniería).

Del análisis documental, y más fuertemente de las entrevistas, surge que la influencia del proceso de acreditación en la *función extensión* se da a nivel de "documentación" de lo que se hace, produciendo un cambio fáctico hacia la mejora:

> *En el mundo de la ingeniería, el desarrollo, la innovación, la experiencia en el campo es muy importante, no es trivial, no es meramente ejercicio de lo que se sabe [...]. Ahora, ¿qué pasa?, el que estos tópicos hayan sido incorporados a la par de los mismos tópicos de investigación alienta a que esto sea relevante desarrollarlo (decano de la Facultad de Ingeniería).*

> *A ver, volvamos a esto: "Por considerarlo la acreditación: ¿mejoramos en eso?". Yo creo que sí. ¿Por qué?, porque como consecuencia de la acreditación cada cosa que se realiza en el mundo de la empresa quizás antes no se pedía una documentación, una escritura de un caso. Como es considerada por la acreditación hoy lo estamos haciendo. Entonces, hay una mejora desde el punto de vista que la experiencia o el desarrollo o la innovación que se hizo en alguna empresa se documenta, y como consecuencia de que se documenta se genera un antecedente fehaciente y no meramente narrativo de la vivencia o de la experiencia de los docentes y alumnos que intervienen (decano de la Facultad de Ingeniería).*

Para la dimensión "gestión de los procesos de evaluación y acreditación de la calidad" de la *función gestión*, de las entrevistas surge un cambio fáctico significativo: el uso de CONEAU como "cuco" para legitimar cambios que se quieren realizar a nivel directivo.

> *Legitima cambios que se quieren hacer [...]. Es decir, "¿vos no querés hacer esto?", "no, no porque...", listo, lo dejo pasar [...]. Al tiempo, le digo: "Che, mirá, la CONEAU me dijo que hagas esto". Es el "cuco". Legitima cambios que debieran darse en forma permanente y sin necesidad de estar este hecho. [...] Yo he usado esa metodología que puede no ser buena, pero es la que me da resultado (secretario académico de la Facultad de Ingeniería).*

Además, en las entrevistas se menciona, como un cambio muy positivo, la incorporación de una persona, experta en informática, como apoyo para la gestión de estos procesos.

> *Yo creo que la facultad últimamente ha dado, está dando algunas mejoras en esto fundamentalmente por mayor conocimiento de cómo responder a estos procesos, y también por la asignación de personas y muy buenas personas. [Nombre de la persona coordinadora ante CONEAU] para mí tiene una calificación excelente. Aparte está estudiando una carrera afín [...]. Creo que este cambio se da por maduración de la unidad académica y por el otro lado también porque la acreditación nos marcaba esos procesos, o sea, se da en forma conjunta (decano de la Facultad de Ingeniería).*

> *Lo que yo noto es que por lo menos está la toma de conciencia o la decisión política de incorporar estos procesos ya como algo propio de la facultad y de este cambio de cultura. [...] incorporaron a alguien, crearon el ámbito o la oficina de esto y tenemos apoyo (coordinadora de Acreditación de la Facultad de Ingeniería).*

> *Y lo bueno es que vamos a tener del 2000 a ahora esa información actualizada, y la idea es pedirle a Sistemas que ese programita que vamos a hacer lo*

incorporen al SIA, con lo cual ya se saque solo (coordinadora de Acreditación de la Facultad de Ingeniería).

Sí, en realidad yo lo que noté es que a los profesores les nombrás CONEAU y les da un poco de urticaria, pero cuando vos les contás un poco de qué se trata esto, por ejemplo, ahora la autoevaluación nos sirve a nosotros, en definitiva los más beneficiados con todo este tema, este proceso tanto de evaluación como de acreditación somos nosotros mismos (coordinadora de Acreditación de la Facultad de Ingeniería).

En el cuadro 6.3 se muestra esquemáticamente el impacto de la política de acreditación de la carrera de grado Ingeniería Industrial en las funciones sustantivas y en la gestión.

Cuadro 6.3. Impacto de la política de acreditación de carreras de grado: Ingeniería Industrial en las funciones docencia, investigación, extensión y gestión. Caso 1

Áreas de análisis	Dimensiones	Impacto		
		Cambios para la mejora		Obstáculos para la mejora
		Enunciativos	Fácticos	
1. Función Docencia	1.1 Cuerpo de profesores: titulación académica, dedicación, categorización, formación pedagógica, selección.	X	X	No se hallaron
	1.2 Proceso-metodología de enseñanza-aprendizaje	X	X	
	1.3 Currículum. Planes y programas	X	X	
	1.4 Alumnos y graduados	–	–	
2. Función Investigación	2.1 Profesores investigadores. Formación de recursos humanos.	X	X	
	2.2 Proyectos de investigación.	X	X	
	2.3 Financiamiento de la investigación.	X	X	
	2.4 Productos de investigación.	X	X	
	2.5 infraestructura-equipamiento y biblioteca	X	X	
3. Función Extensión	3.1 Concepto de extensión.	–	–	
	3.2 Programas de extensión.	X	X	
4. Gestión	4.1 Gestión de la calidad de los procesos de evaluación y acreditación.	X	X	

x: hallazgo de impacto
-: no se halló impacto
Fuente: elaboración propia a partir del análisis documental y de las entrevistas.

Conclusión

Se concluye que el impacto de la acreditación de carreras de grado, carrera de Ingeniería Industrial, para el caso 1, ha sido muy positiva, según reconocen los propios actores institucionales. Los cambios fácticos más significativos se hallaron en la *función docencia* en las dimensiones "cuerpo de profesores", "metodología de enseñanza-aprendizaje", "currículum, plan de estudio" y, en menor medida, en la dimensión "infraestructura, equipamiento y biblioteca".

Se hallaron cambios fácticos en la *función investigación*. Sin embargo, de las entrevistas surge que estos responden no solo al proceso de acreditación, sino también al crecimiento y la maduración de la unidad académica y a decisiones institucionales estratégicas.

La *función extensión,* entendida como transferencia y vinculación con la industria, se vio mejorada por estos procesos, sobre todo en lo que refiere a la documentación de las actividades.

Un cambio fáctico significativo producido a raíz de este proceso de acreditación se da en la *función gestión,* dimensión "gestión de los procesos de evaluación y acreditación de la calidad" sobre todo a partir de la toma de conciencia de las autoridades sobre la ventajas de estos procesos para la mejora continua y la consecuente incorporación de una persona con perfil *ad-hoc.*

La percepción general del impacto de este proceso en esta unidad académica es definida por los actores entrevistados como "positiva", "excelente" y como un "movimiento que sirve para mejorar":

> *Yo creo que el impacto ha sido muy positivo, creo que la acreditación generó una agenda permanente que estuvo en el Consejo de Dirección de la Facultad, la máxima autoridad de la Facultad, de revisión de aquellos aspectos centrales de las brechas para alcanzar los criterios, y eso permitió incluso acelerar el desarrollo (decano de la Facultad de Ingeniería).*

> *En realidad, nosotros creemos que el impacto de la acreditación de grado fue excelente (secretario académico de la Facultad de Ingeniería).*

> *Se genera todo un movimiento que sirve para mejorar (coordinadora de Acreditación de la Facultad de Ingeniería).*

Los entrevistados no identificaron obstáculos para la mejora relacionados con el proceso de acreditación de la carrera de grado.

6.3.4. Impacto de la política de acreditación de carreras de posgrado

Se analizaron resoluciones de acreditación de 13 carreras de posgrados pertenecientes a las áreas de ciencias de la salud (tres carreras de posgrado), ciencias aplicadas (una carrera de posgrado) y ciencias sociales (nueve carreras de posgrado). En el área de ciencias de la salud se eligieron todas las carreras que pasaron por más de un proceso de acreditación y ya cuentan con resolución final (esto nos permite indagar sobre indicios de cambios que se producen en respuesta a las recomendaciones de CONEAU en la acreditación anterior). Además, se tomó el caso de una especialización asociada al régimen de residencia por las particularidades que presenta este tipo de especializaciones. En ciencias aplicadas y ciencias sociales, para este caso de estudio, se trabajó con el universo de carreras debido a que, en el primer caso, solo cuenta con una carrera de posgrado en funcionamiento, y en el segundo, además de ser un número reducido para su análisis (nueve), ninguna cuenta aún con resolución de reacreditación, lo que hubiese sido un "criterio de selección" como lo fue para ciencias de la salud.

Cabe adelantar que la mayoría de los cambios detectados en las resoluciones de acreditación analizadas se corresponden con lo que hemos denominado "cambios enunciativos hacia la mejora". Se encontraron pocos cambios "fácticos hacia la mejora", es decir, cambios producidos por la carrera en oportunidad de respuesta al informe de evaluación realizado por el Comité de Pares Evaluadores (lo que técnicamente se denomina "respuesta a la vista") o en respuesta a las recomendaciones de una acreditación anterior. Esto no necesariamente implica que no se produzcan cambios hacia la mejora en los posgrados a raíz del proceso de acreditación. Sino, más bien, estaría mostrando las limitaciones que tiene (en esta etapa de maduración de esta política) el uso de resoluciones de acreditación de carreras de posgrado como fuente de información para analizar cambios fácticos.

Entre esas limitaciones, señalamos principalmente tres: primero, la escasez de información volcada en las resoluciones de acreditación analizadas; segundo, la mayoría de los casos analizados solo cuenta con una primera acreditación (como proyecto o como carrera en funcionamiento); tercero, el procedimiento de acreditación de carreras de posgrado no contempla una situación intermedia —acreditar con compromisos de mejora— como sucede con las acreditaciones de carreras de grado y, además, en muchos casos la visita de los pares a la institución no se realiza, o cuando se realiza, esta ha sido muy breve y por una sola persona.

Lo descrito antes nos permite afirmar que la indagación de cambios en carreras de posgrado a partir de un análisis documental es metodológicamente apropiada pero insuficiente. Como surge de las entrevistas, muchos de los cambios se realizan antes de su presentación a la acreditación, a fin de adecuar la carrera a los estándares de acreditación definidos por la Resolución Ministerial 1168/97: "Estándares de acreditación para carreras de posgrado". Esta situación no puede observarse desde las resoluciones de acreditación. Además, las entrevistas se focalizaron en los directivos de las unidades académicas y en muy pocos directores de carreras de posgrado (solo uno por cada disciplina). Debido al tipo de información a la que hemos accedido, hemos optado por hablar de "indicios" de cambios tanto enunciativos como fácticos.

De las entrevistas surgen algunos "obstáculos para la mejora" relacionados con la política de acreditación de carreras de posgrado.

6.3.4.1. Impacto de la política de acreditación de carreras de posgrado. Ciencias de la salud

Caso 1: carrera de especialización (acreditada como proyecto en 2003. Reacreditada en 2009).

En respuesta a observaciones de CONEAU, se hallaron indicios de cambios enunciativos y fácticos en la *función docencia*, dimensiones "cuerpo de profesores" (se amplió en número de docentes con titulación de posgrado), "metodología de enseñanza-aprendizaje" (incremento de la carga horaria destinada a actividades de formación prácticas), "currículum, plan de estudio y programas" (modificación del título a otorgar, aumento de carga horaria en algunos módulos, actualización de bibliografía). También se encontraron cambios enunciativos y fácticos en la *función gestión* (avance en la firma de convenios, se reglamentó el plazo de entrega para el trabajo final, y se presenta un cambio en la estructura de gobierno como respuesta a una observación de CONEAU referida a la falta de titulación de posgrado de una de las directoras).

Sobre este caso particular de las entrevistas, surge que el cambio en la estructura de gobierno de la carrera se hizo porque lo pidió CONEAU, "para acreditar", pero no se considera como algo necesariamente positivo, sino más bien como un obstáculo:

> *Respecto a la carrera de [nombre de la carrera tomada como caso 1, que tuvo que cambiar la estructura de gobierno por falta de título de posgrado de la directora], es la primera que va a dar un título. Entonces, si vos reconocés que esta persona es el referente, el referente que está capacitando gente en Perú, en Bolivia, en Venezuela, en Ecuador, va y viene a capacitar gente, no tiene título de posgrado porque es la primera carrera con título de posgrado en esta especialidad. Entonces, uno dice, el par que ve esto ¿qué es lo que tiene que reconocer?, es como si vos hoy me dijeras que [nombre de un académico reconocido] no podría haber dirigido un doctorado porque no era doctor, pero es un hombre que tuvo casi el reconocimiento de un Nobel [...] ¿qué le estás pidiendo?, ¿que tenga el título, o el reconocimiento porque tiene un número tal de publicaciones que suple a un título de doctor? [...] uno lo que se plantea es: qué es lo que se está evaluando, qué es lo que se está pidiendo, ¿estás pidiendo un imposible?, dejemos de conversar porque no te lo puedo dar. Es ese el juego, me parece que la carrera, si es la primer vez que se hace en el país, no hay otra. CONEAU argumenta que lo que exige la normativa es el "grado" de título equivalente, que no hace falta que sea en esa disciplina. Pero [...] ¿qué te sirve más?, ¿tener una especialidad en coquitas y chocolinas? Es decir, a esta persona que*

es un referente en esto le estás pidiendo que deje de hacer esto para que haga una especialidad en bordado y tejido para que tenga el equivalente y tenga el título. Revisale las publicaciones, revisale el reconocimiento y decí bueno, esto vale más que esto (secretaria académica de la Facultad de Ciencias Biomédicas).

La adjudicación de [nombre de una persona] al proyecto fue una cuestión de forma [...] para acreditar (directiva de un posgrado en ciencias de la salud).

Los cambios en las dimensiones "metodología de enseñanza-aprendizaje" y "plan de estudios y programas" fueron corroborados en la entrevista con una de las directivas de esta carrera, se rescata el proceso de acreditación como una instancia de reflexión y de oportunidad para hacer o blanquear cambios:

Incluimos bastante más, digo, con el tema que tuvimos que cambiar la carga práctica. Incluimos mucha cuestión práctica en las clases. [...] para nosotros es sumamente importante todo lo que es la incorporación de algunas cuestiones prácticas dentro de las clases (directiva de un posgrado en ciencias de la salud).

Es positivo porque pudimos incluir un módulo [...] ¿En qué momento hacemos ese cambio? [...] cuando hicimos la segunda presentación a CONEAU. No fue una recomendación, pero fue la ocasión de revisarlo y hacer el cambio. [...] En este caso hubo una instancia de reflexión para la acreditación que sirvió para hacer ese cambio [...], totalmente así. [...] Inclusive también cambiar la carga horaria de algunos módulos que estaban sobredimensionados [ejemplos] (directiva de un posgrado en ciencias de la salud).

Programas también, sí, cambiamos programas (directiva de un posgrado en ciencias de la salud).

Como negativo se señala la falta de argumentación y de criterios claros a la hora de sugerir un cambio en el plan de estudio:

Tuvo algo de negativo, porque cuando nosotros presentamos este nuevo plan, en la vista nos cuestionaron algunas cosas que tenían que ver con la cantidad de horas. Tuvimos que volver a hacer, volver a algunas cuestiones iniciales. La verdad [...] no había criterios claros de por qué había que cambiar la cantidad de horas. [...] Cuando dentro de las personas que estaban evaluándonos no había nadie que hiciera [nombre de la especialidad] (directiva de un posgrado en ciencias de la salud).

El efecto sobre el seguimiento de graduados, a raíz del proceso de acreditación, es significativo para esta carrera:

Sí. Nosotros teníamos una cantidad de egresados, y había varios que debían el trabajo final [...] entonces durante un año, y todavía no han terminado, tengo cuatro o cinco personas todavía en la misma circunstancias, yo seguí en forma así como perro de caza, los trabajos finales, corregía el marco teórico porque como el proyecto de desarrollo tiene la implementación del instrumento proyecto más el contenido, digamos, propio de la materia, entonces yo me puse a corregir, trabajamos junto con [nombre], ella corregía la parte del proyecto y yo corregía el marco teórico. Y eso, de alguna manera, por la acreditación. De hecho hay muchos que se recibieron, muchos. Si bien la CONEAU nos decía que la cantidad de egresados era adecuada, a nosotros no nos parecía que fuera adecuada, había mucha gente que debía el trabajo final. Yo sé que es una característica de maestrías, doctorados y especialidades en Argentina que la gente no entregue su trabajo final o su tesis, pero, bueno, nosotros no queríamos eso y, bueno, por el seguimiento muy muy cercano hubo varios alumnos que terminaron [...] y eso tiene que ver con esto (directiva de un posgrado en ciencias de la salud).

Caso 2: carrera de maestría (acreditada como proyecto en el año 2000. Reacreditada en 2008).

En respuesta a observaciones de CONEAU, se hallaron indicios de cambios fácticos en la *función docencia,* dimensiones "cuerpo de profesores" (se incrementó la dedicación de docentes de la facultad en la dirección de Trabajos Finales); "currículum, plan de estudio y programas" (incremento de contenidos observados). También se hallaron indicios de cambio en la *función investigación* (promoción de actividades de investigación científico-tecnológica: se puso en marcha una unidad de investigación).

Caso 3: carrera de especialización asociada a régimen de residencia (acreditada en 2006 como proyecto).

Solo se hallaron indicios de cambios enunciativos en las recomendaciones realizadas por CONEAU para el mejoramiento de la calidad. La carrera aún no cuenta con resolución de reacreditación, por lo que no se ha podido verificar el grado de avance de las recomendaciones. Estos indicios de cambio afectan a la *función docencia,* dimensión "currículum, plan de estudio y programas" (fortalecer la formación de los estudiantes en contenidos relacionados con el área de investigación) y en la función gestión (firmar convenios específicos con las instituciones de salud previstas para la rotación de los alumnos).

Las personas entrevistadas coinciden en que el impacto —en posgrados de ciencias de la salud— es positivo, aunque dispar.

La calidad de las evaluaciones que hemos tenido en los posgrados ha sido muy variada, yendo desde lo bastante mediocre hasta algunas que fueron vistas con más minuciosidad (rector).

Posgrado ha ido cambiando, no ha sido siempre igual, yo recuerdo que de las primeras acreditaciones de carreras a las últimas como que van cambiando los requisitos, el formulario y la exigencia (secretaria académica de la Facultad de Ciencias Biomédicas).

Afecta el tema de la titulación... fundamentalmente a la hora de seleccionar el cuerpo docente (secretaria académica de la Facultad de Ciencias Biomédicas).

Se ha encontrado que muchos cambios se realizan "antes" de presentar las carreras a CONEAU, a fin de acomodarlas a los estándares. Dentro de la *función docencia,* las dimensiones que más se han visto afectadas, por el proceso de acreditación son la "titulación del cuerpo académico" (muchas veces en sentido positivo, algunas veces en sentido negativo) y el "plan de estudio y programas". Además, impacta fuertemente en la *función gestión:* ordenamiento y armado de carreras para ser presentadas a CONEAU, necesidad de firma de convenios, reglamentación. A continuación se transcriben citas de las entrevistas que ilustran este tipo de cambios:

> *A nivel posgrado, yo no veo que haya habido muchos cambios, sino más bien acomodamiento a las demandas de los estándares de los posgrados. Entonces ¿qué ocurre?, cuando armás una carrera, que los profesores tengan la titulación adecuada, y al que no tiene la titulación, no lo ponés, en ese sentido ha moldeado la selección del cuerpo docente. [...] Un freno: gente que tiene la idea pero no tiene la titulación, entonces tiene la idea, ha dado cursos, ha publicado, pero entonces dice bueno, pero yo no tengo el título que dice que soy también, y no, les da miedo presentarse y ser rebotados, ¿por qué?, porque lo viven como un desprestigio, esa gente a lo mejor es un experto pero no tiene el título que diga usted es master en no sé qué, especialista en no sé qué. No existía en el momento en que lo hicieron y ya cuando estaban habían alcanzado una posición que no se iban a poner a estudiar para alcanzar un título, se ha planteado este tipo de cuestiones, eso es un freno porque para mucha gente es exponerse (secretaria académica de la Facultad de Ciencias Biomédicas).*

> *El armado del programa de acuerdo a lo que te está pidiendo el instructivo de CONEAU (secretaria académica de la Facultad de Ciencias Biomédicas).*

> *En posgrado sí, se tuvo que cambiar docentes porque no cumplían con el estándar y estimularlos a que se preparen, a que se capaciten (coordinadora de Acreditación de la Facultad de Ciencias Biomédicas).*

> *En posgrado tenemos el ejemplo de la maestría [nombre de la maestría], que se dio vuelta totalmente. Se da vuelta todos los años, va mutando todos los años, pero fue el momento de blanquear esos cambios. [...]. Sí, el doctorado tuvo que ampliar la oferta de seminarios optativos por recomendación de CONEAU (coordinadora de Acreditación de la Facultad de Ciencias Biomédicas).*

Algunos de los entrevistados consideran que la política de acreditación de carreras de posgrados en esta unidad académica ha tenido impacto positivo, aunque también reconoce que en alguna oportunidad algunos proyectos no prosperan por temor a ser rechazados:

> *Ha tenido mucho impacto, ha tenido mucho impacto porque cuando se presentaban las carreras, los posgrados, se presentaban de una manera medio informal [...] y la verdad que las recomendaciones o las normas de la CONEAU ayudaron mucho a ordenar esa presentación en todas las carreras. Fue un obstáculo muy grande para la presentación de las carreras, enorme...,*

pero hizo que se presentaran mejor. Creo que está en la cultura médica decir voy a hacer una carrera de posgrado, entonces escribís tres hojas donde ponés tres objetivos locos, ¿viste?, y voy a enseñar estos cuatro contenidos y ya está, eso es nuestra cultura [...]. La acreditación logró modificar eso. [...] Y se hizo y la verdad que hay carreras que han sido trabajadas muy bien, otras medianas y otras, en especial las relacionadas con la residencia, que fueron un desastre, pésimas. Pésimas de entrada, pero algunos se dieron cuenta y las pudieron ir modificando, otros no, siguieron presentándola igual de mal que siempre (director del Departamento de Educación Médica).

Yo lo que sé es que la gente acá antes de presentar una carrera lo piensa 17 veces y está aterrada. [...] porque dice uy, lo voy a mandar ahí y me van a tachar todo. Casi lo sienten como una cosa casi personal [...] y entonces algún proyecto que quizás valdría la pena no prospera. [...] sí, además creo que uno tiene que ser indulgente porque la gente se mete en un terreno que no es el terreno propio (director del Departamento de Educación Médica).

Yo siento que nos ordenó y sirvió acreditar (directiva de un posgrado en ciencias de la salud).

Pero al principio sentí eso, que nadie podía decirme muy bien cómo se hacía entonces me largué a hacer que después hubo que corregir. [...] Para mí igual fue un aprendizaje fantástico [...]. Luego la intervención de y el orden de [nombre de coordinadora de acreditación] y la ayuda de evaluación institucional, fue fantástico. Uno podía aportar de lo que sabía y de lo que no sabíamos había alguien que aportaba (directiva de un posgrado en ciencias de la salud).

En el cuadro 6.4 se muestra, esquemáticamente, el impacto de la política de acreditación de carreras de posgrado: ciencias de la salud, en las funciones sustantivas y en la gestión.

Cuadro 6.4. Impacto de la política de acreditación de carreras de posgrado en ciencias de la salud en las funciones docencia, investigación, extensión y gestión. Caso 1

Áreas de análisis	Dimensiones	Posgrados Ciencias de la Salud									
		Caso 1: Especialización (2 acreditaciones)			Caso 2: Maestría (2 acreditaciones)			Caso 3: Especialización asociada a régimen de residencia (1 acreditación)		
		Impacto			Impacto			Impacto		
		Indicio de cambio hacia la mejora		Obstáculo para la mejora	Indicio de cambio hacia la mejora		Obstáculo para la mejora	Indicio de cambio hacia la mejora		Obstáculo para la mejora
		Enunc.	Fáctico		Enunc.	Fáctico		Enunc.	Fáctico	
1. Función Docencia	1.1 Cuerpo de profesores: titulación académica*, dedicación, categorización, formación pedagógica, selección. (*el subrayado indica la subdimensión más afectada)	X	X	X	X	X	-	-	-	-
	1.2 Proceso-metodología de enseñanza-aprendizaje	X	X	-	-	-	-	X	X	-
	1.3 Currículum. Planes y programas	X	X	-	X	X	-	-	-	-
	1.4 Alumnos y graduados	-	X	-	-	-	-	-	-	-
2. Función Investigación	2.1 Profesores investigadores. Formación de recursos humanos.	-	-	-	X	X	-	-	-	-
	2.2 Proyectos de investigación.	-	-	-	X	X	-	-	-	-
	2.3 Financiamiento de la investigación.	-	-	-	-	-	-	-	-	-
	2.4 Productos de investigación.	-	-	-	-	-	-	-	-	-
	2.5 Infraestructura - equipamiento y biblioteca	-	-	-	-	-	-	-	-	-
3. Función Extensión	3.1 Concepto de extensión.	-	-	-	-	-	-	-	-	-
	3.2 Programas de extensión.	-	-	-	-	X	-	-	-	-
4. Gestión	4.1 Gestión de la calidad de los procesos de evaluación y acreditación.	-	X	-	-	-	-	-	X	-
	4.2 Gobierno y Gestión	-	-	X	-	-	-	X	X	-

X: hallazgo de impacto
-: desde las fuentes utilizadas no se halló impacto. Esto no implica necesariamente que 'no hubo impacto'.
Fuente: elaboración propia a partir de la información obtenida en el análisis documental y en las entrevistas

6.3.4.2. Impacto de la política de acreditación de carreras de posgrado. Ciencias aplicadas

Caso 1: carrera de maestría (acreditada como proyecto en 2006).

Se trata de la única carrera en funcionamiento. Además, la unidad académica tiene tres proyectos presentados ante CONEAU, aún en proceso de evaluación. De las entrevistas surge que la unidad académica tiene un proyecto de carrera no acreditado y que ha sido presentado nuevamente a CONEAU.

Del análisis de la resolución de CONEAU surgen indicios de cambios enunciativos y fácticos debido a "recomendaciones que la universidad debió cumplimentar y enviar a la Dirección Nacional de Gestión Universitaria (DNGU) antes del reconocimiento oficial y validez nacional al título", según contemplaba el procedimiento vigente en ese momento.

Los indicios de cambio pertenecen a la *función docencia*, dimensiones "currículum. Plan de estudio. Programas" (profundización de contenidos de una materia) y "alumnos y graduados" (procedimiento en la admisión, plazo máximo para la presentación de la tesis). También se hallaron indicios de cambios en la *función investigación* (suscripción a revistas especializadas, planificación de actividades de investigación en el objeto de la maestría, participación de docentes y futuros alumnos, incremento de la carga horaria del director a las tareas de investigación).

De las entrevistas surge disconformidad de los actores institucionales con el proceso de acreditación de carreras de posgrado. La mayor parte de los reclamos se refieren a cómo se está dando el procedimiento (evaluación más sobre papel que sobre la realidad) y a la actuación de los pares evaluadores (falta de colegialidad, sesgo en la aplicación de estándares). Los actores de la unidad académica consideran que el impacto no ha sido positivo, sino más bien un "freno" al desarrollo de los posgrados. No obstante, reconocen algunos impactos positivos, como el ordenamiento de las carreras y proyecto más elaborados.

A continuación presentamos algunas opiniones de los entrevistados que dan cuenta de lo expresado en el párrafo anterior:

> *Yo creo que la verdad es que, cuando uno mira el impacto en el caso de los posgrado, en el caso particular de la experiencia en mi facultad, no ha sido positivo, no ha sido positivo, quizás ayuda a alcanzar un ordenamiento mínimo para un proyecto, pero se ha encontrado con dificultades importantes, […] por esto que decía antes: falta de colegialidad en la evaluación y sesgo de los criterios de evaluación hacia ciencias básicas (decano de la Facultad de Ingeniería).*

> *En el posgrado, hemos encontrado ciertas situaciones anómalas en los pares evaluadores que nos bocharon dos veces una maestría con algunas cosas ciertas y con algún sesgo, entonces ahí nos han quitado la posibilidad […].*

Además todavía no hemos tenido la evaluación in situ de un posgrado, no sabemos cómo va a ser (secretario académico de la Facultad de Ingeniería).

Hemos tomado profesores que tienen ya una titulación pero no se ha trabajado con ellos para que tengan un grado mayor. [...] Juega la titulación dependiendo del tema a tratar. No es lo mismo una carrera en donde las maestrías o los doctorados son un poco más habituales —en ingeniería es bastante novedoso el tema del doctorado— pero hay temáticas que tienen magísters o doctores. Pero el caso de la especialización, donde la especialización es especialización muy técnica, mantenimiento, no hay magíster en mantenimiento. Estoy yo formando parte del Comité, digamos, el Comité de dirección, porque tengo una especialización, porque la especialización es en calidad industrial y el mantenimiento aporta a la calidad de los procesos industriales. Pero justamente en este tipo de especializaciones es donde la CONEAU y el Ministerio de Educación debieran decir "acá hay que hacer excepciones por diez años hasta que esta especialización genere los especialistas" [...] En el caso particular de mantenimiento, nosotros tuvimos que ceder algunos casos muy particulares de gente muy apta, muy capaz, con muchísima experiencia y que de pronto no tenía un título de posgrado. Nosotros tenemos acá un par de profesores que en su especialidad son realmente muy buenos. Ahí el estándar jugó en contra. Jugó en contra de la calidad del que conoce el tema (secretario académico de la Facultad de Ingeniería).

Y en posgrados, bueno, como son proyectos, es diferente. Lo que sí sirvió es el tema de los estándares, bueno, al momento de elegir. Se eligió gente que cumpliera con los estándares. [...] De hecho, la especialización, que también es un área muy nueva, y en la cual no hay carreras de maestrías o especializaciones, pero hay gente que a nivel profesional tiene mucha formación y le faltaba la titulación y, bueno, con esa salvedad se lo dejó. Haciendo la aclaración de que era una carrera de posgrado más orientada a los profesional (coordinadora de acreditación de la Facultad de Ingeniería).

En un proyecto se incorporaron pasantías a raíz de las observaciones de la vista (coordinadora de acreditación de la Facultad de Ingeniería).

Mi experiencia en posgrado considero que no ha sido feliz, y no me estoy refiriendo solo a esta unidad académica, sino a las evaluaciones propias que yo he hecho, considero que no ha sido feliz, no ha sido positiva la intervención de la CONEAU (director de un proyecto de carrera de posgrado).

El impacto es muy fuerte, porque por política de la universidad no se permite que se lance una carrera de posgrado si no está previamente acreditada, [...], hablemos con propiedad, si no tiene validez nacional el título. [...] El impacto es que si no está acreditada, o sea, no se puede poner en funcionamiento, es la luz verde o la luz roja, digamos, ese es el impacto. El impacto es que son proyectos que se vienen desarrollando —como programas— a lo largo de varios años, son proyectos que tienen todos —no solo de los que estaba yo directamente involucrado como líder de ese proyecto, sino otros que colaboré— proyectos que tienen antecedentes sobre todo sobre programas ejecutivos, programas de posgrado que, sin ser carreras, ya ha venido desarrollando la unidad académica, proyectos que han contado absolutamente con todas las evaluaciones internas de la unidad académica y también de la universidad, y que se llega a un punto que lo que se necesita para lanzarlo es tener la acreditación. Entonces el impacto es muy fuerte, porque ese es el "go" o "no go" (director de un proyecto de carrera de posgrado).

No obstante, se reconocen algunos impactos positivos en la *función docencia* en "titulación de profesores", "metodología de enseñanza-aprendizaje" y en "plan de estudio y programas" y, en menor medida, en la *función investigación* y gestión.

Titulación influyó. Exactamente, por el estándar. Entonces buscás más profesores, si estamos hablando de maestrías con grado de magíster. Y también buscás y, vamos a ver, no es que buscás, es decir, los mismos docentes se dan cuenta de que esa es la tendencia y se preocupan de hacer posgrados (director de un proyecto de carrera de posgrado).

Sí, pasantías que se incorporaron a las especializaciones (director de un proyecto de carrera de posgrado.).

Plan de estudios y programas, sí, sí acá hubo cambios a raíz de la respuesta a la vista (director de un proyecto de carrera de posgrado).

Hubo mejoras. [...] En los nuestros llevó a una mejora en los programas, sí. [...] Pero ves que no hay criterios, que son muy particulares, arbitrarios, porque no hay un criterio general [...] También, por ejemplo, en el último, en las observaciones que hicieron los pares, nos llegaron a pedir "no está especificado en el plan de estudios qué trabajos prácticos van a hacer los alumnos"; y "qué software van a usar", entonces ya es un nivel de detalle que para un proyecto de carrera me parece que, no sé, trasciende un proyecto de carrera, ¿no?, decirte qué trabajo práctico va a hacer y qué software va a usar (director de un proyecto de carrera de posgrado).

Produce impacto en la investigación. Hay una relación positiva entre el proyecto —la carrera— [...] y entre la investigación asociada a la carrera. Como la misma CONEAU te exige tener proyectos de investigación relacionados con la carrera (director de un proyecto de carrera de posgrado).

Gestión, sí, también diría que sí impactó (director de un proyecto de carrera de posgrado).

En el cuadro 6.5 se muestra, esquemáticamente, el impacto de la política de acreditación de carreras de posgrado: ciencias aplicadas, en las funciones sustantivas y en la gestión.

Cuadro 6.5. Impacto de la política de acreditación de carreras de posgrado en ciencias aplicadas en las funciones docencia, investigación, extensión y gestión. Caso 1

Áreas de análisis	Dimensiones	Posgrados Ciencias Aplicadas — Caso 1: Maestría (1 acreditación). Además posee 3 proyectos de carreras presentados para su acreditación. Uno de ellos fue rechazado en una presentación anterior		
		Indicio de cambio hacia le mejora		Obstáculo hacia la mejora
		Enunciativo	Fáctico	
Función Docencia	1.1 Cuerpo de profesores: titulación académica, dedicación, categorización, formación pedagógica, selección.	-	x	x
	1.2 Proceso-metodología de enseñanza-aprendizaje	x	x	-
	1.3 Currículum. Planes y programas	x	x	-
	1.4 Alumnos y graduados	x	x	-
2. Función Investigación	2.1 Profesores investigadores. Formación de recursos humanos.	x	-	-
	2.2 Proyectos de investigación.	x	-	-
	2.3 Financiamiento de la investigación.	-	-	-
	2.4 Productos de investigación.	-	-	-
	2.5 infraestructura - equipamiento y biblioteca	x	x	-
3. Función Extensión	3.1 Concepto de extensión.	-	-	-
	3.2 Programas de extensión.	-	-	-
4. Gestión	4.1 Gestión de la calidad de los procesos de evaluación y acreditación.	-	x	-
	4.2 Gobierno y Gestión	-	x	x (freno al desarrollo de posgrados)

X: hallazgo de impacto
-: desde las fuentes utilizadas no se halló impacto. Esto no implica necesariamente que "no hubo impacto".
Fuente: elaboración propia a partir de la información obtenida en análisis documental y en entrevistas

6.3.4.3. Impacto de la política de acreditación de carreras de posgrado. Ciencias sociales

Cabe mencionar que el universo de posgrados seleccionados para esta área solo cuenta con una acreditación. No hay ningún caso con resolución de reacreditación. Todos estos posgrados —menos uno— fueron presentados en la última convocatoria (año 2009) y aún están en proceso de evaluación.

Caso 1: carrera de maestría en el área de Comunicación Social (acreditada como proyecto en 1999. Presentada para su reacreditación en 2009).

Se hallaron indicios de cambios enunciativos en la función docencia, dimensiones "currículum, plan de estudio y programas" (incrementar el nivel teórico-académico del plan de estudio); "alumnos y graduados" (tiempos de cursada y de realización de tesis, mecanismos de orientación y asesoramiento de los alumnos). También en la función investigación (incrementar la actividad de investigación) y en gestión (supervisión y evaluación de la actividad docente).

En la entrevista, el director de la carrera reconoce que el proceso de acreditación influyó en la "titulación académica", "planes de estudio" y más fuertemente en la dimensión "alumnos y graduados", sobre todo en lo que se refiere al seguimiento de los alumnos y a su trabajo final. Además se reconoce una influencia en el "concepto de extensión" y en la "gestión de la calidad".

> *Alumnos y graduados, sí, influyó. Concretamente en el tema de trabajos, ahora son individuales. Quedó demostrado en la práctica que hay una mejora importante en el sentido de que se individuaron los procesos, es individual el desarrollo, con una estructura, hay un asistente research que apoya todos los viernes, todas las tardes, en temas metodológicos, que cada uno tiene un director de trabajo final individual, que ese director no tiene más de 5 tesis, y una estructura de gestión operativa compuesta de dos personas que terminaron de ingresar este año que pasan aquí todo el viernes desde las 8 de la mañana hasta las 8 de la noche, los dos son magíster, uno para el área de gestión de contenidos, uno más para gestión de la comunicación de las organizaciones, está graduado, por cierto, entonces eso fortalece el esquema de dirección de trabajo final. [...] la tasa de graduación disminuyó, pero eso es natural. Es el costo que hay que pagar para hacer la transición del trabajo final grupal al individual, entonces estamos soportando el desgaste político que significa eso (director de posgrados de la Facultad de Comunicación).*

> *Y en la carrera te diré que el cambio más significativo tiene que ver con la dirección de tesis y trabajo final, tiene que ver, porque no sé si sabías que cuando yo llegué eran grupales [...]. El cambio se relaciona con estos procesos, si antes no cumplíamos, ahora cumplimos, la calidad aumenta en la medida que la formación es mejor porque es individuad (director de posgrados de la Facultad de Comunicación).*

> *Por ahora, te diría que en el proceso de metodología de enseñanza aprendizaje no influyó (director de posgrados de la Facultad de Comunicación).*

> *Profesores investigadores, formación de recursos humanos, función investigación, proyectos de investigación, no influyó, en la práctica el resultado es cero (director de posgrados de la Facultad de Comunicación).*

Función extensión, el concepto me parece que se precisó (director de posgrados de la Facultad de Comunicación).

Gestión, gobierno y gestión. Gestión de la calidad en los procesos de evaluación y acreditación me parece que mejora, mejoró, aporta (director de posgrados de la Facultad de Comunicación).

Caso 2: carrera de doctorado en el área de Comunicación Social (acreditada en 1999. Presentada para su reacreditación en 2009).

Desde el análisis documental se hallaron indicios de cambios enunciativos solo en la *función investigación,* en todas las dimensiones de análisis.

En el cuadro 6.6 se muestra, esquemáticamente, el impacto de la política de acreditación de carreras de posgrado: ciencias sociales, área de Comunicación Social, en las funciones sustantivas y en la gestión.

Cuadro 6.6. Impacto de la política de acreditación de carreras de posgrado en ciencias sociales (área de Comunicación Social) en las funciones docencia, investigación, extensión y gestión. Caso 1

Áreas de análisis	Dimensiones	Caso 1: Maestría (1 acreditación)			Caso 2: Doctorado (1 acreditación)		
		Impacto			Impacto		
		Indicio de cambio hacia la mejora		Obstáculo para la mejora	Indicio de cambio hacia la mejora		Obstáculo para la mejora
		Enunc.	Fáctico		Enunc.	Fáctico	
1. Función Docencia	1.1 Cuerpo de profesores: titulación académica*, dedicación, categorización, formación pedagógica, selección. (*subdimensión más afectada)	-	x	-	-	-	-
	1.2 Proceso-metodología de enseñanza-aprendizaje	-	-	-	-	-	-
	1.3 Currículum. Planes y programas	x	x	-	-	-	-
	1.4 Alumnos y graduados	x	x	-	-	-	-
2. Función Investigación	2.1 Profesores investigadores. Formación de recursos humanos.	-	-	-	x	-	-
	2.2 Proyectos de investigación.	-	-	-	x	-	-
	2.3 Financiamiento de la investigación.	-	-	-	x	-	-
	2.4 Productos de investigación.	-	-	-	x	-	-
	2.5 Infraestructura - equipamiento y biblioteca	-	-	-	x	-	-
3. Función Extensión	3.1 Concepto de extensión.	-	x	-	-	-	-
	3.2 Programas de extensión.	-	-	-	-	-	-
4. Gestión	4.1 Gestión de la calidad de los procesos de evaluación y acreditación	-	x	-	-	x	-
	4.2 Gobierno y Gestión	-	-	-	-	-	-

X: hallazgo de impacto
-: desde las fuentes utilizadas no se halló impacto. Esto no implica necesariamente que "no hubo impacto".
Fuente: elaboración propia a partir de la información obtenida en el análisis documental y de las entrevistas

Caso 3: carrera de doctorado en Derecho (acreditada en 2001. Presentada para su reacreditación en 2009).

Se hallaron indicios de cambios enunciativos en la *función docencia,* dimensión "currículum, plan de estudio y programas" (reducción de material de estudio en una de las materias) y en la dimensión "alumnos y graduados" (restricción del número de ingresantes). Y en la *función gestión* (programa de gestión académica y revisión del reglamento del doctorado). Conviene aclarar que estos indicios responden a "acciones para el mejoramiento de la calidad en curso de ejecución" planteadas por la carrera en su autoevaluación y consideradas por CONEAU como "altamente ponderables".

Caso 4: carrera de maestría en el área de Derecho (acreditada en 1999. Presentada para su reacreditación en 2009).

Se hallaron indicios de cambios enunciativos en la *función docencia,* en la dimensión referida a "titulación de profesores" (mejorar la titulación); y en "alumnos y graduados" (becas). También se halla un indicio de cambio en la *función gestión* (sistema de evaluación docente por parte de los alumnos).

Caso 5: carrera de maestría en el área de Derecho (acreditada en el año 2000. Presentada para su reacreditación en 2009).

Se hallaron indicios de cambios enunciativos en la *función docencia,* en la dimensión "currículum, plan de estudio y programas" (integración de las disciplina, ajustar la correspondencia entre el perfil del graduado y la formación específica que brinda la carrera) y en la *función investigación* (líneas institucionales de investigación, incrementar producción científica).

Caso 6: carrera de maestría en el área de Derecho (acreditada como proyecto en 1999. Presentada para su reacreditación en 2009).

Se hallaron indicios de cambios enunciativos en la *función docencia,* en la dimensión "currículum, plan de estudio y programas" (establecer una estricta correspondencia entre el objeto de estudio y la denominación del título, establecer una organización menos enciclopedista del plan de estudios, y una actualización permanente de los programas).

Caso 7: carrera de especialización en un área de Derecho (acreditada en 2001. Presentada para su reacreditación en 2009).

Se hallaron indicios de cambios enunciativos en la *función docencia,* en la dimensión "metodología de enseñanza-aprendizaje" (régimen de evaluación de algunas materias); y en "alumnos y graduados" (en el caso de admitirse graduados de otras disciplinas, indicarlo en el diploma). También se halló indicio de cambio en la *función investigación* (compromiso de la carrera de creación de publicaciones especializadas para difundir proyectos y tesis en convenio con editores nacionales).

Caso 8: carrera de especialización en el área de Derecho (acreditada en 2001. Presentada para su reacreditación en 2009).

Se hallaron indicios de cambios enunciativos en la *función docencia*, en la dimensión referida a la titulación de profesores.

Caso 9: carrera de especialización en un área de Derecho (acreditada en 2001). Se decide discontinuarla por falta de alumnos. Es relevante destacar que esta decisión es tomada por las autoridades de la carrera y de la unidad académica en oportunidad de la convocatoria para su reacreditación.

Para todos los casos de los posgrados de ciencias sociales, de las entrevistas con los actores institucionales, surge que el impacto en el área de ciencias sociales, área derecho y comunicación, para el caso 1, es positivo.

Para el área de comunicación, luego de destacar lo positivo, surge como negativo el tema de los pares: repetitividad, falta de involucramiento, carencia de formación en gestión:

> *Me parece que el impacto es positivo, me parece que ha introducido criterios donde no los había, aun criterios blandos, aun criterios que carecen de ofrecer certeza, aun con criterios que sean débiles, aun así me parece que ha habido un aporte, el impacto es positivo (director de posgrados de la Facultad de Comunicación).*

> *Respecto de acreditación de posgrados, me parece que tiene las dificultades el sistema que todos conocemos, la repetitividad de pares por la falta de involucramiento, de un número más importante de pares calificados para hacerlo, calificados significa que tengan una mínima trayectoria en gestión que les permita abordar y hacer una lectura de la oferta o de la postulación con un bagaje de gestión importante, las personas que no tienen gestión y que no pueden acreditar gestión me parece que es difícil que puedan participar, pueden ser muy especialistas en una temática, me parece que carece de reconocimiento de las diferencias y esa parte habrá que mejorarla con el tiempo, me parece que carece de sentido discriminatorio en el sentido positivo, poder separar lo que es profesionalizante de lo que no lo es, separar lo que son tecnicaturas de lo que son licenciaturas, discriminar esas capacidades que tienen unas carreras y otras me parece que es importante, en el ámbito de posgrado es muy importante la separación entre carreras profesionalizantes y carreras que no aspiran a eso, sino que son de una línea investigativa y que apuntan a otro tipo de formación (director de posgrados de la Facultad de Comunicación).*

Para el área de derecho, de las entrevistas con el decano y con el director de una de las carreras de posgrado surge que el impacto, en general, ha sido positivo y hacia la mejora de los posgrados:

> *El impacto global con matices fue positivo. Me parece que las carreras de posgrado han mejorado en distintos aspectos (decano de la Facultad de Derecho).*

> *Claramente yo creo que hay un impacto de mejora en los posgrados. Sí, porque, a ver, antes de que existiera la CONEAU los posgrados eran un subproducto sin regulación clara, un "viva la pepa", cada cual ofertaba lo que quería, eso sigue existiendo en otros países que, a veces, qué sé yo, maestrías de 100 horas, le llaman maestría a cualquier cosa. Entonces me parece que con la acreditación sí se ha avanzado a que todo sea un poquito más standard, en el buen sentido (director de una carrera de posgrado de la Facultad de Derecho).*

Respecto a la *función docencia*, dimensión "cuerpo de profesores", se hallaron indicios de cambios hacia la mejora relacionados con el proceso de acreditación en las subdimensiones "titulación académica" —positiva y negativamente—, "selección" y en menor medida en la "categorización":

> *Ha mejorado la titulación de los profesores. Ha producido cambios para la mejora en titulación académica. También ha producido ruido, porque pasa que no todos los profesores tienen la titulación, básicamente por eso, entonces ha hecho que nosotros nos priváramos de algunos profesores, redujéramos su docencia o que no le asignáramos en cargos directivos. Me parece que son daños colaterales de un proceso, daños colaterales probablemente inevitables y transitorios de un proceso como el que estamos viviendo. [...] pero son daños, es decir, serán colaterales, probablemente sean inevitables pero claramente son daños. [...] Tengo ejemplos concretos de profesores que, además de no ir en la ficha docente, efectivamente no se los contrata por falta de titulación, sí. Claro que sí, más de uno, muchos que no contratamos por falta de titulación. También es verdad que eso nos ha servido para sacarnos de encima porque, claro, uno de los temas que el trabajo este tiene es que uno recibe, no digo una vez por semana, pero con muchísima frecuencia, ofrecimientos, ofrecimientos de gente que quiere dar clases, y la CONEAU ha sido una excusa perfecta para decirles "no" a cantidad de profesores que no tienen titulación, es una excusa perfecta porque uno dice bueno, no se puede, no podemos, lamentablemente acá la facultad tiene que acreditarse y no hay manera si no tienen titulación. Y después, por otro lado, nosotros en el ámbito de los profesores con dedicación exclusiva exigimos el doctorado para ser adjunto y desde el año 2005 lo exigimos sin excepción, entonces la CONEAU no fue el disparador de esta exigencia, pero sin duda contribuye, le da un mayor sentido. [...] Le da más sentido al hecho de que nosotros no tomemos profesores, no tomamos profesores con dedicación exclusiva que no sean doctores (decano de la Facultad de Derecho).*

> *El tema de ser doctor o no, el tema de ser master o no, eso claramente lleva que esta persona es contratada, la otra no es contratada (director de una carrera de posgrado de la Facultad de Derecho).*

Teniendo en cuenta la relación entre titulación académica y categorización y después blanquear eso ante la CONEAU me parece que ahí hay una relación más o menos buena. No estoy seguro si la CONEAU influyó en los cambios o si la CONEAU es la artífice de los cambios, pero, bueno, nosotros hemos pasado a un proceso bastante rígido de categorización (director de una carrera de posgrado de la Facultad de Derecho).

La acreditación de posgrados no influyó en las subdimensiones "dedicación" y "formación pedagógica":

Evidentemente a nosotros quizás, en la universidad, nosotros ya tenemos un modelo de dedicación alta [...], habría que ver en otras universidades públicas y privadas. [...] nosotros, me da la sensación que lo teníamos ya de modo funcional antes de que viniera CONEAU, o sea que no produjo cambios hacia la mejora (director de una carrera de posgrado de la Facultad de Derecho).

Formación pedagógica. La CONEAU no, no, casi no evalúa la metodología pedagógica. [...] que lo pida la ficha docente, sí, pero eso es nada. ¿Por qué?, primero porque no se necesita un título de pedagogía para ser un muy buen profesor, porque la pedagogía es un arte y uno viene siendo sometido a procesos pedagógicos desde los 4 años desde jardín de infantes, entonces todo profesor tiene un conocimiento experiencial pasivo y activo de dar clase muy fuerte. [...] Entonces si uno mira los instructivos que hay que llenar de la CONEAU sobre tema de metodología pedagógica no hay nada, nada, salvo que uno diga el tamaño de la cohorte tiene que ver con la metodología pedagógica, pero yo puedo tener diez tipos en clase y ser un opio o puedo tener noventa y dar unas clases súper participativas y estimulantes. [...]. Formación pedagógica es un desastre y llama la atención, por ejemplo, que el año que viene toda Europa va a insistir en los cambios pedagógicos que la CONEAU acá, o sea uno podría, las clases pueden ser del modo que uno quiera, lo más aburrida, lo más antipedagógica que pueda ser y no pasa absolutamente nada, el posgrado puede ser acreditado con A, simplemente importa que tenga un tipo con un título importante y un programa que sea sólido, esa es la verdad. Por ejemplo, no se pregunta si los contenidos se dan en clase o no se dan en clase, si se termina no sé qué, si hay documentación respaldatoria de no sé qué, nada, nada, si se utiliza metodología, medios audiovisuales o no, si los alumnos tienen que hacer trabajos prácticos o no, alguna cosa se pregunta en algún lado, pero poco. [...] pero cuando se dice trabajo práctico nada más hay, digo, hay gato y hay liebre y hay de todo, entonces me parece que todo eso no está bien pensado, está muy mal pensado, entonces en el punto formación pedagógica y metodología enseñanza aprendizaje yo diría no obstaculizó, pero no hace nada (director de una carrera de posgrado de la Facultad de Derecho).

Es de destacar la opinión del decano de la Facultad de Derecho acerca de la dificultad para completar la ficha docente que tiene un alto porcentaje de profesores. Estos profesores son los que están más vinculados a la práctica profesional y *"no tienen el oficio académico":*

> Las maestrías nuestras —y en general las maestrías en la Argentina en Derecho— tienen un sesgo profesionalizante, entonces esto hace que el cuerpo de profesores se nutra de manera sustancial de profesores que están en la práctica profesional y que no tienen oficio académico, entonces ellos, no digo la mayoría, no sé cómo poner esto en porcentaje, pero no cuidan su currículum, no tienen un currículum, ni siquiera tienen currículum. No lo hacen porque no, claro, no tienen el oficio académico, son en el fondo, digamos... Nosotros estamos en una carpintería, ¿no?, y nos interesa que venga un señor a hablarnos de cómo se hacen los tornillos, lo específico nuestro es hacer muebles, pero él viene a explicarnos cómo se hacen los tornillos, que son una parte de los muebles. Entonces él el oficio de carpintero no lo tiene, es decir, no tiene el oficio del profesor universitario que sabe cómo plantearse un tema de investigación, cómo llevarlo adelante, cómo dirigir investigación y, asociado a esto, cómo armar un currículum, cómo presentar un currículum, cómo armar un programa, este oficio no lo tienen, para eso nosotros necesitamos que también venga el tornero porque es lo que nos piden los que van a ejercer la profesión. Entonces, claro, es difícil porque este grupo de profesores que en el caso de las maestrías es un grupo importante de profesores no quiere, digamos, es muy reticente a esto y no lo hace y no lo sabe hacer además, no lo sabe hacer, además de eso tienen poco tiempo, hacen esto como un hobby que les da prestigio profesional, no lo hacen por la plata porque no les representa absolutamente nada en su sueldo. Es una experiencia, acá hay profesores que se olvidan de venir a cobrar y no vienen directamente, no cobran, no les interesa, digamos, no les aporta nada lo que la universidad pueda pagarles. Bien, entonces para estos profesores, a estos profesores yo creo que la llegada de los procesos de acreditación es lejanísima, lejanísima, lejanísima, no han cargado su ficha docente, no saben que tienen ficha docente, no saben qué es una ficha docente, es decir, después de veinte llamados por teléfono conseguimos que nos manden algo así como un currículum y ese currículum después fue transformado en algo presentable, digamos, fue transformado en una ficha docente en definitiva, ¿no? La aspiración a que los profesores llenen la ficha docente en el caso nuestro se limitó de los 234 profesores que tenemos a los 31 que tienen alta dedicación y ni siquiera a todos, yo diría que a los 14 full time, el resto fue el personal no docente que se encargó del traslado de un formato a otro. [...] Me parece que esto en generaciones que tienen 60 para arriba, rectores, decanos en general, secretarios académicos, es una constante, ¿no?, mi experiencia, al menos, no me ha tocado toparme con un actor del proceso de este tipo de edad, de estas edades que realmente esté involucrado, que sepa de lo que se trata, ¿no? Pero bueno, volviendo a la pregunta del impacto, en mi facultad ha sido no obstante estas sombras una cosa en general positiva, mejoraron las carreras (decano de la Facultad de Derecho).

Se reconocen indicios de cambios fácticos —como consecuencia de este proceso— en los "planes de estudio y programas":

Ha mejorado el currículum, han mejorado los programas. A nosotros nos pasaba, por ejemplo, que no teníamos programas, muchas, varias de las carreras de posgrado, los programas eran simplemente una lista de temas con una bibliografía no conectada de manera directa con los temas y en general, bueno, el proceso de acreditación nos obligó a plantearnos los programas, a plantearnos mejor la bibliografía, a aumentar la información y repensar los programas y el currículum de cada una de las carreras. Es verdad que hubo casos en los que esos programas los hicieron los directores de las carreras, porque para entregar algo presentable fue el director el que se puso a hacer un programa como si fuera él el profesor cuando no lo es y cuando en el fondo no va a dar él la materia, ¿no?, esto pasó también, pero lo otro pasó también, digamos las dos cosas, profesores que se sentaron y lo hicieron bien y otros que no y hubo que salir (decano de la Facultad de Derecho).

Currículum, planes y programas, en esto produjo cambios hacia la mejora. Fijación de objetivos. [...] Nosotros hemos estandarizado todos los programas de la carrera de grado con el sistema CONEAU y todas las de posgrado, en total son unas 200 asignaturas, trabajito bastante interesante (director de una carrera de posgrado de la Facultad de Derecho).

La reforma del plan de estudios del doctorado no recuerdo con claridad pero posiblemente era una reforma que la teníamos en mente hacía mucho tiempo, no la terminábamos de ejecutar y creo recordar que la ejecutamos contra reloj porque, si no, no llegaban los tiempos para la CONEAU. Fue una idea que estaba, que estaba y de hecho la veníamos aplicando en los hechos, pero no la habíamos convertido en forma de juri hasta que vino como el go final: "Bueno, es ahora o esto no entra" (director de una carrera de posgrado de la Facultad de Derecho).

Las especializaciones y las maestrías tuvieron que reformar el plan de estudios para adaptarlo al nuevo reglamento y para presentarlos a CONEAU, o sea que hay una relación en todos esos posgrados (director de una carrera de posgrado de la Facultad de Derecho).

También en "alumnos y graduados" se halló una relación positiva:

Alumnos y graduados: a ver, sí, eso produjo cambios hacia la mejora, sí, porque hizo que seamos más conscientes en más cosas, que se tomen medidas, sí, eso claramente (director de una carrera de posgrado de la Facultad de Derecho).

Si bien en el análisis documental no se hallaron cambios significativos en la dimensión "biblioteca", de la entrevista con el decano surge que el proceso de acreditación posibilitó un *"cambio de aleta presupuestaria"* muy significativo y positivo:

A mí me parece que los procesos de acreditación y evaluación han sido muy buenos porque le han dado, en este aspecto, fuerza al académico, por ejemplo, en el caso de los libros, esto es muy evidente, yo no puedo acreditar una carrera si no tengo una biblioteca relativamente razonable sobre la carrera en la que estoy, dejó de ser un punto de discusión. Se usa como carta de presión enorme. En nuestra universidad a mí me parece que eso nos ha permitido un cambio de aleta, de aleta presupuestaria: que los libros pasen de la cuenta de inversión a la cuenta de gastos. Para nosotros eso es clave porque por la estructura económica que tiene nuestra universidad los gastos se atienden con recursos corrientes y las inversiones, con donaciones, entonces si la biblioteca es una inversión, solo se compra en la medida en que se obtienen donaciones, si la biblioteca es un gasto, se atiende con los recursos corrientes, ¿no?, entonces esta no es una diferencia menor, porque permite, digamos, una asignación presupuestaria fija importante, anual, depende de la unidad académica seguramente, pero ya no se puede discutir sobre este tema y eso es gracias a la acreditación (decano de la Facultad de Derecho).

Los cambios significativos en la investigación no son atribuibles al proceso de acreditación aunque se reconoce que el proceso ayudó a que se consolidaran criterios institucionales de formación en la investigación:

La investigación. Evidentemente han habido cambios en los últimos 15 años en Argentina y en las facultades de derecho, ¿no?, que son muy perceptibles y me parece que son ya evidentes. No voy a decir nada nuevo, pero en el caso de los estudios de derecho tradicionalmente en la Argentina el grado de doctor era la coronación de la vida académica, se llegaba al doctorado después de años de profesor y normalmente se alcanzaba esa titulación con 50, 60 años. Bueno, ahí hay un cambio cultural importante al que contribuyeron sin duda los procesos de acreditación y evaluación, me parece que han contribuido, ¿no?, es evidente eso. [...] Acá, yo tiendo a pensar que no porque la facultad nuestra, de entrada, de entrada ya se creó, es decir, desde el primer año se pensó en mandar gente al exterior a que estudiara el doctorado, joven, y que se incorporara full time, es decir, la idea de que tuviéramos profesores con dedicación exclusiva formados y activos está en la génesis misma de la universidad probablemente por influencia europea, digamos, al estar pegados o cercanos a la universidad [nombre de universidad europea] y recibir visitas de profesores de allá para los cuales esto era el único modo posible de hacer una universidad hizo que ya en el año 89, 90, 91 la conciencia de que había que hacer el doctorado y tener profesores con dedicación exclusiva estaba instalada en esta universidad, por lo menos. [...] De todas maneras los procesos de acreditación confirmaron ese criterio [...] Confirmaron ese criterio y ayudó a que se consolidara [...] y favorecieron el proceso este (decano de la Facultad de Derecho).

Sí, es un factor que ha ayudado a que esos cambios más significativos se entiendan mejor, se comprendan, se les agregó una causa. Más allá de que eso está en la esencia de toda universidad, que hay que tener profesores y que hay que investigar, hay una causa que ayuda que es que ni siquiera podemos funcionar porque no nos acreditan (decano de la Facultad de Derecho).

Después, función investigación, profesores investigadores, formación de recursos humanos. Sí, yo creo que produjo cambios en el sentido de que uno sabe que te van a acreditar, entonces necesitás tener un director ejecutivo que sea master, que sea investigador, de alguna manera, yo creo que produjo cambios hacia la mejora (director de una carrera de posgrado de la Facultad de Derecho).

Proyectos de investigación. La verdad es que los proyectos de investigación uno los descubre cuando tiene que acreditar, o sea, uno va haciendo cosas y después, o sea, en derecho no funcionamos como otras áreas. [...]. Sí, aunque la racionalización de la CONEAU es una fichita así donde hay que meter ahí unos datos, [...] uno cuando racionaliza para CONEAU no es un proyecto con todas las de la ley. [...] Entonces uno a veces se pone a pensar lo que ha hecho y lo que está haciendo y normalmente nosotros tenemos muchos más proyectos que los que se presentaron a la CONEAU (director de una carrera de posgrado de la Facultad de Derecho).

Financiamiento de la investigación. Es discutible esto, pero por ejemplo, aunque haya servido de toma de conciencia, ¿cuántos millones gastó la facultad en investigación?, nosotros sacamos la cuenta cuánto había gastado para doctorado: millones. Entonces la plata estaba y los gastos se hicieron. [...] aunque sea sirvió para que nos diéramos cuenta... no sé si eso significa cambios a la mejora (director de una carrera de posgrado de la Facultad de Derecho).

Productos de investigación me parece que no produjo cambios en la mejora por los problemas de tiempo que decía antes (director de una carrera de posgrado de la Facultad de Derecho).

Entre los obstáculos que produce el proceso, se señala el peligro de *"la cultura del indicador":*

Lo que yo he denominado: la cultura del indicador. Es un fenómeno mundial, ese es el problema, nosotros, digamos, somos testigos, me parece testimoniar que eso ocurre y es difícil luchar contra eso. Yo voy a dar un ejemplo de mi especialidad, que es filosofía del derecho. Si uno tuviera que señalar cinco libros del siglo XX, cinco libros importantes de filosofía del derecho, uno de ellos, y el más importante de la corriente de filosofía del derecho a la que pertenezco yo, que es el naturalismo, el más importante sin duda es un libro que se escribió en 1978 que se llama Natural Law and Natural Rights, de un profesor de Oxford que se llama John Finnis. [...] Su maestro le encarga un libro y le dice cuál va a ser el título: Ley natural y derechos naturales, y Finnis le pide dos años y medio, tres, para terminarlo, le dijo: "En el año 70 se lo voy a entregar para publicar en una colección de manuales que acababa de sacar Oxford University Press", entonces su maestro le dijo "take it easy", o sea, tranquilo, tomate tu tiempo y hacelo. Bueno, Finnis el libro lo entregó en 1978, diez años después, diez años después, durante esos años publicó alguna cosa pero no publicó mucho. Yo estoy seguro o casi seguro de que a Finnis hoy le hubiera costado mucho escribir ese libro, porque hoy no tendría diez años para pensar un libro e ir estudiando capítulo por capítulo, debatir cada argumento, un libro que, claro, hoy es una obra clásica y que, insisto, en el siglo XX, está entre los cinco libros más importantes de su disciplina, ¿no? Hoy un profesor no puede estar varios años sin publicar nada, simplemente debatiendo, estudiando. [...] Efectivamente yo creo que tiene aspectos positivos, eso es verdad, yo lo veo eso, pero también veo que el profesor ha tendido a hiperespecializarse y que esto conspira contra una visión más global y conspira contra la transferencia también, ¿no?, es decir, el profesor termina siendo muy un especialista en algo tan puntual, ¿por qué?, porque claro, lo que a él le interesa para poder brindar un resultado que justifique el subsidio que consiguió y sirva como antecedente para el próximo es la publicación en revistas con impacto, impacto que es medido externamente y, claro, su inmersión en un circuito en el cual en el fondo, claro, intervienen muy pocos actores. Igual yo entiendo que hay cosas positivas, a uno lo ayuda a tener gimnasia en la producción científica, pero... (decano de la Facultad de Derecho).

Se encontraron indicios de cambio para la mejora en la *función gestión:*

Volviendo a la pregunta del impacto en mi facultad, ha sido no obstante estas sombras una cosa en general positiva, mejoraron las carreras (decano de la Facultad de Derecho).

Bueno, evidentemente que te acrediten mejora el proceso de evaluación personal que cada uno tiene [...]. Y después, en cuanto a la gestión, lo mismo, me parece que una vez que uno pasa el proceso de acreditación mejora porque uno tuvo que mejorar cosas, pero no, o sea, acredito ahora, pasan los años, una vez que hago otro proceso de acreditación eso mejora después, pero en el interregno uno no es que gestiona mejor porque va a ser acreditado, porque pasan tantos años que al final se pierde todo, ¿no?, me parece que eso es un cáncer lo de los años (director de una carrera de posgrado de la Facultad de Derecho)

Se nombra el uso de CONEAU como "cuco para que la gente se encuadre" y se critican los procedimientos engorrosos:

Gestión, gobierno y gestión, sí, yo creo que esto genera ponerse las pilas, hacer las actas, hacer no sé qué. [...]. Sí, hay muchas cosas que el cuco de la CONEAU sirve para que la gente se encuadre (director de una carrera de posgrado de la Facultad de Derecho).

Por otro lado, la CONEAU impacta tanto sobre una facultad, el proceso de acreditaciones es tan engorroso, que uno agradece que sea cada nueve años. [...] si fuera cada tres años tendría que ser, por otro lado, un proceso mucho más automático donde los datos no se desactualicen tanto, donde todo sea más [...] y donde, por ejemplo, los mismos pares evaluadores se repitan, entonces de alguna manera pueden ser [...], sí, porque actualmente es todo empezar de vuelta siempre y eso me parece que es totalmente ineficiente, no sé cómo se lo puede arreglar exactamente pero a mí me parece (director de una carrera de posgrado de la Facultad de Derecho).

También se menciona una relación entre el nuevo Reglamento de Especializaciones y Maestría de la Facultad de Derecho y el proceso de acreditación, sobre todo en lo que se refiere a acelerar los tiempos para su culminación:

Reglamento: fue un factor que coadyuvó. Yo pensé en el reglamento cuando veía esta pregunta antes, el reglamento que para nosotros ha sido un paso adelante porque formalizó y estandarizó los procesos, [...] ya después de 15 años eso había que revisarlo y buscar que lo institucional empezara a tener un peso mayor que esto, ¿no?, y buscar uniformidad, entonces la CONEAU fue evidentemente un factor, o la necesidad de acreditar fue un factor de peso para acelerar este proceso (decano de la Facultad de Derecho).

Ese reglamento de profesores y ordenanza de profesores no fueron producidos porque iba a haber acreditación de carreras, me da la sensación que es más un proceso interno que se hubiese dado de todos modos, quizás hubiese demorado más (director de una carrera de posgrado de la Facultad de Derecho).

Después, el reglamento de posgrado. La finalización del reglamento de posgrado no fue el cuco de la CONEAU, el que hizo que lo termináramos. Pero es cierto que se discutieron cosas relacionadas con los estándares, entonces yo diría que el reglamento tiene algo que ver con el tema de CONEAU (director de una carrera de posgrado de la Facultad de Derecho).

No se hallaron indicios de cambios significativos para la función extensión.

En el cuadro 6.7 se muestra esquemáticamente el impacto de la política de acreditación de carreras de posgrado en ciencias sociales, área derecho.

Cuadro 6.7. Impacto de la política de acreditación de carreras de posgrado en ciencias sociales (área Derecho) en las funciones docencia, investigación, extensión y gestión. Caso 1

Ciencias Sociales: Derecho

Áreas de análisis	Dimensiones	Análisis documental y percepción de actores															Percepción de actores	
		Caso 3 Doctorado (1 acreditación)			Caso 4 Maestría (1 acreditación)			Caso 5 Maestría (1 acreditación)			Caso 6 Maestría (1 acreditación)			Caso 7 Especialización (1 acreditación)			Caso 8 Especialización (1 acreditación)			Indicio de cambio fáctico hacia la mejora	Obst. para la mejora
		Indicio de cambio hacia la mejora		Obst.	Indicio de cambio hacia la mejora		Obst	Indicio de cambio hacia la mejora		Obst	Indicio de cambio hacia la mejora		Obst.	Indicio de cambio hacia la mejora		Obst.	Indicio de cambio hacia la mejora		Obst.		
		E	F		E	F		E	F		E	F		E	F		E	F			
1. Función Docencia	1.1 Cuerpo de profesores: titulación académica*, dedicación, categorización*, formación pedagógica, selección. (* indica dónde se produjeron cambios hacia la mejora)	-	-	-	x	-	-	-	-	-	-	-	-	-	-	-	-	-	-	x	-
	1.2 Proceso-metodología de enseñanza-aprendizaje	-	-	-	-	-	-	-	-	-	-	-	-	x	-	-	-	-	-	-	-
	1.3 Currículum. Planes y programas	x	x	-	-	x	-	x	-	-	x	x	-	-	x	-	-	x	-	x	-
	1.4 Alumnos y graduados	x	x	-	x	-	-	-	-	-	-	-	-	x	-	-	-	-	-	x	-
	1.5 2.5 infraestructura - equipamiento y biblioteca * (* indica dónde se produjeron cambios hacia la mejora.)	-	-	-	-	x	-	-	x	-	-	x	-	-	x	-	-	x	-	x	-

2. Función Investigación	2.1 Profesores investigadores. Formación de recursos humanos.	-	-	-	-	-	-	-	-	-	-	-	-	-	-	-	-
	2.2 Proyectos de investigación.	-	-	-	-	x	-	-	-	-	-	-	-	-	-	x	-
	2.3 Financiamiento de la investigación.	-	-	-	-	-	-	-	-	-	-	-	-	-	-	-	-
	2.4 Productos de investigación.	-	-	-	-	x	-	-	-	x	-	-	-	-	-	x	x
3. Función Extensión	3.1 Concepto de extensión.	-	-	-	-	-	-	-	-	-	-	-	-	-	-	-	-
	3.2 Programas de extensión.	-	-	-	-	-	-	-	-	-	-	-	-	-	-	-	-
4. Gestión	4.1 Gestión de la calidad de los procesos de evaluación y acreditación.	x	-	x	-	-	x	x	-	x	-	-	-	x	-	x	x
	4.2 Gobierno y Gestión	x	x	x	-	-	-	-	-	-	-	-	-	-	-	x	-

X: hallazgo de impacto
-: desde las fuentes utilizadas no se halló impacto. Esto no implica necesariamente que "no hubo impacto".
Fuente: elaboración propia a partir de la información obtenida en el análisis documental y en las entrevistas

Conclusión

A partir del análisis documental y de las entrevistas, se hallaron indicios de cambios enunciativos y fácticos en la *función docencia* principalmente en la dimensión "cuerpo de profesores", subdimensiones "formación: titulación", "selección"; en la dimensión "currículum, plan de estudios y programas" y en la *función gestión*. En menor medida se hallaron indicios de cambio hacia la mejora en la *función investigación*. Prácticamente no se hallaron indicios de cambio para la *función extensión*. Los obstáculos hacia la mejora refieren al procedimiento de acreditación: evaluación sobre papel con visita de pares casi inexistente, engorro del proceso y rigidez en la aplicación del estándar referido a la titulación, lo que, en más de un caso, ha obligado a dejar de lado a profesores que la unidad académica consideraba valiosos. También se menciona el obstáculo de la "cultura del indicador" que está produciendo este tipo de procesos. La percepción del impacto es muy positiva en ciencias de la salud y en ciencias sociales. En ciencias aplicadas se halló disconformidad con el proceso de acreditación de posgrado. Al respecto se menciona la falta de colegialidad de los pares —evalúa uno solo y sobre papel, es decir, no hay visita *in situ* sobre todo en la evaluación de proyectos— y la percepción de sesgo en la aplicación de los criterios y estándares de acreditación.

6.4. La política de evaluación y acreditación de la calidad universitaria. Percepción de actores institucionales

A continuación, se presenta la percepción y la opinión de actores institucionales acerca de 1) la existencia de sistemas que evalúen y acrediten la calidad universitaria en general; 2) algunos aspectos del sistema de evaluación y acreditación universitario argentino; 3) el funcionamiento de la CONEAU; 4) el impacto de estos procesos en la organización y la cultura de la institución.

Entre las opciones analíticas de un diseño cualitativo, se ha escogido aquella donde prevalece la estrategia de categorización por análisis temático (Maxwell, 1996).

6.4.1. Acerca de la existencia de sistemas externos que evalúen y acrediten la calidad universitaria

Todos los entrevistados se manifestaron totalmente a favor de la existencia de estos sistemas. Se argumenta acerca de la "necesidad" de controlar la calidad de la educación y de la importancia de generar mecanismos externos que aseguren reflexión y medición de lo que se está haciendo. La evaluación es considerada esencial a la misma actividad universitaria. Las palabras del director del Departamento de Educación Médica son paradigmáticas e ilustran muy bien el sentir de esta comunidad universitaria:

> *Estoy a favor, levanto la mano, no hay ninguna duda, me parece que son imprescindibles. Me parece que, entre otras cosas, la universidad es un lugar donde hay que estar repensando todo el tiempo y pidiéndole la mirada a otra gente de lo que uno está haciendo, creo que esta es la esencia de nuestra actividad universitaria por lo menos en medicina y en tantas otras ciencias. Es algo tan natural que me parece natural que exista una estructura de acreditación de las universidades, creo que debe existir, sí, sin ninguna duda.*

En la figura 6.1 se presenta un resumen de la opinión de todos los actores entrevistados acerca de la "existencia de sistemas que evalúen y acrediten la calidad universitaria".

Figura 6.1. Opinión acerca de la "existencia de sistemas que evalúan y acreditan la calidad universitaria", según cargo de los entrevistados

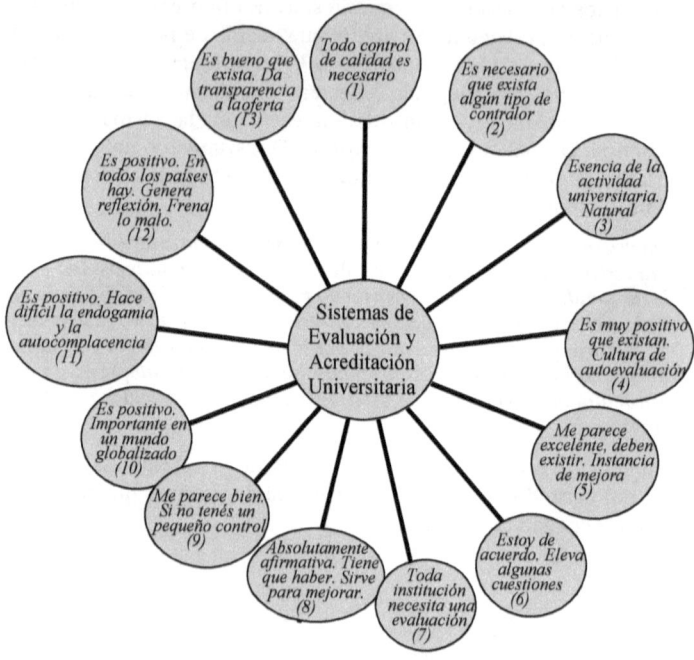

Referencias:[34]
(1) Rector
(2) Secretaria académica. Facultad de Ciencias Biomédicas
(3) Director del Departamento de Educación Médica. Facultad de Ciencias Biomédicas
(4) Integrante del Departamento de Educación Médica. Facultad de Ciencias Biomédicas
(5) Coordinadora de Acreditación. Facultad de Ciencias Biomédicas
(6) Directiva de una carrera de posgrado. Facultad de Ciencias Biomédicas
(7) Decano. Facultad de Ingeniería
(8) Secretario académico. Facultad de Ingeniería
(9) Coordinadora de Acreditación. Facultad de Ingeniería
(10) Director de un proyecto de carrera de posgrado. Facultad de Ingeniería
(11) Decano. Facultad de Derecho
(12) Director de una carrera de posgrado. Facultad de Derecho
(13) Director de posgrados. Facultad de Comunicación
Fuente: elaboración propia a partir de la información obtenida en las entrevistas

---

[34] Las referencias para *todas las figuras* del apartado 6.4 son las mismas.

6.4.2. Acerca de algunos aspectos del sistema de evaluación y acreditación universitario argentino

a) Composición actual del gobierno de la CONEAU[35]

Un grupo de los entrevistados manifestó disconformidad por la cantidad de representantes del poder político[36] y sugieren más representantes del sector universitario, de las academias o de las asociaciones de facultades. Algunos agregarían a representantes del sector del mercado o del sector productivo, o, en términos de la ISO 9001, "terceros interesados". También algunos manifestaron disconformidad por la poca representatividad que tienen las universidades privadas, lo que, según ellos, denota una "observación engañosa de la realidad".

Otro grupo declaró que para ellos no es tan importante la proporción de cada sector, sino "quiénes son esas personas" en términos de formación y capacidad para estar en lo que hacen.

En síntesis, un grupo mayoritario es crítico de la proporción según pertenencia institucional de los miembros del pleno de CONEAU, y otro, minoritario, focaliza la atención en los atributos académicos de los miembros y no en su pertenencia institucional.

En las figuras 6.2 a) y 6.2 b) se sintetizan las expresiones más relevantes de los entrevistados.

---

[35] Los miembros de la CONEAU son designados por el Poder Ejecutivo Nacional a propuesta de los siguientes organismos y en la cantidad que en cada caso se indica: tres por el Consejo Interuniversitario Nacional; uno por el Consejo de Rectores de Universidades Privadas; uno por la Academia Nacional de Educación; tres por la Cámara de Senadores de la Nación; tres por la Cámara de Diputados de la Nación, uno por el Ministerio de Educación, Ciencia y Tecnología de la Nación.

[36] Los entrevistados interpretan que los partidos políticos dominantes inciden en las designaciones de los miembros de CONEAU porque el Congreso de la Nación nomina 6 representantes.

Figura 6.2 a). Opinión acerca de la composición actual del gobierno de CONEAU, según cargo de los entrevistados. Grupo crítico de la proporción según pertenencia institucional de los miembros

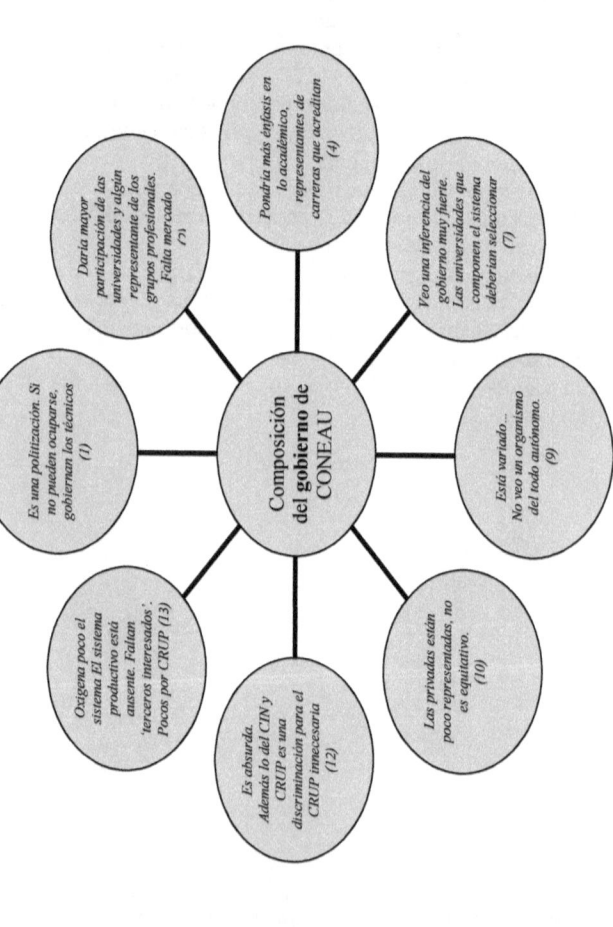

Figura 6.2 b). Opinión acerca de la composición del gobierno de CONEAU, según cargo de los entrevistados. Grupo que focaliza la atención en los atributos académicos de los miembros y no en su pertenencia institucional.

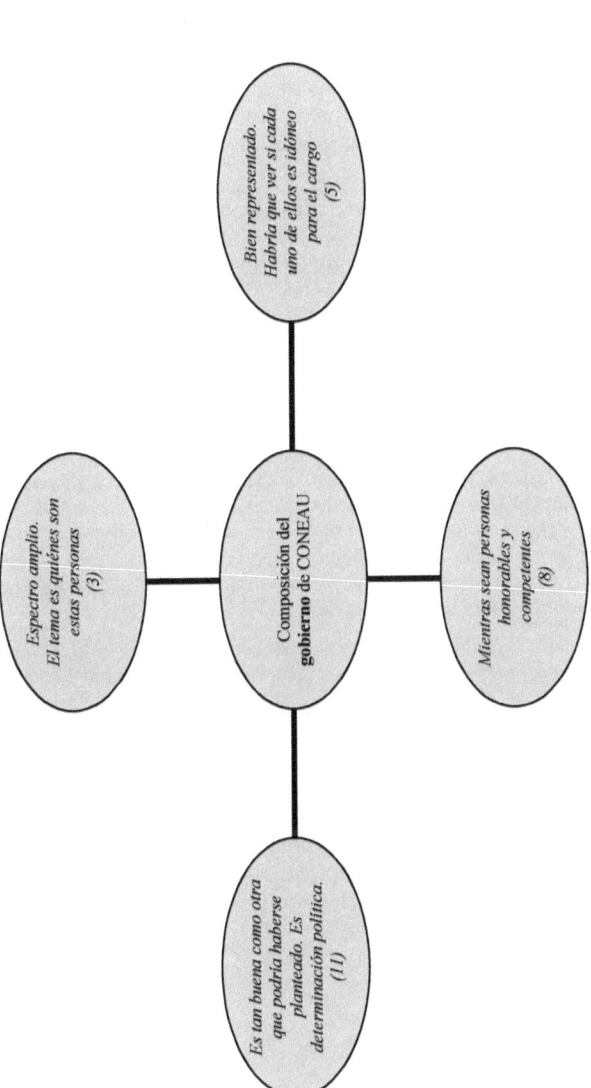

Referencias:
Véase la figura 6.1
Fuente: elaboración propia a partir de la información obtenida en las entrevistas

Acerca de la posibilidad de *incluir estudiantes en el gobierno de CONEAU*, todos los entrevistados, menos uno, prefieren que los estudiantes tengan otras vías de participación en el proceso de evaluación y acreditación. Es decir, la posibilidad de participación de estudiantes en el gobierno de la CONEAU es rechazada por las personas entrevistadas. El argumento más esgrimido es que el estudiante no tiene la visión global de todo el proceso educativo universitario como para participar del órgano de gobierno que evalúa y acredita la educación superior universitaria:

Yo no lo veo. A mí me parece que para estar en esto hay que tener una visión muy global, hay que haber pasado y hay que tener una visión muy global, creo que el estudiante todavía está pasando por el proceso y quizás no pueda tener una perspectiva del conjunto, ¿no?, no sé si un estudiante ayudaría (director del Departamento de Educación Médica).

Algunos manifestaron oposición respecto de la inclusión de estudiantes en el gobierno de CONEAU basándose en la experiencia de la participación de estudiantes en los gobiernos de las universidades. El comentario de uno de los entrevistados refleja esta postura, expresada con distintas palabras por varios entrevistados:

No, todas mis experiencias con los gobiernos tripartitos y en algunos casos cuatripartitos son manifiestamente negativas, muy negativas. Yo no estoy por el gobierno tripartito y muchísimo menos por el cuatripartito, así que no puedo trasladar al sistema que evalúa y acredita algo que en el gobierno de las propias universidades yo considero que es negativo (director de posgrados de la Facultad de Comunicación).

No, sobre todo el estudiante que va a querer estar en la CONEAU (director de una carrera de posgrado en Derecho de la Facultad de Derecho).

Quien se manifestó a favor de su inclusión fue una integrante del Departamento de Educación Médica:

Sí, incluiría. [...] Me parece que es importante la participación de los estudiantes pensando que están acreditando carreras de grado y de posgrado o graduados, por ejemplo, sí los incluiría.

En la figura 6.3 se expone sintéticamente la opinión de los entrevistados acerca de la posibilidad de incluir estudiantes en el gobierno de CONEAU.

Figura 6.3. Opinión acerca de la inclusión de estudiantes en el gobierno de CONEAU, según cargo de los entrevistados

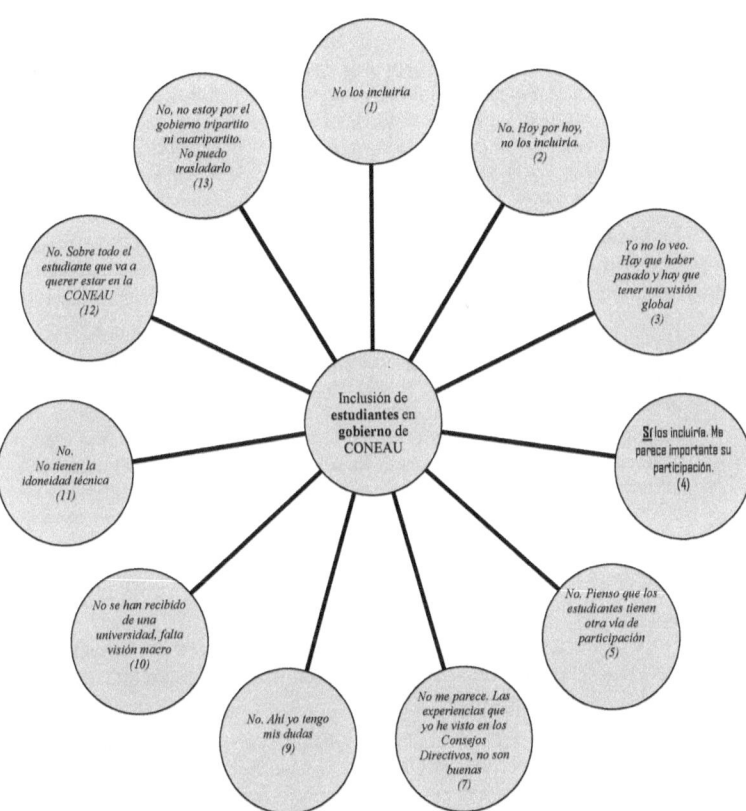

Referencias:
Véase la figura 6.1
Fuente: elaboración propia a partir de la información obtenida en las entrevistas

b) Opinión acerca de la obligatoriedad de la acreditación de carreras de grado y posgrado

Los entrevistados coinciden en la necesidad de la obligatoriedad de la acreditación de carreras de grado que comprometen el interés público. Respecto a la acreditación de carreras de posgrados que no habilitan para el ejercicio profesional, la mayoría se inclina por procesos voluntarios, argumentando que —a este nivel— el mercado regula mucho más que en grado:

> *En el caso de los posgrados que no habilitan para el ejercicio profesional, yo preferiría que no existiera. Entiendo que sean obligatorios en grado, pero en posgrado preferiría que no existieran porque no cambia nada una maestría (rector).*
>
> *Las carreras de riesgo sí. [...] Creo que hay que ser más cuidadoso con las carreras que efectivamente tienen un riesgo social, ahí no daría ninguna libertad [...]. Las otras, voluntario. A mí lo voluntario me encanta. Porque creo que habla de madurez y de otras motivaciones. Insisto y creo que de comienzo, cuando hay que instalar una cultura, hay que ir por lo obligatorio, porque si no nadie lo haría, pero luego me parece que hay que ir acomodando los mecanismos (secretaria académica de la Facultad de Ciencias Biomédicas).*

No obstante, se encontraron algunas opiniones a favor de "todo obligatorio", debido a la falta de madurez actual del sistema o a que, si se trata de un título reconocido oficialmente, este debe pasar por un proceso de acreditación:

> *Yo creo que es positivo en el fondo, en el estado actual del sistema universitario me parece que es positivo que sea obligatorio. Llegará el momento donde el sistema pueda estar maduro y pueda pensarse en que sea electivo el proceso, podría ser más que razonable, sería hasta juicioso, pensemos, imaginemos un sistema universitario en el cual está mucho más transparente, donde hay menos nichos opacos y menos [...] entonces ahí uno puede pensar que la electividad es natural, es parte de la libertad y me parece que debería existir. Me parece que no es la etapa actual (director de posgrados de la Facultad de Comunicación).*
>
> *Creo que tienen que ser obligatorios, sí, si dan un título oficial tiene que ser obligatorio. Hay que acreditar todas las carreras de grado y posgrado (director del Departamento de Educación Médica).*

Es de destacar la opinión del Decano de la Facultad de Derecho. Su respuesta trae a la reflexión la necesidad de pensar en la capacidad real que tiene el sistema actual para acreditar:

> *El engaño es que acreditamos todo y en realidad no acreditamos nada. Tenemos carreras que fueron acreditadas hace 12 años que no han tenido reacreditación. El sistema actual es que Derecho, que es de riesgo social, no ha acreditado nunca. [...]. Entonces, esta pregunta no se puede responder si nosotros no tenemos al lado un plan, si no sabemos de qué hablamos o no tenemos una idea muy precisa de qué hablamos cuando hablamos de sistema de acreditación y evaluación. Yo diría hoy, hoy no estamos acreditando y evaluando nada o lo estamos haciendo con unos plazos terribles, lentísimo, incumpliendo las leyes, ¿se entiende?, ¿yo cuánto puedo acreditar?, y, depende de mi capacidad de trabajo. Hoy la CONEAU está totalmente desbordada, entonces diría "no, que acredite muchísimo menos, por favor, que se focalice en las carreras de grado, lo demás que no sea para nada obligatorio". Para que llegue bien al grado y en la medida en que pueda, bueno, agregaremos. Entonces yo me inclino más porque sea obligatorio todo grado y por ejemplo posgrado, que no habilita para el ejercicio profesional, no.*

En el cuadro 6.8 se presenta una categorización de las respuestas a esta pregunta.

Cuadro 6.8. Opinión de los entrevistados, según cargo, acerca de la obligatoriedad de los sistemas de acreditación para carrera de grado de interés público, de posgrado y de todas las carreras de grado

Opinión de los entrevistados \ Sistema	Sistema de acreditación de carreras de grado de interés público		Sistema de acreditación de carreras de posgrado (que no habilitan para el ejercicio profesional)		Sistema de acreditación de todas las carreras de grado	
	Obligatorio	Optativo	Obligatorio	Optativo	Obligatorio	Optativo
1. Rector	X			X		
2. Secretaria Académica. Facultad de Ciencias Biomédicas	X			X		
3. Director del Departamento de Educación Médica			X			X
4. Integrante del Departamento de Educación Médica	X (ampliar la lista actual)					
5. Coordinadora de acreditación. Facultad de Ciencias Biomédicas	X			X		
6. Directiva de una carrera de posgrado. Facultad de Ciencias Biomédicas	No Contesta					
7. Decano. Facultad de Ingeniería	X		X			
8. Secretario Académico. Facultad de Ingeniería			X	X		
9. Coordinadora de acreditación. Facultad de Ingeniería	X (ampliar la lista actual)			X		
10. Director de un proyecto de carrera de posgrado. Facultad de Ingeniería	X		X			
11. Decano. Facultad de Derecho	X		X			
12. Director de un posgrado. Facultad de Derecho			X		X (acreditación *soft* si no es de riesgo y *hard* si es de riesgo)	
13. Director de Posgrados. Facultad de Comunicación	X		X			

Fuente: elaboración propia a partir de la información obtenida en las entrevistas

c) Acerca de si promoverían o no el funcionamiento de otras agencias además de la CONEAU

En esta universidad casi todos los entrevistados se manifestaron a favor de la pluralidad de agencias, tal como lo prevé la Ley de Educación Superior actual. El argumento más señalado es que la competencia genera calidad y da más libertad a las instituciones. Además, se señala que la pluralidad de agencias descomprimiría el colapso del sistema actual.

En la figura 6.4 se muestra una síntesis de la opinión de los entrevistados.

Figura 6.4. Opinión de los entrevistados, según cargo, acerca de si promoverían o no el funcionamiento de otras agencias además de CONEAU

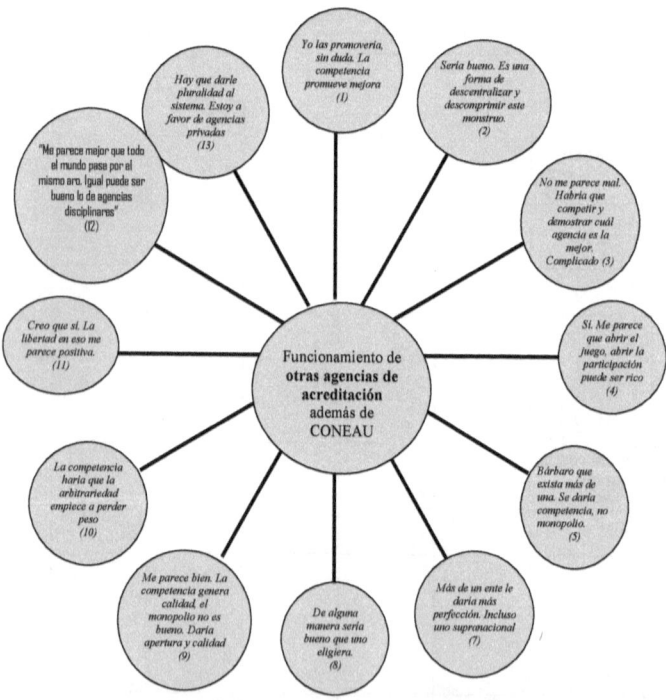

Referencias:
Véase la figura 6.1
Fuente: elaboración propia a partir de la información obtenida en las entrevistas

c) Sobre la eficacia (o no) de relacionar los procesos de evaluación y acreditación con mecanismos de financiamiento
Sobre este tema, las respuestas se dividen en dos grupos. Los que no relacionarían los procesos de evaluación y acreditación directamente con mecanismos de financiamiento y los que expresaron que el financiamiento ayudaría a la eficacia del proceso.

Los que no están a favor argumentan que, al tratarse de estándares mínimos, estos deben cumplirse esté o no el financiamiento extra. También en este grupo se arguye que podría desvirtuarse la finalidad de estos mecanismos:

> *A mí me parece que las cosas tienen que tener un nivel de calidad mínimo, en palabras de la CONEAU, y el financiamiento tiene que ser funcional a ese nivel de calidad mínimo. Es decir, me parece que no podemos justificar algo que esté por debajo de ese nivel por cuestiones de financiamiento. Si aparecieran fuentes de financiamiento, bienvenidas serían, pero si no aparecen deben aparecer, es decir, hay que generarlas. Si no aparecen, desde el Estado habrá que generarlas de alguna otra fuente, pero no hay duda de que ese mínimo debe ser alcanzado. Yo pienso que no debe haber una relación. [...] no veo por qué. Me parece mucho mejor poner dinero en proyectos de investigación, me parece mejor hacer otras cosas. Además, eso de que las universidades no pueden mejorar, no lo creo, y yo no creo que con dinero podamos cambiar a un docente, es decir, en todo caso lo que hay que hacer son mejores planes de formación docente y en algunos casos es cerrar las universidades o los programas si su mejora no puede hacerse en un año, ni en dos, ni en tres (rector).*

> *En realidad me parece que no, porque creo que esto es más una cuestión filosófica y de actitud que de "dinero", vos podés estar no acreditado, pero porque hiciste las cosas mal, no porque te falte plata. Yo no sé si el dinero tiene mucho que ver con esto, puede sonar medio ingenuo, pero no creo que sea lo esencial (director del Departamento de Educación Médica).*

> *No sé si es tan sana porque todo el proceso de acreditación iría tendiente al financiamiento, que creo que no debería ser el fin último. [...]. Estaría bueno [...] pero no me parece bueno que sea el fin de la acreditación el financiamiento, sí como medio de ayuda me parece bien, pero no como fin (coordinadora de Acreditación de la Facultad de Ingeniería).*

Los actores que se manifestaron a favor lo consideran un estímulo para los planes de mejora. También se cita el ejemplo de las universidades de gestión estatal que accedieron a estos fondos (PROMEI):

> *Es un estímulo. Esto, cuando existió, que fue para las universidades de gestión pública, a las privadas no les tocó directamente, para las universidades de gestión pública fue un estímulo impresionante, primero porque la gente se puso a pensar qué hacer para conseguir fondos, y esto significó de alguna forma poner en marcha, desempolvar las telarañas del enquilosamiento de muchas universidades que se siguen moviendo por inercia. Lo que pasa es*

> que esto, unido al financiamiento, puede significar también, a ver, veamos, ¿qué ocurre?, aquellas que son más proactivas, [...] puede ocurrir [...] el "efecto mateo": los que más saben, más proyectos, más dinero, y cómo hacés para ayudar a aquellas que tienen menos capital intelectual, si se quiere, y que las tenés que ayudar y que las tenés que promover. Puede ocurrir que termines dándoles o poniéndoles o inyectándoles todo el dinero a aquellas que tienen más motor, me parece que el tema es cómo equilibrar para que reciban financiamiento aquellas que tienen que mejorar. [...] Atado a planes de mejora, es decir, que diga "bueno, tengo dificultades de infraestructura...no alcanzo un mínimo, pero para estos planes de mejora necesito dinero". [...]A mí me gustan los sistemas voluntarios, me encantan y me encantan unidos a estímulos, [...]. Aseguramos con una acreditación obligatoria el mínimo pero luego hay un sistema voluntario de alta calidad que te permite conseguir becas, financiamiento y ese juego me parece muy bueno. Me encanta porque me parece que es un gran estímulo que mueve a la gente, en cambio la zanahoria, en el caso de la carrera de Medicina, es "vivo o no vivo", si no acredito, dejo de existir. Dan castigo. Es punitivo, efectivamente es un sistema punitivo y donde hay estímulo de ayuda a la mejora solo para las de gestión pública, porque sigue existiendo esta ayuda (secretaria académica de la Facultad de Ciencias Biomédicas).

Dentro de este segundo grupo se hallaron respuestas coincidentes referidas a la imposibilidad de pensar en algo así para las universidades de gestión privada en el estado actual del contexto país. A modo de ejemplo, citamos algunas afirmaciones de los entrevistados.

> Las de gestión pública la reciben y las privadas no, lo que pasa es que en este momento es impensable en la etapa que vive la Argentina, donde las universidades privadas no somos miradas con buenos ojos (secretaria académica de la Facultad de Ciencias Biomédicas).

> Si las acciones de mejora estuvieran atadas a financiamiento del Estado, sería excepcional, pero eso yo lo veo muy difícil en el contexto del país actual y el que se nos viene (decano de la Facultad de Ingeniería).

d) Sobre la posibilidad de crear un único sistema de evaluación y acreditación con base en un único criterio de calidad: la excelencia

La mayoría de los entrevistados se inclinan por continuar con un sistema de estándares mínimos, sobre todo para las carreras de grado que comprometen directamente el interés público. No descartan la coexistencia con otro por estándares máximos, pero voluntario. En este sentido, algunos vuelven a pronunciarse a favor del financiamiento, es decir, un sistema voluntario, de estándares máximos, atado a premios de financiamiento. Varios reconocieron que, en la etapa de madurez actual del sistema, esto no es posible.

En la figura 6.5 se ilustra lo dicho anteriormente con palabras textuales de los entrevistados.

Figura 6.5. Opinión de los entrevistados acerca de la posibilidad de crear un único sistema de acreditación con base en un único criterio de calidad: la excelencia

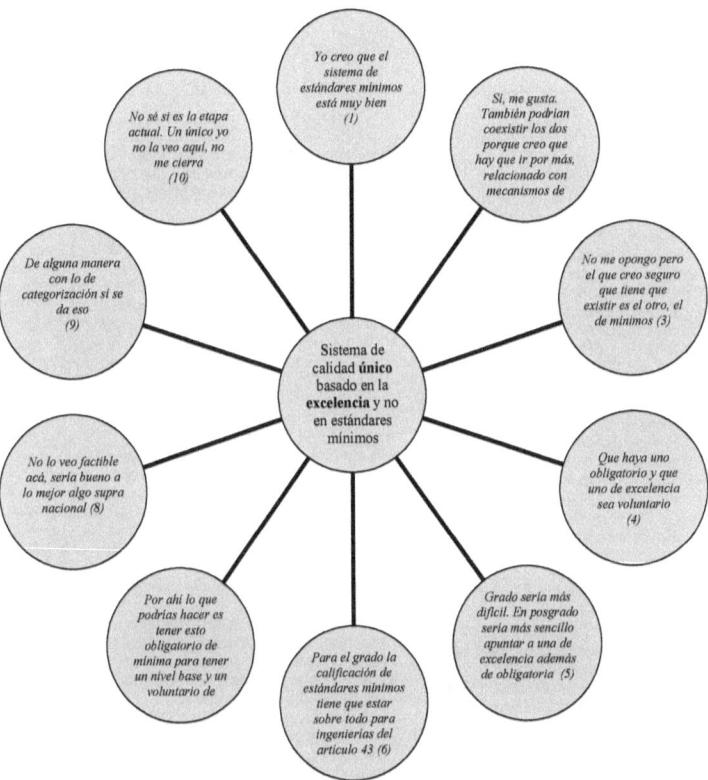

Referencias:
Véase la figura 6.1
Fuente: elaboración propia a partir de la información obtenida en las entrevistas

6.4.3. Percepción sobre diversos aspectos del funcionamiento de la Comisión Nacional de Evaluación y Acreditación Universitaria (CONEAU)

a) Acerca de su funcionamiento y su impacto en la institución

Sobre este punto, los entrevistados hablan de "luces y sombras", de "*ups* y *downs*", de "aspectos positivos y negativos".

En el cuadro 6.9 se muestra una síntesis de lo expresado por los entrevistados. No se citan los cargos debido a que la agrupación, sin dejar de utilizar las palabras de los entrevistados, es una elaboración propia.

Cuadro 6.9. Aspectos positivos y negativos del funcionamiento de CONEAU señalado por los entrevistados

"Luces", "Ups", "Aspectos positivos"	"Sombras", "Downs", "Aspectos negativos"
▷ El concepto, el espíritu, la idea es muy buena. ▷ El hecho de que se hayan iniciado las actividades de evaluación y acreditación ha obligado a que la universidad se mire a sí misma y se replantee lo que estaba haciendo para ver dónde tiene que mejorar. ▷ Es una herramienta útil para promover, para impulsar y de alguna forma para legitimar acciones directivas. ▷ Sirve para ordenar, sistematizar. ▷ Se introdujeron criterios y estándares de calidad. ▷ Está generando una cultura de la evaluación y mejora continua. ▷ Sana preocupación que se genera en las universidades por una mejor titulación de los profesores. ▷ Mayor atención a las necesidades de los alumnos: preocupación por seguimiento, retención, graduación. ▷ Elevación de la cuota de autoexigencia por parte de las universidades a la hora de armar proyectos de carreras, sobre todo en posgrado. Las propias universidades controlan más la calidad de la oferta académica de sus carreras. Autorrestricción, autorregulación en pro de la calidad de la oferta. ▷ Se plantea una cosa de "Perogrullo" que es que la universidad tiene que ver con la investigación.	▷ Discrimina poco, sobre todo en grado. Prácticamente no deja nadie afuera. Se observan carreras que son buenas que acreditan y carreras que son malas que también acreditan. ▷ Burocratización, respuestas formales y cosméticas, la complicación de los formularios electrónicos y tantas planillas y fichas. Peligro de acondicionamiento de la vida universitaria en función de planillas, controles y registros. ▷ En posgrado, ciertas situaciones anómalas en el funcionamiento de los pares. Falta de colegialidad en la evaluación, en muchos casos, evaluación sobre papel sin visitas in situ. No se sabe con exactitud cuando una carrera es A, B o C. Esto da lugar a la arbitrariedad. ▷ Unánime crítica a la lentitud del funcionamiento de la CONEAU, sobre todo en posgrado. ▷ Se percibe una CONEAU colapsada. ▷ Falacia procedimentalista: confianza ciega en los procesos. De "proceso-forma" solo surge "proceso-forma", no surge una mejora de la sustancia. Con los procesos de acreditación y evaluación no se logra por sí solo una mejora en la universidad si no se atiende a los aspectos sustanciales. Es decir, aquello a los fines a los cuales la universidad debe tender. ▷ Tecnicismo pedagógico esotérico, es decir se ha generado una cultura o un exceso de tecnicismo desde el vocabulario hasta el volumen de las cosas que hay que completar que tiene efectos perversos: tecnocracia en CONEAU y en las propias universidades que retroalimenta el tecnicismo con la consecuente pérdida de democraticidad de los procesos de evaluación y acreditación. ▷ Una de las claves para que los procesos de evaluación funcionen es que es lo profesores se empapen, [...] tiene que haber un encuentro entre el estamento técnico y el estamento de los profesores. Ese encuentro hoy no se da. ▷ Hay una generación de profesores que son los que tienen el poder, que no manejan estos lenguajes y que permanecen por eso totalmente ajenos a los procesos de evaluación.

Fuente: elaboración propia a partir de la información obtenida en las entrevistas

b) Comparando el impacto de la evaluación institucional, de la acreditación de grado y de la acreditación de posgrados

Del análisis de las entrevistas se concluye que el mayor impacto lo produce la acreditación de carreras de grado; en segundo lugar, la acreditación de carreras de posgrado. Por último, la evaluación institucional.

En la Figura N° 6.6 se sintetiza la opinión de los entrevistados acerca de la percepción de qué política impactó más en la institución.

Figura 6.6. Opinión de los entrevistados, según cargo, acerca del impacto de la evaluación institucional, de la acreditación de carreras de grado y de la acreditación de carreras de posgrado

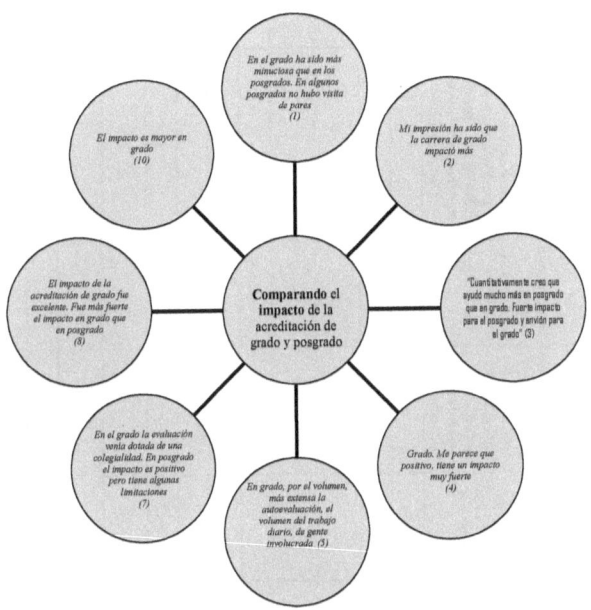

Referencias:
Véase figura 6.1
Nota: no se incluye las respuestas de los directivos de Derecho y Comunicación porque solo han participado de la acreditación de posgrado. No tienen elementos para comparar.
Fuente: elaboración propia a partir de la información obtenida en las entrevistas

c) Principales dificultades y conflictos que han presentado los procesos de evaluación y acreditación

Entre las principales dificultades y conflictos, se señala la burocratización, el engorro del procedimiento, los problemas con el *software* y los formularios, el tema de los pares evaluadores: la falta de entrenamiento y —en algunos casos— de formación. También, la hegemonía de los técnicos y cierta arbitrariedad en la evaluación de los posgrados.

Asimismo se mencionan dificultades internas: falta de participación y concientización, problemas de comunicación interna.

En el cuadro 6.10 se agrupan las respuestas, según cargo de los entrevistados.

Cuadro 6.10. Principales dificultades y conflictos (internos y externos) que han presentado los procesos de evaluación y acreditación, según cargo de los entrevistados. Caso 1

	Externos: procedimientos		CONEAU		Internos: procedimientos institucionales	
	Complejidades de procedimiento. Burocratización. Dificultades con los plazos. Lentitud de los procedimientos	Dificultades técnicas: software, formularios, fichas docentes	Actuación de pares evaluadores: falta de entrenamiento; falta de colegialidad y representatividad en posgrado.	Hegemonía / poder / influencia de los técnicos	Sentimientos de soledad. Ignorancia de lo que realmente van a pedir y cómo se van a comportar los pares. Falta de información dentro de la unidad académica	Falta de involucramiento y participación de la comunidad universitaria. Actitud con la cual se mira la acreditación: responder para pasar
1. Rector	x	x	x	x		
2. Secretaria académica. FCB	x	x	x	x		x
3. Director del Departamento de Educación Médica. FCB		x		x		x
4. Integrante del Departamento de Educación Médica. FCB	x	x				x
5. Coordinadora de Acreditación. FCB	x	x				x
6. Directiva de una carrera de posgrado. FCB		x			x	
7. Decano. Facultad de Ingeniería	x		x			x
8. Secretario académico. Facultad de Ingeniería		x			x	
9. Coordinadora de Acreditación. Facultad de Ingeniería	x	x			x	
10. Director de un proyecto de carrera de posgrado. Facultad de Ingeniería	x		x		x	
11. Decano. Facultad de Derecho	x	x				x
12. Director de una carrera de posgrado. Facultad de Derecho	x	x				x
13. Director de posgrados. Facultad de Comunicación		x				

Fuente: elaboración propia a partir de la información obtenida en las entrevistas

Es reiterada la mención a las dificultades relacionadas con los formularios (o instructivos) y fichas. En este sentido, se considera oportuno destacar algunos comentarios de los entrevistados:

> *Las fichas no son buenas, no son amigables, para nada, son incompletas, son confusas, eso sí es responsabilidad de la CONEAU. Ahí hay que trabajar más todavía, hay que tratar de hacer el nexo. Te diría que las fichas las tendría que hacer alguien de marketing que pudiera vender el producto porque son muy áridas, no es necesario que sean así, son muy complicadas (director del Departamento de Educación Médica).*

> *Los formularios [...] les falta un poco de haber pisado un aula, están hechos muy a nivel de sistemas y es a nivel teórico, pero les falta más aula (integrante del Departamento de Educación Médica).*

> *Me parece que el instructivo no es muy feliz, mejor dicho, es mejorable. [...] Entiendo la dificultad del usuario cuando enfrenta de las ciencias blandas este tipo de planilleo [...]. Entonces es una pena, porque es gente que podría participar [...]. Cómo hacerlo tampoco lo tengo tan claro (director de posgrados de la Facultad de Comunicación).*

> *Habría que discutir algunos ítems de formularios y errores en los formularios, todo eso que hace perder un tiempo enorme porque la CONEAU no se toma el trabajo de actualizar cosas. O errores o poner demasiadas preguntas con un espacio absurdo para contestar, entonces lleva más tiempo recortar y hacer firuletes gramaticales que contestar las cosas, entonces eso impacta [...] entonces habría que pensar un poquito mejor cómo presentar las cosas (director de una carrera de posgrado de la Facultad de Derecho).*

d) Percepción de si están influyendo intereses políticos, partidarios, ideológicos en los procesos de evaluación y acreditación

La mayoría de los entrevistados percibe cierta influencia de intereses políticos, partidarios e ideológicos. Algunos evidencian desde el caso "UBA":

> *El mejor ejemplo es la Facultad de Medicina de la UBA. La CONEAU perdió prestigio cuando no se acogió a lo que decía la ley de educación superior. La CONEAU se dedicó a llamar a pares evaluadores de esa universidad, que un buen día le dijo: "Yo no acredito porque no se me da la realísima gana", entonces se acabó (rector).*

> *Empezando por que la UBA no pase por el mismo tamiz que pasamos todos (coordinadora de Acreditación de la Facultad de Ciencias Biomédicas).*

> *El hecho de que la UBA dijo que no iba a acreditar y que nadie le dijo nada implica que hay intereses políticos y fuerzas (director de una carrera de posgrado de la Facultad de Derecho).*

Sin ser un criterio explícito de selección, en el trabajo de campo se dio que algunos de los entrevistados habían actuado como pares evaluadores y en las asociaciones de facultades. Estas personas son las que afirmaron con mayor vehemencia que están influyendo intereses políticos o ideológicos y dieron ejemplos concretos:

> *Yo participé en la segunda elaboración de estándares y el documento que se plasmó no refleja lo que la mayoría de la gente pensaba. [...] Ahí hubo algunas cuestiones con el tema de las competencias, y esto fue escrito por dos personas en concreto [nombra a las personas y a las instituciones a las que pertenecen]. Estas personas redactaron el documento. [...] Nosotros comentamos algunas cosas, pero ya estaba re cocinado y además acá hay mucha influencia de las universidades nacionales, a quienes este modelo les viene muy bien (secretaria académica de la Facultad de Ciencias Biomédicas).*

> *Ahí pasó que, bueno, AFACIMERA escribió unos estándares, los giró, convocó a una serie de personas de distintas facultades para trabajar sobre ellos, que trabajaron un poco sobre ellos y después se aparece un día como un documento que no sé cuánto tenía de relación con lo que se había trabajado o se había consensuado en el grupo. [...] o sea, se había trabajado una cosa y apareció el documento diciendo otra cosa. [...] Yo creo que AFACIMERA tiene que ser un actor en la generación de los estándares, pero tiene que ser mucho más democrática o darle una participación más real (director del Departamento de Educación Médica).*

Se percibe cierta influencia de los técnicos de CONEAU que coordinan los procesos de evaluación y acreditación:

> *Tienen muchísima influencia los técnicos, que son los que pilotean las resoluciones de los dictámenes, he sido testigo de eso. [...] Los dictámenes los hacen los técnicos, [...] después te los mandan y te dicen si estás de acuerdo o no. Los influencia, yo veía en las plenarias cómo empujaban para que a tal facultad se le diera una cosa, para otra, para que le bajaran (en grado). [...] El peso del técnico es altísimo, altísimo. Los técnicos manejan muchísimo y unos más que otros, y vos mandás el dictamen, el borrador, y te lo mandan en rojo, y acá resaltando, y "usted debería poner" [...]. En mi grupo nos resistimos muchísimo a eso, les rebotamos los dictámenes, pero el técnico pesa muchísimo, muchísimo (secretaria académica de la Facultad de Medicina).*

> *Pero el técnico es una cara, esto debe venir de algún otro lado. Los técnicos hay casos en que son muy duros desde el vamos y no entendés bien qué está pasando, o muy blandos desde el vamos y ¿acá qué?, ¿cómo es esto?, no hay, me parece, mucha equidad en el tratamiento de los distintos casos, eso lo hemos visto. A cualquier par que le preguntes, lo ha experimentado. ¿En grado y en posgrado? En grado lo vi muy fuerte y en posgrado me pasó sentir la presencia del técnico como tratando de inducirme no por cuestiones políticas, sino probablemente por otras cuestiones más metodológicas, pero sí. Creo que el técnico tiene un mensaje claro que llevar y es un personaje difícil el técnico, es un personaje difícil, el par también. [...] Los técnicos tienen mucho poder,*

no creo que sea propio el poder, creo que es un poder que les da alguien ahí, pero te van llevando para que pongas lo que ellos quieren. [...] Pero no creo ser el primero que te dice una cosa así. [...] Creo que ha mejorado mucho, fue muchísimo peor en el otro proceso, porque fue durísimo, ahora me parece que está mejor, me da la impresión (director del Departamento de Educación Médica de la Facultad de Ciencias Biomédicas).

Se percibe sesgo en la actuación de algunos pares y de la misma CONEAU. No obstante, uno de los entrevistados admite que esto está mejorando:

Te puedo contar otra instancia de otra carrera de gestión pública que yo hubiese cuestionado su acreditación, pero el par era una mujer, era un referente en salud pública, y como esa mujer llevó la carrera en la batallita, había dos referentes en esa carrera como pares de que esa carrera cumplía con todos los estándares, daban garantías y fue acreditada, y esa carrera no debería haber acreditado, al menos por cómo acreditó, y en eso estaba [nombre de otra autoridad de su facultad], también lo conversamos. El manejo, el manejo que se hacía todo el tiempo de este tipo de cuestiones. Por eso, insisto, en la medida en que me aproximé al proceso perdí la inocencia de un cachetazo. De todos modos sigo insistiendo en que es algo bueno (secretaria académica de la Facultad de Ciencias Biomédicas).

Sí, sin ninguna duda, sin ninguna duda, me parece que sí, que específicamente la CONEAU tiene una línea, creo que es poco flexible esa línea y trata de imponerla, me parece que tienen dificultades o tuvieron —creo que lo han mejorado— muchas dificultades para entender posiciones distintas de las que tenían ellos, y que cuando ellos le bajan el pulgar a una carrera y uno de los pares la quiere acreditar es muy difícil acreditarla (director del Departamento de Educación Médica de la Facultad de Ciencias Biomédicas).

Otros entrevistados también perciben algo de influencia ideológica. Algunos dieron evidencia, otros no:

Pienso que políticos partidarios no, ideológicos, sí. No sé si por "ideología" o por "público y privado", pero da la impresión de que hay alguna animosidad tal vez (coordinadora de Acreditación de la Facultad de Ciencias Biomédicas).

Yo no puedo confirmar eso así. [...]. Lo intuyo, pero nada más (directiva de un posgrado en Ciencias de la Salud).

También creo que en su conjunto hay ideología, la evidencia para mí es que algunos proyectos en que las personas están vinculadas más al mundo estatal salen con mucha más facilidad, a diferencia de cuando están más vinculadas o arraigadas a la institución siendo que no estamos en una institución privada cualquiera, si no, con un ideario particular (decano. Facultad de Ingeniería).

Sí, sí, en el caso de posgrado sí, en el caso de grado no me consta. En posgrado pienso distinto porque, digo, pienso distinto por un hecho puntual, es decir, nos aprobaron una maestría y nos rechazaron otra. La que nos rechazaron estaba —salvo un detalle específico que después se corrigió—, estaba mejor armada que la segunda. [...] En la segunda, pasaron por alto algunas cosas que a lo mejor podrían no pasar por alto, entonces, yo digo: ahí no hay un criterio (secretario académico de la Facultad de Ingeniería).

Yo creo que sí, si bien el espíritu no es ese, te conté algunos casos concretos [...] el de un miembro, uno de los miembros de CONEAU que en el taller dio un ejemplo poco feliz de una universidad católica, que evidentemente, en su proceso de acreditación o de autoevaluación, no había presentado un panorama muy positivo. Pero tampoco, me parece, daba para que en un curso donde estaba CONEAU formando a gente que iba a formar parte de este proceso criticara a un universidad porque era católica, era confesional y que dio a entender, bah, no dio a entender, lo dijo explícitamente, que "se creían las universidades católicas que rezando acreditaban o hacían lo que querían". [...] La persona que dijo eso era uno de los doce [nombre], no un técnico. A mí no me pareció serio, por lo menos como primera impresión. La verdad que yo no conocía a ningún miembro ni nada, era el primer día, [...] ya ahí no me daba la pauta de que fuera gente muy amplia porque si ya piensa así (coordinadora de Acreditación de la Facultad de Ingeniería).

Sí, ideológicos desde ya que sí. El ideológico te lo digo, sí, tengo ejemplos, uno es —reitero— uno que te dije que es que no he visto en ninguno de estos comités de pares, de esta disciplina, pares que representen a universidades privadas, y también el ejemplo que conozco que cuando se presenta la [nombre de posgrado de otra unidad académica] que objetan "cierta bibliografía" y la "orientación determinada de la bibliografía" y también, más cercano, cuando se presenta la de [nombre de un posgrado de otra unidad académica] que también conozco, sí, ideológicos (director de un proyecto de carrera de posgrado).

Sí, no me parece que sea posible que estos factores no influyan, ¿no?, el tema es la profundidad de esa influencia. Porque, digo, es imposible que no influyan porque cada uno juzga y evalúa desde su experiencia vital, desde su religión, la que practica o la que no practica, de partidos políticos, no sé (decano de la Facultad de Derecho).

Sí, claro, en [nombre de un posgrado de esa facultad] donde en realidad ellos se referían al docente diciendo que el diseño de su materia tenía una carga axiológica... Me parece que, como siempre, las acusaciones son mutuas, siempre, no creo en las acusaciones unidireccionales (director de posgrados de la Facultad de Comunicación).

Es de destacar lo que más de una vez salió en las entrevistas acerca de cómo se está realizando el proceso de acreditación de posgrado. Este procedimiento atenta contra la objetividad de la evaluación y da lugar a mayor influencia de intereses o ideologías personales: "Evalúa un solo par y los otros firman el dictamen", "el dictamen viene 'piloteado' por los técnicos", "no se están realizando las visitas *in situ*, lo que le daría mayor credibilidad y posibilitaría un diálogo más real".

No obstante todo lo anterior, las palabras del rector dan cuenta de que esos sesgos, de existir, no han tenido mayor influencia en el caso de esta institución, al menos por ahora:

Siempre surge la crítica de que la CONEAU tiene un sesgo ideológico. Yo creo que en el caso de esta universidad no lo ha habido tanto. [...] me parece que allí donde nos han dicho cosas —salvo en la maestría [nombre de la maestría]— podían ser cuestiones de materia opinable, pero en general eran cosas que nosotros podíamos acreditar y de hecho hemos terminado acreditando (rector).

e) Opinión acerca de la conveniencia (o no) de hacer públicos los resultados de no acreditación de las carreras

Todos los entrevistados, menos uno, se manifestaron a favor de hacer públicos todos los resultados de acreditación: positivos y negativos. Se argumenta a favor de la "transparencia" de información que se brinda a la sociedad. También se expresó la importancia de hacer público todos los resultados para garantizar la transparencia del mismo funcionamiento de la CONEAU. Citamos algunos párrafos que dan cuenta de estas opiniones:

Me parece que sí, es decir, si hay que informar a la sociedad, hay que informar todo. Me parece que sería más transparente el sistema si efectivamente uno pudiera acceder y decir por qué no acreditaron (secretaria académica de la Facultad de Ciencias Biomédicas).

Claro, creo que si es público todo: el dictamen, la comisión, etc., yo creo que el mismo ente de evaluación se cuidaría un poco más. Porque además uno podría establecer patrones de comparación, yo diría "mirá, a mí no me aprobaron y mirá". O sea, hacer público lo que se aprueba y lo que no se aprueba, se hace más plausible también a que los pares evaluadores sean más cuidadosos con el proceso porque quedan expuestos (decano de la Facultad de Ingeniería).

Yo pienso que sí, yo los haría públicos. También habría que hacer público el descargo de la propia universidad, pero me parece que cuanto más publicidad mejor, sí. No hay nada que esconder acá (decano de la Facultad de Derecho).

Además, se argumenta que, a mayor información, mejor gestión del conocimiento del sistema de evaluación y acreditación: "Sistematizar ese conocimiento, oxigenarlo, darle transparencia, ponerlo, darle visibilidad para que todos puedan acceder hace a la mejora del propio sistema". Citamos algunas opiniones:

Sí, sí, totalmente, también para que sea aprovechable para el resto, me parece que de los errores también se puede enriquecer, ¿no?, me parece que sí, estaría bueno (coordinadora de Acreditación de la Facultad de Ciencias Biomédicas).

Sí. [...] porque en realidad uno de los puntos a mi juicio es que el sistema es opaco, es decir, una de las mayores críticas que yo le sigo haciendo a la

> *CONEAU es que se enriquece mucho a la gente que está en contacto con los resultados, con el proceso y con los resultados. Ahora, el sistema universitario se enriquecería muchísimo más si tuviera conocimiento de todo lo que está pasando en términos de detalles, es decir, el proceso que llevó a cabo tal universidad o para normalizarse u organizarse, cómo hizo el proceso de acreditación, en qué le fue bien, en qué le fue mal. [...] Si eso fuera transparente, yo diría que estaríamos gestionando mejor el conocimiento del sistema de evaluación y acreditación universitaria. El sistema está compuesto por la CONEAU y por las universidades y por el Ministerio de Educación, entonces si todos los agentes sociales que intervienen en ese sistema de evaluación y acreditación universitaria estuvieran accediendo a ese conocimiento de manera transparente, y no estuvieran en bibliotecas almacenadas a las que nadie accede, que el investigador va a buscar en un expediente perdido de la CONEAU... Realmente, sistematizar ese conocimiento, oxigenarlo, darle transparencia, ponerlo, darle visibilidad para que todos puedan acceder yo creo que hace a la mejora de la calidad del propio sistema (director de posgrados de Comunicación de la Facultad de Comunicación).*

Quien se manifestó en contra lo hace argumentando el resguardo del prestigio de la universidad:

> *El problema es que la no acreditación de una carrera lo que puede hacer es tirar abajo una universidad. Y esto es muy serio, entonces no es que yo esté tapando, yo preferiría ser más positivo, en lugar de informar los no acreditados. [...] hacer como se hace ahora, informar los acreditados (secretario académico de la Facultad de Ingeniería).*

f) Opinión sobre la conveniencia de hacer públicos los listados de pares evaluadores y la frecuencia con la que son designados. Opinión sobre el proceso de selección de los pares evaluadores y sobre su desempeño (prejuicios o preconceptos, sesgos, conductas o trato, humildad, modestia o soberbia, etcétera)

El tema de los pares evaluadores es uno de los más importantes, según manifiestan los mismos entrevistados:

> *Toda la calidad de la evaluación de la CONEAU depende de los pares evaluadores, ahí está toda la cuestión. Y un poco de los técnicos que tocan también. [...]. Me parece que el tema de los pares evaluadores es crucial y que la hegemonía de los técnicos también (rector).*

Todos los entrevistados se manifestaron a favor de la conveniencia de hacer público los listados de los pares evaluadores y la frecuencia con la que son designados. También sugieren que los CV de los pares evaluadores sean públicos y accesibles, por ejemplo, en la página web de CONEAU. Se hace una distinción entre la selección de los pares en grado y en posgrado:

> *Ha mejorado muchísimo el proceso de selección de pares, estoy hablando de grado, ahora, con respecto a la vez anterior, muchísimo. Respecto a posgrado, lo que yo he podido experimentar, la selección me parece mala, sí, es mala (director del Departamento de Educación Médica).*

Además, algunos de los entrevistados sugieren que se pueda recusar sin causa:

> *A mí me parece que habría que reformar la ley para permitir la recusación sin causa de los pares que están en la lista, exigir la recusación con causa me parece que es un disparate porque el Código Procesal es muy exigente en las causas, y muchas veces puede haber una causa real no acreditable y que, por falta de prueba, uno no pueda pedir que un par no lo evalúe o no lo acredite. Digo, debería limitarse, por ejemplo, que uno pudiera recusar sin causa a dos pares evaluadores del listado o a tres, eso facilitaría enormemente los procesos. En los casos de derecho, también, digamos, no es que hayamos tenido problemas específicos, pero sí que nos pasaba que, bueno, este señor sabemos que no va a tener objetividad cuando nos evalúe, pero nosotros no podemos poner eso en un escrito, porque no tenemos evidencia para hacer eso. Además, puede ser que me rechacen la recusación y entonces quedé muy mal, quedé muy mal situado frente a esa persona, es decir, si antes tenía dudas ahora no tengo ninguna, seguro me va a matar. En cambio, si yo puedo recusar sin causa se me facilita muchísimo el asunto, si recuso sin causa, ya seguro este señor no me evalúa (decano de la Facultad de Derecho).*

> *Tiene que haber recusación sin causa, es una locura que no haya, y tiene que haber información sobre quién es quién (director de una carrera de posgrado de la Facultad de Derecho).*

Un tema muy reiterado en las entrevistas fue la necesidad de mejorar el entrenamiento de los pares:

> *Y sobre el proceso de selección de los pares algo te dije, pero ha mejorado, tiene que mejorar más todavía. Tengo ideas al respecto, lo del entrenamiento, básicamente entrenamiento (director del Departamento de Educación Médica).*

> *Me preocupa que no haya mayor entrenamiento para pares, he participado como par, fuimos una vez a una actividad que no es suficiente. Uno lee por ahí, conoce, a mí un modelo que me interesa mucho es el de Estados Unidos, pero me gusta cómo hacen toda la elaboración, la preparación de los pares, el entrenamiento. [...] debería realizar un trabajo para blanquear prejuicios y esto es importante, porque los prejuicios luego afloran en los dictámenes. [...] acá se hace un día de entrenamiento y el entrenamiento está más dirigido a cómo completar el formulario, o a qué cosas ver, o a una guía para pares. Me parece que falta todo lo otro, que es la prudencia a la hora de actuar como pares, qué tipo de comentarios sí, qué tipo de comentarios no, cómo hacer para buscar evidencias [...]. Es decir, me parece que falta esto fino, que es la labor propia del par. Me parece que en este momento, insisto, es*

una cosa muy buena el taller de acreditación y evaluación, pero me parece que [...] el cómo hay que reformularlo, el cómo hay que revisarlo (secretaria académica de la Facultad de Ciencias Biomédicas).

Por eso me parece que una de las formas sería: tener una nómina de 100 personas, pero en los talleres de capacitación deberían ser evaluadas y descartadas aquellas personas que uno ve que tienen una mirada estrecha, sesgada, cargada de prejuicios, porque esas no van a ser buenos pares a pesar de su trayectoria académica (secretaria académica de la Facultad de Ciencias Biomédicas).

Entonces me parece que, en el terreno de los pares, falta aprender muchísimo, pero lo que pasa es que tenemos que aprender todos (secretaria académica de la Facultad de Ciencias Biomédicas).

Una vez más, sale el tema de la influencia del técnico:

El técnico cumple una función muy importante, que es la de organizar la visita, la de marcar un poco los tiempos y los temas, y está muy bien que así sea, porque los pares no sabemos bien cómo se hace. Lo que el técnico no puede hacer es influir en la opinión, que a veces tratan de influir, sí (director del Departamento de Educación Médica).

A continuación se presenta la percepción de la actuación concreta de pares evaluadores en esta institución.

Para la carrera de Medicina, se percibe que en la primera instancia tuvieron pares con visión amplia, capaz de entender la institución. En la segunda, se admite que era gente de prestigio, pero con una visión más estrecha, que, por ejemplo, en la misma visita ponían de ejemplo cómo lo hacían otras universidades:

En la segunda tuvimos gente de prestigio, pero que no, no, no, tenía una visión sesgada, y esto saltó con la atención primaria, y esto saltó con la selección docente, que por qué no teníamos concursos abiertos equivalentes, equitativos y par, y fue imposible, imposible vencer ese prejuicio. Inmediatamente una cosa que saltó nos ponía como modelo, es decir, ellos nos contaban "porque esto en tal universidad...", jamás un par puede venir a evaluarte y ponerte como modelo lo que está ocurriendo en otro lado. Eso, a mi modo de ver, es un par que no fue capacitado en su tarea de par, porque una de las cosas es yo voy a mirar, voy a conocer con un espíritu abierto y amplio qué es lo que se hace, no voy a imponer, no voy a comparar con otra universidad, no emito juicios en la reunión, porque soy par y voy con espíritu amplio, abierto a ver qué estás haciendo, cómo lo estás haciendo, y tratar de entender tu institución, no tratar de que tu institución se parezca a la que yo creo que es un modelo (secretaria académica de la Facultad de Ciencias Médicas).

Respecto a los posgrados en ciencias de la salud, la experiencia fue menor y variada:

Es decir, un par nos pareció muy bueno, porque focalizó, preguntó, uno veía que tenía interés en conocer lo que estaba pasando, otro que estaba totalmente desorientado y parecía que había venido a acreditar el grado y estaba viendo una carrera de posgrado, y otro par que tuvo una actitud poco empática, con comentarios tajantes, terminantes (secretaria académica de la Facultad de Ciencias Médicas).

Respecto del desempeño de los pares: acá la verdad es que nos gustaron más algunos que otros, uno solo no resultó, pero por edad [...] no creo que fuera inepto académicamente, pero no estaba en condiciones de hacerlo, pienso que el resto estuvo muy claro, también con la idea de compartir experiencias. El evaluador de la maestría, sí, de la maestría [nombre de la maestría] muy interiorizado, había leído bien la presentación, era del área, y la verdad que muy constructiva su visita. Y la evaluadora de [nombre de la especialización] muy exigente, muy dura, muy minuciosa, pero en la visita pareció profesional (coordinadora de Acreditación de la Facultad de Ciencias Biomédicas).

Dentro de las personas que estaban evaluándonos, no había nadie que hiciera [nombre de la especialidad]. [...] el tema de pares para nosotros es fundamental y la persona que vino a evaluarnos es una persona que no hace [nombre de la especialidad], entonces, si bien está en el área [...], la nuestra es una rama súper específica, [...] son como dos ramas distintas. Pero bueno, por eso decimos que nuestro pensamiento era "cómo una persona que nunca estuvo con [nombre del objeto de la especialidad] nos va a decir si es mucha o poca la carga horaria [...]". Proceso: vino un solo par y hay otros que firmaron pero con quienes nunca nosotros tuvimos contacto. Creo que había tres o cuatro más, pero la verdad es que yo desconozco la cara. Igual, su comportamiento fue muy agradable, en ese momento fue muy agradable, fue muy estricta, muy agradable, muy estricta en algunas cuestiones así puntuales, muy controladora, me parece que está bien, nadie está diciendo que no evalúe y no controle, pero miró todo. [...] algunas cosas de la documentación no las había leído, no las había leído porque nos preguntaba cuestiones que estaban en el documento. Había tenido dificultad en la entrega de la documentación en tiempo, le habían entregado muy cercano a la fecha (directiva de una carrera de posgrado de ciencias de la salud).

Para la carrera de Ingeniería Industrial, los actores institucionales reconocen que la experiencia con los pares fue muy positiva.

El grado... también se ha dado que se ha visto colegialidad en el proceso de evaluación, con lo cual uno ha compartido reuniones con los pares y los pares están, uno los ve reunirse, evaluar, debatir (decano de la Facultad de Ingeniería).

La experiencia con los pares en los posgrados de Ingeniería (un proyecto acreditado, uno no acreditado, otros dos en proceso de acreditación) no ha sido, para los actores entrevistados, del todo positiva, sobre todo a raíz de cómo se está dando el procedimiento de evaluación:

> *Entonces hoy en el sistema uno evidentemente está conectado no solo por las evaluaciones que a uno le realizan, sino también por otras que se realizan. [...] A pesar de que el dictamen lo firman tres y efectivamente lo firman tres, entonces se da que en muchos casos evalúa una persona y se juntan a firmar el dictamen donde no se hace eficaz la evaluación por esa junta de esos tres miembros mínimos, y en donde es muy difícil, es una reunión que dura dos horas, que uno pueda explayarse y que las demás puedan involucrarse en la evaluación concreta [...]. En el caso de posgrado, como no nació un proceso transparente, que uno lo puede ver fehacientemente, uno se entera de que esto se lleva a cabo, reparten los proyectos, uno evalúa, le comenta al resto su visión, y esto es muy difícil de cambiar en una reunión de dos horas. [...] el coordinador es quien expone arriba de una mesa "tengo estos tres proyectos, cada uno agarre uno", o sea que, quiero decir, no es un tema de los pares evaluadores que se distribuyen el trabajo, la implementación sistemática vigente es esta como tal [...] entonces ahí el problema es que esa falta de colegialidad le da sesgo a la evaluación, porque un evaluador piensa o porque sucedió en tal otro caso, la verdad es que a una institución le puede generar un daño o un retraso de uno o dos años en un posgrado, es un retraso institucional, entonces, a ver, para resumir un poco esto, yo creo que hay temas sistemáticos en donde en el grado ha sido bueno, ha habido colegiabilidad en la evaluación, no en el posgrado, y eso es una falla grave. [...] La determinación de ese cuerpo, en muchos casos, sobre todo cuando se han evaluado proyectos, no ha estado debidamente conformado, en algunos casos no se ha conformado el cuerpo, porque o se ha conformado pero no ha tenido evaluación fehaciente, el cuerpo, como este caso de los proyectos que mencionaba, o en otros casos la competencia del profesional que ha intervenido no es adecuada al proyecto, esto referido a los posgrados, qué sé yo, [nombre del posgrado] había un ingeniero en [otra especialidad que confunde el nombre y el objeto, porque el nombre estaba en inglés]: [palabra] significa [traducción]. [...] Hemos tenido alguna cercanía de uno de los pares que de algún modo nos transparentó cómo había sido el proceso [...] y la imposibilidad de ellos de poder influir aun siendo pares. [...] yo no puedo objetar personas, pero lo que sí objeto es que no es este un proceso, que no se aplica el procedimiento, que es: un cuerpo colegiado se expida a conciencia (decano de la Facultad de Ingeniería).*

> *De hecho, a nosotros nos ha pasado en algún caso acá y hablando con otras universidades les ha pasado, te termina evaluando una carrera una sola persona que, si tenés suerte, bárbaro, ahora si te toca alguien de distinta ideología o de la competencia, no sé, o sea, el sistema de elección no es el mejor. Yo a eso lo subsanaría, me parece que una buena estrategia es participando, o sea que ese banco de pares tenga representantes de todas las universidades y que la elección sea pública y equitativa, porque también hay que ver... capaz que siempre son el mismo grupo (coordinadora de Acreditación de la Facultad de Ingeniería).*

La experiencia con los pares en los posgrados de la Facultad de Comunicación es en general positiva, salvo un caso:

En mi facultad sí se vieron sesgos en la acreditación de un posgrado, sí, claro, en [nombre del posgrado] de hecho yo lo he explicitado, pocas veces lo he visto explicitado y este era un caso donde en realidad ellos se referían al docente diciendo que el diseño de su materia tenía una carga axiológica. [...] Esto que decía antes que es mejorable quizás en este tipo de cosas es mejorable en el sistema: primero, la no repetitividad yo creo que va a cambiar mucho, eso le va a dar mucha pluralidad, [...] muchísima pluralidad, para eso hay condiciones que deben darse para que eso sea así, entre otras, la respuesta a nuestra autocrítica que nos debemos, esto de la masa de gente de la gestión privada que vaya a participar del sistema, si yo no convenzo a mis pares, no van a ir, si no van, hay repetitividad, digamos, son siempre los mismos, con lo cual yo creo que eso importa y orienta y connota muchísimo al sistema. [...] y después me parece que el hecho de la baja representación en el plenario, aun si tenés una masa, supongamos que multiplicamos por diez la cantidad de evaluadores, pares evaluadores que provienen de una experiencia en gestión y docencia, investigación, universidades privadas, aun si esa masa crítica aumentara mucho, si el plenario después termina, [...] yo nunca vi las bolillas antes de ponerlas en el bolillero, después salen tres de la lista, hasta ahora no sé cómo se conformó la lista. [...] Por eso, dentro de esa lista que nos enviaron a nosotros y después los tres que salen (director de posgrados de la Facultad de Comunicación).

Algunos entrevistados reconocen responsabilidad por parte de las universidades privadas que no promueven suficientemente a sus profesores para que participen como pares evaluadores:

Y creo que hay una responsabilidad del ámbito de las universidades privadas que no promovemos suficiente a nuestros profesores, docentes, investigadores para que participen como pares evaluadores, y eso es una autocrítica que el sistema de gestión privada debería hacerse. Entiendo que hay razones subjetivas. Nosotros tenemos una masa crítica de profesores de dedicación completa muchísimo más reducida [...] Si no estamos está connotado por nuestra ausencia, no es otra cosa. A mí me parece que hay que participar (director de posgrados de la Facultad de Comunicación).

En la Facultad de Derecho no se mencionan conflictos con los pares. Sí hubo una crítica respecto a la confección de los dictámenes:

Sí, digo, por lo que me ha pasado. Que los dictámenes son un poco decepcionantes en su profundidad y en la forma. Porque yo los que recibí de Derecho estaban hasta mal escritos, cortos, con errores de redacción. Uno dice "bueno, el que me está acreditando como universidad al menos que escriba bien", que sepa hacer un índice y dividir por puntos una exposición y que redacte razonablemente bien. Yo lo que he visto en ese sentido fue decepcionante. No diría mal hecho, pero sí mal redactado, pobre, pobre, que se caía de las manos (decano de la Facultad de Derecho).

g) Opinión acerca de si revisarían alguna función o la organización misma de CONEAU

En este tema, vuelve a salir la importancia de la formación de técnicos y pares evaluadores, la necesidad de mejorar algunos procedimientos: formularios, redacción de dictámenes, plazos, entre otros. También se manifiesta que se ha generado un Ministerio de Educación paralelo.

En la figura 6.7 se muestra, sintéticamente, la opinión de los entrevistados.

Figura 6.7. Opinión de los entrevistados, según cargo, acerca de si revisarían alguna función o la organización misma de CONEAU

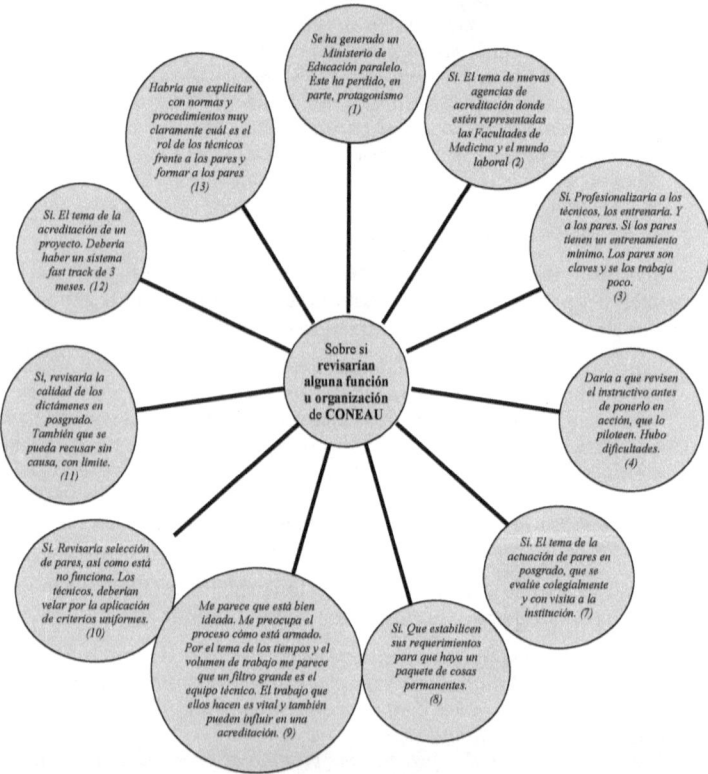

Referencias:
Véase la figura 6.1
Fuente: elaboración propia a partir de la información obtenida en las entrevistas

6.4.4. El impacto de estos procesos en la organización y la cultura de la institución

a) Creación de unidad específica a cargo del seguimiento de procesos de evaluación y acreditación de la calidad

De las entrevistas, surge que en esta institución se ha creado una unidad específica para el seguimiento de los procesos a nivel de rectorado: Oficina de Evaluación Institucional. Esta surge de la primera autoevaluación institucional. Se crea en 1998 y se mantiene en el tiempo realizando evaluaciones sectoriales y asesorando y evaluando los procesos de acreditación de las unidades académicas.

Además, en la Facultad de Ciencias Biomédicas y en la Facultad de Ingeniería se ha contratado, más recientemente, a una persona a cargo de la coordinación de los procesos de acreditación de carreras de grado y posgrado. En el caso de la Facultad de Ciencias Biomédicas, esta persona pertenece al Departamento de Educación Médica:

> *El Departamento de Educación, que ya existía desde antes, contrató a una persona, que sigue lo de CONEAU. Por lo tanto, hay una persona que es responsable solo de los procesos de evaluación y acreditación de grado y de posgrado y que tiene una dedicación prácticamente full time (secretaria académica de la Facultad de Ciencias Biomédicas).*

> *Sí, se incorpora a alguien exclusivamente con estas funciones al Departamento de Educación (director del Departamento de Educación Médica).*

En la Facultad de Ingeniería, la persona contratada es parte de una comisión:

> *Hay una comisión en la que está a cargo el ingeniero [nombre] y que están los directores de departamento y también está [nombre]. [...] Pero hemos designado oficialmente a [nombre] como la coordinadora de la Facultad de Ingeniería ante la CONEAU, ya sea para grado o posgrado (secretario académico de la Facultad de Ingeniería).*

El decano de la Facultad de Ingeniería expresa cómo se imagina en un futuro inmediato a esta área dentro de su facultad:

> *Yo aspiraría a que exista dentro de la Secretaría Académica un área, una subárea de la Secretaría Académica —hoy es una comisión—, a lo mejor podría ser dependiendo del Consejo, paralelo —para tener más autonomía—, que apoyándose con la Oficina de Evaluación Institucional, porque digamos que para mí este rol tendría que tener que cubrir todo lo específico de la unidad académica, esté evaluando permanentemente (decano de la Facultad de Ingeniería).*

En las facultades de Derecho y Comunicación, que solo han pasado por procesos de acreditación de posgrados, no cuentan con personal específico permanente. Trabajan con la unidad del rectorado. En períodos de presentación ante CONEAU asignan la coordinación de este trabajo a personas que ya están trabajando en la unidad.

Si bien no se hicieron entrevistas en las otras unidades académicas, de la entrevista con el rector surge que solo rectorado, la Facultad de Ciencias Biomédicas y la Facultad de Ingeniería tienen personal permanente para estos procesos. Se afirma que las demás unidades lo irán incorporando a medida que lo vean necesario por el volumen de trabajo:

> *Seguramente iremos creando esas áreas de responsabilidad en la medida en que crezcan los posgrados y la exposición más permanente a la CONEAU (rector).*

A diferencia de la opinión del decano de Ingeniería y del rector, el decano de la Facultad de Derecho considera que no es conveniente generar un área específica permanente dentro de la facultad, a fin de evitar lo que él denomina "crecimiento del tecnicismo esotérico"; para él "todos deberían ser, de alguna manera, expertos en evaluación y acreditación":

> *En Derecho, no hay una persona que esté formándose para trabajar exclusivamente en eso (aunque varios hicimos el curso de formación de CONEAU). No sé tampoco si tiene sentido que la haya. Nuevamente esto reconduce al problema que veíamos antes o que yo detecto, que es el tecnicismo esotérico, porque en el fondo el sistema lo que debería buscar es que todos seamos expertos en evaluación y acreditación. Es decir, puede ser contraproducente tener un experto interno, porque eso puede generar que todo el mundo se quite de encima el problema y no se haga cargo. Tiene sus riesgos el poner a alguien interno que se dedique solo a eso. A nivel de universidad me parece que se está haciendo. La autoevaluación que hicimos para la reacreditación de carreras, a mí me parece que el trabajo fue magnífico, lo que tenemos que hacer es plasmar eso en propuestas de mejora concretas que nos permitan un progreso efectivo en las carreras. El trabajo fue muy bueno, me parece que la presentación quedó realmente bien, yo estoy satisfecho con el trabajo que se hizo, fue un trabajo además en equipo del que participaron profesores, la oficina de evaluación institucional, personas que se contrataron específicamente para este proceso y profesores que recibieron el encargo de llevar adelante ese proceso de autoevaluación (decano de la Facultad de Derecho).*

Por último, destacamos la opinión del director de posgrados de la Facultad de Comunicación acerca de la necesidad de mejorar la imagen pública de estas áreas y su comunicación, a fin de mejorar la cultura de evaluación y de la calidad:

> *Ahí es como que tenemos que dedicarle más tiempo a la comunicación, a la imagen, a la construcción de la imagen colectiva del área, de los instrumentos, de las herramientas, y convertir, transformar de alguna manera esos equipos de trabajo que en definitiva es algo matricial. [...] Sí, es matricial, digamos, ellos tienen su decano pero en realidad entonces si ese equipo lo lográs fortalecer, si lo involucrás por este lado, etc., etc., eso me parece que le hace muy bien a*

la institución, muy bien a la institución, que legitima a estas personas que trabajan con la unidad central en cada unidad académica y de pronto no tienen la misma fortaleza o no tienen la misma convicción o no tienen..., les falta algo vinculado con el tema, a lo mejor no tienen formación, qué sé yo, pueden ser muchas variables, [...] entonces ese es un punto importante. [...] Si le das frecuencia, sistematicidad a la relación, entonces eso ablanda también a estas personas que ven la instancia de acreditación o de presentación de proyectos como las instancias duras, donde la pasan mal. Entonces, cuando ellos se sienten participando de un sistema, es cultura y es cultural y genera cultura, cultura organizacional vinculada con la calidad y el tratamiento de todo. Esto es cuestión de madurez interna, eso lleva tiempo (director de posgrados de la Facultad de Comunicación).

b) Percepción acerca de si a partir de estos procesos, en la propia universidad/facultad/unidad se está generando una "cultura de la evaluación y de la calidad", o si más bien "prevalece el cuidado de los aspectos técnicos necesarios para acreditar"

Las respuestas a esta pregunta varían por unidad académica. Se halló una percepción hacia la generación de una cultura de evaluación y de la calidad más fuerte en la Facultad de Ciencias Biomédicas, más incipiente en la Facultad de Ingeniería, mixta en la Facultad de Derecho y casi nula en la Facultad de Comunicación.

En la Facultad de Ciencias Biomédicas, la cultura de evaluación y de la calidad se atribuye a la misma misión de la universidad y de la facultad, esa que nace con un Departamento de Educación. Se considera que los procesos de acreditación han servido para "sistematizar, reforzar, apoyar una cultura ya generada". En algún caso se manifestó preocupación por la burocratización que, lejos de estimular la cultura de evaluación, fomenta una cultura de "respuesta a formularios".

En la Facultad de Ingeniería admiten que ahora están "un poquito mejor que lo necesario para acreditar", aunque se consideran "muy cerca todavía de lo necesario para acreditar".

Yo lo entiendo así: estamos queriendo escapar de la suficiencia, pero estamos lejos de la excelencia (decano de la Facultad de Ingeniería).

Hay una cultura de evaluación y de la calidad que todavía no llegó al cien por ciento [...]. Tampoco diría que prevalece solo el cuidado de los aspectos técnicos necesarios para acreditar, eso sería el "cumplo-y-miento". La acreditación nos ha dado el puntapié inicial para mejorar nuestra cultura, nos ayudó a poner los cimientos pero nos ayudó a ver más que los cimientos. No es que nosotros debamos cumplir los estándares, nosotros debemos a futuro diferenciarnos por exceder los estándares (secretario académico de la Facultad de Ingeniería).

En el caso de los posgrados, se admite, por cómo se está dando el proceso, que *prevalece el cuidado de los aspectos técnicos necesarios para acreditar a fin de disminuir el riesgo de arbitrariedad:*

> *Bueno, voy a tratar de acotar un poco la arbitrariedad del proceso, es decir, voy a tratar de hacerlo lo más perfecto posible, técnicamente, para acotar la arbitrariedad (director de un proyecto de carrera de posgrado de la Facultad de Ingeniería).*

En la Facultad de Derecho se reconoce la presencia de ambas realidades, *dependiendo de las personas y de los momentos prevalece más uno sobre otro:*

> *Y, hay un tema de acentos [...]. Las dos cosas, creo que cualquiera que conociera bien la facultad respondería que hay un poco y un poco, dependiendo de las personas y de los momentos prevalece más uno u otro aspecto. Evidentemente hay momentos en que la urgencia hace que se ponga mucha atención en los aspectos técnicos necesarios para pasar la exigencia de acreditar, es decir, la urgencia de la presentación que vence mañana hace que uno se preocupe solo por lo técnico. La atención a los aspectos estratégicos hace que prevalezca la conciencia de la necesidad de mejorar (decano de la Facultad de Derecho).*

> *En términos generales, posiblemente se está generando una cultura de la evaluación y de la calidad y, en algunos casos, hay cuidado de los aspectos técnicos necesarios para acreditar. Depende, en la Facultad de Derecho hay carreras enteras que por ahí van más por lo primero y otras más por lo segundo (director de una carrera de posgrado de la Facultad de Derecho).*

El entrevistado de la Facultad de Comunicación considera que si bien en su carrera hay cultura de la evaluación y de la calidad, en su Facultad aún es incipiente:

> *En la carrera sí, en la facultad no. Pero es un problema, eso es un problema porque como no hay cultura de esto hay que pelearlo, tan fácil no es (director de posgrados de la Facultad de Comunicación).*

El rector considera que la cultura de la evaluación y de la calidad está más en los directivos de las unidades académicas que dentro de ellas:

> *Me parece que la cultura de evaluación y de calidad está más en los directivos de las unidades académicas. No hay una cultura dentro de las unidades académicas y los profesores viven esto todavía como bastante pesado (rector).*

En el cuadro 6.11 se muestra la percepción de la relación entre los "procesos de acreditación" y "la cultura de evaluación y de la calidad de la unidad académica".

Cuadro 6.11. Percepción de la relación entre los "procesos de acreditación" y "la cultura de evaluación y de la calidad de la unidad académica". Caso 1

Unidad académica \ Relación	Percepción de la relación entre los "procesos de acreditación" y "la cultura de evaluación y de la calidad de la unidad académica"		
	Puntapié inicial	Apoyo/Refuerzo	Aún incipiente
Facultad de Ciencias Biomédicas		x	
Facultad de Ingeniería	x		
Facultad de Comunicación			x
Facultad de Derecho	x	x	

Fuente: elaboración propia a partir de la información obtenida en las entrevistas

c) Opinión sobre la siguiente afirmación de actor universitario publicada recientemente: "Se ha generado una burocracia evaluadora que ha terminado por ser más reconocida, incluso, que la misma actividad que juzga. [...]. Estos mecanismos requieren completar innumerables planillas, controles y registros, lo que no ha hecho sino complicar aún más el ya difícil funcionamiento universitario"

Los entrevistados admiten que existen demasiadas planillas y registros, pero no consideran que esto haya transformado a la CONEAU en una burocracia evaluadora más reconocida que la misma actividad que juzga. Se considera que lo importante es qué uso hace la institución para que todo ese proceso sirva para mejorar, el actor principal del proceso no ha pasado a ser el "completar datos". Todos reconocen que el resultado interno es positivo y sugieren que se mejore el procedimiento para hacerlo más sencillo.

En la figura 6.8 se muestra una síntesis de la opinión de los entrevistados.

Figura 6.8. Opinión, según cargo de los entrevistados, acerca de si la CONEAU se ha convertido en una burocracia evaluadora (planillas, controles y registros) más reconocida que la misma actividad que juzga. Caso 1

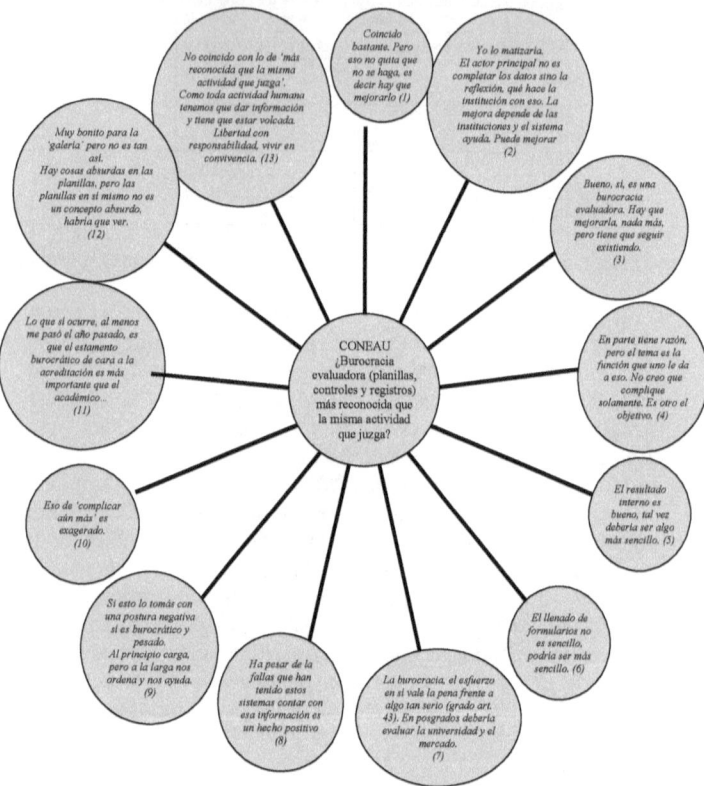

Referencias:
Véase la figura 6.1
Fuente: elaboración propia a partir de la información obtenida en las entrevistas

d) Percepción acerca de qué ha crecido más: la "cultura de la calidad y de la evaluación" o "rutinas escritas, guiones y manuales de reglas que proveen tipos de cuándo hacer qué y con qué personas a cargo"

La mayoría de los entrevistados opinan que *crecieron ambos,* que las dos *se equilibran.* La idea central es que se está generando una cultura de calidad usando como herramientas normas, instructivos, formularios, tablas. Instalar una cultura de calidad conlleva una serie de actividades que implican rutinas.

Además, se menciona la relación entre la cultura de calidad y el estado de madurez de cada unidad. Concretamente, en la Facultad de Ingeniería consideran que están pasando del "qué hay que hacer mejor para acreditar" a "cómo soy mejor".

e) Uso que hacen las autoridades sobre los resultados de los procesos de acreditación

Los entrevistados de la Facultad de Ciencias Biomédicas y de la Facultad de Ingeniería afirman que se tienen en cuenta las recomendaciones que realiza la CONEAU para el aseguramiento o el mejoramiento de la calidad. En la Facultad de Ingeniería los resultados de la acreditación de la carrera de grado se transformaron en un plan que llegó a determinar el presupuesto de la unidad académica para los próximos años.

Los entrevistados de la Facultad de Derecho y de la Facultad de Comunicación manifiestan que, si bien las recomendaciones se tienen en cuenta sobre todo al momento de responder una "vista" o de "reacreditar", estas aún no son utilizadas como herramienta de gobierno posterior.

f) El grado de legitimidad de la evaluación institucional y de la acreditación de carreras en la universidad/facultad

La percepción del grado de legitimidad varía según las unidades académicas y según se trate de acreditación de grado, posgrado y evaluación institucional.

Los entrevistados de la Facultad de Ciencias Biomédicas perciben un grado de legitimidad alta de los procesos de evaluación y acreditación en el interior de su unidad académica. No obstante, hubo quien argumentó que a medida que se acercó al proceso —como par evaluador/a— varió un poco su percepción: "Mi percepción del proceso perdió legitimidad en la medida en que me he acercado más al proceso".

Entre las evidencias que se dan para mostrar este grado alto de legitimidad, está la atención que se le presta a todo el proceso y el impulso que se le da, empezando por las autoridades.

Los entrevistados de la Facultad de Ingeniería dividen la percepción de legitimidad según se trate de evaluación institucional, grado o posgrado. Consideran que el grado de legitimidad es alto para la evaluación institucional y aún más para el proceso de acreditación de grado.

> *Yo creo que en la evaluación institucional hay una visión de legitimidad, en el grado también, porque hemos visto al cuerpo de pares trabajando aquí preguntando lo que no entendían, pidiendo explicaciones, haciendo*

notar nuestras deficiencias o aspectos de mejora (decano de la Facultad de Ingeniería).

No así para el proceso de acreditación de posgrado:

En el caso de posgrado, yo la verdad que le quito legitimidad. En posgrado, en ninguna instancia vinieron los pares. Entonces el solo hecho..., es más, si un cuerpo trabajara aún a puertas cerradas en la institución, tener una entrevista a puertas cerradas la verdad que ya le da legitimidad, me están evaluando. Hoy es una nebulosa negra que uno no sabe, cuando responden muchas veces la respuesta es sí pero no, no es una respuesta, justificando por qué no se cumple o por qué no se puede dar si hay un incumplimiento, pero bueno, es esto, la legitimidad en el caso de posgrado ha sido negativa. Fijate que el tema de la presencia y del colegio trabajando le da legitimidad. Le da también legitimidad el perfil de quienes participan, esa es una parte que también había señalado como una debilidad. Es decir, ¿quiénes son los que están evaluando?, no solo por su prestigio, sino ¿cuáles son sus competencias? ¿Es representativo de un cuerpo que puede evaluar en distintas dimensiones? (decano de la Facultad de Ingeniería).

En la Facultad de Derecho y de Comunicación se considera que el proceso, sobre todo el de acreditación, aún carece de legitimidad:

La CONEAU no informa quiénes son los pares, no da los currículums de los pares, debería dar un currículum. Pierde legitimidad por lo de los pares. Las demoras que hablamos antes le hacen perder legitimidad también (director de una carrera de posgrado de la Facultad de Derecho).

Legitimidad poco, sí, en la facultad poco, de poco a nada (director de posgrados de la Facultad de Comunicación).

g) Percepción de la actitud de actores institucionales frente a estos procesos

En el cuadro 6.12 se muestra la percepción que tienen los entrevistados de la actitud que tienen, ante estos procesos, directivos, profesores, estudiantes y personal técnico-administrativo.

Cuadro 6.12. Percepción de la actitud que tienen, ante estos procesos, directivos, profesores, estudiantes y personal técnico-administrativo, según cargo de los entrevistados. Caso 1

	Directivos	Profesores	Estudiantes	Personal técnico-administrativo
1. Rector	Vivimos las cosas con más pesadez, se sufre un poco.	La mejor expresión es esa falta de cultura de acreditación	No tienen la más mínima consciencia de lo que es un proceso de acreditación universitaria ni noción de que las universidades están siendo evaluadas de alguna manera, nada.	Menos, no entienden nada. [...] no tenemos secretarias formadas para esto.
2. Secretaría académica. FCB	Algunos lo ven como "bueno, hay que pasarlo" como "prueba de vida". Otros como una instancia de mejora.	Dos actitudes: a) los que los que ven el proceso como una instancia para revisar lo que están haciendo; b) los que lo vive como "hay que llenar formularios" y como que los sobrecargamos de tareas (esta prima más). Luego todos orgullosos cuando la carrera acredita.	En grado: indiferente, totalmente indiferente. La ven pasar por la ventana. Los que rinden el ACCEDE porque nosotros se lo pedimos. Varios dijeron "importa que en el examen nos vaya bien porque esto es la facultad y es importante que a la facultad le vaya bien". Posgrado: les interesa saber si la carrera está acreditada o no y creo que hoy más que nunca la gente antes de anotarse en un posgrado se fija en la página si está acreditada y si está calificada cuál es la calificación que eso antes no ocurría.	"Secretaría de alumnos en este momento se queja todo el tiempo porque les dimos el nuevo cuadrito de no sé qué y después descubrimos que ese formulario el cuadro que te mandó CONEAU está mal hecho. Pero sí, una sobrecarga, hay quejas, en este momento tenemos quejas de secretaría de alumnos porque pedimos, pedimos, pedimos

	Directivos	Profesores	Estudiantes	Personal técnico-administrativo
3. Director del Departamento de Educación Médica	De apoyo a que se haga. Fogonean para que lo hagamos. Sí, ayuda, contribuye.	Cuesta mucho que los profesores participen, cuesta muchísimo, no es una prioridad para ellos, no les interesa. Les interesa que esté acreditado y les parece muy bien que se haga, pero ellos, no lo quieren hacer, es más, no lo saben hacer. Si vos no estás en el tema es muy difícil el llenado de formularios, esto es un obstáculo. No están en contra de la idea, están en contra de los papeles, de la burocracia.	Los estudiantes saben que está la acreditación, no saben muy bien qué es pero están muy favorables.	*Y el personal técnico no sé qué decirte, la actitud es de colaboración*
4. Integrante del Departamento de Educación Médica	Hay algunos muy involucrados y otros que no se involucran nada, ni desde su propia materia. Actitud de apoyo, de "los estamos acompañando".	Unos muy involucrados y otros que completan el formulario y la ficha docente y otros que se los tiene que perseguir para que completen algo. Cumplen, no es que no cumplan. Cuesta más con los profesores de perfil asistencial, que trabajan en los hospitales. El proceso les es bastante ajeno para los de la facultad y más ajeno para alguien que trabaja en un hospital. Les cuesta mucho manejarse con el vocabulario más educativo se podría decir	Creo que pueden estar enterados de pasillo, por información de pasillo, pero no están involucrados cien por ciento, quizás si los alumnos que hicieron el ACCEDE y algún grupo de alumnos, algún curso que hizo una encuesta, pero me parece que igual es una responsabilidad nuestra no haberlos involucrado más, ya la vamos a corregir	El personal administrativo participa mucho, colaboran mucho.

	Directivos	Profesores	Estudiantes	Personal técnico-administrativo
5. Coordinadora de acreditación. FCB	Algunos se involucran totalmente, sobre todo algunos miembros del Consejo de Dirección. El resto no se involucró para nada, solo en función de lo que les pedimos.	No fue muy positiva la actitud de los profesores. Muchos completaban para sacarse de encima el tema, la gran mayoría. No quito que haya muchísimos que se dedicaron conscientes o no de lo que hacían o de la necesidad pero lo hicieron realmente.	En grado, solo por el ACCEDE. En posgrado hicimos una encuesta a graduados y tuvimos bastante repuesta, se hizo por el proceso. Lo preguntaban.	Todos la verdad que cumplieron y nos ayudaron muchísimo, pero no a gusto. Sino como una tarea extra, nadie lo tomó como propio, "es un trabajo extra que estoy haciendo". Personal técnico me refiero a cada uno de los departamentos que fuimos reclamando: de administración, de comunicación, de alumnos, fue "bueno pero tengo un montón de trabajo ahora no puedo" o "para cuándo lo necesitás", cosas así
6. Directiva de una carrera de posgrado. FCB	Al principio hubo un compromiso medio y en el final un compromiso muy importante.	Unos se involucraron más y otros menos. Yo cargué las fichas docentes. Hoy lo haría distinto: las fichas docentes no las puede llenar una sola persona, las tiene que llenar cada uno con correcciones, con ayuda.	Los alumnos preguntaron mucho la primera promoción. Porque saben, clarísimo, nosotros les dimos hasta la resolución de CONEAU donde decía que la acreditación era por Ministerio de Educación y no por Ministerio de Salud, [...]. Los alumnos preguntan y repreguntan los egresados si reacreditamos sí, tuve dos consultas de alumnos que preguntaron si habíamos reacreditado.	No estoy tan seguro de que lo hayan visto como un proceso habilitador sino como algo que se debía cumplimentar. En el caso de alumnado de grado no, toman la acreditación como una autoridad, como que el proceso tiene una autoridad, guarda esto es necesario. Desde el punto de vista de sus procesos administrativos yo la verdad es que las veo muy puristas, muy cuidadosas del proceso con lo cual en lo que a ellas les toca del proceso de alumnado y docencia las veo muy cuidadosas del proceso. [...] les ha permitido ordenar mucho mejor, eso en el grado

	Directivos	Profesores	Estudiantes	Personal técnico-administrativo
7. Decano. Facultad de Ingeniería	Reflexión de las debilidades. Llegó a determinar el presupuesto y el plan de la Facultad (fue uno de los inputs)	En grado fue variando, al principio por los tiempos y demás, la actitud no fue tanto parada en la mejora, sino en cumplir para la acreditación. Cuando vino la evaluación ahí hubo un trabajo reflexivo. Los profesores, sacando los de ciencias básicas, son ingenieros que tienen desarrollo en la industria, entonces cuesta más, sobre todo porque la ficha tiene algunas debilidades, además es un poco tedioso… Entonces en grado se logra con los más involucrados, los menos involucrados son los que trabajan en el mundo de la empresa y demás. En este segunda acreditación está mejorando. En posgrado como hasta ahora han sido proyectos, la interacción con el profesor fue mínima, para cumplimentar.	Quizás hoy no esté tan arraigado el tema, tuvo un pico de arraigo en los tiempos de la acreditación anterior, después se mandó una comunicación que había sido acreditada y los alumnos captaron. En el posgrado, claro, en realidad el posgrado no da competencia, a diferencia del grado, no habilita para el ejercicio profesional. Entonces decían "mirá a mí conque me dé el título [nombre de la universidad] ya está".	

	Directivos	Profesores	Estudiantes	Personal técnico-administrativo
8. Secretario académico. Facultad de Ingeniería	Están de acuerdo. Hoy están mucho más a favor.	De pronto no se había encarnado en ellos porque habían visto la CONEAU como de paso. Ahora estamos generando más conciencia, tienen que trabajar y son responsables.	En realidad los estudiantes han recibido información y lo único que ellos saben de la CONEAU es que es un organismo que nos viene a evaluar y me parece que les importa bastante poco. Les importa bastante poco porque si hubiera un interés real a través de los delegados recibiríamos información como la recibimos por otro sin número de temas. No, yo creo que no valoran. […] Sí, hay conocimiento, no sé si está tan internalizado.	Excelente
9. Coordinadora de acreditación. Facultad de Ingeniería	Muy positiva, mucho apoyo, mucho interés.	El primer momento, la mayoría mucha resistencia, algunos de indiferencia total. Ahora estamos trabajando personalmente con cada uno, por el programa, la ficha, otros por la bibliografía. Tratamos de ir trasmitiendo de qué se trata, la importancia para el futuro de la carrera y de la facultad, la importancia de trabajar en equipo. Todos están en conocimiento. Es más fácil con los que están acá con dedicación exclusiva o semiexclusiva.	*Yo mucho contacto con los estudiantes no tengo. No que se les haya informado directamente*	La verdad que bárbara. […]. Tampoco es tan grande el personal administrativo de la facultad, están las secretarias de alumnos, la secretaria del Consejo y después las secretarías de posgrados. En todos los casos de acreditación tuve el cien por cien de apoyo. Es un perfil diferente al docente, el docente es más crítico. Obvio que es una carga adicional al trabajo…

	Directivos	Profesores	Estudiantes	Personal técnico-administrativo
10. Director de un proyecto de posgrado. Facultad de Ingeniería	Hoy son más conscientes de lo que implica, del esfuerzo. A veces un poco abrumados. En relación a los posgrados: bronca.	Grado, no es de rechazo, se los persigue yo les terminan haciéndolo. Posgrado, es totalmente diferente porque son proyectos, es un trabajo de seducción-presión para que completen la ficha, los programas. Tiene que ver con el compromiso, importa mucho las relaciones interpersonales.	Si te tengo que describir es "expectativa" porque yo les vengo nombrando, tengo un programa acá de gestión y tecnología de la información, les digo esto es un subproducto de una maestría o tenemos un proyecto de maestría en proceso de acreditación. Respecto a la carrera que está funcionando, bueno, en la publicidad sale. [...] si lo preguntan es la excepción."	Ahora, vamos a decirlo así muy positiva, de apoyo [...] el primero era a regañadientes y no con mucha ayuda
11. Decano. Facultad de Derecho	Los directores de carrera lo vivieron como una carga de trabajo, como una carga burocrática, como un mal momento, un mal trago que había que pasar. En el Consejo de Dirección y desde la OEI se hizo de todo para apoyarlos. Una vez que pusieron manos a la obra y que entregaron, varios reconocieron que les sirvió para mejorar la carrera. Pero fue duro.	Hay un mix, hay profesores que se suman y hay profesores que ni se enteran	Yo creo que los estudiantes no intervienen, no saben lo que es la acreditación a pesar de que se les ha informado. Bueno, evidentemente a los que encuestamos sí. Pero el resto no, no conoce, no le interesa tampoco. Los de posgrado sí, algunos incluso lo saben, no todos pero algunos preguntan."	Bueno, yo ahí vi un compromiso mayor, que en los profesores, no sé bien a qué atribuirlo pero sí sé que las secretarias se quedaron varias noches trabajando para llegar bien a la presentación, que sobre todo en el tramo final hicieron un esfuerzo importante. ¿Y la actitud en cuanto me gusta, no me gusta? No les gusta. En general no, mi impresión fue que no, que no les gusta, que lo hacen porque no queda más remedio pero, bueno, una vez puestas lo hacen y lo hacen bien y se sacrifican incluso por el objetivo, pero no es que les haya gustado

	Directivos	Profesores	Estudiantes	Personal técnico-administrativo
12. Director de una carrera de posgrado. Facultad de Derecho.	La actitud del Consejo de Dirección fue en general positiva, tan positiva que ahora estamos buscando una acreditación internacional.	Yo lo que vi es que ellos no se enteran ni de qué se trata	Los estudiantes yo creo que no tienen la menor idea que hay evaluación institucional, algunas veces yo he agitado el cuco para echar gente cuando no rinde en los plazos, etc., decir mirá no te puedo mantener porque nos exponés ante la CONEAU pero no, mayormente los estudiantes no están muy involucrados. […]. En posgrado de todos modos a nivel de doctorado nosotros mandamos la encuesta y contestaron todos, o sea que el involucramiento de mi carrera fue altísimo. ¿Cuánto fue el involucramiento de otras carreras?, no lo tengo tan claro.	Sí, buena onda, disposición. […] la gente se consustanció.
13. Director de posgrados. Facultad de Comunicación	Aún no se promueve una cultura de evaluación, de acreditación, de mejora continua.	Los profesores se enteran poco.	No se enteran, no están informados	Se sobrecarga el instrumento administrativo del sistema y las personas lo ven como una carga suplementaria para ellos. Algunos tienen un comportamiento siempre mucho más positivo, otros más negativo, algunos son más colaboradores, otros son menos colaboradores, ven a la CONEAU como una instancia de control y la palabra control siempre disgusta. Como plazos a cumplir

Fuente: elaboración propia a partir de la información obtenida en las entrevistas

De la información obtenida en las entrevistas se deduce que el grado de involucramiento de actores principales, como son los profesores y los alumnos, es más bien bajo. Se percibe mayor involucramiento en directivos y personal técnico-administrativo, implicando, en la mayoría de los casos, una carga de trabajo adicional para estos últimos.

Si bien esto puede estar respondiendo —en parte— a cómo son los procedimientos CONEAU (planillas, formularios, etc.), también refleja el grado de cultura y madurez institucional para inculturizar a todos los actores, especialmente a profesores y alumnos, mediante los procesos de evaluación y acreditación de la calidad.

h) Los principales cambios hacia la mejora y los frenos a la innovación producidos en los últimos años en cada institución (o unidad académica, o carrera) y su relación con los procesos de evaluación y acreditación

A lo largo del capítulo se ha ido demostrando el impacto en términos de cambios u obstáculos hacia la mejora y su relación con los procesos de evaluación y acreditación universitaria.

No obstante las relaciones encontradas y mencionadas, también se halló que los cambios y los obstáculos hacia la mejora reconocidos por los propios entrevistados como "los más significativos en los últimos años" en general no se relacionan con estos procesos, o, si se relacionan, esa vinculación es vista como una concausa.

En el cuadro 6.13 se muestra la opinión de los actores entrevistados sobre este tema.

Cuadro 6.13. Los principales cambios hacia la mejora y los frenos a la innovación producidos en los últimos años en cada institución (o unidad académica, o carrera) y su relación con los procesos de evaluación y acreditación, según cargo de los entrevistados

	Mención de los cambios hacia la mejora más significativos	Relación entre esos cambios y los procesos de evaluación y acreditación	Mención de obstáculos, problemas, frenos a la innovación más significativos	Relación entre esos obstáculos, problemas, frenos a la innovación y los procesos de evaluación y acreditación
1. Rector	El desarrollo del parque tecnológico es sustancial.	Ninguna.	Los principales obstáculos tienen que ver con obstáculos del país, con su impredecibilidad, con cuestiones económicas, con un sistema impositivo que es cada vez más voraz y que a una institución privada realmente la complica.	Me parece que no tienen que ver con la CONEAU los principales obstáculos.
2. Secretaria académica. FCB	1. Creación de comités que fueron aliviando la tarea de gestión del Consejo de Dirección. 2. Reorganización del plan de estudios. 3. El crecimiento explosivo que ha tenido esto en infraestructura, en alumnos, en profesores, en nuevas áreas. O sea hay un crecimiento permanente que es propio de una institución nueva, y un hospital que crece a treinta camas por año.	Nada. Es crecimiento, es crecimiento de una institución joven que la acreditación golpea, golpea moldeando algunas cosas, modelando de golpe esto de la atención primaria que se unió a esta actividad que ya se estaba gestándose que era Pilar Solidario. El cambio en el plan de estudio, te digo esto no tiene que ver con la acreditación sino con lo que se venía haciendo, cuando vimos que los alumnos tenían dificultad o poca capacidad para la abstracción	Frenos a la innovación no creo. Sí, alguna cosita hay de esto pero no grandes frenos, no grandes frenos	La verdad que la Facultad siguió su curso y lo que nos interesa en este momento es si estos estándares que son mínimos están nos quedamos tranquilos y podemos seguir caminando sin problemas.

	Mención de los cambios hacia la mejora más significativos	Relación entre esos cambios y los procesos de evaluación y acreditación	Mención de obstáculos, problemas, frenos a la innovación más significativos	Relación entre esos obstáculos, problemas, frenos a la innovación y los procesos de evaluación y acreditación
3. Director del Departamento de Educación Médica	1. La creación del Comité de Educación Médica (ahora departamento). 2. La existencia del hospital como lugar potencial de enseñanza, es un cambio que esté, todavía no le hemos sabido sacar el jugo a eso… 3. El campus. 4. Para la marcha de la facultad quién es el decano ha sido muy importante.	Con evaluación institucional no lo sé, con acreditación de carreras no. Insisto, me parece que está en nuestra esencia también evaluarnos	1. La distancia es un obstáculo, la distancia de Buenos Aires es un obstáculo. 2. La falta de comunicación institucional.	Ninguna. Lo de la comunicación no está en ningún estándar.
4. Integrante del Comité de Educación Médica.	1. Se abrieron bastante los espacios de comunicación con los profesores para que planteen sus dudas o sus miedos o sus quejas y dar respuesta a eso. Y lo mismo con los alumnos, 2. A nivel curricular, creo que se ampliaron los espacios de práctica y también se generaron otros espacios de práctica que antes no estaban como éste, como atención primaria. 3. El programa de formación creo que es un cambio significativo sobre todo para la formación integral del docente	Creo que el proceso ayuda, creo que es pararse, hacer como un *insight* y volver a repartir, barajar y repartir de vuelta digamos, es pararse y reflexionar. [...] Obviamente esto ayuda porque es una ayuda pararnos, fijarnos en esto, fijarnos en esto, centrar la mirada en los procesos, en cómo se están haciendo, en qué pasa con los alumnos.	Poca comunicación entre facultades. Eso sí creo que es un obstáculo para quizás innovaciones que son muy chiquitas y concretas que pudieran ser más institucionales.	No la veo ahora, sobre todo esta de comunicación. [...] quizás en comunicación también a nivel Facultad hay dificultades. Esto que decíamos que no los participamos a los alumnos. [...] por ahí nos estamos perdiendo de cosas que habiendo participado todos los actores o más, haberlos hecho participar más las veríamos, como nos pasó con los docentes cuando les pedimos el análisis y lo hicieron y vemos cosas buenas o con el ACCEDE a los alumnos de 6º.

	Mención de los cambios hacia la mejora más significativos	Relación entre esos cambios y los procesos de evaluación y acreditación	Mención de obstáculos, problemas, frenos a la innovación más significativos	Relación entre esos obstáculos, problemas, frenos a la innovación y los procesos de evaluación y acreditación
5. Coordinadora de acreditación. FCB	Estoy hace muy poquito yo, no vi ninguno, no. Sí que lo estoy aprovechando la carrera de formación docente, ese es el primer cambio pero por aprovecharlo personalmente.	No sé cómo se habrá gestado, la verdad no sé, ni idea		
6. Directiva de una carrera de posgrado. FCB	La incorporación de la práctica en la clase [...] eso es una cosa que hemos avanzado en este último tiempo. Clases no tan abstractas y teóricas sino bajarlo al cuidado propio (objeto de la especialidad). La incorporación de empresas que nos están ayudando [...]	El primero sí, el primero sí. La incorporación de las empresas, de algunas empresas en realidad no, eso pasó más por mi cabeza [...].	El tema de la gestión para mí es francamente complicado, francamente complicado, difícil y, bueno, creo que tiene que ver con esta cuestión que tenemos interna de cómo decidir, de cómo reunimos, digamos, yo siento que la gente en la unidad académica a veces está muy sobrevendida.	Y... si y no tiene que ver, yo no sé si no tiene que ver porque si [nombre 1] estuviera todavía con el cargo de directora, posible que algunas cosas resolvería, lo que pasa que ella no las resuelve porque no es directora así que sí tiene que ver pero como también bajó la carga horaria por un tema personal.
7. Decano. Facultad de Ingeniería	1. Planificación 2. Investigación: yo creo que la Facultad ha hecho un avance a su medida porque tampoco ha sido sustancial. 3. Transferencia y desarrollo de una cartera de producto como áreas de referencia, las áreas de referencia estratégicas, a dónde vamos a estar.	Por un lado es que la acreditación fue disparador del análisis de temas. Creo que por un lado, como disparador de mínima, aceleró el proceso de maduración y creo que también influenció en la maduración, [...] más allá de poner algunas condiciones que favorecieron.	1. Entender la ingeniería ahí creo que es un obstáculo. 2. La carencia de un plan institucional. Yo creo que hoy la universidad está haciendo un esfuerzo a través de ese plan que a mi juicio todavía falta mucho por recorrer. [...] 3. El contexto país nos ha influenciado. 4. La demora en poder sacar carreras de posgrados	Bueno, yo antes me referí a un obstáculo que claramente fue el de posgrados y yo creo que básicamente ha sido ese. Después creo que también el no entendimiento de lo que implica la ingeniería como disciplina hace que todo el proceso sea menos eficiente, todo el proceso interno, entonces muchas veces el proceso comienza a desdibujarse para querer, ojo, con muy buena intención, cumplimentar lo que uno entiende debe ser y no lo que es entonces ahí yo creo que eso, bueno, esto lo miro a nivel de la universidad.

	Mención de los cambios hacia la mejora más significativos	Relación entre esos cambios y los procesos de evaluación y acreditación	Mención de obstáculos, problemas, frenos a la innovación más significativos	Relación entre esos obstáculos, problemas, frenos a la innovación y los procesos de evaluación y acreditación
8. Coordinadora de acreditación. Facultad de Ingeniería	Se trabaja más en equipo, como que hay una integración.	Puede ser que sea por este proceso o no, por la gestión que está. En realidad también me parece que es parte de la política de la Facultad, esto de trabajar en equipo y de la mejora permanente fuera de los procesos de acreditación […]. Me parece que eso está incluso dentro del espíritu de la Universidad.	El único obstáculo que veo, pero lo veo en general en toda la Universidad, […] son problemas de comunicación, sí, nada más, después la verdad que en general es un ambiente de trabajo bárbaro	Ninguna.
9. Director de un proyecto de posgrado. Facultad de Ingeniería.	El cambio más significativo ha sido que la unidad académica tenga una estrategia que trascienda al grado… una estrategia hacia posgrados. […]. Obligarte a pensar qué fortalezas tenés o deberías tener como unidad académica para definir entonces esos posgrados. Te obliga a pensar, definir y actuar en consecuencia.	Al principio no estaba tan claro esto, ahora ya como que uno lo tiene imbuido, está impregnado, entonces digamos que existe relación.	Ha sido el retraso en los procesos de acreditación y la arbitrariedad con la que se han ejecutado.	Sí.
10. Decano. Facultad de Derecho	Lo más importante, lo más importante es la formación de los profesores full time. Tal como yo entiendo el trabajo directivo las prioridades en el caso de Derecho son la formación de los profesores y la biblioteca, esas dos son las prioridades porque si eso se hace bien todo lo demás sale también.	Sí, es un factor que ha ayudado a que esos cambios se entiendan mejor, se comprendan, se les agregó una concausa. Más allá de que eso está en la esencia de toda universidad que hay que tener profesores y que hay que investigar, hay una causa que ayuda que es que si no ni siquiera podemos funcionar porque no nos acreditan.	Bueno, ahí nosotros estamos como somos una universidad privada, digo, todas las universidades el factor económico ha sido muy condicionante. El mercado de los posgrados en Derecho es muy sensible a las crisis económicas. […].	No, yo no los vinculo porque son condicionantes macro económicos.

EL IMPACTO DE LA CONEAU EN UNIVERSIDADES ARGENTINAS

	Mención de los cambios hacia la mejora más significativos	Relación entre esos cambios y los procesos de evaluación y acreditación	Mención de obstáculos, problemas, frenos a la innovación más significativos	Relación entre esos obstáculos, problemas, frenos a la innovación y los procesos de evaluación y acreditación
11. Director de una carrera de posgrado. Facultad de Derecho	1. En el doctorado fue incluir metodología de redacción de castellano visiblemente. 2. En los posgrados la existencia de un reglamento común a todos. 3. En la facultad fue la reforma del plan de estudio de la carrera de grado.	1. La reforma del plan de estudios del doctorado era una reforma que la teníamos en mente hacia mucho tiempo, no la terminábamos de ejecutar y creo recordar que la CONEAU, fue una idea que estaba, que estaba y de hecho la veníamos aplicando en los hechos pero no la habíamos convertido en forma de *juri* hasta que vino como el *go final* "bueno es ahora o esto no entra". 2. Después el reglamento de posgrado, sí, la finalización del reglamento de posgrado no fue el cuco de la CONEAU el que hizo que lo termináramos, lo terminamos. Es cierto que se discutieron cosas entonces yo diría que el reglamento tiene algo que ver con el tema de CONEAU. 3. Después la carrera de grado nosotros cada vez que hemos hecho la reforma la hemos hecho mirando los estándares de acreditación que fijó el CRUP como posibles estándares nacionales de acreditación de carrera de Abogacía a efectos de una acreditación nacional. [...] La carrera de Abogacía la disparó la necesidad de mejora interna, [...] reglamento igual y lo del doctorado igual, fueron más procesos de evaluación interna, la relación es proceso de evaluación institucional entendiendo por evaluación interna que el propio director de la carrera piense que hay que mejorarla.	Los principales obstáculos a la innovación es que hay personas que no quieren innovar.	Hay relación entre los obstáculos a veces para frenar y a veces para acelerar, sí.

	Mención de los cambios hacia la mejora más significativos	Relación entre esos cambios y los procesos de evaluación y acreditación	Mención de obstáculos, problemas, frenos a la innovación más significativos	Relación entre esos obstáculos, problemas, frenos a la innovación y los procesos de evaluación y acreditación
12. Director de posgrados. Facultad de Comunicación	1. En la carrera te diré que el cambio más significativo tiene que ver con la dirección de tesis y trabajo final. 2. En la facultad yo creo que tiene que ver con la creación de un comité de posgrados que aún funcionando infrecuentemente permite que yo pueda plantear como miembro del comité de posgrados temas vinculados con esto.	1. Me parece que vinculado el de la carrera a lo mejor lo veo más concreto (si antes no cumplíamos, ahora cumplimos) porque como proceso de evaluación y acreditación es más rutinaria. Ahora, cada vez que hay que presentar un proyecto o cuando hay que re acreditar vinculado con la facultad es más débil la relación me parece, de hecho en la práctica estamos haciendo la primera reunión de profesores el próximo miércoles, nunca se hizo una reunión de profesores sobre el tema evaluación y acreditación, ¿se hubiesen hecho sin un proceso de acreditación? no se hubieran hecho —en la Facultad—, no, y en la carrera ayuda el proceso a forzar en términos de plazos al menos.	La barrera que le encuentro es que no hay nadie en el Consejo de Dirección que esté involucrado con estos temas.	Si en las unidades académicas uno gozara de referentes que institucionalmente están legitimados en una posición dentro de un órgano directivo que sean los responsables de esto me parece que es fundamental. Me parece que si cada consejo directivo tuviera una persona que fuera la persona y que hubiera estado dispuesta y se hubiera formado en estos temas me parece que sería una ventaja competitiva dentro del mercado muy importante.

Fuente: elaboración propia a partir de la información obtenida en las entrevistas

i) Percepción acerca de si la CONEAU ha fomentado la emergencia y consolidación de una "cultura de evaluación" a nivel de todo el sistema universitario argentino

De los que contestaron, un grupo opina que todavía no se ha fomentado una cultura de evaluación a nivel de todo el sistema universitario argentino, y otro grupo considera que sí.

En la figura 6.9 se muestra una síntesis de estas opiniones.

Figura 6.9 a). Percepción acerca de si la CONEAU ha fomentado la emergencia y consolidación de una "cultura de evaluación" a nivel de todo el sistema universitario argentino. Respuestas afirmativas según cargo de los entrevistados

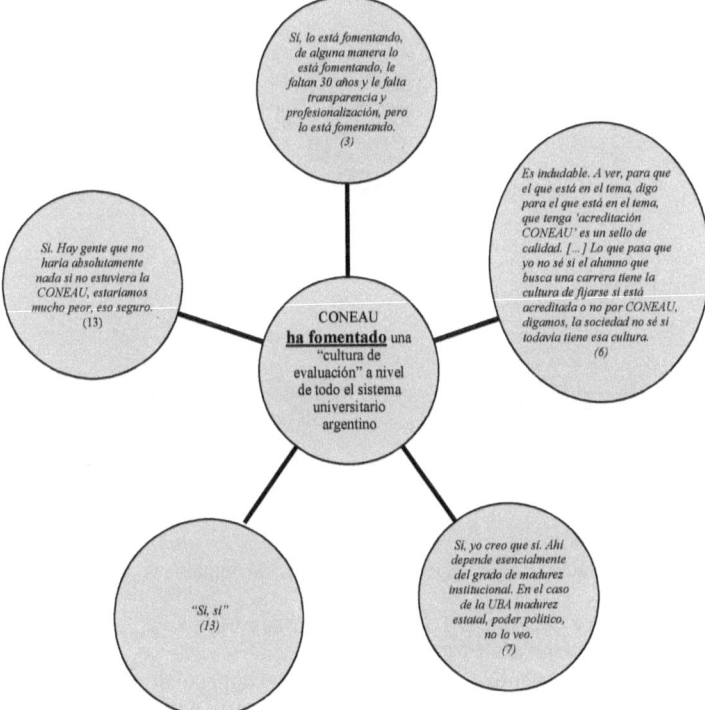

Referencias:
Véase la figura 6.1
Fuente: elaboración propia a partir de la información obtenida en las entrevistas

Figura 6.9 b). Percepción acerca de si la CONEAU ha fomentado la emergencia y la consolidación de una "cultura de evaluación" a nivel de todo el sistema universitario argentino. Respuestas negativas según cargo de los entrevistados

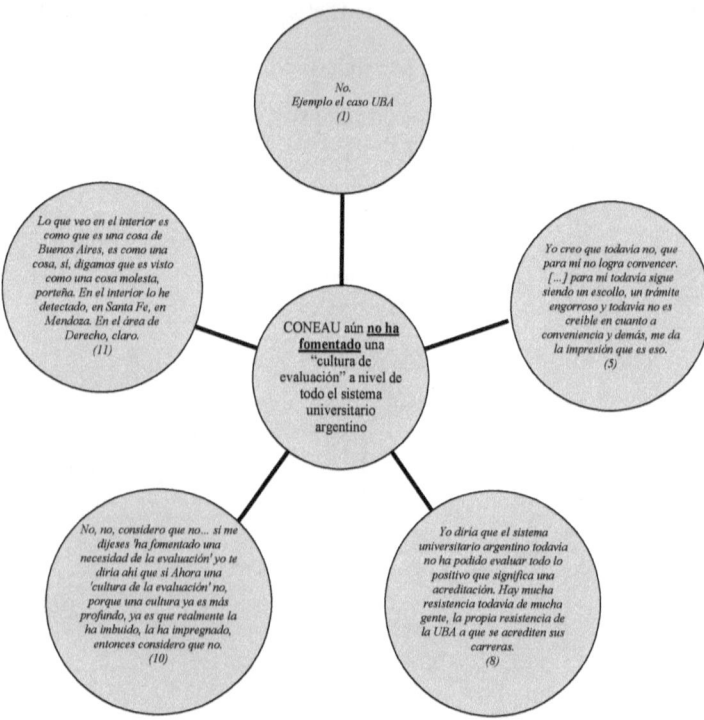

Referencias:
Véase la figura 6.1
Fuente: elaboración propia a partir de la información obtenida en las entrevistas

j) Balance del impacto de estos procesos en la propia universidad/facultad/unidad

Para todos los entrevistados, el balance del impacto de estos procesos en la universidad y en la unidad académica es considerado "altamente positivo", más allá de lo que se piense que debería mejorar en cuanto a "cómo se está haciendo". En este sentido, entendemos que las palabras de uno de los entrevistados son paradigmáticas para cerrar este caso de estudio:

La evaluación y la acreditación es una cosa muy importante y me da miedo que como es un poco burocrática —entre comillas— se pierda la oportunidad de hacer algo bien, que la gente se le ponga en contra simplemente porque no está del todo bien ejecutada. Eso para mí es negativo porque se puede estar perdiendo un instrumento muy bueno. Ya hay gente en contra y si se ganan más enemigos porque dicen "uy, viste, la CONEAU las cosas que está haciendo, los pares que te manda, los estándares que te aplica..." [...] podría terminar en que la CONEAU desaparezca, CONEAU o lo que fuera, y eso es negativo. Me parece que se corre un riesgo grande al no hacer todavía mejor de lo que se hace, pero sin duda creo que es positivo que exista (director del Departamento de Educación Médica de la Facultad de Ciencias Biomédicas).

6.5. Reflexiones finales

Para este caso de estudio, el análisis de la información relevada tanto documentalmente como en la entrevistas da cuenta de que la política de evaluación y acreditación de la calidad universitaria impactó en términos de cambios hacia la mejora no solo enunciativos, sino también fácticos, en las funciones sustantivas y en la gestión. Cabe aclarar que en ningún momento estos cambios se consideran un "efecto neto" de estas políticas. Es decir, ellos no pueden aislarse totalmente de otros factores. No obstante, se ha podido acceder a una aproximación de la influencia de estas políticas en los cambios producidos por su implementación.

El impacto en las funciones sustantivas y en la gestión varía según el tipo de política —evaluación institucional, acreditación de carreras de grado, acreditación de carreras de posgrado— y según la etapa o la fase de maduración de implementación de cada una, correspondiéndose con lo afirmado por varios autores (Strydom, Zulu y Murray, 2004; Jeliazkova y Westerheijden, 2002; Hopkin, 2004). El impacto varía también según el modo, la actitud y la cultura con la que "institucionalmente" responden a estos procesos los actores de las unidades académicas y del rectorado. Esto remite al enfoque internalista descripto por Clark (1991) y a la mirada del nuevo institucionalismo en el análisis organizacional (Powell y Dimaggio, 1991).

Se hallaron pocos obstáculos hacia la mejora producidos por alguna de estas políticas. Estos responden, principalmente, a la acreditación de carreras de posgrado.

La política de evaluación institucional (que ha pasado por una sola fase de implementación) impactó produciendo cambios fácticos hacia la mejora en la función gestión y, en menor medida, en la función docencia.

La política de acreditación de carreras de grado (que lleva más de una fase de implementación) tanto en Medicina como en Ingeniería impactó produciendo cambios fácticos hacia la mejora (de unidades académicas y carreras) en la función docencia, en la función gestión y —en menor medida— en la función extensión. Esta política impactó en la mejora de la función investigación solo en Ingeniería (unidad académica y carrera), pero no en Medicina, ya que para esta última la investigación es una fortaleza previa a los procesos de acreditación.

Para la política de acreditación de carreras de posgrado (que lleva entre una y dos fases de implementación, con pocos resultados de la segunda al momento de realizar el análisis documental y las entrevistas), se hallaron indicios de cambios enunciativos y fácticos hacia la mejora en la función docencia principalmente en la dimensión "cuerpo de profesores", subdimensiones "formación: titulación", y "selección", y en la dimensión "currículum, plan de estudios y programas" y en la función gestión. En menor medida, se hallaron indicios de cambios enunciativos y fácticos hacia la mejora en la función investigación y gestión. Prácticamente no se hallaron indicios de cambio para la función extensión. Los obstáculos hacia la mejora refieren al procedimiento de acreditación: evaluación sobre papel con visita de pares casi inexistente, engorro del proceso y rigidez en la aplicación del estándar referido a la titulación, lo que, en más de un caso, ha obligado a dejar de lado a profesores que la unidad académica consideraba valiosos. La percepción del impacto es más positiva en ciencias de la salud y en ciencias sociales. En ciencias aplicadas se halló disconformidad con el proceso de acreditación de carreras de posgrado.

A partir del análisis de la percepción de actores, puede afirmarse que los cambios analizados se producen por un encuentro entre los dos extremos planteados por algunos autores (Powell y Dimaggio, 1991; Varela, 2007). Es decir, los cambios hallados podrían ser ubicados entre los "reactivos" —cambios debidos a fuerzas exógenas a la organización, en este caso la política de evaluación y acreditación—, pero también "sustantivos", es decir provenientes de fuerzas endógenas (reflejadas en estructuras como el Comité de Educación, la Oficina de Evaluación Institucional, y, principalmente, en la actitud de los entrevistados hacia la mejora de la investigación y de la docencia). Dentro de la tipología utilizada por Camou (2007), esta institución se ubicaría entre la "adopción plena" a estas políticas y la "resistencia instrumental". Es decir, se aceptan plenamente los fines de la evaluación y de la acreditación y se rechazan algunos medios referidos a procedimientos de la CONEAU, pero no todos. Es mayor la aceptación de los medios instrumentales para la evaluación institucional. Este grado de aceptación disminuye un poco en la acreditación de carreras de grado. Para la acreditación de carreras de posgrados se llega casi al rechazo de los medios instrumentales que se están utilizando.

La visión de los entrevistados aporta luces y líneas de acción para profundizar y mejorar el sistema de evaluación y acreditación de la calidad universitaria, tanto desde la política pública como desde políticas y procesos institucionales.

A continuación, se expone un decálogo para la posible mejora de las políticas y de los procesos (tanto externos como internos) de evaluación y acreditación de la calidad universitaria, elaborado a partir del análisis de la perspectiva de los actores de este caso de estudio:
1. Revisar la composición actual del gobierno de CONEAU.
2. Mejorar el entrenamiento de los pares. Observar la actuación de los técnicos. Dar a las instituciones la posibilidad de recusar sin causa a un número limitado de pares.
3. Asegurar que evalúe un comité de pares (no un par) y que se realice la visita a las instituciones, principalmente en la acreditación de carreras de posgrados.
4. Evitar la falacia procedimentalista: confianza ciega en los procesos. De "proceso-forma" solo surge "proceso-forma", no surge una mejora de la sustancia.
5. Evaluar más resultados, sobre todo de aprendizaje y de investigación.
6. Agilizar los procedimientos, acortar los tiempos, principalmente en la acreditación de los posgrados. Estudiar la posibilidad de pasar a un sistema voluntario de acreditación de posgrados más unido al "sello de calidad" que a la validez nacional del título, dejando la validez del título en manos de un control más liviano, ya sea por parte del Ministerio de Educación o de la misma CONEAU.
7. Evitar el tecnicismo esotérico. Fomentar un mayor encuentro entre el estamento técnico, de gestión y los profesores. Promover la participación de los estudiantes en estos procesos.
8. Crear una norma de ponderación de estándares que dé sustento a las categorías asignadas a las carreras de posgrado.
9. Fomentar la creación de otras agencias públicas no estatales que evalúen y acrediten bajo la supervisión de CONEAU o de alguna otra creada para estos fines.
10. Mejorar la gestión del conocimiento del sistema de evaluación y acreditación: sistematizar ese conocimiento, oxigenarlo, darle transparencia, ponerlo, darle visibilidad para que todos puedan acceder. Transparentar el sistema: hacer públicas todas las resoluciones de acreditación, así como los CV de los evaluadores y la frecuencia con la que estos son designados.

7. Impacto de la política de evaluación y acreditación de la calidad universitaria
Caso 2

7.1. Presentación del caso

Se trata de una universidad de gestión pública ubicada en el interior del país. Es una de las universidades más antiguas y está considerada entre las "grandes del país". El número de alumnos de pregrado, grado y posgrado asciende a más de 110.000 aproximadamente.[37]

Esta universidad realizó la autoevaluación institucional entre los años 1996 y 2002, y la evaluación externa data de 2003. Es la primera de las denominadas "megauniversidades" que se sometió a la evaluación externa desde que se sancionara la Ley de Educación Superior. La carrera de Medicina y las ingenierías —entre otras carreras de grado— han sido sometidas a procesos de acreditación en más de una oportunidad. Tiene posgrados acreditados y, en varios casos, reacreditados, en las áreas correspondientes a ciencias de la salud, ciencias aplicadas y ciencias sociales, entre otras.

7.2. Descripción de fuentes de información

Fuentes secundarias: documentos

Se analizó en profundidad el informe de la evaluación externa realizada por la Comisión Nacional de Evaluación y Acreditación Universitaria (CONEAU), la carta del rector, tres resoluciones de acreditación de carreras de grado (dos de Medicina; una de Ingeniería Industrial) y resoluciones de acreditación de 13 carreras de posgrados (cuatro de ciencias de la salud; cuatro de ciencias aplicadas; cinco de ciencias sociales).

---

[37] Fuente: Anuario 2011 de Estadísticas Universitarias. Coordinación de Investigaciones e Información Estadística (CIIE) de la Secretaría de Políticas Universitarias (SPU), del Ministerio de Educación de la Nación.

Fuentes primarias: entrevistas

Se realizaron 17 entrevistas a directivos y personal relacionado con los procesos de evaluación y acreditación.[38]

En el apéndice II se muestra los datos correspondientes a los documentos analizados, y en el apéndice III, información referida a las entrevistas realizadas.

7.3. Impacto de la política de evaluación institucional y de la acreditación de carreras de grado y posgrado en las funciones de docencia, investigación, extensión y gestión

7.3.1. Impacto de la política de evaluación institucional

Las palabras del rector y de la ex secretaria de Asuntos Académicos de la universidad, actual personal de Rectorado, dan cuenta de la génesis de la evaluación institucional en esta universidad:

> *Evaluación institucional, hemos pasado solamente por una que ha tenido la enorme ventaja, creo, el gran saldo positivo de poner a toda la universidad en el esfuerzo de autoevaluarse [...]. Ese proceso en sí mismo, independientemente del resultado, fue positivo para la institución (rector).*

> *Generábamos acciones de evaluación que llevaban más que nada a introducir la cultura de la evaluación, de la autoevaluación. Pensá que era la primera antes de que viniera la orden de "autoevalúense". Nosotros venimos de la Facultad de Humanidades, donde estamos acostumbrados a autoevaluarnos, evaluar las prácticas, los docentes estamos acostumbrados a autoevaluarnos. También empezamos a generar foros, debates, cosas que hacían a la evaluación. Incluso delineamos los lineamientos generales para la autoevaluación y siempre escondiendo la palabra de la ley porque uno mencionaba la ley y... acá fue muy resistida. [...] Esas fueron en realidad las*

---

[38] (1) Rector. (2) Ex secretaria de Asuntos Académicos de la Universidad, al momento de realizar las entrevistas trabajaba en Rectorado. (3) Secretaria de Asuntos Académicos, Rectorado. (4) Subsecretaria de Posgrado, Rectorado. (5) Subsecretaria de Grado, Rectorado. (6) Decano, Facultad de Ciencias Exactas, Físicas y Naturales. (7) Subsecretaria de Evaluación Institucional, Facultad de Ciencias Exactas Físicas y Naturales. (8) Secretaria académica, Facultad de Ciencias Médicas. (9) Ex secretario académico, Facultad de Ciencias Médicas. (10) Subsecretario académico de Posgrados, Facultad de Ciencias Médicas. (11) Coordinadora de Acreditación de Posgrados, Facultad de Ciencias Médicas. (12) Decano, Facultad de Derecho y Ciencias Sociales. (13) Secretaria académica, Facultad de Derecho y Ciencias Sociales. (14) Prosecretaria académica, Facultad de Derecho y Ciencias Sociales. (15) Secretaria de Posgrado, Facultad de Derecho y Ciencias Sociales. (16) Prosecretario de Posgrado, Facultad de Derecho y Ciencias Sociales. (17) Secretaria administrativa de Posgrado, Facultad de Derecho y Ciencias Sociales.
Además, se asistió a la reunión con directores de especialidades médicas de centros formadores, a cargo del área de acreditación de posgrados, Facultad de Ciencias Médicas.

bases para la primera autoevaluación que se hizo, que en el origen no era para dar cumplimiento a la ley. [...] Fue una autoevaluación que se resolvió hacer y entonces nosotros elegimos en ese momento el grado nada más, o sea, no elegimos todas las otras funciones. Después, cambia el gobierno rectoral. Avanza también un poco más la cultura de todos las unidades, que se van metiendo en la autoevaluación. La universidad firma un convenio con la CONEAU para completar la autoevaluación institucional, como un contrato que hace en su momento. Nos dijeron "hagan el posgrado y la extensión, es decir, completen este informe fuerte de grado con el posgrado, la extensión", entonces sale ese informe donde de golpe nos vienen planillas para llenar, completar. [...] se salía de esa cultura inicial, la cosa original que era ver, reflexionar [...] De todos modos, dentro de la facultad tratamos de adaptarlo a eso, y se completó así, llenando, se completó la parte de posgrado y después nos tocó recibir la visita de los evaluadores externos, lo cual fue bastante útil. Por supuesto, la Facultad de Filosofía y Humanidades, en la entrevista con los estudiantes, hubo toda una cosa bastante hostil contra los evaluadores, había que hacerles entender que los evaluadores eran gente como nosotros, pares, [...] pero, bueno, así fue (ex secretaria de Asuntos Académicos de la universidad, actual personal de Rectorado).

Para la *función docencia*, se hallaron cambios enunciativos hacia la mejora para la dimensión "cuerpo de profesores", en todas sus subdimensiones. Esto surge del análisis del informe de evaluación externa, donde se observa la necesidad que tiene esta institución de "incrementar las dedicaciones" y "mejorar la formación de posgrados de los docentes", "dar gratificaciones salariales a la obtención de mayores grados académicos". También surge una recomendación referida a "efectivizar los concursos docentes". Este último se transformó en un cambio fáctico, según se desprende de las entrevistas:

Tuvimos que reformular el reglamento de concursos, nosotros tenemos a los estudiantes como miembros plenos en los concursos, hubo que sacarlos, ponerlos como observadores con muchas más atribuciones, [...], buscando compatibilizar todas sus inquietudes con lo que había que hacer (ex secretaria académica de la universidad. Personal actual en Rectorado).

Después, lo que sí hemos avanzado es en el contrato de gestión docente, el año pasado se aprobó una ordenanza por la cual ya los profesores concursados van a una evaluación y no rinden concurso, van a una evaluación periódica en que se evalúan todos los aspectos y si les va mal en esa evaluación sí tienen que concursar nuevamente (ex secretaria académica de la universidad. Personal actual en Rectorado).

En relación con la dimensión "metodología de enseñanza-aprendizaje", del análisis documental surgen indicios de cambios enunciativos hacia la mejora por las recomendaciones recibidas: "Analizar sistemáticamente las condiciones pedagógicas y los esfuerzos destinados a superar los obstáculos de aprendizaje", "crear mecanismos de asistencia pedagógica", "aprovechar la experiencia en educación a distancia para crear una universidad virtual". Sin embargo, en ninguna de las entrevistas se hace mención a cambios fácticos hacia la mejora para esta dimensión.

Para las dimensiones "currículum, plan de estudio y programas" y "alumnos y graduados", se halló la mayor cantidad de recomendaciones por parte de CONEAU, presentándose como un primer indicio de cambio enunciativo hacia la mejora. Entre las más significativas se mencionan sintéticamente: "Resolver la fuerte tendencia hacia la autonomización disciplinar y organizacional, que impide el aprovechamiento de materias, a veces comunes a distintas áreas y carreras", "estudiar la posibilidad de acortar carreras", "hacer cumplir la norma de aprobar dos exámenes como mínimo por año", "reforzar el ciclo inicial para asegurar el éxito académico y la capacidad de aprendizaje permanente", "facilitar articulación grado-posgrado". Para "alumnos y graduados", se recomienda "mejorar los bajos rendimientos y la retención", "reforzar la articulación con la escuela media", "desarrollar estrategias para aumentar las posibilidades de empleabilidad profesional", "aunar criterios pedagógicos para el problema del ingreso", "formación de una comisión interdisciplinaria", "diseñar un sistema de ingreso que constituya una verdadera etapa de nivelación y orientación", "establecer políticas para mejorar la retención y los avances académicos creando mecanismos de asistencia pedagógica o tutoriales", "superar la escasa relación docente-alumno".

De las entrevistas surgen cambios fácticos hacia la mejora, relacionados con estas dimensiones y con un proceso continuo de evaluación propia de la universidad:

> *Pero respecto a la evaluación institucional, me interesa una cosa en particular, que es que cuando a vuelo de pájaro pensamos cuáles han sido varias de las ideas que ha tomado esta gestión, nosotros podemos hablar del año 2007 para adelante, en el sentido de un conocimiento más profundo de la universidad, no es que no lo tuviéramos antes, pero más desagregado (la actual secretaria académica mucho más que nosotras). Bueno, gran cantidad de las medidas que se han tomado podría uno encuadrarlas dentro de la evaluación institucional que se hizo en la universidad después de los años 2003/2004, todo lo que se refiere [...] al seguimiento de los graduados universitarios con el COYA, el conocimiento de los estudiantes, yo iba pensando y decía, pero estas fueron respuestas a un conocimiento de los déficit de la universidad, que tal vez hubieran pasado aunque no hubiera estado la evaluación institucional; porque es una evaluación propia de la universidad con respecto a eso y todas esas son cosas que se están haciendo, bueno, esperemos que si alguna vez somos evaluados de nuevo hayamos resuelto algunos de los problemas señalados (prosecretaria de Grado. Rectorado).*

Autoridades de la Facultad de Derecho y Ciencias Sociales mencionan un cambio fáctico significativo hacia la mejora (cambio del plan de estudio después de 43 años) a raíz de una autoevaluación que hizo la facultad en el período de la autoevaluación institucional:

> *Nosotros, por ejemplo, hicimos un cambio en el plan de estudios después de 43 años y medio que no se modificaba el plan de estudios. Se hizo un monitoreo y se hallaron las debilidades y fortalezas y se tuvo en cuenta para la reforma del plan de estudios (decano. Facultad de Derecho y Ciencias Sociales).*

> *Sí, sí, bueno, en ese momento yo no estaba en la prosecretaría académica porque fue anterior al año 2004. No obstante eso nosotros hicimos una evaluación institucional en el año 1999 preparatoria de la reforma del plan de estudios, esa evaluación está publicada, hay información sobre eso... bueno, nosotros hemos trabajado mucho en análisis de cohortes educativas, el recorrido que hacen las cohortes educativas (prosecretaria académica. Facultad de Derecho y Ciencias Sociales).*

En la dimensión "infraestructura, equipamiento y biblioteca", entre las principales recomendaciones de la evaluación externa —cambios enunciativos hacia la mejora— se pueden mencionar: "Avanzar en las acciones para la elaboración del relevamiento del campo edilicio", "instituir un sistema presupuestario que atienda a indicadores", "proveer de un sistema de detección de humo en la biblioteca", "asignar mayor presupuesto", "presupuestos propios para todas las bibliotecas", "actualizar biblioteca y equipamiento", "extender horarios de atención", "crear una Junta de Biblioteca", "proveer los medios adecuados para dotar de un acervo bibliográfico acorde con el nivel científico requerido por las unidades".

De las entrevistas no surgen nuevas apreciaciones para esta dimensión y su relación directa con el proceso de evaluación institucional, es decir, no se hallaron cambios fácticos para la mejora.

Para la *función investigación,* del análisis documental surge que la investigación "es claramente una fortaleza de la institución".

A partir de las recomendaciones de CONEAU, se hallaron cambios enunciativos para la mejora relacionados con la dimensión "profesores investigadores. Formación de recursos humanos": "Consolidar áreas temáticas y programas de investigación fortaleciendo los grupos de investigación y la integración de alumnos de posgrado", "unificar criterios de ingreso de los docentes a los centros de investigación". Dimensión "proyectos de investigación": "Propender al trabajo articulado con la Secretaría de Ciencia y Tecnología a los efectos de optimizar los procesos de acreditación de los proyectos de investigación que sostiene la Escuela de Posgrado", "conformar el Consejo de Investigación dependiente de la Secretaría de Ciencia y Tecnología, que además de establecer prioridades de Investigación y Transferencia, permitirá establecer una mayor articulación interna de todas las tareas y proyectos". Dimensión "financiamiento de la investigación": "Favorecer un fondo económico central destinado a fomentar la investigación científica y tendiente a complementar las asignaciones de cada unidad académica"; "diferenciar recursos destinados a sueldos y becas para saber qué va a investigación genuina". Dimensión "productos de la investigación": "Elaborar una base de datos en la que se concentre y organice la información relativa a la producción de los investigadores".

No se corroboró la existencia de cambios fácticos hacia la mejora para esta función.

Para la *función extensión* y sus dos dimensiones, del informe de evaluación externa surge que la Secretaría de Extensión se define como "la vía de transferencia a la sociedad de la ciencia, la tecnología y el arte generados en la universidad, constituyéndose en factor y vehículo de un mejoramiento de la calidad de vida de los integrantes de la comunidad". La CONEAU sugiere (cambio enunciativo): "Coordinar acciones con otras instituciones universitarias (formación de emprendedores)", "ampliar las actividades de difusión de las actividades de extensión al interior de la universidad", "mejorar la coordinación y articulación", "incentivar la producción de videos educativos propios a fin de aportar al ATEI esta producción, coadyuvando a la difusión de la producción cultural y científica del país". La universidad tiene intereses comerciales, en carácter de accionista principal en un canal de televisión y en una estación de radio, por lo que se le sugiere que "dados los importantes problemas de articulación con la escuela media, que se manifiestan en las altas tasas de fracaso en primer año, sería importante que se utilizara más intensamente esa capacidad. Para esto es imprescindible lograr una mejor articulación entre las distintas unidades académicas y las secretarías académica y de extensión, y en particular con el área de ciencias de la información".

No se corroboró la existencia de cambios fácticos hacia la mejora para esta función.

Se hallaron cambios enunciativos y fácticos para la mejora en la *función gestión:* del análisis documental surge que el propio informe de autoevaluación revela "una voluntad política de parte de las actuales autoridades para resolver la dispersión en una unidad construida mediante la consideración de la universidad como un único universo homogéneo, con el resultado de que las conclusiones obtenidas difícilmente puedan dar cuenta de alguna de las realidades concretas y diversas que tienen las distintas facultades y, dentro de ellas, las escuelas. Incluso en el caso de que las problemáticas de algunas de las unidades académicas se identifiquen con la "media" de la universidad, puede suceder que estas se expliquen por causas diferentes".

Para esta dimensión se hicieron, entre otras, las siguientes recomendaciones: "La estructura departamental puede contribuir a mejorar la situación. Buscar la interdisciplinariedad y articulación"; "fortalecer la coherencia institucional", "mejorar mecanismos intrainstitucional", "desarrollar objetivos de las políticas y establecer acciones de seguimiento, corrección y ajuste de los procesos de implementación que realizan las facultades y las escuelas"; "dentro del marco estatutario y con particular atención a la historia de la institución, realizar una reingeniería de la estructura organizacional"; "establecer un sistema institucional de información"; "la adopción de indicadores permitirá evaluar el desempeño en la gestión"; "la dificultad de consecución de unidad institucional, referida en apartados anteriores, conspira seriamente contra la posibilidad de que la institución pueda manejarse con información confiable en sus procesos de toma de decisiones. A menudo, las más altas autoridades rectorales parecen no contar con información suficiente acerca de los procesos educativos que se desarrollan en cada una de las unidades académicas, debido a la alta autonomía de aquellas".

Un indicio de cambio fáctico que se observa, desde el análisis documental, es la elaboración del plan estratégico. Sin embargo, el informe de CONEAU observa que "la elaboración de este plan parece haberse producido *a priori* sin el reconocimiento de una evaluación".

De las entrevistas surge que este plan tuvo poco que ver con la realidad:

El plan estratégico es un papel. A pesar de que se decidió el Consejo Superior, se hizo el plan, lo elaboraron, pero después no se hizo nada con él, con los resultados de ese plan estratégico. Eso fue incluirlo, para mí incluirlo fue en cierta manera como una especie de decir que hicimos algo, pero no estamos haciendo nada... es un papel [...] nada más,... estaba guardado (ex secretaria de Asuntos Académicos. Actualmente trabaja en Rectorado).

De la carta del entonces rector surgen apreciaciones a tener en cuenta a la hora de inferir cambios fácticos en esta función:

- "El volumen de trabajo realizado desde que iniciáramos el proceso de autoevaluación y llegáramos al informe final de evaluación externa ha sido muchísimo. Es esta universidad la primera de las denominadas 'megas universidades' que se somete a la evaluación externa desde que se sancionara la Ley de Educación Superior. Ha constituido dicho trabajo, entonces, no solo un gran desafío sino también una excelente oportunidad de enseñanza aprendizaje en esta materia."
- "El Informe Final de Evaluación Externa refleja diferentes aspectos de las actividades que se refieren a la universidad, señalando debilidades, fortalezas y recomendaciones que estamos seguros servirán, a quienes tenemos responsabilidades de conducción, para programar y realizar acciones que tiendan al mejoramiento de la calidad educativa en el corto y mediano plazo."
- "En el texto del informe se señalaron debilidades, muchas de las cuales fueron oportunamente señaladas en el informe de autoevaluación, marcando entonces muchas coincidencias entre nuestra propia universidad y los pares evaluadores. Sin embargo, en el texto del informe se

presentan algunos juicios valorativos que no son compartidos totalmente por nuestra comunidad universitaria."
- "En relación con el análisis realizado de los distintos actores evaluados, debe señalarse que en reiteradas oportunidades el texto del informe remite a información verbal o impresiones personales recogida en la visita de los pares evaluadores. En este sentido entendemos que ha sido totalmente insuficiente el tiempo empleado (una semana) por parte del CPE para poder internalizar acabadamente algunos de los aspectos evaluados en una universidad tan grande. Así, en ocasiones se refiere en el texto del informe a diversos problemas desde un punto de vista teórico sin una acabada comprensión de la realidad de nuestra universidad. Otras apreciaciones parecieran haber omitido el contexto social, histórico y presupuestario en que las universidades nacionales han debido desarrollar sus actividades en los últimos años."
- "En algunas partes del informe se aprecian juicios valorativos extraídos de opiniones de algunas personas de la comunidad universitaria. Entendemos que las mismas pueden mostrar aspectos valiosos que, sin embargo, no se sustentan en estadísticas u otros documentos. En temas que pueden ser opinables, conflictivos, o tener más de una visión, hubiera sido de nuestro agrado que, antes de emitir juicios de valor, se consulte a otros sectores involucrados."
- "Deseamos señalar que la estructura del informe final no permite evidenciar claramente la graduación de los diferentes problemas que tiene la universidad, por lo que resulta dificultoso determinar la adecuada priorización de acciones y esfuerzos pretendido por la CONEAU."

De las entrevistas con las autoridades de la universidad surge que el mayor impacto en término de cambios fácticos hacia la mejora se da en la *función gestión*, sobre todo como consecuencia de la autoevaluación:

> *Evaluación institucional: generar una cantidad de información que normalmente no está transparente para todos los sectores que integran una comunidad tan compleja como esta, tan fragmentada, pero además como lo fue ese proceso con un compromiso ya no solo de las autoridades que disponen de registros de la información o datos estadísticos, sino con participación activa y opinión de los propios actores (rector).*

Las palabras de la ex secretaria de Asuntos Académicos de la universidad dan cuenta de la apreciación de las autoridades de ese momento acerca del informe de CONEAU:

> *Y después, ya cuando vino el informe final que incluso la universidad lo apeló, distribuyeron primero todos los informes finales a todas las facultades, este primer informe preliminar. [...] la versión preliminar que se manda y, bueno, en general hubo desde las autoridades mucho enojo, mal, incluso a*

mí, siendo secretaria académica, habiendo participado del proceso, el rector me pidió: "Mírámelo...", y yo escribí "en esto estoy de acuerdo", "no estoy de acuerdo, por esto, por lo otro, por lo otro", y en realidad fuimos pocos los que estábamos de acuerdo con ese informe de evaluación externa, después de todos modos son negociaciones, siempre son negociaciones. [...] yo creo que no se cambió nada, solo se agregó la carta del Rector, que es como el descargo de la universidad (ex secretaria de Asuntos Académicos de la universidad. Actualmente, personal actual de Rectorado).

El actual rector también opina sobre este momento:

Bueno, como digo, ese proceso en sí mismo, independientemente del resultado, fue positivo para la institución. Luego, el resultado también arrojó algunos datos interesantes y algunas reflexiones interesantes, aunque muchos pensamos que como fruto de la enorme dificultad de generar un informe global para una institución como esta fue un informe relativamente, no sé cómo decirte, demasiado negociado, demasiado licuado, demasiado benigno con la universidad. Dicho esto en el mejor sentido, quiero decir, si hubiera sido más crudo seguramente hubiera revelado más problemas de los que incluso hoy todavía tenemos respecto al proceso de evaluación, que no es lo mismo que decir que estaba todo mal. Nosotros tenemos una universidad muy despareja en todo sentido, con áreas que están muy bien, otras que están muy mal, y en el medio una franja. Así que, bueno, creo que ese proceso fue bueno pero fue el único proceso (rector).

Algunos de los entrevistados consideran que el impacto de la evaluación institucional no fue significativo, entre otros motivos por el tamaño de la institución y por los cambios en la gestión de la universidad que dificultan la continuidad:

El proceso de evaluación institucional fue más formal, está muy lejano de nosotros, de los docentes (prosecretaria de grado. Rectorado).

Lo que es evaluación institucional como tal a mí me da la impresión que no ha producido grandes impactos y no se ve una consecuencia directa del proceso. [...] Por eso te digo que cuando uno ve, por ejemplo, que el proceso de evaluación institucional es un proceso hecho por la universidad, no le veo gran impacto... en una mega universidad como esta. Esta es una realidad. [...] algunas cosas que salieron de la autoevaluación fueron usadas pero perdieron continuidad con los cambios de gestión de la universidad (decano. Facultad de Ciencias Exactas, Físicas y Naturales).

Esa evaluación de toda la universidad... me parece que Medicina, como ya había pasado por acreditación, estaba preparada para eso, había hecho cambios y creo que fue prolija, no debe haber sido igual para otras facultades que se enfrentaron por primera vez con esta evaluación y no tenían la experiencia nuestra. Nosotros creo que salimos, pero porque creo que ya estábamos armados. Para la universidad fue la primera experiencia y la mayor parte de las facultades no tenían [...] cuando vino la evaluación creo que éramos los únicos que habíamos pasado la experiencia, entonces fue fácil (ex secretario académico. Facultad de Ciencias Médicas).

Si bien nosotros tuvimos procesos como universidad anteriores de autoevaluación, no fueron tan estrictos y tan rigurosos (subsecretaria de evaluación institucional. Facultad de Ciencias Exactas, Físicas y Naturales).

En el cuadro 7.1 se muestra, esquemáticamente, el impacto en términos de "cambios para la mejora" y "obstáculo para la mejora" de la política de evaluación institucional en las funciones sustantivas y en la gestión.

Cuadro 7.1. Impacto de la política de evaluación institucional en las funciones docencia, investigación, extensión y gestión. Caso 2

Áreas de análisis	Dimensiones	Impacto		
		Cambios para la mejora		Obstáculos para la mejora
		Enunciativos	Fácticos	
1. Función Docencia	1.1 Cuerpo de profesores: titulación académica, dedicación, categorización, formación pedagógica, selección.	X	X (concursos docentes)	No se hallaron
	1.2 Proceso-metodología de enseñanza-aprendizaje	X	-	
	1.3 Currículum. Planes y programas	X	X (plan de estudio de abogacía)	
	1.4 Alumnos y graduados	X	X	
2. Función Investigación	2.1 Profesores investigadores. Formación de recursos humanos.	X	-	
	2.2 Proyectos de investigación.	X	-	
	2.3 Financiamiento de la investigación.	X	-	
	2.4 Productos de investigación.	X	-	
	2.5 infraestructura - equipamiento y biblioteca	X	-	
3. Función Extensión	3.1 Concepto de extensión.	X	-	
	3.2 Programas de extensión.	X	-	
4. Gestión	4.1 Gestión de la calidad de los procesos de evaluación y acreditación.	X	X	Inicialmente: resistencia de estudiantes de algunas facultades

x: hallazgo de impacto
-: no se halló impacto
Fuente: elaboración propia a partir del análisis documental y de las entrevistas

Conclusión

Se concluye que, para el caso 2, la política de evaluación institucional impactó produciendo cambios enunciativos y fácticos hacia la mejora solo en la *función gestión* y, en menor medida, en la *función docencia,* dimensiones "cuerpo de profesores", "alumnos y graduados" y "currículum, plan de estudio y programas" (carrera de Abogacía). Para el resto de las funciones solo se detectaron cambios enunciativos a partir de las debilidades y las recomendaciones realizadas por el Comité de Pares Evaluadores de CONEAU. En palabras de una de las entrevistadas, se espera que en una próxima evaluación institucional se pueda corroborar si se han resuelto algunos de los problemas señalados:

> Bueno, esperemos que, si alguna vez somos evaluados de nuevo, hayamos resuelto algunos de los problemas señalados (prosecretaria de Grado. Rectorado).

En este sentido, las palabras del rector son alentadoras en lo que se refiere a una próxima evaluación institucional:

> Sí, yo creo que sería conveniente, no lo hemos acordado políticamente porque no lo hemos conversado, pero me parece que es conveniente iniciar la discusión sobre la necesidad de hacer una segunda evaluación institucional. Creo que los resultados, la comparación del proceso cumplido, va a ser positivo también, va a revelar resultados positivos que nos van a dar elementos para proyectar otras líneas estratégicas, fortalecer otras áreas, en fin (rector).

7.3.2. Impacto de la política de acreditación de carreras de grado: ciencias de la salud, carrera de Medicina

Cabe mencionar que esta carrera fue acreditada por CONEAU en la primera fase, convocatoria voluntaria —año 2000— por tres años asumiendo 17 compromisos para alcanzar el modelo requerido por los estándares. En 2004 —segunda fase— obtuvo la extensión de la acreditación por tres años más. En 2009 se presentó para su reacreditación. Las entrevistas se realizaron a los pocos meses de haber concluido la autoevaluación. La apreciación general de las autoridades en las entrevistas fue muy positiva y consideran la acreditación de la carrera como verdadera *aceleradora de cambios:*

> Nosotros estamos en el segundo período de evaluación y la primera evaluación fue útil porque movilizó todo, sacó todos los problemas y realmente fue aceleradora de cambios... no hay duda (ex secretario académico. Facultad de Ciencias Médicas).

> No hay duda de que ha habido cambios y cambios que vamos a seguir introduciendo evidentemente, por estos procesos. [...] ¿El impacto? Y... nos pusimos patas para arriba (secretaria académica. Facultad de Ciencias Médicas).

Para la *función docencia,* dimensión "cuerpo de profesores", del análisis de las resoluciones de acreditación surgen cambios enunciativos y fácticos hacia la mejora en las subdimensiones referidas a "dedicación" (reestructuración de la planta tendiendo a una mayor dedicación: se tomó como política fundamental institucional —Resolución del Consejo de Dirección—, a "categorización" (registro actualizado de cargos docentes, discriminado por categoría, informe referido a las transformaciones de cargos docentes simples a otros de mayor dedicación, realizado en los últimos meses de 2004) y "evaluación" (sistema de control de gestión docente a través de encuesta de alumnos).

Estos cambios se relacionan con los compromisos asumidos por la institución en la primera fase de acreditación y corroborados por CONEAU (a través de su Comité de Pares Evaluadores —CPE—) en la segunda fase. Respecto a estos compromisos, los evaluadores consideran que la institución "comenzó a cumplir y sentó las bases para el cumplimiento efectivo asegurando su continuidad".

Además, en las entrevistas con las autoridades se ratifica que estos cambios son reales y están estrechamente relacionados con el proceso de acreditación:

> *Por los compromisos fuimos respondiendo con planes de acción. Fue un cambio real, sí, sí (ex secretario académico y actual secretaria académica, Facultad de Ciencias Médicas).*

Del análisis documental surgen cambios significativos para la dimensión "metodología de enseñanza-aprendizaje". Algunos son considerados cambios fácticos debido a que se produjeron durante el proceso de acreditación —primera fase— como respuesta a los requerimientos realizados por el CPE de CONEAU. Entre ellos, se destacan: a) por resolución de CD: integración de la Comisión de Seguimiento Académico y Administrativo, creación del Departamento de Alumnos, del Comité de Seguimiento Académico y del Departamento de Enseñanza Práctica de la carrera de Medicina (p/ PFO); b) se establecieron normas para regular el rendimiento y la permanencia de los alumnos; c) se firmó protocolo de coordinación y complementación con el Ministerio de Gobierno de la Provincia para la puesta en marcha y el ordenamiento de las actividades asistenciales".

Otros cambios fácticos se produjeron durante el lapso que transcurre entre la primera fase de acreditación y la segunda. Estos responden a compromisos de mejora que fueron evaluados por el CPE de CONEAU y consisten en que se revisaron, actualizaron e implementaron estrategias pedagógicas en numerosas cátedras de la carrera (incremento de clases prácticas, utilización de nuevas herramientas didácticas, etcétera).

En las entrevistas, cuando se preguntó por estos cambios concretos y su relación con la acreditación, las autoridades reconocen que son cambios reales relacionados al proceso de acreditación:

> *Fue un cambio real, sí, sí (ex secretario académico y actual secretaria académica, Facultad de Ciencias Médicas).*

En el primer informe de acreditación se señala que alrededor de la dimensión "currículum, plan de estudio y programas" se plantean las más serias dificultades de la carrera.

Se halló que uno de los cambios se realizó en la primera autoevaluación de la carrera: "Constitución de la Comisión Curricular Troncal de la carrera de

Medicina, que se abocó a la reformulación del Plan de Estudios. Tarea que culminó con la aprobación posterior de un nuevo plan". Del análisis documental y de las entrevistas, surge que la mayoría de los cambios para esta dimensión fueron realizados durante el lapso que transcurre entre la primera fase de acreditación y la segunda fase, en respuesta a los compromisos asumidos por la institución ante CONEAU. Entre los más significativos surgen: a) conformación de una amplia red de servicios de salud adscriptos a la docencia (hospitales, centros de salud, dispensarios); firma de convenios con el Poder Ejecutivo de la provincia; esto permite realizar prácticas intensivas de seiscientas horas a los alumnos de planes anteriores a la incorporación del internado rotatorio y es la base para futuras sedes de este ciclo; b) se creó el área de Salud Pública, Comunitaria y Familiar (creación del Departamento de Medicina Familiar); elaboración de un programa integrado para el área de Salud Pública que se extiende desde el 1° al 5° año de la carrera, articulando aspectos de salud pública, comunitaria y familiar; c) el grupo de Salud Comunitaria recibió subsidio del FONCYT; d) han actualizado los programas de varias materias; por Resolución del CD se creó una comisión permanente: evaluar y actualizar los programas de todas las asignaturas; e) creación de la Comisión de Educación Médica: brinda talleres formativos a los docentes; f) el Programa de Revisión, Implementación y Seguimiento curricular fue aprobado por Resolución del Consejo Superior, y en palabras del CPE "la institución cumplió totalmente con sustentabilidad" o "comenzó a cumplir y sentó las bases para el seguimiento efectivo asegurando continuidad".

De las entrevistas surge que, si bien se trata de cambios importantísimos, a la hora de implementarlos hay que lidiar con la natural resistencia al cambio:

Para nosotros generó esos cambios importantísimos... ahora, claro, hay que bajarlos, estamos trabajando en eso. Hemos ya decidido un nuevo cambio curricular y retocar ciertas cosas en función de la evaluación hecha, etc., y hemos empezado a trabajar. Ahora, como decía el doctor, el ex secretario académico, hay terrible resistencia al cambio (secretaria académica. Facultad de Ciencias Médicas).

Del análisis documental y de las entrevistas, surgen cambios enunciativos y fácticos significativos que afectan a la dimensión "alumnos y graduados": determinación de la capacidad educativa de la carrera y la incorporación del "cupo" de ingreso a la carrera de Medicina.

En síntesis, los cambios fácticos más significativos hallados en esta dimensión son: a) creación del departamento de admisión que coordina el ingreso a todas las carreras que se dictan en la facultad; b) definición de la capacidad educativa: quinientos a seiscientos ingresantes por año; c) se reestructuró el sistema de admisión vía resolución del Consejo Superior; prueba de admisión coordinada por personal competente (ochenta preguntas de opción múltiple); la prueba se construyó siguiendo los procedimientos validados internacionalmente en el campo pedagógico; el número de ingresantes disminuyó de 1.650 en el año 2000 a 545 en 2003; d) se redefine límite para el número de ingresantes de acuerdo a la capacidad educativa; e) se modificaron las normas que regulan la permanencia de los alumnos en la carrera: aprobación de al menos dos asignaturas por año, debiendo además finalizar la carrera en un lapso no mayor al doble de la duración prevista, tuvo un impacto positivo en el promedio de las notas, el número de alumnos promocionados, el número de alumnos regulares, el número de alumnos que aprobaron las asignaturas al finalizar el cursado; f) creación del Comité de Seguimiento Académico: se han entrevistado más de doscientos alumnos.

De las entrevistas con las autoridades surge que existe una estrecha relación entre estos cambios fácticos —sobre todo el referido a la restricción del número de ingresantes según la capacidad educativa de la carrera— y el proceso de acreditación. Se reconoce que, si bien esta necesidad no surge por los procesos de acreditación, la llegada de CONEAU sirvió para concretar algo que se quería hacer desde muchos años antes: "El argumento de la CONEAU sirvió para poner el cupo":

> *De hecho, si miramos los números, salta que pasamos de 1.600 ingresantes a 500 y pico, absolutamente fue así, es cambio real, cien por ciento que fue así (secretaria académica).*

> *Es más, yo diría, no por desmerecer a la CONEAU, pero la necesidad esa era más antigua que la evaluación. La necesidad no surge de esto, no surge. La CONEAU, de alguna manera, fue una justificación que nos sirvió muchísimo para aplicarlo. Para aplicar lo que se venía intentando hacer... uy, yo diría ¿qué año? [...] en el 89 empezamos. O sea, fue una cosa continua. Sí, durísima. En donde la CONEAU fue un argumento que nos sirvió para concretarlo. Si vos pensás del 89 hasta hoy, pasamos, qué sé yo, podemos contar meses de carpas acá afuera. Pero de a poco... en la sociedad ya nadie protesta y el argumento de la CONEAU sirvió para poner el cupo, porque durante un tiempo tuvimos la restricción del ingreso con un examen embromado. Y en la práctica bajó el número de ingresantes a 550, esos son números absolutamente reales... todo real (ex secretario académico. Facultad de Ciencias Médicas).*

No obstante, las autoridades de la Facultad de Ciencias Médicas consideran que la incorporación de un cupo de ingreso es un cambio inestable, debido a que se hizo por fuera del Consejo Superior apoyándose en la facultad que les da la actual Ley de Educación Superior:

> *Y lo del cupo fue por fuera del Consejo Superior. [...] Cuando se vio que no se podía a través de Superior, se recurrió al artículo de la Ley de Educación Superior que dice que las facultades con más de una cierta cantidad de alumnos pueden establecer su propia política de ingreso [...] Entonces se fue por fuera, estamos por fuera del Consejo Superior. Cuando se caiga la Ley de Educación Superior, no sabemos qué pasará. Tucumán, por ejemplo, ellos consiguieron por el Consejo Superior establecer un número de ingresantes, está por el Superior y ellos lo tienen resuelto. Nosotros no lo tenemos resuelto (ex secretario académico. Facultad de Ciencias Médicas).*

A pesar de que políticamente es duro e inestable, se destacan los beneficios en términos de calidad académica que ha producido este cambio:

> *La realidad es que nosotros, con este número nos podemos manejar, es abarcar la capacidad que tenemos. Políticamente es duro y es inestable (secretaria académica y ex secretario académico).*

> *Es que es fuerte el cambio que se logró, y hemos hecho encuestas hace poquito, preguntando tanto a los docentes como a los alumnos: "Qué número opina que puede manejar su cátedra", a todos los docentes, desde el profesor titular al último JTP, y nos dio un número promedio de 530, la opinión que tenemos, o sea, el número es el que realmente podemos manejar. Sorprendentemente, preguntándoles a los alumnos —si bien tenemos una muestra no demasiado grande— era menos, fijate: un 30% que estaban en contra del ingreso restricto. El 70% que estaba a favor dijo 300 (secretaria académica).*

> *Porque otro tema es que no es la reducción del ingreso por la reducción del ingreso. Sino porque no hay forma de desarrollar procesos internos si no hay adecuación, no hay forma de hacerlo… ¡acá hubo cátedras que durante diez años no tuvieron actividad práctica! (ex secretario académico. Facultad de Ciencias Médicas).*

> *La nuestra, por ejemplo, yo estoy en Física Biomédica… o en Fisiología no había forma de hacerlo, vos llegabas a repetir hasta siete veces el mismo práctico, te das cuenta, en algunas se suprimieron. Bueno, entonces ellos pudieron recuperar la actividad práctica de laboratorio. En su momento, cuando se suprimieron los trabajos prácticos de laboratorio, era todo aula y teoría y pizarrón, nada más (secretaria académica. Facultad de Ciencias Médicas).*

Autoridades de la universidad también hicieron referencia a este tema en las entrevistas. Se revelan algunos conflictos que surgieron en torno al examen de ingreso (primera fase de acreditación) previo a la fijación explícita del cupo (segunda fase de acreditación). Vuelve a salir el tema de la aprobación de esta medida —cupo de ingreso— por parte de la facultad en uso de la atribución que al respecto le otorga la actual Ley de Educación Superior, pero no por el Consejo Superior de la universidad:

> *Cupo de ingreso en Medicina: fue una decisión política de la facultad. El resultado del primer proceso de acreditación señaló dificultades diversas respecto de la calidad de la formación de grado que estaban recibiendo los estudiantes de medicina, diversa en cuanto a la capacidad educativa en el sentido de, en fin, infraestructura disponible, formación práctica en hospitales, pero también señaló muchas otras cuestiones, debilidades en la investigación, las debilidades en la dedicación de sus docentes, en varios temas. La facultad, en algún sentido, aprovechó porque existía una gran corriente de opinión favorable a ese criterio. Una facultad muy masiva durante muchos años y colapsada también, primero decidió impulsar el cupo pero no lo hizo de manera explícita, quiero decir, el primer proyecto de ingreso [primera fase de acreditación][39] no fue fijar un número cerrado, sino fue*

---

[39] Aclaración personal una vez analizadas las resoluciones de acreditación y las entrevistas.

> *generar un sistema de ingreso extremadamente dificultoso que a todos los efectos produjera el número que se deseaba. Con lo cual esos primeros años en que se aplicó esta restricción al ingreso fueron muy traumáticos [ingreso 2001-2004]. Es decir, con una evaluación muy severa conseguía seleccionar el número deseado, pero a un precio rayano en la arbitrariedad total. Hubo muchos planteamientos [...] además que por supuesto que hubo todo un movimiento de opinión de toda esa camada de chicos que quisieron entrar esos primeros años y que no pudieron, acompañados por los padres, fue políticamente un lío. Pero fue peor por esto que te digo, generaron unos mecanismos de evaluación de pruebas donde la probabilidad de acertar era tan baja que creo que era más o menos por sorteo que entraban. Entonces, después de unos años mejoraron eso y lo hicieron por cupo, con lo cual hicieron un buen examen [a partir del ingreso 2005], pero bien hecho, no tuvieron que artificiosamente generarlo... y lo hicieron invocando la facultad que le da la actual Ley de Educación Superior. Es decir, la universidad no votó eso porque no había acuerdo. Justamente al imponer ese número los primeros años de esta forma, al principio la facultad no tuvo que decir al Consejo Superior "defendemos un cupo". Entonces, la discusión del Consejo Superior antes era "por qué hacen una evaluación así", y no "por qué hacen el cupo". Después, cuando dijeron "vamos a hacer cupo, lo vamos a hacer por cuenta propia utilizando esa facultad de la Ley de Educación Superior", el Consejo Superior no estaba de acuerdo pero dejó a la facultad que haga eso. Para entonces los ánimos se fueron calmando y se fue aceptando, digamos, que la facultad tiene menos alumnos (rector).*

Por lo tanto, el rector califica a ese examen (previo a la incorporación explícita del cupo) como

> *una evaluación muy severa que conseguía seleccionar el número deseado pero a un precio rayano en la arbitrariedad total (rector)*

Por su parte, las autoridades de la Facultad de Ciencias Médicas también admiten que durante un tiempo tuvieron restricción al ingreso con un examen conflictivo:

> *El argumento de la CONEAU sirvió para poner el cupo, porque durante un tiempo tuvimos la restricción del ingreso con un examen embromado (ex secretario académico. Facultad de Ciencias Médicas).*

En el cuadro 7.2 se presenta una síntesis del problema del ingreso en esta carrera, según la información obtenida en las dos resoluciones de acreditación analizadas y la percepción de las autoridades entrevistadas.

Cuadro 7.2. Síntesis del proceso de incorporación de cupo de ingreso en la carrera de Medicina. Facultad de Ciencias Médicas. Caso 2

Secuencia temporal / Tipo de ingreso	Antes del año 2000	A partir del año 2000 (primera fase de acreditación) en respuesta a requerimientos de CONEAU (aplicable al curso de ingreso 2001)	A partir del año 2004 (segunda fase de acreditación) (aplicable al curso de ingreso 2005)
Juicios valorativos	- Ingreso irrestricto (1.650 ingresantes en 2000)	- Curso de Nivelación Prueba: el examen consistió en una prueba estructurada de 80 preguntas de opción múltiple, a razón de 20 por cada módulo. (545 ingresantes en 2003)	Nueva normativa para el ingreso estableciendo un número limitado (cupo) de ingresantes de acuerdo a la capacidad educativa (500-600)
1. Resoluciones CONEAU. Año 2000 y 2004	- Este mecanismo garantiza la no discriminación pero no toma en consideración una capacidad educativa limitada. *(Res. CONEAU año 2000)* - La capacidad educativa de la institución está desbordada por la falta de proporción entre los recursos y el número de estudiantes, particularmente en lo que se refiere a la relación alumno-paciente. *(Res. CONEAU año 2000)* - Al respecto, la carrera destaca que con referencia a la matrícula estudiantil, los intentos para establecer la capacidad educativa de la carrera sobre tales criterios han sido objeto de reiterados estudios pormenorizados desde la década de 1980. *(Res. CONEAU año 2004)*	- *El número de ingresantes anuales*, estimado actualmente en 500 a 600, variable según los convenios que se suscriban y otras acciones que modifiquen la capacidad educativa, *parece razonable en función de la documentación previa y lo observado en la visita*. *(Res. CONEAU año 2000)* - *La institución se compromete además a la implementación efectiva del Curso de Nivelación de acuerdo con la Resolución aprobada*, que incluye la elevación al Consejo Superior del análisis de los resultados del Ciclo de Nivelación 2001 (Compromiso N° 9). *(Res. CONEAU año 2000)* - Se informa que los ingresantes disminuyeron de 1.650, en el año 2000, a 545, en 2003. Ello tuvo un impacto positivo en el promedio de notas, el número de alumnos promocionados, el número de alumnos regulares y el número de alumnos que aprobaron las asignaturas al finalizar el cursado. *(Res. CONEAU 2004)*	- No se ha realizado un análisis pormenorizado de la capacidad educativa de la Facultad basado en parámetros objetivos y cuantitativos. Por el momento, en cuanto a la concordancia entre los recursos y la matrícula estudiantil, el énfasis se ha puesto en la reducción de esta última, a través de la imposición de un umbral del 75% para la aprobación del Curso de Nivelación, lo que acota el número de ingresantes a alrededor de 550 alumnos. *(Res. CONEAU 2004)* - En aras de una definición numérica, la institución manifiesta que los centros asistenciales de los que la Facultad dispone para la Práctica Obligatoria, todos ellos extrauniversitarios, aceptan un máximo relevado de 500 alumnos simultáneos. *(Res. CONEAU 2004)* - Luego de muchos intentos la carrera arribó a la conclusión de que esa metodología no resultaba aplicable a la carrera de Medicina de esta Universidad, por sus dimensiones. *(Res. CONEAU 2004)* - Como complemento de las informaciones previas, se presentan las Resoluciones N° 2030/04 y 276/04 por la que se establece una *nueva normativa para el ingreso a la carrera de Medicina a partir del Ciclo Lectivo 2005 y un número límite de ingresantes*. *(Res. CONEAU 2004)*

2. Autoridades de la Universidad	La Facultad en algún sentido aprovechó porque existía una gran corriente de opinión favorable a ese criterio. *Una Facultad muy masiva durante muchos años y colapsada también, primero decidió impulsar el cupo pero no lo hizo de manera explícita, quiero decir, el primer proyecto de ingreso no fue fijar un número cerrado sino fue generar un sistema de ingreso extremadamente dificultoso que a todos los efectos produjera el número que se deseaba. Con lo cual esos primeros años que se aplicó esta restricción al ingreso fueron muy traumáticos. Es decir*, con una evaluación muy severa conseguía seleccionar el número deseado pero a un precio rayano en la arbitrariedad total. Hubo muchos planteamientos […] además que por supuesto que hubo todo un movimiento de opinión de toda esa camada de chicos que quisieron entrar esos primeros años y que no pudieron, acompañados por los padres, fue políticamente un lío. Pero fue peor por esto que te digo, generaron unos mecanismos de evaluación de pruebas donde la probabilidad de acertar era tan baja que creo que era más o menos por sorteo que entraban. (Rector).	*Después de unos años mejoraron eso y lo hicieron por cupo con lo cual hicieron un buen examen, pero bien hecho*, no tuvieron que artificiosamente generarlo…*y lo hicieron invocando la facultad que le da la actual Ley de Educación Superior. Es decir*, la Universidad no votó eso porque no había acuerdo. Justamente al imponer ese número los primeros años de esta forma, *al principio la Facultad no tuvo que decir al Consejo Superior 'defendemos un cupo'. Entonces, la discusión del Consejo Superior antes era 'por qué hacen una evaluación así' y no 'por qué hacen el cupo'. Después cuando dijeron 'vamos a hacer por cuenta propia utilizando esa facultad de la Ley de Educación Superior*', el Consejo Superior no estaba de acuerdo pero dejó a la Facultad que haga eso. Para entonces los ánimos se fueron calmando y se fue aceptando, digamos, que la facultad tiene menos alumnos." (Rector).

2. Autoridades de la unidad académica	"[...] la necesidad esa era más antigua que la evaluación. *La necesidad no surge de esto, no surge*. La CONEAU, de alguna manera, fue una justificación que nos sirvió muchísimo para aplicarlo. Para aplicar lo que se venía intentando hacer...uy, yo diría ¿qué año? [...] en el '89 empezamos. O sea, fue una cosa continua. Sí, *durísima*. En donde la CONEAU fue un argumento que nos sirvió para concretarlo. Si vos pensás del '89 hasta hoy, pasamos... qué sé yo... podemos contar meses de carpas acá afuera [...]. (Ex Secretario Académico. Facultad de Ciencias Médicas).	"...*porque durante un tiempo tuvimos la restricción del ingreso con un examen embromado [...]*." (Ex Secretario Académico. Facultad de Ciencias Médicas). "*Y en la práctica bajó el número de ingresantes, a 550 esos son números absolutamente reales...todo real*" (Secretaría Académica. Facultad de Ciencias Médicas) "*Porque otro tema es que no es la reducción del ingreso por la reducción del ingreso. Sino porque no hay forma de desarrollar procesos internos si no hay adecuación, no hay forma de hacerlo... acá hubo cátedras que durante 10 años no tuvieron actividad práctica!*" (Ex Secretario Académico. Facultad de Ciencias Médicas).	*El argumento de la CONEAU* [refiere a: "no se ha realizado un análisis pormenorizado de la capacidad educativa de la Facultad basado en parámetros objetivos y cuantitativos [...]"] *sirvió para poner el cupo*. Y lo del cupo fue por fuera del Consejo Superior. [...] Cuando se vio que no se podía a través de Superior se recurrió al artículo de la Ley de Educación Superior que dice que las Facultades con más de una cierta cantidad de alumnos pueden establecer su propia política de ingreso [...] *Entonces se fue por fuera, estamos por fuera del Consejo Superior*. Cuando se caiga la Ley de Educación Superior, no sabemos qué pasará. [...]. Nosotros no lo tenemos resuelto." (Ex – Secretario Académico. Facultad de Ciencias Médicas).

Fuente: elaboración personal. Historial reconstruido a partir del análisis documental y de las entrevistas.

En relación con la dimensión "infraestructura, equipamiento y biblioteca", surgen cambios enunciativos y fácticos hacia la mejora en esta dimensión en respuesta a los requerimientos realizados en la primera fase de acreditación. Entre ellos: "fondos del Banco Mundial para mejorar equipamiento de gabinetes y laboratorios, por ejemplo adquisición de material didáctico para Anatomía y Bioquímica", "incorporación de textos en la biblioteca", "mayor acceso de profesionales y estudiantes a las fuentes de información".

La *función investigación* fue evaluada positivamente por la CONEAU. Se hallaron cambios fácticos en las dimensiones "proyectos" y "productos" de investigación. Estos fueron realizados ente la primera y segunda fase de acreditación en respuesta a un compromiso asumido por la institución referido a la implementación de mecanismos para reforzar los proyectos de investigación clínica aumentando convenios interinstitucionales para este fin. Se detectan: incremento de convenios, intención de la secretaría de intensificar la investigación clínica: existencia de una convocatoria formal, relevamiento de producción científica que llevan a cabo los profesores de la facultad.

De las entrevistas surge que estos cambios efectivamente se relacionan con el proceso de acreditación:

> *Sí, y bueno, la movilización que generó la evaluación hecha [...] el señalamiento fundamental era que teníamos un área básica fuerte y tesis del área clínica, digamos, menos fuertes, más difícil, y bueno, desde aquel momento se trabajó en mejorar. Ha sido una mejora, fue una política de la secretaría de la gestión anterior y sigue siendo ahora de intensificar la interrelación básico-clínico para poder estimular al área clínica, vos sabés que eso no es una cosa que se logre rápido, pero hay indicadores reales de que hemos mejorado, bueno, cuando vos tomás conciencia. Es como que uno lo sabe pero si alguien te lo señala de afuera es mucho más fuerte (secretaria académica. Facultad de Ciencias Médicas).*

> *Exacto, se hizo todo eso. Se intentó, y con algún logro importante, estimular esa área clínica, y hemos tenido una mejora significativa con respecto a la acreditación anterior. O sea, objetivamente hay una mejora (secretaria académica. Facultad de Ciencias Médicas).*

Del análisis documental y de las entrevistas no surgen cambios significativos para la *función extensión*.

Para la función gestión, se detectaron cambios enunciativos y fácticos. Desde el análisis documental, se hallaron acciones desarrolladas durante la autoevaluación (comisión creada en 1995, informe final de 1998). En la guía de autoevaluación 2000 para la acreditación de Medicina, estas acciones son consideradas por la carrera como *profundización de acciones ya en curso*. Como acciones desarrolladas se presentan: a) reestructuración administrativa, que incluyó la informatización de diferentes áreas y la creación de las UNAPA (Unidades de Apoyo Administrativo); b) creación de la Oficialía de la Facultad, que puso en práctica las normas referidas a asiento, control y registros de Actas de Exámenes de las asignaturas; c) constitución de la Comisión de Seguimiento Administrativo que inició el control de gestión del cuerpo docente, y de la Comisión de Fiscalización Académica.

Además se hallaron cambios fácticos hacia la mejora en el lapso que transcurre entre la primera y la segunda fase de acreditación, según se deduce del cumplimiento de los compromisos asumidos ante CONEAU. Estos pueden resumirse en: a) adquisición de un hardware informático destinado a la puesta en red de todas las UNAPA con sede en los distintos ámbitos en que se desarrolla la carrera; b) capacitación del personal administrativo. Al respecto, el juicio del CPE de CONEAU en la segunda fase de acreditación es que "la institución comenzó a cumplir y sentó las bases para el cumplimiento efectivo asegurando su continuidad."

Estos cambios fueron ratificados en las entrevistas.

Es de destacar un obstáculo hacia la mejora señalado por las autoridades de esta unidad académica para la *función gestión*. Este se refiere a lo traumático que fue el proceso sobre todo por el poco tiempo asignado que no facilitó la tarea de análisis de los datos y por el tipo de formularios:

> *Dijimos que estábamos absolutamente a favor de la evaluación y de la acreditación, al principio, pero este instrumento fue muy dificultoso, sí, sí. Sí, este fue muy dificultoso, sí, sí, y uno llegó al momento de hacer análisis profundo ya con el tiempo acá, porque es así la realidad, ¿te das cuenta?, pensá que empezamos la autoevaluación así paralelamente, de todas maneras vos hasta que no tenés todos los datos cargados no podés analizar, uno las conoce más o menos a las realidades, pero al dato fino lo tenés que esperar a lo último, entonces llegás a la última semana a hacer realmente el trabajo más importante, porque lo otro es cargar datos nada más.*

> *Pese a todo es necesario... ahora,* el proceso para nosotros fue absolutamente traumático, sí fue muy traumático. *Las otras veces fue menos traumático, sí, fue menos traumático...Si la otra vez fue menos traumático pero fue el mismo organismo el que evaluó quiere decir que complejizó de alguna manera, algo pasó* (secretaria académica y ex secretario académico. Facultad de Ciencias Médicas).

En el cuadro 7.3 se muestra, esquemáticamente, el impacto de la política de acreditación de la carrera de Medicina en las funciones sustantivas y en la gestión.

Cuadro 7.3. Impacto de la política de acreditación de carreras de grado de Medicina en las funciones docencia, investigación, extensión y gestión. Caso 2

Áreas de análisis	Dimensiones	Impacto		
		Cambios para la mejora		Obstáculos para la mejora
		Enunciativos	Fácticos	
1. Función Docencia	1.1 Cuerpo de profesores: *titulación académica*, dedicación, *categorización*, formación pedagógica, selección, *evaluación*. (el subrayado indica las subdimensiones más afectadas)	X	X	No se hallaron
	1.2 Proceso-metodología de enseñanza-aprendizaje	X	X	
	1.3 Currículum. Planes y programas	X	X	
	1.4 Alumnos y graduados	X	X	
2. Función Investigación	2.1 Profesores investigadores. Formación de recursos humanos.	–	–	
	2.2 Proyectos de investigación.	X	X	
	2.3 Financiamiento de la investigación.	–	–	
	2.4 Productos de investigación.	X	X	
	2.5 infraestructura - equipamiento y biblioteca	X	X	
3. Función Extensión	3.1 Concepto de extensión.	-	-	
	3.2 Programas de extensión.	-	–	
4. Gestión	4.1 Gestión de la calidad de los procesos de evaluación y acreditación.	X	X	X

x: hallazgo de impacto
-: no se halló impacto
Fuente: elaboración propia a partir del análisis documental y de las entrevistas

Conclusión

Tanto del análisis documental como de las entrevistas con autoridades se concluye que, para el caso 2, la política de acreditación de carreras de grado de Medicina tuvo un fuerte impacto, en términos de cambios fácticos hacia la mejora, en todas las dimensiones de la *función docencia*. Son de destacar los cambios producidos en las dimensiones "currículum, plan de estudio y programas" y "alumnos y graduados". En menor medida, incidió en la *función investigación y gestión*. No se hallaron indicios de impacto de esta política en la *función extensión*.

El obstáculo hacia la mejora se refiere a la *función gestión*, dimensión "gestión de la calidad de los procesos de acreditación".

7.3.3. Impacto de la política de acreditación de carreras de grado: ciencias aplicadas, carrera de Ingeniería Industrial

Se toma el caso de la carrera de Ingeniería Industrial. Esta carrera acreditó en 2006 por tres años. Recibió cuatro recomendaciones para el mejoramiento de la calidad y ocho requerimientos para el aseguramiento de la calidad. La institución asumió estos compromisos de mejora para el período 2006-2009. En 2009 realizó la segunda fase del proceso de acreditación. Las entrevistas se realizaron durante esta segunda fase.

Cabe señalar que la unidad académica fue evaluada, como parte del proceso de acreditación de las carreras de Ingeniería Civil, Aeronáutica, Mecánica-Electricista, Electrónica, Química y Mecánica.[40]

De la resolución de CONEAU surge que la situación de la facultad mejoró —comparada con la situación al momento de la acreditación de las otras carreras de Ingeniería— con la implementación de dichos planes, alguno de los cuales están en plena marcha y otros más demorados por la complejidad de sus acciones. Esta visión es ratificada por el Comité de Pares que mantuvo entrevistas con autoridades, docentes, no docentes, alumnos, egresados que, en general, según se menciona en la resolución de acreditación.

La coincidencia del proceso de acreditación de varias carreras de Ingeniería con el cambio de gestión de la facultad hace aún más difícil —aunque no imposible— el descubrimiento de cambios hacia la mejora y su relación con los procesos de acreditación.

Los entrevistados atribuyen los principales cambios hacia la mejora a la combinación de tres factores: nuevo decano, acreditación CONEAU y programas PROMEI:[41]

> *Esto hizo que yo pueda hablar de una Facultad "antes" y "después" de los procesos de acreditación, del decano y de los programas PROMEI. En realidad, creo que ninguna de las tres partes por sí sola hubiera funcionado (subsecretaria de evaluación institucional. Facultad de Ciencias Exactas, Físicas y Naturales).*

A continuación se transcribe la apreciación general de las autoridades entrevistadas:

> *Ahora, yo creo que el meollo de lo que vos estás planteando es la acreditación de carrera de grado. [...] ¿Cambios solo a raíz de la acreditación? Nada, ¿por qué? [...]. Acá se dio una circunstancia muy particular, en esta facultad,*

---

[40] Con fecha 9 de noviembre de 2004, se acreditaron las seis carreras de Ingeniería por tres años con compromisos.
[41] Los Programas de Mejoramiento de las Ingenierías (PROMEI) están intrínsecamente relacionados con los procesos de acreditación de las carreras de grado de Ingeniería. Por lo tanto, cabría referirse solo a dos factores de cambio: 1. nuevo decano y 2. procesos de acreditación. Se ha optado por hablar de tres factores a fin de respetar el discurso y la percepción de los entrevistados.

que es que coincidió el resultado del primer proceso de acreditación con un cambio de la gestión de la facultad, año 2004. Fines del 2003, cuando hicimos la propuesta política de cambio de gestión de la facultad, hicimos un diagnóstico para nosotros de la situación. Era tan obvio el diagnóstico, que no nos sorprendió para nada, nosotros asumimos en abril del 2004, no nos sorprendió para nada el informe de CONEAU, de hecho habíamos trabajado en forma indirecta y en algunos casos en forma directa con las propuestas del plan de mejora, pero había muchas otras cosas que estaban dentro de la concepción de cómo debía ser esta facultad que no estaban directamente puestos en el programa de mejora, pero claramente hacen al mismo (decano. Facultad de Ciencias Exactas, Físicas y Naturales).

Para mí fue positivo, ampliamente positivo con las distintas aristas. Básicamente creo que sentó precedente en relación con esto de autoevaluarnos y mirarnos, al existir esta obligatoriedad por el lado de CONEAU, uno de pronto no puede escaparse, entonces tiene que hacer esta visión. Si bien nosotros tuvimos procesos, como universidad, anteriores de autoevaluación, no fueron tan estrictos y tan rigurosos como esto, el tener un parámetro, el tener reglas en los estándares o, por lo menos, tratar de hacerlos claros [...] eso fue para nosotros: una base muy importante en el arranque. CONEAU creo que sembró la semilla. Nosotros, a partir de ahí, sumado a una nueva gestión y a los recursos económicos de estos programas especiales (PROMEI), la combinación [...] En realidad fue una idea que ya teníamos, arranca con la instalación del nuevo decano acá en la gestión mejorar, lo cual tenemos parte de apoyo por el lado del proceso de acreditación y programas especiales, entonces en función a eso se da un cambio de clima. El cambio cultural, digamos, dentro de la organización en relación con esto puntualmente, porque de pronto, digamos, empiezan a mirarse a sí mismos y a mirar la mejora relacionada con eso, entonces los programas ayudaron con todo el acompañamiento de la gestión para mejorar este sistema que ya teníamos (subsecretaria de evaluación institucional. Facultad de Ciencias Exactas, Físicas y Naturales).

Para la *función docencia*, dimensión "cuerpo de profesores", del análisis documental surgen cambios enunciativos y fácticos hacia la mejora en las subdimensiones "titulación" (incentivar la formación de posgrados de docentes de la carrera) y "dedicación" (aumento de la cantidad de docentes y de las dedicaciones horaria). Estos surgen de planes concretos presentados por la institución para satisfacer los requerimientos de CONEAU. El CPE de CONEAU consideró "factible, razonable y adecuadas las propuestas realizadas para satisfacer los requerimientos". Además surgen cambios enunciativos y fácticos hacia la mejora en la "evaluación del desempeño docente" y "selección-categorización" (afianzamiento de la planta docente por medio de designaciones efectivas en cargos ganados por concurso). Estos últimos provienen de rastrear cambios como consecuencia de planes de mejora surgidos en acreditaciones previas de otras carreras de Ingeniería de esa unidad académica.

De la entrevista con las autoridades surge que estos cambios responden sobre todo a una concepción distinta que marcó el proceso de cambio institucional donde la acreditación fue una oportunidad para evitar resistencias:

Si yo te dijera que pasamos de 80 full time a 250 en toda la facultad, eso te muestra algo que supera ampliamente los compromisos, que se aprovecharon programas, se aprovecharon esos programas PROMEI, pero también se aprovecharon otros programas. Se aprovecharon programas, se impulsaron de la universidad programas y se aprovecharon programas propios. Es decir, había una concepción distinta que marcó el proceso de cambio institucional donde el proceso de acreditación fue una oportunidad para evitar resistencias. No es lo mismo que un iluminado diga "hay que ir para allá", a que el iluminado, amén de ser iluminado, te diga cómo, con qué recursos y además "ojo que está la amenaza externa" [...] Pero además implicó un cambio de mentalidad, un cambio de paradigmas, ejemplo, 2004 se pone en marcha como prueba piloto un sistema de evaluación de los docentes. Se pone en prueba primero en la escuela de electrónica y después se generaliza, en realidad entre 2004 y 2005 fue este proceso, se toma la decisión institucional, hubo algunas resistencias, gremios, etc., que no les gustó mucho la idea, pero esto no era algo que era inexorable, porque la CONEAU no te pide necesariamente que hagas esto, yo lo ofrezco pero porque yo quiero, de hecho los planes de mejora son propios de la institución. En realidad, lo que se hizo es generar todo un sistema, ese sistema tiene un seguimiento del individuo estudiante con el gabinete psicopedagógico, un seguimiento del colectivo de estudiantes con la comisión de seguimiento, un seguimiento de la labor del docente con el sistema de evaluación de los docentes que se implementó, que incluye encuestas a estudiantes... como un elemento más; un sistema de tutorías, de pares (decano. Facultad de Ciencias Exactas, Físicas y Naturales).

El impacto en la dimensión "metodología de enseñanza-aprendizaje" surge de rastrear cambios como consecuencia de planes de mejora surgidos en acreditaciones previas de otras carreras de Ingeniería de esa unidad académica. Se menciona un plan para fortalecer la capacitación docente en cuanto al uso de recursos y técnicas que favorezcan el proceso de enseñanza-aprendizaje. El CPE de CONEAU consideró "factible, razonable y adecuadas las propuestas realizadas."

En la entrevista con la subsecretaria de Evaluación Institucional surge cómo se va dando este proceso de cambio:

Tenemos una propia jornada interna de la facultad en donde los docentes muestran las pequeñas aplicaciones que hacen de cambios en relación con la metodología de enseñanza o pedagogía o lo que sea... ateneo, publicación (subsecretaria de Evaluación Institucional. Facultad de Ciencias Exactas, Físicas y Naturales).

Respecto a esta dimensión, en la entrevista con el decano surge el tema de la "formación por competencias" y el impacto que esto generaría en un futuro en la formación de los alumnos:

> En el CONFEDI hemos impulsado la formación por competencias. De hecho ya se han definido las competencias, tanto las básicas como las específicas de algunas terminales, que fueron las que se tomaron como piloto, pero se pretende que la aplicación de estándares sea recién para el año 2016. En este sentido, yo era uno de los que tenía más premura. Pero hay que decir que migrar de un "paradigma vinculado a contenidos y carga horaria, que tiene un enfoque que en realidad apunta más a la labor docente", a pasar a un "enfoque de competencias y créditos que en realidad está apuntando más, en el proceso de enseñanza aprendizaje, al proceso de aprendizaje", implica un cambio no solo de paradigmas de evaluación, sino también de paradigmas didácticos, metodológicos, de lógica interna de las organizaciones y, en muchos casos, hasta de las estructuras, porque las estructuras están vinculadas generalmente con las estructuras curriculares. Lo cual todos sabemos que los sistemas sociales oponen resistencia a los cambios, y generar un proceso de cambio es siempre difícil si no se generan estrategias adecuadas para eso (decano. Facultad de Ciencias Exactas, Físicas y Naturales).

En la dimensión "currículum, plan de estudio y programas", se halló la mayor cantidad de cambios enunciativos y fácticos hacia la mejora. Estos se reflejan en los planes presentados por la institución como respuesta a requerimientos y recomendaciones de la CONEAU. Entre los más significativos, se destacan: a) plan de transición para que los alumnos del plan de estudios vigente cumplan con la práctica profesional supervisada según lo establece la Resolución MECyT N°1054/2; b) incorporación de temas de matemática teles como [...] en el espacio curricular "cálculo avanzado"; c) plan para garantizar que los alumnos de la carrera reciban la formación práctica correspondiente a los bloques de Tecnologías Básicas y Aplicadas y a las asignaturas Complementarias; c) generación de espacios curriculares específicos para evitar la dispersión de contenidos en ciencias básicas; d) plan desarrollo de habilidades de comunicación oral y escrita; e) plan de asignaturas específicas para orientar las especializaciones.

Los directivos de la unidad académica, si bien relacionan estos cambios con los procesos de acreditación, no dejan de señalar que hubo una labor previa del CONFEDI:

> Se ha avanzado mucho en cuanto a estandarización curricular, pero es una tarea que CONFEDI había hecho antes de los procesos de acreditación y que demandó mucho tiempo. Yo no creo que la estandarización curricular en las carreras de ingeniería haya sido gracias al proceso de acreditación, sino que fue gracias a una labor del CONFEDI, que luego fue convalidada por un proceso de acreditación (decano. Facultad de Ciencias Exactas, Físicas y Naturales).

Y nosotros tenemos muchos programas en relación con las competencias, trabajar competencias con los docentes de primer año puntualmente es lo que hemos trabajado. Reunirlos y empezarlos a formar a ellos. [...], eso lo venimos haciendo hace dos años. Que ellos mismos definan sus propias competencias, que vean cómo lo evalúan (subsecretaria de Evaluación Institucional. Facultad de Ciencias Exactas, Físicas y Naturales).

En las entrevistas se hallaron cambios no contemplados en los planes de mejora presentados a CONEAU. Uno enunciativo, relacionado con la generación de programas de cambio directo en asignaturas específicas:

Yo creo que, como asignatura pendiente, nos queda generar programas de cambio directo en asignaturas específicas. Porque con un sistema de evaluación docente y de comisión de seguimiento podemos seguir el colectivo de estudiantes y detectar los puntos que son los cuellos de botella del sistema educativo, si lo que nosotros logramos es, además de identificarlos, de hablar con ellos, generar toda una acción de apoyo específico en esa asignatura, que sus docentes hagan cursos todos específicos, trabajar con el departamento de enseñanza y pedagogía con la asignatura, analizar los materiales de estudio, pero asignatura por asignatura, especialmente las asignaturas que tienen problemas, que esa es la tarea de los próximos tres años, que no está en ningún plan de mejora de CONEAU, sino que forma parte de lo mismo, por lo que creo que el impacto va a ser aún más fuerte (subsecretaria de Evaluación Institucional. Facultad de Ciencias Exactas, Físicas y Naturales.)

Otro fáctico, referido al régimen de dictado:

Te cuento que, como otras medidas, lo que hicimos es el dictado doble de las asignaturas de primeros años. [...] Lo que hicimos fue una prueba piloto. Veamos en qué fracasamos, hicimos una prueba piloto de cursos intensivos de verano para asignaturas que representaban cuellos de botella, esto es muy usado en universidades norteamericanas, en vez de esperar al otro año o al otro semestre, en verano hay un mes que vos vivís para la tal asignatura, por ejemplo, en nuestro caso sería enero, vivir para tal asignatura y podés promoverla con un turno especial y eso te destraba. Hicimos la experiencia tomando una asignatura como prueba piloto, la experiencia no diría que fue mala, pero tampoco fue óptima, porque le cuesta mucho al estudiante nuestro y al docente nuestro esta idea. Creemos que el tema del dictado en los dos cuatrimestres nos resultó mejor, de todos modos hicimos también la prueba piloto, creíamos que era una solución. Creo que el error está en que tomamos como test una asignatura de primer año donde los procesos de maduración del individuo son más importantes que los procesos de maduración de los conocimientos. Conviene dictarla en los dos cuatrimestres porque están todos más acostumbrados a eso, los tiempos son los comunes (decano. Facultad de Ciencias Exactas, Físicas y Naturales).

En la dimensión "alumnos y graduados", desde el análisis documental surgen cambios fácticos como consecuencia de planes de mejora surgidos en acreditaciones previas de otras carreras de Ingeniería de esa unidad académica. Concretamente se hace referencia al plan "Seguimiento, orientación y apoyo del avance académico de los alumnos de la unidad académica". La finalidad del plan es el aumento de la tasa de egreso y la calidad de la enseñanza; y lograr un sistema de seguimiento, orientación y apoyo a los alumnos. Este plan fue considerado *factible, razonable y adecuado por el CPE de CONEAU*.

En las entrevistas se mencionan otros cambios en relación con esta dimensión, pero se explicita que no se vinculan con el proceso de acreditación, sino con una política interna:

> *Por ejemplo, como parte de la política interna generamos espacios internos ampliando bares, salas de estudio, patios, ¿para qué?, para incentivar que los estudiantes estén más tiempo en la facultad, porque la universidad argentina tiene el inconveniente de que no son universidades residenciales, sino que..., mirá, es muy grave, el estudiante no es residente, el docente no es full time, el directivo no es full time, el empleado no es full time. Si yo mi actividad en la facultad es algo que no centraliza el grueso de las actividades de mi vida, mi grado de compromiso no puede ser alto, entonces lo que hay que hacer es que el estudiante tenga muchas más actividades en la facultad. Generamos una figura de ayudante alumno de transferencia o extensión, generamos el régimen de tutoría de estudiantes, generamos un régimen de estudiantes de práctica docente de pregrado, así como las adscripciones posteriores, un régimen que certifique esa práctica en pregrado, es decir, incentivamos las pasantías externas y ahora hemos generado un sistema de becas de trabajo para nuestros estudiantes interna, de trabajo específico, con lo cual la mayor parte de los estudiantes tienen una actividad vinculada a la facultad que no es necesariamente estudiar, entonces se han incorporado grupos de investigación, son pasantes, trabajan en áreas. [...] también en ese sentido te cuento que creamos una secretaría de graduados. [...] También generamos una secretaría de relaciones internacionales y tenemos doble titulación de graduados con el politécnico de Torino, y en este momento estamos muy cerca de firmar con dos universidades francesas, con lo cual tenemos una red de intercambio internacional de grado interesante (decano. Facultad de Ciencias Exactas, Físicas y Naturales).*

Al hablar del impacto de la prueba ACCEDE, uno de los entrevistados considera que no fue ni traumático ni significativo y vuelve a aparecer la opinión acerca del tema de las competencias, y en este caso, su evaluación:

> *El ACCEDE se tomó como un insumo más del proceso de autoevaluación y de mejora continua, no fue algo ni traumático ni significativo. [...] realmente no evalúa calidad de egresados, sí producto solo en términos de conocimiento. [...] Es una prueba de conocimientos. A decir verdad, hacer una prueba de competencia es bastante más complejo que un simple test escrito como ese y eso lo sabe cualquiera que evalúa competencias (decano. Facultad de Ciencias Exactas, Física y Naturales).*

> Si bien CONEAU desde hace un tiempo está trabajando con el término competencias, en realidad todavía no está haciendo nada con competencias, porque todavía no plantea ningún proceso de acreditación por competencias —solo Medicina—. Porque realmente tomar en serio el tema de competencias significa un cambio muy radical en la institución (subsecretaria de Evaluación Institucional. Facultad de Ciencias Exactas Físicas y Naturales).

> En Ingeniería vamos al 2016. [...] porque la consolidación interna de procesos es heterogénea. [...] es lo que yo te digo que Medicina no lo ha hecho. [...] No hay que hacerlo así de rápido. Pero además yo te puedo garantizar que nosotros somos una de las unidades académicas que en mejores condiciones estamos para migrar a un sistema de competencias, y aun así creemos que el proceso debe darse previo al fortalecimiento del standard, pero tenemos un objetivo (decano. Facultad de Ciencias Exactas, Físicas y Naturales).

La subsecretaria de Evaluación Institucional reconoce que el ACCEDE sirvió a cada carrera para ver dónde había que fortalecer algunas temáticas de las asignaturas. También afirma que los estudiantes lo recibieron positivamente:

> Respecto a la aplicación de la prueba ACCEDE [...], en realidad hubo una cantidad de estudiantes, viste que no es obligatorio. [...] entonces los docentes, los directores de escuela y los docentes propios de la carrera expusieron así, con esto de decir "bueno, van a evaluarlos", lo recibieron positivamente y tuvimos un número importante de alumnos que asistieron a las pruebas. [...] los resultados los analizó cada carrera. Porque, como viste, los resultados vienen tan disueltos..., en realidad a cada carrera les permitió analizar y decir: "Bueno, quizás habría que fortalecer tal temática en tal asignatura" (subsecretaria de Evaluación Institucional. Facultad de Ciencias Exactas Físicas y Naturales).

Del análisis documental emergen cambios enunciativos y fácticos hacia la mejora en relación con la "biblioteca". Estos planes de mejora surgen de las acreditaciones previas de otras carreras de Ingeniería de esa unidad académica: a) la institución señala que se están realizando las mejoras propuestas con respecto al acervo bibliográfico; durante la visita se pudo constatar que se habían incorporado una cantidad importante de libros y se está implementado un sistema de préstamo automatizado; b) también, durante la visita, se pudo comprobar que ya estaba terminado el nuevo espacio donde estará la biblioteca. Solo quedaba realizar el traslado y colocar las terminales que permitan a los usuarios realizar búsquedas personales.

Además, surgen otros cambios enunciativos como respuesta a nuevos requerimientos de CONEAU: plan de adquisición de bibliografía y plan de mejora de laboratorios y gabinetes.

En las entrevistas se reconoce que el proceso de acreditación es una herramienta más de mejora en un proyecto institucional. De hecho, parte de estas mejoras se realizan con fondos del PROMEI:

Es imposible pensar que con el único aporte del presupuesto estatal vamos a poder tener lo que queremos. Vos habrás entrado aquí y habrás visto algo ordenado, esta es una universidad pública muy politizada, no hay un cartel de agrupación estudiantil fuera de lugar, porque con los grupos políticos estudiantiles y con el objetivo de optimizar y mejorar la calidad de las instalaciones acordamos políticas de mantenimiento y limpieza donde ellos se comprometieron a, por ejemplo, generar avisadores si querían poner un cartel. Esto no implica algo coercitivo, sino simplemente lograr que toda la comunidad confluya en objetivos comunes. Yo creo que el proceso más importante que se ha dado es tener un proyecto institucional en el cual el proceso de acreditación es una herramienta más (decano. Facultad de Ciencias Exactas, Físicas y Naturales).

Hay fuentes de hasta seis o siete tipos distintos en algunos proyectos, por ejemplo, ahora estamos reestructurando el laboratorio de materiales, del área de lo que es el departamento de materiales, alguno de los fondos de equipamiento son de PROMEI, 1 y 2, es decir, de distintas carreras. [...] o sea, de un programa nacional, otros de los fondos son de recursos propios del centro de vinculación de materiales, que por la forma que tenemos tienen la obligación de invertir en equipamiento o en instalaciones un 20% de sus ingresos, de modo tal que confluyen esos fondos, 100 mil son de una donación de Techint en equipamiento, otros son aportes de la facultad de su presupuesto, otros recursos propios de la facultad, otros de la contribución estudiantil por parte del comité de asignaciones, y otros son donaciones, entonces uno puede encarar un proyecto de este tipo si no se limita la forma de pensar (decano. Facultad de Ciencias Exactas, Físicas y Naturales).

Bibliografía, dije "bueno, a ver, ¿cuánto piden?, ¿cinco?, vamos a poner cincuenta" (decano. Facultad de Ciencias Exactas, Físicas y Naturales).

Ahora podés ver, por ejemplo, que el viernes manda un mail la administradora a todos los docentes, a los departamentos, hay en la biblioteca un registro para el docente que, si necesita libros, va y registra ahí y se compran cada veinte, cada veinte registros se compran (subsecretaria de Evaluación Institucional. Facultad de Ciencias Exactas, Físicas y Naturales).

Para la *función investigación,* del análisis documental surgen cambios enunciativos y fácticos para todas las dimensiones. Estos provienen de planes de mejora surgidos en acreditaciones previas de otras carreras de Ingeniería de esta unidad académica: a) fortalecimiento de la Secretaría de Investigación y Posgrado (mayor espacio, más personas); b) incremento del equipamiento científico y mejora de la infraestructura para investigación y posgrado; c) aumento de proyectos con financiamiento externo; d) aumento de becas de dedicación exclusiva de la universidad para maestrías y doctorados.

Además se hallaron cambios enunciativos a partir de planes comprometidos para dar respuesta a los requerimientos de CONEAU: a) planes de investigación, transferencia de tecnología y vinculación, con el objetivo de impulsar las actividades de investigación, transferencia de tecnología y vinculación, en temas específicos de la carrera, dando especial énfasis a la participación de los alumnos en estas actividades (tres docentes y cinco alumnos en cada proyecto); b) profundización de todas aquellas acciones tendientes a incrementar y sostener el desarrollo de las actividades de investigación en vinculación con los temas de la disciplina.

De las entrevistas, surge que los cambios en esta función responden más a una política agresiva de la institución a fin de fomentar la investigación que al propio proceso de acreditación:

Tuvimos una política muy agresiva de fomento a la investigación que claramente excedió los compromisos. Si yo te hablo que en estos cinco años incrementamos 500% el número de proyectos de investigación, en algunos casos más, eso te habla de que no guarda relación con los compromisos (decano. Facultad de Ciencias Exactas, Físicas y Naturales).

Se halla una relación en la dimensión "financiamiento" debido a que el PROMEI está vinculado a los procesos de acreditación:

Cuando aparece el programa PROMEI, para nosotros fue muy fácil. No tuvimos que inventar cosas para presentar un programa, simplemente ya teníamos pensado lo que queríamos hacer y lo presentamos ahí, nosotros teníamos pergeñado, diseñado y aprobado por el directivo un régimen de ayudantes alumnos de investigación con la intención de involucrar más a los estudiantes en los grupos de investigación, cuando apareció el PROMEI nos presentamos con eso y obtuvimos los fondos, también un sistema de tutorías de pares (decano. Facultad de Ciencias Exactas, Físicas y Naturales).

El hincapié está puesto en la existencia de políticas institucionales. El proceso de acreditación se aprovecha como una oportunidad en dirección al cambio:

Pero en realidad es que la decisión es previa, el trabajo es previo y se aprovecharon contingencias, no es lo mismo tener sopa y plato o tener plato y cuchara cuando cae sopa del cielo que no tener ni siquiera un tenedor, en realidad estábamos preparados para hacerlo por nuestra cuenta. Cuando uno toma una posición muy agresiva para generar un cambio, está preparado para todas las oportunidades, de hecho en los planes de equipamiento los pudimos presentar todos, porque habíamos incentivado la formación de grupos de investigación, pasamos de seis grupos de transferencia, que se llaman centros de vinculación, a cerca de treinta. O sea, no solo se incrementaron los ingresos, sino que ampliamos la base de la gente que trabaja ahí, más ingresos en más áreas. Y establecimos una política por la cual quienes trabajan en esas áreas de transferencia perciben honorarios buenos vinculados con los convenios que se toman, que es otra cuestión lógica, incentivar con incentivos de todo tipo, no solo que vaya al currículum del docente (decano. Facultad de Ciencias Exactas, Físicas y Naturales).

Todo el mundo piensa hoy que es mejor poder trabajar en proyectos de transferencia y cobrar, y cuando yo digo cobrar yo firmo contratos de 5 mil pesos por mes o más para algunos docentes. Quiero decir que hay gente que ha duplicado sus ingresos por justamente actividad del convenio, otros han empezado a percibir el incentivo de investigación, que no lo percibían. Es decir, hay una cuestión que es real, si yo tengo varias actividades de las cuales obtengo mis ingresos, mi cabeza está dispersa en todas; ahora, si una crece y me brinda oportunidades y las oportunidades que me brinda son sumamente atractivas y tengo posibilidades de ir al extranjero por una serie de convenios de reciprocidad y de proyectos en los cuales está, y de aumentar mis ingresos hasta duplicarlos, y además una política de formación de posgrado y postdoctoral, y además hay una política de fomentar grupos de investigación, y participo de un grupo que antes no participaba, mi grupo está creciendo notablemente, y desde ya que esta va a ser mi actividad, y voy a ir dejando todo lo otro sin que nadie me fuerce. Hay un costo de oportunidad que se vuelve deseable al lado de la oportunidad que se da (decano. Facultad de Ciencias Exactas, Físicas y Naturales).

Por ejemplo, ingeniería química, cuando acreditamos, tenía seis proyectos de investigación, y ahora tiene 32, y concretos, no solo en papeles, sino efectivamente haciendo... financiado y con resultados (subsecretaria de Evaluación Institucional. Facultad de Ciencias Exactas, Físicas y Naturales).

Eso no es cumplir un standard (decano. Facultad de Ciencias Exactas, Físicas y Naturales).

Del análisis documental, para la *función extensión* se hallaron cambios enunciativos y fácticos para la mejora como consecuencia de planes de mejora surgidos en acreditaciones previas de otras carreras de Ingeniería de esa unidad académica: a) creación de tres programas de vinculación en el ámbito social, cultural y de capacitación laboral.

En las entrevistas vuelve a salir el tema de la política institucional. En este caso se habla concretamente de extensión como transferencia:

Pasó, por ejemplo, que en ese mismo proceso, hablando de fondos, tuvimos un incremento de cerca del 1.000% en recursos propios, fruto de una política específica de incrementar ingresos con recursos propios mediante acciones de transferencia, es decir, la facultad tuvo una política muy agresiva en ese tema, esto es algo importante porque en las universidades públicas la fuente benéfica de fondos en general no es considerada. [...] nosotros pasamos a tener seis millones de pesos al año en recursos propios por transferencia, cuando teníamos 600 mil, para que te hagas una idea, en lo que va de este año unas veinte empresas están trabajando en un proyecto nuestro de crear una playa de maniobras de alta tensión con fines didáctico-científicos, es única en su tipo en Argentina, está en un terreno contiguo al laboratorio de alta tensión, una empresa me dona la fundación, otra los pilotes, otra el equipamiento, otra los sistemas de interconexión remota, porque hacemos participar a otra universidad para que haya una red, otra los elementos eléctricos, son todos aportes benéficos en un proyecto que es de un millón de pesos, aproximadamente, y que si no lo gestionáramos de esa manera no hay un fondo específico de la nación para esto (decano. Facultad de Ciencias Exactas, Físicas y Naturales).

Del análisis documental y de las entrevistas surge que el proceso de acreditación impactó produciendo cambios enunciativos y fácticos en la *función gestión*, dimensión "gestión de los procesos de evaluación y acreditación".

Concretamente en la resolución de acreditación se lee: "*Se comprueba que en la respuesta a la vista fue reparada la insuficiencia de los planes de mejora presentados en el Informe de Autoevaluación con planes, en general, adecuados, precisos y bien presupuestados. Así, se llega a la conclusión de que la institución conoce ahora los problemas de la carrera, identifica los instrumentos para resolverlos en forma concreta y sabe qué inversiones requerirá este proceso de mejoramiento*".

Los entrevistados reconocen el impacto de la política en esta función, incluso se reconoce que es usada como "cuco" para legitimar acciones directivas debido a que el proceso de acreditación es visto como una amenaza externa:

Sí, el proceso de acreditación es una herramienta importante de gestión para quienes están convencidos de que debe cambiar la organización y que usa eso [...] usa eso más que legitimando, más duro todavía te diría, como un cuco. [...]. Es absolutamente cierto, es decir, yo quería hacer esto, me fue más fácil porque estaba el proceso de acreditación, ¿por qué?, porque el proceso de acreditación es visto como una amenaza externa, para mí no lo es, pero para los miembros de la comunidad sí. Pensemos que el sistema educativo argentino no está acostumbrado a la mirada externa, la mirada externa le produce pánico, entonces si uno transforma pánico en temor y dice "bueno, tenemos que hacer esto porque tenemos un proceso de acreditación", lo que hubiera sido, diría yo, objeto de mucha mayor discusión, se discutió menos y se pudo ejecutar en forma más simple... y te puedo contar todas las cosas que se hicieron, pero que de hecho se estaban haciendo, estaba pensando hacer en el equipo de gestión nuevo. [...]. No aceleró los tiempos, igual se hubiesen hechos esos cambios. Tal vez hubiera tenido que discutir más con los actores institucionales, pero los cambios [...]. Yo creo que el proceso más importante que se ha dado es tener un proyecto institucional en el cual el proceso de acreditación es una herramienta más. [...] Distinto es decir "yo no tengo un proyecto institucional, una estrategia para llevarlo a cabo y tengo un proceso de acreditación donde me voy a limitar a cumplir requisitos y compromisos a fin de formalmente satisfacer ciertos estándares", eso satisface los estándares pero no garantiza calidad. [...] no solo eso, lo mío lo va a ver otro, ¿te das cuenta? [...] donde los sistemas están con lo mío y lo hago yo, lo miro yo, lo evalúo yo,... "todos saben todo". El tema, este tema "todos conocen todo", es un paradigma propio de los sistemas organizacionales modernos donde el reemplazo del individuo no es grave, porque todos saben hacer todo, por supuesto esto no es un absoluto, pero es una tendencia (decano. Facultad de Ciencias Exactas, Físicas y Naturales).

Y de a poco lo hemos ido haciendo. Por ejemplo, este tema de los currículums públicos de los docentes y esta ficha, digamos, con todos los datos se ha convertido en algo que los docentes hacen automáticamente todos los años, pero actualizan el dato solamente. Entonces eso hace que de pronto ahora tengamos una buena base de gestión para saber, por ejemplo, qué cantidad de docentes están haciendo carrera de posgrado, cuántos de ellos son master, cuántos hay doctorandos. [...] ya así lo tenés sistematizado. Pero no arrancó, digamos, con la obligación de escribir así puntualmente, lo fuimos implementando de a poco. [...] y después lo vieron como una cosa imperiosa de hacer, es un ejemplo que te doy, la forma imperiosa de hacer porque vieron que desde gestión se manejan con esos datos, entonces todo el mundo quiere... a la hora de decir "bueno, yo no estaba acá, pero ¿por qué?", porque yo no llené la ficha, entonces lo motivó a que llene su ficha y mantenga actualizado los datos. [...] Por ejemplo, el tema del mail institucional es otra de las cosas que se implementó y que todos los docentes tuvieran mail institucional, eso ha generado, digamos..., para la gente que tiene que comunicar una vía rápida que sabe que llega a todos, cada docente tiene su mail de la facultad, entonces a ese mail se envía toda la información de la facultad y a su vez se mantiene actualizado sin necesidad puntualmente de acudir a la página y demás. Entonces, se convoca a todos los investigadores de tal área y se les manda a todos los docentes de la facultad para que no nos quede ninguna afuera del radio. Entonces, el tema de la página, eso ha sido otra de las cosas, y varias acciones así. El otro tema que también me parece importante es el tema de gestión y control docente, arrancó también así, se hizo un feedback, ellos sugirieron cambios y ahora estamos implementando unos formularios que ya tienen algunos ajustes de los años de implementación (subsecretaria de Evaluación Institucional. Facultad de Ciencias Exactas, Físicas y Naturales).

Cambiamos la lógica, o sea, es una lógica de inducción al cambio y no de forzar a la gente. Porque hacemos reuniones para los que son tal cosa, o generamos programas para ellos, comunicaciones internas..., todos quieren estar..., son oportunidades. Y además, la universidad, en algún modo, nos acompañó años después aprobando un régimen por el cual vos podés prorrogar tu asignación sin necesidad de un concurso vinculado con un proceso que el de ellos es mucho más, el de la universidad, digamos, es mucho más laxo que el nuestro, pero como nosotros tenemos un régimen mucho más intenso, ellos saben que cumplimentando nuestro régimen eso alimenta el de la universidad (decano. Facultad de Ciencias Exactas, Físicas y Naturales).

La menor resistencia a los cambios es atribuida a una gestión con personas más jóvenes:

Lo que pasa es que esto es una gestión joven, digamos, eso marca mucho la diferencia (subsecretaria de Evaluación Institucional. Facultad de Ciencias Exactas, Físicas y Naturales).

A ver, te lo voy a plantear de este modo, mi predecesor tiene treinta años más que yo y el predecesor de él también (decano. Facultad de Ciencias Exactas, Físicas y Naturales).

Se reconoce que aún falta más cultura para documentar todo:

Hay un cierto sistema implícito. [...] yo lo que veo que nos falta es documentarlo... es documentar, porque en realidad el espíritu y la filosofía que tiene la organización en sí va en esa dirección (subsecretaria de Evaluación Institucional. Facultad de Ciencias Exactas, Físicas y Naturales).

Ahora estamos tomando temas desde administrativos, por ejemplo, compra de libros, y sistematizando procesos para generar el manual de procedimientos en todos los procesos internos, ya sea técnico, administrativo o académico... pero lo vemos hacer más como una consecuencia que como un objetivo. En realidad, nuestro objetivo no son las certificaciones, sino la mejora, lo otro es como una consecuencia natural. Esa es la idea, porque cuando empezás a estandarizar una serie de procesos, vos sabés que después ya la cosa [...] no depende de la impronta, ya no depende de la persona sino que el sistema funciona. Y después todos conocen todo, todos saben todo, que es la otra lógica (decano. Facultad de Ciencias Exactas, Físicas y Naturales).

Esa es otra de las cosas que ha cambiado fundamentalmente desde todo el 2004 hasta ahora, es eso, ahora todo es público [...] Incluso todos los secretarios que hemos tenido, prosecretarios y demás, todos de un grupo generacional más o menos el mismo. [...] por ahí, cuando uno se para en situaciones como esta a hablar con vos, uno es consciente de todo lo que ha avanzado, si no todo el día le parece que, bueno, esto no anduvo, hay que seguir tras esto, pero cuando uno se para y mira o comparar, ahí te das cuenta realmente de la evolución que hemos tenido en este tiempo, ¿no?, es muy marcada... sí, en esto de que, por ejemplo, prosecretaría todo el mundo dice acreditación, todos pasan por acá, charlamos acá, todos vemos, saco problemas con los alumnos (subsecretaria de Evaluación Institucional. Facultad de Ciencias Exactas, Físicas y Naturales).

Según expresan los entrevistados, el proceso no es vivido como algo traumático, se intenta involucrar a todos, internalizar:

Nada es traumático, porque hemos tratado de no vivirlo como algo traumático (decano. Facultad de Ciencias Exactas, Físicas y Naturales).

Sí, como evolución, lo hemos tratado con ese concepto de crecimiento, evolución y crecimiento, básicamente [...]. Mirá, en los primeros procesos teníamos todo el software instalado en todas las máquinas habidas y por haber de la facultad, porque quienes llenaban las fichas eran los docentes...todos tienen que estar involucrados. [...] ahora lo tenemos en un formato word que el director revisa y después carga, pero quien llena..., o sea, no hay una palabra que no sea con su firma y todo lo demás que sea. El responsable llena su ficha docente y no la secretaria, es parte del proceso. Es internalizar, vos sos responsable de lo que dice (subsecretaria de Evaluación Institucional. Facultad de Ciencias Exactas, Físicas y Naturales).

> *Claro, acá hay un proceso de internalización de todo lo que es... vos sos parte de todo un proceso de cambio, cuando elaboramos algo, lo elaboramos todos (decano. Facultad de Ciencias Exactas, Físicas y Naturales).*

> *Y después de hacer esas cosas de talleres masivos con los docentes, citarlos a todos por carrera. Funciona muy bien esto del cara a cara, entonces en cada carrera que empieza su proceso reúnen todos los docentes de la carrera, hacemos reunión con el decano, secretario académico (subsecretaria de Evaluación Institucional. Facultad de Ciencias Exactas, Físicas y Naturales).*

> *Están los hipercríticos, los que no creen, entonces vos tenés que ser firme, pero, claro, tenés que involucrarlos (decano. Facultad de Ciencias Exactas, Físicas y Naturales).*

Es de destacar que el cambio de gestión de la facultad es señalado en varias oportunidades como el principal generador de cambios hacia la mejora, a veces en desmedro del impacto del proceso de acreditación. No obstante, de las entrevistas surge una relación entre el cambio de gestión y los procesos de acreditación. Pareciera que el cambio se genera, o se termina de incoar, justamente por los resultados negativos de la primera tanda de acreditación de carreras de grado de Ingeniería de esta unidad académica. El relato de cómo se dio el proceso de elección del nuevo decano permite conjeturar esta relación:

> *Yo te voy a contar cómo se gesta mi decanato. Había una convicción en mucha gente —sobre todo en los consejeros— de que la facultad venía mal, que estaba quedada [...]. Y viene el informe de la CONEAU y a la facultad le va mal. Yo había tenido reuniones con los consejeros donde les dije "va a pasar esto" (yo era secretario general de la universidad del Rectorado), entonces vino un grupo de consejeros [...] para decirme "queremos que seas candidato a decano" (decano. Facultad de Ciencias Exactas, Físicas y Naturales).*

En el cuadro 7.4 se muestra, esquemáticamente, el impacto de la política de acreditación de la carrera de grado: Ingeniería Industrial, en las funciones sustantivas y en la gestión.

Cuadro 7.4. Impacto de la política de acreditación de carreras de grado: Ingeniería Industrial (en el marco de otras seis carreras de Ingeniería de la unidad académica acreditadas con anterioridad) en las funciones docencia, investigación, extensión y gestión. Caso 2.[42]

Áreas de análisis	Dimensiones	Impacto		Obstáculos para la mejora
		Cambios para la mejora		
		Enunciativos	Fácticos	
1. Función Docencia	1.1 Cuerpo de los profesores: titulación académica, dedicación, categorización, formación pedagógica, selección-evaluación	X	X	No se hallaron
	1.2 Proceso-metodología de enseñanza-aprendizaje	X	X	
	1.3 Currículum. Planes y programas	X	X	
	1.4 Alumnos y graduados	X	X	
2. Función Investigación	2.1 Profesores investigadores. Formación de recursos humanos.	X	X	
	2.2 Proyectos de investigación.	X	X	
	2.3 Financiamiento de la investigación.	X	X	
	2.4 Productos de investigación.	X	X	
	2.5 infraestructura - equipamiento y biblioteca	X	X	
3. Función Extensión	3.1 Concepto de extensión.	–	–	
	3.2 Programas de extensión.	X	X	
4. Gestión	4.1 Gestión de la calidad de los procesos de evaluación y acreditación.	X	X	

X: hallazgo de impacto (compartido con el cambio de gestión de la facultad)
-: no se halló impacto
Fuente: elaboración propia a partir del análisis documental y de las entrevistas

Conclusión

Se concluye que la política de acreditación de carreras de grado de Ingeniería —Ingeniería Industrial, en el marco de otras seis carreras de Ingeniería acreditadas con anterioridad— impactó produciendo cambios enunciativos y fácticos hacia la mejora en *todas las funciones,* aunque más fuertemente en la *función gestión.* Los cambios en la *función docencia, investigación y extensión* se atribuyen más al cambio de decano que al mismo proceso de acreditación. No obstante, del análisis realizado surge que existe relación entre estos cambios y los procesos de acreditación. La presencia de los programas PROMEI, estrechamente relacionados con los procesos

---

[42] En todos estos cambios, los entrevistados reconocen la fuerte influencia de la nueva gestión a partir de 2004.

de acreditación de las carreras de Ingeniería de universidades estatales, es considerada, por los entrevistados, como uno de los factores de fuerte impacto hacia la mejora.

7.3.4. Impacto de la política de acreditación de carreras de posgrado

Se analizaron resoluciones de acreditación de 13 carreras de posgrados pertenecientes a las áreas de ciencias de la salud (cuatro), ciencias aplicadas (cuatro) y ciencias sociales (cinco). En el área de ciencias de la salud se eligieron carreras que pasaron por más de un proceso de acreditación y ya cuentan con resolución final (esto nos permite indagar sobre indicios de cambios que se producen en respuesta a las recomendaciones de CONEAU en la acreditación anterior). Entre estas, se seleccionaron dos especializaciones —de distintos centros formadores[43]— asociadas al régimen de residencia, debido a las particularidades que presenta este tipo de especializaciones. En ciencias aplicadas y ciencias sociales se eligió una gama representativa por "tipo de posgrado" perteneciente a la Facultad de Ciencias Exactas, Físicas y Naturales (un doctorado y tres maestrías) y a la Facultad de Derecho (un doctorado y cuatro especializaciones). En ciencias aplicadas no se hallaron posgrado con resolución de reacreditación, lo que hubiese sido un criterio de selección como lo fue para ciencias de la salud y, en algunos casos, para ciencias sociales.

Cabe adelantar que la mayoría de los cambios detectados en las resoluciones de acreditación analizadas se corresponden con lo que hemos denominado "cambios enunciativos hacia la mejora". Se encontraron pocos cambios "fácticos hacia la mejora", es decir, cambios producidos por la carrera en oportunidad de respuesta al informe de evaluación realizado por el Comité de Pares Evaluadores (lo que técnicamente se denomina "respuesta a la vista") o en respuesta a las recomendaciones de una acreditación anterior. Esto no necesariamente implica que no se produzcan cambios hacia la mejora en los posgrados a raíz del proceso de acreditación, sino más bien estaría mostrando las limitaciones que tiene —en la etapa actual de maduración de esta política— el uso de resoluciones de acreditación de carreras de posgrado como fuente de información para analizar cambios fácticos.

Entre esas limitaciones, cabe señalar principalmente tres: primero, la escasez de información volcada en las resoluciones de acreditación analizadas; segundo, la mayoría de los casos analizados solo cuenta con una primera

---

[43] "¿Qué significa 'centro formador'? Donde solamente se va a formar a especialistas para esa especialidad. Si bien ahí funciona un servicio a nivel asistencial, ellos tienen que diferenciar que ahora van a formar a nivel académico a un alumno. Tenemos 42 especialidades y 180 centros formadores que no solamente están en la capital de la provincia, sino que también están en el interior de la provincia" (coordinadora de Acreditación de Posgrados de la Facultad de Ciencias Médicas).

acreditación (como proyecto o como carrera en funcionamiento); tercero, el procedimiento de acreditación de carreras de posgrado no contempla una situación intermedia —acreditar con compromisos de mejora—, como sucede con las acreditaciones de carreras de grado, y, además, en muchos casos la visita de los pares a la institución no se realiza o, cuando se realizó, esta ha sido muy breve y por una sola persona.

Lo descrito antes permite afirmar que la indagación de cambios en carreras de posgrado a partir de un análisis documental es metodológicamente apropiada pero insuficiente. Como surge de las entrevistas, mucho de los cambios se realizan antes de su presentación a la acreditación a fin de adecuar la carrera a los estándares de acreditación definidos por la Resolución Ministerial 1168/97: "Estándares de acreditación para carreras de posgrado". Esta situación no puede observarse desde las resoluciones de acreditación. Además, las entrevistas se focalizaron en los directivos de las unidades académicas. Debido al tipo de información a la que se ha accedido, se ha optado por hablar de "indicios" de cambios tanto enunciativos como fácticos.

Los indicios de cambio de aquellas carreras que han pasado por más de un proceso de acreditación son más contundentes y reales (fácticos) debido a que dan cuenta de recomendaciones efectuadas por CONEAU en la acreditación anterior.

De las entrevistas, surgen algunos "obstáculos para la mejora" relacionados con la política de acreditación de carreras de posgrado.

Para ciencias de la salud, además de las entrevistas, se pudo asistir a una reunión convocada por el director de Posgrados y liderada por dos personas que trabajan en el área que coordina las acreditaciones de posgrados de la Facultad de Ciencias Médicas. La reunión estuvo dirigida a médicos directores de especialidades de centros formadores.

7.3.4.1. Impacto de la acreditación de carreras de posgrado. Ciencias de la salud

Caso 1: carrera de doctorado en Medicina y Cirugía (acreditada en 1999, reacreditada en 2009). Categoría C.

Se hallaron indicios de cambios enunciativos hacia la mejora en la *función docencia,* dimensiones "currículum, plan de estudio y programas" (incorporar materias de ciencias básicas, como Biología Molecular, Matemáticas e Informática, al ciclo introductorio para asegurar una sólida formación científica; incorporar materias como Física de los Sistemas Biológicos, Matemáticas —cálculo diferencial e integral—, Teoría de las Probabilidades e Informática, si se pretende llegar a un nivel de excelencia), y "alumnos y graduados" (bajo porcentaje de graduados con relación a los inscriptos). Un obstáculo lo constituyen las actividades curriculares, lo que es indicio de la rigurosidad de esta etapa y de la *falta de exigencia en la admisión.* También se hallaron indicios de cambios enunciativos en la *función investigación* (los tesistas deben realizar publicaciones en revistas internacionales con referato).

De las entrevistas surgen indicios de cambios significativos, fácticos, a raíz del proceso de acreditación, en la *función docencia*, dimensión "alumnos y graduados", y en la *función gestión*. Se reconoce que a raíz de la CONEAU se hicieron cambios profundos, sustantivos, reales, no cosméticos:

> *Si hablamos, por ejemplo, de doctorado, la primera vez acreditamos sin problemas, pero a sabiendas de que teníamos una reglamentación de modé, creo que nos acreditaron en función de tener muchos años, de tener mediana producción, de una historia importante. Pero nosotros éramos conscientes de que la reglamentación del doctorado estaba de modé. En la nueva acreditación —que fue conflictiva— se hicieron cambios muy sobre la hora, ya en la apelación se hicieron los cambios que a lo mejor debimos hacer antes. Pero si no venía la CONEAU no se hacían, esa es la realidad. En esta acreditación, la última, los hicimos a medias y después hubo que profundizarlos, en la apelación. Acreditamos, pero nos fue más o menos, porque cuando uno parcha le va más o menos (secretaria académica. Facultad de Ciencias Médicas).*

> *En el doctorado se hicieron cambios reales, profundos. Te voy a dar un ejemplo que a lo mejor te sirve, nosotros antes, en el doctorado, teníamos que se inscribía cualquiera, hacía un año y pico de curso, de cursos diferentes, pero ya era alumno del doctorado, lo contabas como inscripto en doctorado y esos que hacían los cursos a lo mejor un 10% alguna vez te presentaba un proyecto. Sabíamos que con eso íbamos al muere y tuvimos muchos años sin cambiarlo, y la primera vez la CONEAU lo aceptó más o menos bien entonces ahora, cuando vino el golpe y apelamos. En la apelación se hicieron los cambios profundos y no son cosméticos, son profundos. Ahora, ¿quién se inscribe?, el que presenta un proyecto y se le aprueba. Es el que está inscripto, después tiene tiempo para hace los cursos, etc., etc., ¿te das cuenta?... ahí fueron cambios reales que implicaron dar vuelta la cabeza de muchos, obviamente, pero fueron cambios sustantivos en serio... Bien... cambios que creo que van a dar resultado en la próxima acreditación, porque se hicieron cuando apelamos y no tenemos resultado todavía, todavía tenemos, qué sé yo, veía yo en el dictamen ochocientos inscriptos o quinientos, por decirte, y cuarenta egresados, pero porque estamos contando a gente que está inscripta desde allá. Con el cambio de reglamento, ya vamos a limpiar, pero eso se hizo el año pasado, cambio real, no cosmético, absolutamente, y que hace a la calidad, y que nos movilizó en serio y nos sigue movilizando hoy (secretaria académica. Facultad de Ciencias Médicas).*

Caso 2: carrera de especialización en Clínica Médica. Centro formador "x" (acreditada en 1998. Reacreditada en 2008). Categoría A.

Se halla el siguiente indicio de cambio enunciativo hacia la mejora, relacionado con la *función investigación*, dimensión "biblioteca": mantener actualizadas las suscripciones a revistas especializadas, en el soporte que la institución considere oportuno.

Caso 3: carrera de maestría en Salud Pública (acreditada como proyecto en 1995. Acreditada como carrera en 2008). Categoría C.

Se hallaron indicios de cambios enunciativos para la mejora para la *función docencia,* dimensión "currículum, plan de estudio y programas" (se integren los contenidos y se amplíe la bibliografía de las asignaturas indicadas), dimensión "alumnos y graduados" (inclusión de un integrante externo a la institución en la composición del jurado de tesis, tener en cuenta el carácter interdisciplinario de la carrera en los requisitos de ingreso, y se admitan aspirantes de áreas disciplinares distintas del campo de la salud, que certifiquen vinculación práctica o laboral con el objeto de estudio del posgrado).

Caso 4: carrera de especialización en Clínica Médica. Centro formador "y" (acreditada en 1998. Reacreditada en 2009). Categoría C.

Se hallaron indicios de cambios fácticos en la etapa de respuesta al informe de evaluación de la carrera (respuesta a la vista) y en relación con el cumplimiento de observaciones de la primera acreditación.

Los indicios de cambios fácticos pertenecen a la *función docencia,* dimensión "cuerpo de profesores" (en relación con la evaluación anterior y respecto de la recomendación de incorporar un mayor número de docentes invitados, se observa una muy buena proporción docentes-alumnos y, en especial, una variedad de especialistas en distintas áreas de la clínica médica que amplían el espectro formativo), "metodología de enseñanza-aprendizaje" (acuerdo con el jefe de la unidad de Terapia Intensiva del hospital, cuya copia se acompaña, a fin de incorporar rotaciones bimensuales en esa área para la formación de los alumnos, lo que se considera adecuado), "currículum, plan de estudio y programas" (ante las observaciones del informe de evaluación, la respuesta de la institución declara que por medio de la Resolución 304/08 se ha modificado el plan de estudios y se han unificado los criterios para todas las carreras de la especialidad que se dictan en distintos centros formadores,[44] lo que se considera apropiado; el nuevo plan de estudios contempla la bibliografía de cada módulo, la cual no había sido informada en la presentación original y que se considera adecuada y actualizada), "alumnos y graduados" (la respuesta al informe de evaluación señala que la institución solo cuenta con presupuesto para otorgar ocho becas totales para la carrera y que en los últimos tres años, a fin de responder a la demanda creciente de alumnos, se incrementó el número de ingresantes a la carrera sin poder incrementar la cantidad de becas). Por tal motivo, se prevé iniciar gestiones ante organizaciones privadas o no gubernamentales para reforzar el presupuesto anual que permita otorgar más becas, independientemente de otras

---

[44] Este cambio es considerado por las autoridades de la facultad y de la universidad como un cambio significativo. Se realizó para todas las especializaciones que se dictan en distintos centros formadores.

alternativas que se están analizando en el área institucional, lo que resulta apropiado. El informe de evaluación observaba un bajo índice de graduados. En su respuesta, la institución explica que el Consejo de Médicos de la provincia otorga certificados de especialista a aquellos alumnos que han terminado de cursar la carrera. Este certificado es gratuito y para obtenerlo se rinde un examen con un menor nivel de exigencia, lo que ha repercutido de forma negativa en el porcentaje de graduados universitarios. Por tal motivo, la institución manifiesta su intención de implementar mecanismos tendientes a lograr la graduación por parte de los alumnos: se ha previsto modificar los plazos estipulados en el reglamento y desarrollar un trabajo en conjunto entre la facultad y todos los centros formadores donde se dicta la carrera. Según el CPE de CONEAU, estas medidas se consideran adecuadas y sería conveniente que se implementaran a la brevedad.

Se hallaron indicios de cambios fácticos en la *función gestión*. Ante la necesidad de incrementar los mecanismos de supervisión y control académico de todos los centros formadores en los que se dicta la especialización en Clínica Médica, en la respuesta al informe de evaluación se presenta una resolución que designa a los integrantes del Comité Académico de la especialidad y se describen sus funciones. La creación de este órgano se considera apropiada y suficiente para fortalecer las instancias de control y articulación académica entre la universidad y el centro formador, unificando criterios y supervisando la calidad académica del proceso de formación.

De las entrevistas con actores institucionales surgen cambios significativos a raíz del proceso de acreditación de carreras de posgrado. Principalmente en la *función docencia* —plan de estudio, reglamento— y en la *función gestión* (creación y refuerzo de un área para seguir estos procesos, ordenamiento, una nueva gestión con interés específico de involucrarse en estos procesos).

Se informa que hubo enormes dificultades en el proceso de acreditación debido al volumen de carreras a presentar, principalmente, especializaciones médicas pertenecientes a los centros formadores.

El rector señala lo que significó este proceso para el gobierno de la universidad y de la propia facultad:

> *Muchísimas observaciones en posgrados, en las especialidades médicas. Yo vi los resultados. Nosotros nos hemos sentado aquí con las autoridades de ciencias médicas, decano, vicedecano, secretario de posgrado, director de carreras, el área de posgrado nuestra, la de rectorado, y decir bueno, 113 o 114 carreras con observaciones, con más de cinco, seis, siete observaciones de carácter estructural, muestran que esta estructura de posgrado de esta facultad estaba haciendo las cosas mal, digamos. Uno de los defectos más graves de todas ellas, esto explica el número, es que en realidad cada carrera, independientemente de que el título era el mismo —estamos hablando de carreras de especialización, especialidades médicas asociadas a residencias—, tenía un diseño a veces de currícula, a veces de cuerpo de profesores, a veces*

de normas de aplicación independientemente una de otra. Entonces esa cosa que no sé cómo pudo ocurrir. [...]. Pero nosotros nos encontramos con ese resultado, nos sentamos a enmendar eso y la facultad está involucrada en ese proceso y lo ha comprendido, que era un proceso que supongo también ha tenido entre los factores que han estimulado esa clase de distorsión, es el hecho de que el posgrado, para muchos de médicas, ha sido visto como una fuente de recursos independientemente de la calidad de las ofertas, se había puesto más acento en la organización administrativo-económica que en la estructura normativa académica, digamos, pero eso no deja de ser, a pesar de su volumen, un caso local, porque la inmensa mayoría de los posgrados de maestrías y doctorados han tenido resultados buenos y el crecimiento de la oferta y la diversificación es grande (rector).

Autoridades de la facultad admiten que la acreditación de carreras de posgrado ha sido más conflictiva. Los problemas se atribuyen al volumen, a la organización y también a la falta de supervisión interna:

La acreditación de posgrado ha sido más conflictiva al menos en esta facultad. Ha sido más conflictiva, quizás, porque organizativamente está más dispersa, están más dispersos los posgrados [...] esta facultad tiene un montón de posgrados. Y cuando hay muchos posgrados, si uno no tiene la estructura de control muy aceitada se hace difícil, entonces ha habido una gran dispersión, ha habido una insuficiente supervisión... y, bueno, es un choque conflictivo (ex secretario académico. Facultad de Ciencias Médicas).

Sí, ha sido más conflictiva en posgrado, sí (secretaria académica. Facultad de Ciencias Médicas).

También se hace una mención a la dificultad que a veces presentan los instructivos de CONEAU. Se menciona que la institución tiene que adaptarse a un instrumento para el cual no está preparada:

Porque además, los instrumentos de la CONEAU son válidos, pero son tan tan tan minuciosos y avanzan en un grado de complejidad tal, que por ahí la institución no está preparada en ese sentido, entonces, como la institución no está preparada en ese sentido y viene un instrumento muy complicado, la institución tiene que adaptarse a un instrumento para el cual no estaba preparada (ex secretario académico. Facultad de Ciencias Médicas).

El nuevo director de posgrados de la Facultad de Ciencias Médicas considera que la CONEAU ha motivado y ha promovido que la gente se alinee con un control de gestión que era inexistente:

Yo creo que la CONEAU ha generado algo que estaba absolutamente desestimado. Entonces ha motivado, ha sido muy motivadora, ha dado pautas, hemos tenido un organismo superior al ámbito universitario que nos permitía que los que estamos haciendo gestión..., a ver si me puedo explicar, promover que la gente se alineara con un control de gestión y un control de calidad. [...] porque si no, históricamente, el ámbito universitario era lo que el profesor decía y eso, hoy yo se lo digo a los alumnos, "no me crean a mí, vayan a ver una fuente y digan si lo que yo digo es cierto o no". Es que la CONEAU creo que ha contribuido a eso (subsecretario académico de Posgrados. Facultad de Ciencias Médicas).

El director de posgrados critica que a veces no se mide de acuerdo a la realidad:

> Criticable, diría yo, por la modesta experiencia que tengo, es la varilla con la que miden, que a veces no se adecua a la realidad (director de Posgrados. Facultad de Ciencias Médicas).

Respecto al impacto en la *función docencia*, de las entrevistas surgen indicios de cambios fácticos en la dimensión "cuerpo de profesores" (titulación, categorización, formación pedagógica, evaluación) y en "currículum, plan de estudio y programas" (lo más significativo es la unificación de planes de los centros formadores que otorgan un mismo título):

> *Titulación: a los docentes de mi centro formador los estoy motivando y presionando, entre comillas, para que hagan la tesis. La dedicación de los profesores, no, ni fu, ni fa. La categorización sí, eso sí, porque en este llamado a categorización hubo una oferta mucho mayor que los años anteriores, por estos procesos. Formación pedagógica, sí, porque esto ha motivado que la gente piense más en la carrera docente. Proceso de metodología enseñanza aprendizaje... no creo que haya cambiado mucho. Currículum, planes y programas ha contribuido. Por eso de que CONEAU ha recomendado y la gente empieza a ver que, bueno, evalúan esto, entonces prestémosle atención a esto. Unificamos planes [...] lo que pasa es que tenemos un montón de observaciones de CONEAU [...] por las situaciones anteriores. Bueno, hay diez centros formadores en clínica médica y cada uno tenía su plan. Entonces nos enteramos de que había que tener un solo plan después de que vinieron las evaluaciones y las observaciones de la CONEAU a la Facultad de Medicina, fueron "señor, un solo plan, un solo director de área específica", acá había cuatro, o cinco, o diez, o quince directores de carrera. Porque se lo tomaba como director de carrera en el centro formador y de esa carrera, y esa carrera estaba acá, entonces eran diez clínicos que tenían diez programas distintos y todos tenían el título de especialista en clínica* (subsecretario académico de Posgrados. Facultad de Ciencias Médicas).

> *Respecto a la evaluación y desempeño docente, encuestas... en realidad en algunos hospitales se hace por esto que te digo de capacitación, y docencia lo tiene previsto, en otros no, y nosotros ahora lo estamos por empezar a aplicar a raíz de que nosotros también aprendimos, como te digo, de CONEAU* (coordinadora de Acreditación de Posgrados. Facultad de Ciencias Médicas).

> *El plan de estudios ahora es único para las 42 especialidades, todo lo que es la fundamentación, el perfil de egresado, las metas que tienen y demás ya está establecido en un plan aprobado tanto por el Consejo Directivo como por el Consejo Superior, no importa de qué lugar vos seas, tenés que llevar*

a cabo esto, porque el especialista se va a recibir acá, acá se va a graduar, entonces todos tienen que tener la misma..., digamos el mismo eje. Lo que ellos van a encontrar de distinto es quién lleva a cabo, su plantel docente es distinto a otro centro, y la infraestructura (coordinadora de Acreditación de Posgrados. Facultad de Ciencias Médicas).

Entonces, las cuestiones más fuertes nos pasaron con los planes de estudio, era muy fuerte, [...] Ahí nos dimos cuenta de que nuestros planes eran de los años noventa la mayoría..., 92, 95 el más nuevo. A nosotros nos ayudó y a los directores mucho más. Y sí, se pudo revertir (coordinadora de Acreditación de Posgrados. Facultad de Ciencias Médicas).

En la reunión del área de acreditación con los directores de centros formadores se reiteró en varias oportunidades el problema de los planes de estudio, del reglamento y cómo se había solucionado:

El plan de estudio y el reglamento, es la Biblia para todos y hay que llevarlo adelante. Sobre todo que los chicos lo conozcan, los chicos no pueden decir que no conocen el plan de estudios o que no saben lo que están haciendo (coordinadora de Acreditación. Facultad de Ciencias Médicas, entresacado de la reunión con directores de especialidades de centros formadores).

Precisamente porque esto tenía mucha dificultad en las presentaciones anteriores es que las autoridades de la secretaría han revisto ese reglamento de obtención de títulos para los especialistas. Los que ya transitaron algo lo conocen como ROTEU y ahora se llama ROTE, y está a instancias de ser finalizado para ser aprobado, y ese es otro instrumento que el director del centro no se le debe despegar de la mano, el plan de estudios y el ROTE son dos cosas que el director del centro debe manejar perfectamente bien, porque eso tiene que estar reflejado en su presentación desde el centro, y las incoherencias que nosotros tratamos de subsanar en las respuestas a la vista fundamentalmente son esas dos cuestiones, que no se respetó el plan aprobado y que no se tuvo en cuenta lo establecido en el reglamento de la propia universidad (directiva a cargo de Acreditación. Facultad de Ciencias Médicas, entresacado de la reunión con directores de especialidades de centros formadores).

Se observa un indicio de cambio fáctico en la dimensión "alumnos y graduados":

Tasas de graduación... sí, eso ha mejorado porque, bueno, hemos, por una cuestión administrativa, en realidad porque la tasa de graduación acá estaba mal, porque todo el mundo iba a rendir al Consejo de Médicos y le daban el certificado de especialista, no rendía acá, pero era una cuestión administrativa de acá, era porque los exámenes de acá eran muy tarde y siempre se hicieron en noviembre, entonces la gente, si termina la residencia en junio, desde junio hasta diciembre no es especialista, entonces no puede entrar, no puede concursar cargos, entonces, como en el consejo se rendía antes, todos rendían ahí para ser especialistas, entonces nosotros nos quedamos sin egresados (subsecretario académico de Posgrados. Facultad de Ciencias Médicas).

El tema del seguimiento del trabajo final sale en la reunión del área de acreditación con directores de Centros Formadores:

> *Pero lo que nunca teníamos bien pautado y CONEAU lo señaló es que ustedes deben indicar que a lo mejor, en el primer año, el chico debería formarse en cursos complementarios, como inglés, ortografía y demás, para que ellos empiecen a transitar también su trabajo final. Entonces, ustedes como directores, después de ese primer año y ver qué expectativa o qué trabajo van a hacer sus alumnos, ustedes nombrarán, yo digo, tutor, pero ustedes digan como quieran, como si fuera una tesis, una tesis, cualquier otra, nada más, que es más chica, es un trabajo final, [...] que no presenten una monografía. Los chicos realmente... nos hemos dado cuenta, sobre todo acá en graduados, de que no hace falta que CONEAU nos dijera, nos hemos sorprendido con trabajos muy pobres, que no solamente no los hacen a ellos como especialistas, sino que realmente no quedan preparados para enfrentar otro tipo de posgrados que transiten como profesionales (coordinadora de Acreditación. Facultad de Ciencias Médicas, entresacado de la reunión con directores de especialidades de centros formadores).*

De la entrevista con la coordinadora de acreditación, surge cómo los directores de carrera empezaron a pensar más profundamente los mecanismos de seguimiento de los alumnos a raíz de la evaluación que recibieron:

> *Alumnos y graduados: los directores creo que fueron también los que más aprendieron, digo, cuando a vos en un punto te dice que nombres el mecanismo de seguimiento de los alumnos y lo tomás muy livianamente, en realidad CONEAU te termina diciendo "pero en definitiva ¿cuál es el mecanismo?, porque usted no lo describió bien", entonces los directores empiezan a decir "che, tenemos que tener un mecanismo". Hay gente que lo tenía muy claro y lo tiene todo muy..., digamos, los hospitales privados que generalmente tienen este comité de capacitación y docencia, está todo como muy armado, se ocupan de eso y se preocupan, hay gente que no se preocupa ni se ocupa por esto que te digo de lo asistencial, sobrepasa. Entonces eran puntos que llenaron muy livianamente, entonces cuando les vino la vista se dieron cuenta de que realmente lo tenían que empezar a llevar a cabo, entonces lo pusieron como un plan de mejora, tampoco mentían que lo hacían, digamos, contaban de que sí, que se dieron cuenta de que esto era necesario, nada más, entonces... sí, yo pienso que sí, que se mejoró mucho y ellos dieron cuenta (coordinadora de Acreditación de Posgrados. Facultad de Ciencias Médicas).*

También se menciona el intento de mejorar los Trabajos Finales de los alumnos, a raíz de este proceso:

> *Para que ellos terminen el posgrado y lo presenten para graduarse necesitan un trabajo científico. Ahora se intenta que hagan un trabajo final, pero que no sea una monografía, que no sea un corte y pegue, que no sea una investigación.com, porque a veces los chicos eran muy mediocres al principio, hay centros en que tenés investigaciones fantásticas y hay otros en que no tanto (coordinadora de Acreditación de Posgrados. Facultad de Ciencias Médicas).*

No hay indicio de cambio fáctico en la dimensión "infraestructura, equipamiento y biblioteca", aunque se observa una intención de cambio a futuro:

Sí, acá, digamos, en infraestructura ha mejorado la aspiración de uno... pero no ha mejorado efectivizar eso, porque para eso hace falta plata... sí, sí, porque si a mí me han dicho "la bibliografía que tiene es poca"... sí, a mí me han dicho "la bibliografía que tiene es poca", entonces yo me voy a ocupar... entonces yo aspiro a en la próxima evaluación tener un stock de bibliografía o una biblioteca más surtida (director de Posgrados. Facultad de Ciencias Médicas).

Para la *función investigación* se hallaron indicios de cambios enunciativos, de toma de conciencia, de planes a futuro:

Sin duda me parece bien para el futuro que la tendencia sea a que nosotros tengamos desarrollo en investigación, porque me parece bárbaro, comparto, pero lo comparto en una política y en un rumbo claro (director de Posgrados. Facultad de Ciencias Médicas).

Bueno, acá en investigación, creo impactó en todas las dimensiones, porque todo esto ha sido muy motivador, proyectos de investigación (director de Posgrados. Facultad de Ciencias Médicas).

Financiamiento de la investigación, bueno, eso también estamos como te dije hoy [...] una cosa lleva a la otra, si empezamos a hacer investigación de acá a dos años vamos a poder aspirar a un subsidio para un proyecto que es de una línea de trabajo (director de Posgrados. Facultad de Ciencias Médicas).

Investigación: en realidad no sé si se hizo más o se concientizó que el docente tiene que involucrar al alumno, [...] las fichas de investigación, cuando se llenaban, decían ellos "bueno, yo hago, yo hago", no, no, pero los chicos, ¿dónde involucra que ellos participen? (coordinadora de Acreditación de Posgrados. Facultad de Ciencias Médicas).

Respecto a la biblioteca, se menciona un choque con CONEAU:

Y lo otro, ellos —los directores— han reconocido esas falencias y han dicho "bueno, saben que esto no va a mejorar, es muy difícil que mejore". [...] biblioteca, los mismos docentes prestan su biblioteca personal, está puesta en los posgrados, son muy caras las suscripciones a las revistas científicas y, los docentes..., los chicos, pueden digamos con la suscripción de ellos hacerlo, porque saben que con el posgrado no alcanza, yo creo que son muy conscientes de lo necesario que es..., pero también, que fue un poco un choque con CONEAU, dicen, digo dicen porque yo no soy médica, pero dicen ellos como que hoy por hoy en medicina si realmente aprenden a hacer búsquedas por internet, [...] y todo eso, es como que no es tan necesaria la biblioteca papel, aunque CONEAU insiste que sí. Entonces, en nuestros planes de estudio han puesto mucha bibliografía en página web y nos costó que nos aprobaran planes con esa cosa tan moderna, no estaban muy de acuerdo (coordinadora de Acreditación de Posgrados. Facultad de Ciencias Médicas).

No se reconocen indicios de cambios hacia la mejora para la *función extensión:*

Bueno, la extensión no me consta que haya cambiado (director de Posgrados. Facultad de Ciencias Médicas).

Quizás lo que cuesta más es la transferencia..., porque las especialidades en sí no sé, a ver, algunas no se prestan, porque la transferencia, digamos, no es que no dependa de que ellos quieran o no quieran [...], CONEAU pide que sea la comunidad. En el grado sí se da mucho, esto de ir a las escuelas y demás a dar charlas y demás, pero en el posgrado no, no va una persona ya especializándose a dar ese tipo de campañas, entonces no es que no las tengan, sino que cuesta primero cuando vos decís "mi especialidad no se presta para eso", radiología, digamos, la aparatología se tiene que trasladar, ¿cómo lo hacés?, pero en otros casos sí me dijeron de que a ellos les cuesta, porque los mismos chicos se quejan, dicen "¿para qué nos están formando?", ¿para ser recetólogos?, porque una señora mamá va porque al nene le duele el oído, ¿qué le pasa?, y lo único que extienden son recetas y ellos no están para eso, porque de hecho no son médicos formados... Pero sí se logra, pero te quiero contar por qué a veces a algunos les ha costado más, y en las vistas les han mencionado, pero cuesta, yo creo que cuesta esto. Es esto lo que yo por ahí te decía, mi crítica a CONEAU (coordinadora de Acreditación de Posgrados. Facultad de Ciencias Médicas).

Se hallaron indicios de cambios enunciativos y fácticos significativos para la *función gestión:*

Gestión de la calidad de los procesos de evaluación y acreditación, sí, claramente sí (subsecretario académico de Posgrados. Facultad de Ciencias Médicas).

Gestión, sí. Porque ahora, las nuevas autoridades tienen una mirada más hacia, al menos, adaptación de estos procesos (coordinadora de Acreditación de Posgrados. Facultad de Ciencias Médicas).

En este sentido, se sugiere que CONEAU forme también en gestión:

Gestión... no nos preparan para esto. Me han convocado a mí para hacer gestión y uno no viene preparado para hacer gestión, entonces yo de repente tengo que hacer gestión y la estamos haciendo, la estamos llevando a cabo [...]. Debería haber una preparación también..., una formación. Si a vos te gusta hacer política universitaria, hacer gestión, bueno, ¿tenés cómo capacitarte?, que CONEAU abra no solo al grupo este de evaluación..., sino que creo que sería bueno que eduque en gestión, a quien lo quiera (subsecretario académico de Posgrados. Facultad de Ciencias Médicas).

De la reunión con del área de acreditación de posgrados con los directores de centros formadores surge un cambio para esta dimensión que es la formación de comités de especialidades en la Facultad de Ciencias Médicas, a raíz de los procesos de CONEAU:

También contarles que acá se ha formado a raíz de esto, de CONEAU, de esta debilidad que teníamos con el comité, se han formado los comités de especialidades acá. Creo que ya pronto van a conocer la nómina de cada una de las especialidades en donde también va a ayudar a la visación de ustedes [...] (coordinadora de Acreditación. Facultad de Ciencias Médicas, entresacado de la reunión con directores de especialidades de centros formadores).

También de esta reunión surge el tema de la necesidad de contar con convenios específicos:

Lo que en este punto por ahí también es muy fuerte, algo que a nosotros se nos marcó, fue el tema de los convenios, creo que ya a muchos les ha llevado y muchos quizás lo llevaban adelante, pero a veces, sobre todo los de rotación, eran de palabra o eran de mutuo acuerdo, porque ustedes son pares y respetan esto. Pero hoy, puntualmente, tenemos que llevarlo adelante en papeles, ¿sí?, [...], nos piden que tengamos un convenio ya específico [...]. siempre nosotros lo supimos pero, bueno, CONEAU nos enseñó esto que en realidad era que no lo teníamos tan así, micro, lo teníamos bien macro, pero no tan específico, y creo que es necesario (coordinadora de Acreditación. Facultad de Ciencias Médicas, entresacado de la reunión con directores de especialidades de centros formadores).

En el cuadro 7.5 se muestra, esquemáticamente, el impacto de la política de acreditación de carreras de posgrado: Ciencias de la Salud (Facultad de Ciencias Médicas), en las funciones sustantivas y en la gestión.

Cuadro 7.5. Impacto de la política de acreditación de carreras de posgrado en ciencias de la salud en las funciones docencia, investigación, extensión y gestión. Caso 2

Áreas de análisis	Dimensiones	Posgrados Ciencias de la Salud											
		Caso 1: Doctorado (2 acreditaciones) 'C'			Caso 2: Especialización asociada a régimen de residencia (centro formados 'x') (2 acreditaciones) 'A'			Caso 3: Maestría (2 acreditaciones) 'C'			Caso 4: Especialización asociada a régimen de residencia (centro formados 'y') (2 acreditaciones) 'C'		
		Cambios para la mejora		Obst. para mejora	Cambios para la mejora		Obst. para mejora	Cambios para la mejora		Obst. para mejora	Cambios para la mejora		Obst. para mejora
		Enunc.	Fáctico		Enunc.	Fáctico		Enunc.	Fáctico		Enunc.	Fáctico	
1. Función Docencia	1.1 Cuerpo de los profesores: titulación académica, dedicación, categorización, formación pedagógica, selección. (*el subrayado indica la subdimensión más afectada)	-	-	-	-	-	-	-	-	-	-	X	-
	1.2 Proceso-metodología de enseñanza-aprendizaje	-	-	-	-	-	-	-	-	-	X	X	-
	1.3 Currículum. Planes y programas	-	X	-	-	X	-	X	-	-	X	X	-
	1.4 Alumnos y graduados	-	X	-	-	-	-	X	-	-	X	X	-
2. Función Investigación	2.1 Profesores investigadores. Formación de recursos humanos.	-	-	-	-	-	-	-	-	-	-	-	-
	2.2 Proyectos de investigación.	-	-	-	-	-	-	-	-	-	-	-	-
	2.3 Financiamiento de la investigación.	-	-	-	-	-	-	-	-	-	-	-	-
	2.4 Productos de investigación.	X	-	-	-	-	-	-	-	-	-	-	-
	2.5 Infraestructura - equipamiento y biblioteca* (*el subrayado indica la subdimensión más afectada)	-	-	-	X	-	-	-	-	-	-	-	-

3. Función Extensión	3.1 Concepto de extensión.	-	-	-	-	-	-	-	-	-
	3.2 Programas de extensión.	-	-	-	-	-	-	-	-	-
4. Gestión	4.1 Gestión de la calidad de los procesos de evaluación y acreditación.	-	x	-	-	x	-	x	-	-
	4.2 Gobierno y Gestión	x	x	-	x	x	-	-	x	x

x: hallazgo de impacto
-: desde las fuentes utilizadas no se halló impacto. Esto no implica necesariamente que "no hubo impacto".
Fuente: elaboración propia a partir de la información obtenida en el análisis documental, en las entrevistas y en la reunión del área de acreditación con directores de centros formadores

7.3.4.2. Impacto de la acreditación de carreras de posgrado. Ciencias aplicadas

Caso 1: carrera de doctorado en Ciencias de la Ingeniería (acreditada en 1999). Categoría A.

Se hallaron indicios de cambios enunciativos para la *función docencia,* en la dimensión "currículum, plan de estudio y programas". El título que se otorga es muy general y no indica la especialidad correspondiente (Ingeniería Civil, Mecánica, Aeronáutica, Eléctrica o Electrónica); la presentación está basada exclusivamente en las actividades referentes al área de Ingeniería Civil. Se especifica en la denominación la especialidad de Ingeniería que corresponda (Ingeniería Civil, Mecánica, Aeronáutica, Eléctrica o Electrónica), ya que el título vigente es demasiado abarcativo. También se vieron cambios en la *función investigación,* dimensión "formación de recursos humanos" (enviar a jóvenes docentes-investigadores de la facultad a formarse en áreas de vacancia).

Caso 2: carrera de maestría en Ciencias de la Ingeniería. Mención Administración (acreditada en 2005). Categoría C.

Se observan indicios de cambios fácticos hacia la mejora —en la instancia de la respuesta a la vista— en la *función docencia,* dimensión "currículum, plan de estudio y programas". En algunas asignaturas los contenidos resultaban insuficientes o carentes del tratamiento más moderno y en algunos casos la bibliografía recomendada no garantizaba la profundidad de análisis necesaria para una carrera de posgrado. Por este motivo, tanto los objetivos como los contenidos y la bibliografía de cada curso, al igual que la articulación temática, fueron sometidos a una revisión y a un proceso de actualización y mejora, mediante los planes de mejoramiento que permitieron eliminar la superposición de temas en distintos cursos y articular los contenidos entre cursos y bloques temáticos. Con este fin se definieron áreas temáticas, agrupando los distintos cursos del plan de estudios. Para la asignatura Organización de la Producción, se informan modificaciones que permitieron la redefinición del enfoque del curso y sus alcances, y la reformulación del programa y sus contenidos. Lo mismo se informa para la asignatura Gestión de Calidad, que se establece como obligatoria a partir del año 2005. Estos cambios fueron evaluados como positivos: la revisión realizada resulta racional y los criterios académicos empleados son adecuados, lográndose una sustancial mejora en el diseño del plan de estudios, constituyendo de esta manera una propuesta superadora. La organización por áreas temáticas es también una propuesta de mejora interesante. Para la *función gestión,* todos planes de mejoramiento presentados son adecuados y viables.

Caso 3: carrera de maestría en Ciencias de la Ingeniería. Mención Telecomunicaciones (acreditada en 2004). Categoría C.

Del análisis surgen indicios de cambio enunciativos en la *función docencia,* dimensión "cuerpo académico-gestión de la carrera". Si la función de la codirectora es el remplazo temporario del director, su experiencia tecnológica y profesional no es suficiente. Por otro lado, habría que analizar si se justifica una gestión simultánea. Las observaciones efectuadas sobre los antecedentes profesionales de los directivos de la carrera se han hecho a la luz de los objetivos de la carrera, para que se incorporen docentes que cuenten con una gran experiencia profesional técnica y en la gestión de las telecomunicaciones. También se vieron cambios en la dimensión "alumnos y graduados" (el grupo de alumnos debe tener la magnitud suficiente para promover una discusión eficaz). Asimismo se hallan indicios enunciativos en las dimensiones "metodología de enseñanza-aprendizaje" (intensificar la relación con empresas en actividades de capacitación y asesoramiento, y en las que se puedan realizar trabajos prácticos y visitas con los maestrandos), "currículum, plan de estudio y programas" (ciertas superposiciones en los temas que debieran pulirse) y "alumnos y graduados" (captación de alumnos, por ejemplo, a partir de un plan de difusión, de la propuesta de becas, de convenios con otras universidades; concebir un sistema para el seguimiento de los graduados).

Otros indicios de cambio enunciativo se observan en la *función investigación* (se nota una escasa actividad en investigación dentro del ámbito de posgrado y no hay información acerca de tareas de investigación dentro de las carreras de grado de la especialización afín ni en la especialización de Telecomunicaciones Telefónicas). Se deben desarrollar nuevas líneas de investigación tecnológica, aprovechando los convenios existentes con las empresas internacionales.

Caso 4: carrera maestría en Ciencias de la Ingeniería Civil con mención en Recursos Hídricos (acreditada en 1999). Categoría B.

Se observan indicios de cambios enunciativos en la *función docencia,* dimensión "cuerpo de profesores" (incrementar el plantel docente y generar una mejor distribución de las actividades académicas entre ellos) y "biblioteca" (incrementar el patrimonio bibliográfico). También para la *función investigación* (promover el desarrollo de investigación teórica en el área de la maestría) y para la *función gestión* (son escasos los mecanismos de seguimiento y control. Formalizar el convenio para garantizar la vinculación formal con la carrera).

De las entrevistas con actores institucionales, surge que los cambios hacia la mejora responden a una política de calidad interna, a un fenómeno integral. Se percibe que en posgrados, para esta disciplina, es mucho menor la incidencia de la acreditación que en grado. Todos los proyectos de carrera se presentan a CONEAU y es política interna no comenzar ninguna carrera hasta que no esté acreditada por la CONEAU:

> *En acreditación de posgrado el tema es exactamente lo mismo. Si uno tiene una política de calidad y una escuela de cuarto nivel consolidada, podés aumentar tu oferta de posgrado y mejorarla. Ahora, ¿esto gracias al proceso de acreditación? No, esto gracias a una política que es integral [...] Lo interesante es que en este proceso de radicación lo fortalecen grupos y apuntala programas de posgrado, más proyectos de investigación, más investigadores, más posgraduados, pero creo que es un fenómeno integral donde en posgrado es mucho menor todavía la incidencia del programa de acreditación (decano. Facultad de Ciencias Exactas, Físicas y Naturales).*

Presentamos todos los proyectos a acreditar, normalmente, como una práctica rutinaria. [...] No comenzamos un posgrado si no está validado, si no tiene validez nacional, si no está acreditado. [...] De hecho nos hemos presentado a categorizar. [...] Estamos aumentando la oferta, sobre todo articulando programas con otras facultades, incluso en estos últimos años hemos articulado la carrera de grado con otra facultad, que es Ingeniería Biomédica, que la hacemos conjuntamente con Medicina, casualmente acabamos de inaugurar un laboratorio de la facultad de esa carrera en el hospital Nacional de Clínicas, hace menos de un mes, es decir, son procesos de fortalecimiento institucional que parten de cambiar el imaginario, cuando uno cambia el imaginario colectivo (decano. Facultad de Ciencias Exactas, Físicas y Naturales).

Se considera que los cambios se dan más por el cambio de gestión de la facultad que por el proceso de acreditación y se explica el procedimiento interno:

¿Si atribuyo los cambios más a este cambio de gestión?, no, eso no lo atribuyo yo, esto es así. Es un cambio de lógica. Y no solo a eso, a la consolidación de una opinión mayoritaria de los actores institucionales de que este es el camino, cuando todos piensan que este es el camino o los más fuertes referentes piensan que este es el camino, es interesante porque esto es un ciclo, los fundadores fundan cuando se van, quiero decir con esto que un sistema no puede considerarse fundado hasta quien condujo y generó el cambio del sistema no se fue y el sistema siguió funcionando, si no, se transforma en un efecto personalista que luego viene otra persona y cambia el rumbo. Pero cuando uno genera masa crítica de opinión en un sentido y un proceso muy acentuado pasa a ser un fenómeno irreversible, entonces cuando se va esa conducción el camino está fijado porque el objetivo institucional está muy claro en todo el mundo (decano. Facultad de Ciencias Exactas, Físicas y Naturales).

En posgrado, en lo formal estamos todo el tiempo manejando la misma información. La gente que trabaja conmigo es la que hace la redacción de las presentaciones. [...] tenemos una persona que es el revisor general de presentaciones. Sí, un asesor de esta prosecretaría, que es el que hace la visión general, pero tenemos una presentación institucional (PI) que es común, la compartimos tanto, el que la necesite de acuerdo al proceso en el que está la solicita (subsecretaria de Evaluación Institucional. Facultad de Ciencias Exactas, Físicas y Naturales).

De la entrevista con el decano, surge una crítica por la formación de algunos pares, por la ausencia de visita a la institución y por estándares poco definidos, o definidos de manera muy general:

En posgrado es mucho peor el proceso que acredita, realmente es muy malo. Porque te mandan unos pares que ni siquiera tienen formación de posgrado, es una cosa terrible. A veces, ni los mandan, los estándares están poco definidos (decano. Facultad de Ciencias Exactas, Físicas y Naturales).

En el cuadro 7.6 se presenta, esquemáticamente, el impacto de la acreditación de carreras de posgrado en ciencias aplicadas (Facultad de Ciencias Exactas, Físicas y Naturales) en las funciones de esta universidad.

Cuadro 7.6. Impacto de la política de acreditación de carreras de posgrado en ciencias aplicadas —Facultad de Ciencias Exactas, Físicas y Naturales— en las funciones docencia, investigación, extensión y gestión. Caso 2[45]

Áreas de análisis	Dimensiones	Posgrados ciencias aplicadas (Facultad de Ciencias Exactas, Físicas y Naturales)											
		Caso 1: Doctorado (1 acreditación) 'A'			Caso 2: Maestría (1 acreditación) 'C'			Caso 3: Maestría (1 acreditación) 'C'			Caso 4: Maestría (1 acreditación) 'B'		
		Cambios para la mejora		Obst. para mejora	Cambios para la mejora		Obst. para mejora	Cambios para la mejora		Obst. para mejora	Cambios para la mejora		Obst. para mejora
		Enunc.	Fáctico		Enunc.	Fáctico		Enunc.	Fáctico		Enunc.	Fáctico	
1. Función Docencia	1.1 Cuerpo de profesores: titulación académica, dedicación, categorización, formación pedagógica, selección.	-	-	-	-	-	-	X	-	-	X	-	-
	1.2 Proceso-metodología de enseñanza-aprendizaje	-	-	-	-	-	-	X	-	-	-	-	-
	1.3 Currículum. Planes y programas	X	-	-	X	X	-	X	-	-	-	-	-
	1.4 Alumnos y graduados	-	-	-	-	-	-	X	-	-	-	-	-

[45] Más allá de los indicios de cambio hallados en el análisis documental, el actual decano atribuye los principales cambios en el área de posgrados a la nueva gestión. Queda pendiente aumentar el número de entrevistas, sobre todo a directores de posgrado.

Áreas de análisis	Dimensiones	Posgrados ciencias aplicadas (Facultad de Ciencias Exactas, Físicas y Naturales)											
		Caso 1: Doctorado (1 acreditación) 'A'			Caso 2: Maestría (1 acreditación) 'C'			Caso 3: Maestría (1 acreditación) 'C'			Caso 4: Maestría (1 acreditación) 'B'		
		Cambios para la mejora		Obst. para mejora	Cambios para la mejora		Obst. para mejora	Cambios para la mejora		Obst. para mejora	Cambios para la mejora		Obst. para mejora
		Enunc.	Fáctico		Enunc.	Fáctico		Enunc.	Fáctico		Enunc.	Fáctico	
2. Función Investigación	2.1 Profesores investigadores. Formación de recursos humanos.	X	-	-	-	-	-	-	-	-	-	-	-
	2.2 Proyectos de investigación.	-	-	-	-	-	-	X	-	-	X	-	-
	2.3 Financiamiento de la investigación.	-	-	-	-	-	-	-	-	-	-	-	-
	2.4 Productos de investigación.	-	-	-	-	-	-	-	-	-	-	-	-
	2.5 Infraestructura - equipamiento y biblioteca* (*el subrayado indica la subdimensión más afectada)	-	-	-	-	-	-	-	-	-	X	-	-
3. Función Extensión	3.1 Concepto de extensión.	-	-	-	-	-	-	-	-	-	-	-	-
	3.2 Programas de extensión.	-	-	-	-	-	-	-	-	-	-	-	-
4. Gestión	4.1 Gestión de la calidad de los procesos de evaluación y acreditación.	-	X	-	-	X	-	-	X	-	-	X	-
	4.2 Gobierno y Gestión	-	-	-	-	-	-	X	-	-	X	-	-

X: hallazgo de impacto

-: desde las fuentes utilizadas no se halló impacto. Esto no implica necesariamente que "no hubo impacto."

Fuente: elaboración propia a partir de la información obtenida *solo* en el análisis documental. Para la *función gestión*, dimensión "gestión de la calidad de los procesos de acreditación", se tomaron además datos de la entrevista con la subsecretaria de Evaluación Institucional.

7.3.4.3. Impacto de la acreditación de carreras de posgrado. Ciencias sociales

Caso 1: carrera de especialización en Derecho de Familia (acreditada en 2009; la carrera ha sido evaluada anteriormente por la CONEAU como proyecto, obteniendo dictamen favorable). Categoría B.

Se hallaron indicios de cambios enunciativos y fácticos hacia la mejora en la *función docencia,* dimensión "cuerpo de profesores" (se detallaron los mecanismos de revisión y supervisión del desempeño de los docentes y los criterios empleados en selección de los profesores, de acuerdo a lo requerido por CONEAU; se sugiere incorporar un miembro externo a la institución dentro del Comité Académico), "metodología de enseñanza-aprendizaje" (se adjuntó una carta de intención con la Defensoría de los Derechos de las Niñas, los Niños y los Adolescentes de la provincia para la implementación de pasantías educativas, lo que es un punto positivo para la formación de los cursantes; en respuesta a sugerencia de CONEAU, también se implementaron pasantías profesionales a fin de fortalecer las actividades prácticas), "currículum, plan de estudio y programas" (a partir de las recomendaciones efectuadas en la evaluación anterior se ha fortalecido la carga horaria de los temas observados) y "alumnos y graduados" (se recomienda que se ajuste la modalidad de evaluación final a lo dispuesto por la Resolución Ministerial 1168/97). También se hallaron indicios de cambios enunciativos para la *función gestión* (que se concreten los convenios para la implementación de pasantías en otros organismos con competencia en materia afín a los contenidos de la carrera).

Caso 2: carrera de especialización en Derecho de los Negocios (acreditada en 2004; reacreditada en 2009). Categoría B.

Se hallaron indicios de cambios enunciativos y fácticos hacia la mejora, muchos como respuesta a las recomendaciones de la acreditación anterior de la carrera. Por un lado, en la *función docencia,* dimensión "cuerpo de profesores", relacionada con la función "gestión" (la carrera ha procedido a crear el Comité Académico); en la dimensión "currículum, plan de estudio y programas" (conforme a recomendaciones oportunamente efectuadas por la CONEAU en su evaluación anterior, se ha procedido a aumentar la carga curricular en la materia Contabilidad, de manera compatible con lo oportunamente recomendado; se sugiere que se complete en los programas analíticos la bibliografía faltante); en "alumnos y graduados" (conforme a recomendaciones oportunamente efectuadas por la CONEAU en su evaluación anterior, existe una política de becas consistente en una disminución del 50% del arancel; ahora se pide que se implementen mecanismos destinados a lograr que los alumnos culminen sus estudios). También se observaron cambios para la *función gestión* (que se incluyan los requisitos de admisión en la normativa de la carrera).

Caso 3: carrera de especialización en Derecho Público (acreditada en 1999).

Se hallaron indicios de cambios enunciativos hacia la mejora en la *función docencia,* dimensión "cuerpo de profesores" (incrementar ligeramente el número de profesores invitados), "currículum, plan de estudio y programas" (revisar el plan de estudios a los efectos de suprimir uno o dos cursos sobre metodología, incorporar un curso de Derecho Procesal Constitucional y colocar el seminario sobre la reforma de la Constitución después del cursado de Derecho Constitucional y Derecho Público Provincial), "alumnos y graduados" (mejorar el sistema de seguimiento de los alumnos con el objeto de lograr que la mayoría de ellos finalice sus estudios aprobando el trabajo final). También se hallaron indicios para la *función gestión* (promover la interacción con otras instituciones académicas interesadas en las misma problemática).

Caso 4: carrera de especialización del régimen jurídico del Comercio Exterior (acreditada en 1999).

Se hallaron indicios de cambios enunciativos en la *función docencia,* dimensión "alumnos y graduados" (realizar pasantías; promover medidas tendientes a intensificar la productividad del posgrado) y en la *función investigación* y *extensión* (como transferencia; realizar tareas de investigación, asistencia técnica, consultoría, transferencia).

Caso 5: carrera doctorado en Derecho y Ciencias Sociales (acreditada en 1999; presentada para su reacreditación en 2008). Categoría B.

Se hallaron indicios de cambios enunciativos en la *función docencia,* dimensión "cuerpo de profesores" (acrecentar las acciones tendientes a la supervisión de los docentes) y "alumnos y graduados" (mejorar la tasa de productividad; buscar la manera de incrementar el número de becas).

La percepción de los actores institucionales acerca del impacto de la política de evaluación y acreditación en ciencias sociales (Facultad de Derecho y Ciencias Sociales) es altamente positiva, como se lee a continuación:

> *Con respecto al posgrado, me parece realmente estupendo. Nosotros justamente hemos aprobado anoche el tema de un reglamento para la carrera de doctorado conforme a las observaciones que había hecho la CONEAU. La respuesta a la vista se nos vence ahora el día 24. Yo creo que eso es bueno, nosotros nos presentamos en todas las acreditaciones y me parece que realmente era importante eso. Importante con buenos resultados. Con buenos resultados en relación hacia el nivel de excelencia, excelencia de carrera, excelencia de doctorado. Ayer se aprobó el reglamento..., yo creo que en eso ha habido varios cambios siempre teniendo en cuenta..., porque es siempre teniendo en cuenta los requerimientos, las necesidades académicas y muy especialmente en lo que se ha presentado en la CONEAU, las observaciones que ha hecho la CONEAU para la prosecución del trámite (decano. Facultad de Derecho).*

Es bueno, es un sistema bueno porque te exige cumplir ciertas ordenanzas, mejorará la organización de las carreras... autoevaluarse para mejorar (secretaria académica de Posgrado. Facultad de Derecho y Ciencias Sociales).

Se mencionan cambios concretos para la *función docencia:*

Sí, mejoró la titulación. Sí, porque los profesores están rindiendo tesis, doctorándose, se ha incrementado la cantidad de profesores por las exigencias de las acreditaciones, que se requiere que el director tenga título igual o mayor al curso que está dictando. [...] Entonces sirvió para incentivar a los profesores a hacer su tesis y hacer estos cursos de especialización (secretaria de Posgrado. Facultad de Derecho y Ciencias Sociales).

Sirve para mejorar, sirve para elegir los mejores docentes. Ha servido para implementar mejoras. Perfectamente bien, es decir que no se organizan cursos que no tengan seriedad, que estén dictados por los mejores docentes de la provincia, entonces eso ha servido (secretaria de Posgrado y secretaria administrativa de Posgrado. Facultad de Derecho y Ciencias Sociales).

Respecto a la formación pedagógica, acá hay carrera docente. Son tres años de adscripción, y los que se inician antes de que puedan designar... vos tenés que hacer tres años de adscripción en la disciplina, en la asignatura que te interese, ahí se hace curso de metodología de enseñanza, metodología de la investigación, un idioma o rindes equivalencias, son tres años de formación. Pero esto hace mucho que está, no tiene nada que ver con la acreditación, esto es la formación docente que teníamos de antes (secretaria de Posgrado. Facultad de Derecho y Ciencias Sociales).

Currículum y planes de estudio. Sí, eso se sigue, se agregan materias. Los proyectos de carrera que se acreditan vienen con recomendaciones. Todo se implementa. Se implementan todas las sugerencias que hace el comité de pares. Eso te implica mejorar la estructura de una carrera. Por ejemplo, una de las sugerencias en una de las carreras es formar una plataforma educativa en web, eso ya está implementado, con informática. Todas las sugerencias se están implementando. Las sugerencias siempre han sido muy interesantes (secretaria de Posgrado. Facultad de Derecho y Ciencias Sociales).

Sí, las sugerencias siempre han sido muy interesantes (secretaria administrativa de Posgrado. Facultad de Derecho y Ciencias Sociales).

Biblioteca, también. Por ejemplo, para una carrera, que le dieran un ámbito en la biblioteca, entonces pedimos autorización a la directora de biblioteca y de hemeroteca, ya tienen un espacio especial y un horario dos días a la semana para ese grupo de alumnos de una carrera. Es decir que todas las sugerencias se están implementando (secretaria administrativa de Posgrados. Facultad de Derecho y Ciencias Sociales).

No se reconocen cambios significativos para la función investigación:

En investigación, no. Lo que nos han pedido es fichas de investigación de docentes que participen en doctorando. Es información... que ya existía... ya existía pero es más información, es decir, nosotros lo teníamos implementado pero no normado (secretaria administrativa de posgrados. Facultad de Derecho y Ciencias Sociales).

Se reconocen cambios en la *función extensión,* debido a la firma de convenios de transferencia:

Bueno, la transferencia, eso nos sirvió para ponernos al día con todos los convenios, formalizar. Nosotros tenemos convenios... teníamos convenios... tenemos convenios por palabra, tenemos transferencia pero sin respaldo documental... ahora lo exige la CONEAU, bueno, es un respaldo más (secretaria administrativa de Posgrados. Facultad de Derecho y Ciencias Sociales).

También se mencionan cambios en la *función gestión;* en este sentido, no tan positivos, debido al *trámite infernal* que supone hacer estas presentaciones, en parte también por la organización interna del procedimiento:

Gestión: es decir, estos procesos te llevan mucho tiempo. Te lleva mucho tiempo porque tiene que tener personas dedicadas a full para que puedan hacer todas las fichas que piden, cargar, volver a hacer todas las modificaciones, hay que volverlas a mandar por soporte electrónico, te lleva mucho tiempo y necesitás gente que se dedique a eso, es un trabajo (secretaria administrativa de Posgrados. Facultad de Derecho y Ciencias Sociales).

La parte negativa es el trámite infernal, es trámite. Nosotros no tenemos tantos empleados como para que puedan ayudarte a hacer esto, tenemos que estar nosotros a full... la ficha también. La ficha docente la tenemos que cargar nosotros porque el sistema, por eso te digo el sistema no permite trasplantar porque los docentes ya han cargado allá en SCYT, no te permite el sistema que nosotros podamos traer esa información para acá. Entonces tenemos que volver y al docente que vos le pidas actualizar el currículum, no lo trae, entonces es una lucha a brazo partido, tengo que ir al departamento de concursos, buscar los que se han presentado a concurso. Ellos no la cargan, ninguno. No hay una política de cargar, además tenés que tener un servidor central, pero no podés..., si no jugás con mucho tiempo entonces no podés estar esperando que manden todo, es una carga más para el docente, entonces lo hacemos nosotros (secretaria de Posgrado y secretaria administrativa de Posgrado. Facultad de Derecho y Ciencias Sociales).

En el cuadro 7.7 se muestra, esquemáticamente, el impacto de la política de acreditación de carreras de posgrado en las funciones sustantivas y en la gestión.

Cuadro 7.7. Impacto de la política de acreditación de carreras de posgrado en ciencias sociales (Facultad de Derecho y Ciencias Sociales) en las funciones docencia, investigación, extensión y gestión. Caso 2

Áreas de análisis	Dimensiones	Ciencias Sociales: Derecho											
		Análisis documental										Percepción de actores	
		Caso 1 Especialización (2 acreditaciones) 'B'		Caso 2 Maestría (2 acreditaciones) 'B'		Caso 3 Especialización (1 acreditación)		Caso 4 Especialización (1 acreditación)		Caso 5 Doctorado (1 acreditación)		Posgrados de Derecho en general	Obst. para la mejora
		Indicio de cambio hacia la mejora		Indicio de cambio hacia la mejora		Indicio de cambio hacia la mejora		Indicio de cambio hacia la mejora		Indicio de cambio hacia la mejora		Indicio de cambio hacia la mejora	
		E	F	E	F	E	F	E	F	E	F	F	
1. Función Docencia	1.1 Cuerpo de los profesores: titulación académica, dedicación, categorización, formación pedagógica, selección.	x	x	x	x	x	-	-	-	x	-	x	-
	1. 2 Proceso- metodología de enseñanza-aprendizaje	x	x	-	-	-	-	-	-	-	-	-	-
	1.3 Curriculum. Planes y programas	x	x	x	x	x	-	-	-	-	-	x	-
	1.4 Alumnos y graduados	-	-	x	-	x	-	x	-	x	-	-	-
	1.5 2..5 infraestructura - equipamiento y biblioteca * *Mayor impacto	-	-	-	-	-	-	-	-	-	-	x	-

Áreas de análisis	Dimensiones	Ciencias Sociales: Derecho											
		Análisis documental										Percepción de actores	
		Caso 1 Especialización (2 acreditaciones) 'B'		Caso 2 Maestría (2 acreditaciones) 'B'		Caso 3 Especialización (1 acreditación)		Caso 4 Especialización (1 acreditación)		Caso 5 Doctorado (1 acreditación)		Posgrados de Derecho en general	
		Indicio de cambio hacia la mejora		Indicio de cambio hacia la mejora		Indicio de cambio hacia la mejora		Indicio de cambio hacia la mejora		Indicio de cambio hacia la mejora		Indicio de cambio hacia la mejora	Obst. para la mejora
		E	F	E	F	E	F	E	F	E	F		
2. Función Investigación	2.1 Profesores investigadores. Formación de recursos humanos.	-	-	-	-	-	-	x	-	-	-	-	-
	2.2 Proyectos de investigación.	-	-	-	-	-	-	x	-	-	-	-	-
	2.3 Financiamiento de la investigación.	-	-	-	-	-	-	-	-	-	-	-	-
	2.4 Productos de investigación.	-	-	-	-	-	-	-	-	-	-	-	-
3. Función Extensión	3.1 Concepto de extensión.	-	-	-	-	-	-	-	-	-	-	x	-
	3.2 Programas de extensión.	-	-	-	-	-	-	x	-	-	-	-	-
4. Gestión	4.1 Gestión de la calidad de los procesos de evaluación y acreditación.	-	x	-	x	-	x	-	x	-	x	x	x
	4.2 Gobierno y Gestión	x	x	x	-	x	-	-	-	-	-	x	-

Referencias:
X: hallazgo de impacto
-: desde las fuentes utilizadas no se halló impacto. Esto no implica, necesariamente, que "no hubo impacto"
Fuente: elaboración propia a partir de la información obtenida en el análisis documental y en las entrevistas

Conclusión del impacto de la acreditación de carreras de posgrados en ciencias de la salud, ciencias aplicadas[46] y ciencias sociales

A partir del análisis documental y de las entrevistas, se hallaron indicios de cambios enunciativos y, en algunos casos, fácticos en la *función docencia* principalmente en las dimensiones "cuerpo de profesores", "currículum, plan de estudios y programas" y —para ciencias de la salud y ciencias sociales— "alumnos y graduados". También se encontraron indicios de cambio en la *función gestión,* sobre todo en lo que se refiere a la gestión de la calidad de estos procesos, a la gestión de la carrera y a la concreción de convenios. Casi no se hallaron indicios de cambio hacia la mejora en la *función investigación* ni en la *función extensión* (solo en el caso de la implementación de convenios por actividades de transferencia).

Los obstáculos hacia la mejora refieren a dificultades internas más que al procedimiento de acreditación, aunque se admite que el procedimiento es muy minucioso y, para algunos, "infernal".

7.4. La política de evaluación y acreditación de la calidad universitaria. Percepción de actores institucionales

A continuación, se presenta la percepción y la opinión de actores institucionales acerca de 1) la existencia de sistemas que evalúen y acrediten la calidad universitaria en general; 2) algunos aspectos del sistema de evaluación y acreditación universitario argentino; 3) el funcionamiento de la CONEAU, y 4) el impacto de estos procesos en la organización y la cultura de la institución.

7.4.1. Acerca de la existencia de sistemas externos que evalúen y acrediten la calidad universitaria

Todos los entrevistados se manifestaron muy a favor de la existencia de los sistemas de evaluación y acreditación universitaria. Se argumenta acerca de su utilidad y necesidad. También se menciona la importancia de una mirada externa que complemente las autoevaluaciones, la necesidad de reflexionar acerca de las propias fortalezas y debilidades y que es una tendencia mundial.

En la figura 7.1 se presenta una síntesis de lo que dijeron los entrevistados.

---

[46] Se deberá completar la información con más entrevistas en la Facultad de Ciencias Exactas, Físicas y Naturales.

Figura 7.1. Opinión acerca de la "existencia de sistemas que evalúan y acreditan la calidad universitaria", según cargo de los entrevistados. Caso 2

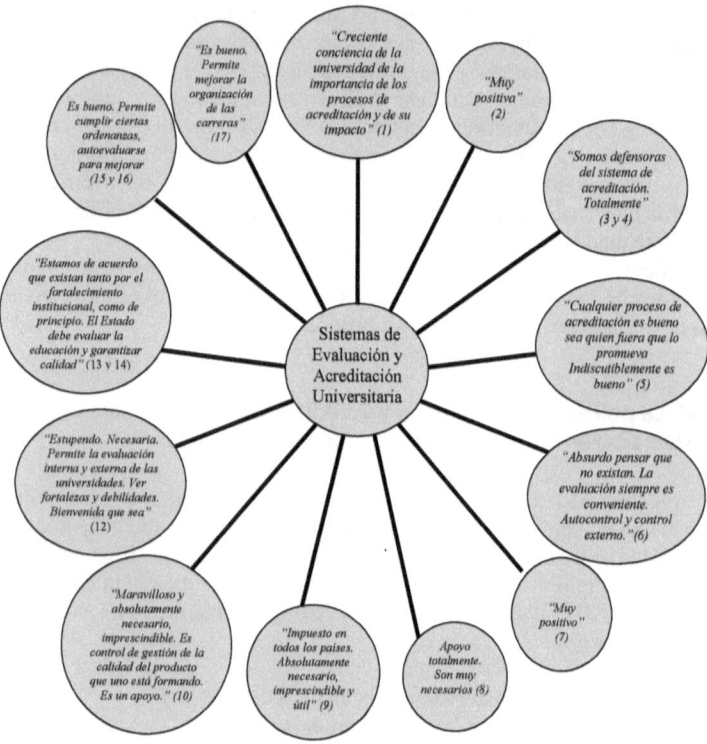

Referencias:[47]
(1) Rector.
(2) Ex secretaria de Asuntos Académicos de la Universidad, actualmente trabaja en Rectorado.
(3) Secretaria de Asuntos Académicos. Rectorado.
(4) Subsecretaria de Posgrado. Rectorado.
(5) Subsecretaria de Grado. Rectorado.
(6) Decano. Facultad de Ciencias Exactas, Físicas y Naturales.
(7) Subsecretaria de Evaluación Institucional. Facultad de Ciencias Exactas Físicas y Naturales.
(8) Secretaria académica. Facultad de Ciencias Médicas.

---

[47] Las referencias para *todas las figuras* del apartado 7.4 son las mismas.

(9) Ex secretario académico. Facultad de Ciencias Médicas.
(10) Subsecretario académico de Posgrados. Facultad de Ciencias Médicas.
(11) Coordinadora de Acreditación de Posgrados. Facultad de Ciencias Médicas.
(12) Decano. Facultad de Derecho y Ciencias Sociales.
(13) Secretaria académica. Facultad de Derecho y Ciencias Sociales.
(14) Prosecretaria académica, Facultad de Derecho y Ciencias Sociales.
(15) Secretaria de Posgrado. Facultad de Derecho y Ciencias Sociales.
(16) Prosecretario de Posgrado. Facultad de Derecho y Ciencias Sociales.
(17) Secretaria administrativa de Posgrado. Facultad de Derecho y Ciencias Sociales
Fuente: elaboración propia a partir de la información obtenida en las entrevistas

7.4.2. Acerca de algunos aspectos del sistema de evaluación y acreditación universitario argentino

a) Composición actual del gobierno de la CONEAU

Los entrevistados reconocen que el origen, la fuente de legitimidad de la composición de CONEAU es un tema importante.

Un grupo mayoritario menciona la excesiva composición política; algunas de estas personas se preguntan por el fundamento de dicha composición. Otro grupo señala la importancia de que se trate de personas cuya objetividad, imparcialidad y nivel de excelencia sea indiscutida, más allá de su proveniencia institucional.

En la figura 7.2 se presenta una síntesis de las opiniones de los entrevistados

Figura 7.2 a). Opinión acerca de la composición actual del gobierno de CONEAU, según cargo de los entrevistados. Grupo que hace referencia a la excesiva composición política. Caso 2

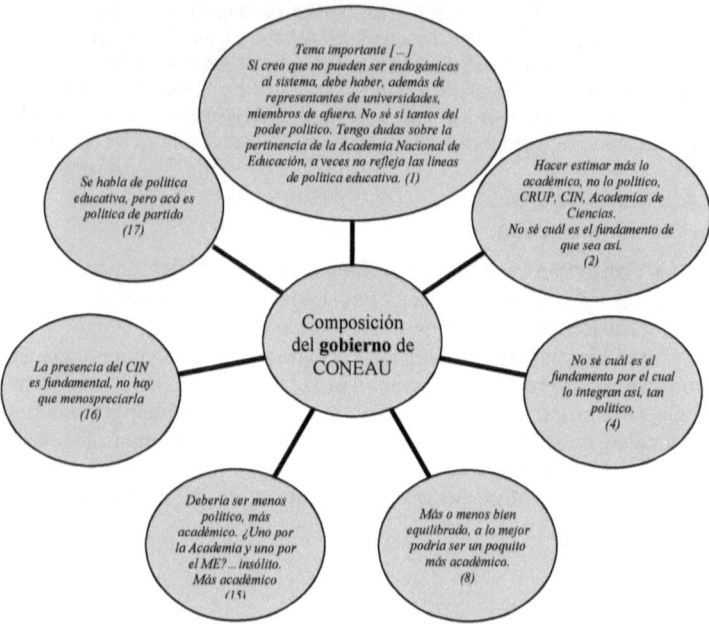

Figura 7.2 b). Opinión acerca de la composición del gobierno de CONEAU, según cargo de los entrevistados. Grupo que focaliza la atención en los atributos académicos de los miembros y no en su pertenencia institucional. Caso 2

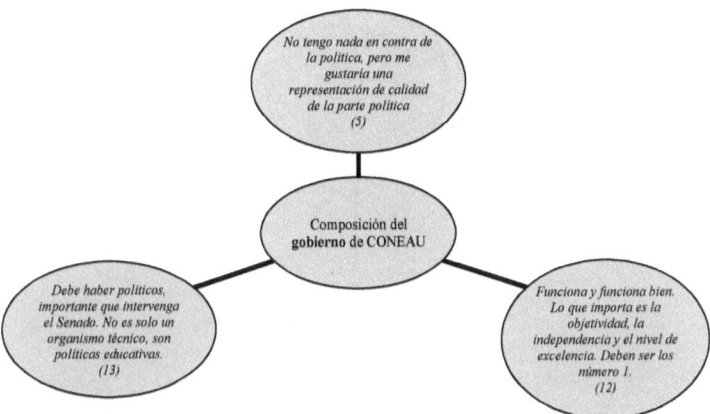

Referencias:
Véase la figura 7.1
Fuente: elaboración propia a partir de la información obtenida en las entrevistas

Acerca de la posibilidad de *incluir estudiantes en el gobierno de CONEAU*, todos los entrevistados, menos uno, opinaron que los estudiantes no tienen la experiencia ni la formación para evaluar la universidad en su conjunto. Algunos se apoyaron, además, en algunas experiencias negativas de la participación de estudiantes en el gobierno de su facultad:

> *Mirá, idealmente, o sea, con el corazón, con esta cuestión de todos los valores democráticos que uno quiere, y si pensás en el cuento de hadas, uno diría "sí, por supuesto", pero después de pasar por procesos de gestión como hemos pasado [...] durante tantos años y ver los desastres, los desastres políticos y académicos que generan en la educación pública los votos de los estudiantes y los egresados, que a veces tienen más poder en un consejo académico, en el consejo superior que los mismos académicos... mejor que tengan su lugar.*[48]

En la figura 7.3 se expone sintéticamente la opinión de los entrevistados acerca de la posibilidad de incluir estudiantes en el gobierno de CONEAU.

---

[48] En este caso, se ha optado por no identificar el cargo de los entrevistados.

Figura 7.3: Opinión acerca de la inclusión de estudiantes en el gobierno de CONEAU, según cargo de los entrevistados. Caso 2

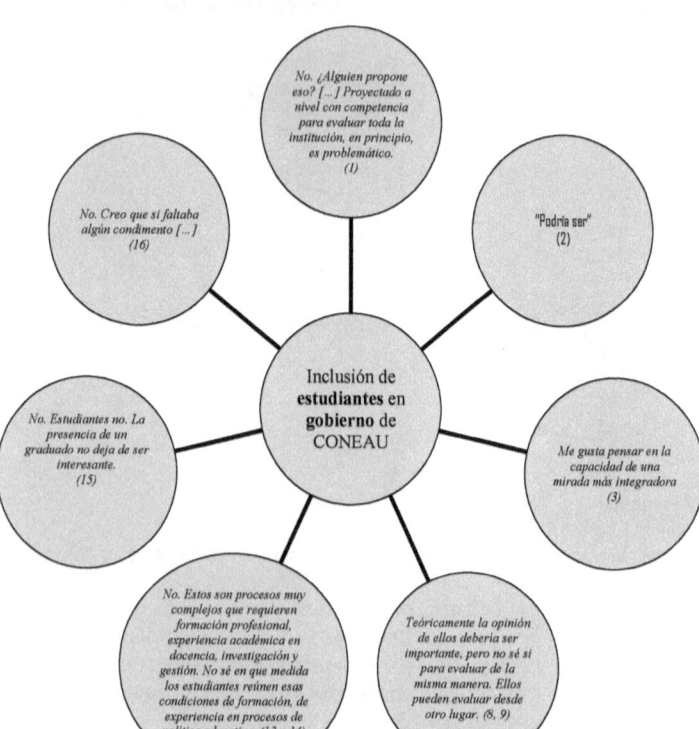

Referencias:
Véase la figura 7.1
Fuente: elaboración propia a partir de la información obtenida en las entrevistas

b) Opinión acerca de la obligatoriedad de la acreditación de carreras de grado y posgrado

Todos los entrevistados se manifestaron a favor de la obligatoriedad de la acreditación de carreras de grado de interés público. Respecto al resto de carreras de grado, los entrevistados prefieren que no sean acreditables. Entre las razones, se señala la falta de capacidad del sistema para acreditar todo.

> *Respecto a acreditar todas las de grado, yo creo que es un problema de capacidad de CONEAU para poder acreditar. Porque, si no pueden con unas*

pocas ¿cómo van a hacer? (ex secretaria de Asuntos Académicos. Actualmente trabaja en Rectorado).

Primero, lo que estamos evaluando no alcanza, o sea, yo no solo te digo "hay que evaluar", sino "hay que evaluar más, mejor y de otra manera" (decano. Facultad de Ciencias Exactas, Físicas y Naturales).

Yo creo que tiene que ser para todos igual (decano. Facultad de Derecho y Ciencias Sociales).

Pienso que hay carreras que con un título habilitante ponen en juego bienes fundamentales como la vida, la salud, la libertad. Entonces, realmente son carreras que ameritan pasar por procesos de acreditación para que esos títulos tengan una garantía vinculada al bien público [...], hay muchas carreras que, por supuesto no es que no tengan una función social importante, tienen funciones sociales importantísimas, pero no ponen en riesgo estos bienes fundamentales (prosecretaria académica. Facultad de Derecho y Ciencias Sociales).

Respecto a la obligatoriedad de acreditar todas las carreras de posgrados, un grupo se manifestó a favor y otro se inclina por un sistema optativo si no habilitan para el ejercicio profesional. Los que se declararon a favor, argumentan que la obligatoriedad es una forma de garantizar la calidad, debido a que no pocas veces, también en las universidades públicas, el posgrado es fuente de ingresos y esto puede atentar contra la calidad académica.

Además es fuente de ingreso, no pueden olvidarse de esa parte que existe (el posgrado se paga) y entonces la acreditación es una garantía... porque en muchos casos es comercio, una recaudación (ex secretaria de Asuntos Académicos. Actualmente trabaja en Rectorado).

Yo tiendo más bien a que sea obligatorio de estándares mínimos (rector).

Obligatoriedad de acreditar todos los posgrados. Sí, yo creo que sí, porque si no pasa que cualquiera te da el título de doctor (subsecretario académico de Posgrados. Facultad de Ciencias Médicas).

Otros lo atribuyen al estado de madurez actual del sistema, sin descartar que en un futuro el sistema de acreditación de posgrados pase a ser optativo:

Y, a lo mejor, por un tiempo más, de estándares mínimos... y obligatorios. Sí, porque a lo mejor, dentro de un tiempo uno puede subir, pero me parece que todavía... sí, me parece que todavía es obligatorio, sí, sí (secretaria académica. Facultad de Ciencias Médicas)

Los posgrados, que no habilitan para el ejercicio profesional,... y a lo mejor por un tiempo más mínimos y obligatorios para todos. Obligatorio, sí (ex secretario académico. Facultad de Ciencias Médicas).

Quienes se inclinan por un sistema de acreditación de posgrado optativo argumentan que es signo de madurez del sistema y que, al ser voluntario, generaría menos reacción y favorecería la cultura de la calidad:

Posgrado: yo creo que debe ser voluntario..., sí, porque todo el mundo lo acreditaría voluntariamente..., la obligación genera reacción..., retracción..., claro, si vos querés hacer algo de calidad, vas a pretender acreditarlo: el mercado regula. Entonces vas a acreditarla, no tienen por qué forzarte a acreditar, me parece..., sí, porque voluntariamente te ponés en este rollo burocrático, voluntariamente lo quiero hacer pero no obligatoriamente (secretaria de Posgrado. Facultad de Derecho y Ciencias Sociales).

Sí, algunas universidades con un sello particular como la nuestra creo que jamás se escaparía de esta posibilidad, al contrario..., para mí es signo de adultez (prosecretario de Posgrado. Facultad de Derecho y Ciencias Sociales).

En el cuadro 7.8 se presenta una categorización de las respuestas a esta pregunta.

Cuadro 7.8. Opinión de los entrevistados, según cargo, acerca de la obligatoriedad de los sistemas de acreditación para carrera de grado de interés público, de posgrado y de todas las carreras de grado

Opinión de los entrevistados \ Sistema	Sistema de acreditación de carreras de grado: solo las de interés público		Sistema de acreditación de carreras de posgrado (que no habilitan para el ejercicio profesional)		Sistema de acreditación de todas las carreras de grado	
	Obligatorio	Optativo	Obligatorio	Optativo	Obligatorio	Optativo
(1) Rector.	X		X			
(2) Ex secretaria de Asuntos Académicos de la Universidad, actualmente trabaja en Rectorado.	X		X			
(3) Secretaria de Asuntos Académicos. Rectorado.	X					
(4) Subsecretaria de Posgrado. Rectorado.	X					
(5) Subsecretaria de Grado. Rectorado.	X		X			
(6) Decano. Facultad de Ciencias Exactas, Físicas y Naturales.	X		X		X	
(7) Subsecretaria de Evaluación Institucional. Facultad de Ciencias Exactas Físicas y Naturales.	X					
(8) Secretaria académica. Facultad de Ciencias Médicas.	X		X			
(9) Ex secretario académico. Facultad de Ciencias Médicas.	X		X			
(10) Subsecretario académico de Posgrados. Facultad de Ciencias Médicas. Ciencias Sociales	X		X			
(11) Coordinadora de Acreditación de Posgrados. Facultad de Ciencias Médicas.	X					
(12) Decano. Facultad de Derecho y Ciencias Sociales.	X		X			
(13) Secretaria académica. Facultad de Derecho y Ciencias Sociales.	X		X			
(14) Prosecretaria académica, Facultad de Derecho y Ciencias Sociales.	X		X			
(15) Secretaria de Posgrado. Facultad de Derecho y Ciencias Sociales.	X			X		
(16) Prosecretario de Posgrado. Facultad de Derecho y Ciencias Sociales.	X			X		
(17) Secretaria administrativa. Facultad de Derecho y Ciencias Sociales	X			X		

Fuente: elaboración propia a partir de la información obtenida en las entrevistas

c) Acerca de si promoverían o no el funcionamiento de otras agencias además de la CONEAU

En esta universidad, la mayoría de los entrevistados se manifestó a favor de la existencia de una sola agencia de evaluación y acreditación de la calidad universitaria. Entre los principales argumentos se señala que es más equitativo, comparable, y también que es una manera de que el sistema se vaya afianzando. En todo caso, se menciona, habría que mejorar la que existe pero no generar otras.

Un grupo minoritario se inclina por varias agencias disciplinares. En este sentido, se considera que durante todo el proceso se contemplaría la variedad de paradigmas disciplinares.

También se argumenta que, actualmente, los procesos son muy lentos y, por lo tanto, la competencia con otras agencias podría incidir en la celeridad.

Uno de los entrevistados manifiesta que una sola entidad evaluadora, plural y buena no genera reclamo:

> *Una sola entidad evaluadora plural y buena no genera reclamo. Pero si una está viciada. Yo hoy me voy, en dos minutos me voy..., hoy me voy porque veo que esta no me juzga a mí de la manera que yo pretendo ser juzgado, no sé si la otra me juzgaría mejor o peor, pero seguramente que va a ser mejor que esto, a lo mejor ahí tienen en cuenta todas esas cuestiones que son de lo cotidiano le voy a prestar más atención, porque me siento evaluado más por un par mío, de una manera más justa, por lo que yo hago y no por lo que hacen otros, y no me evalúe por lo que hacen los otros, ¿cómo me van a evaluar por lo que hacen otros? (subsecretario académico de Posgrado. Facultad de Ciencias Médicas).*

En la figura 7.4 se muestra una síntesis de la opinión de algunos entrevistados.

Figura 7.4. Opinión de los entrevistados, según cargo, acerca de si promoverían o no el funcionamiento de otras agencias además de CONEAU

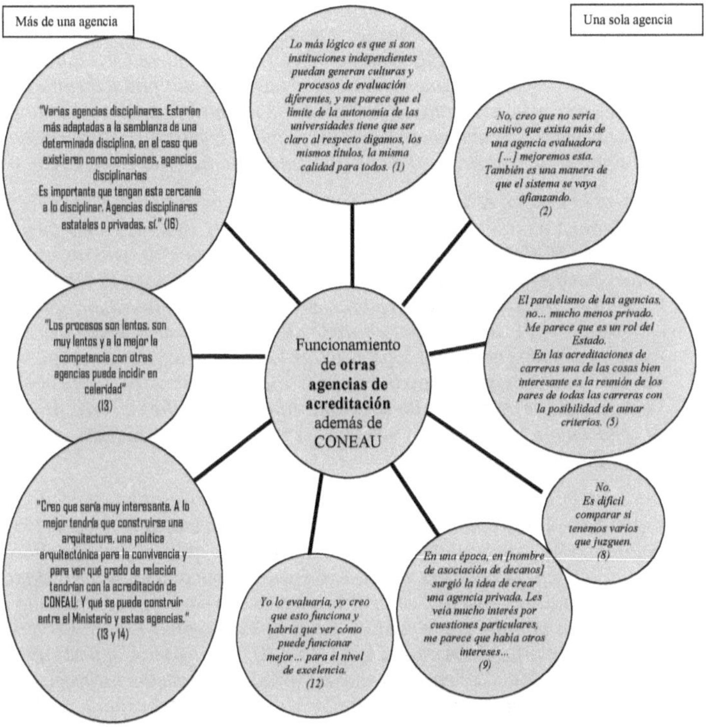

Más de una agencia

"Varias agencias disciplinares. Estarían más adaptadas a la semblanza de una determinada disciplina, en el caso que existieran como comisiones, agencias disciplinarias. Es importante que tengan esta cercanía a lo disciplinar. Agencias disciplinares estatales o privadas, sí." (16)

Lo más lógico es que si son instituciones independientes puedan generar culturas y procesos de evaluación diferentes, y me parece que el límite de la autonomía de las universidades tiene que ser claro al respecto digamos, los mismos títulos, la misma calidad para todos. (1)

"Los procesos son lentos, son muy lentos y a lo mejor la competencia con otras agencias puede incidir en celeridad" (13)

"Creo que sería muy interesante. A lo mejor tendría que construirse una arquitectura, una política arquitectónica para la convivencia y para ver qué grado de relación tendrían con la acreditación de CONEAU. Y qué se puede construir entre el Ministerio y estas agencias." (13 y 14)

Funcionamiento de otras agencias de acreditación además de CONEAU

Una sola agencia

No, creo que no sería positivo que exista más de una agencia evaluadora [...] mejoremos esta. También es una manera de que el sistema se vaya afianzando. (2)

El paralelismo de las agencias, no... mucho menos privado. Me parece que es un rol del Estado. En las acreditaciones de carreras una de las cosas bien interesante es la reunión de los pares de todas las carreras con la posibilidad de aunar criterios. (5)

No. Es difícil comparar si tenemos varios que juzguen. (8)

En una época, en [nombre de asociación de decanos] surgió la idea de crear una agencia privada. Les veía mucho interés por cuestiones particulares, me parece que había otros intereses... (9)

Yo lo evaluaría, yo creo que esto funciona y habría que ver cómo puede funcionar mejor... para el nivel de excelencia. (12)

Referencias:
Véase la figura 7.1
Fuente: elaboración propia a partir de la información obtenida en las entrevistas

c) Sobre la eficacia (o no) de relacionar los procesos de evaluación y acreditación con mecanismos de financiamiento

Todos los entrevistados manifestaron la importancia y la efectividad de relacionar procesos de acreditación con mecanismos de financiamiento. Se ejemplifica con las unidades que ya han accedido, por ejemplo, al PROMEI. Se admite que algunas mejoras serían impensables sin un apoyo financiero extra.

A continuación se citan algunas afirmaciones que ilustran lo sostenido en el párrafo anterior:

En algún sentido, sí, dado que se trata de procesos locales que se van haciendo en forma gradual y para áreas y problemáticas específicas; uno imagina que un programa que atienda la especificidad de esos problemas, dado que las universidades no tienen normalmente recursos de libre disponibilidad suficientes, contribuye a que parte del proceso de acreditación incluya comprometerse y poder cumplir con mejorar aquellos aspectos que la evaluación muestra que están frágiles, de manera que acompañar con financiamiento al resultado de una evaluación asegura que la evaluación pueda ser cumplida, digamos, en sus metas de mejoramiento, en ese sentido no veo mejor manera. [...] Parece bastante poco sano que, como conclusión, quede, bueno, que la universidad vea cómo se las arregla para atender alguna de todas estas cosas (rector).

Pero, por ejemplo, el tema de las dedicaciones es un tema muy serio de financiamiento [...] y ¿dónde está el financiamiento?, aparece con la mejora posterior, el PROMEI en el caso de las ingenierías, todas las carreras acreditadas tienen plan de mejora posterior, pero el problema es que la evaluación te la hacen antes del plan de mejora... entonces hay ahí situaciones que son complejas para la universidad y para la unidad académica. Pero no quiero hacer pasar todo por un problema de financiamiento y de presupuesto porque no es cierto, hay muchas cosas buenas que se logran fuera de ese tema, pero es indiscutible que muchas de las cosas que uno debería enfrentar en el proceso de autoevaluación para cambiar, el tener recursos es central (subsecretaria de Grado. Rectorado).

Desde mi visión global, porque me pasó ahora cuando estuve en Europa, en España, en junio, comparar cómo están viendo ellos esto de la adaptación a Bolonia y el no tener un soporte económico del lado del gobierno para hacer los cambios en cada una de las universidades, si bien allá las universidades no son gratuitas, se pagan, se sostienen, no lo ven como una fuerza que el gobierno los impulse a este cambio. Lo que pasa es que a nosotros el tema de tener estos programas especiales (PROMEI) fue, digamos, la parte que le faltaba a esto de que, además que nos miraran, nos financian los programas de mejora. [...] pero digamos más allá de que CONEAU venía a evaluarnos no se quedó solamente en un listado de debilidades encontradas o de falencias sino que además hubo la parte, la segunda parte del Ministerio (PROMEI) que creo que fue en realidad lo que le dio más credibilidad. Esto es lo importante, porque realmente si uno no tuviera esa combinación no hubiera sido posible trabajar solamente con las debilidades, porque todas las debilidades, si bien buena parte se podían resolver desde la intención, en realidad necesitaba recursos económicos fuertes y poderosos, porque para nosotros significó desde los fondos no recurrentes tres millones de pesos para el PROMEI y otro tanto en lo que se refiere a recursos humanos, ¿sí? El haber pasado de tener dedicación, tres o cuatro dedicaciones exclusivas, a tener como tenemos ahora 150 dedicaciones exclusivas más en las áreas de las ingenierías básicas, sin lugar a duda produce un cambio, pero yo no podría haber tenido PROMEI si no tenía CONEAU previo (subsecretaria de Evaluación Institucional. Facultad de Ciencias Exactas, Físicas y Naturales).

Obvio. Yo le tengo una gran envidia a Ingeniería, porque yo veo que en Ingeniería tienen el programa..., el PROMEI. Nosotros, pero por supuesto que lo digo medio en chiste, así, en el Consejo Superior, cuando se está aprobando esto, yo creo que es fundamental eso para todas las carreras, y bienvenido que sea para la carrera de Derecho. Yo creo que es fundamental eso. No solamente es fundamental el financiamiento, para adecuar a las observaciones que se puedan hacer para las acreditaciones de carrera, biblioteca, etc., para cualquier infraestructura yo creo que es fundamental el tener en cuenta la parte del financiamiento... Hace más reales los planes de mejora. Todos los planes de mejora, si no hay financiamiento, se da cuenta que lleva más tiempo para lograrlo y, bueno, yo creo que si están exigiendo o requiriendo algo, eso se puede solucionar en gran parte con el tema del financiamiento. La universidad pública tiene un grave problema, que es el tema del presupuesto, el 95% del tema del presupuesto se lo llevan los haberes de los docentes, y a su vez cuanto presupuesto sea para la universidad argentina yo creo que siempre es magro, es poco para las necesidades y los requerimientos que tienen, o sea que cualquier ayuda, para la aplicación de cualquier carrera, yo creo que es fundamental la parte del financiamiento (decano. Facultad de Derecho y Ciencias Sociales).

Para nosotros sería importante... Sería importante poder entrar en un proceso de acreditación y contar con un mecanismo de apoyo, de fondos, mecanismos de fondos para planes de mejora. Para nosotros sería importante por esta realidad, ¿no?, que muchos proyectos que uno quisiera desarrollar se encuentran con la traba de escasez de recursos económicos, humanos, infraestructura, sería importante (secretaria académica. Facultad de Derecho y Ciencias Sociales).

Se admite que el financiamiento genera un interés adicional para participar en estos procesos:

En general ha sido localizado, generan como este tipo de división. Generan en algunos casos como deseo de pasar por los procesos de acreditación gracias a que hay presupuesto..., hace unos años jamás lo hubiera imaginado (rector).

También se reconocen algunas dificultades internas:

Lo que sí es cierto es que genera también esta dificultad interna con el resto de las unidades académicas, que no teniendo el apoyo de estos programas y teniendo como tienen igualmente necesidades de más diverso tipo, sea que hagan o no hagan los procesos de evaluación, con autonomía digamos, por su propia cuenta, genera cierta asimetría. En este punto, a mí lo que me parece importante es tener un manejo transparente del presupuesto y que todos conozcamos, sobre base de parámetros objetivos, en qué situación relativa está cada uno y que, en consecuencia, los recursos de libre disponibilidad vayan a donde más hacen falta, y si no hacen falta ahora, en estas unidades, porque ya han recibido apoyo, irán a otras. [...] y creo que esto se está también entendiendo, o sea, así como te decía al principio de la conversación se considera una política de Estado apoyar los procesos de acreditación, y si hay que hacer esfuerzos en estas etapas previas sobre todo, hoy contrapartes para estos programas, para fortalecer esos procesos el conjunto los hace, asimismo cuando hay recursos adicionales —dadas estas situaciones de relativa mejora—, esas facultades resignan reclamar presupuesto en favor de otras que no tienen otra vía, esto naturalmente se produce (rector).

En algún caso se argumentó a favor de mayor financiamiento para mejorar la calidad del trabajo de los evaluadores:

Si hubiera más financiamiento para pagar a los evaluadores y tenerlos, no sé, dos semanas en algún lugar que estén evaluando proyectos o pudiendo pagarles para que vayan a las universidades y verificar lo que se dice ahí tener me parece que sería mucho mejor. He visto que ahora la CONEAU ya ni siquiera manda los evaluadores a las universidades... en esta última etapa está pidiendo que los directores de carrera vayan (subsecretaria de Posgrado. Rectorado).

d) Sobre la posibilidad de crear un único sistema de evaluación y acreditación con base en un único criterio de calidad: el más alto nivel de excelencia[49]

La mayoría de los entrevistados se inclina por continuar con un sistema de estándares mínimos. Se argumenta a favor de la calidad como proceso de mejora más que de diferenciación. Además, se reconoce que hay poco camino recorrido en los mínimos como para pensar en la excelencia.

Al respecto, se considera relevante la opinión del rector:

Yo tiendo más bien a que sea obligatorio de estándares mínimos, y no voluntario hacia un esquema de excelencia. Me parece que la idea de calidad no debiera..., me parece que es esencial a un sistema educativo, un sistema académico, como meta, digamos, como proceso y como meta, no creo que requiera necesariamente de esquemas que tiendan al ranking, a la calidad en ese sentido, digamos. A que los que se sientan más fuertes por x circunstancia o condiciones favorables... procuren voluntariamente obtener alguna especie de reconocimiento especial, y que los coloque por encima del resto, como si eso fuera algo virtuoso en sí mismo, porque motiva al sistema a mejorarse, si esa fuera la idea, no estoy de acuerdo. Creo que más bien hay que estimular una cultura de evaluación desde su nacimiento, digamos, la cultura de evaluación que permee todas las etapas de la vida institucional en las universidades, en el grado, en el posgrado, en el sistema de selección de becas para cualquier cosa, los programas específicos que se diseñan y luego también en los procesos de evaluación, y que todos tenemos que pasar por esos procesos, y que esos procesos deben servir para mejorar, que es básicamente la razón de ser de esos procesos, y no para premiar y diferenciar a los buenos

---

[49] Para merituar este concepto hay dos métodos. Uno sería en términos comparativos con carreras equivalentes o similares en otros países; otro, en términos de un criterio comparativo local.

de los malos, digamos... si hay algo que está mal, hay que corregirlo... Si está bien, existe la categorización, pero estamos todos obligados a acreditar, eso es lo que yo decía, a eso me refería con que estemos obligados. Que el resultado no sea solo "sí/no" y que discrimine con la categorización está muy bien, porque obliga a que, teniendo en cuenta que es un proceso continuo, uno puede mejorar... habilita para que esté la carrera, pero naturalmente creo que normalmente todos querríamos tener en la siguiente acreditación un resultado mejor (rector).

También se encontró una argumentación a favor de los estándares máximos:

Por supuesto que premios y castigos es mejor que no tener nada, pero claramente eso no te lleva a la excelencia, te lleva a la suficiencia, satisfacés mínimamente los requerimientos, pero la universidad está obligada a buscar la excelencia (decano. Facultad de Ciencias Exactas, Físicas y Naturales).

7.4.3. Opinión sobre diversos aspectos de la CONEAU

a) Acerca de su funcionamiento y su impacto en la institución

De las entrevistas, surgen muchos aspectos positivos acerca del funcionamiento y de su impacto en esta institución, y también aspectos a mejorar.

En el cuadro 7.9 se muestra una síntesis de lo expresado por los entrevistados. No se citan los cargos debido a que la agrupación, sin dejar de utilizar las palabras de los entrevistados, es una elaboración propia.

Cuadro 7.9. Aspectos positivos y negativos del funcionamiento de CONEAU señalado por los entrevistados. Caso 2

"Aspectos positivos"	"Aspectos a mejorar"
▷ Avance institucional: un resultado adverso en una carrera de grado o posgrado es visto como una situación preocupante para la universidad. ▷ Hay indicadores concretos que dan cuenta que el problema de la acreditación es un problema de la universidad, no solo de la facultad que está involucrada. Ej. Temas de presupuesto y financiamiento. ▷ Comenzó a instaurar una cultura de la evaluación. Sembró la semilla. ▷ Hoy no hay ningún sector de la universidad (al menos que se haga oír) que cuestione estos procesos. ▷ Esfuerzos institucionales que se hacen son realmente serios y comprometidos. ▷ Las carreras son bien evaluadas —con resultados positivos, y algunos negativos— pero siempre trae consecuencias de mejora. ▷ No se observa arbitrariedad en la evaluación. ▷ Sirve para mejorar. ▷ la evaluación es una garantía, es una garantía de calidad, es una garantía de igualdad y de fe pública frente a tanta oferta educativa. ▷ Nos ha hecho ver las fortalezas y las debilidades.	▷ En una primera etapa los procesos eran vistos de manera más traumática, porque eran desconocidos. ▷ Complejidades de los procedimientos percibidos como excesivamente burocráticos, pesados. Las universidades no estaban preparadas ni con estructura administrativa ni de gestión para afrontarlas. ▷ Despertamos al mismo tiempo: necesidad de la evaluación y tener que empezar a hacerlo. ▷ Falta visión de conjunto de la universidad (por su tamaño) acerca de cómo encarar estos procesos en la parte que está reservada a la autonomía universitaria, no solamente en aquello que viene predefinido de afuera. ▷ El proceso de evaluación y acreditación debiera también tener un proceso de evaluación del producto. No se evalúa el producto sino que es una acreditación que hace una evaluación del proceso considerando que si se cumplen determinados estándares eso tiene un impacto directo en la calidad del producto (el producto es la formación de grado o posgrado). ▷ La varilla con la que mide a veces no se adecua a la realidad. El Estado pide que formemos médicos generalistas y para dispensarios pero a la hora de evaluar la Facultad piden investigación de laboratorio. ▷ Plazos: muchas demoras, sobre todo en posgrados: letargo que tienen los trámites que a veces lleva demasiado tiempo. ▷ Procesos largos y complejos. ▷ A veces el soporte, el instructivo ha sido muy trabajoso. Dificultades con la carga de la ficha docente. ▷ Esfuerzo a veces excesivo, desmedido. ▷ Falta de profesionalización / entrenamiento de pares en el proceso de evaluación. ▷ Cierto temor a que la estandarización congele innovaciones en los planes de estudio, sobre todo en grado. ▷ El proceso de acreditación de posgrado: no tiene estándares tan definidos como los de grado. Tiene procesos sin visita de pares, evaluación sobre papeles. Esto lo transforma en un proceso poco realista. Hay una serie de cosas que solo se perciben in situ. ▷ Los estándares no garantizan competencias ▷ Falta de equidad: el mismo instrumento y los mismos tiempos de un proceso de acreditación se aplica a realidades totalmente distintas, ejemplo: Medicina de una "mega universidad pública" y Medicina de una universidad privada, pequeña. ▷ El proceso a veces es "traumático" y "cruento" por la cantidad de información, por los formularios electrónicos, por el escaso tiempo para el análisis de lo que se recolecta. ▷ La parte negativa es el trámite infernal. ▷ Disociación entre "cómo te evalúo" y "la realidad": "de repente te ponen a cumplir un rol para el que no estás preparado –investigación– en posgrado no está claro por qué A, B, C. Falta argumentación en los dictámenes. ▷ Viven una realidad que no es real: deberían evaluar experiencia asistencial más que investigación. ▷ CONEAU está pensado como para el ombligo de Buenos Aires, falta que tengan en cuenta la realidad y las dificultades de las provincias. ▷ Fichas docentes: no está unificado con otros sistemas nacionales, el docente se ve sobrecargado de pedidos similares pero de distinto formato. ▷ Dificultad para abrir nuevas carreras de posgrado. Lleva tanto tiempo que, a veces, la saca la competencia. ▷ Stress que vivís para responder una visita en 30 días ("vos lo comprobaste ayer, nos viste pálidos, sudando…")[50] ▷ Los técnicos influyen en el juicio de los pares; tanto en grado como en posgrado. Influyen porque son los que han desmenuzado todo el material, tienen un lenguaje, una visión absolutamente técnica.[51]

Fuente: elaboración propia a partir de la información obtenida en las entrevistas

[50] Se ejemplifica con la expresión de uno de los entrevistados. La entrevista se concretó *in situ* en el "fragor" de una respuesta a la vista.
[51] Esto fue afirmado por un entrevistado que ha sido, reiteradas veces, par evaluador en grado y en posgrado.

b) Comparando el impacto de la evaluación institucional, de la acreditación de grado y de la acreditación de posgrados

Se considera que solo se ha pasado por una "evaluación institucional" y que ha tenido la ventaja de poner a todas la universidad en el esfuerzo de autoevaluarse. Ese proceso, en sí mismo, independientemente del resultado, es considerado positivo. Se manifiesta que significó un trabajo importante para la universidad, pero que perdió impacto por falta de continuidad.

Respecto a la acreditación de carreras de grado de interés público, se considera que esta impacta fuertemente pero solo en algunas unidades académicas (las que poseen este tipo de carreras). Se enfatiza en que, en el caso de las carreras que vinieron acompañadas de programas de financiamiento para mejoras, las posiciones relativas de esas unidades académicas quedaron "sustancialmente mejores" que las que tenían antes de los procesos de acreditación, colocándose en una "situación de privilegio" en relación con otras unidades académicas.

La incidencia de la acreditación de carreras de posgrado es considerada como un proceso más universal, con mucho impacto en todas las unidades académicas, sobre todo en ciencias médicas, debido al volumen de carreras que fueron sometidas a este proceso.

Se considera que los procesos de acreditación, tanto de grado como de posgrado, tienen mayor efecto, entre otros motivos porque son periódicos y obligatorios, y en el caso del grado, atados a compromisos de mejora. En la Facultad de Ciencias Exactas, Físicas y Naturales, se considera que la acreditación de posgrados no ha tenido tanto impacto, por cómo se da el proceso: estándares no tan definidos como en grado, procesos de acreditación sin visita de pares.

En el cuadro 7.10 se presenta una síntesis del impacto comparado de estas políticas.

Cuadro 7.10. Impacto comparativo de la política de evaluación y acreditación de carreras de grado y posgrado según "nivel de incidencia en la mejora" y "nivel incidencia en la amplitud". Caso 2

Nivel de incidencia en la amplitud \ Nivel de incidencia en la mejora	Alta	Media	Baja
Mucha			Política de evaluación institucional
Media	Política de acreditación de carreras de grado de interés público *asociadas* a programas de financiamiento	Política de acreditación de carreras de grado de interés público *no asociadas* a programas de financiamiento	
Baja	Política de acreditación de carreras de posgrado Facultad Ciencias de la Salud	Política de acreditación de carreras de posgrado Facultad de Derecho y Ciencias Sociales	Política de acreditación de carreras de posgrado Facultad de Ciencias Exactas físicas y naturales

Fuente: elaboración propia a partir de la información obtenida en las entrevistas.

c) Principales dificultades y conflictos que han presentado los procesos de evaluación y acreditación

Entre las principales dificultades y conflictos, se señala la complejidad de los procedimientos percibidos como excesivamente burocráticos; la lentitud, sobre todo en posgrados; problemas con los formularios e instructivos; falta de equidad en la acreditación toda vez que se aplica un mismo instrumento, con las mismas exigencias de tiempo, a realidades muy distintas; influencia de los técnicos de CONEAU en el proceso de acreditación[52] e innovaciones que se han resignado por la estandarización. A nivel interno, se señala la falta de colaboración de algunos profesores:

> *Desde esa queja que tiene que ver "con la sobrecarga", otra que tiene que ver con "no me corresponde", hasta una actitud, quizás más hostil, en el sentido de que "lo que pase en la acreditación no es vivido como algo que los afecte"* (rector).

Respecto a las innovaciones resignadas por la estandarización de los procesos de acreditación, se mencionan dos ejemplos concretos:

> *Yo tengo dos [...], no son anécdotas, son dos informaciones que son interesantes. Farmacia, por ejemplo, que tuvo que enfrentar un proceso de evaluación con vistas, respuesta y todo eso, y aquí viene el tema de la estandarización, para la opinión de mucha de la gente de la carrera, sufrió un retroceso, ¿por qué?, porque el nivel de estandarización, porque Farmacia había dado un paso innovador con respecto a la formación de su carrera, pero tenían mayoría en la confederación de decanos, no sé cómo se llama, tal vez un corte más conservador, voy a decir tal vez por respeto. Entonces, de alguna manera Farmacia tuvo que resignar innovaciones importantes que tenía en su carrera para entrar. Otro ejemplo, Arquitectura. En esta universidad había ciertas características de la formación del arquitecto que eran particulares de esta provincia, y al tener que entrar en las cargas horarias, en la duración de la carrera y todo eso, tuvo que renunciar a la particularidad de la carrera, que era el paisaje y planeamiento, que no son poca cosa. [...] no son poca cosa, recortar, recortar para entrar, entonces la estandarización puede ser, esto tiene*

---

[52] Textualmente: "Yo he sido par evaluador *de grado y posgrado*. El técnico que coordina tiene mucho poder, terrible poder, *terrible poder*. El técnico es técnico y no conoce la realidad cotidiana, se maneja con esquemas, ve los papeles y ve los estándares y los compromisos, pero que no se adecua a la realidad cuando uno camina la institución y ve hasta dónde la institución está haciendo terribles esfuerzos, esos esfuerzos no se traducen en los papeles y el técnico tiene una visión muy acotada de la cosa, y los pares evaluadores tienen otra visión, pero el impacto del técnico es muy grande, influye en el juicios de los pares, influyen, cuánto, no sé, pero influye. Influye, influye, influye [...] sí, *influye*, tanto en grado como en posgrado. *Influye porque los técnicos son los que* han desmenuzado todo el material, *lo han desmenuzado hasta el infinito todo el material*, tienen un lenguaje, *tienen una visión, tienen una formación absolutamente técnica* (ex secretario académico. Facultad de Ciencias Médicas, par evaluador en reiteradas oportunidades).

buenos resultados, y por el otro lado son los resultados que nos preocupan un poco. A veces frena alguna innovación (subsecretaria de Grado. Rectorado).

En posgrados de ciencias de la salud, se observa que muchas veces no saben en qué criterios se basan las categorizaciones. Faltan criterios:

Hoy tuve una reunión, que es lo que tengo anotado acá, un centro evaluador estaba acreditado B, de repente lo bajaron a C, y no hay fundamentación, eso es lo que uno puede ver, que la CONEAU tiene muchos errores y no toma, no se hace cargo de eso como entidad superior. Bueno, que es lo que pasa con las entidades superiores en nuestro medio, ellos creen que actúan de una manera, no tienen control. Creo que se podría simplificar mucho más si fuera más clara la norma de evaluación..., claro, digamos, algo más claro y más concreto, porque entonces la gente adorna, adorna para decir, bueno, sí..., entonces yo creo que debería ser más simple la evaluación, entonces vos decís que te dé un puntaje, si el director tiene más de veinte publicaciones, tiene tres puntos, si tiene menos, más estandarizado, porque hoy, [...] no sé, te bajan o te suben de categoría y no se encontró explicación, que es lo que te digo, ¿por qué el doctorado de la Católica tiene A y nosotros tenemos C?, ¿por qué un centro de médicos que es de un perfil mediano tiene A y acá el mismo mediano con más recursos y más publicaciones tiene C?, eso es lo que quizás deja ese sabor y genera cierta incomodidad, porque es como si vos decís andate a la pieza, pero ¿por qué?, andate a la pieza, pero ¿por qué? Si bien los informes, las vistas, vienen, pero ¿viste?, no son claros, está como complicada o no sé si lo complican acá para la gente que más sabe o que esto, desde el momento que no es claro, tenemos estos vicios, vos hacés una respuesta y la respuesta no sabés si la estás poniendo bien, si la estás poniendo mal, qué estás poniendo... Nosotros, en mi avidez de que esto sea más llano, le hemos pedido a la gente que sabe que está en CONEAU desde hace mucho tiempo que hagan el instructivo, yo lo he vivido en carne propia, por eso, como soy de la trinchera, no soy un académico de estos encerrado en una oficina ni jubilado, porque históricamente acá estaba jubilado, médico jubilado, no sabían qué hacer y los ponían acá, hoy se ha cambiado la política y ponen gente que está, entonces yo conozco lo que pasa en el hospital, tengo diez residentes a mi cargo, estoy en contacto con CONEAU, estoy en contacto con el rector y eso me permite nutrirme mucho más. Yo creo que si mejoráramos estos estándares de evaluación y fuera más claro... Hoy contestar una vista es todo un misterio, a ver ¿qué le pongo?, ¿qué no le pongo? Falta claridad en la metodología. Si a mí me dicen "va a ser A por esto, por esto, por esto, por esto", bien claro, y no como conceptos generales que los podés acomodar (subsecretario académico de Posgrado. Facultad de Ciencias Médicas).

En el cuadro 7.11 se agrupan las respuestas, según cargo de los entrevistados.

Cuadro 7.11. Principales dificultades y conflictos (internos y externos) que han presentado los procesos de evaluación y acreditación, según cargo de los entrevistados. Caso 2

	Externos: procedimientos CONEAU				Internos: procedimientos institucionales	
	Complejidades de los procedimientos Burocratización Dificultades con los plazos Lentitud de los procedimientos (procesos muy largos, sobre todo en posgrado) Estandarización que frena innovación	Dificultades técnicas: software, formularios, fichas docentes	Actuación de pares evaluadores: falta de entrenamiento y profesionalización.	Hegemonía / poder / influencia de los técnicos	Sentimientos de soledad. Ignorancia de lo que realmente van a pedir y cómo se van a comportar los pares Falta de información dentro de la unidad académica	Falta de involucramiento y participación de la comunidad universitaria. Actitud con la cual se mira la acreditación: responder para pasar
(1) Rector.	x	x				x
(2) Ex secretaria de Asuntos Académicos de la Universidad, actualmente trabaja en Rectorado.	x					
(3) Secretaria de Asuntos Académicos. Rectorado.	x					x
(4) Subsecretaria de Posgrado. Rectorado.	x					x
(5) Subsecretaria de Grado. Rectorado.	x					x
(6) Decano. Facultad de Ciencias Exactas, Físicas y Naturales.			x			
(7) Subsecretaria de Evaluación Institucional. Facultad de Ciencias Exactas Físicas y Naturales.						
(8) Secretaria académica. Facultad de Ciencias Médicas.	x	x				x

(9) Ex secretario académico. Facultad de Ciencias Médicas.	x			x		x
(10) Subsecretario académico de Posgrados. Facultad de Ciencias Médicas.	x	x	x		x	x
Ciencias Sociales						
(11) Coordinadora de Acreditación de Posgrados. Facultad de Ciencias Médicas.	x				x	x
(12) Decano. Facultad de Derecho y Ciencias Sociales.	x	x				
(13) Secretaria académica. Facultad de Derecho y Ciencias Sociales.	x					x
(14) Prosecretaria académica. Facultad de Derecho y Ciencias Sociales.	x					x
(15) Secretaria de Posgrado. Facultad de Derecho y Ciencias Sociales.	x	x	x		x	x
(16) Prosecretario de Posgrado. Facultad de Derecho y Ciencias Sociales.	x	x	x		x	x
(17) Secretaria administrativa. Facultad de Derecho y Ciencias Sociales	x	x	x		x	x

Fuente: elaboración propia a partir de la información obtenida en las entrevistas

*d) Percepción de si están influyendo intereses
políticos, partidarios, ideológicos en los
procesos de evaluación y acreditación*

Los entrevistados de esta universidad perciben que es un territorio de potencial conflicto, pero no se considera que los intereses políticos, partidarios, ideológicos estén influyendo de una manera tal que sesguen una evaluación.

A continuación, se citan algunas opiniones:

Siempre, sobre todo cuando los resultados son adversos, se escucha decir que hay sesgo, digamos que tal o cual colega de tal o cual unidad académica, facultad, universidad, en función de cierto estilo, característica que tiene o recelos previos. Yo no podría afirmar que hay algo cierto o no en eso, siempre hay en el proceso de evaluación sesgos en algún sentido más básico y no es posible que no lo haya..., pero no tengo presente proceso de evaluación que haya sido visto así, como con resultados aberrantes, injustificables, sino, bueno, materia de disputa que se contesta con argumentos. Es un territorio de potencial conflicto... pero nada más que eso, no, no, no he visto algún..., no tengo presente tampoco recusaciones a pares evaluadores o respuestas que excedan lo razonable dentro de los fundamentos académicos precisos con los que se hacen las observaciones (rector).

No, yo personalmente me parece que no (secretaria académica. Facultad de Ciencias Médicas).

No lo percibo. No lo percibí porque en definitiva la acreditación se hace en base al cotejo de la realidad de una institución con los estándares... los estándares surgen de las mismas facultades de Medicina [...] entonces es un círculo. No percibo eso (ex secretario académico. Facultad de Ciencias Médicas).

No, es técnico, es técnico. No creo, no he advertido en ninguna de las vistas (secretaria de Posgrado. Facultad de Derecho y Ciencias Sociales).

No hay ninguna actividad humana que esté exenta de los intereses de personas o grupos y de la concepción del mundo por parte de los actores institucionales, esto es ideología (decano. Facultad de Ciencias Exactas, Físicas y Naturales).

Sí se percibe, sobre todo en la acreditación de posgrados en ciencias de la salud (Facultad de Ciencias Médicas), falta de criterios claros y más realismo con el contexto.

No, no. Te digo, la presunción que tengo es este vicio de falta de estándares para el grueso, para el grueso de los médicos, el grueso, el 80% no son investigadores y se los evalúa como a ese 20%, o por ese 20% que es investigador. Eso es lo que yo veo, que a mí me revela, te darás cuenta, te lo repetí varias veces..., es parte de eso. Es decir, no es pareja la evaluación y no es clara la evaluación. Entonces deja ese sinsabor de CONEAU que no sabés CONEAU qué, para qué, dónde, por qué, cómo, por qué C, por qué A. A mí, me vienen a reclamar... un centro de primer nivel, privado, me viene a reclamar que estaba en B y lo pasaron a C, y bueno, el dictamen dice "bueno, tiene poca tasa de graduados" y "el convenio no estaba firmado", [...] no, no encuentro correlato, no hay claridad, esto que yo te digo, te mando al rincón pero no te digo por qué (director de Posgrados. Facultad de Ciencias Médicas).

e) Opinión acerca de la conveniencia (o no) de hacer públicos los resultados de no acreditación de las carreras

Un grupo mayoritario de los entrevistados considera que deben hacerse públicos todos los resultados de acreditación: positivos y negativos. Se argumenta a favor de la transparencia de información que se brinda a la sociedad. Se citan algunos párrafos que dan cuenta de estas opiniones:

En mi opinión sí, sí. Todo proceso de evaluación del rango que sea, en el que estén involucradas instituciones de interés público que están bajo un régimen legal, tiene que ser público, tanto quién evalúa como con qué criterio evalúa como qué resultado arroja... me parece al contrario, un buen síntoma de que interpretamos correctamente algunos de los objetivos de la evaluación de estos procesos es que conozcamos con transparencia todos esos procesos desde los criterios hasta los resultados, los buenos y los malos, digamos (rector).

Sí, absolutamente. Creo que lo que se evalúa hay que informarlo (prosecretaria de Grado. Rectorado)

Que no se informe todo genera suspicacias, recelos, dudas. Todavía no sabemos cuáles son carreras "no acreditadas". Sí me gustaría que cada una de las carreras sepa que puede no lograr acreditación y públicamente (prosecretaria de Posgrado. Rectorado).

Yo creo que eso por supuesto no solamente hay que ponerlo, sino hay que controlarlo [...] porque la buena fe, vos creés que la carrera esta está acreditada, está esto con nivel de excelencia y resulta que no es cierto, entonces el título que vos tenés no es exactamente el título que ellos tienen de una carrera que está acreditada (decano. Facultad de Derecho y Ciencias Sociales).

Tiene que ser público como todos los actos (secretaria de Posgrado. Facultad de Derecho y Ciencias Sociales).

También se expresó la importancia de hacer públicos todos los resultados como *espejo* de la misma actuación de CONEAU:

Tiene que estar publicado lo bueno y lo malo. Porque también, sin querer, habla del propio comité. Porque, cuidado, como los docentes, se sabe el alumno que aprueba y el que no aprueba. Si a mí la comisión yo voy a entrar a la página y voy a observar que tengo de mi universo de carreras el 70% rechazadas, bueno, ¿a quién hay que estar evaluando: a las unidades académicas o al comité evaluador que no está usando criterios? Es un espejo también de CONEAU, de cómo funciona allá... porque si no, nosotros, que somos los evaluados, nunca podemos conocer a los que nos evalúan. Es un espejo, ellos te evalúan. Tenemos la posibilidad, con humildad, a ver —quisiera no usar el término evaluar a los que nos evalúan—, pero es un conocimiento de direcciones, de líneas, de conductas, de a dónde están apuntando, qué es lo que está sucediendo. Muy sano, es un espejo. Además es que de los errores ajenos también uno va aprendiendo, ir sacando datos que nos pueden mejorar la supervivencia (prosecretario de Posgrado. Facultad de Derecho y Ciencias Sociales).

Los entrevistados de ciencias médicas, y algunos de la Facultad de Derecho y Ciencias Sociales, prefieren que los resultados negativos no sean públicos en pro de la motivación, de respeto y para no generar reacción:

Fijate que es una conducta general de las instituciones de investigación: CONICET, FONCYT, una vez que hacen la evaluación de los proyectos aparecen solo los subsidiados... parece por una política general (secretaria académica. Facultad de Ciencias Médicas).

No, no le veo ese castigo público... me parece que está bien con esto que hacen de salir los buenos y los otros no están... porque es motivador... genera menos reacción (director de Posgrados. Facultad de Ciencias Médicas).

Me parece bien que no se publiquen. Por una cuestión de respeto a las instituciones que no han acreditado. Total, igual sabés que no han acreditado (prosecretaria académica. Facultad de Derecho y Ciencias Sociales).

f) Opinión sobre la conveniencia de hacer públicos los listados de pares evaluadores y la frecuencia con la que son designados. Opinión sobre el proceso de selección de los pares evaluadores y sobre su desempeño (prejuicios o preconceptos, sesgos, conductas o trato, humildad, modestia o soberbia, etcétera)

En las entrevistas surge con relativa frecuencia la importancia de los pares evaluadores en los procesos de evaluación y acreditación:

Todos los sistemas de evaluación cualitativos se basan en la calidad del equipo de evaluación (decano. Facultad de Ciencias Exactas, Físicas y Naturales).

Es un territorio de potencial conflicto... pero nada más que eso... no, no, no he visto algún..., no tengo presente tampoco recusaciones a pares evaluadores o respuestas que excedan lo razonable dentro de los fundamentos académicos precisos con los que se hacen las observaciones (rector).

Respecto al desempeño de los pares surge que estos son heterogéneos:

Los pares son heterogéneos. [...]. Los pares en general no son directivos, no tienen visiones globales de su institución, hay algunos que sí, hay otros que no (decano. Facultad de Ciencias Exactas, Físicas y Naturales).

Y el grupo de pares evaluadores fue terriblemente heterogéneo, doy un ejemplo, tenemos un par evaluador que anda en el predio de la Ciudad Universitaria, que fue a evaluar una carrera en donde se trataba el plan de estudios por resolución de problema. Este par, que es de una materia básica, nunca tuvo experiencia clínica, nunca salió del laboratorio... no podía entender que hubiera formas alternativas de diseño curricular (ex secretario académico. Facultad de Ciencias Médicas).

En más de una de las entrevistas salió el tema de la necesidad de entrenar a los pares evaluadores:

Dicen que hay otras instituciones en otras partes del mundo en que tiene que haber un fuerte entrenamiento para que uno al menos sea consciente de que tiene esos paradigmas. Acá no hay entrenamiento, acá es intuitivo y uno lo va aprendiendo con el tiempo, y por ahí depende la amplitud que tenga el evaluador para ubicarse... pero si yo no soy amplio, paga las consecuencias la institución. [...] Pero a mí, no voy a hablar de la universidad pero una universidad que estaba trabajando seriamente, que mandó tutores a formar afuera, qué sé yo, y viene uno cualquiera que no salió del laboratorio a cuestionar [...] terrible, injusto (ex secretario académico. Facultad de Ciencias Médicas).

En posgrados de ciencias de la salud, se reitera el tema de la disparidad de criterios entre lo que tiene la facultad y aquello por lo que es evaluada:

Tienen mirada de las cosas distinta a la que tengo yo, y de ahí surge esto de la disparidad de criterios. Entonces, si tuviéramos un criterio uniforme, yo estoy actualmente formando recursos humanos a diez residentes, no hay ninguna escala que me valore eso... frente al tipo que publicó una cosa por año en los últimos cinco años, eso que yo hago no es nada. Y eso no viene documentado porque en las planillas, en la planilla vienen trabajos publicados y no dice cuántos residentes formaste (subsecretario académico de Posgrado. Facultad de Ciencias Médicas).

En posgrados de Ingeniería y Derecho se reitera la crítica a la falta de presencia de los pares evaluadores en las instituciones:

Posgrados: tiene procesos de acreditación sin visita de pares. Esto lo transforma en un proceso muy poco realista. Es la diferencia entre la evaluación escrita y el coloquio. Hay una serie de cosas que se perciben in situ, el clima institucional, el clima institucional es fundamental en una organización para cumplir sus objetivos (decano. Facultad de Ciencias Exactas, Físicas y Naturales).

Lo que sucede es que por allí, en esta última convocatoria, por ejemplo, estábamos ansiosos de esperar a los pares aquí, de poder compartir con los pares como estaba previsto, no aconteció, no aconteció... y eso también ha creado la sensación de que no pudieron venir y observar y palpar la realidad. [...] pero por allí el palpar la carrera en particular no es lo mismo, lo mínimo subjetivo se pierde, eso nos hubiera facilitado. [...]. Por eso te imaginás que es distinto que vamos a contarles nosotros allá a que ellos vean cuál es el lugar, el lugar que tienen los que están cursando la carrera, la bibliografía que tienen, que pueden consultar, todo eso no se ha visto, entonces eso obliga a estar mandando cartas, que la directora le dé lugar. Eso ha complicado mucho (secretaria de Posgrado y Prosecretario. Facultad de Derecho y Ciencias Sociales).

g) Opinión acerca de si revisarían alguna función o la organización misma de CONEAU

De las entrevistas surge la necesidad de aumentar la estructura de CONEAU:

> Porque en los sistemas de acreditación en Argentina estamos aprendiendo todos, no son sistemas consolidados en el tiempo, no son sistemas que se han consolidado en sí mismo y funcionan con actores rotativos. La estructura de la CONEAU es muy pequeña, esto es lo que tengo para decir. Tiene una misión terriblemente grande con una estructura técnico-administrativa escueta, propio de nuestras políticas de Estado, queremos hacer algo [...] pero seguro que en alguna otra área de Nación que no cumple ninguna función hay 200 empleados (decano. Facultad de Ciencias Exactas, Físicas y Naturales).

Uno de los entrevistados sugiere que se sitúe en la realidad de cada provincia:

> Yo siento que CONEAU... es como que mide esta altura. Vos decís ¿cuál es la realidad?... situarse en la realidad de cada provincia. Yo creo que ellos (alguna vez me explicaron bien cómo nace esta gente que está en la CONEAU, que es gente muy privada, gente investigadora y demás), me parece que a veces están muy lejanos o yo no sé cuál es el parámetro que toman en Buenos Aires (coordinadora de Acreditación de Posgrados. Facultad de Ciencias Médicas).

7.4.4. El impacto de estos procesos en la organización y la cultura de la institución

a) Creación de unidad específica a cargo del seguimiento de procesos de evaluación y acreditación de la calidad

De las entrevistas, surge que existen áreas a nivel de Rectorado, en la Facultad de Ciencias Médicas (solo para posgrados) y en la Facultad de Ingeniería. No así en la Facultad de Derecho y Ciencias Sociales, si bien el tema se sigue desde la Secretaría Académica.

A continuación, en la figura 7.5, se presenta un organigrama que muestra cómo es la estructura en Rectorado.

Figura 7.5. Organigrama de la estructura de seguimiento de procesos de evaluación y acreditación. Rectorado. Caso 2

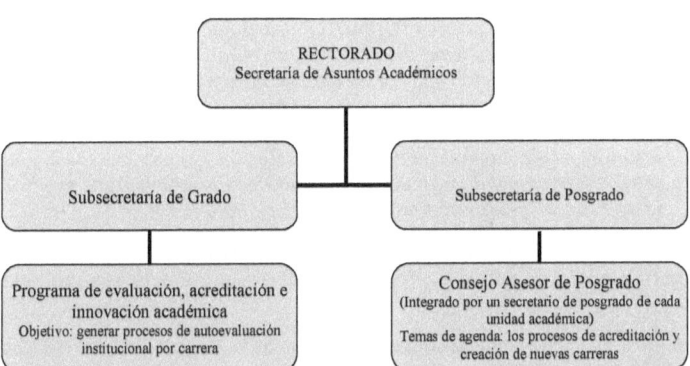

Fuente: elaboración personal a partir de la información obtenida en las entrevistas

Existe una política institucional de no comenzar a dictar carreras hasta que estas no obtengan su acreditación y consecuente validez nacional de sus títulos.

Internamente está planteada la necesidad de seguir consolidando la estructura de gestión a nivel de Rectorado:

> Después, hay espacios para un análisis más puntual de situaciones o de problemas que debiéramos, me parece, encarar a la luz de los recientes procesos de acreditación. Por ejemplo, nosotros tenemos que fortalecer en las áreas de gestión del rectorado, tanto en el grado como en el posgrado, a pesar de que tenemos en el grado un área específica, pero fortalecerlos para contribuir a que la gestión de ese proceso, toda las etapas previas de autoevaluación y demás estén mejor orientadas desde el principio, digamos, cometan menos errores. Más sistematizado, que las presentaciones tengan, todas, el mismo grado de rigurosidad y de dedicación, porque muchas veces ha pasado que cuando vuelven... cuando vuelve la vista y hay observaciones y críticas la información estaba y simplemente no se la había volcado adecuadamente. Tomándoselo, digamos, menos como un trámite formal y como un proceso más delicado en donde toda la información disponible debe ser puesta a disposición. Lo mismo digo respecto de la seriedad de los compromisos que se contraen cuando se trata de corregir, enmendar, subsanar (rector)

Es de destacar lo señalado por la subsecretaria de Grado acerca de la necesidad de romper con el "conocimiento esotérico" que a veces produce la acreditación:

> *En grado tenemos un programa de evaluación, acreditación e innovación académica. El programa tiene como objetivo central el tema de la autoevaluación, generar procesos de autoevaluación institucionales por carrera, incluso fuera del esquema CONEAU, la idea es que la universidad debería generar su propio sistema de autoevaluación continua. Bueno, ahí estamos trabajando, no es fácil. Por un lado, la idea esa de ver cómo se podría trabajar este tema y, por el otro, intentar aparecer como..., el área central, digamos, como asesora de las unidades académicas en estos procesos que algunos los descubrieron, los médicos primero y los ingenieros después, y que intentamos romper de esa cosa, de ese conocimiento esotérico que puede ser la acreditación (subsecretaria de Grado. Rectorado.)*

También se reflejan algunas dificultades que se le presentan a esta área para trabajar desde el nivel central ofreciendo asesoramiento a las unidades académicas:

> *No es fácil ofrecer asesoramiento y ser aceptado. Porque las unidades académicas también funcionan en su propio proceso de acreditación en ciertas cosas medio ocultas. Por ahora estamos trabajando en un asesoramiento que es más una supervisión de informes presentados... en los cuales, gracias al conocimiento de la gente que trabaja en el programa, de que ha hecho cursos que CONEAU da... y de su propia experiencia, sabiendo que en tal carrera pasó esto, aconsejar, aconsejar fundamentalmente a hacer autoevaluaciones, ¿sí?, no a escribir papeles... Pero es un proceso muy nuevo en todo sentido, más allá de que haya pasado tiempo desde medicina para aquí, y creo que eso debería ser un rol del área central, un equipo que trabaje temas, la acreditación de carrera, que evalúe por qué las carreras son o no acreditadas... por ahora cada carrera sabe por qué ha sido y no ha sido acreditada, tres años, seis años, y creo que esa es una evaluación propia de la universidad por carrera que nos debemos todavía (subsecretaria de Grado. Rectorado).*

En la Facultad de Ciencias Exactas, Físicas y Naturales, existe la Subsecretaría de Evaluación Institucional. Esta área se crea en 2004, después de la primera tanda de acreditación de carreras y con la gestión del decano actual. Está a cargo de una magíster en Calidad, profesora de la facultad. Esta estructura cuenta también con un asesor en acreditaciones de CONEAU y está relacionada con otras áreas. Su función no se restringe solo a los procesos de acreditación:

> *Esa área también coordina los planes de mejora, coordina los programas de mejora con financiamiento de Ministerio, coordina programas específicos, está vinculada con las tareas de enriquecimiento de bibliotecas, maneja la comisión de seguimiento (decano. Facultad de Ciencias Exactas, Físicas y Naturales).*

> *Por acá se canalizan varias acciones de distinta índole que abarcan tanto la parte de gestión de la parte de los alumnos, los docentes y las actividades procesos internos y externos en relación a programas especiales [...] y el asesor,*

> *el ingeniero [nombre], por ejemplo, es referencia en CONEAU en Ingeniería y él ha acreditado, o sea ha estado en los procesos de evaluación en más de diez ingenierías en distintas etapas y él es mi asesor a la hora de llenar el informe, decir qué cosas vemos, qué no vemos, decirle al decano "hay que hacer esto". [...]. Tengo mi secretaria y el resto lo hacemos a través de mail, la secretaria académica. Hay estructuras que no trabajan en esta oficina pero dependen de la secretaría: hay un asesor, hay un gabinete psicopedagógico, una comisión de seguimiento. A la hora de lo operativo, estamos mi secretaria, yo y mi asesor, pero en realidad estoy como metida en distintas partes... no hay compartimentos estancos, sino que estamos participando todos con todos, entonces eso aúna (subsecretaria de Evaluación Institucional. Facultad de Ciencias Exactas, Físicas y Naturales).*

En la Facultad de Ciencias Médicas existe una unidad a cargo del seguimiento de la acreditación de los posgrados: por el momento, le llamaba "Oficina CONEAU", pero recientemente se la renombró como "Área de Desarrollo de Centros para acreditación en CONEAU". Comenzó en 1998. Cuenta con tres personas, una médica, una pedagoga y una técnica.

> *Sí, absolutamente, una unidad muy fuerte en la que le hemos puesto mucho énfasis que, bueno, pero a veces estamos limitados por los recursos, falta más personal y no tenemos... "el área de desarrollo de centros para acreditación en CONEAU". Es el área de asesoramiento para la acreditación de centros formadores en CONEAU, que tiene una secretaria, una asesora, que es la doctora [nombre] que trabaja en eso, y una pedagoga, yo colaboro como todos colaboramos (subsecretario académico de Posgrados. Facultad de Ciencias Médicas).*

> *Lo que preguntabas con respecto a esta área, bueno, en realidad CONEAU empezó con posgrados hace más o menos diez años, también nosotros empezamos con ellos en el año 98. Sí, muy chiquitita... muy chiquita y cada vez más lo que pasa en todos lados, y empezó a crecer un poco. La Dra. [nombre], que en este momento es la que, digamos, está a cargo de esta área, ella tiene una fuerte visión también académica y pedagógica que ayuda mucho al funcionamiento. [...] nuestras tres patas son esas, la pedagogía, la medicina y la técnica (coordinadora de Acreditación de Posgrados. Facultad de Ciencias de la Salud).*

Si bien aún no existe un área específica para el grado —se sigue desde la Secretaría Académica—, de la entrevista surge que está próxima a crearse. En la entrevista se comentó:

> *Se está pensando en hacer un área al estilo de posgrado, pero esto es una cosa que surge recién, de ahora para adelante (secretaria académica. Facultad de Ciencias Médicas).*

En la Facultad de Derecho y Ciencias Sociales no tienen un área específica, pero depende de la Secretaría Académica:

Está en este momento en la secretaría académica. [...] Bueno, como te decía, no es que no veamos la necesidad de desarrollar estas áreas de evaluación institucional, sino que es una cuestión de recursos... de posibilidades (secretaria académica. Facultad de Derecho y Ciencias Sociales).

Para los posgrados de la Facultad de Derecho y Ciencias Sociales, existe una secretaría de posgrado que sigue estos temas.

b) Percepción acerca de si a partir de estos procesos, en la propia universidad/facultad/unidad se está generando una "cultura de la evaluación y de la calidad", o si más bien "prevalece el cuidado de los aspectos técnicos necesarios para acreditar"

Los entrevistados de la universidad y de las unidades académicas consideran que se está comenzando a generar una cultura de evaluación y de la calidad, y que también se tienen en cuenta los aspectos técnicos necesarios para acreditar. Esto último no es lo que prevalece, incluso se considera que aún se debe mejorar el cuidado de los aspectos técnicos. Se piensa que se está en una etapa de consolidación, como todavía lo está el sistema:

Al respecto, el rector considera:

Generó instaurar o empezar a instaurar una cultura de la evaluación, más las propias complejidades de los procedimientos que sin duda se deben haber ido mejorando [...]. Creo que han sido procesos que han tenido una historia que ha sido relativamente breve, que estamos en una etapa de más consolidación, que ya no es vista la evaluación como traumática, pero no creo que tengamos todavía, en una universidad además como la nuestra, que es muy grande, una visión de conjunto de la propia universidad acerca de cómo encarar estos procesos en la parte que está reservada en nuestra autonomía, en nuestras obligaciones, digamos, no simplemente en aquello que viene predefinido de afuera (rector).

En la Facultad de Ciencias Exactas, Físicas y Naturales se habla de la filosofía de la calidad y de su relación con la generación de evidencias:

Bueno, justamente la filosofía de la calidad es tener la evidencia, yo necesito la evidencia de que eso funciona... tenemos para entretenernos. Todavía nos falta documentar más (subsecretaria de Evaluación Institucional. Facultad de Ciencias Exactas, Físicas y Naturales).

En la Facultad de Ciencias Médicas, se considera que esta cultura se está gestando sobre todo en las nuevas generaciones dentro de la facultad:

No, no prevalece el cuidado de los aspectos técnicos. Porque además de eso acá hay un plan de formación docente, es lo que se llama la carrera docente que hacen los docentes, plan de formación docente en que es el ámbito donde ellos tienen cursos en donde ya directamente se vuelca todo esto, así que las nuevas generaciones están creciendo con otra cultura, las nuevas generaciones... las viejas generaciones y los grandes profesores son intocables... Se está generando esa cultura, sí, sí, sin duda (ex secretario académico. Facultad de Ciencias Médicas).

En el área de posgrado de la Facultad de Ciencias Médicas, se considera que la generación de una nueva cultura de la calidad y de la evaluación es el pilar de la nueva gestión:

Sí, es una política muy firme hoy en la gestión actual (llevamos pocos meses). No diría que prevalecen solo los aspectos técnicos necesarios para acreditar, no, no, no, te diría que el pilar de la gestión, por lo menos por lo que a mí me interesó, es por evaluación, el control... hemos tenido durante muchos años una grave problema de falta de control y eso nos llevó a donde estamos (subsecretario académico de Posgrados. Facultad de Ciencias Médicas).

En la Facultad de Derecho y Ciencias Sociales, se reafirma esta idea reforzando el interés que tiene la facultad para que se acrediten las carreras de Abogacía, con una participación muy activa por parte de las autoridades de esta facultad. Además se hallaron indicios de cultura de evaluación en la reforma del plan de estudio y en el seguimiento de indicadores referidos a análisis de cohortes, rendimientos, etcétera.

Conozco solo el ámbito de las carreras de Abogacía de universidades nacionales, en este ámbito sí se está gestando. El Consejo de Decanos viene trabajando en esta dirección y este es el tema fundamental del Consejo de Decanos en los últimos años... Sí, y nosotros trabajamos en esta línea (secretaria académica. Facultad de Derecho y Ciencias Sociales).

Y lo que te decía, la carrera de Abogacía no está incluida aún en el art. 43, de manera que no ha sido convocada a acreditación, pero las facultades de Abogacía, las carreras de Abogacía de universidades públicas se están preparando. Hay un consejo de decanos que viene trabajando desde hace algunos años, nosotras con la secretaria académica formamos parte de ese equipo, de esa comisión técnica del consejo de decanos y se está trabajando ya preparándonos para una posible acreditación (prosecretaria académica. Facultad de Derecho y Ciencias Sociales).

No obstante eso, nosotros hicimos una evaluación institucional en el año 1999 preparatoria de la reforma del plan de estudios, esa evaluación está publicada, hay información sobre eso. Nosotras trabajamos mucho en análisis de cohortes educativas, el recorrido que hacen las cohortes educativas. Hemos trabajado en profundidad el rendimiento académico y la duración de los estudios en las cohortes (prosecretaria académica. Facultad de Derecho y Ciencias Sociales).

En el cuadro 7.12 se presenta la percepción de la relación entre los "procesos de acreditación" y "la cultura de evaluación y de la calidad de la unidad académica".

Cuadro 7.12. Percepción de la relación entre los
"procesos de acreditación" y "la cultura de evaluación
y de la calidad de la unidad académica". Caso 2

Unidad académica / Relación	Percepción de la relación entre los "procesos de acreditación" y "la cultura de evaluación y de la calidad de la unidad académica"		
	Puntapié inicial	Apoyo/Refuerzo	Aún incipiente
Rectorado	x		
Facultad de Ingeniería	x	x	
Facultad de Ciencias Médicas Grado	x		
Facultad de Ciencias Médicas Posgrado	x		x
Facultad de Derecho y Ciencias Sociales		x	x

Fuente: elaboración propia a partir de la información obtenida en las entrevistas

c) Opinión sobre la siguiente afirmación de actor universitario publicada recientemente: "Se ha generado una burocracia evaluadora que ha terminado por ser más reconocida, incluso, que la misma actividad que juzga. [...]. Estos mecanismos requieren completar innumerables planillas, controles y registros, lo que no ha hecho sino complicar aún más el ya difícil funcionamiento universitario"

Desde el Rectorado, y desde casi todas las unidades académicas, se comparte en gran medida esta afirmación, sin dejar de reconocer que no por esto igualmente los procesos son útiles, pero mejorables.

En la Facultad de Ciencias Exactas, Físicas y Naturales se mostraron en desacuerdo, ya que consideran que para ellos todo es una oportunidad de mejora interna. Se sostiene que el cambio proviene desde la voluntad de la institución y no desde una burocracia que lo imponga desde fuera.

En la figura 7.6 se sintetizan las opiniones de los entrevistados.

Figura 7.6. Opinión, según cargo de los entrevistados, acerca de si la CONEAU se ha convertido en una burocracia evaluadora (planillas, controles y registros) más reconocida que la misma actividad que juzga. Caso 2

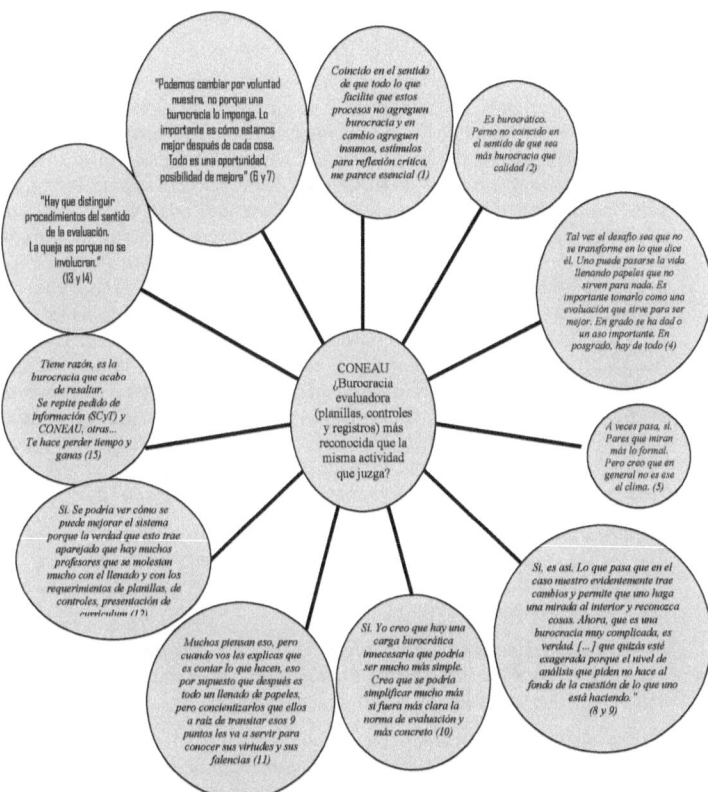

Referencias:
Véase la figura 7.1
Fuente: elaboración propia a partir de la información obtenida en las entrevistas

d) Percepción acerca de qué ha crecido más: la "cultura de la calidad y de la evaluación" o "rutinas escritas, guiones y manuales de reglas que proveen tipos de cuándo hacer qué y con qué personas a cargo"

La mayoría de los entrevistados consideran que "lamentablemente" han crecido las dos cosas, que hay una mixtura:

> *Deben haber crecidos las dos cosas lamentablemente, o sea, hay mucha burocracia que en realidad esta de la acreditación se sobreañade a otras, el sistema se ha hecho extremadamente tortuoso en su gestión, ya no solo para los funcionarios, digamos, para la gestión política y administrativa de las universidades se ha hecho muy pesado para el docente y el investigador universitario, está exigido por muchos estándares y criterios para las distintas dimensiones de su actividad, para la docencia de grado, para el posgrado, para la investigación, los requerimientos se duplican, se solapan. Pero también es cierto que hace diez años atrás la cantidad y calidad de las actividades que realizábamos en las universidades era virtualmente invisible para la propia universidad, ya no digo para el sistema, no teníamos en absoluto el hábito de evaluar, seguir, monitorear cuánto y cómo estábamos haciendo cada cosa, cómo estábamos investigando, por qué se leían o se estudiaban ciertos temas y no otros, por qué se concentraban las matrículas en algunas áreas y no en otras, por qué algunas carreras duraban más tiempo que otras, todos datos elementales de la actividad universitaria que los procesos de evaluación ayudan a ver, digamos, y a corregir, interpretar y corregir (rector).*

> *En medicina lamentablemente conviven las dos cosas, como lo primero que te dije, convive ese pensamiento de llenar papeles y otro que dice "no es re importante" (coordinadora de Acreditación de Posgrados. Facultad de Ciencias de la Salud).*

> *En ese aspecto tiene que ver con lo que hablábamos antes, han motivado, han estimulado a que uno, de repente, bueno, si nos van a mirar (subsecretario académico de Posgrados. Facultad de Ciencias Médicas).*

> *Hay como una mixtura. Estos mecanismos de evaluación son tediosos, pero también han generado una instancia de reflexión de la oferta académica que uno tiene (secretaria de Posgrado y prosecretario de Posgrado. Facultad de Derecho y Ciencias Sociales).*

En la Facultad de Ciencias Exactas, Físicas y Naturales perciben que creció más la cultura de la evaluación y de la calidad y que aún tienen que documentar más.

> *Esto es un microcosmos distinto, funciona de otra manera. La universidad es distinta (subsecretaria de Evaluación Institucional. Facultad de Ciencias Exactas, Físicas y Naturales)*

Autoridades de la Facultad de Ciencias Médicas, además de reconocer que crecieron amabas, enfatiza que el proceso de cambio de la facultad es anterior a CONEAU. La CONEAU, más que generar los cambios, los ha acelerado:

> Lo que pasa es que el proceso de cambio en esta facultad es muy anterior a la CONEAU... muy anterior, bueno, ahí nosotros, en el año 87, escribimos ese documento que estábamos todos y la CONEAU no se sabía que existía, no existía... y ya veníamos recogiendo la experiencia y elaboramos un documento base donde se planteaba todo lo que ahora está ocurriendo —después de mucho tiempo— y la CONEAU fue un cochero con un látigo que le pega al caballo, pero el caballo lo mismo venía caminando [...] o sea, la CONEAU no es generadora de cambios, no en nosotros, por lo menos (ex secretario académico. Facultad de Ciencias Médicas).

> Venía caminando y fue una buena excusa también..., tenemos que apurar los cambios porque la CONEAU... (secretaria académica. Facultad de Ciencias Médicas).

> La CONEAU es generadora de aceleración de los procesos de concientización y de revisar que la limpieza que yo me propuse hacer en mi casa la esté haciendo [...] pero todo esto es muy anterior. La CONEAU es un carro con un látigo que pega, moviliza. Moviliza, en tiempo y forma (secretaria académica y ex secretario académico. Facultad de Ciencias Médicas.)

> En todos los procesos académicos igual que en todos los procesos de la vida hay especialistas en papeles y especialistas en otras cuestiones (secretaria académica. Facultad de Derecho y Ciencias Sociales).

e) Uso que hacen las autoridades sobre los resultados de los procesos acreditación

De las entrevistas surge que se toman en consideración las recomendaciones, las sugerencias, los compromisos asumidos ante CONEAU. No se percibe una estrategia de comunicación interna "postacreditación" definida a nivel Rectorado y a nivel de las unidades académicas, salvo en el caso de la Facultad de Ciencias Exactas, Físicas y Naturales.

Respecto a los resultados de "no acreditación de carreras", se busca que no sigan funcionando. Tampoco se inician las carreras si previamente no están acreditadas:

> Creo que eso debería ser un rol del área central, un equipo que trabaje temas de acreditación de carrera, que evalúe por qué las carreras son o no acreditadas... Por ahora cada carrera sabe por qué ha sido y no ha sido acreditada, tres años, seis años, y creo que esa es una evaluación propia de la universidad por carrera que nos debemos todavía (subsecretaria de Grado. Rectorado).

> La política de no dictar carreras no acreditadas es de todo el Consejo Asesor, es un acuerdo. ¿Y con los proyectos?, se espera a que se acrediten para lanzarlos. No se lanzan carreras hasta que no estén acreditadas (subsecretaria de Posgrado. Rectorado).

> Es lo que exigimos, lo que hemos acordado, es una política: no dictar carreras no acreditadas ni carreras que no se presenten a la acreditación. Hay carreras de ciencias de la salud que se les venció la acreditación y no se presentaron, bueno, todas esas carreras, nuestra idea es que no se dicten como carreras. Cuando digo "nuestra" me refiero al "consejo asesor de posgrado" (subsecretaria de Posgrado. Rectorado).

Para el caso de posgrados de ciencias de la salud (Facultad de Ciencias Médicas), se reconoce que los resultados se usan para alinear a las personas que están trabajando en esa unidad hacia estándares comunes:

> Bueno, el uso yo creo que es una medida de una condición para que se alinee a la gente, bueno, para ir encolumnados todos a través de los mismos estándares, de los mismos lineamientos, los mismos objetivos, la misma no sé si política, pero la misma tendencia (subsecretario académico de Posgrados. Facultad de Ciencias Médicas).

f) El grado de legitimidad de la evaluación institucional y de la acreditación de carreras en la universidad/facultad

Los entrevistados coinciden en afirmar que al principio hubo resistencia acerca de estas políticas, pero que se fue legitimando cada vez más. Esta legitimidad es mayor por los procesos de acreditación que por la evaluación institucional. Un factor que ayudó a afianzar esa legitimidad, según surge en las entrevistas, es la participación de profesores de esta universidad como pares evaluadores de CONEAU.

También se afirma que falta conocimiento del sistema dentro de la universidad y más aún en la sociedad.

A continuación se presentan algunos fragmentos de las entrevistas que dan cuenta de lo dicho anteriormente:

> El proceso de evaluación institucional fue más formal, está muy lejano de nosotros, de los docentes. [...] la acreditación me parece que lo tiene mucho más, que la ha ganado con el tiempo, vos pensá que la primera presentación de las universidades con recurso de amparo para no ser evaluadas es de acá... rechazo a la Ley. [...] De ahí a que hoy las carreras se presenten junto con los colegios profesionales al CIN y soliciten ser acreditados hay un largo camino. Entonces me parece que ganó legitimidad. [...] que es aceptada, los centros de estudiantes no dicen nada, los conciliarios no lo presentan como un problema de discusión crítica. Para mí creo que no es muy conocido el sistema, creo que lo conocen las carreras acreditadas, el resto tiene una información parcial, no es profundo el conocimiento acá del sistema de acreditación, pero me parece que hay una aceptación generalizada (subsecretaria de Grado. Rectorado).

> Que los propios docentes hayan sido evaluadores en otras instituciones es importante para la legitimidad [...] porque a su vez es una semillita que, en su entorno, ya empiezan a ver los compañeros de cátedra que no lo fueron o los demás empiezan a tener este intercambio, hay más de uno interesado en

participar en esos procesos. Hay una legitimidad ahí, internamente (subsecretaria de Evaluación Institucional. Facultad de Ciencias Exactas, Físicas y Naturales).

Digamos, sí, en alguna manera la legitimidad [...] la CONEAU tiene un grado de legitimidad que en esta facultad fue objetada por algunos actores institucionalmente al principio. Te cuento que, con los estudiantes, lo que dije en el Consejo fue: "Miren, yo no creo que la CONEAU sea el mejor elemento para hacer una evaluación, no como está en estos momentos, con todo lo que le falta, con la poca experiencia que tiene, con los pocos recursos. Pero ¿ustedes creen que esta facultad está bien?, yo creo que no, y si no hubiera el proceso de acreditación, yo trabajaría para mejorar, porque estamos mal, nosotros lo que nos diga la CONEAU que estemos de acuerdo lo vamos a hacer y lo que no estemos de acuerdo no lo vamos a hacer, pero por lo que yo vi de los informes lo podría haber dicho yo". [...] Nosotros tratamos de ser lo más abiertos en eso y motivamos para que la mayor cantidad de nuestra gente trabaje como par evaluador (decano. Facultad de Ciencias Exactas, Físicas y Naturales).

Lo que pasa es que ha pasado un tiempo, al principio hubo una cierta resistencia pero ahora ya no, al contrario, es como que se está a favor, y por otro lado, que sumó que muchos, muchos docentes nuestros fueron pares evaluadores en otros lados, eso fue un factor importante, de pronto nuestra gente estaba afuera mirando (subsecretaria de Evaluación Institucional. Facultad de Ciencias Exactas, Físicas y Naturales).

g) Percepción de la actitud de actores institucionales frente a estos procesos

En el cuadro 7.13 se muestra la percepción que tienen los entrevistados de la actitud que tienen, ante estos procesos, directivos, profesores, estudiantes y personal técnico-administrativo.

Cuadro 7.13. Percepción de la actitud que tienen, ante estos procesos, directivos, profesores, estudiantes y personal técnico-administrativo, según cargo de los entrevistados. Caso 2

	Directivos	Profesores	Estudiantes	Personal técnico-administrativo
(1) Rector.	Los más comprometidos e involucrados.	Desde esa queja que tiene más que ver "con la sobrecarga", otra que tiene que ver con "no me corresponde" hasta la última que es quizás la "actitud más hostil" entre comillas respecto de cómo viven el proceso de acreditación "de que lo que le pase a la acreditación no es vivido como algo que los afecte". Entonces si el currículum no está o está mal cargado, está incompleto, está desactualizado, no consta la información de los últimos 5 años, esto perjudica la carrera, es decir a sí mismo, pero a veces no lo ven entonces hemos visto todos situaciones en las que el grado de responsabilidad, involucramiento ha sido de los funcionarios que les ha tocado en desgracia estar ahí en ese momento… y trabajar con los demás colegas con una actitud muy ni siquiera diría solidaria, en algún sentido miope de los demás colegas que no ven que ese es un esfuerzo. Ahora convengamos, repito, que el esfuerzo a veces es excesivo, es desmedido.	Hoy en día, los estudiantes en particular ni sobre este tema ni sobre muchos otros tienen ninguna opinión o participación reactiva o crítica u hostil, tampoco positiva. El proceso de autoevaluación que estuvo asociado al proceso de evaluación en el año 2001, no me acuerdo cuándo fue… participaron los estudiantes y esa fue una primera sorpresa que tuvimos varios porque ahí quizás y ante los pares externos y en fin puestos todos en el escenario de una evaluación así, a escala, de la universidad, uno hubiera pensado que los estudiantes podían tener un planteo crítico pero no, no ocurrió, mucho menos en los procesos de acreditación de cada carrera.	
(2) Ex secretaria de Asuntos Académicos de la universidad, actualmente trabaja en Rectorado.				
(3) Secretaria de Asuntos Académicos. Rectorado.				

	Directivos	Profesores	Estudiantes	Personal técnico-administrativo
(4) Subsecretaría de Posgrado. Rectorado.			El centro de estudiantes no se opone. En posgrado la gente se preocupa mucho por saber si la carrera está acreditada. Esta diferencia entre grado y posgrado que quizás el alumno de grado no está tan involucrado... pero el de posgrado sí, y los potenciales alumnos de posgrado preguntan si la carrera está acreditada. Además es obligatorio que en la página esté publicado.	
(5) Subsecretaría de Grado. Rectorado.	Los procesos se concentran mucho, por lo largo que son, en los cuerpos directivos	Poco comprometidos. Porque me parece que van muy en paralelo los procesos, los procesos se concentran mucho por lo largo que son en los cuerpos directivos. Sí, discuten esas cosas tan centrales y de golpe al final se incorporan los profesores. A veces con resentimiento y bronca pero sin compromiso... Por eso te digo son tan importantes los procesos que sería bueno que todo el mundo estuviera comprometido con eso... quizás tiene que ver más con lo institucional [...]	En grado no es difundido pero no hay duda que se está haciendo y no es rechazado.	
(6) Decano. Facultad de Ciencias Exactas, Físicas y Naturales.	Alentamos a que más gente sea par evaluador, a que participen.	Están los hipercríticos, los que no creen, [...] tenés que involucrarlos.	Participaron en el ACCEDE. No fue ni traumático ni significativo.	
(7) Subsecretaría de Evaluación Institucional. Facultad de Ciencias Exactas Físicas y Naturales.		Algunos se involucran mucho, funcional muy bien cara a cara. Otros son críticos.	Lo que pasa que hay que involucrarlo, hay que hacerlo sentir, parte, que hay que escucharlos, hay que atenderlos.	

	Directivos	Profesores	Estudiantes	Personal técnico-administrativo
(8) Secretaria académica. Facultad de Ciencias Médicas.			Participaron de la prueba Accede, han participado de la encuesta. […] Es como que no están muy enterados del tema… no sé si está bien o no, no tenemos momentos por ahí, a lo mejor habría que participarlos más, es probable. Si el proceso fuese más largo, sí porque no había respiro.	
(9) Ex secretario Académico. Facultad de Ciencias Médicas.		Molestos. Porque se les obliga a hacer cosas y entonces es un fastidio, es un fastidio en esta Facultad, no sé cómo es en las otras. En esta Facultad un fastidio de CONEAU… No se consiguió generar una idea de situación de emergencia como era el proceso de acreditación, no se consiguió que la gente entendiera que esto era una situación de emergencia y que había que dedicarse.	Se enteran pero están en la suya, no se involucran. Se enteran que está pasando algo pero no, lo ven como un tren que pasa ahí… se oye el ruido pero no se involucran… no, no, están en otra cosa. El ACCEDE fue una prueba que se les tomó, que se les explicó de qué se trataba, se prestaron sin ningún problema a eso pero era una prueba que ellos la hacían porque se lo pedimos.	El personal administrativo colabora dentro de lo que puede, no tenemos dificultades. Es una tarea más que se le agrega a la tarea cotidiana, entonces es una sobrecarga.
(10) Subsecretario académico de Posgrados. Facultad de Ciencias Médicas. Ciencias Sociales	Ha habido un cambio absoluto. Lo que antes era una pelea con CONEAU pasó a ser un alinearse en una política.	Un poco de recelo porque no saben bien qué quieren, qué están buscando, qué le están controlando. No hay consciencia Los médicos no la completan a la ficha docente… a diferencia de los investigadores.	No tienen idea en realidad. Hay mucha inmadurez en ese aspecto. Los futuros alumnos, preguntan, sí pero hoy no es una cosa que la gente se preocupe mucho.	El área que se ocupa de esto muy bien. […] Respecto al resto del personal administrativo, la actitud no es buena, es más trabajo.
(11) Coordinadora de Acreditación de Posgrados. Facultad de Ciencias Médicas.				

	Directivos	Profesores	Estudiantes	Personal técnico-administrativo
(12) Decano. Facultad de Derecho y Ciencias Sociales.	Actitud positiva. Es bueno. Nosotros nos presentamos a todas las acreditaciones y lo vivimos como algo verdaderamente importante.	A veces broncosos, quejosos.	Cuando hicimos el cambio de plan de estudio. No fue fácil hacer el cambio pero los mismos chicos estudiantes saben que todos esos cambios traen aparejado que son para la acreditación del propio grado sino quedaríamos afuera del sistema.	
(13) Secretaria académica. Facultad de Derecho y Ciencias Sociales.	La actitud es activa frente a estos procesos. Nos estamos preparando para grado	En grado, cierto interés por entrar en el 43. En posgrado yo si escuché resistencias en los procesos de acreditación pero creo que tiene que ver con falta de conocimiento, no de los fines, que sino de procedimientos concretos, entonces a veces les cuesta llenar los formularios, no han tenido la suficiente instrucción digamos o experiencia. Entonces les cuesta mucho y de eso se quejan. Desconocimiento, quejas. Eso es lo que muchas veces hace que se quejen porque "por qué piden esto", porque no lo entendieron, por qué me lo piden de vuelta. A lo mejor ese es un detalle que habría que pulir. O sea, antes de comenzar una acreditación en una carrera cuidar que los procedimientos sean antes aprendidos. Los procedimientos instrumentales.	En posgrado, se enteran… si porque cuando se inscriben a una carrera se les comunica que está en proceso, el proyecto está en proceso de acreditación. No se dice está acreditada por CONEAU. Hasta que no esté aprobado el proyecto no se puede empezar, eso lo tenemos que aclarar antes… entonces se les dice que está, ahora por ejemplo esta acreditación que está con vista ya están anteriormente acreditadas pero se les comunica a los alumnos. Y, no muchos, pero algunos preguntan si está acreditada, si está categorizada, si no son muchos.	
(14) Prosecretaria académica, Facultad de Derecho y Ciencias Sociales.				

	Directivos	Profesores	Estudiantes	Personal técnico-administrativo
(15) Secretaria de Posgrado. Facultad de Derecho y Ciencias Sociales.		No cargan la ficha. Chocamos con los docentes también. Es duro el tema de la ficha, es duro de pedir permanentemente curriculum, acreditar y demostrar y acompañar, ya es como que está siendo muy exagerado para ellos.		
(16) Prosecretario de Posgrado. Facultad de Derecho y Ciencias Sociales.				
(17) Secretaria administrativa. Facultad de Derecho y Ciencias Sociales				

Fuente: elaboración propia a partir de la información obtenida en las entrevistas

Se concluye que el personal directivo y de gestión es quien tiene una actitud más involucrada y comprometida con estos procesos.

De los profesores, la gran mayoría percibe y describe actitudes de quejas, falta de involucramiento, recelo y desconocimiento.

Salvo en la Facultad de Ciencias Exactas, Físicas y Naturales, los entrevistados perciben en los estudiantes una actitud de indiferencia (ni resistencia activa, ni involucramiento). Se percibe interés en algunos estudiantes de posgrados por saber si su carrera está o no acreditada.

El personal administrativo vive estos procesos, según los entrevistados que respondieron, como una sobrecarga de trabajo.

Estas percepciones dan señales de que la cultura de la evaluación y de la calidad aún no penetra en actores principales del proceso de enseñanza aprendizaje: profesores y alumnos.

h) Los principales cambios hacia la mejora y los frenos a la innovación producidos en los últimos años en cada institución (o unidad académica, o carrera) y su relación con los procesos de evaluación y acreditación

En la Facultad de Ciencias Médicas y en la Facultad de Derecho y Ciencias Sociales, se atribuye una relación entre los "cambios más significativos producidos en los últimos años" y los procesos de acreditación de carreras. No así con los obstáculos hacia la mejora. Respecto a la Facultad de Ciencias Exactas, Físicas y Naturales, como ya se dijo, los principales cambios se atribuyen al cambio de gestión, a los procesos de acreditación y a los PROMEI. Véase el cuadro 7.14

Cuadro 7.14. Relación entre los cambios más significativos hacia la mejora y su relación con los procesos de evaluación y acreditación. Caso 2

	Mención de los cambios hacia la mejora más significativos	Relación entre esos cambios y los procesos de evaluación y acreditación
Facultad de Ciencias Médicas. *Secretaria académica y ex secretario académico.*	1. La adecuación del número de alumnos a la capacidad educativa 2. La incorporación de la práctica final obligatoria…	Sí. La CONEAU lo que hace es decir: "Basta, no se puede perder más tiempo, hay que hacerlo". La CONEAU es un elemento que definitorio… que todo lo que se viene hablando y hablando dice tienen tanto tiempo para hacerlo y entonces eso es absolutamente movilizador con tiempos, con lapsos, La CONEAU estaríamos ahí…más resistencia todavía,…entonces la CONEAU, en ese sentido, está poniendo parámetros, plazos, tiempos, modalidades. Fuerza situaciones que uno las quiere hacer pero a la fuerza.
Facultad de Ciencias Médicas. *Subsecretario académico de Posgrados.*	Yo lo que veo es que justamente estamos tratando de alinearnos, de sumarnos a los estándares, bueno, tenemos un espíritu de mejora, una ambición de mejorar en función de que tenemos una meta… porque antes, digamos, antes no hace mucho tiempo, el hecho de no tener ningún estándar de evaluación era lo mismo que vayas, que vengas, que publiques, que no… hoy están las cosas más claras.	Y los cambios más significativos yo creo que a lo mejor han venido de la mano de todo este proceso de CONEAU porque eso ha motivado a decir muchachos acá…
Facultad de Ciencias Médicas *Coordinadora de Acreditación de Posgrados*	1. Procesos CONEAU 2. Cambio de autoridades de la facultad, hace tres meses.	Sí.
Facultad de Derecho y Ciencias Sociales *Secretaria académica y prosecretaria académica*	En este caso entonces ha sido la reforma del plan de estudios, en esa reforma del plan de estudios, es del año 2000 la reforma, se incorpora la enseñanza de la práctica profesional, una carga horaria conforme a la normativa nacional y se incorporan contenidos mínimos emergentes de la cultura jurídica lo que todo eso implica un cambio sustancial. En los últimos años la secretaría académica viene llevando a cabo distintos proyectos de evaluación del plan de estudios y también programas de formación docente.	Claro, porque estamos elaborando documentos que son estándares de evaluación que se van a convertir en estándares de acreditación.

Fuente: elaboración propia a partir de la información obtenida en las entrevistas.

i) Percepción acerca de si la CONEAU ha fomentado la emergencia y la consolidación de una "cultura de evaluación" a nivel de todo el sistema universitario argentino

Los que respondieron consideran que todavía no hay una cultura de evaluación consolidada, pero que sí está emergiendo:

> Sistema universitario..., de hecho la calidad de la educación universitaria, a pesar de la extrema burocracia y complejidad que tiene la gestión, es muy pobre. Todavía no hay un sistema consolidado, uniforme, homogéneo de registro de datos que permita al sistema universitario comparar realmente toda la información que es relevante para la toma de decisiones del sistema, y esto, lamentable decirlo, muchas veces ha sido por la propia reticencia de las universidades, por un lado, por no tener ni siquiera los recursos o el hábito y la cultura de la información. Pero, por otro lado, por el retaceo de esa información, porque siempre más bien se teme que revelar la propia situación puede traerle dificultades a la universidad a la hora de gestionar recursos, pero, bueno, esos son problemas que tenemos que superar de nuestra débil cultura institucional, digamos, como universidades públicas (rector).

j) Balance del impacto de estos procesos en la propia universidad/ facultad/unidad y en el sistema universitario argentino

Para todos los entrevistados, el balance del impacto de estos procesos en la universidad y en la unidad académica es considerado "altamente positivo", más allá de lo que se cree que debería mejorar en cuanto a "cómo se está haciendo".

En la figura 7.7 se muestra una síntesis de lo que dijeron los entrevistados.

Figura 7.7. Opinión de los entrevistados acerca del balance de los procesos de evaluación y acreditación. Caso 2

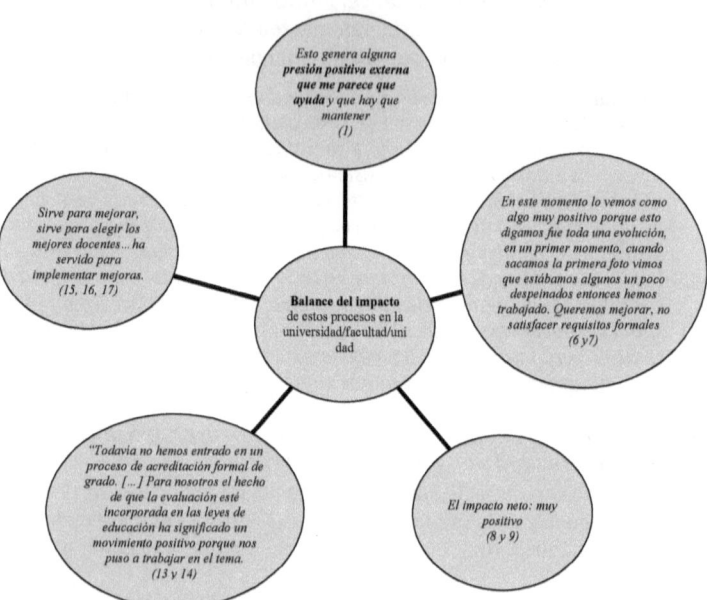

Referencias:
Véase la figura 7.1
Fuente: elaboración propia a partir de la información obtenida en las entrevistas

En este sentido, se considera que las palabras de uno de los entrevistados son paradigmáticas para cerrar este caso de estudio:

No quisiera, no me entusiasma la idea de que por este tipo de impacto negativo que tienen estas nuevas exigencias sobre el sistema nos volvamos sobre una especie de autonomía mal entendida y que consiste en "total lo sustancial y lo bueno ya lo veníamos haciendo, esto es puro papelerío", porque no creo en eso. Hasta que no aparecen procesos de evaluación transparentes y públicos ante instancias externas no estamos sabiendo y tendemos a repetir lo que estamos haciendo, si lo estábamos haciendo bien, bueno, pero hay cosas que no se están haciendo bien en las universidades y esos automatismos son muy negativos. Tendemos a conservar lo que se hace mal. Así que esto genera alguna presión positiva externa que me parece que ayuda y que hay que mantener (rector).

7.5. Reflexiones finales

De la información relevada en este caso de estudio, surge que la política de evaluación y acreditación de la calidad universitaria impactó produciendo cambios hacia la mejora (enunciativos y fácticos) en las funciones sustantivas y en la gestión.

Al igual que en el caso 1, el impacto en las funciones sustantivas y en la gestión varía según el tipo de política —evaluación institucional, acreditación de carreras de grado, acreditación de carreras de posgrado— y según la etapa o fase de maduración de implementación de cada una, correspondiéndose con lo afirmado por varios autores (Strydom, Zulu y Murray, 2004; Jeliazkova y Westerheijden, 2002; Hopkin, 2004). El impacto varía también según el modo, la actitud y la cultura con la que "institucionalmente" responden a estos procesos los actores de las unidades académicas y del rectorado. Esto remite al enfoque internalista descripto por Clark (1991) y a la mirada del nuevo institucionalismo en el análisis organizacional (Powell y Dimaggio, 1991).

Este impacto es más fuerte, según las evidencias halladas, en la Facultad de Ciencias Médicas, por la acreditación de carreras de grado de Medicina (dos fases de acreditación) y por la acreditación de carreras de posgrado (principalmente especialidades asociadas a residencias médicas de centros formadores). No así por la evaluación institucional.

En la Facultad de Ciencias Exactas, Físicas y Naturales, se encontraron cambios hacia la mejora en las funciones sustantivas y en la gestión. Los entrevistados atribuyen los cambios a la conjunción de tres factores: cambio de gestión de la facultad, CONEAU y programas PROMEI.

En la Facultad de Derecho y Ciencias Sociales, se hallaron cambios hacia la mejora por la acreditación de carreras de posgrados y algunos (pocos) obstáculos hacia la mejora, atribuibles a dificultades de procedimiento interno y externo.

Respecto a la evaluación institucional, si bien demuestra no haber producido muchos cambios fácticos significativos, autoridades del Rectorado reconocen que fue positivo por el solo hecho de poner a la universidad en el esfuerzo de autoevaluarse y de recibir una evaluación externa, más allá de los resultados. El cambio en el plan de estudio de la carrera de Derecho se realizó en este período como consecuencia de la evaluación institucional de la facultad.

A partir del análisis de la percepción de actores, puede afirmarse que los cambios analizados posicionan a las unidades académicas en distintos extremos —reactivos y sustantivos— según la clasificación planteada por algunos autores (Powell y Dimaggio, 1991; Varela, 2007). Así, los cambios hallados en la Facultad de Ciencia Médicas se ubican más cerca de los "reactivos" (cambios debidos a fuerzas exógenas a la organización, en este caso la política de evaluación y acreditación). Los cambios hallados en la

Facultad de Ciencias Exactas, Físicas y Naturales, y en la Facultad de Derecho, se aproximan más al extremo de los "sustantivos", es decir, provenientes de fuerzas endógenas.

Dentro de la tipología utilizada por Camou (2007), esta institución se ubicaría entre la "adopción plena" a estas políticas y la "resistencia instrumental". Es decir, se aceptan plenamente los fines de la evaluación y de la acreditación y se rechazan algunos medios referidos a procedimientos de la CONEAU, pero no todos. Es mayor la aceptación de los medios instrumentales para la evaluación institucional y también para la acreditación de carreras de grado y posgrado de la Facultad de Ciencias Exactas, Físicas y Naturales. El grado de aceptación de los medios instrumentales disminuye un poco en la acreditación de carreras de grado y posgrado de la Facultad de Ciencias Médicas. Para las carreras de grado, se argumentan dificultades de procedimientos internos y externos, y en las carreras de posgrado se manifiesta la falta de adecuación de la aplicación de los estándares a la realidad.

La visión de los entrevistados aporta luces y líneas de acción para profundizar y mejorar el sistema de evaluación y acreditación de la calidad universitaria, tanto desde la política pública como desde políticas y procesos institucionales.

A continuación, se expone un decálogo para la posible mejora de las políticas y de los procesos (tanto externos como internos) de evaluación y acreditación de la calidad universitaria, elaborado a partir del análisis de la perspectiva de los actores de este caso de estudio:

1. Revisar la composición actual del gobierno de CONEAU.
2. Mejorar la calidad de los procedimientos, ya que son percibidos como excesivamente burocráticos, pesados y lentos. Necesidad de unificar el formato de requerimientos con otros organismos públicos.
3. Necesidad de evaluar más el producto (formación de grado y posgrado).
4. Mejorar el entrenamiento y la profesionalización de los pares. Observar la actuación de los técnicos. Asegurar las visitas *in situ*.
5. En posgrado, revisar la adecuación entre "cómo se evalúa" y la "realidad". Argumentar las categorizaciones.
6. Revisar la equidad en la aplicación de un mismo instrumento a realidades tan diversas, aunque la carrera sea la misma. Contemplar más el contexto.
7. Mantener una sola agencia evaluadora y acreditadora en pro de la equidad y de la comparabilidad.
8. Relacionar los procesos de acreditación con mecanismos de financiamiento tipo PROMEI, atados a planes de mejora.
9. Coordinar la gestión interna a nivel central de la universidad de estos procesos.
10. Fomentar una mayor participación de profesores y estudiantes en los procesos de evaluación y acreditación.

8. Impacto de la política de evaluación y acreditación de la calidad universitaria. Caso 3

8.1. Presentación del caso

Se trata de una universidad de gestión privada, creada en la década de 1960. Es una de las universidades privadas más antiguas y está ubicada en el interior del país. El número de alumnos de grado y posgrado asciende a 9.000 aproximadamente.[53]

Esta universidad realizó la autoevaluación institucional entre los años 1997 y 1998, y la evaluación externa data del año 2000. Fue una de las primeras universidades privadas que realizó la evaluación institucional. La carrera de Medicina y las ingenierías —entre otras carreras de grado— pasaron por procesos de acreditación en más de una oportunidad. Tiene posgrados acreditados y, en varios casos, reacreditados, en las áreas correspondientes a ciencias aplicadas y ciencias sociales. En ciencias de la salud, hasta el momento, solo cuenta con proyectos en proceso de acreditación.

8.2. Descripción de fuentes de información

Fuentes secundarias: documentos

Se analizó en profundidad el informe de la evaluación externa realizada por la Comisión Nacional de Evaluación y Acreditación Universitaria (CONEAU) y la carta del rector, cuatro resoluciones de acreditación de carreras de grado —dos de Medicina; dos de Ingeniería Electrónica, orientación en telecomunicaciones— y resoluciones de acreditación perteneciente a ocho carreras de posgrados (cinco de ciencias aplicadas y tres de ciencias sociales). Este caso de estudio aún no posee posgrados en ciencias de la salud, aunque sí tiene proyectos en proceso de acreditación ante CONEAU.

---

[53] Fuente: Anuario 2011 de Estadísticas Universitarias. Coordinación de Investigaciones e Información Estadística (CIIE) de la Secretaría de Políticas Universitarias (SPU), del Ministerio de Educación de la Nación.

Fuentes primarias: entrevistas

Se realizaron 12 entrevistas a directivos y personal relacionado con los procesos de evaluación y acreditación.[54]

En el *apéndice II* se muestran los datos correspondientes a los documentos analizados, y en el *apéndice III*, información referida a las entrevistas realizadas.

8.3. Impacto de la política de evaluación institucional y de la acreditación de carreras de grado y posgrado en las funciones de docencia, investigación, extensión y gestión

8.3.1. Impacto de la política de evaluación institucional

La percepción de los entrevistados es que, si bien en su momento ayudó y fue un proceso positivo, hasta la fecha solo se ha realizado una:

> *Bueno, evaluación institucional hubo una sola, por lo menos nuestra universidad fue la primera que se evaluó institucionalmente... Sí, de las privadas fue la primera, sí. Y solo pasamos por esa, después creo que son voluntarias las presentaciones, en lo institucional... Sí, en la evaluación institucional, como le digo, fue la primera, la primera privada que la hizo, la CONEAU era muy nueva en ese momento... Y el impacto que tuvo en nosotros es institucionalmente como le digo, fue hace mucho tiempo y algunas cosas sí fueron interesantes (secretario académico. Facultad de Ingeniería).*

> *Nos ha ayudado mucho, tanto la acreditación a nivel universitario, que fue la primera y única que se hizo en la universidad, la autoevaluación institucional, como la acreditación de cada una de las carreras y cada vez se van puliendo más los mecanismos (secretario administrativo. Facultad de Ciencias de la Salud).*

También se menciona que estuvo más centralizada en el Rectorado:

> *La evaluación institucional fue la voluntaria, fue la primera, en el 2000, nosotros, y fue muy centralizado en el Rectorado [...] Y las facultades sí participaron, pero yo no percibí en ese momento que se notara (integrante del Departamento de Evaluación y Acreditación Permanente. Rectorado).*

---

[54] (1) Secretario académico, Rectorado. (2) Coordinadora del Departamento de Evaluación y Acreditación Permanente, Rectorado. (3) Integrante del Departamento de Evaluación y Acreditación Permanente, Rectorado. (4) Decano (nuevo rector a partir de 2010), Facultad de Ingeniería. (5) Secretario académico, Facultad de Ingeniería. (6) Secretaria administrativa, Facultad de Ingeniería. (7) Decano, Facultad de Arquitectura, Urbanismo y Diseño. (8) Secretaria académica, Facultad de Arquitectura, Urbanismo y Diseño. (9) Decano, Facultad de Ciencias de la Salud. (10) Vicedecana, Facultad de Ciencias de la Salud. (11) Secretario administrativo, Facultad de Ciencias de la Salud. (12) Secretaria académica. Facultad de Ciencias Jurídicas y Sociales.

Para la *función docencia,* se hallaron cambios enunciativos hacia la mejora en la dimensión "cuerpo de profesores", en todas sus subdimensiones. Estos surgen de las recomendaciones del informe de evaluación externa: "Revisar categorías y dedicaciones", "fortalecer formación científica-técnica y pedagógica docente", "mejorar reglamentación sobre ayudantía", "fortalecer la formación de ayudantes (alumnos y adscriptos)", "rever criterios de selección y promoción" —la universidad no realiza ni tiene previsto realizar concursos en sus cátedras—, "incorporar procedimientos de control de las actividades docentes".

El rector, en su carta, manifiesta desacuerdo con lo señalado respecto a los concursos docentes, lo que sería un indicio de que en este tema no se producirán cambios por la sugerencia de la evaluación externa: "Corresponde dejar en claro que algunas de las características o modalidades que se han consignado como falencias aparecen como tales no desde una perspectiva objetiva y universal, sino solo desde el prisma de una visión para la cual *los concursos de oposición para cubrir los cargos docentes* y la participación estudiantil en el gobierno universitario son verdades excluidas de la consideración científica. Ahora bien, *las cosas no son así en la mayoría de las naciones del mundo* y en especial en las universidades de punta de Occidente, razón por la cual *no puede considerarse que su ausencia constituya una falencia en sentido estricto".*

En la dimensión "metodología de enseñanza-aprendizaje", del análisis del informe de evaluación externa surge, como cambio enunciativo, la "necesidad de fomentar el desarrollo y el fortalecimiento de nuevas prácticas de enseñanza-aprendizaje a través de nuevos métodos pedagógicos".

En las entrevistas se menciona un cambio fáctico relacionado con esta dimensión y se refiere a la creación de la carrera de Docencia Universitaria:

> *Evaluación institucional: [...] hubo todo una movida en ese sentido. Sobre todo el tema de armar estas "especializaciones en docencia universitaria" y demás que lo hicimos todo pensando en el tema de CONEAU (secretaria administrativa. Facultad de Ingeniería).*

Para la dimensión "currículum, plan de estudio y programas", del análisis documental surgen varias recomendaciones hacia la mejora, entre ellas: "Adaptar la duración del dictado de las materias", "flexibilización reglamentaria y curricular", "introducir materias optativas", "sistema de evaluación: diseñar un régimen de enseñanza que articule el cursado de las materias con las evaluaciones parciales y/o final, incorporar algún sistema de evaluación parcial durante el cursado de las materias allí donde no lo hubiere".

Además, en la resolución de acreditación de la carrera de grado de Ingeniería se menciona: "En el año 2000 se reformularon los planes de estudios de las carreras presentadas a acreditación (Ingeniería en Electrónica y Electricidad e Ingeniería en Electrónica y Telecomunicaciones) *de acuerdo con las recomendaciones que surgieron de la evaluación externa efectuada a la universidad ese año".*

No obstante, de las entrevistas surge que los cambios fácticos en esta dimensión se relacionan más con los procesos de acreditación de carreras que con el proceso de evaluación institucional.

Se hallaron indicios de cambios enunciativos para la dimensión "alumnos y graduados". El informe de evaluación externa señala la necesidad de cambios referidos a "diseñar estrategias para mejorar retención, el sistema de ingreso, seguimiento de problemas de aprendizaje", "ampliar becas", "incrementar el porcentaje de graduados por medio de políticas", "reducir duración real de las carreras. Detectar causas incorporando expertos y la opinión de los estudiantes".

Dentro de la dimensión "alumnos y graduados", para la relación docente-alumno, el informe de evaluación externa señala una cuestión que luego es discutida por el rector en su carta. Concretamente el informe dice: "La relación de profesores/estudiantes existente en la Facultad de Ciencias Jurídicas y Sociales, que es de 1/9,8, marcaría una cierta tendencia a la masificación". A lo que el rector responde: "Merece un párrafo aparte la afirmación que se efectúa en el informe en el sentido de que la relación de profesores/estudiantes existente en la Facultad de Ciencias Jurídicas y Sociales, que es de 1/9,8, marcaría 'una cierta tendencia a la masificación'. Lo antedicho no condice con la misma relación presente en varias de las consideradas universidades 'de punta' de Occidente, tal como se desprende de los siguientes datos: Universidad de California en Berkeley, 1/17,93; Universidad de Harvard, 1/8,7; Universidad de Londres, 1/16; Universidad de Oxford, 1/10,9; Universidad de París I, 1/42,24. De estos datos se desprende que la facultad mencionada solo se encuentra un poco por encima de la relación existente en la Universidad de Harvard y muy por debajo de las demás, por lo que resulta al menos apresurado que se hable de 'tendencia a la masificación'".

No se hallaron cambios fácticos para esta dimensión a partir de la información obtenida en las entrevistas.

Se hallaron indicios de cambio enunciativos para la *función investigación*. El informe de evaluación externa considera que "se observa cierta ambigüedad en la definición de lo que se denomina 'investigación de facultad' y 'de cátedra', así como algún grado de confusión entre lo que es investigación sistemática y las actividades de docencia orientadas a la preparación y formación práctica de los alumnos, que es, por lo tanto, parte del proceso de enseñanza-aprendizaje de grado. Esta ambigüedad hizo que el análisis de esta función se centrara fundamentalmente en lo que se denomina Investigación Superior y secundariamente en la de facultad, y no en la de cátedra. Asimismo se considera que la primera de ellas es la que puede encuadrarse dentro de los estándares convencionalmente aceptados sobre esta función". Además, el informe señala que "la universidad no cuenta con una estructura académica y administrativa especializada para la gestión y promoción de esta función".

Para la dimensión "profesores investigadores, formación de recursos humanos", surgen cambios enunciativos de las recomendaciones del informe de evaluación externa: "Buscar articular intereses de investigadores, objetivos de la institución, demandas del entorno", "capacitar y desarrollar recursos humanos en investigación: incrementar dedicación de cargos y número de investigadores", "incluir metodología de investigación", "incrementar la importancia de antecedentes de investigación como criterio de evaluación para el ingreso y la promoción de la docencia".

Para la dimensión "proyectos de investigación", también surgen indicios de cambios enunciativos: "Reforzar la función investigación. Diseñar una política institucional en materia de investigación", "fomentar nuevos grupos y temas", "establecer mecanismos claros de evaluación y seguimiento de los proyectos". Lo mismo sucede para la dimensión "financiamiento de la investigación": "Sostener la retribución diferencial de los investigadores como un estímulo para su desarrollo", "ampliar la base de financiamiento (APNCyT, PICT, becarios, etcétera)".

El rector, en su carta, alude al problema presupuestario financiero que afecta a esta función de la universidad, sin dejar de reconocer que se intenta superar las debilidades: "Cabe consignar que *algunas de las debilidades apuntadas:* falta de continuidad en las publicaciones, poca dedicación en ciertos investigadores, necesidad de incrementar el acervo bibliográfico. etc., *tienen en realidad un origen estrictamente presupuestario-financiero,* ya que se *originan exclusivamente en la carencia de los fondos necesarios* para atenderlos con la liberalidad que sería de desear; dicho de otro modo, como todo presupuesto es limitado, *y la universidad no recibe subsidios estatales,* no es posible, a la vez, pagar altos salarios docentes, mantener una biblioteca de punta y lograr una estricta continuidad en las publicaciones. Por otra parte, cabe hacer notar también que ese tipo de falencias afectan a la gran mayoría de las universidades argentinas, con lo que, en rigor, estamos en presencia de debilidades del sector universitario argentino y no de falencias específicas de esta universidad. No obstante, *estamos empeñados en continuar con el esfuerzo para superarlas*".

En las entrevistas, reiteradamente surgió el tema de la relación entre la debilidad en la investigación y los problemas presupuestarios-financieros:

> *Bueno, mejorar la investigación es una intención de toda universidad, la nuestra también, el tema es absolutamente presupuestario, o sea uno puede mejorar hasta donde le alcanza la plata, es así, más allá de eso no se puede. Y bueno, se hace lo que se puede en eso (secretario académico. Facultad de Ingeniería).*

Para la dimensión "productos de investigación", se hallaron los siguientes indicios de cambios enunciativos, también a partir de los aspectos a mejorar señalados en el informe de evaluación externa: "Asegurar la difusión de los resultados de los investigadores incentivando a los investigadores a publicar en revistas con referato, libros, etc.", "brindar más apoyo a las publicaciones de la propia universidad asegurando frecuencia y continuidad", "incorporar referato externo", "diversificar publicación".

Para la dimensión "infraestructura, equipamiento y biblioteca", del análisis del informe de evaluación externa surgen los siguientes aspectos a mejorar, como posibles cambios enunciativos hacia la mejora: "Uso más flexible de la infraestructura —gestión del espacio—", "mantener las buenas condiciones de habitabilidad", "cumplir los proyectos de inversión edilicia", "continuar desarrollo de Biblioteca Central y fortalecerla". En el informe se lee: "En líneas generales, parecería que la biblioteca es uno de los sectores deficitarios de la universidad". Al respecto, el rector en su carta comenta: "Conviene hacer notar que puede resultar injusto hablar de falencias en ciertos casos puntuales, como v.gr. en lo que respecta a los volúmenes de la Biblioteca Central; en efecto, la situación de una biblioteca que en los últimos tres años ha sido dotada de un edificio grande y funcional, que ha sido inventariada y computarizada en los últimos dos años, que en ese mismo lapso ha incrementado en un 50% sus volúmenes, que se la ha dotado de un nuevo reglamento, etc., es decir, que ha tenido mejoras sustanciales, no puede en justicia ser calificada en el cuadro de las debilidades. Es evidente en este caso que existe en los últimos años la voluntad efectiva de mejorar su situación. Y esto más que una debilidad aparece antes bien como una fortaleza".

De las entrevistas no surgen cambios fácticos para esta función.

Para la *función extensión,* se hallaron indicios de cambios enunciativos en la dimensión "concepto de extensión", ya que el informe considera que existe amplitud conceptual: "En la enumeración precedente no solo se incluyen actividades referidas a la extensión universitaria, sino otras, propias del ejercicio de la docencia".

Para la dimensión "programas de extensión", el informe de evaluación externa considera que esta es una función académica rezagada y que su desarrollo es tardío.

El informe de evaluación recomienda: "Definir con mayor claridad qué es lo que se entiende por función extensión", "establecer una política de extensión que descanse menos en las iniciativas de los docentes y más en objetivos institucionales", "carece de una estructura académica y administrativa", "establecer alguna modalidad de gestión, promoción, coordinación, control y evaluación de sus actividades de extensión, de las facultades, del CIS y de la universidad como un todo", "regular y reglamentar el ejercicio de esta función como la institución lo ha hecho con las de docencia de grado y posgrado e investigación", "mantener y fortalecer los vínculos actuales que sostiene con organismos públicos y privados especialmente a través de convenios firmados con ellos".

Para la *función gestión*, dimensión "gobierno y gestión", el informe de evaluación externa sugiere: "Mejorar el sistema de información interno para agilizar y facilitar la autoevaluación periódica y continua que sería deseable que la institución mantenga", "continuar, extender, mejorar y profundizar el proceso de autoevaluación, incorporándolo como práctica permanente de la institución". "La universidad cuenta con suficientes fortalezas para lograr esta propuesta, entre ellas pueden destacarse al menos tres: la predisposición de las autoridades, la buena disposición de la comunidad educativa y sus dimensiones actuales como organización." "Instrumentar la devolución de los resultados obtenidos a partir de la autoevaluación y evaluación externas a todos los integrantes de la institución."

Las palabras arriba citadas y las siguientes palabras del rector en su carta indican que —de alguna manera— esta fue la función donde más impactó el proceso de evaluación institucional: "Las debilidades señaladas son susceptibles de ser subsanadas en períodos de tiempo relativamente cortos, y en la mayoría de los casos ya están en marcha líneas de acción para superarlas o reducir su incidencia". Además agrega: "Quiero destacar que el proceso de Autoevaluación y de posterior evaluación externa ha sido de gran utilidad para que la universidad conozca su real situación, así como sus debilidades y fortalezas. Y seguramente será de mayor utilidad aún en el futuro, ya que las sugerencias efectuadas en el informe final servirán positiva y eficazmente para mejorar los servicios que la institución presta y para colocarla en el camino de su consolidación definitiva como una gran universidad argentina e iberoamericana".

De las entrevistas realizadas no surge que se hubiesen producido cambios fácticos hacia la mejora en las *funciones de investigación y extensión*, a raíz del proceso de evaluación institucional.

Es de destacar la opinión del directivo de Rectorado. Él concluye que la evaluación institucional no ha impactado demasiado porque "se hace y se guarda" y por su falta de articulación con los procesos de acreditación de carreras de grado y posgrado:

Bueno, yo creo que evaluación institucional no impacta en casi nada. En primer lugar, porque, bueno, se lleva a cabo, se hace, se guarda y después no es tenida en cuenta para la acreditación de las carreras. No hay una articulación, incluso eso me lo dijo uno de los evaluadores que vinieron acá para la carrera de Medicina. Cuando yo les dije "miren que la evaluación institucional...", "ah, a nosotros eso no nos importa, nosotros evaluamos esto expresamente, nosotros no tenemos nada que ver con eso, eso nosotros no sabemos ni que existe, no, nosotros estamos en este asunto, eso no sirve". Yo eso lo dije en una reunión que hubo en la CONEAU hace dos años, lo dije expresamente en una intervención, y el presidente de ese entonces de la CONEAU tomó nota, hubo varios que comentaron que eso efectivamente era así. Varios rectores que me dijeron "sí, efectivamente eso es así". La evaluación institucional no influye para nada en nada (secretario académico. Rectorado).

De las entrevistas, no surge que esta política haya generado obstáculos para la mejora.

En el cuadro 8.1 se muestra, esquemáticamente, el impacto en términos de "cambios para la mejora" y "obstáculo para la mejora" de la política de evaluación institucional en las funciones sustantivas y en la gestión.

Cuadro 8.1. Impacto de la política de evaluación institucional en las funciones docencia, investigación, extensión y gestión. Caso 3

Áreas de análisis	Dimensiones	Impacto		
		Cambios para la mejora		Obstáculos para la mejora
		Enunciativos	Fácticos	
1. Función Docencia	1.1 Cuerpo de los profesores: titulación académica, dedicación, categorización, formación pedagógica*, selección. (*cambio fáctico)	X	X	No se hallaron
	1.2 Proceso-metodología de enseñanza-aprendizaje	X	-	
	1.3 Currículum. Planes y programas	X	-	
	1.4 Alumnos y graduados	X	-	
2. Función Investigación	2.1 Profesores investigadores. Formación de recursos humanos.	X	-	
	2.2 Proyectos de investigación.	X	-	
	2.3 Financiamiento de la investigación.	X	-	
	2.4 Productos de investigación.	X	-	
	2.5 infraestructura-equipamiento y biblioteca	X	-	
3. Función Extensión	3.1 Concepto de extensión.	X	-	
	3.2 Programas de extensión.	X	-	
4. Gestión	4.1 Gestión de la calidad de los procesos de evaluación y acreditación.	X	X	

x: hallazgo de impacto
-: no se halló impacto
Fuente: elaboración propia a partir del análisis documental y de las entrevistas.

Conclusión

Se concluye que, para el caso 3, la política de evaluación institucional impactó levemente produciendo cambios enunciativos y fácticos hacia la mejora solo en la *función gestión* y, en menor medida, en la *función docencia*, para la dimensión "cuerpo de profesores: formación pedagógica". Para el resto de las funciones y dimensiones, solo se detectaron indicios de cambios enunciativos a partir de las debilidades detectadas y de las recomendaciones realizadas por el Comité de Pares Evaluadores de CONEAU; algunas aceptadas y reconocidas por la institución, otras, pocas, no, según se desprende de la carta del rector.

No se hallaron "obstáculos hacia la mejora" relacionados con el proceso de evaluación institucional.

De la entrevista con el decano de la Facultad de Ingeniería (rector electo a partir de 2010), surge que la nueva gestión tiene en su agenda la realización de la segunda evaluación institucional con la agencia privada FAPEYAU:

> Sí, vamos a hacer la segunda evaluación institucional. Nosotros, lo primero que vamos a hacer, lo primero que va a hacer la gestión es convocar a todo el claustro docente a generar las políticas universitarias de lo que queremos de acá a diez años a través de un sistema parecido a un congreso, generar tópicos y que se inscriban y después generar plenarios, definir esas políticas. Una vez que estén esas políticas definidas, implementarlas y buscar una evaluación institucional, pero me parece que nosotros vamos a ser evaluados por FAPEYAU más que por CONEAU (decano. Facultad de Ingeniería. Rector a partir de 2010).

8.3.2. Impacto de la política de acreditación de carreras de grado: ciencias de la salud, carrera de Medicina

Se toma el caso de la carrera de Medicina. Esta carrera se crea en 1997 y comienza sus actividades en 1998. En el año 2000, la facultad se presentó a la convocatoria obligatoria realizada por CONEAU.

En 2001, la carrera de Medicina obtiene la acreditación por tres años asumiendo con CONEAU diez compromisos para el mejoramiento de la calidad. En 2005 se le extiende la acreditación por tres años más, con diez recomendaciones para la mejora: "En ese momento no reunía las características previstas por los estándares pero se consideró que el cumplimiento de las acciones planteadas en los planes de mejoramiento permitiría que la carrera lograra a futuro el perfil previsto por la resolución ministerial 535/99". En 2009, se presenta para su reacreditación. Las entrevistas fueron realizadas durante este proceso, concretamente cuando había finalizado la fase de autoevaluación.

Para la *función docencia*, del análisis documental surgen cambios enunciativos y fácticos para la mejora, a partir de las recomendaciones de

CONEAU en la primera y segunda fase de acreditación. Estos pertenecen a las dimensiones "dedicación" (continuar con el aumento planificado de las dedicaciones del cuerpo docente para asegurar la efectiva realización de actividades de investigación y extensión), "titulación" (promover la realización de estudios de posgrado del cuerpo académico) y "evaluación" (incorporar a la evaluación periódica del cuerpo docente instancias de evaluación por pares y opinión de los alumnos).

De las entrevistas surge que el impacto de la acreditación de carrera de grado en esta función fue significativo, sobre todo en las dimensiones "dedicación" y "titulación":

> Yo creo que en docencia nos ha impactado más: planes de estudio, formación de profesores [...]. De los procesos de evaluación, evaluación institucional, acreditación de carreras de grado y carreras de posgrado, el mayor impacto ha sido en docencia y en investigación, en grado (decano. Facultad de Ciencias de la Salud).

> Y, en cuanto a la función docente, en realidad la formación de profesores, de titulación académica [...] en alguna medida nos han dicho que hemos estado muy bien [...]. La crítica ha venido un poco, las observaciones han venido un poco en la dedicación, no en la formación pedagógica —en la formación pedagógica, en ese sentido, no hemos tenido problemas— y en la dedicación, sí, a raíz de las críticas hicieron algunos cambios... sí, hicimos algunos cambios... porque la propuesta de ellos era que tuviéramos más dedicaciones, menos dedicaciones simples y más dedicaciones semiexclusiva y exclusiva para que tuvieran más tiempo los profesores y pudieran dedicarse a investigar, este fue el comentario (decano. Facultad de Ciencias de la Salud)

> El mayor impacto ha sido en la función investigación y, en segundo lugar, diríamos, la función docencia (secretario administrativo. Integrante del Consejo de la Facultad. Facultad de Ciencias Médicas).

Del análisis de las resoluciones de acreditación surgen cambios fácticos significativos para la dimensión "metodología de enseñanza-aprendizaje". Estos fueron realizados durante el lapso que transcurre entre la primera y la segunda fase, en respuesta a un requerimiento de CONEAU en la primera fase de acreditación y en la respuesta a la vista de la segunda fase:

Los cambios consisten en lo siguiente: a) el nombramiento de un docente rentado en carácter de coordinador de prácticas del ciclo clínico e Internado Rotativo de Pregrado, que supervisa directa y personalmente a docentes y alumnos e informa semanalmente al decano de la facultad sobre la marcha de estas actividades académicas; b) la confección de un Reglamento del Internado Rotativo de Pregrado que contiene los requisitos para acceder a él de acuerdo con las condiciones fijadas en el estándar Nº 68; c) se estableció que el responsable de las rotaciones es el coordinador de prácticas y se fijaron sus funciones según Resolución de Decanato 072/05; d) se modificó el Internado Rotativo de Pregrado, ya que, de los 12 meses, los alumnos realizarán ocho meses de rotación por las especialidades troncales y cuatro meses en APS utilizando los nueve centros de salud incorporados, con los que se firmaron los respectivos convenios bajo la supervisión del docente responsable y por comisión. El Comité de Pares Evaluadores (CPE) de CONEAU consideró que la institución "cumplió en gran medida".

Del análisis documental y de las entrevistas, surge una serie de cambios fácticos relacionados con la dimensión "currículum, plan de estudio y programas". Algunos se realizaron en la primera fase de acreditación en respuesta al informe de evaluación (lo que técnicamente se denomina "respuesta a la vista"), como la creación por resolución del Consejo Superior de la Comisión de Seguimiento y Coordinación de la carrera de Medicina. Otros cambios se realizaron en el lapso que transcurre entre la primera y segunda fase de acreditación, y en la respuesta a la vista de esta segunda fase. Todos responden a requerimientos o recomendaciones de CONEAU y fueron evaluados favorablemente por el CPE. Ellos son: a) la Comisión de Seguimiento y Coordinación de la carrera de Medicina concretó la integración de sus miembros con representantes de todas las áreas de formación, pasando a ser denominada Comisión de Seguimiento y Coordinación Académica; b) la incorporación al cuerpo docente (en las cátedras de Atención al Enfermo I y II), de profesionales que se desempeñan en centros asistenciales periféricos, contribuyendo de esta manera al logro del perfil profesional; c) Nuevo Modelo de Reglamento General en el que se incorporaron modificaciones de aspectos curriculares, de correlatividades, del Internado Rotativo de Pregrado y cuyas disposiciones dan cumplimiento con las exigencias del estándar 68 como requisito para ingresar a la PFO, la institución fija como criterio para la incorporación de docentes en las asignaturas del ciclo clínico y del Internado Rotativo de Pregrado que dichos profesionales se encuentren vinculados con un centro asistencial donde puedan recibir a los estudiantes para efectuar sus actividades prácticas. En esas condiciones, se incorporaron 29 docentes que se desempeñan como jefes de servicio y médicos de planta. El CPE de CONEAU considera que "las entrevistas realizadas en los diferentes centros, y las reuniones con alumnos y docentes, permitieron comprobar que comenzaron la incorporación efectiva de los profesionales de los servicios y así cumplir satisfactoriamente con el compromiso asumido".

De las entrevistas, surge que en esta dimensión hubo, efectivamente, cambios fácticos:

Yo creo que en docencia nos ha impactado más: planes de estudio (decano. Facultad de Ciencias de la Salud).

En esta dimensión surgen apreciaciones un tanto negativas sobre el currículum por competencias, aspecto que se ha cambiado en los últimos estándares aprobados para la carrera de Medicina. También se hace referencia a la utilidad del ACCEDE:

> *Cómo nos molestan con esto realmente. Ahora resulta que el currículum hay que hacerlo en base a competencias, entonces hay que modificar el currículum... Yo no sé si eso es tan necesario, yo creo que las competencias las adquiere el alumno de acuerdo a la calidad de los docentes que tiene y al tiempo que nos ocupemos de los alumnos, me parece, pero, bueno, ahora resulta que de acuerdo a la resolución 1314 debemos adaptar la currícula... no es más por contenido sino por competencias (decano. Facultad de Ciencias de la Salud).*

> *Y sí, ahora los nuevos estándares son por competencia. En realidad esto es de forma más que de contenido, porque en realidad los contenidos están bien adecuados. He tenido la oportunidad de revisarlos y en su mayoría están, yo le diría, en el 90% totalmente adecuados y en los tiempos que tenemos que enseñar medicina y, bueno, lo único que había que hacer era adecuarlos,... a estas nuevas competencias, al logro de estas competencias [...] y no a su contenido, entonces era en cuanto a un formalismo que había que llenar una documentación, si se lo puede llamar, y no al contenido, porque en el contenido los chicos en cuanto a la evaluación creo que si se comparan, y ojalá que se puedan comparar, han salido bastante parecidas... Ha sido bueno el rendimiento, en eso no nos podemos quejar. Me refiero al ACCEDE, es un indicador de calidad (otro indicador de calidad son los niveles de ingreso a residencias). Han tenido obviamente sus problemas en la integración final pero, bueno, para eso está el PFO, ahí es donde lo van a lograr... y son los que primero estaban empezando el PFO, así que, para integrar más... (vicedecana. Facultad de Ciencias Médicas).*

Para la dimensión "alumnos y graduados", del análisis de las resoluciones de acreditación y de las entrevistas surge un cambio fáctico significativo, que es el de la "determinación de la capacidad educativa". Esta se establece en la primera fase de acreditación como respuesta a un requerimiento de CONEAU. La capacidad educativa queda fijada en 140 alumnos.

Los entrevistados manifiestan lo ostensible que fue este cambio para la facultad, no necesariamente positivo — "se aceptó con los dientes apretados"—:

> *Un cambio ostensible fue la determinación de la capacidad educativa... de acuerdo a la capacidad educativa y que fue una sugerencia de CONEAU que se aceptó con los dientes muy apretados. Porque se fijó una capacidad educativa en 140 alumnos cuando la universidad, por los centros asistenciales, por la cantidad de docentes, por la cantidad de camas disponibles en los lugares de práctica, podía albergar a un número un poco mayor sobre todo teniendo en cuenta que de esos 140 alumnos iniciales se produce un desgranamiento prematuro fundado por los déficit formativos y además por cuestiones económicas (secretario administrativo. Facultad de Ciencias de la Salud).*

Otro cambio fáctico surge de los requerimientos y las recomendaciones de CONEAU para que la carrera no se desvíe del perfil de un médico generalista apto para desempeñarse en un primer nivel de atención.

Además, del análisis documental se deducen cambios enunciativos y fácticos en relación con compromisos que hace la institución con CONEAU para mantener la relación docente-alumno de acuerdo a la normativa vigente. La institución muestra una mejora entre la primera y la segunda fase, y se compromete con un plan de aumento de dedicaciones docentes a fin de seguir mejorando esta relación.

Para las dimensiones pertenecientes a la *función investigación*, del análisis documental se detectan cambios enunciativos a través de un plan concreto que incluye medios, recursos y plazos conducentes a la conformación de un grupo consolidado de investigadores. Además, se presentan proyectos de la carrera de Medicina aprobados por la universidad. También surgen cambios fácticos para la mejora realizados por la institución en el período que transcurre entre la primera y la segunda fase de acreditación, en cumplimiento de los compromisos contraídos: a) reglamentación del Consejo Superior del sistema de investigación; b) creación del Centro de Investigaciones Superiores; c) realización del primer seminario preparatorio de investigación en salud y conformación de una Comisión de Investigación; d) firma de convenios con otras instituciones de investigación que garantizan la continuidad de los proyectos; e) biblioteca: habilitación de un espacio con *boxes* para investigadores, mejora de la biblioteca y hemeroteca; f) creación de un laboratorio de investigación. Estas acciones fueron evaluadas positivamente por el CPE de CONEAU: "La institución comenzó a cumplir y sentó las bases para el cumplimiento efectivo asegurando continuidad".

Nuevos cambios enunciativos emergen en la segunda fase. La institución se compromete: a) promover la investigación en el cuerpo docente para asegurar la transferencia al grado; b) incrementar la participación de estudiantes y graduados en proyectos de investigación, y c) concretar firma de convenios para ampliar el acceso a banco de datos y publicaciones.

De las entrevistas surgen evidencias de mejoras fácticas de esta función y su estrecha relación con el proceso de acreditación de la carrera:

> *En la función investigación, bueno, otra cosa que nos preguntaron fue si teníamos formación de recursos humanos en investigación... Nosotros recién ahora tenemos el Instituto de Investigaciones Biomédicas en la facultad, bueno, ahora vamos a empezar con todos estos procesos de formación de recursos humanos en investigación... Es a raíz de este proceso, hay que reconocer que sí (decano, Facultad de Ciencias de la Salud).*

> *Creo que el mayor impacto se ha dado en la función investigación. El mayor impacto ha sido en la función investigación y en segundo lugar diríamos la función docencia. Pero lejos. La universidad ha focalizado su esfuerzo en cumplir con estos estándares de investigación intramuros con la incorporación*

de laboratorios, la incorporación de investigadores formados, investigadores que están haciendo algunos alumnos para hacer sus doctorados... Entonces esto ha obligado a que la universidad en cierta forma redireccione sus recursos a la investigación, que eran muy importantes, muy importantes. Esta universidad destinaba, aproximadamente, el 10% de su presupuesto anual a la investigación de grado, investigación que a la mira de CONEAU no era todo lo pertinente que debía ser para la formación de los alumnos. Entonces ha obligado a redireccionar, a hacer una reingeniería de todo ese sistema de investigación, pero con un aporte, como le decía, altísimo, no hay antecedentes muy cercanos de una inversión de ese porcentual del presupuesto en investigación en una universidad que no tiene subsidio estatal ni aporte de empresas privadas, porque subsiste pura y exclusivamente, se lo tienen que haber dicho, con el aporte de la cuota de los alumnos. [...] claro, esta es una característica de la universidad, no tiene una alineación ni religiosa ni política de ningún tipo, y dentro de este autofinanciamiento el 10% se destina a investigación, que a la mira de CONEAU no era todo lo pertinente que debía ser, entonces, bueno, se ha tenido que hacer una reingeniería formándose, incorporándose investigadores del claustro de profesores que han traído a sus grupos de investigación a la universidad (secretario administrativo. Facultad de Ciencias de la Salud).

Yo creo que también es muy importante el tema de investigación y el esfuerzo que ha hecho la universidad. Porque en realidad es un esfuerzo de toda la universidad, no solamente de la Facultad de Ciencias Médicas. Desde el rectorado para abajo todas las instituciones han aportado para que esto se realice (vicedecana. Facultad de Ciencias de la Salud).

Respecto a la dimensión "infraestructura, equipamiento y biblioteca", del análisis documental surgen cambios fácticos hacia la mejora, relacionados con los compromisos asumidos por la institución en la primera fase de acreditación y realizados en el lapso que transcurre entre la primera y la segunda fase. Estos se refieren a la finalización de la construcción y la habilitación del edificio con destino a la carrera y la incorporación a la hemeroteca de publicaciones seleccionadas a partir de la lista adjuntada por la institución en la respuesta a la vista. Estos fueron evaluados *in situ* y positivamente por el CPE de CONEAU. Sin embargo, de las entrevistas con los actores institucionales se detecta que responden a una política interna más allá del proceso de acreditación:

En infraestructura y biblioteca, no, nosotros teníamos previsto crecer, armar una hemeroteca, bueno, revistas internacionales y todo lo demás ya lo teníamos previsto (decano. Facultad de Ciencias Médicas).

Aunque en mucha menor medida que para las funciones de docencia e investigación, para la *función extensión* también se hallaron cambios enunciativos y fácticos hacia la mejora en respuesta a recomendaciones de CONEAU: sistematizar las actividades de extensión y vinculación con el medio e incorporar alumnos a estas actividades; con el apoyo de las materias del área social y epidemiológica, identificar necesidades reales de la población para programas de acciones hacia la comunidad.

Los entrevistados confirman que hubo cambios en esta función relacionados con el proceso de acreditación:

> *En extensión yo diría que sí, algunos programas de extensión han crecido en relación a esto, a los compromisos que adquirimos (decano. Facultad de Ciencias de la Salud).*

Para la *función gestión,* se hallaron cambios enunciativos y fácticos hacia la mejora. Estos se detectan en compromisos asumidos por la institución: a) cumplir con las estrategias de mejoramiento expuestas en el Informe de Autoevaluación; b) contemplar una mejor distribución de las responsabilidades académicas a concretar la normalización del gobierno de la facultad. El CPE de CONEAU, en la segunda fase considera que la institución "comenzó a cumplir y sentó las bases para el cumplimiento efectivo".

En las entrevistas se ratifica lo observado en el análisis documental, haciendo notar que la acreditación ha "coadyuvado" a la implementación del proyecto porque nacieron con estos procesos. Se considera que la acreditación los ha ayudado a orientar, profundizar y producir cambios:

> *Yo creo que en nuestro caso todos los procesos de autoevaluación y de acreditación nos han ayudado a orientarnos y a profundizar los cambios o a producirlos. Además, la Facultad de Ciencias de la Salud se crea en el año 98, se crea simultáneamente Medicina, Odontología, Kinesiología y licenciatura en Kinesiología, empezaron las actividades las tres carreras el mismo día, entonces esto generó un esfuerzo de la universidad para poner en marcha una estructura que hasta donde conocemos es inédita en el país, que una facultad de gestión privada ponga en marcha tres carreras de esta envergadura en forma simultánea, todas muchas las tienen, pero empiezan primero por una... Empezamos por las tres juntas... entonces la primera cohorte de Medicina egresó en el año 2002 y ya estábamos con procesos de acreditación encima en el 2001, que nos habían acreditado la parte del ciclo básico porque el clínico recién lo estábamos implementando... Entonces nos han venido, yo creo que a nosotros nos han coadyuvado a la implementación del proyecto... Es como que hemos nacido acompañados por la autoevaluación (secretario administrativo. Facultad de Ciencias de la Salud).*

En el cuadro 8.2 se muestra, esquemáticamente, el impacto de la política de acreditación de la carrera de Medicina en las funciones sustantivas y en la gestión.

Cuadro 8.2. Impacto de la política de acreditación de carreras de grado de Medicina en las funciones docencia, investigación, extensión y gestión. Caso 3

Áreas de análisis	Dimensiones	Impacto		
		Cambios para la mejora		Obstáculos para la mejora
		Enunciativos	Fácticos	
1. Función Docencia	1.1 Cuerpo de profesores: titulación académica, dedicación, categorización, formación pedagógica, selección, evaluación. (el subrayado indica las subdimensiones más afectadas)	X	X	No se hallaron
	1.2 Proceso-metodología de enseñanza-aprendizaje	X	X	
	1.3 Currículum. Planes y programas	X	X	
	1.4 Alumnos y graduados	X	X	X (cupo reducido que se acepta con "dientes apretados")
2. Función Investigación	2.1 Profesores investigadores. Formación de recursos humanos.	X	X	No se hallaron
	2.2 Proyectos de investigación.	X	X	
	2.3 Financiamiento de la investigación.	X	X	
	2.4 Productos de investigación.	X	X	
	2.5 Infraestructura-equipamiento y biblioteca	X	-	
3. Función Extensión	3.1 Concepto de extensión.	-	-	
	3.2 Programas de extensión.	X	X	
4. Gestión	4.1 Gestión de la calidad de los procesos de evaluación y acreditación.	X	X	

x: hallazgo de impacto
-: no se halló impacto
Fuente: elaboración propia a partir del análisis documental y de las entrevistas.

Conclusión

Se concluye que la política de acreditación de carreras de grado, carrera de Medicina, impactó fuertemente produciendo cambios fácticos hacia la mejora en la *función docencia* (sobre todo en la dedicación, la titulación y la evaluación), en la *función investigación* y, en menor medida, en la *función gestión*. El impacto en la *función extensión* es muy leve.

Se halló un obstáculo para la mejora en la dimensión "alumnos y graduados" a partir de la determinación de un cupo de 140 alumnos. En palabras de uno de los entrevistados, este cupo se acepta con "los dientes apretados", ya que la institución considera que se encuentra por debajo de su capacidad educativa y que, además, no tiene en cuenta el desgranamiento y la deserción.

8.3.3. Impacto de la política de acreditación de carreras de grado: ciencias aplicadas, carrera de Ingeniería Electrónica, orientación en Telecomunicaciones

Se toma el caso de la carrera de Ingeniería Electrónica, orientación Telecomunicaciones. Esta carrera acreditó en 2003 con 12 compromisos para el mejoramiento de la calidad y cinco recomendaciones. En 2007 obtuvo la extensión de la acreditación por tres años más.

La apreciación general de los entrevistados sobre el impacto de este proceso es positiva. Se menciona que, en algunos aspectos, pasaron de una actitud de "mucho entusiasmo" a "tener que convencer con los planes de mejora" debido a que al principio no les fue tan bien como esperaban:

> *Nosotros hemos pasado por cinco procesos de acreditación ya y estamos en tres más ahora. [...] en cuanto a las carreras, siempre rescatamos algo positivo, pese a que por ahí yo no estoy, particularmente, yo no estoy muy de acuerdo en alguna de las cosas que se han marcado y demás, pero, bueno, son opiniones, son juicios que uno hace, pero en definitiva por lo menos a nosotros algunas cosas nos impactaron positivamente en cuanto al ordenamiento, en cuanto a la sistematización de cierta información, de ciertos procesos, de guardar ciertas cosas. Quizás por estar un poco a la defensiva nos llevó como a mejorar algunos procesos. [...] Estábamos muy entusiasmados al inicio de la primera acreditación pensando que iban a acreditar, bueno, después no nos fue tan bien, nos costó, nos encontramos con respuestas como que teníamos que convencer con esos planes de mejora. Donde más señalaron fue el tema de investigación y... sentimos que fue pasar del entusiasmo a tener que convencerlos (secretario académico. Facultad de Ingeniería).*

> *Obstáculos hacia la mejora: no, te diría que no, porque nosotros lo hemos tomado como eso, tal vez, no se me ocurre cómo podría ser en otro sentido, pero [...] a lo mejor, bueno, a ver, esta cuestión, esta mirada a lo mejor cerrada que nosotros sufrimos en particular con electrónica "y" electricidad, electrónica "y" telecomunicaciones, que tuvimos que cambiar el "y" por "orientación a". A veces me parece que, viste cuando las cosas son extemporáneas, que si la acreditación como título tuviera que ver hoy, hubiera sido vista hoy, tal vez, los que determinaron los estándares determinarían estándares más amplios, al menos en ingeniería... Yo veo los estándares que están saliendo ahora y tienen otra mirada, me parece que ellos también han crecido en estos procesos, o sea, se ha abierto a más gente o al menos se han escuchado otras campanas, y eso me parece que era importante (secretaria administrativa integrante del Consejo. Facultad de Ingeniería).*

Para la *función docencia*, se hallaron cambios fácticos hacia la mejora en la primera fase de acreditación como respuesta a requerimientos de CONEAU: planificación de aumento de dedicación y fomento de la formación superior de los docentes, fundamentalmente en ciencias básicas. En esta instancia y para responder a estos requerimientos, la carrera resuelve: a) la designación de jefes de trabajos prácticos a razón de un docente cada 15 alumnos en las áreas de ciencias básicas; b) crear una Comisión de Evaluación y Redistribución de las Dedicaciones y Cargos Docentes, para redistribuirlos conforme a las recomendaciones y orientarlos a potenciar las investigaciones en dichas áreas; c) la designación de docentes jefes de trabajos prácticos en las materias correspondientes a las ciencias básicas; la designación de especialistas con dedicación concreta a la investigación en el ámbito de estas, pero que cumplirán tareas también en la cátedra. Además, la institución se compromete a aumentar la formación superior de sus docentes (cambio enunciativo).

En la segunda fase de acreditación, el CPE considera que esos compromisos "se cumplieron parcialmente". En esta etapa, la carrera presenta nuevos planes para subsanar categorizaciones y dedicaciones de los docentes. Entre otras cosas, se prevé el llamado a concurso para docentes de las categorías iniciales.

De las entrevistas surge que el impacto de la acreditación en esta dimensión fue significativo:

> *En temas de titulación académica, nosotros trabajamos mucho en la primera acreditación en el tema de la especialización en docencia universitaria. [...] El tema de la titulación y demás, sobre todo el tema de armar estas especializaciones en docencia universitaria, lo hicimos todo pensando en el tema de CONEAU (secretaria administrativa. Facultad de Ingeniería).*

> *Categorización, sí, sí. Porque de pronto esto que te digo de categorización en general es que nosotros tenemos un sistema no comparable con el de la universidad pública, nada que ver la comparación, porque en realidad en cada cátedra vos tenés un titular y, bueno, a veces te pasa que dice que su pago es por adjunto, su ubicación es como adjunto pero es un "adjunto a cargo", entonces dice la palabra adjunto, pero en realidad se comporta como un titular, no es comparable con el sistema público así directo. [...] pero también eso ayudó a que, bueno, se fueran escalando posiciones en el tiempo. [...] creo que en eso nos hemos ajustado bien al tema de las observaciones que nos hicieron... En eso se ha cumplido y bien (secretaria administrativa. Facultad de Ingeniería).*

Para la dimensión "metodología de enseñanza-aprendizaje", se hallaron algunos cambios enunciativos y fácticos hacia la mejora en respuesta a una recomendación de CONEAU en la primera fase de acreditación: estandarización de mecanismos de evaluación de los alumnos. Además, en la segunda fase, la institución presenta una estrategia de mejoras para implementar modificaciones en la infraestructura del lugar donde funciona actualmente un laboratorio, asignándole 50 m2 que ofrecen una capacidad para diez alumnos. Asimismo, el plan contempla, durante 2008, la ampliación del equipamiento y del instrumental. En lo atinente al diseño de las guías de trabajos prácticos, la carrera prevé la elaboración de los trabajos prácticos de Automática y su cronograma, y presenta una descripción de las principales prácticas que se realizan actualmente en este laboratorio.

Del análisis documental, surgen numerosos cambios enunciativos y fácticos en la dimensión "currículum, plan de estudio y programas" en respuesta a requerimientos y recomendaciones de CONEAU: a) incorporación de las prácticas profesionales supervisada al plan de estudios, asegurando que estén fundamentalmente orientadas al sector de bienes y servicios y alcancen a la totalidad de los alumnos de la carrera; b) implementación de modificaciones del Reglamento de Trabajo Final tendientes a redimensionar y jerarquizar la instancia Proyecto Final integrado, incluyendo estudios de mercado, factibilidad económica, formación en microemprendimientos y elementos de impacto social y ambiental; c) implementación de las reformas al plan de estudios con el objetivo de reducir y optimizar las horas efectivas presenciales de los alumnos, a través de distintas estrategias; entre otras, con la incorporación de materias electivas; d) hacer efectiva la integración de las asignaturas en orden de complejidad mediante la realización de reuniones de profesores con el fin de coordinar la secuenciación horizontal y vertical de los contenidos y el estudio y la planificación de los objetivos programáticos que integran el plan de estudios; e) implementar las reformas del plan de estudios propuestas en los planes de mejoramiento en relación con la inclusión de contenidos que impliquen temas de responsabilidad social y gestión ambiental; f) modificar el título de la carrera a Ingeniero en Electrónica con orientación en Telecomunicaciones.

Está prevista, además, la modificación de los programas de las asignaturas Sistemas de Control y Electrónica de Potencia.

De las entrevistas, surge que en esta dimensión efectivamente se realizaron esos cambios:

> *Plan de estudio, currículum, programas. Sí, obligadas tuvimos que hacer... son así...: exactamente... tomalos como cambio real. [...]. Como te decía, cambio de planes de estudio que sí [...], entonces esos cambios de plan de estudio tratando de adaptarnos a los estándares los hemos cumplido porque además, bueno, creíamos que los estándares eran puestos por eso, se supone que es lo mínimo que hay que cumplir (secretaria administrativa integrante del Consejo. Facultad de Ingeniería).*

> *Como tal, los "y" tuvieron que dejarse de lado. Porque... yo insisto en que no hubo una buena interpretación de que el "y" no era que eras un "ingeniero en telecomunicaciones" "y" "un ingeniero electrónico", sino que era un perfil muy apreciado, porque en realidad tengo que decirte que desafío a que me busque alguien un ingeniero nuestro recibido que no trabaje como ingeniero, digamos, en realidad ese es un perfil muy apreciado por el mercado y ese "y" desapareció de Córdoba, desapareció de San Luis... En grado, tuvimos que cambiar por "orientación"... La cuestión efectiva es que se cambió el título (secretaria administrativa integrante del Consejo. Facultad de Ingeniería).*

En "alumnos y graduados" se encontraron cambios enunciativos y fácticos hacia la mejora. Estos fueron realizados durante el proceso de acreditación como respuesta a los requerimientos y las recomendaciones de CONEAU, tanto en la respuesta a la vista del primer informe como en el lapso que transcurre entre la primera y la segunda fase de acreditación. Estos cambios pueden sintetizarse en los siguientes: a) creación del Gabinete de Apoyo Psicopedagógico y del Programa de Ayuda y Tutoría de alumnos becados de años superiores; b) creación de una Comisión de Apoyo y Retención integrada por diez profesores; c) cursos de técnicas de estudio; d) creación de un Sistema de Créditos de Honor; c) regulación de definiciones específicas sobre los mecanismos de selección de tutores, retribuciones, responsabilidades, plan de tareas.

Estos cambios fueron ratificados por los entrevistados.

En la *función investigación,* del análisis documental y de las entrevistas surgen cambios enunciativos y fácticos hacia la mejora, en todas las dimensiones. Los principales cambios se realizaron en el lapso de tiempo que trascurre entre la primera y la segunda fase de acreditación, en respuesta a requerimientos y recomendaciones de CONEAU: a) nuevo Reglamento de Actividades de Investigación Científica y Desarrollos Tecnológicos, tendiente a la incorporación de nuevos investigadores y proyectos —se pretende que en cada proyecto participen, junto a los investigadores, grupos de alumnos destacados—; b) incorporación gradual de docentes con dedicaciones para la investigación; c) se definieron áreas principales de trabajo a fin de potenciar y focalizar la investigación; d) plan integral de investigación para incrementar la investigación en ciencias básicas —a fin de superar inmediatamente la debilidad detectada en el área de investigación en ciencias básicas, se han nombrado a dos investigadores de reconocida trayectoria nacional e internacional, quienes tendrán a su cargo la potenciación de la investigación en Matemáticas y Física—; e) se creó una instancia dentro de la unidad académica para la promoción y la evaluación de investigadores, proyectos y desarrollos innovadores. Además, la institución presenta una estrategia de mejoramiento para el período 2008-2010 que contempla el llamado a concurso para la asignación de seis medias becas para los alumnos que participen en proyectos de investigación, lo que se considera un cambio enunciativo.

De las entrevistas, surge que el impacto de la acreditación de la carrera para esta función fue significativo:

> *En la de grado me parece que donde más ha impactado es en la investigación. [...] Sí, me parece que impacta más porque, en realidad, para nosotros la investigación siempre se vio como una pata más de la universidad, pero no el objetivo fundamental de la universidad. En esta visión que hoy tiene CONEAU pareciera, vuelvo a decirte no puedo jurar, pero me da la impresión desde mi experiencia que focalizan la mayor parte de la situación de las carreras por la investigación, se ubican mucho más en eso, exigen mucho más en esto que en otros aspectos —o no sé si los otros están a lo mejor más satisfechos— pero me da la sensación de que buscan fundamentalmente en investigación. [...] sí, sí, tenemos planes de mejora, varios... y hemos focalizado mucho en investigación (decano. Facultad de Ingeniería. Rector a partir de 2010).*

En relación con el financiamiento, en la entrevista con el decano surge el tema de la falta de un plan de igualdad de acceso entre las universidades públicas y privadas. En este sentido, se hace referencia al Programa de Mejoramiento de las Ingenierías (PROMEI):

> *Me parece que las instituciones privadas no tenemos el mismo trato a nivel nacional que las públicas... por el PROMEI, además, por los proyectos en general, cuando hay proyectos que se pueden financiar generalmente excluyen a las universidades privadas cuando en realidad nosotros también estamos formando, somos una entidad dependiente del Ministerio de Educación... y que deberíamos tener y pagamos impuestos y los padres pagan con un esfuerzo enorme la matrícula de los chicos, y es un esfuerzo porque por ahí dicen "ahí van los ricos", no, de ninguna manera, yo tengo acá padres, madres que son empleadas domésticas y que su sueldo entero lo trae para que su hijo o hija pueda estudiar, padres que son obreros y hacen esfuerzos porque, no sé, les viene mejor la universidad privada o entiende que hay una mayor contención. Bueno, no nos dan las mismas posibilidades, eso definitivamente... nos excluyen totalmente. Ese es un proyecto que deberíamos encarar más fuertemente y me parece que este es el organismo que debe encararlo fuerte, es el CRUP, Consejo de Rectores de Universidades Privadas, que va a tener que trabajar fuerte en ese sentido... porque no nos escuchan, es muy difícil... ahora quieren categorizar la investigación y llaman a un concurso de categorización siempre que uno no sea de institución de universidad privada... no nos quieren categorizar porque somos privados cuando el régimen que nos exigen es exactamente el mismo que una pública... en esto creo que falta un plan de igualdad desde el gobierno, me parece que se debe gobernar para todos, no para una persona (decano. Facultad de Ingeniería. Rector electo a partir de 2010).*

También se señala que es un problema de la universidad y vuelve a salir el problema del financiamiento:

> *Investigación: bueno, ese es todo un tema, es todo un desafío para nosotros pero un desafío de la universidad. La investigación acá está concentrada en el rectorado, porque depende del rectorado y hay profesores investigadores nuestros, pero ese es uno de los cambios que queremos hacer, digamos, de trabajar por proyectos más chiquitos, trabajar más con los institutos, nosotros tenemos una serie de institutos por carrera que hacen una investigación, lo que pasa que es una investigación chiquita en comparación, a lo mejor, con otros proyectos grandes de investigación, pero ese es un tema para hacer... Y vos me preguntás: este cambio, esto que estamos pensando de alguna manera ¿lo dispara el proceso de acreditación? Esta exigencia de alguna manera te dice "bueno, mire, tenemos que satisfacer porque ha sido una de las críticas", y ha sido crítica en Medicina, ha sido crítica en nosotros, no tanto en los arquitectos, porque no sé cómo se maneja la investigación en ellos bien, pero también seguramente hay una observación, entonces todo ese proceso es un proceso de la universidad. La acreditación lo único que ha hecho es decirte por escrito "mire, tenemos este problema y nosotros sabemos que ese problema*

existe", *entonces uno de los aspectos que tenemos que tocar a ese nivel es de la investigación. [...] Solo que, como te digo, es como si yo te dijera, no sé, en una casa, en una familia sabemos que el problema es, no sé, los techos por decirte algo, y sí, pero si no tenés muchas posibilidades económicas tampoco vas a cambiar de hoy para mañana los techos a paneles solares para hacer mejor uso de la energía (secretaria administrativa. Facultad de Ingeniería).*

Y donde más le señalaron fue el tema de investigación... La investigación es un tema bastante complicado para instituciones como esta, donde la debe financiar con recursos propios y con algunos convenios por ahí de recursos, pero no recibe ningún tipo de apoyo estatal, nosotros no recibimos fondos de ningún organismo gubernamental [...], y la investigación se ha sustentado siempre con recursos nuestros, que siempre son escasos, que siempre son pocos. Ha habido algunos convenios interesantes con algunos organismos nacionales, Comisión Nacional de Actividades Espaciales, donde tenemos un proyecto ahí, algunos convenios por ahí con el gobierno italiano, fondos que se han conseguido de distintos convenios para desarrollar proyectos, pero que no interviene el Estado directamente. Entonces desarrollar la investigación siempre ha sido un problema. En realidad si se lo tengo que decir así, crudamente, es muy difícil sustentar la investigación con el arancel de los estudiantes en una universidad privada, y bueno, ese siempre ha sido un problema. Nosotros... si bien la universidad tiene alguna tradición investigadora, ha tenido investigadores de mayor o menor trascendencia por lo menos en la región, con convenios internacionales, con institutos de Alemania y demás... pero siempre ha sido todo un tema, todo un proceso engorroso. [...]Bueno, mejorar la investigación es una intención de toda universidad, la nuestra también, el tema es absolutamente presupuestario, o sea, uno puede mejorar hasta donde le alcanza la plata, es así, más allá de eso no se puede. Y bueno, se hace lo que se puede en eso (secretario académico. Facultad de Ingeniería).

Se hallaron cambios enunciativos y fácticos hacia la mejora en la dimensión "infraestructura, equipamiento, biblioteca". Estos fueron realizados durante el proceso de acreditación como respuesta a los requerimientos de CONEAU, tanto en la respuesta a la vista del primer informe como en el lapso que transcurre entre la primera y la segunda fase de acreditación. Estos cambios pueden sintetizarse en los siguientes: a) mejoramiento de los laboratorios de ciencias básicas; b) nuevos convenios con otras instituciones para uso de laboratorios; c) aumento de acervo bibliográfico y de la hemeroteca; d) plan para espacio propio para el laboratorio de automática; e) diseño de las guías de trabajos prácticos, y cronograma de las nuevas clases prácticas en los laboratorios específicos de la carrera.

De las entrevistas, surge que efectivamente hay una relación entre estas mejoras y el proceso de acreditación:

En realidad también en general la biblioteca se ha ido mejorando sobre todo por este acceso a base de datos on line. [...] que también era un tema que de pronto, si no hubiera existido la presión de CONEAU, no sé si lo hubiéramos hecho... Y a nivel infraestructura, en laboratorios... todo estaba bastante bien... Ahora justamente, bueno, una de las cosas que estamos haciendo es el tema del laboratorio de automática que nosotros lo teníamos armado para cuestiones más sencillas y que nos pedían un poco más de complejidad, pero en general mi apreciación es que ni brillante ni una cuestión de que no hayamos aceptado. Se ha ido trabajando en la medida de lo posible y se ha dispuesto para tratar de salvar esas observaciones. Porque además hacen falta, no nos habían dicho nada que no supiéramos (secretaria administrativa. Facultad de Ingeniería).

Del análisis documental y de las entrevistas surge que la acreditación de carreras de grado no tuvo mayor impacto en la *función extensión*.

En la primera fase de acreditación, el CPE de CONEAU recomienda "dimensionar los Institutos de la unidad académica para potenciar la vinculación tecnológica, la generación de una amplia base de proyectos finales y la formación de recursos humanos", y la institución cumple con esta recomendación.

De las entrevistas, surge que los proyectos de extensión son algo que ya tiene desarrollado la unidad académica. La acreditación no tuvo mucho impacto:

Extensión: no, no nos han hecho muchas observaciones que me acuerde. [...] la extensión de Ingeniería es como más chiquita en todo aspecto. Son cuestiones tecnológicas, todo el mundo está de acuerdo en que el mundo de hoy es tecnológico, pero todavía no hay esa cuestión de trabajar en general con la sociedad, nosotros tenemos destinatarios más puntuales que de pronto pueden ser las empresas [...] El año pasado hicimos un proyecto muy lindo con el sindicato de petroleros, de gas y petróleo, que era capacitación para sacar los obreros, pasarlos a medios oficiales, los medios oficiales a oficiales, oficiales a técnicos, bueno, a mí ese proyecto me encantó, pero era fundamentalmente dirigido a una cuestión energética, trabajamos con un proyecto de italianos de desarrollo local, pero bueno, es específicamente a una industria y turismo como idea de gestión, digamos, gestión de empresas, entonces son como muy dirigidos (secretaria administrativa integrante del Consejo. Facultad de Ingeniería).

En las entrevistas, y también en los planes presentados y observados en el análisis documental, se detecta que la política de acreditación de carreras de grado de Ingeniería impactó produciendo cambios fácticos en esta función, mejorando la gestión de los procesos y la articulación con otras unidades académicas:

Se ha creado una unidad, sí, nosotros con mucho esfuerzo generamos una pequeña unidad con la gente que se fue preparando para esto. Y se creó un departamento chiquito, nosotros, aquí en acreditación... pero trabajó muy bien, tomó mucha experiencia, ante eso lo succionó el rectorado, así que nos hemos quedado con una centralizada, lo que no está mal... porque si podemos prestar ese servicio a toda la institución, bienvenido... hay que potenciarlo porque hoy en día el tema de la acreditación es determinante, si uno no acredita tiene que cerrar la carrera... entonces no es una situación menor esta (decano. Facultad de Ingeniería. Rector electo a partir de 2010).

Sí, en general lo bueno, si a mí me preguntás como cosa positiva, realmente positiva, la acreditación nos ha unido a todas las facultades, ese detalle. El tener procesos comunes y que de alguna manera la Facultad de Ingeniería haya sabido usar la herramienta, ha generado que de pronto nos conociéramos mucho más... la articulación entre facultades... Para mí ese es un logro debido a estas circunstancias, yo no sé si en otras circunstancias lo hubiéramos hecho, pero me parece que eso nos llevó a una cuestión interesante: el concepto de universidad más que de facultad... la articulación entre facultades (secretaria administrativa. Facultad de Ingeniería).

En el cuadro 8.3 se muestra, esquemáticamente, el impacto de la política de acreditación de la carrera de grado Ingeniería Electrónica con orientación en Telecomunicaciones, en las funciones sustantivas y en la gestión. El impacto se muestra en el marco de la acreditación de varias ingenierías acreditadas en esta unidad académica.

Cuadro 8.3. Impacto de la política de acreditación de carreras de grado: Ingeniería Electrónica, orientación en Telecomunicaciones (en el marco de otras carreras acreditadas de Ingeniería de la unidad académica) en las funciones docencia, investigación, extensión y gestión. Caso 3

Áreas de análisis	Dimensiones	Impacto		
		Cambios para la mejora		Obstáculos para la mejora
		Enunciativos	Fácticos	
1. Función Docencia	1.1 Cuerpo de los profesores: titulación académica, dedicación, categorización, formación pedagógica, selección-evaluación	X	X	No se hallaron
	1.2 Proceso-metodología de enseñanza-aprendizaje	X	X	
	1.3 Currículum. Planes y programas	X	X	
	1.4 Alumnos y graduados	X	X	
2. Función Investigación	2.1 Profesores investigadores. Formación de recursos humanos.	X	X	
	2.2 Proyectos de investigación.	X	X	
	2.3 Financiamiento de la investigación.	X	X	
	2.4 Productos de investigación.	X	X	
	2.5 infraestructura-equipamiento y biblioteca	X	X	
3. Función Extensión	3.1 Concepto de extensión.	-	-	
	3.2 Programas de extensión.	X	-	
4. Gestión	4.1 Gestión de la calidad de los procesos de evaluación y acreditación.	X	X	

X: hallazgo de impacto (compartido con el cambio de gestión de la facultad).
-: no se halló impacto
Fuente: elaboración propia a partir del análisis documental y de las entrevistas.

Conclusión

Se concluye que el impacto de la acreditación de carreras de ciencias aplicadas, carrera Ingeniería Electrónica con orientación en Telecomunicaciones (en el marco de la acreditación de otras ingenierías), produjo cambios enunciativos y fácticos hacia la mejora en las funciones de *docencia, investigación y gestión*. No se hallaron cambios significativos a raíz de esta política en la *función extensión*.

Tampoco se encontraron "obstáculos hacia la mejora" a raíz de esta política. Sin embargo, los entrevistados reconocen que el impacto hubiese sido mucho mayor en la función "investigación" si se hubiese podido acceder a los Programas de Mejoramiento de la Ingeniería (PROMEI).

8.3.4. Impacto de la política de acreditación de carreras de grado: ciencias aplicadas, carrera de Arquitectura[55]

Se toma el caso de la carrera de Arquitectura. Esta carrera fue acreditada en 2009 con seis compromisos y tres recomendaciones para el mejoramiento de la calidad.

A continuación, se transcribe una síntesis de la percepción general del impacto de la acreditación de la carrera de grado en las autoridades de la Facultad de Arquitectura, Urbanismo y Diseño. Se admite que ha ayudado a detectar debilidades y virtudes y generar planes concretos:

> *El impacto: ha habido mejoras, caminos hacia la mejora realmente importantes y en otros aspectos sí indudablemente implica un obstáculo serio a veces, no siempre es posible cumplir todos los requerimientos que la CONEAU ha hecho. Entre lo positivo, yo diría, sentarse, repensar nuevamente en qué situación estamos en el contexto nacional de facultades similares a la nuestra. Ha permitido determinar con mucha claridad cuáles son las falencias que tenemos y obviamente las virtudes, y apuntar directamente como obviamente no siempre, y mucho más en universidades privadas que dependemos, tal vez me pase a algún otro punto, pero como dependemos mucho de nuestro presupuesto, que deviene fundamentalmente de las cuotas de los aranceles que pagan nuestros alumnos, entonces aparecen de golpe ciertas falencias que no es que no se hayan previsto mejorarlas, el problema es que siempre estamos con un presupuesto muy acotado porque obviamente no tenemos ningún tipo de recurso nacional o de otra proveniencia (decano. Facultad de Arquitectura, Urbanismo y Diseño).*

---

[55] Para este caso de estudio, se agregó el caso de la carrera de Arquitectura perteneciente a la Facultad de Arquitectura, Urbanismo y Diseño. Esta incorporación se debe a que al momento de concertar las entrevistas surgió la posibilidad de entrevistar al decano y a la secretaria académica. Quedaría pendiente, para una investigación posterior, incorporar el análisis del impacto de la política de evaluación y acreditación en Arquitectura en el caso 2. Los casos 1 y 4 no tienen esta carrera.

También se considera que una parte muy importante de todos esos cambios es que empezaron a implementarse en la misma autoevaluación, a medida que se iban detectando las debilidades:

Uno de las principales beneficios que tuvo esto fue tener que proponer los planes de mejora con mucha exactitud, y establecer costo, plazos, una cantidad de cosas, o sea, no solo detectar las debilidades sino tener un programa para ver cómo las íbamos a superar. Los cambios son reales, los planes están hechos con mucha seriedad... y una parte muy importante de todos esos cambios es que se empezaron a implementar cuando nosotros comenzamos a ver las debilidades, en la autoevaluación (decano. Facultad de Arquitectura, Urbanismo y Diseño).

Del análisis documental, surgen cambios enunciativos hacia la mejora en la *función docencia,* dimensión "cuerpo de profesores". Estos se deducen de los compromisos asumidos por la institución, sobre todo en lo que se refiere a la subdimensión "dedicación" (incrementar las dedicaciones docentes a fin de garantizar la realización de investigación y extensión, siguiendo los lineamientos del plan de mejoras que prevé la asignación de 16 nuevas dedicaciones para esas actividades).

De las entrevistas también surge que la acreditación impactó en esta dimensión, produciendo cambios enunciativos, sobre todo en la subdimensión "titulación" (concientización de los profesores de una mayor titulación). También se reconoce que ya era una política de la universidad, pero el proceso lo reafirmó:

Bueno, yo creo que el proceso les reveló a los profesores que es muy importante que hagan posgrados, maestrías [...] más allá de que uno trata de estimularlos y de que la institución lo promueve. Yo creo que ellos han percibido, se han dado cuenta, la importancia que tiene. Es decir, se concientizaron más cuando vieron en el proceso en cuántas oportunidades aparece esto de qué formación tienen los docentes [...] después vamos a ver —a largo plazo— si esa conciencia se convierte en acciones de parte de los profesores (secretaria académica. Facultad de Arquitectura, Urbanismo y Diseño).

Bueno, de hecho ya la universidad, no la facultad, la universidad había exigido que la mayor parte de nuestros profesores, incluso para seguir avanzando en la carrera docente, tenía que hacer el curso de especialización en docencia. Por otra parte, como nosotros ya teníamos un doctorado en arquitectura y algunas especializaciones, ya se habían formado, es decir, había un cierto adelanto en los recursos humanos, de mejora de los recursos humanos propios de la universidad. [...] como política interna (decano. Facultad de Arquitectura, Urbanismo y Diseño).

Para la dimensión "metodología de enseñanza-aprendizaje", se hallaron cambios enunciativos hacia la mejora principalmente a partir de las entrevistas, y se refieren a las prácticas profesionales supervisadas:

Sí, nos va a mejorar mucho [...] CONEAU nos obliga, o sea, no obliga, propone que las prácticas sean tantas horas en un campo, tantas en otro campo... no se los podrá firmar una sola persona. Está obligando a los profesionales a hacerlo de una manera más responsable, a una verificación mucho más estricta... y a la vez los profesores que supervisan eso también tienen ahora con planilla... y además, como tiene que rotar, por ejemplo en un momento están en una institución pública, en otro momento en el estudio de un arquitecto, en otro momento en una obra, en otro momento en una municipalidad, entonces mucha casualidad que todos le firmen simplemente el papel... o que en todos lados tenga que servir el café o... yo creo que eso va a tener un impacto positivo en la formación, sí, seguramente, sí (decano. Facultad de Arquitectura, Urbanismo y Diseño).

Para la dimensión "currículum, plan de estudio y programas", se hallaron cambios enunciativos y fácticos. Algunos fueron realizados durante la autoevaluación de la carrera para la acreditación, otros, en respuesta al informe de CONEAU, según surge de las entrevistas:

Sí, plan de estudio y programas. Pero por supuesto, eso también (decano. Facultad de Arquitectura, Urbanismo y Diseño).

Algunos cambios los hicimos cuando empezamos a ver los problemas en la autoevaluación. Y después algunas cosas fueron en realidad muy poquitas, surgieron como requerimientos de CONEAU. Las recomendaciones y los requerimientos son todas cosas que nosotros habíamos visto, nada nos resultó novedoso, pero a raíz de los requerimientos hubo dos o tres cosas, sobre todo cambios en el área técnica, cambios en los programas de construcciones que tuvieron que ver con requerimientos (secretaria académica. Facultad de Arquitectura, Urbanismo y Diseño).

Y también lo de las comisiones —como le llama la CONEAU, nosotros le llamamos turno— [...] Cuando se van haciendo muy grandes, pasa que no todas las comisiones de la misma asignatura mantienen un plan de trabajo o la propia planificación exactamente igual, nadie pretende que sean idénticos pero sí que tengan una cierta coherencia y eso no siempre ocurre. Entonces esto ha obligado también a que los profesores tomen conciencia de esto, de que deben necesariamente mantenerse dentro de unos lineamientos mínimos, tienen que mantener esa coherencia, cosa que a nosotros nos costaba mucho exigirla, porque obviamente, cuando se hacen tan grandes estos grupos... mantener el control sobre tanta gente [...]. Ese creo fue uno de los elementos muy importantes y además de alguna manera es un elemento, no quisiera usar la palabra, pero un elemento de presión finalmente hacia los profesores, que por ahí creen que su programa, digamos, que la libertad docente es absoluta, cosa que hoy ya no es tan así, hay una exigencia mínima, como básica, que debe ser cumplida por todos por igual, y lo demás cada uno pone más o menos de acuerdo a su formación o a su propia vocación, porque también ocurre eso (decano. Facultad de Arquitectura, Urbanismo y Diseño).

Además, para esta dimensión, uno de los compromisos asumidos por la institución (cambio enunciativo) es: implementar las medidas de transición entre planes de estudio a fin de garantizar que la mayor cantidad de alumnos de la carrera profundice sus conocimientos en los temas de la materialidad fina en la construcción tradicional. También recibió la recomendación: monitorear los cambios en el desarrollo curricular relativos a la materialización de los edificios.

Para la dimensión "alumnos y graduados", principalmente para la subdimensión relación docente-alumno, se hallaron cambios enunciativos y fácticos a partir de la información obtenida en el análisis documental y corroborado en las entrevistas:

> *Ya mucha parte de eso lo hemos completado, porque, por ejemplo, el compromiso número uno era mejorar la cantidad, la relación alumno-profesor. Es decir, veían muchos alumnos para pocos profesores. Entonces eso ya lo hemos mejorado. Hicimos una enorme cantidad de nombramientos de profesores... sí, la relación docente-alumno que a nosotros nos da ellos dicen que era baja, a nosotros nos parece que no tanto, pero dentro incluso de la propia universidad era así, nosotros teníamos casi cinco alumnos por profesor —a nosotros nos pareció excelente, pero dijeron que era bajo, a nosotros nos llamó mucho la atención eso— (decano. Facultad de Arquitectura, Urbanismo y Diseño).*

En el análisis documental se hallaron cambios enunciativos para todas las dimensiones de la *función investigación,* en respuesta a requerimientos realizados por CONEAU: a) instrumentar los lineamientos de la política institucional relativa a la organización y el desarrollo de actividades de investigación científico-tecnológica y vinculación con el medio en el área de arquitectura, según el plan de mejoras presentado en materia de proyectos, recursos humanos y económicos; b) observar la adecuada distinción conceptual entre investigación y extensión o prestación de servicios aplicada a los proyectos que la carrera desarrolla en esos campos.

En las entrevistas se menciona que efectivamente el proceso de acreditación impactó en esta función. Se menciona la necesidad de mejorar la distinción conceptual entre docencia y extensión y que la mayor parte del presupuesto del plan de mejora se asigna a "planes de investigación":

> *Justamente es una de las cosas que nos han criticado, nos han acreditado pero también nos han criticado algún aspecto. Por ejemplo, que no tenemos muy claramente definido dentro de nuestro sistema de presentación de investigaciones cuántas eran investigaciones reales, cuántas eran proyectos y cuántas eran extensión. Que no tenemos claramente diferenciado (decano. Facultad de Arquitectura, Urbanismo y Diseño)*

> *Los que se llevan la mayor parte del presupuesto en el plan de mejora son precisamente los planes de investigación (decano. Facultad de Arquitectura, Urbanismo y Diseño).*

Es de destacar cómo ya se están empezando a trazar líneas de trabajo conjunto con otras instituciones, entre ellas, con universidades estatales.

El entender claramente esto nos ha permitido empezar a trazar rápidamente, hoy recién estamos en el inicio, la acreditación se hizo entre el año pasado y este... empezar a tejer algunos lazos con instituciones, gobiernos provinciales, municipales, etc., que de alguna manera nos han permitido contar con recursos primero muy bajos, realmente muy exiguos, pero de alguna manera ha permitido empezar a incursionar y ver cuál es la veta posible de trabajo que podríamos realizar de esta manera. Como precisamente en el medio no existen otras facultades de arquitectura más que la nuestra, digamos, de larga trayectoria también nos ha permitido empezar a trazar ciertas líneas de trabajo con las universidades nacionales que entonces por ahí puede haber alguna veta de trabajo conjunto que, bueno, por otro lado enriquecen enormemente la investigación en la facultad (decano. Facultad de Arquitectura, Urbanismo y Diseño).

Las autoridades consideran que uno de los impactos más fuertes de CONEAU fue hacerles ver que necesitaban investigar:

Esto creo que es uno de los puntos más importantes de la CONEAU, habernos hecho ver que necesitamos investigar y que la propia facultad además tiene que intervenir en la extensión (decano. Facultad de Arquitectura, Urbanismo y Diseño).

Para la dimensión "infraestructura, equipamiento y biblioteca", del análisis documental surgen cambios enunciativos en respuesta a requerimientos realizados por CONEAU: a) fortalecer el acervo bibliográfico correspondiente a la carrera de Arquitectura mediante la adquisición, durante el trienio 2009-2011, de un total de 530 textos y 21 revistas; b) "incrementar el acervo bibliográfico referido a los temas de construcciones en el plan de adquisición de nuevos textos para el área de tecnología".

Del análisis documental, surgen cambios enunciativos para la *función extensión,* para la dimensión "concepto de extensión", debido a recomendaciones realizadas por CONEAU: observar la adecuada distinción conceptual entre investigación y extensión o prestación de servicios aplicada a los proyectos que la carrera desarrolla en esos campos.

En las entrevistas se menciona que la acreditación impactó en esta función haciéndoles ver que la facultad puede intervenir más en la extensión:

Esto creo que es uno de los puntos más importantes de la CONEAU habernos hecho ver que necesitamos investigar y que la propia facultad además tiene que intervenir en la extensión. Aunque la extensión la estamos haciendo tal vez no con total conciencia, porque la facultad ha participado muchísimo en aportar ideas, por ejemplo, impactos que han producido las distintas modificaciones del código de edificación en el medio, todos los proyectos de finales de la carrera siempre están referidos a problemas reales, a necesidades reales de la provincia y muchas veces se han ofrecido como, no como proyec-

tos, porque obviamente no podríamos largarlos de esa manera, pero sí como aportes al pensamiento, porque además son publicados permanentemente en los periódicos locales, etc. (decano. Facultad de Arquitectura, Urbanismo y Diseño.)

Para la *función gestión,* del análisis documental y de las entrevistas surgen cambios, principalmente, fácticos:

> También despertó la conciencia desde el punto de vista de la gestión. Es decir, de la propia dirigencia de la facultad. Nos dimos cuenta de que en la medida en que no mejoremos, no formaremos nuevos recursos humanos y, a su vez, que esa formación de recursos humanos está íntimamente ligada con las políticas de investigación, o sea, forman un conjunto que es casi inseparable (decano. Facultad de Arquitectura, Urbanismo y Diseño.)

En el cuadro 8.4 se muestra, esquemáticamente, el impacto de la política de acreditación de la carrera de grado en ciencias aplicadas para la carrera de Arquitectura, en las funciones sustantivas y en la gestión.

Cuadro 8.4. Impacto de la política de acreditación de carreras de grado. Ciencias aplicadas: Arquitectura, en las funciones de docencia, investigación, extensión y gestión. Caso 3

Áreas de análisis	Dimensiones	Impacto		
		Cambios para la mejora		Obstáculos para la mejora
		Enunciativos	Fácticos	
1. Función Docencia	1.1 Cuerpo de los profesores: titulación académica, dedicación, categorización, formación pedagógica, selección - evaluación	X	X	No se hallaron
	1.2 Proceso-metodología de enseñanza-aprendizaje	X	-	
	1.3 Currículum. Planes y programas	X	X	
	1.4 Alumnos y graduados	X	X	
2. Función Investigación	2.1 Profesores investigadores. Formación de recursos humanos.	X	-	
	2.2 Proyectos de investigación.	X	-	
	2.3 Financiamiento de la investigación.	X	-	
	2.4 Productos de investigación.	X	-	
	2.5 infraestructura-equipamiento y biblioteca	X	-	
3. Función Extensión	3.1 Concepto de extensión.	X	X	
	3.2 Programas de extensión.	-	-	
4. Gestión	4.1 Gestión de la calidad de los procesos de evaluación y acreditación.	-	X	

X: hallazgo de impacto (compartido con el cambio de gestión de la Facultad).
-: no se halló impacto
Fuente: elaboración propia a partir del análisis documental y de las entrevistas.

Conclusión

Se concluye que la política de acreditación de carreras de grado de Arquitectura impactó produciendo cambios enunciativos hacia la mejora en la *función docencia*. Para esta función, se hallaron algunos cambios fácticos en la dimensión "cuerpo de profesores", subdimensión "dedicación", "currículum, plan de estudio y programas" y "alumnos y graduados (relación docente-alumno)". Se hallaron también cambios enunciativos, denominados por los entrevistados como de "fuerte impacto" en la *función investigación* y en la *función extensión*. Para la *función gestión*, se hallaron principalmente cambios fácticos relacionados con la "toma de conciencia" de los directivos.

Los entrevistados no consideran que esta política haya producido algún obstáculo para la mejora.

8.3.5. Impacto de la política de acreditación de carreras de posgrado

Se analizaron resoluciones de acreditación de ocho carreras de posgrados: cinco carreras pertenecientes al área de ciencias aplicadas (Facultad de Ingeniería y Facultad de Arquitectura Urbanismo y Diseño) y tres carreras pertenecientes al área de ciencias sociales (Facultad de Ciencias Jurídicas y Sociales). Al día de la fecha, no existen carreras de posgrado en funcionamiento pertenecientes al área de ciencias de la salud (Facultad de Ciencias de la Salud); hay tres proyectos de carreras en proceso de evaluación ante CONEAU. Para ciencias aplicadas (Facultad de Ingeniería y Facultad de Arquitectura, Urbanismo y Diseño) y ciencias sociales (Facultad de Ciencias Jurídicas y Sociales), se trabajó con el universo de carreras acreditadas y en funcionamiento, debido a que su número es reducido.

Cabe adelantar que la mayoría de los cambios detectados en las resoluciones de acreditación analizadas se corresponden con lo que hemos denominado "cambios enunciativos hacia la mejora". Se encontraron *pocos* cambios "fácticos hacia la mejora", es decir, cambios producidos por la carrera en oportunidad de la respuesta al informe de evaluación realizado por el Comité de Pares Evaluadores (lo que técnicamente se denomina "respuesta a la vista") o en respuesta a las recomendaciones de una acreditación anterior. Esto no necesariamente implica que no se produzcan cambios hacia la mejora en los posgrados a raíz del proceso de acreditación. Sino, más bien, estaría mostrando las limitaciones que tiene —en la etapa actual de maduración de esta política— el uso de resoluciones de acreditación de carreras de posgrado como fuente de información para analizar cambios fácticos.

Entre esas limitaciones señalamos principalmente tres: primero, la escasez de información volcada en las resoluciones de acreditación analizadas; segundo, la mayoría de los casos estudiados solo cuenta con una primera acreditación (como proyecto o como carrera en funcionamiento); tercero, el procedimiento de acreditación de carreras de posgrado no contempla una situación intermedia —acreditar con compromisos de mejora—, como sucede con las acreditaciones de carreras de grado y, además, en muchos casos la visita de los pares a la institución no se realiza, o cuando se realiza es muy breve y a cargo de un solo par evaluador.

Lo descrito antes nos permite afirmar que la indagación de cambios en carreras de posgrado a partir de un análisis documental es metodológicamente apropiada pero insuficiente. Como surge de las entrevistas, muchos de los cambios se realizan antes de su presentación a la acreditación a fin de adecuar/ acomodar la carrera a los estándares de acreditación definidos por la Resolución Ministerial 1168/97: "Estándares de Acreditación para Carreras de Posgrado". Esta situación no puede observarse desde las resoluciones de acreditación. Además, las entrevistas se focalizaron en los directivos de las unidades académicas, no en directores de carreras de posgrado. Debido al tipo de información a la que hemos accedido, hemos optado por hablar de "indicios" de cambios tanto enunciativos como fácticos.

Los indicios de cambio de aquellas carreras que han pasado por más de un proceso de acreditación son más contundentes y reales (fácticos), debido a que dan cuenta de recomendaciones efectuadas por CONEAU en la acreditación anterior. Este caso de estudio no tiene posgrados con resolución de reacreditación, si bien varios están en proceso, aún no cuentan con la resolución final de CONEAU.

En este caso de estudio, de las entrevistas surgen algunos "obstáculos para la mejora" relacionados con la política de acreditación de carreras de posgrado en ciencias de la salud, debido a que no acreditaron proyectos de carrera considerados relevantes para la facultad y para la sociedad.

8.3.5.1. Impacto de la acreditación de carreras de posgrado. Ciencias de la salud, Facultad de Ciencias de la Salud

La unidad académica no tiene carreras de posgrado. Posee varios proyectos en proceso de acreditación: dos especializaciones y el doctorado en Medicina.

De las entrevistas, surge disconformidad con el nivel de exigencia y con la evaluación en la acreditación de posgrados. La universidad considera que, al no acreditarlas, se promueve el "éxodo de los aspirantes a Buenos Aires o a otros lugares":

> *Yo creo que la acreditación de los posgrados en ciencias de la salud son importantes, pero por ahí no tendrían que ser tan estrictos porque hay necesidad de posgrados. Lo que está haciendo CONEAU ahora, perdóneme que se lo diga así, es rechazando más de lo que aprueba, y eso está mal... Sí, se lo digo así de frente mar y si quiere decir mi apellido dígalo, pero yo creo que eso no es bueno, porque nosotros estamos formando gente en el grado de acuerdo a los estándares que ellos nos están fijando, y después no nos permiten que nosotros continuemos o terminemos con nuestra formación, como ocurre en el resto de las universidades del mundo... son impedimentos que hacen que los chicos tengan que partir, que haya un éxodo de chicos de Mendoza a Buenos Aires, de Buenos Aires a Tucumán, de Tucumán a [...]. No permite que la universidad tenga un pool de ofertas de posgrados adecuado para que los chicos terminen de formarse. Nos rechazaron*

todas las de posgrado... todas las que presenté el año pasado, el año pasado presenté tres, [nombres] dictamen final negativo, o sea, nos dieron las vistas, acomodamos las cosas, y no nos aprobaron. No me parece una cosa buena. Ahora los hemos vuelto a presentar (decano. Facultad de Ciencias de la Salud).

Los posgrados han sido presentados para su aprobación por CONEAU, pero no han sido implementados todavía (secretario administrativo. Integrante del Consejo. Facultad de Ciencias de la Salud).

Se considera que ha sido un obstáculo para el crecimiento de la facultad y para la formación de personas:

No permite que la universidad tenga un pool de ofertas de posgrados adecuado para que los chicos terminen de formarse (decano. Facultad de Ciencias de la Salud).

En el informe de evaluación externa nos dicen que desarrollemos los posgrados. Cuando yo presenté [nombre del proyecto de carrera], en Buenos Aires todos me dijeron "uy, qué buena idea, che, porque acá en Buenos Aires hay una sola, en el interior no hay nada, qué bueno que a ustedes se les ha ocurrido, ustedes podrían aglutinar todo Cuyo, el oeste argentino" y... pum, me la rebotaron. ¿Qué es esto? Tenemos tipos haciendo macanas en la calle porque no conocen [nombre de la especialidad], están haciendo cursos de [...] cursos de [...] cuando los podríamos tener con una correcta formación de [nombre de la especialidad] (decano. Facultad de Ciencias Médicas).

Son cosas que lamentablemente... se te cae el posgrado, se te cae el posgrado... sí ha frenado, sobre todo en el tema de posgrado... en posgrado frena mucho, frena mucho (integrante del Departamento de Evaluación y Acreditación. Rectorado).

8.3.5.2. Impacto de la acreditación de carreras de posgrado. Ciencias aplicadas

Caso 1: carrera de doctorado en Ingeniería (acreditada en el año 2000).

Se observan indicios de cambios enunciativos —a partir de las respuestas de la institución al informe de evaluación del CPE de CONEAU y en las recomendaciones finales— en la *función docencia,* dimensiones "cuerpo de profesores" (el Comité de Pares recomendó implementar las acciones necesarias para alcanzar una masa crítica de profesores investigadores locales que garanticen un aporte genuino al posgrado y procurar que el director de la carrera sea un docente local de probada experiencia y antecedentes; la institución ha respondido consistentemente a esta recomendación, siendo justamente ese uno de los objetivos del primer ciclo del doctorado) y "alumnos y graduados" (involucrar más activamente al Comité Académico en el seguimiento de los tesistas).

Para la *función investigación,* se hallaron indicios de cambios enunciativos (incentivar la publicación de los resultados en revistas científicas especializadas; en la respuesta a la vista se ha ampliado y completado la información referente a las publicaciones científicas y a los viajes al exterior de los doctorandos en cumplimientos de pasantías vinculadas a las tesis). Para la dimensión "infraestructura, equipamiento y biblioteca", se hallaron varios indicios de cambios enunciativos y fácticos en instancia de la respuesta a la vista (la institución ha coincidido con esta recomendación, por lo que ha encarado una ampliación de su biblioteca y de la cantidad de volúmenes y publicaciones en existencia, incluyendo los temas sugeridos en el informe de evaluación). Se recomienda mantener la política de actualización de la biblioteca con textos pertinentes a la temática de la carrera, afianzar la expansión de la hemeroteca en revistas especializadas en temas de ingeniería ambiental, transporte de materia (contaminantes) y energía, temas reiteradamente citados en los proyectos de investigación.

Se observa un indicio de cambio enunciativo en la *función gestión*, dimensión "gobierno y gestión" (se advierte que el director de la carrera es extranjero y reside en Alemania, y se deduce que el funcionamiento de la carrera depende casi exclusivamente del secretario del doctorado, quien aquilata una significativa y dilatada experiencia en la temática propuesta para el posgrado). La pertinencia y la coherencia de la carrera estarían garantizadas únicamente por la experiencia demostrada por el secretario. En efecto, se corrobora en la respuesta a la vista que él permanece en la universidad dos veces al año con estadías de entre 15 y 20 días, lo que resulta escaso para llevar adelante las tareas propias del cargo. Esta situación ratifica la suposición de que el funcionamiento de la carrera depende casi exclusivamente del secretario del doctorado.

Caso 2: carrera de especialización en Ingeniería Aplicada a la Geofísica del Medio Ambiente (acreditada como proyecto en 2003).

Se hallaron indicios de cambios enunciativos y fácticos en la *función docencia,* dimensión "metodología de enseñanza-aprendizaje". En la respuesta a la vista la institución acepta la sugerencia y consigna que la forma de aprobar será a través de un examen oral o escrito, por asignatura y por semestre.

Varios indicios de cambios enunciativos y fácticos pertenecen a la dimensión "currículum, plan de estudio y programas". (a) En la respuesta a la vista, la institución adjunta la bibliografía actualizada y completa (con fecha de emisión, etc.). (b) En el informe de evaluación se señaló la denominación de la asignatura Geofísica se considera demasiado amplia para los temas limitados que se encaran. Estos serían los adecuados para su aplicación ambiental, pero muy reducidos en relación con la Geofísica. Además, la bibliografía no está presentada correctamente. En la respuesta a la vista, la institución acepta la sugerencia, pues efectivamente los temas geofísicos presentados tienen por objetivo la Geofísica propia del Medio Ambiente. Por ello, se cambia su designación por Geofísica del Medio Ambiente; por otra parte, se adjunta bibliografía actualizada y correctamente citada. c) de modo más general, en el informe de evaluación se señaló que en estrecha relación con este último punto se considera que el título que otorga la especialización no se corresponde con el programa. Si se quiere incluir el término Geofísica, debiera hacerse en un contexto de Geofísica Ambiental. De lo contrario, habría que incluir otros temas, como energía o manejo de recursos, para evitar interpretaciones erróneas e incluso conflictos de incumbencias. En la respuesta a la vista, la institución acepta la sugerencia ya que efectivamente la geofísica abarca otros temas más generales, como por ejemplo oceanografía, que no han sido tratados extensamente. Por ello se propone cambiar el título de la especialización por especialista en Ingeniería Aplicada a la Geofísica del Medio Ambiente.

Para la dimensión "alumnos y graduados", se halló un cambio enunciativo y fáctico (requisitos de ingreso). Para la *función investigación,* se encontraron indicios de cambios enunciativos en la dimensión "infraestructura, equipamiento y biblioteca" (se plantea que se adquirirán nuevos libros).

Caso 3: carrera de maestría en Ingeniería Aplicada a la Geofísica del Medio Ambiente (acreditada como proyecto en 2003).

Se hallaron indicios de cambios enunciativos y fácticos en la *función docencia,* dimensión "metodología de enseñanza-aprendizaje". En la respuesta a la vista, la institución aclara que se acepta la sugerencia. La forma de aprobar será a través de un examen oral o escrito, por asignatura y por semestre.

También se hallaron varios indicios de cambios fácticos en la dimensión "currículum, plan de estudio y programas". (a) En la respuesta a la vista, la institución incorpora bibliografía actualizada y completa (con fecha de emisión, etc.). (b) En la respuesta a la vista, la institución señala que acepta la sugerencia, pues efectivamente los temas geofísicos presentados tienen por objetivo la Geofísica propia del Medio Ambiente. Por ello se cambia su designación por Geofísica del Medio Ambiente. (c) Por otra parte, se adjunta bibliografía actualizada y correctamente citada.

Para la *función investigación,* se hallaron indicios de cambios enunciativos y fácticos en la dimensión "infraestructura, equipamiento y biblioteca". En la respuesta a la vista se informa que está previsto un monto anual exclusivamente para actualización a bibliografía. En cuanto a revistas especializadas, se informa que se ha solicitado la suscripción a *Science Direct.* Además, se solicitará la suscripción anual a dos revistas internacionales, por ejemplo, a *Atmospheric Environment, Environmental Pollution, Water Research* y *Chemosphere de Elsevier; Air and Waste Management, AWMA; o Journal of Geophysical Research (D: Atmosphere).*

Caso 4: carrera maestría en Teleinformática (acreditada como proyecto en 2003).

Se hallaron indicios de cambios enunciativos en la *función docencia,* dimensiones "cuerpo de profesores". En la respuesta a la vista, la institución informó que la totalidad del cuerpo docente presentado revestirá la calidad de permanente, considerando que el hecho de que su residencia se encuentre a 400 kilómetros de la ciudad no reviste ningún obstáculo para el correcto desarrollo del dictado de la maestría. No obstante ello, se contratará a un profesor con título de magíster, estudio cursado en la Facultat de Ingenyeria (La Salle, Barcelona, España), con residencia en la ciudad y que se sumará a los docentes locales para completar y asegurar la continuidad del cuerpo académico. Además, dice la institución, en su respuesta a la vista, que como se trata de un proyecto se prevé que esta condición varíe en el tiempo, permitiendo que los mismos egresados de las primeras promociones, muchos de ellos actualmente docentes de esta casa de altos estudios, formen parte del cuerpo académico en un futuro próximo.

CONEAU recomienda finalmente que se incremente la cantidad de profesores estables residentes en la localidad.

Se hallaron indicios de cambios enunciativos y fácticos en la dimensión "currículum, plan de estudio y programas". Al Plan de Estudio aprobado por Resolución ME, se le incorpora una pequeña modificación y un incremento de 20 horas, a partir de lo señalado en el informe de evaluación; por lo que en la respuesta a la vista la institución informó que el total de horas presenciales obligatorias es de 560, más 160 horas de tutoría e investigación y 120 de tesis. En el informe de evaluación se señaló que los contenidos de la asignatura Sistemas Operativos en Red no se adecuan a su nombre. Debería ser llamada Uso de Sistemas Operativos Conectados a una Red. Para cumplir con su nombre, debería contener otros temas. En la respuesta a la vista, la institución informó que se han realizado los cambios solicitados, por lo que el programa queda planteado satisfactoriamente, con un total de 560 horas presenciales obligatorias y presentación de tesis.

Para la *función investigación,* se detectaron indicios de cambios enunciativos (que se concreten propuestas de investigación específicos de la carrera). Para la dimensión "infraestructura, equipamiento, biblioteca", se hallaron indicios de cambios enunciativos (fortalecer el equipamiento informático de acuerdo a lo previsto en la respuesta a la vista).

De las entrevistas con directivos de la Facultad de Ingeniería, surge que tienen todos los posgrados acreditados y que es política de la universidad no comenzar un posgrado hasta que no esté acreditado.

> *Por fortuna, tenemos todos acreditados. Nunca hemos comenzado un proyecto si antes no fue acreditado. Es política de la universidad. Además, a ver, los que hacen posgrado acá en general son los docentes, el mayor público del posgrado para nosotros es el profesor universitario, más allá de que por ahí surgen algunas especializaciones y vengan de otro lado, pero en general son docentes, aunque tengan otra actividad, y el docente siempre busca un puntaje o algo curricular... y la validez que tiene un curso curricular en sí es aprobada por CONEAU si no, no... si no, no le sirve, entonces prefieren buscar otro que aunque sea de menor calidad tenga acreditación. Entonces, nosotros buscamos que esté acreditado para estar convencidos de que no vamos a tener problemas después con la gente. [...] sí viene gente de la industria, por el tipo de posgrado que es, pero en general son gente de la industria que normalmente son docentes también, que tienen una cátedra, son de tiempo parcial. Nuestros alumnos, localmente, miran mucho que esté acreditado (decano. Facultad de Ingeniería. Rector a partir de 2010).*

> *De posgrado todos, los de ingeniería están todos acreditados porque no se ha dictado nada que no estuviera acreditado, y bueno, los que hemos presentado han estado acreditados. Nunca tuvimos la experiencia de presentar alguno que no se acredite [...] Los proyectos se han acreditado, son la [nombre de la maestría] que es la que tenemos completa y la que se deriva de nuestro doctorado. Pero la de teleinformática, que es la que hemos presentado, no tuvimos ningún problema y es la que se dicta actualmente. Esta que te digo de enseñanza de la*

> *ingeniería y la de gestión tecnológica tenemos todo el proyecto y quedaba la vista de pares... sí que eso se largará cuando apenas tengamos la resolución y las dos están en una cuestión de etapa muy avanzada... las dos tuvieron vista (secretaria administrativa. Facultad de Ingeniería).*
>
> *No, no hemos tenido mayores conflictos (secretario administrativo. Facultad de Ingeniería).*

Como ya se mencionó en grado, estos procesos afectaron a la gestión de la calidad. Reiteremos el comentario del decano:

> *Se ha creado una unidad, sí, nosotros con mucho esfuerzo generamos una pequeña unidad con la gente que se fue preparando para esto. Y se creó un departamento chiquito, nosotros aquí en acreditación... pero trabajó muy bien, tomó mucha experiencia, ante eso lo succionó el rectorado, así que nos hemos quedado con una centralizada, lo que no está mal (decano. Facultad de Ingeniería. Rector a partir de 2010).*

Caso 5: carrera de doctorado en Arquitectura (acreditada en 1999).

Los indicios de cambios enunciativos surgen de las recomendaciones hacia la mejora. Estas se dieron en la *función docencia*, dimensión "alumnos y graduados" (prestar especial atención a la selección de los temas de tesis, cuidando el criterio de pertinencia y los mayores niveles de excelencia). También, en la *función investigación,* dimensión "proyectos de investigación" (incrementar las actividades de investigación en el marco institucional en la temática del posgrado) y en la dimensión "infraestructura, recursos materiales, biblioteca" (implementar un plan de actualización constante de recursos bibliográficos que permitan un trabajo de excelencia, nivelando el doctorado a los estándares habituales en programas de este tipo en el ámbito internacional).

De las entrevistas con los directivos de la unidad académica, surge una mención a la cantidad de años que han pasado sin una nueva convocatoria para reacreditar el doctorado.

> *Tenemos el doctorado acreditado, exactamente, pero de todas maneras ya vamos por la sexta cohorte, ya llevamos diez años de funcionamiento... no ha habido una convocatoria para esa disciplina, no hemos podido acreditarlo como carrera en funcionamiento porque no ha habido convocatoria... Se podría haber incluido en la de grado, pero como no fue ese el requerimiento. Las dos especializaciones acreditadas como proyecto [nombres] no están en funcionamiento (decano. Facultad de Arquitectura, Urbanismo y Diseño).*

En el cuadro 8.5 se presenta, esquemáticamente, el impacto de la acreditación de carreras de posgrado en ciencias aplicadas (Facultad de Ingeniería y Facultad de Arquitectura, Diseño y Urbanismo) en las funciones de esta universidad.

Cuadro 8.5. Impacto de la política de acreditación de carreras de posgrado en ciencias aplicadas, Facultad de Ingeniería y Facultad de Arquitectura, Urbanismo y Diseño, en las funciones sustantivas y en la gestión. Caso 3

		Impacto en Posgrados Ciencias Aplicadas									
		Facultad de Ingeniería							Facultad de Arquitectura, Urbanismo y Diseño		Obst
		Caso 1: Doctorado (1 acreditación)		Caso 2: Especialización (1 acreditación)		Caso 3: Maestría (1 acreditación)		Caso 4: Maestría (1 acreditación)		Caso 5: Doctorado (1 acreditación)		
		Indicio de cambio hacia la mejora		Indicio de cambio hacia la mejora		Indicio de cambio hacia la mejora		Indicio de cambio hacia la mejora		Indicio de cambio hacia la mejora		No se hallaron
		Enunc	Fáctico	Enunc	Fáctico	Enunc	Fáctico	Enunc	Fáctico	Enunc	Fáctico	
1. Función Docencia	1.1 Cuerpo de los profesores: titulación académica, dedicación, categorización, formación pedagógica, selección.	x	-	-	-	-	-	x	-	-	-	
	1.2 Proceso-metodología de enseñanza-aprendizaje	-	-	x	x	x	x	-	-	-	-	
	1.3 Currículum. Planes y programas	-	-	x	x	x	x	x	x	-	-	
	1.4 Alumnos y graduados	x	-	x	x	-	-	-	-	x	-	
2. Función Investigación	2.1 Profesores investigadores. Formación de recursos humanos.	-	-	-	-	-	-	-	-	-	-	
	2.2 Proyectos de investigación.	-	-	-	-	-	-	x	-	x	-	
	2.3 Financiamiento de la investigación.	-	-	-	-	-	-	-	-	-	-	
	2.4 Productos de investigación.	x	-	-	-	-	-	-	-	-	-	
	2.5 infraestructura - equipamiento y biblioteca* (*subdimensión más afectada)	x	x	x	-	x	x	x	-	x	-	
3. Función Extensión	3.1 Concepto de extensión.	-	-	-	-	-	-	-	-	-	-	
	3.2 Programas de extensión.	-	-	-	-	-	-	-	-	-	-	
4. Gestión	4.1 Gestión de la calidad de los procesos de evaluación y acreditación.	-	x	-	x	-	x	-	x	-	x	
	4.2 Gobierno y Gestión	x	-	-	-	-	-	-	-	-	-	

X: hallazgo de impacto
-: desde las fuentes utilizadas no se halló impacto. Esto no implica necesariamente que "no hubo impacto"
Fuente: elaboración propia a partir de la información obtenida en el análisis documental y en las entrevistas.

8.3.5.3. Impacto de la acreditación de carreras de posgrado. Ciencias sociales, Facultad de Ciencias Jurídicas y Sociales

De las entrevistas surge que esta facultad posee cuatro carreras de posgrados acreditadas como proyectos: 1. doctorado en Ciencias Jurídicas y Sociales; 2. especialización en Asesoramiento Jurídico; 3. especialización en Ciencias Penales; 4. maestría en Magistratura (en conjunto con una universidad de gestión pública).

Estas carreras fueron presentadas para su reacreditación en 2008. Al momento de hacer las entrevistas, aún no había resolución definitiva de CONEAU, aunque sí se había avanzado en el proceso de acreditación (encuentro entre directores de carreras y pares evaluadores):

> *De lo que sí yo te puedo hablar es de lo que nosotros hemos participado, el proceso que yo he vivido directamente, una de las cosas que tengo acá precisamente para contestar... es el proceso de reacreditación de las carreras de posgrado, la convocatoria del año pasado. Hemos estado contestando algunas observaciones, por suerte han venido algunas sin observaciones. Nuestra, autóctona de esta facultad, en particular es nuestro doctorado, que contestamos observaciones, ya después te voy a hablar de las observaciones que nos hicieron... Entonces el doctorado, la especialización en Asesoramiento Jurídico a Empresas, la especialización en Ciencias Penales y una maestría de la magistratura, esta es interinstitucional con la [nombre de una universidad de gestión pública] (secretaria académica. Facultad de Ciencias Jurídicas y Sociales).*

Caso 1: doctorado en Ciencias Jurídicas y Sociales (acreditada en 1999, presentada para su reacreditación. Aún no está la resolución final).

Del análisis documental, surgen indicios de cambios enunciativos hacia la mejora en la *función docencia*, "alumnos y graduados" (implementar mecanismos que mejoren la tasa de rendimiento del posgrado; mejorar el sistema de admisión de alumnos implementado mecanismos de selección académica y la exigencia de conocimiento de algún idioma extranjero), y en la *función investigación*, "infraestructura, equipamiento y biblioteca" (superar las deficiencia de la biblioteca y proveer la conexión a sistemas de información bibliográfica).

Caso 2: especialización en Asesoramiento Jurídico a Empresas (acreditada en el año 2000, reacreditada en 2009).

Se hallaron indicios de cambios fácticos en respuesta a las recomendaciones de la acreditación anterior en la *función docencia,* dimensión "currículum, plan de estudio y graduados" (se incorporaron al plan de estudios y reforzaron el carácter interdisciplinario de la carrera, se incorporaron pasantías para los alumnos recién graduados sin experiencia profesional), y en la *función gestión* (ampliación de convenios). Además, se hallaron nuevos indicios de cambios enunciativos (recomendaciones de la acreditación 2009) en la dimensión "alumnos y graduados" (establecer mecanismos para aumentar la tasa de graduación) y en la *función investigación,* dimensión "infraestructura, equipamiento y biblioteca" (aumentar el número de publicaciones periódicas especializadas).

Caso 3: especialización en Ciencias Penales (acreditada en el año 2000, presentada para su reacreditación. Aún no está la resolución final).

Del análisis documental, solo surgen indicios de cambios enunciativos en la *función investigación* (implementar líneas de investigación institucional sobre la especialidad) y en la *función gestión* (incorporar al Comité Académico algún miembro ajeno al cuerpo docente).

Caso 4: maestría en Magistratura (en conjunto con la universidad de gestión pública). Del análisis documental no surgen indicios de cambios significativos.

A partir de las entrevistas, se hallaron indicios de cambios fácticos hacia la mejora en la *función docencia,* dimensión "cuerpo de profesores", subdimensión "titulación". Se admite que el estándar de titulación sirvió para hacer una mejor selección de los docentes:

> *Formación de profesores: absolutamente. Sí, yo te voy a decir en qué con la formación de los profesores. En realidad, es un cambio de toda la facultad con esta mentalidad y viene un poco, yo te diría ¿es la CONEAU?, no, no sería únicamente la CONEAU, es la eclosión, la explosión, digamos, de los estudios de posgrado. Nosotros tenemos un cuerpo de profesores muy bueno, pero de ese grupo muy bueno muchos se han especializado y otros como que se han ido quedando. Cuesta mucho que esos viejos, sobre todo los más grandes, ya a esta altura del partido tomen una especialización, se doctoren, muchos lo han hecho y otros no. Entonces el planteo viene en [...] tener que decirle a ese profesor "mire, no, tengo que ir a otro profesor", no, ¿cómo?, ¿por qué?, imaginate... y chiquito, una cosa chiquita como esta que se enteran más o menos, ¿por qué no me llamó a mí?, porque las heridas, los celos, [...] Bueno, CONEAU me exige un título de especialización o grado superior para dar la carrera que tengo que dar. Es decir, esto es: me han servido estos requerimientos formales para poder hacer una mejor selección en los profesores. [...] mirá, al revés no me ha pasado, porque yo tengo profesores muy buenos, te digo, ese tema ha sido para sacarme los que yo sabía que no estaban especializados... ahora, los que están especializados sin tener formalmente el título académico ellos su especialización la tienen acreditada ¿de qué modo?, yo he hecho 150 mil trabajos publicados, ponencias... aunque no lo tengan al título académico y me los han aceptado. Me los han aceptado. Pero me los han aceptado probablemente más porque somos más del interior, donde hay nombres que están vinculados con esa temática, reconocidos, muy reconocidos, realmente el título se los tendrías que dar [...]. Claro, además la norma contempla excepciones, o acreditación suficiente, son personas que son reconocidas a nivel nacional, no me las van a cuestionar, no, pero esas puntualmente, pocas... yo te diría que del 5% estamos hablando, casos puntuales. [...] Yo tengo un ejemplo que siempre lo pongo, que es [nombre], es una eminencia... es uno de los civilistas más conocidos a nivel nacional*

y no es doctor, y no tiene una especialización formal, ahora él es profesor de todas las especializaciones... pero tiene libros escritos... conferencias... Es una persona de una especialización superior a uno que probablemente tenga la especialización hecha. Pero no son la mayoría de los casos [...], es una generación esa (secretaria académica. Facultad de Ciencias Jurídicas y Sociales).

Se hallaron indicios de cambios fácticos en la dimensión "metodología de enseñanza-aprendizaje" en el doctorado:

Proceso de metodología enseñanza-aprendizaje, desde ya. En el doctorado se planteó más la necesidad de acompañar al doctorando, de acompañarlo un poco más, de no dejarlo tan solo en la parte, más allá de que él tiene una..., su función de investigación, su tarea de investigación es una tarea que tiene que hacerla en soledad, nadie lo puede ayudar en eso, pero la guía y la tutoría, digamos, es fundamental... es clave, el tutor (secretaria académica. Facultad de Ciencias Jurídicas y Sociales).

También en la dimensión "currículum, plan de estudio y programas" se encontraron indicios de cambios fácticos. Se admite que quizá los cambios se hubiesen hecho igual, sin CONEAU, pero CONEAU fue el "momento" y la "oportunidad" para hacer estos cambios.

Planes y programas también. Reformulamos planes, reformulamos programas. [...] reformulamos programas porque a nuestras carreras que estaban acreditadas, a mi juicio, les faltaba la actualización. Entonces por ahí este sistema de acreditación es como que [...]. Para nosotros fue una oportunidad, para mejorar las carreras sinceramente, para introducir algunos otros temas [...]. Si es una especialización y una maestría que tiene una función más de ejercicio profesional, vos tenés que tratar de que ese sistema de evaluación vaya conectado con algún proceso de aprendizaje, como por ejemplo aplicación práctica de los conocimientos. Entonces utilizar por ahí ese proceso para revisar los métodos de evaluación de los profesores, pasar de monografías a "casos" (secretaria académica. Facultad de Ciencias Jurídicas y Sociales).

En el doctorado se planteó más la necesidad de acompañar al doctorando, de acompañarlo un poco más, de no dejarlo tan solo en la parte más allá que él tiene una..., su función de investigación, su tarea de investigación es una tarea que tiene que hacerla en soledad, nadie lo puede ayudar en eso, pero la guía y la tutoría, digamos, es fundamental... es clave, el tutor. [...] Tuvimos también que reestructurar nuestro viejo plan, nuestro doctorado es viejísimo, fue modificándose, pero creo que la gran modificación fue esta última que se hizo en oportunidad, porque nosotros mismos autoevaluamos que nos dábamos cuenta de que no caminaba esto. A ver, vos me decís y si no estuviera la CONEAU... la gran pregunta gran, ¿lo hubieses hecho?, yo te digo que sí, yo creo que lo hubiésemos hecho en el marco actual de la oferta universitaria. Vos decís CONEAU ¿interviene?, CONEAU es la presión. La CONEAU fue el momento de hacerlo, la oportunidad... de algo que vos ya tenés, es el plazo para hacerlo... y no lo dejás morir, bueno, vamos a estudiarlo, estudiémoslo... y mientras tanto vamos saliendo con esto... eso yo creo que...

por eso retomo con lo que te dije del sistema de evaluación y de la calidad, tiene que ver con esto último (secretaria académica. Facultad de Ciencias Jurídicas y Sociales).

Se detecta que durante el proceso también se produjo un cambio más formal que real, para tranquilizar al par evaluador, pero que no fue un cambio de fondo sino un cambio a los fines de la acreditación, "más tendiente a dejar tranquilo al par evaluador en la forma que a tranzar en el fondo":

La especialización [nombre] que es un problema de enfoque, del par individual, de una persona, que fue con el que tuve la entrevista (más que del Comité Evaluador), que me sugirió o me cuestionó un poco por qué esa especialización en [disciplina] tenía un criterio (xx) y no tenía concretamente (yy) que era una materia de la que él era especialista. Lo que estoy contestando a esto es formular un poco más esa materia para los fines de la acreditación con más o menos los contenidos de la materia que tenía... más tendiente a dejarlo tranquilo en la forma que a tranzar en el fondo (secretaria académica. Facultad de Ciencias Jurídicas y Sociales).

También se hallaron indicios de cambios fácticos en la dimensión "alumnos y graduados":

Tasa de graduación, sí, sí, totalmente (secretaria académica. Facultad de Ciencias Jurídicas y Sociales).

Se encontraron indicios de cambios fácticos en la *función investigación*, solo en la dimensión "infraestructura, equipamiento, biblioteca", sobre todo a nivel de toma de conciencia en las autoridades. La acreditación les "ha dado carta para exigir a las autoridades administrativas":

Infraestructura... Sí, ha sufrido cambios, eso se lo tendrías que preguntar a rectorado más particularmente. [...] yo hago requerimientos bibliográficos y de hemeroteca, sobre todo de revistas, que es lo más especializado sobre todo para las carreras de posgrado... a raíz de la acreditación de estos posgrados, por ejemplo [...] sí, sí, ha generado, ha generado en las autoridades una toma de conciencia de esto. Si vos me decís "de todas las autoridades recién porque los vinieron a controlar", no de todas porque te diría que las personas como [nombre del secretario académico de la universidad], como el decano, como yo, sabemos que necesitamos una biblioteca, no necesito que me venga a decir la CONEAU que necesito una biblioteca, yo sé que al tener una carrera necesito una biblioteca, pero hay algunas autoridades administrativas, de la parte administrativa, que no siempre entienden que hay que invertir ahí... para ellos probablemente la exigencia haya sido más importante que para venir a decirnos a nosotros lo que ya sabíamos. Nos dé carta para exigirlo internamente... sirve para poner un par de cosas en claro entre los que no coincidimos en la misma (secretaria académica. Facultad de Ciencias Jurídicas y Sociales).

Respecto al resto de las dimensiones de la *función investigación*, prácticamente no se hallaron indicios de cambios fácticos hacia la mejora en esta facultad. Sí se reconoce que sirvió para ordenar la actividad y conectarla institucionalmente. También es un factor tenido en cuenta en la selección de los docentes:

> *En investigación, yo te digo que ese es un tema pendiente en nuestro caso. La investigación yo te diría que en el caso de derecho investigación no está institucionalizada la tarea de investigación, entonces hay investigadores formales en la universidad, pero no dependen de la facultad, sino del rectorado, y son muy puntuales, muy, es medio caótica la cuestión de la investigación. Por ahí la acreditación lo que ha hecho es crear líneas de investigación que vos tenés que proponer, hacer hincapié y ordenar un poco toda esa actividad desordenada, eso es algo que rescato de CONEAU. [...] Me ha servido para ordenar la actividad de la investigación, pero no para conectarla institucionalmente, pero yo no tengo una actividad investigadora que yo fomente en particular rentándolo la universidad. La actividad de la investigación la hace privadamente cada profesor y cada docente. [...] No tengo categorías de investigador acá en la facultad, existe en el rectorado, pero tiene una selección de investigadores que no es óptima... La idea es hacerlo, es hacerlo, y esto viene también con la presión de CONEAU... Nosotros, de alguna manera, esas necesidades se han cubierto en la selección de profesores, buscamos profesores que tengan actividad y extensión académica, buscamos que tenga todo, que sea buen profesional, buen docente y bueno en la parte [...] vos me dirás ¿cómo hacen para repartir sus tiempos?, y bueno, los docentes que forman parte, la mayoría, te diría, del cuerpo docente lo han hecho, lo han desarrollado, pero lo han desarrollado y nosotros hemos seleccionado esa aptitud o la ha seleccionado la facultad, que desde siempre ha hecho eso de ese modo (secretaria académica. Facultad de Ciencias Jurídicas y Sociales).*

No se mencionan cambios para la *función extensión*.

Se hallaron indicios de cambios fácticos en la *función gestión*, dimensión "gestión de la calidad de los procesos de acreditación". Se reconoce que generó un mecanismo de mejora en la gestión y que, a raíz de este proceso, se creó un departamento de posgrado:

> *Gestión. Las planificaciones de las carreras, salvo una persona que tuve en el doctorado, las hice yo... todo, salvo el formulario y todo eso, no porque hay un sistema de acreditación... el del rectorado: el de evaluación permanente, con ellas son las que cargan los formularios. Pero la letra, el contenido del know how, la presentación de la carrera, la reunión de toda la información lo hice yo con la ayuda de la gente que me podía facilitar esa información o no. ¿Cómo sufrió la gestión?, ¿querés que te diga cómo estuve en esos tres, cuatro meses?, internada haciendo eso, obviamente, mi gestión como secretaria académica se vio en alguna manera disminuida frente a la presentación de estas carreras. ¿Si generó algún mecanismo de la mejora en la gestión?, sí, totalmente, miro planes de mejora... Sí, porque ha surgido la necesidad*

de crear un departamento de posgrado como la gente, por ejemplo, un departamento de posgrado. Tenemos un departamento de posgrado pero es carente, no tiene personal afectado (secretaria académica. Facultad de Ciencias Jurídicas y Sociales).

Por lo menos para mí fue una presentación consciente que yo hice y con la idea de que esto tenía que ser así, tenía el plan de mejora que debe llevarse a cabo. Y este es el cambio que yo estoy proponiendo que se haga en la gestión concreta en el dictado del posgrado, en la metodología de la evaluación, en la metodología del seguimiento de los graduados, de los alumnos. [...] que yo advierto que hay una carencia, realmente hay una carencia... la evaluación del desempeño docente, por ejemplo. Si bien esto, en realidad, lo estábamos haciendo desde antes. [...] Ha sido positivo eso para esta universidad (secretaria académica. Facultad de Ciencias Jurídicas y Sociales).

El impacto en la *gestión* se define como un "gran cambio":

Gran cambio: diagramación y en este plan de mejoramiento y en esta necesidad de una estructura importante, o adecuada, la del departamento de posgrado. CONEAU es la oportunidad, definitivamente, un momento. En el grado creo que va a pasar muy probablemente lo mismo. [...] cuando tengamos que someternos a estos procesos, que yo ya me los veo venir (secretaria académica. Facultad de Ciencias Jurídicas y Sociales).

En el cuadro 8.6 se presenta, esquemáticamente, el impacto de la acreditación de carreras de posgrado en ciencias sociales (Facultad de Ciencias Jurídicas y Sociales) en las funciones de esta universidad.

Cuadro 8.6. Impacto de la política de acreditación de carreras de posgrado en ciencias sociales, Facultad de Ciencias Jurídicas y Sociales, en las funciones docencia, investigación, extensión y gestión. Caso 3

		Impacto en Posgrados de Ciencias Sociales									
		Facultad de Ciencias Jurídicas y Sociales									
		Caso 1: Doctorado (1 acreditación)		Caso 2: Especialización (2 acreditaciones)		Caso 3: Especialización (1 acreditación)		Caso 4: Maestría Interinstitucional (1 acreditación)		Obstáculo hacia la mejora
		Indicio de cambio hacia la mejora		Indicio de cambio hacia la mejora		Indicio de cambio hacia la mejora		Indicio de cambio hacia la mejora		
		Enunc	Fáctico	Enunc	Fáctico	Enunc	Fáctico	Enunc	Fáctico	
1. Función Docencia	1.1 Cuerpo de los profesores: titulación * académica, dedicación, categorización, formación pedagógica, selección * (* subdimensión más afectada).	-	x	-	x	-	x	-	x	No se hallaron
	1.2 Proceso-metodología de enseñanza-aprendizaje	-	x	-	x	-	x	-	x	
	1.3 Curriculum. Planes y programas	-	x	-	x	-	x	-	x	
	1.4 Alumnos y graduados	x	x	x	x	-	x	-	x	
2. Función Investigación	2.1 Profesores investigadores. Formación de recursos humanos.	-	-	-	-	-	-	-	-	
	2.2 Proyectos de investigación.	-	-	x	-	-	x	-	-	
	2.3 Financiamiento de la investigación.	-	-	-	-	-	-	-	-	
	2.4 Productos de investigación.	-	-	-	-	-	-	-	-	
	2.5 Infraestructura - equipamiento y biblioteca* (*subdimensión más afectada)	x	x	x	x	-	x	-	x	

		Impacto en Posgrados de Ciencias Sociales								
		Facultad de Ciencias Jurídicas y Sociales								
		Caso 1: Doctorado (1 acreditación)		Caso 2: Especialización (2 acreditaciones)		Caso 3: Especialización (1 acreditación)		Caso 4: Maestría Interinstitucional (1 acreditación)		Obstáculo hacia la mejora
		Indicio de cambio hacia la mejora		Indicio de cambio hacia la mejora		Indicio de cambio hacia la mejora		Indicio de cambio hacia la mejora		
		Enunc	Fáctico	Enunc	Fáctico	Enunc	Fáctico	Enunc	Fáctico	
3. Función Extensión	3.1 Concepto de extensión.	-	-	-	-	-	-	-	-	No se hallaron
	3.2 Programas de extensión.	-	-	-	-	-	-	-	-	
4. Gestión	4.1 Gestión de la calidad de los procesos de evaluación y acreditación.	-	x	-	x	-	x	-	x	
	4.2 Gobierno y Gestión	-	x	-	x	-	x	x	x	

X: hallazgo de impacto
-: desde las fuentes utilizadas no se halló impacto. Esto no implica necesariamente que "no hubo impacto".
Fuente: elaboración propia a partir de la información obtenida en *solo* en la entrevista con la secretaria académica de la Facultad. Directiva a cargo de la presentación de todos los posgrados de esta facultad a CONEAU.

Conclusión del impacto de la acreditación de carreras de posgrado en ciencias de la salud, ciencias aplicadas y ciencias sociales

El impacto de los posgrados en ciencias de la salud es evaluado por los entrevistados como negativo —para la mejora y el crecimiento—, debido a que no han podido comenzar con proyectos considerados relevantes para la facultad y para la provincia, porque no fueron acreditados. Actualmente están en un nuevo proceso de acreditación. Para ciencias aplicadas, se hallaron indicios de cambios enunciativos, y algunos fácticos, sobre todo en la *función docencia,* dimensiones "currículum, plan de estudio y programa", "alumnos y graduados" y, en menor medida, "cuerpo de profesores". Para la *función investigación,* se hallaron indicios de cambios enunciativos solo en la dimensión "proyectos de investigación". Además se encontraron indicios de cambios fácticos en la dimensión "infraestructura, equipamiento y biblioteca", principalmente en lo que se refiere a la "biblioteca". Las autoridades consideran que la política de acreditación de posgrados impactó produciendo cambios fácticos en la *función gestión,* dimensión "gestión de la calidad de los procesos de acreditación". Algún indicio de cambio enunciativo también se encontró en la dimensión "gobierno y gestión".

Para ciencias sociales, se hallaron indicios de cambios fácticos en casi todas las dimensiones de la *función docencia* y en la *función gestión.* No se menciona impacto en la *función extensión,* e *investigación* es, según los entrevistados, un tema pendiente. La acreditación les ha servido para ordenar la actividad de investigación, pero no para conectarla institucionalmente. En la selección de profesores se busca que sean profesores que hagan investigación: "La facultad ha seleccionado esa aptitud, desde siempre lo ha hecho".

8.4. La política de evaluación y acreditación de la calidad universitaria. Percepción de actores institucionales

A continuación, se presenta la percepción y la opinión de actores institucionales acerca de 1) la existencia de sistemas que evalúen y acrediten la calidad universitaria en general; 2) algunos aspectos del sistema de evaluación y acreditación universitario argentino; 3) el funcionamiento de la CONEAU; 4) el impacto de estos procesos en la organización y la cultura de la institución.

8.4.1. Acerca de la existencia de sistemas externos que evalúen y acrediten la calidad universitaria

Todos los entrevistados se manifestaron a favor de la existencia de los sistemas de evaluación y acreditación universitaria. Es de destacar la opinión de uno de los directivos del Rectorado, quien manifiesta que al principio era "escéptico y los veía con rechazo", pero que la "experiencia" le ha demostrado que estos sistemas son "beneficiosos para la universidad, que tiende a veces a encerrarse en sí misma, a enquistarse".

Se los considera importantes para el ordenamiento de procesos, la reflexión interna, la comparación y la mejora continua. Se dice que "tienen" que existir, que es "fundamental", "imprescindible" que estén, que no se puede concebir un sistema universitario sin estos procesos. También se argumenta que es una tendencia mundial.

También se señala que, si el ente que evalúa es del Estado, el proceso se justifica aún más en las universidades de gestión pública, debido a que el Estado debe conocer cómo se gasta su dinero y con qué resultados.

En la figura 8.1 se presenta una síntesis de lo que dijo cada uno de los actores entrevistados.

Figura 8.1. Opinión acerca de la "existencia de sistemas externos que evalúan y acreditan la calidad universitaria", según cargo de los entrevistados. Caso 3

Referencias:[56]
(1) Secretario académico, Rectorado.
(2) Coordinadora del Departamento de Evaluación y Acreditación Permanente, Rectorado.
(3) Integrante del Departamento de Evaluación y Acreditación Permanente, Rectorado.
(4) Decano (nuevo rector a partir de 2010), Facultad de Ingeniería.
(5) Secretario académico, Facultad de Ingeniería.
(6) Secretaria administrativa, Facultad de Ingeniería.
(7) Decano, Facultad de Arquitectura, Urbanismo y Diseño.
(8) Secretaria académica, Facultad de Arquitectura, Urbanismo y Diseño.

---

[56] Las referencias para *todas las figuras* del apartado 8.5 son las mismas.

(9) Decano, Facultad de Ciencias de la Salud.
(10) Vicedecana, Facultad de Ciencias de la Salud.
(11) Secretario administrativo, Facultad de Ciencias de la Salud.
(12) Secretaria académica, Facultad de Ciencias Jurídicas y Sociales.
Fuente: elaboración propia a partir de la información obtenida en las entrevistas

8.4.2. Acerca de algunos aspectos del sistema de evaluación y acreditación universitario argentino

a) Composición actual del gobierno de la CONEAU[57]

La mayoría de los entrevistados propone una composición más académica, menos política[58] y también más equitativa por parte de las universidades privadas. Se considera que es un sector importante, que muchas universidades de gestión privada, bien administradas y seriamente gestionadas, cumplen una función de bien público y por eso merecerían tener una participación más importante dentro de la CONEAU.

Uno de los entrevistados observa que no está muy equilibrada, pero que le parece adecuado que diputados y senadores propongan seis miembros, ya que estos determinan las leyes de educación.

Pocos (3) prefirieron no responder por no conocer el tema.

En la figura 8.2 se presenta una síntesis de la opinión de los entrevistados

---

[57] Los miembros de la CONEAU son designados por el Poder Ejecutivo Nacional a propuesta de los siguientes organismos y en la cantidad que en cada caso se indica: tres por el Consejo Interuniversitario Nacional; dos por el Consejo de Rectores de Universidades Privadas; uno por la Academia Nacional de Educación; tres por la Cámara de Senadores de la Nación; tres por la Cámara de Diputados de la Nación, uno por el Ministerio de Educación, Ciencia y Tecnología de la Nación.

[58] Los entrevistados interpretan que los partidos políticos dominantes inciden en las designaciones de los miembros de CONEAU porque el Congreso de la Nación nomina seis representantes.

Figura 8.2. Opinión acerca de la composición actual del gobierno de CONEAU, según cargo de los entrevistados. Caso 3

Referencias:
Véase la figura 8.1
Fuente: elaboración propia a partir de la información obtenida en las entrevistas

Acerca de la posibilidad de *incluir estudiantes en el gobierno de CONEAU*, todos los entrevistados, menos uno, opinan que no incluirían estudiantes en él. Entre los argumentos, se menciona la necesidad de haber pasado por todo el proceso educativo para formar parte del gobierno de en un órgano que evalúa el sistema. También se expresa la importancia de que los estudiantes tengan otros canales de representación, pero no desde el gobierno de CONEAU.

Quien estuvo a favor de la inclusión de estudiantes considera que la visión de estos es importante y útil, y que tendrían que participar alumnos tanto de universidades de gestión pública como de gestión privada.

En la figura 8.3 se expone, sintéticamente, la opinión de los entrevistados acerca de la posibilidad de incluir estudiantes en el gobierno de CONEAU.

Figura 8.3. Opinión acerca de la inclusión de estudiantes en el gobierno de CONEAU, según cargo de los entrevistados. Caso 3

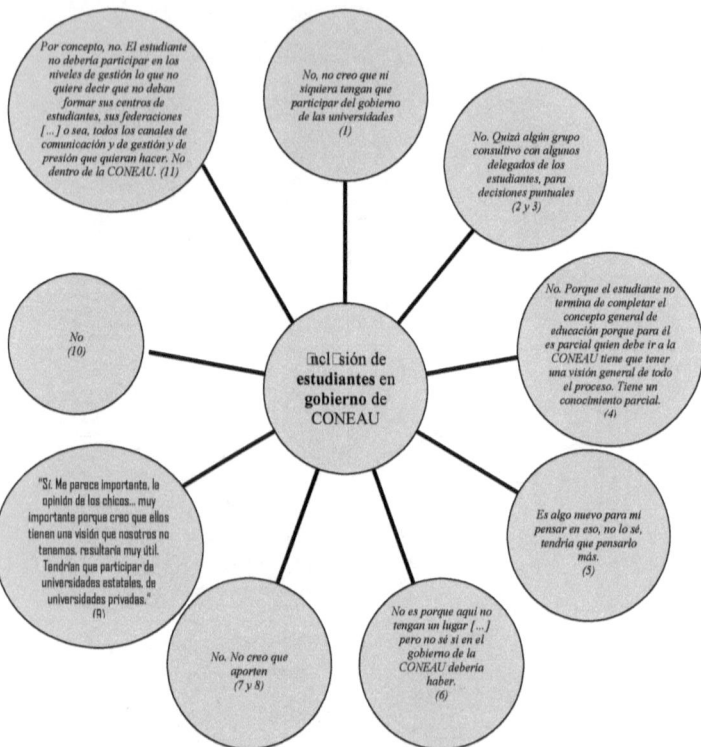

Referencias:
Véase la figura 8.1
Fuente: elaboración propia a partir de la información obtenida en las entrevistas

b) Opinión acerca de la obligatoriedad de la acreditación de carreras de grado y posgrado

Todos los entrevistados sostienen que es necesario mantener la acreditación obligatoria de carreras de grado de interés público para transparentar el sistema y para asegurar un mínimo de calidad igual a todos. La mayoría, no todos, se inclina por un sistema de acreditación voluntario de los posgrados, debido a que estos no habilitan para el ejercicio profesional. También se argumenta que el estudiante de posgrado es un graduado universitario y, por lo tanto, cuenta con más información para decidir y elegir.

A continuación, se transcriben algunas opiniones que evidencian lo dicho anteriormente:

Me parece que el Estado debería sí hacer una evaluación mínima de rigor, de seriedad administrativa, eso sí obligatorio. Pero la calidad académica sobre todo, por ejemplo, en el caso de los posgrados que no habilitan para el ejercicio profesional, eso no debería ser obligatorio (secretario académico. Rectorado).

Sí, me parece bien que sean obligatorias las de grado de riesgo social directo. Si fuera voluntario, creo que nadie se presentaría, pero por otro lado, si hubiera esa posibilidad, es muy probable que la gente fuera engañada, los estudiantes, no se informaría. [...] Entonces no habría diferencia entre el que hace el esfuerzo por mejorar para una acreditación y aquel que no hace ningún esfuerzo. Yo creo que en posgrado debería ser voluntario. Me parece que el proceso de acreditación de posgrado debe ser voluntario, porque quien vaya ahí ya está formado, ha pasado por toda la experiencia universitaria, sabe lo que persigue, lo tiene más claro y, bueno, puede exigir o no un sello de calidad en lo que está haciendo (decano. Facultad de Ingeniería. Rector electo a partir de 2010).

El posgrado no debería ser obligatorio en absoluto porque el posgrado no habilita. El posgrado quedaría fuera de la obligatoriedad. Con respecto a las otras carreras, habría que distinguir muy bien y es algo que creo que la ley como que lo dejó tan efímero, "qué es interés público", cuáles son realmente las carreras que afectan la formación, los bienes, porque la ley dice "con carácter restrictivo" que es lo menos que se ha usado. O sea, creo que esa distinción de cuáles son las carreras que realmente deberían estar sometidas a procesos de acreditación como que se ha perdido la esencia... (secretario académico. Facultad de Ingeniería).

La acreditación de grado, bueno, que sea obligatoria está bien. En el posgrado yo creo que depende. Los posgrados creo que debería existir un control, pero que no sea tan estricto, porque necesitamos, necesitamos posgrados en el país, necesitamos posgrados en la facultad (decano. Facultad de Ciencias Médicas).

Me parece bueno, me parece razonable, lo que tienda a precisamente esto a establecer un piso común de formación a nivel de grado me parece que es razonable... a nivel de posgrado no, porque al no darse esta característica propia del sistema universitario argentino que es la habilitación del título, creo que a nivel de posgrado podría ser voluntario (secretario administrativo. Facultad de Ciencias de la Salud).

Grado me parece bárbaro que sean obligatorios, y que la UBA también lo haga (secretaria académica. Facultad de Arquitectura, Urbanismo y Diseño).

Grado, sí, sí, tiene que ser obligatorio, porque además es la única garantía que tenemos de [...] La pregunta que cabe es dónde está la diferenciación, qué diferencia a un chico de acá de un alumnos de otra universidad (decano. Facultad de Arquitectura, Urbanismo y Diseño).

Algunos argumentan que debe ser obligatorio el posgrado para dar información transparente al mercado:

Sí, yo creo que sí, obligatorio. Porque si no, te dan cualquier cosa, la gente no sabe, no diferencia qué es un curso de posgrado, qué es una especialización y qué es una maestría (integrantes del Departamento de Evaluación y Acreditación Permanente).

Respecto a acreditar todas las carreras de grado, la gran mayoría se inclina por la negativa; o, en caso de existir, que sea optativo:

Respecto a acreditar a todas las de grado, depende de cuál sea el objetivo y el objeto de la evaluación, si es para, como hemos hablado, mejorar los procesos y mejorar la calidad, todas las carreras deberían pasar... pero obviamente que hay más urgencia en algunas que en otras (integrante del Departamento de Evaluación y Acreditación Permanente).

¿Todas las carreras de grado? No, yo creo que en principio no hace falta, yo creo que hay muchas que hoy se acreditan y que no era necesario, porque si nos atenemos a lo que hace la mayoría de las universidades del primer mundo, se acreditan aquellas que son de riesgo para el ser, riesgo directo al ser humano, entonces acá ya queremos seguir, se suman. Nos pasó a nosotros la experiencia que, como está acreditado Ingeniería en Computación, los licenciados en Sistemas también quieren que los acrediten, claro, cómo no van a estar, se sienten que son menos porque no los acreditan [...] estamos tomando una cultura equivocada (decano. Facultad de Ingeniería. Rector electo a partir de 2010).

Quien estuvo a favor de acreditar todas las carreras de grado sostiene que no hay que hacer distinción, debido a que todas, en su nivel, tienen impacto en la sociedad:

Si vamos a hablar de enseñanza superior o universitaria, te diría que todas tienen que acreditar... no tenés por qué hacer una distinción en ese sentido. Hay algunas que tienen un mayor compromiso con lo social, como lo es una carrera de Derecho, como es una carrera de Medicina... son títulos habilitantes, claro, que te dan una matrícula. Yo creo que sí, pero no puedo, esas indiscutidamente que sí, pero no puedo usar ese criterio para excluir a las otras, porque las otras... todo tiene un interés social, una facultad de Psicología, imaginate, una facultad de Comunicación, imaginate, aparentemente carreras de Comunicación que son carreras que vos probablemente las ves como más light, si se quiere, pero no lo son (secretaria académica. Facultad de Ciencias Jurídicas y Sociales).

Grado, sí, acreditaría a todos, sí, porque eso moviliza mucho más. Pero optativo (decano. Facultad de Ciencias Médicas).

En cuadro 8.7 se presenta una categorización de las respuestas a esta pregunta.

Cuadro 8.7. Opinión de los entrevistados, según cargo, acerca de la obligatoriedad de los sistemas de acreditación para carrera de grado de interés público, de posgrado y de todas las carreras de grado

Opinión de los entrevistados	Sistema de acreditación de carreras de grado: solo las de interés público		Sistema de acreditación de carreras de posgrado (que no habilitan para el ejercicio profesional)		Sistema de acreditación de todas las carreras de grado	
	Obligatorio	Optativo	Obligatorio	Optativo	Obligatorio	Optativo
(1) Secretario académico, Rectorado.	X			X		
(2) Coordinadora del Departamento de Evaluación y Acreditación Permanente, Rectorado.	X		X			X (todas deberían pasar pero algunas tienen más urgencia que otras)
(3) Integrante del Departamento de Evaluación y Acreditación Permanente, Rectorado.	X		X			
(4) Decano (nuevo rector a partir de 2010), Facultad de Ingeniería.	X			X		
(5) Secretario académico, Facultad de Ingeniería.	X (afinar 'criterio restrictivo')			X		
(6) Secretaria administrativa, Facultad de Ingeniería.	X			X		
(7) Decano, Facultad de Arquitectura, Urbanismo y Diseño.	X					
(8) Secretaria académica, Facultad de Arquitectura, Urbanismo y Diseño.	X					
(9) Decano, Facultad de Ciencias de la Salud.	X			X		X
(10) Vicedecana, Facultad de Ciencias de la Salud.	X			X		
(11) Secretario administrativo, Facultad de Ciencias de la Salud.	X			X		
(12) Secretaria académica, Facultad de Ciencias Jurídicas y Sociales.			X		X	

Fuente: elaboración propia a partir de la información obtenida en las entrevistas

c) Acerca de si promoverían o no el funcionamiento de otras agencias además de la CONEAU

Todos los entrevistados, menos uno, promoverían el funcionamiento de otras agencias de evaluación y acreditación universitaria. Se argumenta que la sana competencia generaría calidad, a diferencia de un monopolio estatal y colapsado. Se sostiene que la diversidad de agencias permitiría evaluar mejor la especificidad de instituciones.

Directivos de la Facultad de Ciencias Médicas se inclinaron por agencias disciplinarias con la presencia de AFACIMERA.

A diferencia del resto de los entrevistados, quien se inclina por una sola agencia manifiesta que todo sistema es perfectible y que prefiere los sistemas concentrados a los dispersos, porque los dispersos siempre empiezan a competir.

En la figura 8.4 se muestra una síntesis de la opinión de algunos entrevistados.

Figura 8.4. Opinión de los entrevistados, según cargo, acerca de si promoverían o no el funcionamiento de otras agencias además de CONEAU. Caso 3

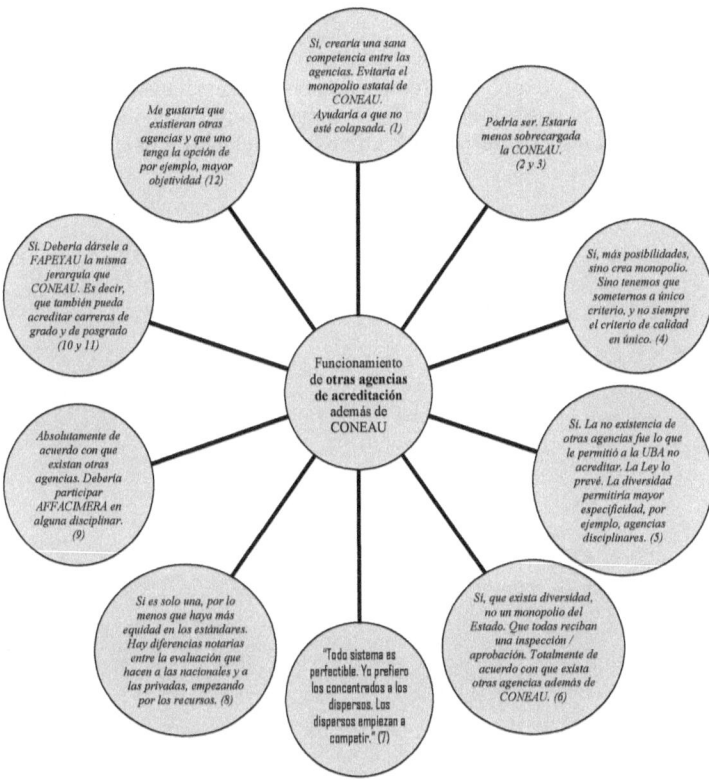

Referencias: Véase la figura 8.1
Fuente: elaboración propia a partir de la información obtenida en las entrevistas

d) Sobre la eficacia (o no) de relacionar los procesos de evaluación y acreditación con mecanismos de financiamiento

Todos los entrevistados relacionarían los procesos de evaluación y acreditación con mecanismos de financiamiento siempre y cuando este financiamiento no atente contra la propia autonomía de la universidad: "La universidad ha tratado de mantener durante casi 50 años una absoluta independencia en su financiamiento y en su dirección. Una especie de idea motora es la autonomía universitaria".

Los entrevistados perciben cierta desigualdad con las universidades de gestión pública, debido a que no pueden acceder a financiamiento tipo PROMEI. El decano de la Facultad de Ingeniería, rector electo a partir de 2010, considera que este es un tema a tratar más fuertemente desde el Consejo de Rectores de Universidades Privadas (CRUP).

Se menciona que esta universidad solo se sostiene con la matrícula de los alumnos y que sería importante empezar a hacer alianzas estratégicas, sin que esto menoscabe el rasgo fundacional de autonomía institucional.

En la figura 8.5 se muestra una síntesis de la opinión de los entrevistados.

Figura 8.5. Opinión de los entrevistados, según cargo, acerca de relacionar directamente los procesos de evaluación y acreditación a mecanismos de financiamiento. Caso 3

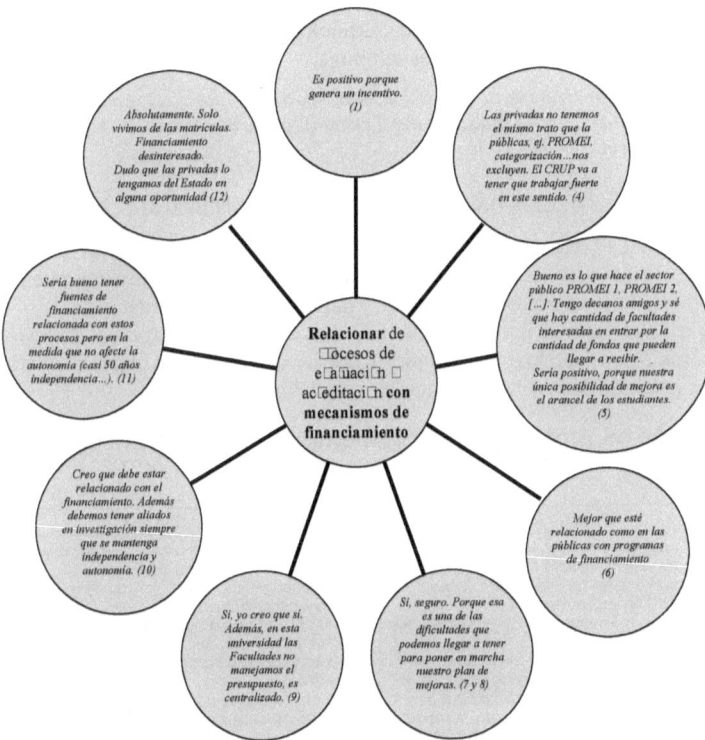

Referencias:
Véase la figura 8.1
Fuente: elaboración propia a partir de la información obtenida en las entrevistas

e) Sobre la posibilidad de crear un sistema de evaluación y acreditación con base en un único criterio de calidad: el mayor nivel de excelencia

Los entrevistados opinan que sería interesante contar con un sistema de evaluación y acreditación con base en un único criterio: la excelencia, pero como sistema optativo. Esto generaría una reacción distinta debido a que la obligatoriedad se vive como algo tipo *policíaco*:

Y esto de crear el sistema voluntario de acreditación me parece bueno, porque eso sí apuntaría a la excelencia. También a que se viva distinto, no a la obligatoriedad esta, de tipo policíaca. Yo esto lo veo bueno, me gusta (decano. Facultad de Ciencias de la Salud)

Debido a la madurez actual del sistema, se considera que primero habría que consolidar el de estándares mínimos.

Pero esto no lo pienso solo por esta facultad, sino que lo estoy pensando por las otras... por la madurez del sistema (secretaria académica. Facultad de Ciencias Jurídicas y Sociales).

8.4.3. Opinión sobre diversos aspectos de la CONEAU

a) Acerca de su funcionamiento y su impacto en la institución

De las entrevistas, surgen aspectos positivos acerca del funcionamiento y de su impacto en esta institución, y también aspectos a mejorar.

En el cuadro 8.8 se muestra una síntesis de lo expresado por los entrevistados. No se citan los cargos debido a que la agrupación, sin dejar de utilizar las palabras de los entrevistados, es una elaboración propia.

Cuadro 8.8. Aspectos positivos y aspectos a mejorar del funcionamiento de CONEAU, señalados por los entrevistados. Caso 3

"Aspectos positivos"	"Aspectos a mejorar"
▷ Ha servido para mejorar en general. Muy positivo. Ayuda mucho. ▷ Ayudó a poner las cosas al día. Mejorar y sistematizar procesos, ordenar los papeles, los circuitos. Tener normativa para todo, que todo esté reglamentado. ▷ Se empezaron a balancear las funciones. Ahora la investigación no está en un segundo plano (o en un tercero) como estaba. ▷ Las observaciones y los compromisos adquiridos han permitido crecer dentro de las funciones docencia, investigación, extensión. En investigación se hicieron algunas cosas más, hay más conciencia. ▷ Prueba ACCEDE, permitió detectar fortalezas y debilidades en los conocimientos. Se lo considera de vital importancia como instrumento, aunque se reconoce que tiene errores. ▷ Cada vez se van puliendo más los mecanismos y van teniendo más participación en los comités de pares expertos provenientes de las universidades de gestión privada. ▷ La parte de la autoevaluación: ver fortalezas y debilidades, unificar criterios para las cátedras. ▷ Para afuera: se dio una señal positiva, tanto para alumnos como para graduados, de que fue evaluada como una de gestión pública.	▷ La estructura de gobierno está armada para que influyan criterios ideológico-partidista ▷ Se observan prejuicios ideológicos en los cuadros técnicos-administrativos ▷ Las facultades se paralizan cuando están en procesos de acreditación ▷ La burocracia de los procesos. Las fichas. Errores en el software. ▷ Falta un manual de procedimientos. Deberíamos saber qué cosas nos vienen a evaluar, qué puntos tienen más en cuenta y cuáles menos. ▷ En grado, excesivos estándares que no necesariamente aseguran calidad del "producto". ▷ Se mide con la misma vara realidades y contextos diferentes. Falta tener en más en cuenta la realidad. ▷ En posgrado: cierta desprolijidad en la constitución de los comités. Entrevista en lugar de visita in situ. A veces, visión parcializada de los pares o "del par" que evaluó la carrera. Demoras, plazos muy largos. ▷ Cierta influencia de los técnicos en la evaluación ▷ Sesgos contra las universidades privadas en algunos pares ▷ Lenguaje técnico, caótico que necesita ser 'traducido' para que el docente lo entienda. ▷ Falta de formación de pares y técnicos ▷ Los estudiantes no se involucran, desinterés. ▷ Algunos docentes no se involucran, están ajenos o lo viven como una carga extra de trabajo.

Fuente: elaboración propia a partir de la información obtenida en las entrevistas

b) Comparando el impacto de la evaluación institucional, de la acreditación de grado y de la acreditación de posgrados

De las entrevistas, surge que la evaluación institucional influyó poco porque estuvo más centralizada en el Rectorado y porque no está articulada con los procesos de acreditación de carreras. Además, se señala que solo se ha realizado una y que el actual Departamento de Evaluación y Acreditación Permanente está absorbido por los procesos de acreditación de las carreras.

Se considera que la acreditación de carreras de grado impacta más porque focaliza en una unidad académica y en una carrera, y porque involucra a más personas de la comunidad educativa, mientras que, en el posgrado, prácticamente el proceso recae en los directores de la carrera (con el apoyo del Departamento de Evaluación y Acreditación).

También se señala que grado es más flexible, en tanto y en cuanto pareciera que —antes o después— todas terminan acreditando. Mientras que en posgrado muchas no acreditan; se percibe como una evaluación más "dura".

En el cuadro 8.9 se presenta una síntesis del impacto comparado de estas políticas.

Cuadro 8.9. Impacto comparativo de la política de evaluación y acreditación de carreras de grado y posgrado según "nivel de incidencia en la mejora" y "nivel incidencia en la amplitud". Caso 3

Nivel de incidencia en la amplitud \ Nivel de incidencia en la mejora	Alta	Media	Baja
Mucha			
Media	Política de acreditación de carreras de grado de interés público		Política de evaluación institucional
Baja		Política de acreditación de carreras de posgrado (ciencias de la salud, ciencias aplicadas y ciencias sociales)	

Fuente: elaboración propia a partir de la información obtenida en las entrevistas.

c) Principales dificultades y conflictos que han presentado los procesos de evaluación y acreditación

Entre las principales dificultades y conflictos de los procesos de evaluación, se señala una serie de prejuicios ideológicos que deriva de la composición de gobierno, la burocracia de los procedimientos, algunos sesgos en las evaluaciones recibidas, problemas con los instructivos (formularios), cierto enfoque "metropolitano o porteño" en algunas preguntas del ACCEDE, adaptación a competencias (en Medicina). Se señalan algunas dificultades con los técnicos (influencia en la evaluación, falta de formación), entre otras.

Algunos entrevistados expresan dificultades internas, como conseguir el involucramiento de todos en el proceso.

A continuación, citamos las opiniones de los entrevistados que dan cuenta de las dificultades señaladas. Los comentarios relacionados con "prejuicios ideológicos", "sesgos", son:

> Yo creo que el problema fundamental de la CONEAU y lo que ha comprometido su buen impacto ha sido que en general la estructura de la CONEAU está armada para ser conducida con criterios ideológicos partidistas. Es decir, en general me parece que hay un elemento ideológico partidista muy fuerte y que eso conspira por supuesto contra la objetividad de la evaluación. Esto se nota, por ejemplo..., yo lo he notado varias veces inclusive siendo evaluador de la CONEAU, así que lo he conocido de adentro (secretario académico. Rectorado).

> Las dificultades tienen que ver con los pares que vienen a ver. Ahí hay otra cosa, tienen un sesgo estatal, por lo tanto tienen una visión, me parece, discretamente distorsionada de lo que es la docencia en la gestión privada (decano. Facultad de Ciencias de la Salud).

> Yo te voy a contar una cuestión respecto de la CONEAU y los convenios. Firmamos un convenio en ese momento con la Tecnológica para el uso de la biblioteca, en el informe de pares de CONEAU de la UTN dice: "La biblioteca de la UTN es pobre pero la salvan por el convenio que tienen con la de [nombre caso 3] y usan la biblioteca de la de [nombre caso 3]", en el informe de nosotros dice: "La biblioteca de la universidad es pobre, tienen un convenio con la UTN pero no es operativo". Es la misma biblioteca, el mismo convenio. Lo que salva a los otros y nos hunde a nosotros, entonces esas cosas nosotros se las hicimos ver a algunos pares de CONEAU, que era injusto, era realmente injusto, por qué las universidades públicas tenían cierta preferencia y nosotros teníamos que remar muchísimo en este sentido (secretaria administrativa. Facultad de Ingeniería).

Comentarios relacionados con la "burocracia", la "dificultad de los procedimientos", el "lenguaje caótico", las "fichas, formularios endiablados":

> Burocracia. La actividad real interesa poco, lo que hay que hacer es cumplir (secretario académico. Rectorado).

> El inconveniente es que las facultades se paralizan cuando están en proceso de acreditación (integrantes del Departamento de Evaluación y Acreditación Permanente).

> A veces es muy contradictorio el texto de los instructivos. Lo que sí es extravagantemente complejo es el llenado de las planillas CONEAU, si uno tiene que detectar un defecto, un déficit serio, a veces, del llenado son las planillas, específicamente las planillas de docentes y de investigación, las fichas... son de complejidad, las fichas son de una complejidad extraordinaria. No lo puede hacer un profesor solo. Claro, necesita permanentemente el apoyo de esta comisión e incluso aún con el apoyo de ellas los profesores constantemente cometían errores (decano. Facultad de Arquitectura, Urbanismo y Diseño).

Los procedimientos CONEAU son, y no solo lo decimos nosotros, todo el ambiente dice lo mismo, complicados, todo el mundo se queja (secretaria académica. Facultad de Arquitectura, Urbanismo, Diseño).

Me parece que falta manual de procedimientos, nosotros deberíamos saber qué cosa nos vienen a evaluar y cómo nos vienen a evaluar, que hasta ahora eso no lo tenemos claro (decano. Facultad de Ingeniería. Rector a partir de 2010).

El stress de armarla (secretaria académica. Facultad de Ciencias Jurídicas y Sociales).

Con todo este lenguaje caótico, como digo yo, este lenguaje, esta metodología de estos formularios que hay que llenar, que es una especialización de la especialización de la especialización, que tenés que hacer cursos para poder llenar esos formularios, esas fichas docentes endiabladas, porque son endiabladas (secretaria académica. Facultad de Ciencias Jurídicas y Sociales).

El tecnicismo que se ha utilizado es inadecuado, es decir, a lo mejor para otras universidades sí, para nosotros no, y no solamente en esta institución, acá en esta universidad se han mejorado planillas que había presentado CONEAU y la CONEAU las tomó como propias después, así que le digo con conocimiento de causa, así... las hicieron más leíbles, digamos, si queremos utilizar un nombre (vicedecana. Facultad de Ciencias de la Salud).

El fin es bueno, los procesos están complicados, pero seguramente podrían haber sido mejores, porque son demasiado tediosos, cuando a un docente le pedimos que llene la ficha F, la ficha B... la ficha, el docente termina, y después que llene las tablas con cruces de competencias y contenido, el docente termina abrumado y tratando de despegarse de esto que le resta tiempo obviamente a su labor de cátedra. [...] En esta acreditación no fue tan tedioso, pero hubo que familiarizarse con un instructivo. Pero insisto, la finalidad es buena, los procesos han servido, pero podrían haber sido mejores en la medida de haber tenido otra mecánica (secretario administrativo. Facultad de Ciencias de la Salud).

Comentarios relacionados con el trabajo de los técnicos, "influencia", "falta de capacitación":

A veces, el papel de técnico yo creo que es fuerte. Influye. Lo he vivido. De hecho yo, cuando tuve que evaluar una universidad que iba a obtener la autorización definitiva, bueno, y el técnico me sugirió cuál era el resultado que debía ser, en esa oportunidad ese me sugirió. Hay una influencia (secretario académico. Rectorado).

Falta más formación en las técnicas de CONEAU en lo que es cargar y usar el software [...] yo, cada vez que voy a capacitaciones, sabemos más los que estamos sentados que los que hablan (integrantes del Departamento de Evaluación y Acreditación Permanente).

Le falta todavía a la CONEAU preparación para sostener el sistema. Me parece que a veces son improvisados, por ejemplo, los técnicos que vienen son unas chiquitas que han egresado ayer en Filosofía y Letras y vienen a dirigir una acreditación, una visita de pares, a dar opiniones y no están preparadas, no están preparadas, para mí es como improvisado (decano. Facultad de Ingeniería. Rector a partir de 2010).

Dificultades internas, como "falta de involucramiento", "falta de periodicidad interna: proceso como una especie de electrocardiograma":

Dificultad: conseguir buena predisposición de toda esa gente siempre ha sido un problema... involucramiento de todos en el proceso... el compromiso de los profesores, [...] pero eso fue un poco en las primeras acreditaciones, en estas últimas ya es notorio el cambio de actitud del claustro en general, donde reaccionan mucho más rápido y con más colaboración de lo que hicieron en la época del 2001, 2002, la primea vez (secretario académico. Facultad de Ingeniería).

No ha habido procesos permanentes, al menos dentro de esta universidad, de concientización de la calidad educativa en términos de estándares, en términos de acreditación, ha habido como una especie de electrocardiograma, hemos tenido momentos de mucho trabajo en calidad y después otra vez entramos en una especie de meseta y después volvemos, pero no hay una cultura creciente... de todos modos tampoco lleva tantos años implementado el sistema como para que se puedan esperar resultados mucho mejores (secretario administrativo. Facultad de Ciencias de la Salud).

Dificultades con el ACCEDE, considerado de "vital importancia" pero con algunas fallas:

El ACCEDE es el que mide directamente al alumno, entonces es de vital importancia. [...] y nosotros veíamos en la formulación del programa, aparte de algunos posibles errorcitos que nosotros los detectamos y tuvimos que hacer consulta. Y después otra cosa que nosotros definimos como un problema es que era como muy porteñocéntrico el enfoque... había preguntas que no nos comprendían a las generales del país (decano y secretaria académica. Facultad de Arquitectura, Urbanismos y Diseño).

A mí el ACCEDE me gustó, porque es una forma de detectar las fortalezas y debilidades de la unidad académica, pero lo de las competencias, no. No, las competencias no me terminan de convencer. Porque como que hay una intención de unificar las currículas y de que la modalidad sea una modalidad integradora, y yo no sé si eso es lo mejor (decano. Facultad de Ciencias de la Salud).

Por ejemplo, en el ACCEDE mismo, la interpretación del ACCEDE para después decir por qué los alumnos habían salido mejor o peor en tal pregunta fue muy difícil, fue muy difícil y solo algunos pares lo entendieron y lo pudieron hacer, a los otros se los tuvo que ayudar, es decir, el equipo de acreditación de acá, del departamento de acreditación, tuvo que ayudarlos a interpretar los resultados (vicedecana. Facultad de Ciencias Médicas).

En el cuadro 8.10 se agrupan las respuestas, según cargo de los entrevistados.

Cuadro 8.10. Principales dificultades y conflictos (internos y externos) que han presentado los procesos de evaluación y acreditación, según cargo de los entrevistados. Caso 3

	Externos: procedimientos CONEAU				Internos: procedimientos institucionales	
	Complejidades de los procedimientos. Burocratización. Dificultades con los plazos. Lentitud de los procedimientos (procesos muy largos, sobre todo en posgrado)	Dificultades técnicas: software, formularios, fichas docentes. ACCEDE. Competencias (medicina)	Actuación de pares evaluadores: falta de entrenamiento y profesionalización. Sesgos ideológicos en la evaluación	Hegemonía/ poder/ influencia de los técnicos. Falta de capacitación de los técnicos	Sentimientos de soledad. Ignorancia de lo que realmente van a pedir y cómo se van a comportar los pares. Falta de información dentro de la unidad académica	Falta de involucramiento y participación de la comunidad universitaria. Actitud con la cual se mira la acreditación: responder para pasar
(1) Secretario académico, Rectorado.	X	X	X	X		
(2) Coordinadora del Departamento de Evaluación y Acreditación Permanente, Rectorado.	X			X		
(3) Integrante del Departamento de Evaluación y Acreditación Permanente, Rectorado.	X			X		
(4) Decano (nuevo rector a partir de 2010), Facultad de Ingeniería.				X	X	
(5) Secretario académico, Facultad de Ingeniería.						X
(6) Secretaria administrativa, Facultad de Ingeniería.			X			
(7) Decano, Facultad de Arquitectura, Urbanismo y Diseño.	X	X				
(8) Secretaria académica, Facultad de Arquitectura, Urbanismo y Diseño.	X	X				
(9) Decano, Facultad de Ciencias de la Salud.		X	X			
(10) Vicedecana, Facultad de Ciencias de la Salud.	X	X				
(11) Secretaria administrativa, Facultad de Ciencias de la Salud.	X	X				X
(12) Secretaria académica, Facultad de Ciencias Jurídicas y Sociales.	X	X				

Fuente: elaboración propia a partir de la información obtenida en las entrevistas

d) Percepción de si están influyendo intereses políticos, partidarios, ideológicos en los procesos de evaluación y acreditación

Los entrevistados perciben que están influyendo intereses ideológicos. En general se considera que lo que existe es "cierto prejuicio contra las universidades privadas":

> *Viene con un prejuicio en contra de las instituciones privadas (decano. Facultad de Ingeniería. Rector a partir de 2010).*

> *Sí, con respecto a universidades privadas en realidad, no sé si partidaria (secretaria administrativa. Facultad de Ingeniería).*

> *Pero los pares suelen venir con una fuerte carga ideológica hacia el sector privado de educación (secretario académico. Facultad de Ingeniería).*

> *Entonces esas cosas nosotros se las hicimos ver a algunos pares de CONEAU, que era injusto, era realmente injusto, porque las universidades públicas tenían cierta preferencia y nosotros teníamos que remar muchísimo en este sentido (secretaria administrativa. Facultad de Ingeniería).*

Uno de los entrevistados considera que las universidades privadas tienen algo de responsabilidad en haber creado ese tipo de percepciones negativas:

> *Creo que el sector privado tiene algo de responsabilidad también en haber creado ese tipo de percepciones: no todas son buenas (secretario académico. Facultad de Ingeniería).*

Alguno percibe que este sesgo se concentra más en el plano de CONEAU y en los cuadros técnicos-administrativos:

> *La estructura de la CONEAU está armada para ser conducida con criterios ideológicos partidistas. [...]. Hay una serie de prejuicios ideológicos en la parte técnica y administrativa (secretario académico. Rectorado).*

Otros consideran que este sesgo proviene más desde los pares evaluadores, debido a que, en su mayoría, pertenecen a universidades estatales:

> *Creo que hay una fuerte carga ideológica en los pares, no sé si en la filosofía del pleno de la CONEAU, sino más bien en pares evaluadores (secretario académico. Facultad de Ingeniería).*

> *Veo mucha influencia estatal en la determinación de los pares evaluadores, no veo mucha universidad privada en los pares evaluadores (secretaria académica. Facultad de Ciencias Jurídicas y Sociales).*

> *Entonces vos decís ¿serán objetivos a la hora de evaluar?, o dirán "esta carrera viene de la universidad de [nombre]". Seguro que a otra que esté más o menos le van a decir que sí y a la mía no, ¿por qué?, porque es la universidad de [nombre] (secretaria académica. Facultad de Ciencias Jurídicas y Sociales).*

Esto sí, obviamente, esto siempre pasó [...]. Los pares toman la atención primaria como sinónimo de atención rural, y atención primaria es el contacto que tiene el paciente con el médico (decano. Facultad de Ciencias de la Salud).

En una de las entrevistas surge el tema de lo importante que sería poder recusar sin causa, como se hace con los jueces:

En eso han sido bastante dictadores los de CONEAU, porque te han mandado la recusación con causa. Vos debieras tener la posibilidad de recusar sin causa. Yo puedo recusar a un juez sin causa, ¿por qué tengo que recusar a un par con causa? Muchos de ellos por ahí uno los conoce y sabe cuál es su trascendencia, pero vos podrías recusarlo sin causa y te evitás el problema, total ¿qué problema hay?, se pone a alguna otra persona. [...] Yo conozco gente que es par evaluadora y que vos decís, bueno, y ¿cómo es?, es un grupo que vos ves que está vinculado, conectado con este, con fulanito, con menganito, y hay muchos otros que son excelentes y vos no los ves como pares evaluadores (secretaria académica. Facultad de Ciencias Jurídicas y Sociales).

Algunos entrevistados ratificaron su percepción con ejemplos concretos:

Sí, sí, tengo decenas de ejemplos, algunos que todos sabemos que están en la CONEAU porque son miembros de un partido o de una agrupación política y nada más, no por su currículum vitae académico, por ejemplo, [nombre] (secretario académico. Rectorado).

Lo creo mucho, es más, he escuchado y visto cosas en nuestros procesos de acreditación que realmente me han puesto los pelos de punta. Por ejemplo, un par evaluador, voy a contarlo así: par evaluador... caminando por esa pasarela que usted ve ahí yo le escuchaba decir "¿me vas a decir que todo esto lo hacen con la cuota de los alumnos?, acá lavan plata, acá lavan dinero", o sea, había un prejuicio ya marcadísimo (secretario académico. Facultad de Ingeniería).

Esto sí, obviamente, esto siempre pasó. La última que tuve yo era bastante sesgada, a ver, no me molesta, pero, bueno, realmente yo por ahí en algún punto le decía a los pares "bueno, esto no se puede, no se puede, digamos, intentar formar médicos por decreto, no podemos formar médicos que manejen todo el tema de atención primaria de la salud a la perfección, no es [...], a ver, ¿qué médico después se dedica a eso?", pero insisten, que las rotaciones rurales (decano. Facultad de Ciencias de la Salud).

Sí, me pasó con esto de la criminología, así que te podría contestar de que hay una posición tomada por lo menos de ese especialista, que no son todos los de derecho penal... vos has visto que es una mezcla; en realidad hay uno o dos, no más. No sé el otro cómo pensará, pero veo que se ha tomado la opinión de él como la determinante porque, si no, no tendría esa observación (Facultad de Ciencias Jurídicas y Sociales).

Firmamos un convenio en ese momento con la tecnológica para el uso de la biblioteca. En el informe de pares de CONEAU de la UTN dice "la bibliote-

ca de la UTN es pobre, pero lo salvan por el convenio que tienen con la de [nombre] y usan la biblioteca de la de [nombre]". En el informe de nosotros dice "la biblioteca de la universidad de [nombre] es pobre, tienen un convenio con la UTN pero no es operativo". Es la misma biblioteca. Lo que salva a los otros nos hunde a nosotros. Entonces esas cosas nosotros se las hicimos ver a algunos pares de CONEAU, que era injusto, era realmente injusto, por qué las universidades públicas tenían cierta preferencia y nosotros teníamos que remar muchísimo en este sentido[59] *(secretaria administrativa. Facultad de Ingeniería).*

Por último, es de destacar el "temor" que genera en algunos entrevistados el hecho de ser tratados diferente por ser de universidad privada. Asimismo, consideran que el proceso les ha servido para mejorar, porque al percibir esta influencia la misma institución se plantea mayores exigencias:

Entonces tenemos un sesgo ahí que yo creo que no es lo mejor, pero bueno, no quiero decir nada porque si no, me castigan (decano. Facultad de Ciencias Médicas).

Las instituciones privadas siempre sienten que los pares las miran de otra forma (integrantes del Departamento de Evaluación y Acreditación Permanente).

De todos modos, a pesar de ello, creemos que la evaluación ha servido para mejorar [...] porque el hecho de que haya gente que está ideológicamente en contra, el hecho de que uno sepa que lo pueden evaluar ideológicamente de un modo negativo, hace que uno se plantee mayores exigencias (secretario académico. Rectorado).

e) Opinión acerca de la conveniencia (o no) de hacer públicos los resultados de no acreditación de las carreras

Las respuestas se dividen en dos grupos. Un grupo considera que sería positivo publicar los resultados de no acreditación de las carreras, a fin de dar más transparencia al sistema y, también, para comparar. Algunos, dentro de este grupo, consideran que igual no se mejoraría mucho el proceso por este motivo.

Debería ser público, lo que no creo es que ejerciera una gran influencia en la sociedad, porque la sociedad me parece que todavía no está acostumbrada a este tipo de procesos. Yo creo que debieran hacerse públicos y, bueno, permitiría [...] hacer un examen comparativo (secretario académico. Rectorado).

Sí, yo creo que todo lo que es información pública siempre es bueno, le guste a quien le guste, le duela a quien le duela, es constructivo, creo que no lo hacen

---

[59] Si bien este no deja de ser un ejemplo interesante, faltaría corroborar lo dicho con lo efectivamente presentado por cada una de las instituciones a CONEAU. Esto permitiría dilucidar si un mismo hecho es evaluado de manera desigual por "sesgo" o "prejuicio" o por "cómo fue presentada la información".

porque creo que le puede doler a muchos. Sí, yo creo que sí, que debiera ser bueno eso de que sea pública la información. Aparte, quedarían en evidencia algunas cosas del mismo proceso de CONEAU (secretario académico. Facultad de Ingeniería).

Sí, absolutamente. Yo no sé cómo hay universidades cuyas carreras han acreditado, esto es lo que yo no entiendo [...]. La auditoría tiene que ser transparente para que funcione (secretaria académica. Facultad de Ciencias Jurídicas y Sociales).

El grupo que considera que es preferible no publicar los resultados de no acreditación se apoya en la importancia de dar nuevas oportunidades a las carreras y de preservar la imagen de una institución como un todo (universidad):

No, yo creo que eso no. En realidad, uno tiene que saber si donde voy a seguir ha sido acreditado y de qué manera, porque hay que darle la oportunidad a que esa institución, si no acreditó, en la próxima pueda acreditar. Si ya le ponemos un sello de no acreditación, no le damos ninguna posibilidad o chance a que en el futuro mejore, logre superarse o tenga otra oportunidad. Es como para decir "esto no sirve más y se acabó." No, no creo que haya que hacerlo público eso (decano. Facultad de Ingeniería. Rector electo a partir de 2010).

Puede ser, pero es feo, medio policíaco (decano. Ciencias de la Salud).

Yo creo que no, yo creo que no mejoraría. Creo que sí lo que debiera hacer CONEAU es un seguimiento más cercano de aquellas que han acreditado con recomendaciones o con muchos compromisos, pero no de hacer público las no acreditaciones. [...] habría que buscar mecanismos para que CONEAU tenga más presencia e inclusive para que sugiera algunos mecanismos que hayan aplicado otras universidades para generar aún mayor comunicación entre las universidades, pero que de por sí la publicación de una no acreditación creo que es mayor el perjuicio que le genera a una universidad que la posibilidad de cambio. Porque los alumnos no estudian una carrera en una facultad dentro de otra facultad, sino en una universidad. Entonces por no acreditar una carrera se estaría desprestigiando a toda una universidad. Entonces creo que en el balance perjuicio/beneficio serían muchos más los perjuicios que se causan que los beneficios que se obtienen. Por eso no creo que sea bueno dar esa difusión (secretario administrativo. Facultad de Ciencias Médicas).

No debiera ser público el no acreditado. Además pienso que la CONEAU debería tener más participación para que todos logren sus estándares mínimos también [...] ayudar un poco en los procesos para que aquellas universidades o aquellas facultades o aquellas carreras en definitiva que van un poco más atrás logren estos estándares mínimos —sin bajar obviamente los estándares mínimos ya fijados o preestablecidos—, sino para que los logre, debería en eso a lo mejor ser un poco más flexible, a lo mejor ponerse a su disposición, ellos que tienen, que saben dónde están los problemas, ellos detectan, por algo son evaluadores (vicedecana. Facultad de Ciencias Médicas).

f) Opinión sobre la conveniencia de hacer públicos los listados de pares evaluadores y la frecuencia con la que son designados. Opinión sobre el proceso de selección de los pares evaluadores y sobre su desempeño (prejuicios o preconceptos, sesgos, conductas o trato, humildad, modestia o soberbia, etcétera)

Todos los entrevistados consideran que los listados de pares evaluadores y la frecuencia con la que son designados debieran ser públicos:

Yo creo que sí, que debe ser público, deben ser públicos los pares evaluadores, también la frecuencia con que son designados (decano. Facultad de Ingeniería. Rector a partir de 2010).

Además, en algunos casos no es bien recibido que participen pares de la Universidad de Buenos Aires (UBA), debido a que esta no siempre se somete a los procesos de acreditación. Vuelve a salir el tema de la percepción de un cierto prejuicio de los pares hacia las universidades privadas:

Bueno, yo creo que efectivamente debería ser público el listado de pares y la frecuencia. Se dan algunas contradicciones, por ejemplo, que la gran mayoría de los pares provienen de la UBA... universidad que no se somete a CONEAU. [...] Y creo que efectivamente hay sesgo ideológico porque a veces en algunos casos no se justifica que haya pares académicos cuyos antecedentes son paupérrimos y están allí, todos sabemos, porque militan en uno de los partidos mayoritarios (secretario académico. Rectorado).

Prejuicio de los pares hacia las privadas... lo noto en general, me quedo con esa idea después de haber recibido varias visitas de pares. [...] Yo no puedo decirte todos, pero me da la sensación de que en general la mayoría trae un prejuicio contra las universidades privadas. Yo lo siento así. Tenemos experiencias [...] Sí, yo creo que vienen con prejuicios. [...] y el prejuicio en general se nota, por ejemplo, yo siempre decía la mayor cantidad de pares —en un principio— era gente de la UBA que no se somete a la acreditación (decano. Facultad de Ingeniería. Rector a partir de 2010).

Por ahí son medio engañosos porque, por ejemplo, por ahí viene un par evaluador como parte de la educación privada y es una persona que tiene dedicación exclusiva en la UBA y una cátedra de dos horas, no sé, en el ITBA, entonces no, ya viene por el sector privado, pero en realidad su dedicación, su mayor dedicación, es la otra (secretario académico. Facultad de Ingeniería).

Pero el listado está lleno de gente de la UBA de cuya capacidad nadie va a dudar... seguro, nadie va a dudar de eso. El problema es que si no se someten ¿por qué tenemos que someternos nosotros? No parece justo... y curiosamente para nosotros los que vinieron, los pares que vinieron acá eran de distintas universidades, uno de Rosario y otro de Córdoba... de Rosario, pero el otro era de la universidad de Belgrano, pero también era de la UBA, vino por la universidad de Belgrano, en realidad era más de la UBA (decano. Facultad de Arquitectura, Urbanismo y Diseño).

En las entrevistas, surgen ejemplos de hechos percibidos por los entrevistados como de actuación con sesgo por parte de los pares evaluadores, de sesgo estatal:

Una por un convenio y otra, suponemos nosotras, un poco de celo profesional, porque era de cardiología, el director es el Dr. [nombre] que aquí es muy, en Buenos Aires también es muy famoso... pero los evaluadores eran de la [nombre de otra universidad], entonces, como que son distintas corrientes [...] y objetaron, por ejemplo, la formación, que no tenía formación docente casi, pero es una eminencia el hombre, hace trasplantes a corazón abierto... una eminencia cardiológico. Es toda una eminencia el tipo, da conferencias en todo el mundo y qué sé yo... vos leés el currículum y siempre en Asia, no sé, por todos lados... claro, pero lo que objetaron del director es que no tiene una cátedra dentro de la Facultad de Medicina, eso básicamente... pero tenía el codirector que sí la tenía... son cosas que lamentablemente se te cae el posgrado, se te cae el posgrado... sí ha frenado, sobre todo en el tema de posgrado... en posgrado frena mucho, frena mucho (integrante del Departamento de Evaluación y Acreditación. Rectorado).

Hay sesgos en los pares que vinieron. Lo de la biblioteca, por ejemplo, en la UTN el convenio subsana la debilidad y para nosotros no estaba activo, el mismo convenio. En la primera vino gente de [nombre de universidad] que es privada, pero en las últimas no vino nadie del sector privado, todo del sector público. [...] en las últimas acreditaciones, pares del sector privado no hubo. La última fue la de electrónica en segunda fase e industrial en primera y... no, en ninguno de los dos casos hubo, eran todos del sector público (secretario académico. Facultad de Ingeniería).

Sí, debería ser públicos el listado y la frecuencia. Yo creo que las dificultades tienen que ver con que las personas que vienen, a ver, ahí hay otra cosa, tienen un sesgo estatal, por lo tanto tienen una visión, me parece, discretamente distorsionada de lo que es la docencia en la gestión privada (decano. Facultad de Ciencias Médicas).

Sí, totalmente, debieran ser públicos, listado y frecuencia. Veo mucha influencia estatal en la determinación de los pares evaluadores, no veo mucha universidad privada en los pares evaluadores, eso te lo puedo decir concretamente. [...] Entonces vos decís ¿serán objetivos a la hora de evaluar?, o dirán "esta viene de la universidad de [nombre], seguro que a otra que esté más o menos le van a decir que sí y a la mía no", ¿por qué?, porque es la universidad de [nombre] (secretaria académica. Facultad de Ciencias Jurídicas y Sociales).

Lo bueno de esto es que ahora han llamado a pares de cualquier universidad y vos podés postularte y ellos pueden llamarte (secretaria administrativa. Facultad de Ingeniería).

En algunas entrevistas surge el tema de la falta de capacitación y formación de los evaluadores y de cierta influencia de los técnicos en la redacción de los dictámenes:

> Yo tengo una opinión muy particular y muy personal con respecto al tema de la evaluación por pares, yo creo que un evaluador tiene que ser una persona entrenada para evaluar este tipo de procesos, por ahí un profesor, por más méritos académicos que tenga, o de investigación, no sé si está verdaderamente preparado para hacer una evaluación de un proceso tan complejo y tan multidisciplinario como es el funcionamiento de una carrera, quizás con experiencia un poco en gestión, tal vez sí, pero no lo va a encontrar con ambas cosas, es difícil, entonces son pares [...] si usted quiere hacer una evaluación o una certificación de calidad en ISO, lo que sea, o a través del IRAM y la gente que hace eso está formada para hacer eso, no son tan pares. Veo que los pares deberían ser entrenados, formados para eso, quizás, no sé si profesores con una amplísima experiencia académica, a los cuales respeto en la mayoría de los casos, sean los indicados... habría que poner una escuela de pares evaluadores (secretario académico. Facultad de Ingeniería).

> A veces, el papel de técnico, yo creo que es fuerte. Influye. Lo he vivido como par evaluador. [...]. Hay una influencia. Hay cosas que los pares no se pueden dar cuenta, porque tienen muy poco tiempo para leer... uno o dos días están evaluando, entonces eso hace que solamente un técnico lo pueda hacer... que son los que al fin y al cabo redactan el informe. Entonces ellos redactan y los otros firman, aunque no estén muy de acuerdo con algunas cosas (secretario académico. Rectorado).

El decano de Medicina considera que, para la carrera de grado, quizá se esté teorizando mucho la formación del médico, en el sentido de que los estándares no responden a la realidad del país:

> Yo creo —que me disculpen los pares—, pero yo creo que están teorizando mucho la formación del médico... están teorizando mucho la formación del médico, yo creo que no están viviendo la realidad que tenemos en el país (decano. Facultad de Ciencias de la Salud).

También se menciona la importancia de hacer público el currículum vitae de los pares evaluadores, vía página web de CONEAU.

Con respecto al acceso al currículum vitae de los evaluadores, se argumenta que, de la misma manera que la existencia de un registro público de los antecedentes de los profesores es un estándar de acreditación, eso mismo debería regir para los pares evaluadores de CONEAU:

> Uno de los estándares de las universidades es tener un registro público de los antecedentes de los profesores, es decir, los currículums, nosotros los tenemos en nuestra web, están los currículums. Entonces yo pregunté si había algo similar con respecto a los currículums de los pares, no tuve buena respuesta. [...] No, no la hay y la respuesta de por qué no la había tampoco fue muy diplomática. En pocas palabras, me dijeron "ustedes confíen en nosotros

que los currículums los evaluamos nosotros y no hace falta publicarlos". Mi pregunta iba a elementos para poder recusar con causa (esto fue en una reunión, es más, le digo la fecha, 20 de mayo), me dijeron, "las recusaciones son por alguna cuestión más personal, por algún problema de conocimiento personal, de que este par ya lo conocemos porque trabajó antes acá y no quiere a fulano, no quiere a mengano, pero en lo curricular no hay nada que objetar porque eso lo evaluamos nosotros", esa fue la respuesta (secretario académico. Facultad de Ingeniería).

Deberían ser públicos los currículums, porque ahora aparece, viene este señor y no sabemos quién es, no sabemos quiénes son (decano. Facultad de Ingeniería. Rector a partir de 2010).

Esta institución ha optado por no recusar a los pares porque piensa que no vale la pena:

No recusamos porque se piensa "no vale la pena que vos digas no, no quiero ese par, porque después va a estar igual, entonces al final el par te mira mal" (integrante del Departamento de Evaluación y Acreditación Permanente).

Varios perciben demasiado rigor en la evaluación de posgrados en cosas que no son de fondo: "La imagen que yo me llevé es la de un boxeador que tiene buena derecha, buena izquierda, buena defensa, buen juego de piernas pero lo descalifican porque tiene mal aliento":

El par, yo las veces que he ido me daban dos días para leer un mamotreto así... entonces uno lee salteado y ese tipo de cosas. La imagen que yo me llevé es la de un boxeador que tiene buena derecha, buena izquierda, buena defensa, buen juego de piernas, pero lo descalifican porque tiene mal aliento, una cosa así, exactamente. Está todo bien, los profesores son bárbaros, el plan de estudios es sensacional, pero no se han incluido estudiantes en el proyecto de investigación adjunto a la carrera, luego no acredita... cosa que de ese tipo está lleno, y eso textual (secretario académico. Rectorado).

Pero, por ejemplo, en los posgrados de medicina por ahí te enfocan en alguna cosa que, suponete, faltó un convenio, entonces vos tenés la posibilidad del acuerdo y todo, pero porque faltó el convenio no lo podés abrir. Es un factor que no influye tanto, no es el plan de estudios. Ponen más interés a eso que realmente una carrera de posgrado absolutamente necesaria en la provincia, porque hay demanda de esa formación. Entonces, ese tipo de cosas que lo vemos todos, no solamente nosotras como técnicas sino todo el medio de la facultad, por la voluntad de tres personas no se puede abrir una carrera, o sea, es como fuerte eso. La CONEAU te aplica un rigor que no son en cosas de fondo (integrante del Departamento de Evaluación y Acreditación Permanente).

g) Opinión acerca de si revisarían alguna función o la organización misma de CONEAU

De las entrevistas, vuelve a surgir la necesidad de revisar los procedimientos de CONEAU, a través de un manual de procedimientos que deje más claro qué y cómo se va a evaluar, incluso las ponderaciones:

> Yo creo que en general revisaría, como le comenté recién, los procedimientos, es decir que quedaran claros, que hubiera un manual de procedimientos, que supiéramos quién nos va a evaluar y cómo nos van a evaluar, eso no está dicho en ningún lado, es a criterio del par evaluador. En los estándares no hay ponderación. En la práctica es un par evaluador que le cae bien, le da más importancia a esto, no le da más importancia, el otro viene, el otro a veces en la misma carrera o en la misma unidad académica vienen distintos pares evaluadores, a veces el criterio es encontrado. Porque yo le cuento una experiencia: nosotros tenemos un convenio con la Universidad Tecnológica... lo de la biblioteca... y eran los mismos pares... los mismos pares, van allá y como ellos tienen deficiencia de grado en biblioteca, nosotros tenemos buena biblioteca, ponen "hay una grave deficiencia en biblioteca pero gracias al convenio... se subsana... es superado". A nosotros "hay un convenio con la Tecnológica pero no parece ejecutivo". La misma, los mismos pares, o sea viene con un prejuicio en contra de las instituciones privadas (decano. Facultad de Ingeniería. Rector a partir de 2010).

También se sugiere la creación de una delegación regional de CONEAU:

> Me gustaría que tuvieran una oficina acá cerca para no tener que estar todo el tiempo por allá. Me gustaría por ahí eso, una delegación regional donde se puedan solucionar por lo menos los problemas más inmediatos que tengo. De hecho tengo que ir a Buenos Aires cada dos por tres tras estos temas (secretario académico. Facultad de Ingeniería).

8.4.4. El impacto de estos procesos en la organización y la cultura de la institución

a) Creación de unidad específica a cargo del seguimiento de procesos de evaluación y acreditación de la calidad

En 2008 se crea una unidad a nivel central: el Departamento de Evaluación y Acreditación Permanente. Proviene de la Facultad de Ingeniería. Está a cargo de tres personas con perfil académico y técnico.

1. Persona a cargo: profesora en Matemática, magíster en Gestión, doctora en Enseñanza de la Ciencia y la Tecnología.

2. Integrante: licenciada en Informática, especialista en Docencia de la Educación Superior, magíster en Evaluación Educacional (Chile). Realizando el doctorado en Planificación de la Gestión Superior.

3. Otra persona encargada del ACCEDE (realizando su tesis doctoral en este tema).

Este departamento cumple la función de coordinar todas las acreditaciones de carreras de grado y posgrado y la presentación de nuevos proyectos. Se trabaja en total relación con las facultades. Esta área completa tanto los instructivos de grado como los de posgrado, pero con la colaboración de la carrera que deba acreditar. Se mantienen reuniones periódicas con las autoridades y el personal de las unidades académicas. Las fichas docentes las cargan los docentes con la ayuda de este departamento:

> Tenemos a cargo la acreditación de todas las carreras de posgrado, grado, la presentación de nuevos proyectos. Todo centralizado. Trabajamos en total relación con la facultad. Hay comisiones en cada facultad que se articulan con nosotros. Nosotras manejamos todo el software y después coordinamos, hacemos todos los planes de mejora, tomamos el Accede, evaluamos, supervisamos [...] Hay un sistema centralizado que es el SIUN, que es de alumnos, con que se ingresa toda la información (integrantes del Departamento de Evaluación y Acreditación Permanente).

> Lo que sí hay que destacar es que acá centralizamos y coordinamos pero siempre con la colaboración de las facultades y de los expertos. Porque como verás nuestra formación profesional excede la disciplina. Nosotras le damos como orientación al informe, acá podrías poner esto, acá esto... ellos escriben, nos mandan, nosotros decimos "mirá, hacé hincapié en esto...", ellos escriben en Word y nosotras lo cargamos... en la guía (integrantes del Departamento de Evaluación y Acreditación Permanente).

De las entrevistas surge que este departamento se crea para que las facultades no se paralicen durante un proceso de acreditación:

> La idea de generar esta unidad en rectorado fue porque si no se paraba todo en las facultades. Durante los procesos de acreditación, no se hacía otra cosa más, entonces, de alguna manera esto agiliza para que los decanos, que los Consejos de Dirección estén en su tarea por supuesto abocados a la acreditación, pero no en lo técnico de completar (secretario administrativo. Facultad de Ciencias de la Salud).

Se reconocen las dificultades que existen para completar los formularios y las fichas:

> Eso creo que es un valor agregado de este departamento, es la formación que nosotros tenemos de base, más allá de todas las experiencias posteriores en posgrado. Porque entender un formulario electrónico no es fácil para cualquier profesión, yo lo veo cuando llenan las fichas docentes, me dicen: ¿cómo hago?, ¿qué tengo que apretar?, y te vienen y te traen en Word y dicen "por favor, llenámelo vos", porque ellos no pueden. Hay una generación absolutamente negada con la tecnología (integrantes del Departamento de Evaluación y Acreditación Permanente).

> Lo que sí, extravagantemente complejo el llenado de las planillas y fichas CONEAU (decano. Facultad de Arquitectura, Urbanismo y Diseño).

> *Formularios que hay que llenar, que es una especialización de la especialización de la especialización, que tenés que hacer cursos para poder llenar esos formularios, esas fichas docentes endiabladas (secretaria académica. Facultad de Ciencias Jurídicas y Sociales).*
>
> *La ficha docente... la ficha docente la hemos sufrido siempre, todo el tiempo la sufrimos, pero muchos ya es como que la tienen armada, entonces ya saben que tienen que completarla (decano. Facultad de Ingeniería. Rector a partir del 2010).*

La percepción de los entrevistados acerca de la creación y el funcionamiento de este departamento es altamente positiva:

> *Sí..., a mí me da la impresión de que creo más en las personas que en las instituciones, y como las personas que están ahí son personas capaces y dedicadas y que se preocupan, anda bien... la mejor estructura con tres personas ineficientes no sirve para nada, en cambio yo creo que esta es gente eficiente, capaz, preocupada, interesada, trabajadora, responsable, por lo tanto anda bien y ha dado buenos resultados (secretario académico. Rectorado).*
>
> *Muy buena, es muy buena porque es gente muy capacitada... que está haciendo en el área de salud sus primeras armas porque estaban entrenadas más bien en ingeniería... en ingeniería y en arquitectura, pero están en una relación creciente y con muy buenas perspectivas, porque es gente bien entrenada, muy técnicos, muy profesionales y que actúan en un nivel de comunicación permanente... y ellas por ejemplo, ellas completan los instructivos y trabajan las fichas docentes con los docentes (secretario administrativo. Facultad de Ciencias de la Salud).*
>
> *Es positivo que haya un área central. Totalmente, da resultado positivo, totalmente. [...] Que haya un área central pero que tenga, estoy pensando en la figura de un pulpo, un área central pero que tenga sus tentáculos directamente conectados a las facultades, porque, si no, se puede producir una diferencia o un problema de comunicación disciplinar, entonces las personas que están afectadas al departamento de evaluación y acreditación permanente, expertos en evaluación, cuando se topan con problemas disciplinares de odontología o de medicina la comunicación no es fluida... entonces hay que tener una persona... que es del departamento, pero trabaja en la facultad en contacto directo con los docentes, permanente con los docentes, entonces se va homogeneizando la terminología, se van familiarizando las relaciones entre los docentes y esa persona. Esta persona ahora está en cada facultad que ha tenido procesos de acreditación en marcha (secretario administrativo. Facultad de Ciencias de la Salud).*

De la información obtenida en las entrevistas, pareciera que surge un divorcio o, al menos, distanciamiento entre el lenguaje propio de estos procesos y el lenguaje académico del profesor. Por ejemplo, se habla de "familiarización con la terminología", de "ayudar a traducir a los términos normales del docente las dimensiones o terminología de CONEAU", de "leguaje caótico":

Que el docente se familiarice con las dimensiones de análisis de CONEAU, que se familiarice con la terminología de las fortalezas y debilidades, que se familiarice con la terminología de lo que es un standard, de lo que es una competencia, de cómo diseñar esto exige mucho de la institución. Si le debemos pedir al docente que se traslade fuera de su ámbito natural que es la facultad en donde dicta su asignatura para ponerse en contacto con personal técnico, es como que se genera una ruptura... y el docente se cierra y trata de defender lo suyo como si lo que le estuvieran sugiriendo es una crítica. Entonces aquí es donde aparece la figura del tentáculo, el departamento que pone a una persona físicamente en la facultad. [...] y que sirve de nexo, de mediador comunicacional entre el docente en su ámbito natural, en la secretaría de su facultad, acompañado por toda su cátedra y este nexo del Departamento de Evaluación, que es el que recoge la información, ayuda a traducir a los términos normales del docente las dimensiones o la terminología CONEAU, por llamarla de alguna forma, y lo eleva al departamento pero en una comunicación on line (secretario administrativo. Facultad de Ciencias de la Salud).

Entonces es una ayuda permanente para el docente. Seamos sinceros, cuando uno va a rendir un examen, ¿en qué piensa?, en lo que no sabe, no en todo lo que aprendió para rendir ese examen o en todo lo que se preparó para rendir ese examen, lo mismo pasa en la acreditación y lo mismo produce, digamos, ese temor en los docentes, aunque sepan que están haciendo las cosas bien, pero esa mirada externa hace que se sientan observados y, bueno, de esta forma creo que el docente se siente más apoyado, entiende mejor. Con las palabras que quiere la CONEAU que uno lo explique, o como quiere, la forma esa de la que yo hablaba, [...]. No es que no esté prolijo de la otra forma, sino dentro de la forma que CONEAU lo está pidiendo (vicedecana. Facultad de Ciencias de la Salud).

Ahora, lo primero que se pide cuando uno comienza a leer los pasos que debe seguir para la autoevaluación, lo primero que se pide es que por favor haya un experto en sistematización de datos, entonces nos ha venido muy bien contar con este departamento de acreditación en la universidad (vicedecana. Facultad de Ciencias de la Salud).

En la facultad individualmente no... pero en la universidad se ha creado un Sistema de Evaluación y Acreditación Permanente, están en todo. Con todo este lenguaje caótico, como digo yo, este lenguaje, esta metodología de estos formularios que hay que llenar, que es una especialización de la especialización de la especialización, que tenés que hacer cursos para poder llenar esos formularios, esas fichas docentes endiabladas, porque son endiabladas, porque a ver, una cosa es todo lo bueno (secretaria académica. Facultad de Ciencias Jurídicas y Sociales).

El rector electo considera que hay que potenciar este departamento por la relevancia que tienen hoy en día los temas referidos a la acreditación: "Si uno no acredita, tiene que cerrar la carrera":

> *Hay que potenciarlo, porque hoy en día el tema de la acreditación es determinante, si uno no acredita tiene que cerrar la carrera... entonces no es una situación menor esta (decano. Facultad de Ingeniería. Rector a partir de 2010).*

b) Percepción acerca de si a partir de estos procesos, en la propia universidad/facultad/unidad se está generando una "cultura de la evaluación y de la calidad", o si más bien "prevalece el cuidado de los aspectos técnicos necesarios para acreditar"

El entrevistado de Rectorado percibe que prevalece lo segundo: el cuidado de los aspectos técnicos necesarios para acreditar:

> *Yo creo que lo segundo, todavía no se ha creado por lo menos en los docentes en general esa cultura, hay algunos pero no es mayoritario (secretario académico. Rectorado).*

Las integrantes del Departamento de Evaluación y Acreditación Permanente consideran que está mejorando la cultura de la evaluación y de la calidad:

> *Acá se está generando. Ya que tenés que hacerlo, te lo han exigido de afuera, es como que la actitud, al menos yo hablo por lo que conozco, es la actitud de responder pero que te sirva, que sirva realmente para cambiar porque, si no, para qué (integrantes del Departamento de Evaluación y Acreditación Permanente).*

Los entrevistados de las distintas unidades académicas consideran que se está generando una cultura de la evaluación y de la calidad, aunque admiten que aún no es general, que se está a mitad de camino, que hay un mix:

> *Yo creo que está impactando el mejoramiento de la calidad, me da la sensación... de cultura... está generando una cultura en un porcentaje importante, no quiere decir que sea general, pero me parece que una importante cantidad de docentes está trabajando en esta cultura de la acreditación, o sea, lo está llevando como propio, me refiero a "generar los prácticos con las guías como corresponde y como después las va a evaluar CONEAU, teniendo en cuenta cómo lo van a evaluar", o sea que sí... eso ya es parte de responsabilidad para la acreditación (decano. Facultad de Ingeniería. Rector a partir de 2010).*

> *Existiera o no existiera CONEAU, necesitamos el tema de hacer estas evaluaciones... hacer una cultura de la evaluación. Creo que realmente se está mejorando, no te voy a decir, si me pidieras, en qué grado de uno a diez, yo te diría que en concientización de CONEAU podemos estar a mitad de camino. [...] Entonces eso ha sido un aspecto interesante. Yo creo que estará a mitad de camino (secretaria administrativa. Facultad de Ingeniería).*

A mí me parece que va cambiando, sí, sí, hay un cambio de mentalidad. Todos sabemos que de todo lo que hacemos tenemos que ir juntando nuestras probanzas, hay un aspecto técnico, obviamente, hay que probarlo... no es incompatible. Claro, hay que probarlo, sabemos que dentro de tres años vamos a ser observados nuevamente para verificar si hemos cumplido los compromisos de mejora, entonces toda nuestra acción está fundamentalmente dirigida en parte a esa probanza, pero también sabemos que esa probanza hace a la mejora... o sea que las dos cosas están íntimamente ligadas. [...] fue algo terrible... o sea, nuestro primer tiempo de gestión fue CONEAU, fue CONEAU, absolutamente, no pudimos mirar nada que no fuera esto. Eso fue muy duro. [...] tuvimos que hacer muchas cosas en el camino porque sabíamos que si no las hacíamos no íbamos a acreditar... teníamos clara conciencia de eso. Pero nos ayudó porque eso nos permitió planificar, entonces ahora estamos mucho más tranquilos, sabemos que para dentro de tres años, y ya se nos pasó uno entre paréntesis, tenemos que hacer esto, esto y esto. En el fondo es simplemente que cumplamos con ese plan trianual (decano. Facultad de Arquitectura, Urbanismo y Diseño).

Hay un mix... claro, hay un mix, por ahí hacemos cosas necesarias para acreditar, como por ejemplo, qué sé yo, tuvimos que adaptar toda la práctica general obligatoria de acuerdo al standard 68, que eso fue hace muchos años para que nos aceptaran, y ahora por ejemplo vienen modificaciones, nuevas modificaciones en la práctica general obligatoria... nuevas modificaciones en la estructura curricular de acuerdo a esto que yo mencionaba anteriormente, o sea que se nos complica cada vez más. O sea, yo creo que por ahí estamos más preocupados, esta es la percepción que yo tengo, por ahí estamos más preocupados en adaptarnos para acreditar que en adaptarnos para mejorar en el servicio que brindamos a los alumnos, me parece, no sé, a lo mejor me equivoco, pero me parece que por ahí estamos ahí (decano. Facultad de Ciencias de la Salud).

Yo creo que la cultura se va generando pero con una velocidad que no sería la deseable, una velocidad que no sería la deseable porque cuesta mucho introducir el cambio de actitud y de aptitud, sobre todo lo que ha vivido ahora la doctora, que es este cambio de la enseñanza conceptual a la enseñanza por competencias. Esto ha generado que a los docentes les cueste, no es que lo rechacen pero, bueno, en docentes de muchos años de docencia, treinta y más, hablarles ahora de que van a tener que reformular toda su visión de la cátedra y dejar de enseñar contenidos para enseñar competencias, y esto genera ciertos problemas (secretario administrativo. Facultad de Ciencias de la Salud).

En realidad, la competencia, [...] eso creo que es una forma que tratamos... no sé si los argentinos, perdónenme este término, de ser tan individualistas, entonces en mi cátedra yo logro la competencia, pero cuando tenga que integrarla con la otra... Le pasa al alumno lo mismo, le enseñamos así, por compartimentos, entonces la competencia se logra, pero en la integración creo que estamos fallando. [...] debe adquirir las competencias que anatomía ha fijado y que fija según el standard de CONEAU, la competencia básica, el saber básico, lo tiene que lograr, una vez que lo logró debe integrarla con fisiología, por ejemplo, en esa integración es en la que estamos fallando, pero estamos fallando, digamos, en el tema de juntar los saberes y que se vea en el alumno. Cuando lo logremos, obviamente habremos superado los estándares de CONEAU y la calidad enseguida se va a marcar y ya estaremos para cualquier ISO (vicedecana. Facultad de Ciencias Médicas).

Yo te diría que para la Facultad de Ciencias Jurídicas ha sido una oportunidad y una toma de conciencia de quienes se encuentran un poco a cargo de todo esto como el proceso, de los tiempos que necesita, de la maduración. A mí me sirvió mucho, te digo sinceramente, o sea que yo tengo en ese sentido una visión positiva del sistema de acreditación, de la acreditación en el posgrado en particular, me di cuenta, tuve que hablar con otras personas, tuve que abrir un poco la cabeza, decir esta planificación no, y trato de tener siempre una mentalidad muy positiva y no negativa, y trato siempre de pensar que todo sirve, o sea que no es una cuestión técnica únicamente, si a eso apunta tu pregunta, no, no es una conciencia técnica para tratar de..., no, no, hay una autoevaluación que te obliga a hacer y que no te quedás (secretaria académica. Facultad de Ciencias Jurídicas y Sociales).

En el cuadro 8.11 se presenta la percepción de la relación entre los "procesos de acreditación" y "la cultura de evaluación y de la calidad de la unidad académica".

Cuadro 8.11. Percepción de la relación entre los "procesos de acreditación" y "la cultura de evaluación y de la calidad de la unidad académica". Caso 3

Unidad académica \ Relación	Percepción de la relación entre los "procesos de acreditación" y "la cultura de evaluación y de la calidad de la unidad académica"		
	Puntapié inicial	Apoyo/Refuerzo	Aún incipiente
Rectorado	X		X
Facultad de Ingeniería	X		
Facultad de Ciencias de la Salud	X		X
Facultad de Arquitectura, Urbanismo y Diseño	X		
Facultad de Ciencias Jurídicas y Sociales	X		

Fuente: elaboración propia a partir de la información obtenida en las entrevistas

c) Opinión sobre la siguiente afirmación de actor universitario publicada recientemente: "Se ha generado una burocracia evaluadora que ha terminado por ser más reconocida, incluso, que la misma actividad que juzga. [...]. Estos mecanismos requieren completar innumerables planillas, controles y registros, lo que no ha hecho sino complicar aún más, el ya difícil funcionamiento universitario"

La gran mayoría de los entrevistados expresó acuerdo con este comentario. Es de destacar la opinión de las integrantes del Departamento de Evaluación y Acreditación Permanente acerca de que la primera acreditación de una carrera tiene necesariamente que pasar por un proceso así, porque es la forma de ordenarse. También hace una referencia a que ahora ya casi no se mandan papeles, porque CONEAU pide todo digitalizado:

Yo creo que la primera acreditación de una carrera tiene que forzosamente pasar por eso, porque es la forma de ordenarse y se ha notado en la carrera de Medicina, que ya va por la segunda acreditación, o sea, lo que te exigieron en la primera acreditación nada que ver con lo que exigen ahora... ahora se ha apuntado absolutamente al trabajo del currículum por competencias, o sea, vas viendo otras cosas, pero primero necesitás una cuestión base, es como cuando armás una casa, que necesitás que esté primero lo mínimo y después hacés el decorado. [...] El formato está bueno, es cierto que hoy lamentablemente se ha burocratizado, pero bueno, si nos quedamos en eso solo no va a servir, pero yo he visto un cambio, por lo menos en medicina se ha visto, y ahora en informática también ha venido el currículum por competencias... eso es otra cosa, otra cosa... no, la cantidad de papeles que mandás es menor ahora... está más digitalizado, antes eran cajas y cajas... bueno, ahora va una... es más, la otra vez mandamos y dijimos "no nos están pidiendo papeles...", claro, van reduciendo la cantidad de papeles... pero bueno, sí, es verdad, el proceso es así [...] yo creo que hace falta y me imagino que en la estatal por eso la opinión (integrante del Departamento de Evaluación y Acreditación Permanente).

A continuación, en la figura 8.6 se presenta una síntesis de la opinión de los entrevistados.

Figura 8.6. Opinión, según cargo de los entrevistados, acerca de si la CONEAU se ha convertido en una burocracia evaluadora (planillas, controles y registros) más reconocida que la misma actividad que juzga. Caso 3

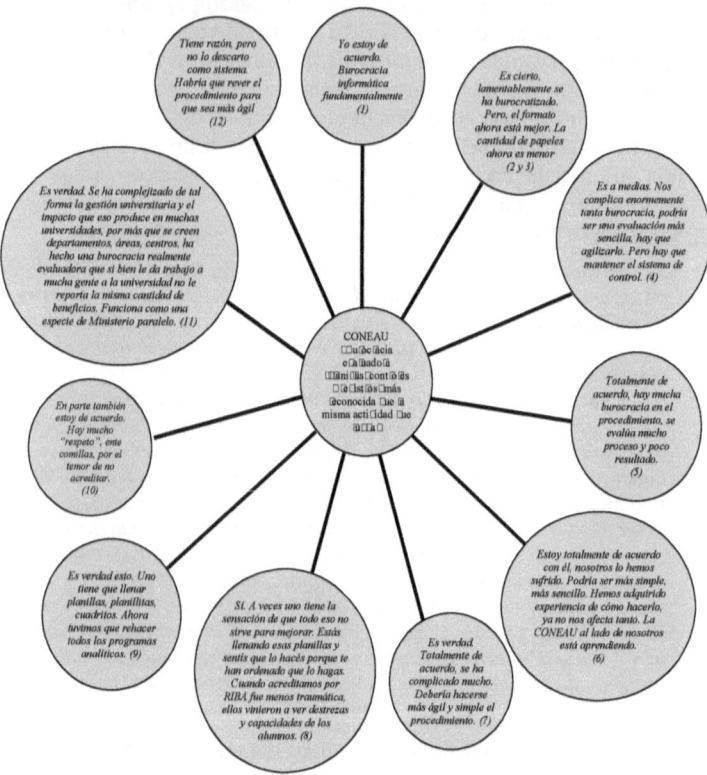

Referencias:
Véase la figura 8.1
Fuente: elaboración propia a partir de la información obtenida en las entrevistas

d) Percepción acerca de qué ha crecido más: la "cultura de la calidad y de la evaluación" o "rutinas escritas, guiones y manuales de reglas que proveen tipos de cuándo hacer qué y con qué personas a cargo"

Algunos (secretario académico, Rectorado; Facultad de Ciencias de la Salud) consideran que ha crecido más lo segundo: rutinas, guiones, manuales de reglas:

Rutinas, rutinas, efectivamente (secretario académico. Rectorado).

No, yo lo segundo creo, que me perdone la CONEAU, con todo respeto se lo digo. Yo entiendo la calidad, a ver, yo motivaría la calidad de otra manera, no con ese tipo de controles (decano. Facultad de Ciencias de la Salud).

Lo segundo, lo segundo porque no ha habido procesos permanentes, al menos dentro de esta universidad, de concientización de la calidad educativa en términos de estándares, en términos de acreditación; ha habido como una especie de electrocardiograma, hemos tenido momentos de mucho trabajo en calidad y después otra vez entramos en una especie de meseta y después volvemos, pero no hay una cultura creciente. De todos modos, tampoco lleva tantos años implementado el sistema como para que se puedan esperar resultados mucho mejores (secretario administrativo. Facultad de Ciencias de la Salud).

El tecnicismo que se ha utilizado es inadecuado, es decir, a lo mejor para otras universidades sí, para nosotros no, y no solamente en esta institución, acá en esta universidad se han mejorado planillas que había presentado CONEAU y la CONEAU las tomó como propias después, así que le digo con conocimiento de causa así (vicedecana. Facultad de Ciencias de la Salud).

El fin es bueno, los procesos están complicados, pero seguramente podrían haber sido mejores porque son demasiado tediosos, cuando a un docente le pedimos que llene la ficha F, la ficha B... la ficha, el docente termina, y después que llene las tablas con cruces de competencias y contenido, el docente termina abrumado y tratando de despegarse de esto que le resta tiempo obviamente a su labor de cátedra, o sea que los procesos, si bien en el proceso que se está terminando ahora en la carrera de Medicina ha sido mucho más rápido y menos burocrático que el anterior, el proceso actual fue la remisión de toda la información en soporte digital y dos o tres tomos (secretario administrativo. Facultad de Ciencias de la Salud).

Los entrevistados de la Facultad de Ingeniería, de la Facultad de Ciencias Jurídicas y Sociales y las integrantes del Departamento de Evaluación y Acreditación Permanente consideran que ha crecido más la cultura de la evaluación y de la calidad:

Ha mejorado, sí... yo creo que se ha generado una cultura, acá se está generando, sí, sí. [...] Vos sabés que a mí me parece que la privada está aprovechando más estos procesos... Sí, porque por ahí son más chicas, por ahí les es más fácil (integrante del Departamento de Evaluación y Acreditación Permanente).

No, yo creo que ha sido positivo, en general [...] El neto es positivo, ayuda a mejorar, nos ha ayudado y ayuda a encontrarse uno mismo, a verse, nos obliga porque siempre uno dice "uy, vamos a hacer una autoevaluación", y nunca están los tiempos salvo que haya una, alguien que venga a evaluar, sí se han hecho las cosas, en eso es positivo (decano. Facultad de Ingeniería. Rector a partir de 2010).

No, no, yo creo que está prevaleciendo la cultura de la excelencia, soy positiva totalmente y optimista, pero sinceramente te lo digo. Creo que a la larga ha generado algo bueno. La formalidad, la metodología es criticable (secretaria académica. Facultad de Ciencias Jurídicas y Sociales).

Los entrevistados de la Facultad de Arquitectura, Urbanismo y Diseño, y uno de los entrevistados de la Facultad de Ingeniería, consideran que han crecido las dos: la cultura de la evaluación y de la calidad y las rutinas, guiones, manuales de reglas:

> *Las dos cosas. Reconozco que ha servido, sí, yo le reconozco eso, pero a la vez reconozco que también ha crecido lo otro. Nos ha favorecido muchísimo que nos haya ido bien también... porque si nos hubiera ido mal... políticamente (decano y secretaria académica. Facultad de Arquitectura, Urbanismo y Diseño).*

> *Las dos cosas. Las rutinas, los manuales y todo eso creció, pero también creció un poco lo otro, sería injusto no reconocerlo. No, no, sí, eso se debe reconocer. Lamentablemente, bueno, como le digo, siempre nos queda la idea de cuán constructiva es la evaluación desde el punto de vista de los evaluadores, es decir, se debería decir "bueno, si esto es para mejorar"... debería haber detrás una serie de acciones que promuevan la mejora más allá de la sanción, casi como decírtelo de algún modo [...] que sea tan punitiva la cosa, decir esta carrera no acredita, no funciona porque todo esto y adiós,... por lo menos en el sector privado no veo que haya quizás los fondos porque el Estado, bueno, tampoco se puede pretender que [...] pero por ahí un programa de mejoramiento asistido. Pero es distinto cuando una persona te viene a evaluar y te dice "mirá, esto no, está mal", y nada más, a cuando ayuda con un programa, una orientación, algún apoyo de lo que sea (secretario académico. Facultad de Ingeniería).*

e) Uso que hacen las autoridades sobre los resultados de los procesos acreditación

De las entrevistas, surge que se toman en consideración las recomendaciones, las sugerencias, los compromisos asumidos ante CONEAU.

A nivel de Rectorado, se admite que, si bien internamente se comunican los resultados, aún no existe una política central que contemple una "estrategia de comunicación de los resultados". Se considera que "sería importante que la hubiera". A nivel externo, se publicita que la universidad y las carreras están evaluadas por CONEAU.

> *En el aspecto interno, se comunica, se pone en transparente, pero no hay una política especial dedicada a recalcar eso que yo, por mi parte, creo que sería bueno que la hubiera [...] Y en el aspecto externo, sí, cuando se hace publicidad en el diario se pone que ha acreditado por CONEAU o ha sido evaluada por CONEAU (secretario académico. Rectorado).*

Los entrevistados de la Facultad de Ingeniería expresan que se baja toda la información a los docentes, pero que a los alumnos solo se les comunica el resultado final de la acreditación. El resultado de la acreditación se visualiza en la publicidad de las carreras:

> *Nosotros normalmente sí la bajamos, es decir, todo el proceso de acreditación... se hace conocer todo el proceso a todo el cuerpo académico. Desde que se inicia la autoevaluación, la etapa previa... después los seguimientos, después los informes y el informe final, todo eso se baja al personal docente. A los estudiantes,*

solamente el resultado de la acreditación, es decir, se acreditó, no se acreditó. [...] y en la publicidad solo en los posgrados sí ponemos acreditado por CONEAU, sí, además que es una exigencia... En las carreras no, solamente lo que sí publicitamos es que la institución ha sido evaluada por CONEAU... eso sí, en la publicidad está (decano. Facultad de Ingeniería. Rector a partir de 2010).

En la Facultad de Ciencias de la Salud, los entrevistados comentan que el resultado ha quedado en el Consejo y que se ha ido plasmando en líneas generales de acción. Expresan que, como las resoluciones son públicas, se han puesto a disposición de los docentes que quieran acceder a través de las páginas de la CONEAU. Se admite que aún no se ha instrumentado un proceso sistemático o una estrategia de comunicación de los resultados.

Ha quedado en el Consejo, pero se ha ido plasmando en algunas líneas generales de acción, pero como las resoluciones son públicas, se ha puesto directamente a disposición de todos los docentes que quieran acceder, pero a través de las páginas de CONEAU, a ver cuáles han sido las recomendaciones, cuáles han sido los compromisos de la universidad, pero no se ha instrumentado un proceso o una sistemática de comunicación, una estrategia de comunicación (secretario administrativo. Facultad de Ciencias de la Salud).

El resultado de la acreditación se visualiza en la publicidad de las carreras:

Sí, esto se usa como una imagen para darle a la sociedad que la universidad voluntariamente o, cuando corresponde, obligatoriamente se somete a los procesos de acreditación y de evaluación (secretario administrativo. Facultad de Ciencias de la Salud).

f) El grado de legitimidad de la evaluación institucional y de la acreditación de carreras en la universidad/facultad

Los entrevistados consideran que el grado de legitimidad de los procesos de evaluación y, en mayor medida, los de acreditación es alto, a pesar de los inconvenientes ya mencionados acerca de los procedimientos. Las palabras del decano de la Facultad de Ingeniería son representativas de la opinión de todos los entrevistados:

Sí, sí, sí... alto, alto, acá nosotros la tenemos muy en cuenta. [...] Los procesos de acreditación están permeando y es probable por la situación que hemos venido viviendo (iba a decir sufriendo) sea cada vez mayor (decano. Facultad de Ingeniería. Rector a partir de 2010).

g) Percepción de la actitud de actores institucionales frente a estos procesos

En el cuadro 8.12 se muestra la percepción que tienen los entrevistados de la actitud de directivos, profesores, estudiantes y personal técnico-administrativo ante estos procesos.

Cuadro 8.12. Percepción que tienen los entrevistados de la actitud de directivos, profesores, estudiantes y personal técnico-administrativo ante de estos procesos. Caso 3

	Directivos	Profesores	Estudiantes	Personal técnico-administrativo
(1) Secretario académico, Rectorado.	Los directivos a nivel universidad son gente grande. Hay un poco de desconfianza, como un remedio amargo que hay que tomar.	En general lo ven como una molestia, que hay que llenar formularios, que hay que hacer una ficha complicadísima. Se quejan, protestan.	Desinterés. No hay una cultura instalada de la evaluación.	Las del Departamento de evaluación son gente capaz, preocupadas, trabajadoras, responsables, eficientes.
(2) Coordinadora del Departamento de Evaluación y Acreditación Permanente, Rectorado.	Un gran valor es la creación de este Departamento Central, esto indica que lo están internalizando a nivel central	Depende de la sensibilización que se haga. Los que se quejan son los profesores "taxi". Hay otros que se involucran y trabajan con las comisiones.	Los alumnos colaboran cuando les aplicas encuestas o en el ACCEDE. Tenemos buenos porcentajes de asistentes a esta prueba. Pero hay que hacer una concientización, una sensibilización. Primero con los docentes y que ellos lo trasmitan a los alumnos.	
(3) Integrante del Departamento de Evaluación y Acreditación Permanente, Rectorado.				
(4) Decano, Facultad de Ingeniería. (Nuevo rector a partir de 2010).	Acá nosotros lo tomamos muy en serio.	Hay un porcentaje importante que está involucrado porque saben que si no acredita no hay posibilidad de continuar con la carrera. Un porcentaje menor lo hace muy superficialmente, y otro que no le importa nada. La identificación con la institución, el sentido de partencia es lo que caracteriza a los más involucrados.	En grado, desinterés. En posgrado sí, antes de inscribirse generalmente preguntan si está acreditado.	El personal administrativo casi no participa porque tenemos todos los datos sistematizados.

	Directivos	Profesores	Estudiantes	Personal técnico-administrativo
(5) Secretario académico, Facultad de Ingeniería.				
(6) Secretaria administrativa, Facultad de Ingeniería.		Son perseguidos pero finalmente responden. Mi percepción es que 50% percibe que esto es importante, algunos lo están descubriendo, hay que dar tiempo.	No hay conciencia de lo importante que es que la carrera esté acreditada. Una actitud de "uy, cuántas encuestas tenemos que llenar". En posgrado hay un poco más de conciencia y preguntan si está acreditada.	
(7) Decano, Facultad de Arquitectura, Urbanismo y Diseño.	Lo tomamos muy en serio. Nuestra primera etapa de gestión fue solo CONEAU.	Los que se enteran nos felicitan pero lo toman como si fuera una misión puramente de la gestión y no como si fuera una obligación del profesor. Un grupo de profesores el proceso le ha profundizado su interés y su compromiso con todo. Para muchos otros, esto fue una tortura. Para que completen la ficha usamos mecanismos desde los persuasivos hasta los de castigo. Es demasiado complejo.	Hicimos mucha promoción pero no parecieron enterarse mucho ni comprometerse demasiado.	
(8) Secretaria académica, Facultad de Arquitectura, Urbanismo y Diseño.				
(9) Decano, Facultad de Ciencias de la Salud.	En los directivos a nivel Facultad hay una actitud de mucha responsabilidad frente a estos procesos.	Los que tienen formación docente lo viven como un entrenamiento interesante, han sido grupos muy involucrados y entusiastas. Otros lo ven como un trabajo extra	En general no tienen mucha conciencia. Como es de gestión privada antes preguntaban si estaba aprobada a nivel nacional, ya no.	Han colaborado bastante dentro de lo que han podido (información sobre laboratorios, equipamiento, material didáctico).

	Directivos	Profesores	Estudiantes	Personal técnico-administrativo
(10) Vicedecana, Facultad de Ciencias de la Salud.				
(11) Secretario administrativo, Facultad de Ciencias de la Salud.	CONEAU no tiene que ser la piedra de toque, la piedra de toque tiene que ser la búsqueda permanente para la mejora, transferencia y generación de conocimientos. Que sea CONEAU o alguna otra agencia, bueno, si no existiera CONEAU creo que se buscaría algún otro mecanismo	Hay diferentes niveles de participación. Los que están en la facultad, tienen su cátedra, su laboratorio, están más compenetrados. Los que vienen y dictan la clase, están menos compenetrados, pero no ajenos. Los jefes de servicios en centros hospitalarios, ven el proceso muy lejano	Se hace bastante difusión, pero los estudiantes tienen una participación media con tendencia a baja.	
(12) Secretaria académica, Facultad de Ciencias Jurídicas y Sociales.		No se oponen, pero lo ven como una carga de trabajo extra, lo han sufrido. Hemos hecho una especie de traductor de esa ficha en Word.	Si preguntan antes de inscribirse si está acreditada, nosotros también lo informamos. En los que están cursando no hay sensibilidad porque ya saben que está acreditada. No participan del proceso de reacreditación.	

Fuente: elaboración propia a partir de la información obtenida en las entrevistas

Los entrevistados perciben una actitud de mayor involucramiento en las personas que trabajan en el gobierno y en la gestión de las facultades.

Se perciben "distintos niveles de participación" de los profesores. Algunos se van compenetrando, otros lo sufren, otros viven como ajenos a estos procesos. La mayor participación se atribuye al sentido de pertenencia a la institución (Facultad de Ingeniería) y a perfiles más docentes (Facultad de Ciencias de la Salud).

Todos perciben una actitud de *desinterés* en los estudiantes de grado. En los estudiantes de posgrado se percibe mayor conciencia, al menos de la existencia de estos procesos. Si bien no se habla de involucramiento de los estudiantes de posgrado, se reconoce que estos poseen más conocimiento y muestran interés por saber si la carrera está o no acreditada por la CONEAU.

El personal técnico-administrativo parece no estar tan involucrado en estos procesos, debido a la existencia de un área central a cargo (Departamento de Evaluación y Acreditación Permanente) y datos sistematizados e informatizados.

h) Los principales cambios hacia la mejora y frenos a la innovación producidos en los últimos años en cada institución (o unidad académica, o carrera) y su relación con los procesos de evaluación y acreditación

Los entrevistados de Rectorado y de la Facultad de Ingeniería no relacionan los cambios más significativos (mejoras y obstáculos) de los últimos años directamente con los procesos de acreditación.

Los entrevistados de la Facultad de Arquitectura, Urbanismo y Diseño y de la Facultad de Ciencias de la Salud encuentran una relación entre los cambios más significativos hacia la mejora, producidos en los últimos años, y los procesos de acreditación. No así con los obstáculos.

En el cuadro 8.13 se presenta una síntesis de la opinión de los entrevistados.

Cuadro 8.13. Relación entre los cambios más significativos hacia la mejora y su relación con los procesos de evaluación y acreditación. Caso 3

	Mención de los cambios hacia la mejora más significativos	Relación entre esos cambios y los procesos de evaluación y acreditación	Mención de obstáculos, problemas, frenos a la innovación más significativos	Relación entre esos obstáculos, problemas, frenos a la innovación y los procesos de evaluación y acreditación
1. Secretario académico. Rectorado.	En general ha sido el crecimiento. Yo digo la universidad en los últimos años ha tenido mucho crecimiento en cuanto creación de facultades, carreras, alumnos. Mayor diversificación de carreras.	No. No creo que el hecho de que sea acreditada la carrera o que venga la CONEAU o que vengan los pares haya ayudado al crecimiento de la universidad.	En general el principal obstáculo que es el de todas las universidades en general es la plata y fundamentalmente la crisis argentina. Si hubiera estabilidad económica esta universidad se podría proyectar a más largo plazo.	No.
2. Decano. Facultad de Ingeniería. Rector electo a partir de 2010	1. La apertura y la comunicación transversal y vertical 2. Evitar desgranamiento, hemos generado un plan de tutorías, creamos un gabinete de ayuda pedagógica, creamos una comisión de seguimiento de plan de estudios 3. En la articulación hemos hecho un logro, yo diría que en un 80% hemos solucionado los graves problemas que había de articulación. 4. Hemos focalizado fuertemente en posgrados.	No, eso lo hubiésemos hecho igual. Yo creo que el impacto más fuerte en la acreditación y que ha resultado es el tema de articular la investigación con las actividades de docencia.	1. Un obstáculo importante siempre es el económico porque la economía ha sido fluctuante también, me parece que ha llevado un proceso que acompaña la situación del país 2. Y el otro gran obstáculo que tenemos es la inercia al cambio de los docentes, el docente viene formado como se formó e intenta mantener esa formación y esto es lo que siempre crítico.	No
3. Secretaría administrativa. Facultad de Ingeniería	En infraestructura. La creación de laboratorios de física, de química. Todo lo que se hizo en ciencias básicas para mí ha sido positivo porque era una debilidad detectada por nosotros y de hecho detectada por CONEAU…	Se hubiese hecho igual pero ayudó.		

	Mención de los cambios hacia la mejora más significativos	Relación entre esos cambios y los procesos de evaluación y acreditación	Mención de obstáculos, problemas, frenos a la innovación más significativos	Relación entre esos obstáculos, problemas, frenos a la innovación y los procesos de evaluación y acreditación
4. Secretario académico. Facultad de Ingeniería	La creación de dos carreras nuevas que generan toda una serie de estructuras nuevas, gente nueva.	Hubiera sido igual, no hay relación	Bueno, creo que la universidad, la facultad y hasta la cátedra le diría no está ajena al país donde está inmersa.	No
5. Decano. 6. Secretaria académica Facultad de Arquitectura Urbanismo y Diseño	1. Apertura de la Facultad hacia otras, muchos convenios con otras universidades, con universidades extranjeras. 2. Modificación producida en esta gestión es el tema de la organización del problema de la investigación que está como tomando forma, encausándose mejor ahora. 3. Homogeneizar programas de cátedras eso también es una cosa reciente que creemos que es importante. 4. Atender de una manera más integral las problemáticas del diseño y de la tecnología que son áreas que estaban como muy separadas	Estas cosas se han profundizado con la acreditación. La presión del proceso de acreditación profundiza y obliga a pensar un plan de mejora. No hay, te repito, nada nuevo que haya aparecido ante nuestros ojos a partir de esto, nada nuevo, si creo yo esto que genera, obliga al compromiso de resolverlo… Exacto, ha generado la angustia de cumplir el compromiso, es decir cómo lo hacemos pero eso ya es un paso importante […] porque antes sabíamos que era así y decíamos bueno no lo podemos arreglar, ahora ya estamos obligados.	El presupuesto siempre sigue siendo el principal obstáculo. Para mejorar biblioteca, investigación […]	No.
7. Decano. Facultad de Ciencias de la Salud	Las mejoras han estado orientadas a infraestructura, a equipamiento, actualización de equipamiento, a intentar mejorar digamos la calidad del aprendizaje de los chicos en los sectores de salud, distribuidos de manera distinta para que el contacto con los pacientes sea mejor.	En algunos casos ha sido la causa, en otros lo hemos hecho espontáneamente para mejorarlo así en forma espontánea.	En realidad yo creo que por ahí se ponen muy duros con las instituciones de gestión privada, me parece por ahí se ponen un poco estrictos con nosotros, pero bueno, no es una queja, es una reflexión, un comentario…	Sí.

	Mención de los cambios hacia la mejora más significativos	Relación entre esos cambios y los procesos de evaluación y acreditación	Mención de obstáculos, problemas, frenos a la innovación más significativos	Relación entre esos obstáculos, problemas, frenos a la innovación y los procesos de evaluación y acreditación
8. Vicedecana. 9. Secretario administrativo. Facultad de Ciencias de la Salud.	1. Reordenamiento de la investigación en ciencias biomédicas. 2. Adecuación de las currículas	En este caso los grandes cambios están vinculados a estos procesos	El problema más fuerte no ha sido el económico, el problema más fuerte ha sido generar canales de comunicación lo suficientemente permeables para articular las cátedras entre sí y articular la gestión con la función docencia, o sea el obstáculo más grande ha sido la comunicación. Pero la falta de comunicación ha sido un factor bastante difícil de manejar y generador de inconvenientes tanto a nivel de articulación horizontal docente como a nivel de articulación vertical docente como en los planos de gestión y docencia.	Y ese obstáculo no tiene nada que ver con el proceso de acreditación, es más, creo que el proceso de acreditación es lo que nos pone frente al obstáculo y nos obliga a tomar medidas para instrumentar alguna medida correctiva. Comunicación: ha sido y es un obstáculo sobre el que se ha empezado a trabajar muy fuertemente en el último mes pero urgidos por un proceso de acreditación. En nuestro caso no fueron obstáculo. Yo creo que en nuestro caso todos los procesos de autoevaluación y de acreditación nos han ayudado a orientarnos y a profundizar los cambios o a producirlos.
10. Secretaria académica. Facultad de Ciencias Jurídicas y Sociales	La diagramación y en este plan de mejoramiento La necesidad de una estructura adecuada para posgrados.	Es la oportunidad. Definitivamente, sí, es un momento.		

Fuente: elaboración propia a partir de la información obtenida en las entrevistas

i) Percepción acerca de si la CONEAU ha fomentado la emergencia y la consolidación de una "cultura de evaluación" a nivel de todo el sistema universitario argentino

Los entrevistados consideran que aún no se ha fomentado una cultura de evaluación a nivel de todo el sistema universitario argentino:

> No, yo creo que no, no, que en general no, por lo menos por lo que yo veo aquí en esta provincia (secretario académico. Rectorado).

> No, yo..., a mí me parece que ha faltado mucho, le falta todavía a la CONEAU preparación para sostener el sistema. [...] Falta madurar (decano. Facultad de Ingeniaría. Rector a partir de 2010).

Sí se considera que la aparición del sistema de acreditación ha generado cierta conciencia a nivel de sistema universitario que antes no existía:

> Creo que la aparición del sistema de acreditación ha generado esa conciencia. Yo te digo que el someter el proceso de educación argentino a un sistema de acreditación ha generado más conciencia de estos temas (secretaria académica. Facultad de Ciencias Jurídicas y Sociales).

j) Balance del impacto de estos procesos en la propia universidad/ facultad/unidad y en el sistema universitario argentino

El balance que hacen los entrevistados es más positivo que negativo. Consideran que, a pesar de los procedimientos, el sistema en sí mismo es bueno. Ayuda a mejorar, a actualizar procesos, planes de estudio y estructuras. También se menciona que en las últimas acreditaciones se ha visto más presencia de pares evaluadores de universidades de gestión privada, al menos en ciencias de la salud.

Las palabras del rector electo son consideradas paradigmáticas para cerrar este caso de estudio:

> Podemos hacer una evaluación mucho más sencilla, evitar perder tanto tiempo en llenar tantas planillas, para que no sea tan burocrático, pero mantener el sistema, es decir, el sistema de control me parece bueno, pero sí creo que hay que agilizarlo hay que mejorar el procedimiento (decano. Facultad de Ingeniería. Rector a partir de 2010).

8.5. Reflexiones finales

Se concluye que, para este caso de estudio, la política de evaluación y acreditación de la calidad universitaria impactó produciendo cambios enunciativos y fácticos hacia la mejora en las funciones sustantivas y en la gestión. Se hallaron pocos obstáculos hacia la mejora en relación con la implementación de estas políticas.

La magnitud del cambio varía según el tipo de política y según la fase de maduración del ciclo de cada una de ellas. Esto se corresponde con lo afirmado por varios autores (Strydom, Zulu y Murray, 2004; Jeliazkova y Westerheijden, 2002; Hopkin, 2004). El impacto varía también según el modo, la actitud y la cultura con la que "institucionalmente" responden a estos procesos los actores de las unidades académicas y del rectorado, lo que remite al enfoque internalista descripto por Clark (1991) y a la mirada del nuevo institucionalismo en el análisis organizacional (Powell y Dimaggio, 1991).

Así, en la evaluación institucional (solo se ha realizado una) se hallaron algunos cambios fácticos hacia la mejora, referidos a la función gestión y, en menor medida, en la función docencia. Para las otras funciones, se detectaron solo indicios de cambio enunciativos. Algunos entrevistados consideran que su impacto no es mayor, entre otros motivos, porque no tiene relación con los procesos de acreditación de carreras.

El impacto de la acreditación de carreras de grado es más fuerte —en términos de cambios fácticos hacia la mejora— en aquellas carreras (y unidades académicas) que han pasado por más de un proceso de acreditación: Medicina e Ingeniería. En Arquitectura, que recién ha atravesado su primer proceso de acreditación, prevalecen los cambios enunciativos hacia la mejora en todas las funciones, sin descartar algunos cambios fácticos producidos durante el proceso de autoevaluación de la carrera en la función docencia y docencia y gestión. Algunos indicios de cambios enunciativos para la función investigación son considerados por las autoridades como de "fuerte impacto".

Los obstáculos hacia la mejora se hallaron en la carrera de Medicina en la función docencia, debido a que algunos directivos consideran que la imposición del número de ingresantes está por debajo de la capacidad educativa y no tiene en cuenta otros factores, como la deserción y el desgranamiento.

En las ingenierías no se mencionan obstáculos hacia la mejora, pero se considera que la política hubiese impactado significativamente más en la función investigación si hubiesen podido acceder a los PROMEI.

La *no acreditación* de carreras de posgrado en ciencias de la salud es considerada negativamente por algunos entrevistados, debido a que no han podido comenzar con proyectos considerados relevantes para la facultad y para la provincia. Para ciencias aplicadas (una fase de acreditación), se hallaron indicios de cambios enunciativos, y algunos fácticos, principalmente en la función docencia. Para la función investigación, se hallaron indicios de cambios enunciativos solo en la dimensión "proyectos de investigación". Además se encontraron indicios de cambios fácticos en la dimensión "infraestructura, equipamiento y biblioteca", principalmente en lo que se refiere a la "biblioteca". Las autoridades consideran que la política de acreditación de posgrados impactó produciendo cambios fácticos en la función gestión.

Para ciencias sociales (dos fases de acreditación), se hallaron indicios de cambios fácticos en casi todas las dimensiones de la función docencia y en la función gestión. No se menciona impacto en la función extensión. En investigación es, según los entrevistados, un tema pendiente.

Los cambios hallados podrían ser ubicados principalmente entre los denominados "reactivos", es decir, cambios debidos a fuerzas exógenas a la organización, en este caso la política de evaluación y acreditación (Powell y Dimaggio, 1991; Varela, 2007).

Dentro de la tipología utilizada por Camou (2007), esta institución también se ubicaría entre la "adopción plena" a estas políticas y la "resistencia instrumental". Es decir, se aceptan plenamente los fines de la evaluación y de la acreditación y se rechazan algunos medios referidos a procedimientos de la CONEAU, pero no todos. Es mayor la aceptación de los medios instrumentales para la evaluación institucional, disminuyendo un poco en la acreditación de carreras de grado y posgrado.

La visión de los entrevistados aporta luces y líneas de acción para profundizar y mejorar el sistema de evaluación y acreditación de la calidad universitaria, tanto desde la política pública como desde políticas y procesos institucionales.

A continuación, se expone un decálogo para la posible mejora de las políticas y de los procesos (tanto externos como internos) de evaluación y acreditación de la calidad universitaria, elaborado a partir del análisis de la perspectiva de los actores de este caso de estudio:
1. Articular los procesos de evaluación institucional con los de acreditación de carreras de grado y posgrado.
2. Revisar la estructura de gobierno de la CONEAU de tal forma que se disminuya la posibilidad de influencia ideológica partidista.
3. Agilizar y simplificar los procesos y los tiempos. Manual de procedimiento y ponderación de estándares.
4. Asegurar la visita de los evaluadores a las instituciones en la acreditación de carreras de posgrados.
5. Revisar si es equitativo mirar con la misma vara realidades y contextos diferentes. Velar más por la realidad contextual de cada institución al momento de aplicar los estándares de acreditación de carreras.
6. Capacitar a los pares y a los técnicos. Ampliar el número de pares de universidades privadas. Observar que los técnicos no influencien la evaluación.
7. Lograr el involucramiento de los profesores y el interés de los estudiantes por participar en estos procesos.
8. Evitar el lenguaje técnico-caótico que necesita ser "traducido" para que el docente lo entienda.
9. Fomentar la creación de otras agencias de evaluación y acreditación, como FAPEYAU.
10. Evitar sesgos hacia la calidad de las universidades privadas.

9. Impacto de la política de evaluación y acreditación de la calidad universitaria.
Caso 4

9.1. Presentación del caso

Se trata de una universidad de gestión pública, creada en la década de 1990. Está ubicada en el conurbano bonaerense. El número de alumnos de pregrado, grado y posgrado asciende a 10.200.[60] Posee 37 carreras de grado de ciclo largo (licenciatura o equivalente), 21 carreras de pregrado o de ciclo corto y 54 carreras de posgrado.[61]

Esta universidad realizó la autoevaluación institucional entre los años 2001 y 2004 (abarcó dos etapas). La evaluación externa fue realizada en 2004. Tiene carreras de ingeniería acreditadas y en procesos de acreditación. También posee posgrados acreditados y, en algunos casos, reacreditados en las áreas de ciencias de la salud, ciencias aplicadas y ciencias sociales, entre otras.

Cabe citar aquí las palabras de uno de los entrevistados:

Esta universidad, luego de las dos grandes universidades del área metropolitana, UBA y la Plata, es la universidad pública cuya oferta de grado es hoy por hoy la más amplia de todas, debe tener alrededor de las 110 titulaciones ofrecidas, o sea, tiene una oferta muy frondosa por esta amplitud de espectro temático disciplinario y profesional que abarca (asesor. Rectorado)

9.2. Descripción de fuentes de información

Fuentes secundarias: documentos

Se analizó en profundidad el informe de la evaluación externa realizada por la Comisión Nacional de Evaluación y Acreditación Universitaria

---

[60] Fuente: Anuario 2011 de Estadísticas Universitarias. Coordinación de Investigaciones e Información Estadística (CIIE) de la Secretaría de Políticas Universitarias (SPU), del Ministerio de Educación de la Nación.
[61] Página web de la universidad.

(CONEAU), y resoluciones de acreditación correspondientes a dos carreras de grado —una de Ingeniería en Materiales, una de Ingeniería Electrónica— y 13 carreras de posgrados (dos de ciencias de la salud, tres de ciencias aplicadas y ocho de ciencias sociales).

Fuentes primarias: entrevistas

Se realizaron seis entrevistas a directivos de Rectorado y de las unidades académicas pertenecientes a dos áreas de ciencias aplicadas (una escuela y un instituto).[62] Cabe aclarar que esta universidad no posee carrera de Medicina. El Instituto de Tecnología tiene carreras de posgrado pero la Escuela de Ciencia y Tecnología, no.[63] Para ciencias sociales, la Escuela de Posgrado se disolvió.[64] Queda pendiente, para una futura investigación, hacer entrevistas a directivos relacionados con la acreditación de posgrados en ciencias sociales, por ejemplo, directivos del Instituto de Altos Estudios Sociales, cuyos posgrados solo se analizaron documentalmente.

En el *apéndice II* se muestran los datos correspondientes a los documentos analizados, y en el *apéndice III,* información referida a las entrevistas realizadas.

9.3. Impacto de la política de evaluación institucional y de la acreditación de carreras de grado y posgrado en las funciones de docencia, investigación, extensión y gestión

9.3.1. Impacto de la política de evaluación institucional

La percepción general de los entrevistados es que la evaluación institucional no tuvo un impacto significativo. Se considera que existe una terminología propia de la evaluación que invade ciertas formas de decir de la institución, pero que después, en la práctica, no se modifica demasiado:

---

[62] (1) Secretario académico, Rectorado. (2) Asesor. Rectorado. (3) Secretario académico (decano a partir de 2010), Escuela de Ciencia y Tecnología. (4) Director de una carrera de grado de Ingeniería, Escuela de Ciencia y Tecnología. (5) Secretario general y académico, Instituto de Tecnología "xx". (6) Coordinadora de una carrera de grado de Ingeniería, Instituto de Tecnología "xx".

[63] "*Hasta hace unos meses atrás había una escuela de posgrado. [...] bien*, la escuela de posgrado se deshizo *y se resolvió que el posgrado dependa de las escuelas y entonces ahora descubrimos que tenemos que ocuparnos de crear posgrados*" (director de la carrera de grado Ingeniería Electrónica, Escuela de Ciencia y Tecnología).

[64] "Escuela de posgrado que ahora no existe más... bueno, eso es *una recomendación aceptada de la CONEAU, de la evaluación institucional. [...]*. A partir de este año *[...]* era una inconsistencia severa esa. *Porque la Escuela de Posgrado era una unidad académica, que tenía entre comillas un nivel prescriptivo respecto de la oferta de posgrado de otra unidad académica entonces se salía de perfil*" (asesor. Rectorado).

El de la universidad, la evaluación institucional, en el caso este particular me parece que no sé si su impacto fue muy grande, de hecho nosotros ahora estamos por lanzar el año que viene la siguiente autoevaluación para hacer una nueva evaluación institucional de la CONEAU, y esperemos que el impacto sea mayor (secretario académico. Rectorado).

Desde el punto de vista de la universidad, el impacto de la evaluación institucional es bajo, muy bajo, no sé si esto es paradigmático en el caso de esta universidad respecto de las demás instituciones. Nosotros, cuando escuchamos demasiada terminología específica sobre evaluación, desde la perspectiva de la gestión empezamos a sospechar un poquito, porque nos parece que la terminología invade demasiado unas ciertas formas de decir de la institución, pero después en la práctica no se modifica demasiado. ¿A qué me refiero?, si vos hablaras con diez funcionarios de esta universidad, hoy todos serían políticamente correctos respecto de esta cuestión, todos hablarían de plan estratégico, de la mejora, nosotros partimos en esta gestión con un plan que creó [nombre del secretario académico] que se llamó Plan de Mejora de la Calidad Académica. O sea, todos dirían cosas muy asociadas a este espíritu, digamos, de la evaluación, la mejora, la acreditación, etc., etc., pero cuando hablamos de la institución vos te das cuenta de que la institución se desarrolla por unos caminos que ahora que nosotros abordamos la vía institucional parecen ser bien distintos de las recomendaciones que hubo en el momento de la evaluación institucional. Y porque me parece que ahí hay como el enfrentamiento de tradiciones. Una, que es la inercia de las organizaciones por el formato que tiene, acá hay escuelas, institutos, los institutos son organizaciones que están asociadas entre la universidad y organismos fuera de la universidad que tienen una lógica de desarrollo y de crecimiento, para decirlo muy rápidamente, corporativo o poco reflexivo, poco sensible a recomendaciones institucionales [...]. Las tradiciones que se enfrentan son esas, diría, una mirada más del equipo de gestión de la universidad, y el de lógica de estas estructuras. En muchos casos somos firmes, duros y coincidimos con la CONEAU, insistimos en que hay que atender a esas recomendaciones, en otros no somos tan eficaces (asesor. Rectorado).

Para la *función docencia,* del análisis documental surgen cambios enunciativos hacia la mejora a partir de debilidades y recomendaciones realizadas por CONEAU en la evaluación externa. Las recomendaciones pertenecen a la dimensión "cuerpo docente", subdimensión "titulación": "Contemplar becas y subsidios para favorecer que los docentes puedan acceder a estudios de posgrado, especialmente doctorados"; y subdimensión "selección": "Establecer una modalidad única de incorporación de los docentes-investigadores (concursos públicos de antecedentes y oposición)".

Las palabras del rector en la carta con la que se cierra el proceso de evaluación institucional dan señales de cambios fácticos en esta dimensión: "En el informe se señala la proporción, aún escasa, de docentes concursados, variable según unidad académica. Conscientes de esta situación, *estamos avanzando sostenidamente en la sustanciación de nuevos concursos,* al tiempo que *los docentes ya concursados están siendo evaluados cada cuatro años, tal como establecen los reglamentos".*

En una de las entrevistas surge el tema del reclamo de CONEAU por la falta de concursos abiertos y la posición de uno de los entrevistados acerca de cómo este mecanismo no siempre es garantía de calidad:

Algo que CONEAU nos ha reclamado, por ejemplo, era por qué nosotros no hacíamos concursos abiertos. Es un tema que hemos discutido mucho acá, porque esto no es una entidad privada, es una entidad pública, es una universidad nacional, pero es un instituto hecho con una institución con una estructura jerárquica piramidal y los institutos de la universidad también tienen ese estilo. Sin embargo, no nos parece mal buscar y concursar, pero en ciertas condiciones eso no es razonable para nosotros, porque si nosotros abrimos un laboratorio propio de la institución para una actividad académica, que haya una persona de afuera no es admisible para la institución que esa persona sea responsable de ese laboratorio, de lo que se haga en ese laboratorio, o sea, no puede venir a manejar un profesor concursado porque ha sido elegido el microscopio electrónico que hay aquí [...] y el uso del microscopio electrónico que hay acá está en condiciones, en buenas manos en principio, o sea, nosotros tenemos muchos profesores que tienen nombramiento provisorio, sin embargo es un requisito y una cosa que la universidad argentina ha implementado, esto de los concursos públicos como mecanismo de garantía de elección que no es verdaderamente válido. [...] sus grupos técnicos, entonces eso era incompatible. Ahora, bueno, no se ha insistido y un poco más que nada para participar de la liga universitaria. Por pedido más que nada de la universidad, hemos tratado de implementar algunos mecanismos de incorporación de docentes, sobre todo para aquellos..., por ejemplo, nosotros tenemos investigadores del CONICET o investigadores de la SCyT trabajando con nosotros, esos concursos se han podido implementar, con la universidad además han pasado a ser personal con dedicación, con nombramiento como profesores ordinarios, son profesores ordinarios de la universidad y lo hemos hecho en algunos casos aislados... pero no es la garantía de calidad. La garantía de calidad pasa por otras cosas, y ese es un tema discutido, pero creo que nadie en la Argentina va a volver en este momento a discutir eso que es asumido desde la reforma del año 18 como que es la garantía de la mejor calidad... en ese momento tuvo su porqué, tuvo su razón de ser y una justificación que en este momento uno sabe que en realidad los concursos se digitan... entonces no garantizan nada, son toda una farsa, eso no es bueno para el sistema universitario. Yo no es que no respete a los concursos cuando se hacen en ciertas condiciones, pero la verdad es que conozco muy pocos concursos que se hagan abiertamente, que se hagan en condiciones realmente buscando la mejor calidad del docente. Nosotros hacemos concursos internos cuando no tenemos claramente definido quién es el mejor docente para la materia esa, porque hay dos o tres personas que trabajan en la institución que tienen esa formación, que tienen experiencia y que tienen niveles muy parecidos, entonces se devanan los sesos los pobres jurados, porque realmente no es fácil elegir, pero hacemos un concurso. Primero tiene que demostrar, manifestar su real interés para hacerlo, por participar, por elegir, tienen una legitimidad en el contexto de nuestra comunidad, [...] pero esos son los concursos que a nosotros nos parecen razonables, y ahora entramos en una etapa así sobre todo porque estamos empezando a tener más gente joven, menos viejos docentes, que han sido los expertos con gran trayectoria, que se han retirado como investigadores superiores del CONICET y que tienen liderazgo internacional en un tema pero, bueno, en eso estamos. Digo esto hablando un poco de las cosas que CONEAU planteaba que debíamos tener en cuenta, sobre todo lo plantearon cuando hicieron la evaluación institucional. [...] por qué no hacíamos concursos, les justificábamos y decíamos "bueno, sí, entendido", "pero deberían hacer concursos", "bueno, está bien, haremos concursos". Hicimos concursos, si nosotros, digamos, más que nada porque la universidad demanda gente más habilitada en el contexto en la vida universitaria de tener una participación más activa, eso es una franqueza que digo claramente (secretario general y académico. Instituto de Tecnología).

Para la dimensión "metodología de enseñanza-aprendizaje", desde al análisis documental se hallaron cambios enunciativos: "Incorporar acciones de apoyo y seguimiento de las tesis o trabajos finales para garantizar la finalización de los estudios de posgrado".

Para la dimensión "currículum, plan de estudio y programas", en el informe de autoevaluación —citado en el informe de evaluación externa— se advierte que "se fueron adoptando *criterios de planificación curricular* propios de cada unidad académica, que han sido funcionales con el desarrollo de la estructura académica que, paulatinamente, promovió la diversidad e independencia de las unidades académicas en desmedro de instancias institucionales de articulación académica. La consecuencia más directa fue una *gran diversidad de diseños de un mismo plan de estudios*, con variada carga horaria de títulos intermedios o carreras cortas y en las licenciaturas". Esto fue abordado durante el mismo proceso de autoevaluación según se desprende del informe de evaluación externa, dando señal de ser un cambio fáctico: "Se reconoce que la *intervención reciente de la secretaria académica del Rectorado ha permitido revertir esta situación, alcanzando ciertos consensos básicos sobre el diseño de los planes de estudios*".

Además, para esta dimensión, se hallaron cambios enunciativos hacia la mejora debido a las recomendaciones para el mejoramiento de la calidad: a) "Revisar los planes de estudio de las licenciaturas y los ciclos de complementación en términos de duración y carga horaria de cada una de las carreras, dado que superan ampliamente lo establecido por el MECyT y podría constituir uno de los factores que afecta tanto al rendimiento de los alumnos como a la finalización de sus estudios"; b) "encarar la adecuación de los planes de estudio de la escuela de [nombre], revisar el sistema de ingreso y dar mayor difusión de su oferta académica en el partido [nombre]"; c) "profundizar el trabajo iniciado de integración curricular y seguimiento de los alumnos de los últimos años para que puedan completar sus estudios en el tiempo estipulado en los planes de estudio, dado que una de las causas de retraso en el egreso se debe a las dificultades en la elaboración de las tesis de grado"; d) "definir líneas de articulación entre el grado y el posgrado".

Del informe de autoevaluación —citado en el informe de evaluación externa— surgen cambios enunciativos hacia la mejora para la escuela de humanidades: "La conveniencia de establecer una instancia de admisión institucional común a todas las carreras, o la implementación de algún procedimiento tendiente a dar solución a la reiterada manifestación acerca del desconocimiento sobre la estructura institucional de la universidad por parte de los alumnos".

Se hallaron las siguientes recomendaciones para el mejoramiento de la calidad (cambios enunciativos): a) "Fomentar la asistencia efectiva de los representantes estudiantiles en el Consejo Superior y promover la participación estudiantil en la vida institucional"; b) "realizar estudios sobre las condiciones socioculturales de los estudiantes con el propósito de identificar carencias, expectativas y dificultades derivadas de los condicionantes externos a la institución que podrían afectar el rendimiento académico de los estudiantes universitarios"; c) "diseñar políticas y mecanismos de integración y comunicación tendientes a revertir el escaso conocimiento y la falta de participación estudiantil en torno a la vida institucional de la universidad; d) "ampliar el sistema de becas o la exención parcial de los aranceles de modo tal que opere como incentivo para finalizar los estudios de posgrado en los tiempos estipulados por la normativa".

Del informe de evaluación externa surge que "la relación docente/alumno es particularmente dispar".

Para la *función investigación* y todas sus dimensiones, se hallaron cambios enunciativos hacia la mejora.

Según consta en el informe de evaluación externa, "como consecuencia del trabajo realizado durante la autoevaluación se identificó puntualmente una serie de problemas que, a juzgar por el Comité de Pares Evaluadores, derivan justamente de la falta de comunicación y articulación entre las diferentes unidades académicas. Esta situación se pone de manifiesto en la autoevaluación ya que la información brindada por los institutos parecía estar desarticulada con respecto a la universidad. Según el documento de autoevaluación, entre las situaciones que evidencian defectos de comunicación y articulación antes expuestos".

Más concretamente surgen cambios enunciativos hacia la mejora en la dimensión "profesores investigadores, formación de recursos humanos": "Consolidar áreas temáticas y programas de investigación fortaleciendo los grupos de investigación y la integración de alumnos de posgrado"; "unificar criterios de ingreso de los docentes a los centros de investigación". También en la dimensión "proyectos de investigación": "Propender al trabajo articulado con la Secretaría de Ciencia y Tecnología a los efectos de optimizar los procesos de acreditación de los proyectos de investigación que sostiene la Escuela de Posgrado"; "conformar el Consejo de Investigación dependiente de la Secretaría de Ciencia y Tecnología, que además de establecer prioridades de investigación y transferencia, permitirá establecer una mayor articulación interna de todas las tareas y los proyectos". Asimismo, en la dimensión "financiamiento de la investigación": "Favorecer un fondo económico central destinado a fomentar la investigación científica y tendiente a complementar las asignaciones de cada unidad académica"; "diferenciar recursos destinados a sueldos y becas para saber qué va a investigación genuina". Por último, en la dimensión "productos de la investigación": "Elaborar una base de datos en la que se concentre y organice la información relativa a la producción de los investigadores".

El rector, en su carta, advierte que "no obstante se señala que resulta desparejo el desarrollo de la investigación y producción en algunas áreas. Esta situación ha sido reconocida por nuestra universidad, lo que motivó el desarrollo en los últimos años de instrumentos de promoción de la investigación tendientes a dar impulso a las áreas menos avanzadas, así como a jóvenes investigadores".

Para la dimensión "infraestructura, equipamiento y biblioteca", del informe de evaluación externa surgen cambios enunciativos: a) "Proveer los medios adecuados para dotar de un acervo bibliográfico acorde con el nivel científico requerido por las diversas unidades académicas, teniendo en cuenta la próxima instalación de una biblioteca central en el campus"; b) "ampliar las instalaciones de la biblioteca del Instituto [nombre] y dotar del equipamiento bibliográfico e informático acorde con las necesidades de las actividades desarrolladas en esa unidad".

De la carta del rector, surgen cambios fácticos para esta dimensión: a) "Coincidimos con los evaluadores en la disparidad de la calidad de nuestras bibliotecas, [...] a ello estamos dedicando nuestros esfuerzos. Sin lugar a dudas, el desarrollo de la sede de [nombre de sede del campus], a través del establecimiento de un proyecto de mediateca que incorporará una biblioteca y una unidad de medios audiovisuales para el campus de la universidad, coadyuvará al mejoramiento del conjunto de las actividades académicas"; b) "confiamos en que los problemas que acarrea la distribución edilicia queden superados cuando en el año 2008 la mayor parte de las sedes administrativas y académicas se trasladen al campus".

Los cambios en esta dimensión pudieron ser corroborados en las entrevistas *in situ*.

La función extensión (considerada como extensión y transferencia) es una de las fortalezas de esta institución, según se desprende del informe de evaluación externa: "La Secretaría de Ciencia y Técnica tiene una excelente función de transferencia de conocimientos científicos-tecnológicos hacia el medio".

Para la dimensión "programas de extensión", se hallaron cambios enunciativos hacia la mejora: a) "Consolidar la política asociativa mediante la firma de acuerdos formales entre la universidad y las instituciones representativas de la zona; planeamiento estratégico para institucionalizarlo como un proyecto académico-científico sustentable"; b) "implementar estrategias de comunicación institucional para reforzar la presencia de la universidad en otros sectores del espacio local y regional"; c) "reforzar recursos presupuestarios de la Secretaría de Extensión"; d) "diseñar programas de actividades de extensión; e) "fortalecer el programa de control de salud de los estudiantes".

Se hallaron cambios enunciativos y fácticos para la función gestión, dimensión "gestión de la calidad de los procesos de evaluación y acreditación": el Plan Estratégico de la Universidad. Este plan estratégico se propone, entre otros objetivos, "lograr una gestión de calidad". Para alcanzar tal propósito, se identificaron las acciones prioritarias, entre otras, "el desarrollo de indicadores de gestión". Del informe de evaluación externa surge: "En tal sentido, el Consejo Superior encomendó a la Secretaría Administrativa la generación de sistemas de información que posibilitaran el control y el gerenciamiento de las distintas dependencias de la universidad. La Secretaría Administrativa ha implementado el Programa de Mejora Continua, con el objetivo de transmitir, consensuar e instalar una metodología y herramientas básicas para la mejora continua de los procesos administrativos. Las actividades contempladas en el plan culminarán con la redacción de los manuales de procedimiento".

CONEAU realiza las siguientes recomendaciones para la mejora (cambios enunciativos): a) "Establecer el organigrama funcional de la universidad a los efectos de consolidar su desarrollo institucional"; b) "sentar las bases para la formulación de un Plan de Desarrollo Institucional a partir del Programa de Mejoramiento Institucional iniciado en el año 2002"; c) "garantizar la continuidad y la finalización de las obras de infraestructura de la sede central con el fin de atenuar las dificultades que genera la actual dispersión edilicia en la comunicación intra e interinstitucional y en la percepción de la participación de los docentes y alumnos, y contribuir así al fortalecimiento de la capacidad asociativa y la consolidación de una identidad colectiva universitaria"; d) "establecer una mayor programación de los recursos presupuestarios disponibles y profundizar en la búsqueda de estrategias para la generación de recursos propios"; e) "asignar racional y equilibradamente los recursos desde el punto de vista institucional, entre docencia, investigación, formación y perfeccionamiento de docentes investigadores e infraestructura"; f) "establecer un sistema de análisis periódico y comparativo de los gastos"; g) "establecer un sistema de evaluación y seguimiento de las actividades docentes con el fin de generar mejoras en la gestión integral de la función docente"; h) "se recomienda que en el futuro, la autoevaluación institucional se desarrolle en forma más coordinada, especialmente con los diferentes institutos que pertenecen a la universidad".

En su carta, el rector menciona cambios enunciativos y fácticos: "Hemos analizado con profundidad su contenido así como las recomendaciones y sugerencias de acción del informe de evaluación externa, y observamos que: a) algunas ya fueron puestas en marcha, b) otras coinciden con las previsiones de nuestro planeamiento, c) un grupo no estaban contempladas, lo cual resulta enriquecedor".

Por último, se destacan las palabras del rector: "Deseo reiterar nuestro agradecimiento a la labor desarrollada por la CONEAU en el proceso de promover el mejoramiento de la calidad universitaria, y destacar que no hemos vivido su actuación como una intromisión, sino como un apoyo permanente al proceso de autoevaluación que es vocación de nuestra universidad, en el ejercicio responsable de su autonomía".

De las entrevistas, surge un cambio fáctico realizado en la gestión a raíz del proceso de evaluación institucional:

> Escuela de posgrado que ahora no existe más... bueno, eso es una recomendación aceptada de la CONEAU, de la evaluación institucional. [...]. A partir de este año se creó el Instituto de Ingeniería Ambiental y la Dirección de Posgrado pasó a depender de esa unidad académica. [...] era una inconsistencia severa. Porque la escuela de posgrado era una unidad académica, que tenía, entre comillas, un nivel prescriptivo respecto de la oferta de posgrado de otra unidad académica, entonces se salía de perfil (asesor. Rectorado).

En este caso de estudio, de las entrevistas surge que, previo a la evaluación externa de CONEAU, la universidad convocó a un grupo de cuatro expertos y sometió su autoevaluación a esta mirada. Los entrevistados manifiestan que esa evaluación externa tuvo "mayor riqueza", "mayor impacto", "dicen cosas más sustantivas", "se encuentra mucho más jugo", que el informe de CONEAU, que consideran "más rígido", ya que CONEAU es "más políticamente correcta":

> Esta universidad sometió su autoevaluación a una mirada externa, antes de la evaluación externa de la CONEAU. La sometió a una mirada de expertos, allí estuvo [nombre] y fue un momento bien interesante. Nosotros, cuando te decimos que nos parece que el impacto de las recomendaciones y de la evaluación institucional no fue tan alto como suponíamos, ahora estamos revisando, es porque ese documento, el documento que produjeron esos cuatro expertos, es muy impactante respecto de lo que se vio en la autoevaluación, y nos parece que ahí hay unos cuantos guantes que no fueron recogidos, digo [...]. Por ejemplo, concretamente esta evaluación de estos cuatro expertos es mucho más rica que la CONEAU... sí, la vamos a repetir así, pero te aclaro que vamos a tomar en cuenta las recomendaciones de esos expertos (asesor. Rectorado).

> Como no es una evaluación de un organismo público, tiene una mayor frescura, mayor flexibilidad (asesor. Rectorado).

> Ahí [autoevaluación sometida a cuatro expertos] uno puede encontrar mucho más jugo que en la CONEAU, la CONEAU es más rígida (secretario académico. Rectorado).

En todo caso, CONEAU es más políticamente correcta, no te va a decir nada que vos no hayas sometido a tu propia autoevaluación, en cambio ahí hay un nivel de provocación muy atractivo, porque dicen cosas más sustantivas, digamos, ¿no?... en general yo creo que eso funciona bien cuando [...] es el problema de los pares y los expertos (directivo. Rectorado).

En el cuadro 9.1 se muestra, esquemáticamente, el impacto en términos de "cambios para la mejora" y "obstáculo para la mejora" de la política de evaluación institucional en las funciones sustantivas y en la gestión.

Cuadro 9.1. Impacto de la política de evaluación institucional en las funciones docencia, investigación, extensión y gestión. Caso 4

Áreas de análisis	Dimensiones	Impacto		Obstáculos para la mejora
		Cambios para la mejora		
		Enunciativos	Fácticos	
1. Función Docencia	1.1 Cuerpo de los profesores: titulación académica, dedicación, categorización, formación pedagógica, selección*. *cambio fáctico	X	X	No se hallaron
	1.2 Proceso-metodología de enseñanza-aprendizaje	X	-	
	1.3 Currículum. Planes y programas	X	X (consensos básicos sobre diseños del plan de estudio)	
	1.4 Alumnos y graduados	X	-	
2. Función Investigación	2.1 Profesores investigadores. Formación de recursos humanos.	X	-	
	2.2 Proyectos de investigación.	X	-	
	2.3 Financiamiento de la investigación.	X	-	
	2.4 Productos de investigación.	X	-	
	2.5 Infraestructura - equipamiento y biblioteca	X	X	
3. Función Extensión	3.1 Concepto de extensión.	-	-	
	3.2 Programas de extensión.	X	-	
4. Gestión	4.1 Gestión de la calidad de los procesos de evaluación y acreditación.	X	X	

x: hallazgo de impacto
-: no se halló impacto
Fuente: elaboración propia a partir del análisis documental y de las entrevistas

Conclusión

Para este caso de estudio se concluye que la política de evaluación institucional impactó produciendo cambios enunciativos y fácticos solo en la *función gestión* y, más levemente, en algunas subdimensiones de la *función docencia:* "selección de profesores" y "programas".

En la *función investigación* y en la *función extensión* solo se hallaron cambios enunciativos hacia la mejora. Si bien se halló un cambio fáctico en la dimensión "infraestructura, equipamiento y biblioteca", este responde más a una política institucional que al mismo proceso de evaluación.

Los entrevistados coinciden en afirmar que el impacto de esta política fue leve: "La institución se desarrolla por unos caminos que —ahora que nosotros abordamos la vía institucional— parecen ser bien distintos de las recomendaciones que hubo en el momento de la evaluación institucional".

De las entrevistas, surge que se está preparando la segunda evaluación institucional, de la cual se espera que tenga más impacto que la primera:

> *Nosotros ahora estamos por lanzar el año que viene la siguiente autoevaluación para hacer una nueva evaluación institucional de la CONEAU, y esperemos que el impacto sea mayor (secretario académico. Rectorado).*

9.3.2. Impacto de la política de acreditación de carreras de grado: ciencias aplicadas, carrera de Ingeniería en Materiales (unidad académica: Instituto de Tecnología)

Se toma el caso de la carrera de Ingeniería en Materiales. Esta carrera se inserta en la unidad académica Instituto de Tecnología Jorge Sábato (en adelante el Instituto de Tecnología) y es producto de un convenio entre la universidad y la Comisión Nacional de Energía Atómica. Los postulantes al ingreso a la carrera deben acreditar una formación previa en ciencias básicas (Matemática, Física y Química) semejante a la que se adquiere usualmente luego de cursar los dos primeros años de una carrera de Ingeniería o licenciatura en Física o Química. Esta acreditación se realiza mediante un riguroso examen de ingreso.

La carrera se presentó a la primera convocatoria voluntaria para la acreditación de carreras de Ingeniería, realizada por CONEAU mediante Ordenanza 032 y Resoluciones 147/02, 293/02 y 294/02, en cumplimiento de lo establecido por la Resolución del ME 1232/01.

El Comité de Pares Evaluadores (CPE) de la CONEAU consideró que esta carrera cumple con el perfil de acreditación previsto por los estándares establecidos en la Resolución 1232/01, mereciendo la acreditación por el término de seis años. Solo se hicieron recomendaciones en orden a la excelencia de la calidad académica

Las entrevistas con las autoridades se realizaron en pleno proceso de reacreditación de la carrera.

La percepción general de las personas entrevistadas acerca del impacto del proceso de acreditación es positiva. Sin embargo, consideran que el impacto no fue mayor debido a que estaban muy bien posicionados, con mucha trayectoria, en docencia e investigación:

> En nuestro caso, uno no puede decir que haya habido grandes cambios, porque partíamos con muchas de esas cosas que ya estaban (coordinadora de la carrera. Instituto de Tecnología).

> Ahora, de ahí al efecto que pudo haber tenido la presencia de CONEAU ante todas las universidades yo creo que hay mucha disparidad, esto es una opinión personal, pero sí creo que de todos modos ha sido, digamos, el efecto no ha sido el mismo, pero siempre ha sido bueno, esa es mi apreciación. [...] yo le digo, hace 25 años que estoy en gestión académica en la Comisión Nacional [nombre] y como alumno tengo más años, soy de los viejos, y realmente siempre me pareció que era importantísimo opinar sobre cómo se desarrollaba una clase, y cuando yo empecé a hacer actividades de gestión, de coordinación, de dirección, un poco de funcionamiento, siempre tuvimos muy en cuenta la opinión de los alumnos, lo mismo que la opinión de los docentes, lo mismo que la reunión en donde tratábamos de buscar cuál era la mejor forma entre todos. Creo que eso es importante, pero no es lo común, bueno, a nosotros eso nos ha hecho poder acercarnos mejor a estándares de calidad, realmente tenemos una trayectoria y un resultado en la evaluación muy satisfactorio en ese sentido (secretario general y académico. Instituto de Tecnología).

> La Ingeniería del Instituto de Tecnología [nombre] está acreditada por seis años. Ahora creo que se están presentando a acreditar otra vez. Ahí hay una realidad distinta porque está inserta dentro del marco de la Comisión Nacional [nombre]. Entonces el laboratorio, el personal [...] la Comisión Nacional pone buena parte de sí misma (secretario académico. Decano electo a partir de 2010. Escuela de Ciencia y Tecnología).

Para la *función docencia*, se hallaron cambios enunciativos en la dimensión "cuerpo de profesores" a partir de una recomendación de la CONEAU para el mejoramiento de la calidad en orden a la excelencia académica (avanzar hacia una capacitación sistemática de los docentes en aspectos referidos a la estructura disciplinar para la enseñanza, no únicamente relacionados a lo metodológico, vinculados a las diferentes áreas de la carrera).

De las entrevistas surge que no hay cambios debido a que la carrera tiene muchas fortalezas:

> Esta situación de relación entre la universidad y la Comisión Nacional [nombre], o sea, la carrera viene de acá, si bien como carrera no era, empezaba también, pero tiene atrás años de cursos, de materiales, y así a nivel regional, latinoamericano, entonces era nueva, pero tenía un aval que la apoyaba. Además la carrera empezó después de la maestría, todos los años de formación

en recursos humanos que había, que eran como cincuenta en el departamento de materiales en este predio, en este ámbito, entonces después se plasmaron en la maestría, que fue la primera actividad que se hizo en la universidad, y después surgió la de Ingeniería, la maestría empezó en el 93, 94 y en el 96 la ingeniería, entonces... es nuevo y no tan nuevo, esa es la ventaja. Por eso pudo de entrada tener esa acreditación por seis años, porque digamos que este lugar está muy relacionado con la investigación, los docentes, la mayoría, son de acá, entonces hacen investigación. Tiene, cosa no común en las ingenierías, muchos docentes full time. Con la acreditación de 2002 nosotros en el 2000 se habían recibido los primeros ingenieros, tenemos dos camadas, tres camadas (coordinadora de la carrera. Instituto de Tecnología).

No se hallaron cambios ni enunciativos ni fácticos para la dimensión "metodología de enseñanza-aprendizaje".

Para la dimensión "currículum, plan de estudio y programas", se hallaron cambios enunciativos: a) efectuar modificaciones en el plan de estudios atendiendo a los temas que resultaron más deficitarios en el ACCEDE (cálculo mecánico y diseño); b) realizar una revisión del plan de estudios y de su organización de tal manera que el tiempo de duración teórica de la carrera, incluidos los estudios requeridos para el ingreso, se equiparen a los cinco años en que habitualmente se programa la formación de grado en ingeniería.

Sin embargo, de las entrevistas surge que los principales cambios realizados al plan de estudio no se produjeron a raíz del proceso de acreditación, sino como un proceso interno de mejora, donde la acreditación ayudó a que se ordenasen las cosas:

No, nosotros hicimos cambios en el plan de estudio en Ingeniería. [...]. La experiencia ya en los primeros años demostró que había algunas cosas que eran mejores, bueno, una materia que había que por ahí estaba en el tercer cuatrimestre pasarla al segundo y la del cuarto al tercero. [...] no a raíz de la acreditación, yo diría que fue de la experiencia de los primeros años que uno fue aprendiendo e hizo eso. Sí, la acreditación para nosotros obviamente ordena las cosas, obliga a que uno ordene las cosas, las replantee (coordinadora de la carrera. Instituto de Tecnología).

En el plan de estudios hubo cambios, pero en realidad no por el proceso de acreditación, sino simplemente porque era una carrera nueva, y cuando a los cuatro años terminó la primera camada, se reciben los primeros ingenieros, ya estábamos replanteando y ordenando e hicimos algunos cambios y arrancamos con algunos cambios antes del proceso de evaluación. Lo que nos permite ser chicos nos permite ser ágiles en ese sentido (coordinadora de la carrera. Instituto de Tecnología).

Sí, yo creo que esta cuestión de adaptarnos y tener en cuenta los reclamos de los evaluadores o las recomendaciones muchas veces, es decir, las hemos compartido, porque nosotros mismos las hemos registrado (secretario general y académico. Instituto de Tecnología).

Para la dimensión "alumnos y graduados", del análisis de la resolución surge un cambio enunciativo a raíz de una debilidad planteada por la carrera en el informe de autoevaluación. Las condiciones de ingreso implican un exigente examen de conocimientos previos. En varias oportunidades no se ha logrado cubrir la totalidad de las vacantes. La unidad académica reconoce el problema, lo adjudica a la falta de difusión. Como plan de mejora, se menciona que se ha incorporado a un especialista para atender las tareas de difusión de la institución y de la carrera.

No hubo sugerencias de CONEAU, más allá de "efectivizar la implementación de los planes propuestos".

De las entrevistas, surge que la acreditación impactó fuertemente en la difusión de la carrera, lo que se reconoce como un cambio fáctico:

¿Sabés dónde impactó más?, en la difusión. Nosotros tenemos problemas de difusión porque no nos conocen, y cuando empezaron a aparecer las acreditaciones de las carreras, decían, ¿esto qué es?, ¿seis años?, y esas cosas [...] en realidad la difusión de la institución, porque [...] no sé, hasta que vos viniste acá, ¿sabías que existíamos? Esto es [...] no es una experiencia nueva, pero no hay muchas carreras que están organizadas de esa manera, entonces por eso seguro que impacta, pero no impacta como puede ser en otro lugar (coordinadora de la carrera. Instituto de Tecnología).

Para casi todas las dimensiones de la *función investigación*, del análisis documental y de las entrevistas no surgen cambios enunciativos ni fácticos hacia la mejora, debido a que se trata de una de las fortalezas del instituto.

No impactó. Porque los proyectos de investigación están, los productos de investigación están ahí, [...] todo el soporte para eso está acá (coordinadora de la carrera. Instituto de Tecnología).

Para la dimensión "infraestructura, equipamiento y biblioteca", del análisis documental surgen cambios enunciativos debido a que la propia institución reconoció la necesidad de mejorar en algunos aspectos y propone los planes de mejora: a) se reconoce la conveniencia de incorporar obras para mantener actualizado el material de consulta y se propone incorporar volúmenes con fondos externos; b) plan de mejoramiento para facilitar acceso a la información; c) plan de mejoramiento de la capacidad de procesamiento de las computadoras disponibles; d) se propone mejorar el acceso de los alumnos a libros de texto actualizados y la infraestructura de análisis químico por vía húmeda; e) planes concretos para mejorar el acceso de los alumnos a la bibliografía, mejorar la infraestructura del laboratorio de vía húmeda, mejorar infraestructura antigua y partes sanitarias, mejorar acceso de docentes y alumnos a programas de uso específico. Al respecto, el CPE de CONEAU considera que si bien "los planes de mejoramiento no están expuestos en detalle, sin embargo, estos no están destinados a subsanar debilidades significativas, por lo que no se requiere su formulación".

Se realizan algunas recomendaciones de CONEAU para el mejoramiento de la calidad en orden a la excelencia (cambios enunciativos): a) podrían mejorarse las computadoras personales, ya que todas son Pentium I; b) renovar la infraestructura de un sector de sanitarios; c) efectivizar la implementación de los planes propuestos.

Del análisis documental y de las entrevistas, no surgen cambios enunciativos ni fácticos hacia la mejora de la *función extensión* y sus dimensiones.

Del análisis documental surgen cambios enunciativos para *la función gestión* (procurar el desarrollo de planes de capacitación del personal administrativo, informatizar el sector administrativo). De las entrevistas surgen cambios fácticos referidos al ordenamiento de las cosas gracias al proceso de acreditación:

> *Sí, la acreditación para nosotros sirvió. Obviamente ordena las cosas, obliga a que uno ordene las cosas, las replantee (coordinadora de la carrera. Instituto de Tecnología).*

También se reconoce que el hecho de decir "CONEAU demanda que hagamos tales actividades" facilita para que haya menos resistencia en el cuerpo docente y, por lo tanto, una mejora. Legitima acciones directivas:

> *Con respecto a los vínculos así con la mejora y la CONEAU, creo que hemos sido muy cuidadosos en las recomendaciones de CONEAU de fortalecer por ahí una política que nosotros queríamos compartir entre todos. Tal vez a veces la visión de la gente era que esta es la mejor manera, en realidad nos aprovechamos un poco. Es decir, yo soy de los que piensan que a CONEAU uno le tiene que decir lo que hace, mostrar lo que hace y defender lo que hace, no que tiene que hacer todo lo que la CONEAU quiere que uno haga. Pero a los docentes muchas veces decirles "CONEAU exige tal cosa" ayudaba a que el docente mismo tuviera en claro que eso era algo compartido con nosotros también, pero si le decíamos nuestra idea, asociada a que CONEAU apoya eso, era importante, "el seguimiento de los egresados mirá que CONEAU lo tiene en cuenta...", entonces, bueno, vamos a dedicar algo para hacer el seguimiento de los alumnos, ese tipo de cosas... sí, el hecho de decir "CONEAU" ayuda. Igual yo creo que realmente no debo hacer las cosas porque CONEAU pide, quiere o manda, digo, entiendo que es más o menos, tenemos bastante coherencia en las aspiraciones. Pero nosotros debemos tratar de defender lo que hacemos y justificar por qué de esta manera, porque a veces hay ciertas condiciones que CONEAU las plantea de una manera y uno las tiene algo parecidas, pero no totalmente iguales, entonces las tiene que presentar y justificar por qué... y creo que eso ha sido algo que siempre hemos hecho. Yo defiendo eso y acá todos, digo, yo defiendo porque como estoy hablando yo me hago cargo, pero sí es cierto que a veces el hecho de decir "CONEAU demanda que hagamos tales o cuales actividades" ayuda a que se facilite, a que haya menos resistencia en el ámbito del cuerpo docente y por ende una mejora (secretario general y académico. Instituto de Tecnología).*

En el cuadro 9.2 se muestra, esquemáticamente, el impacto de la política de acreditación de la carrera de Ingeniería en Materiales en las funciones sustantivas y en la gestión.

Cuadro 9.2. Impacto de la política de acreditación de carreras de grado de Ingeniería en Materiales (Instituto de Tecnología) en las funciones docencia, investigación, extensión y gestión. Caso 4

Áreas de análisis	Dimensiones	Impacto		
		Cambios para la mejora		Obstáculos para la mejora
		Enunciativos	Fácticos	
1. Función Docencia	1.1 Cuerpo de profesores: titulación académica, dedicación, categorización, formación pedagógica*, selección, evaluación. (*dimensión afectada)	X	-	No se hallaron
	1.2 Proceso-metodología de enseñanza-aprendizaje	-	-	
	1.3 Currículum. Planes y programas	-	-	
	1.4 Alumnos y graduados	X	X (difusión)	
2. Función Investigación	2.1 Profesores investigadores. Formación de recursos humanos.	-	-	
	2.2 Proyectos de investigación.	-	-	
	2.3 Financiamiento de la investigación.	-	-	
	2.4 Productos de investigación.	-	-	
	2.5 infraestructura - equipamiento y biblioteca	X	-	
3. Función Extensión	3.1 Concepto de extensión.	-	-	
	3.2 Programas de extensión.	-	-	
4. Gestión	4.1 Gestión de la calidad de los procesos de evaluación y acreditación.	X	X	

x: hallazgo de impacto
-: no se halló impacto
Fuente: elaboración propia a partir del análisis documental y de las entrevistas.

Conclusión

Se concluye que la política de acreditación de carreras de grado para la carrera de Ingeniería en Materiales, perteneciente a un instituto de investigación (Instituto de Tecnología), solo impactó produciendo cambios enunciativos y fácticos hacia la mejora en la *función gestión* y, en menor medida, en la dimensión "alumnos y graduados" de la *función docencia* (mayor difusión de la carrera).

Prácticamente no se hallaron cambios enunciativos ni fácticos en el resto de las dimensiones de la *función docencia,* ni en las *funciones de investigación* y *extensión.*

Esto se debe a que la carrera tiene muchas fortalezas relacionadas a la trayectoria en docencia e investigación provenientes de la Comisión Nacional [nombre] en alianza con esta universidad.

De las entrevistas no surge que esta política haya producido algún obstáculo hacia la mejora.

Es de destacar que, también en este caso de estudio, se admite el uso de "CONEAU" para legitimar acciones directivas: "A veces, el hecho de decir 'CONEAU demanda que hagamos tales o cuales actividades' ayuda a que se facilite, a que haya menos resistencia en el ámbito del cuerpo docente y, por ende, una mejora" (secretario general y académico. Instituto de Tecnología).

9.3.3. Impacto de la política de acreditación de carreras de grado: ciencias aplicadas, carrera de Ingeniería Electrónica, en el marco de la acreditación de otros proyectos de Ingeniería acreditados (unidad académica: Escuela de Ciencia y Tecnología)

Se toma el caso de la carrera de Ingeniería Electrónica. Esta carrera se inserta en la unidad académica Escuela de Ciencia y Tecnología. Fue acreditada en 2009. La carrera de Ingeniería Electrónica comenzó a dictarse en 2006 (su reconocimiento oficial fue obtenido en 2008). La carrera aún no cuenta con graduados. Previamente, tuvo acreditación como proyecto a los efectos de la validez nacional del título y al año se presentó para acreditar como carrera en la convocatoria correspondiente.

Las entrevistas con las autoridades de la Escuela de Ciencia y Tecnología se realizaron cuando la carrera seleccionada ya había obtenido la acreditación por tres años y otras carreras (proyectos) de la unidad académica se encontraban en pleno proceso de acreditación.

Los entrevistados consideran que para ellos es más difícil medir el impacto porque son nuevos en las ingenierías. Las siguientes palabras del secretario académico (a partir de 2010, decano de la Escuela de Ciencia y Tecnología) dan el marco para entender la situación de la unidad académica en relación con la acreditación de carreras de grado de Ingeniería:

> *Para nosotros es un poco más difícil medir el impacto, porque somos nuevos en las ingenierías. La universidad tiene siete carreras de Ingeniería, seis están asociadas a esta Escuela de Ciencia y Tecnología y una está en el Instituto de Tecnología [nombre]. De las seis vinculadas a esta escuela, una es más vieja, del año 2007. Se presentó primero a reconocimiento del título, que es Ingeniería Electrónica. Acreditamos el año pasado por primera vez no teniendo todavía la carrera completa. Este año presentamos cuatro más a reconocimiento de título y tenemos una que no entra en el artículo 43.*

> *Entonces tenemos muy poca experiencia. En reacreditación, solo el caso de Ingeniería Electrónica, primero acreditamos para el reconocimiento de título y después, el año pasado, nos presentamos a acreditar como carrera en funcionamiento (secretario académico. Decano a partir de 2010. Escuela de Ciencia y Tecnología).*

De la entrevista con las autoridades de esta unidad académica, como apreciación general, surge que es muy valorado el hecho de que "la acreditación vaya a parar a un plan de mejoras y que este venga con un premio bajo el brazo", se considera que "esto es bueno para el tema de la calidad":

> *Hay una cosa que es muy valorada y es que cuando uno acredita en general va a parar a un plan de mejoras y el plan de mejoras normalmente viene con un premio bajo el brazo. [...] Entonces eso sí es bueno para el tema de la calidad, claramente te mejora el perfil que puedas tener de la carrera el tema de los recursos (secretario académico. Decano a partir de 2010. Escuela de Ciencia y Tecnología).*

> *Sin embargo, una acreditación de la CONEAU deficiente en sí misma no mejora la enseñanza, pero me da armas para que yo pida financiamiento a las autoridades, a la SPU, etc., etc. (director de la carrera Ingeniería Electrónica. Escuela de Ciencia y Tecnología).*

En esta institución perciben que en este proceso de acreditación "no se les ha dicho nada que ellos no hubieran visto" y que "lo más valioso es la autoevaluación", ya que los pares pueden ser buenos consejeros pero "la transpiración para la mejora la hace la misma carrera":

> *Sacando el tema recursos, yo hasta ahora no he percibido algo que uno diga "ah, esto no lo había visto, tienen razón, necesito fortalecer tal cosa". [...] Más allá de la CONEAU en sí misma, lo que la CONEAU diga, en realidad la autoevaluación me parece que es buena (secretario académico. Decano a partir de 2010. Escuela de Ciencia y Tecnología).*

> *En realidad no creo que la CONEAU tenga incidencia, sino que el proceso de acreditación genera mecanismos que hacen reflexionar o bien el hecho de que un par advierta cosas que yo no advertía por obra de la costumbre. Creo que el proceso es muy útil, pero si la universidad se mejora es por uno y no por la CONEAU, digamos mi carrera. La CONEAU lo que hace es marcar comportamientos mínimos o rendimientos mínimos que son los estándares que fija el Ministerio, de ahí es uno el que tiene que hacer los planes de mejora, sin embargo, una acreditación de la CONEAU deficiente en sí misma no mejora la enseñanza, pero me da armas para que yo pida financiamiento a las autoridades, a la SPU, etc., etc., pero para que yo vea, los pares son buenos consejeros, pero la transpiración por la mejora la hace la carrera (director de la carrera Ingeniería Electrónica. Escuela de Ciencia y Tecnología).*

Para la *función docencia*, del análisis documental no surgen cambios enunciativos para la mejora en la dimensión "cuerpo de profesores" debido a que es considerada una fortaleza de la carrera. No obstante, de las entrevistas surge un cambio fáctico relacionado con la subdimensión "selección de profesores":

> *Un poco sí, o sea, digamos, porque vos decís "hay que nombrar docentes para la carrera", y dicen "ah, sí, yo conozco uno que da esta materia...". Uno dice, "pará, esta persona ¿cuál es la inserción que va a tener?, bueno, no, prefiero alguien que venga y haga tal cosa porque después, cuando acreditamos, vamos a tener que mostrar algo". En general es una cosa objetiva bastante irrebatible (secretario académico. Decano a partir de 2010. Escuela de Ciencia y Tecnología).*

Para las otras subdimensiones "categorización" y "formación pedagógica" del cuerpo docente, en las entrevistas se ratifica lo hallado en el análisis documental, es decir, no se produjeron cambios hacia la mejora a raíz de este proceso:

> *Categorización, no, eso no pasó (secretario académico. Decano a partir de 2010. Escuela de Ciencia y Tecnología).*

> *Formación pedagógica no porque tenemos una gente que hace, se ocupa de pedagogía [...] eso también lo encontrarás en todos lados, porque todas las carreras de ingeniería tienen un sector dedicado a la atención del alumno, las tutorías, nosotros no somos la excepción, [...], tenemos un programa que se llama programa de pedagogía acá en la Escuela, que funciona bastante bien, nada más (secretario académico. Decano electo a partir de 2010. Escuela de Ciencia y Tecnología).*

Para la dimensión "metodología de enseñanza-aprendizaje", del análisis documental y de las entrevistas surge que el proceso de acreditación no impactó.

Del análisis documental no surgen cambios enunciativos para esta dimensión "currículum, plan de estudio y programas". No obstante, de las entrevistas surgen cambios fácticos y una leve relación con el proceso de acreditación, principalmente en términos de "oportunidad" debido al proceso de autoevaluación y a la posibilidad de conseguir fondos:

> *Cambio en los planes de estudio, sí, eso pasó (secretario académico. Decano a partir de 2010. Escuela de Ciencia y Tecnología).*

> *Bueno, en realidad se hizo un cambio del plan de estudio, pero más por convicción propia que porque hubiese un mandato de la CONEAU. Vamos a ver, si uno conoce bien la carrera, lo que uno tiene que hacer para la CONEAU es el proceso de autoevaluación, y sería muy tonto que uno dijera "hasta que yo no hice el proceso de autoevaluación no sabía los problemas que tenía". Yo diría que el proceso en sí mismo es necesario como ejercicio, tiene que ser reiterado, es mi obligación, a mí me paga, el pueblo me paga mi sueldo y uno dice "debo responder por la carrera que llevo a cabo con fondos públicos". Pero no diría que el proceso me ha significado un cambio*

de mentalidad, aunque sí insisto como un proceso que me dio "oportunidad de financiación", porque llego más fácil arriba pidiendo plata cuando digo "este es un compromiso con la CONEAU" (director de la carrera Ingeniería Electrónica. Escuela de Ciencia y Tecnología).

Del análisis documental surge que el proceso de acreditación no impactó produciendo cambios hacia la mejora en la dimensión "alumnos y graduados". Sin embargo, en las entrevistas se halla un cambio fáctico para la subdimensión "relación docente-alumno" gracias a los compromisos asumidos y al PROMEI:

Relación alumno profesor... eso sí mejoró, o sea, eso mejoró básicamente porque uno toma compromisos y viene el PROMEI y uno tiene que poner la contraparte (secretario académico. Decano partir de 2010. Escuela de Ciencia y Tecnología).

En el análisis documental no se hallaron cambios hacia la mejora en la *función investigación*. Es considerada una fortaleza.

En las entrevistas se menciona que en esta universidad siempre hubo claridad acerca de la importancia de la investigación, más allá de un proceso de acreditación:

Bueno, en realidad la carrera nuestra de Ingeniería Electrónica es propiamente reciente, de manera que en realidad, más que un programa de mejoras, lo que tenemos es un programa de desarrollo de llegar a terminar el cuatrimestre número 11 y tener algún graduado, no hay todavía un graduado. En esta universidad siempre hubo la claridad de saber que la parte de investigación es importante, de manera que tampoco necesitamos que venga un proceso de acreditación para decirnos qué tenemos que investigar, y como carreras de ingeniería con mis alumnos de segundo año no puedo hacer gran cosa, pero es evidente, si se trata de obtener recursos haciendo transferencias a terceros, no se lo voy a tener que pedir a una licenciatura académica, sino a las carreras de ingeniería. De manera que yo diría que, si fuera por considerar el impacto, digamos, conceptual, no fue gran cosa el impacto conceptual, las cosas que tenemos que hacer en investigación y extensión las teníamos claras desde un principio, el proceso de acreditación solo hizo que consideráramos ahora una obligación material lo que antes pensábamos que era una obligación intelectual, pero no más que eso (director de la carrera de Ingeniería Electrónica. Escuela de Ciencia y Tecnología).

No obstante, de la entrevista con el secretario académico (decano a partir de 2010) surge que existe una leve relación entre la mejora de la investigación —dimensiones "profesores investigadores" y "proyectos de investigación"— y los procesos de acreditación. Esto se debe a que buscan docentes "que ya vengan con proyecto de investigación":

Funciones de investigación, profesores investigadores, formación de recursos humanos, eso también. Proyectos de investigación, otra vez, uno ahí necesita un docente, bueno, necesita un docente que venga con un proyecto de investigación, porque si viene solo a dar clase, no te sirve después para acreditar (secretario académico. Decano electo a partir de 2010. Escuela de Ciencia y Tecnología).

Para la dimensión "financiamiento de la investigación", de esta entrevista surgen cambios fácticos, gracias al PROMEI, si bien se lo considera prematuro:

Financiamiento de la investigación [...]. A ver, lo que nosotros tenemos como PROMEI, por ejemplo: el año que viene es el tercer año de la carrera, es el primer año donde vamos a incorporar docentes con el PROMEI, que está dedicado a investigación, o sea, a contratar docentes para que hagan investigación, entonces todavía es como que es prematuro en cuanto al impacto que eso va a tener (secretario académico. Decano a partir de 2010. Escuela de Ciencia y Tecnología).

También se reconocen indicios de cambios fácticos en la dimensión "productos de investigación":

Productos de investigación, por eso extrapola, seguro que va a tener un impacto positivo, pero está pasando de a poco eso... recién está empezando a darse... (secretario académico. Decano a partir de 2010. Escuela de Ciencia y Tecnología).

En el análisis documental y de las entrevistas se hallaron cambios enunciativos y fácticos hacia la mejora para la dimensión "infraestructura, equipamiento, biblioteca".

Del análisis documental surge una debilidad detectada por la carrera en el informe de autoevaluación (la construcción y el equipamiento del laboratorio correspondiente a las Tecnologías Aplicadas de la carrera de Ingeniería Electrónica aún no ha concluido). La carrera elaboró un plan de mejoras. El plan de mejoras tiene por objetivo crear y equipar el Laboratorio de Tecnologías Aplicadas y cuenta con un financiamiento proveniente del PROMEI a desarrollarse en el período 2008-2010. Este prevé la compra de determinado equipamiento. La CONEAU recomienda concluir con la construcción y el equipamiento del laboratorio correspondiente a las Tecnologías Aplicadas de la carrera de Ingeniería Electrónica.

De las entrevistas surge que el cambio hacia la mejora y su relación con el proceso de acreditación es real. Surge nuevamente el aporte del PROMEI:

Infraestructura, bibliotecas, yo creo que acá hay también un impacto (secretario académico. Decano a partir de 2010. Escuela de Ciencia y Tecnología).

> En el caso concreto de la carrera de Ingeniería Electrónica acá, la secretaría de políticas universitarias, por el plan de mejora nos aportó un PROMEI por 940 mil pesos, no es para nada desdeñable... es más, en realidad no debería ser nada desdeñable, es decir, un aporte considerable, digamos. Nos permitió equiparnos, todavía seguimos porque es un plan de tres años, o sea que yo diría que el proceso de acreditación no debería pensarse limitado a la CONEAU, porque debo confesar que la Secretaría de Políticas Universitarias acompañó el proceso con presupuesto para las mejoras, entonces... honor al mérito (director de la carrera Ingeniería Electrónica. Escuela de Ciencia y Tecnología).

Del análisis documental no surge impacto alguno para la *función extensión*. En las entrevistas se menciona que impactó levemente produciendo cambios fácticos hacia la mejora en la extensión entendida como "transferencia de servicios":

> Acá más que nada con la transferencia y servicios... sí, algo impactó (secretario académico. Decano electo a partir de 2010. Escuela de Ciencia y Tecnología).

Para la *función gestión*, del análisis documental surgen cambios enunciativos y fácticos, como por ejemplo "planes de mejora evaluados muy positivamente por el CPE de CONEAU". En las entrevistas se hallaron más cambios fácticos hacia la mejora, relacionados con los procesos de acreditación (en el marco de la acreditación de los proyectos de carreras de Ingeniería). Por ejemplo, se considera que, para un caso particular, "fue útil que nos dijeran lo que todo el mundo sabía pero nadie resolvía", también se reconoce la utilidad del "proceso interno de hacer la autoevaluación":

> Hace dos semanas recibimos los informes de cuatro ingenierías que presentamos para reconocimiento de título, en uno nos dijeron "esta carrera no tiene perfil de ingeniería". Bueno, sí, no tiene perfil de ingeniería, no es que no supiéramos que no tenía perfil de ingeniería, simplemente pasaron otras cosas ahí, conflictos internos, no vale la pena entrar en detalles. Vinieron a decirnos lo que era lógico, pero si querés... sí, fue útil que nos dijeran lo que todo el mundo sabía pero nadie resolvía. [...] Por lo menos, metió el dedo en un lugar donde la gente que tenía que tomar la decisión de moverse en tal dirección no lo estaba haciendo, no lo había hecho... en ese sentido, fue útil. Y después el resto ya son todas carreras nuevas, más o menos las cosas que esperábamos, falta docente en tal lado, falta laboratorio de tal cosa que uno cuando hace la autoevaluación lo declara. Más allá de la CONEAU en sí misma, de lo que la CONEAU diga, en realidad la autoevaluación me parece que es buena. El proceso interno de hacer la autoevaluación que igual puede ser perfectible (secretario académico. Decano a partir de 2010. Escuela de Ciencia y Tecnología).

De las entrevistas también surge que, en relativamente poco tiempo, se están instalando en la gestión mecanismos permanentes de autoevaluación:

Uno ya después que hizo dos autoevaluaciones [...]. La primera autoevaluación que hicimos, que fue en el 2008, el año pasado, 2007 para 2008, bueno, fue una movida así, pero de ingenieros, de reuniones, con gente, con docentes, alumnos, enorme revuelo alrededor de la autoevaluación, hicimos una autoevaluación creo que razonable. Después ya tenés el mecanismo, ya sabés cómo es y, digamos, de la autoevaluación que hiciste para esta carrera hay muchas cosas que te sirven para la siguiente. Ya estás en un mecanismo que sabés que eso te va a tocar, entonces un poco lo vas haciendo y no esperás al día que te dicen "che, tenés que acreditar, empezá con el proceso". Sino que continuamente estás de alguna manera acreditando. Lo mismo que los planes de mejora, vos sabés que vas a tener que tener una autoevaluación y vas a tener que haber hecho un plan de mejoras desde la última hasta la que viene, entonces estás como que eso existe y sabés que el sistema es así y que después vos tenés que responder ante el sistema (secretario académico. Decano a partir de 2010. Escuela de Ciencia y Tecnología).

También se considera que el proceso ayuda a organizar la gestión, por los tiempos y formatos, ya que, "de lo contrario, se podría estar haciendo lo mismo pero de forma más difusa, más dispersa". Incluso se considera que ese mecanismo es aplicable a carreras no acreditables y así se va "trasvasando la experiencia":

Gestión: esto te ayuda, te ayuda porque te ayuda a organizarlo. El tema que también te pongan formatos y te pongan tiempos, eso te ayuda mucho a organizar, si no, por ahí, vos estás haciendo lo mismo pero de una forma más difusa, dispersa. Esto te ayuda a ponerlo en términos concretos y después eso que hiciste tranquilamente se lo puedo aplicar a las carreras, aunque no sean acreditables, y llevás, o sea, vas trasvasando esa experiencia, sí... (secretario académico. Decano electo a partir de 2010. Escuela de Ciencia y Tecnología).

No se mencionan obstáculos hacia la mejora relacionados al proceso de acreditación de carreras de grado de Ingeniería.

En el cuadro 9.3 se muestra, esquemáticamente, el impacto de la política de acreditación de la carrera de grado Ingeniería Electrónica, en las funciones sustantivas y en la gestión. El impacto se muestra en el marco de la acreditación de varios proyectos de carrera de Ingeniería de esta unidad académica acreditados por CONEAU.

Cuadro 9.3. Impacto de la política de acreditación de carreras de grado: Ingeniería Electrónica (en el marco de otros proyectos de Ingeniería de la unidad académica acreditados) en las funciones docencia, investigación, extensión y gestión. Caso 4

Áreas de análisis	Dimensiones	Impacto		
		Cambios para la mejora		Obstáculos para la mejora
		Enunciativos	Fácticos	
1. Función Docencia	1.1 Cuerpo de los profesores: titulación académica, dedicación, categorización, formación pedagógica, selección* - evaluación (*subdimensión afectada)	-	X	No se hallaron
	1.2 Proceso-metodología de enseñanza-aprendizaje	-	-	
	1.3 Currículum. Planes y programas	-	X	
	1.4 Alumnos y graduados. Relación alumno-profesor.* * subdimensión afectada	-	X	
2. Función Investigación	2.1 Profesores investigadores. Formación de recursos humanos.	-	X	
	2.2 Proyectos de investigación.	-	X	
	2.3 Financiamiento de la investigación.	-	X	
	2.4 Productos de investigación.	-	X	
	2.5 infraestructura-equipamiento y biblioteca	X	X	
3. Función Extensión	3.1 Concepto de extensión.	—	-	
	3.2 Programas de extensión (como transferencia y servicio)	-	X	
4. Gestión	4.1 Gestión de la calidad de los procesos de evaluación y acreditación.	X	X	

X: hallazgo de impacto (compartido con el cambio de gestión de la facultad)
-: no se halló impacto
Fuente: elaboración propia a partir del análisis documental y de las entrevistas

Conclusión

Se concluye que la política de acreditación de carreras de grado de Ingeniería, para la carrera de Ingeniería en Electrónica (en el marco de otros proyectos de carreras de Ingeniería de la unidad académica, acreditados por CONEAU), produjo principalmente cambios fácticos hacia la mejora en la *función docencia*, solo en la dimensión "cuerpo de profesores", subdimensión "selección". También se hallaron, aunque más levemente, cambios fácticos en todas las dimensiones de la *función investigación* y en la *función gestión*. En la *función extensión* (entendida como transferencia de servicios) se considera que la política impactó, pero muy levemente.

Los cambios hallados en la *función docencia* e *investigación* tienen estrecha relación con el PROMEI y con el proceso de autoevaluación de la carrera.

No se hallaron obstáculos hacia la mejora como consecuencia de la política de acreditación de carreras de grado de Ingeniería.

Los entrevistados reconocen que el proceso es muy útil, debido a que promueve mecanismos que generan reflexión y a que permite acceder a financiamiento para planes comprometidos. Lo más importante es lo que hace la propia institución en oportunidad de estas políticas:

> *Más allá de la CONEAU en sí misma, de lo que la CONEAU diga, en realidad la autoevaluación me parece que es buena. El proceso interno de hacer la autoevaluación igual puede ser perfectible (secretario académico. Decano a partir de 2010. Escuela de Ciencia y Tecnología).*

9.3.4. Impacto de la política de acreditación de carreras de posgrado

Se analizaron resoluciones de acreditación de 13 carreras de posgrados: dos de ciencias de la salud, tres de ciencias aplicadas (unidad académica Instituto de Tecnología [nombre]) y ocho de ciencias sociales (dos pertenecientes a la unidad académica Instituto de Altos Estudios Sociales y seis pertenecientes a la ex-Escuela de Posgrado).

Como ya se dijo, en relación con los posgrados, el Instituto de Tecnología tiene posgrados, pero la Escuela de Ciencia y Tecnología no tiene carreras de posgrado.[65] Para ciencias sociales, la Escuela de Posgrado se disolvió. Queda pendiente, para una futura investigación, hacer entrevistas a directivos relacionados con la acreditación de posgrados en ciencias sociales, por ejemplo, directivos del Instituto de Altos Estudios Sociales, cuyos posgrados se analizaron solo documentalmente.

Como se ha dicho en cada caso de estudio, cabe adelantar que la mayoría de los cambios detectados en las resoluciones de acreditación analizadas se corresponden con lo que hemos denominado "cambios enunciativos hacia la mejora". Se encontraron *pocos* cambios "fácticos hacia la mejora", es decir, cambios producidos por la carrera en oportunidad de la respuesta al informe de evaluación realizado por el Comité de Pares Evaluadores (lo que técnicamente se denomina "respuesta a la vista") o en respuesta a las recomendaciones de una acreditación anterior. Esto no necesariamente implica que no se produzcan cambios hacia la mejora en los posgrados a raíz del proceso de acreditación, sino, más bien, estaría mostrando las limitaciones que tiene —en la etapa actual de maduración de esta política— el

---

[65] "Hasta hace unos meses atrás había una escuela de posgrado. [...] *bien, la escuela de posgrado se deshizo y* se resolvió que el posgrado dependa de las escuelas y entonces ahora descubrimos que tenemos que ocuparnos de crear posgrados" (director de la carrera de grado Ingeniería Electrónica, Escuela de Ciencia y Tecnología).

uso de resoluciones de acreditación de carreras de posgrado como fuente de información para analizar cambios fácticos.

Entre esas limitaciones señalamos principalmente tres: primero, la escasez de información volcada en las resoluciones de acreditación analizadas; segundo, la mayoría de los casos analizados solo cuenta con una primera acreditación (como proyecto o como carrera en funcionamiento); tercero, el procedimiento de acreditación de carreras de posgrado no contempla una situación intermedia —acreditar con compromisos de mejora—, como sucede con las acreditaciones de carreras de grado, y, además, en muchos casos la visita de los pares a la institución no se realiza o, cuando se realiza, es muy breve y a cargo de un solo par evaluador.

Lo descrito antes nos permite afirmar que la indagación de cambios en carreras de posgrado a partir de un análisis documental es metodológicamente apropiada pero insuficiente. Como surge de las entrevistas, muchos de los cambios se realizan antes de su presentación a la acreditación a fin de adecuar/acomodar la carrera a los estándares de acreditación definidos por la Resolución Ministerial 1168/97: "Estándares de Acreditación para Carreras de Posgrado". Esta situación no puede observarse desde las resoluciones de acreditación. Además, las entrevistas se focalizaron en los directivos de una de las unidades académicas de los posgrados analizados (Instituto de Tecnología), no en directores de carreras de posgrado ni, para este caso de estudio, en directivos de otras unidades cuyos posgrados fueron analizados documentalmente. Debido al tipo de información a la que hemos accedido, hemos optado por hablar de "indicios" de cambios tanto enunciativos como fácticos.

Los indicios de cambio de aquellas carreras que han pasado por más de un proceso de acreditación son más contundentes y reales (fácticos), debido a que dan cuenta de recomendaciones efectuadas por CONEAU en la acreditación anterior. Este caso de estudio tiene pocos posgrados con resolución de reacreditación, si bien varios están en proceso y aún no cuentan con la resolución final de CONEAU.

9.3.4.1. Impacto de la acreditación de carreras de posgrado. Ciencias de la salud

Caso 1: carrera de especialización en Medicina Legal (acreditada en 1998). Categoría C.

Se hallaron indicios de cambios enunciativos para la mejora a partir de las recomendaciones de CONEAU en la *función docencia*, dimensión "cuerpo de profesores", subdimensión "titulación" (que se promueva una formación académica superior del cuerpo docente). También se hallaron indicios de cambios enunciativos para las dimensiones "currículum, plan de estudio y programas" (que se consigne en el programa la forma de evaluación y la forma de supervisión y registro de prácticas; que se incorpore psiquiatría clínica como materia básica y de psicología médica) y "alumnos y graduados" (que se fije cohorte máxima y mínima).

Para la *función gestión,* se hallaron indicios de cambios enunciativos y fácticos. De la lectura de la resolución se observa que en la autoevaluación se detectan dificultades (de financiamiento; dispersión geográfica de las sedes, que generó dificultades organizativa; falencias de infraestructura y de gestión, sobre todo comunicacionales). La institución presenta planes de mejoras considerados adecuados por el CPE de CONEAU (se observa que el plan de mejoramiento y las acciones planteadas están orientadas a mejorar sustancialmente la propuesta y son factibles de ser concretadas). CONEAU recomienda que "se concreten, previo al inicio de la nueva cohorte, las propuestas consignadas en el plan de mejoramiento".

Caso 2: carrera de maestría en Medicina Legal (acreditada en 2003). Categoría C.

Se hallaron indicios de cambios enunciativos para la mejora a partir de las recomendaciones de CONEAU en la *función docencia,* dimensión "cuerpo de profesores", subdimensión "titulación" (que se promueva una formación académica superior del cuerpo docente). También se hallaron indicios de cambios enunciativos para las dimensiones "currículum, plan de estudio y programas" (que se consigne en el programa la forma de evaluación y la forma de supervisión y registro de prácticas) y "alumnos y graduados" (que se fije cohorte máxima y mínima).

Para la *función gestión,* se hallaron indicios de cambios enunciativos y fácticos. De la lectura de la resolución se observa que en la autoevaluación se detectan dificultades (de financiamiento; dispersión geográfica de las sedes, que generó dificultades organizativa; falencias de infraestructura y de gestión, sobre todo comunicacionales). La institución presenta planes de mejoras considerados adecuados por el CPE de CONEAU (se observa que el plan de mejoramiento y las acciones planteadas están orientadas a mejorar sustancialmente la propuesta y son factibles de ser concretadas). CONEAU recomienda que "se concreten, previo al inicio de la nueva cohorte, las propuestas consignadas en el plan de mejoramiento".

En el cuadro 9.4 se muestra, esquemáticamente, el impacto de la política de acreditación de carreras de posgrado de ciencias de la salud, solo desde un análisis documental.

Cuadro 9.4: Impacto de la política de acreditación de carreras de posgrado en ciencias de la salud en las funciones docencia, investigación, extensión y gestión. Caso 4

Áreas de análisis	Dimensiones	Caso 1: Especialización (1 acreditación) C		Caso 2: Maestría (1 acreditación) C	
		Impacto		Impacto	
		Indicio de cambios hacia la mejora		Indicio de cambios hacia la mejora	
		Enunciativo	Fáctico	Enunciativo	Fáctico
1. Función Docencia	1.1 Cuerpo de los profesores: titulación académica*, dedicación, categorización, formación pedagógica, selección. (*subdimensión más afectada)	X	-	X	-
	1.2 Proceso-metodología de enseñanza-aprendizaje	-	-	-	-
	1.3 Currículum. Planes y programas	X	-	X	-
	1.4 Alumnos y graduados	-	-	-	-
2. Función Investigación	2.1 Profesores investigadores. Formación de recursos humanos.	-	-	-	-
	2.2 Proyectos de investigación.	-	-	-	-
	2.3 Financiamiento de la investigación.	-	-	-	-
	2.4 Productos de investigación.	-	-	-	-
	2.5 infraestructura-equipamiento y biblioteca	-	-	-	-
3. Función Extensión	3.1 Concepto de extensión.	-	-	-	-
	3.2 Programas de extensión.	-	-	-	-
4. Gestión	4.1 Gestión de la calidad de los procesos de evaluación y acreditación.	X	X	X	X
	4.2 Gobierno y Gestión	X	-	X	-

X: hallazgo de impacto
-: desde las fuentes utilizadas no se halló impacto. Esto no implica necesariamente que "no hubo impacto"
Fuente: elaboración propia a partir de la información obtenida *solo* en el análisis documental

9.3.4.2. Impacto de la acreditación de carreras de posgrado. Ciencias aplicadas (unidad académica: Instituto de Tecnología)

Caso 1: Carrera de maestría en Ciencia y Tecnología en Materiales (acreditada en 1999). Categoría A.

Se hallaron indicios de cambios enunciativos hacia la mejora en la *función docencia,* dimensión "currículum, plan de estudio y programas", a partir de recomendaciones de CONEAU (especificar la bibliografía utilizada en el desarrollo de la carrera; adecuar el contenido de la maestría y/o su título, teniendo en cuenta que actualmente la carrera pone un fuerte énfasis en los materiales metálicos). También se encontraron indicios de cambios enunciativos en la *función investigación*, dimensión "productos de investigación" (el libro de resúmenes de tesis de los últimos años también es un elemento valioso para la evaluación, aunque en él se observa que solo muy pocos trabajos cubren temas no relacionados a metales).

De las entrevistas surge un indicio de cambio fáctico en relación con la recomendación acerca del plan de estudio:

> *Esta cuestión de adaptarnos y tener en cuenta los reclamos de los evaluadores o las recomendaciones muchas veces la hemos compartido, porque nosotros mismos hemos registrado. Por ejemplo, en la maestría, la temática de la ciencia de materiales [...] el nombre metalurgia era el básico, y en realidad, cuando nosotros dijimos "hacemos esta carrera de materiales", estábamos hablando de todo lo que sabíamos, y sabíamos que teníamos que fortalecer un área de materiales poliméricos, por ejemplo [...] y nosotros mismos comentamos "tal vez tiene un sesgo demasiado fuerte a la parte de metales", y fue el comentario que los pares reiteraron en las consideraciones a tener en cuenta que nosotros mismos ya sabíamos y tuvimos en cuenta (secretario general y académico. Instituto de Tecnología).*

Caso 2: doctorado en Ciencia y Tecnología, mención en Materiales (acreditada en 1999). Categoría A.

A partir de las recomendaciones de CONEAU, solo se hallaron indicios de cambios enunciativos hacia la mejora en la *función investigación*, dimensiones "infraestructura, equipamiento y biblioteca" (algunas de esas publicaciones se encuentran interrumpidas durante algunos períodos), "formación de recursos humanos" (desarrollar el área de vacancia en materiales no metálicos apoyando la formación de jóvenes docentes e investigadores del IT en centros extranjeros de excelencia) y "productos de investigación" (se cuenta, hasta el momento, con una tesis defendida; su calidad es altamente satisfactoria, habiendo obtenido la calificación diez; se observa que no se mencionan artículos surgidos a partir de ella).

Caso 3: doctorado en Ciencia y Tecnología, mención Física (acreditó en el año 2000 y reacreditó en 2006). Categoría B.

Se hallaron indicios de cambios enunciativos y fácticos en la *función docencia,* en respuesta a recomendaciones de la primera acreditación, en la dimensión "currículum, plan de estudio y programas" (la institución ha atendido a las recomendaciones que se hicieran en la anterior evaluación, lo que ha contribuido al mejoramiento del doctorado: se ha incrementado la oferta de materias con proyección hacia la tecnología, tales como Conversión Fotovoltaica de la Energía Solar, Usos y Aplicaciones Medioambientales y Biomédicas de los Aceleradores, Instrumentación Nuclear, Simulación y Caracterización de Celdas Solares, entre otras). Se hallaron indicios de cambios enunciativos en la dimensión "alumnos y graduados" (que se implementen medidas que permitan incrementar la cantidad de ingresantes a la carrera y se promueva el otorgamiento de becas).

De las entrevistas con las autoridades del Instituto de Tecnología, surge que al tratarse de una institución con tanta trayectoria sienten el compromiso de acreditar y de acreditar muy bien:

> *Para nosotros, en ese sentido hemos tenido fortalezas, en realidad los que trabajamos acá sentimos que tenemos un compromiso, nosotros no nos podemos dar el lujo de hacer cualquier cosa... en ese sentido, sentimos que estamos comprometidos a hacer, a tener, cumplir ciertos estándares de calidad... como han venido dándose, no podríamos hacerlo de otra manera, sería inadmisible que nosotros dejáramos de trabajar como hemos estado trabajando y en un determinado momento empezar a hacer las cosas sin cuidados (secretario general y académico. Instituto de Tecnología).*

> *Entonces, en ese sentido, para nosotros tal vez fue diferente la situación de lo que podía ocurrir tal vez en una universidad pequeña donde hay un grupo incipiente, donde no hay grandes fortalezas (secretario general y académico. Instituto de Tecnología).*

Caso de un proyecto no acreditado: es de destacar lo sucedido con un proyecto de posgrado de esta unidad académica que no fue acreditado por CONEAU, los entrevistados consideran que es una carrera innovadora:

> *Bueno, nosotros tenemos un único ejemplo de un proyecto de carrera que no fue acreditado, a pesar de que decimos que era una buena carrera (secretario general y académico. Instituto de Tecnología).*

Al respecto, se mencionan dificultades relacionadas con el papelerío y los sistemas de recolección de la información de CONEAU:

> *Para esto nosotros estamos haciendo y deshaciendo formularios, papeles y formatos. No es sencillo, porque el apoyo informático de CONEAU es importante, pero realmente siempre ha habido muchísimas dificultades, es decir, han sido poco amigables los sistemas de recolección de información (secretario general y académico. Instituto de Tecnología).*

También se expresa que fue evaluado por personas que no conocían la temática:

> *Pero más allá de esto, lo presentamos como proyecto. Lo analizaron personas que no sabían absolutamente nada de la temática, porque esa es la verdad (secretario general y académico. Instituto de Tecnología).*

Son de destacar las dificultades que se señalan acerca de cómo se dio el procedimiento de evaluación debido a, según el entrevistado, la saturación de trabajo de CONEAU. Se cuenta cómo el proyecto finalmente fue evaluado por un solo par: "Entre los cinco evaluadores no miraban todo, sino que cada uno miraba alguna":

> No era que no sabían absolutamente nada, sino que además los mecanismos de CONEAU, lo sabemos por nuestros colegas, estaban tan saturados de actividad, de trabajo, que entre los cinco evaluadores no miraban todo sino que cada uno miraba alguna... entonces, seguramente a la persona que tenía algo que tuviera que ver con tecnología en su título, su actividad, le entregaron esto que es una actividad muy tecnológica y esa persona dijo "le falta esto, le falta esto", dijo cosas absurdas porque no, mostraba un desconocimiento total, nadie le podía pedir a esa persona razonablemente que supiera de eso (secretario general y académico. Instituto de Tecnología).

Surge el tema de la falta de pares extranjeros para casos como este, donde no hay especialistas en el país. También se menciona que no hubo visita *in situ*:

> Bueno, sin embargo el proyecto quedó así, nosotros les dijimos "¿pero cómo no trajeron gente de afuera?", "no está permitido", "¿pero cómo no vinieron acá a conocer?", "no, no se usa". Reclamamos muchas cosas que ahora sí se implementaron. Nosotros se lo dijimos en alguna oportunidad que tuvimos contacto con el secretario de políticas universitarias, le dijimos "no puede ser que CONEAU no considere estas cosas"... esa es una actividad en la cual la institución [nombre del centro] fue la que trajo esa actividad al país, la que la divulgó en la región, la que creó los organismos de inspección... la que tiene..., con lo cual era muy difícil buscar gente que estuviera en el tema que no fueran estos... por eso digo que había que buscarlos afuera, pero no traer a una persona que haga tecnología de alimentos, porque estudiar una tecnología de alimentos no es lo mismo que estudiar la tecnología de un ensayo no destructivo, por ejemplo (secretario general y académico. Instituto de Tecnología).

Por último, surge que este posgrado se dicta igual con la autorización de la universidad, sin validez nacional del título y que lo presentarán en la próxima convocatoria:

> La potestad de hacer o no hacer la carrera no es de CONEAU, eso es de la universidad, entonces la damos [...] la validez nacional no se la dieron, es decir, lo que dijeron es "el proyecto no está aprobado, lo tienen que presentar como carrera". Vienen alumnos de empresas muy importantes, viene gente del exterior a hacer esa carrera, la hemos mantenido porque era una carrera con muchas fortalezas, nosotros mismos como institución necesitábamos gente formada y con esa capacidad entonces la hemos mantenido con el título dado por la universidad. Y ahora, bueno, se irá a presentar de nuevo (secretario general y académico. Instituto de Tecnología).

De las entrevistas, no surge que esta política haya significado un obstáculo hacia la mejora, más allá del caso de la maestría que no fue acreditada por cómo se dio el procedimiento CONEAU anteriormente descripto.

En el cuadro 9.5 se muestra, esquemáticamente, el impacto de la política de acreditación de carreras de posgrado en ciencias aplicadas (unidad académica: Instituto de Tecnología)

Cuadro 9.5. Impacto de la política de acreditación de carreras de posgrado en ciencias aplicadas, en las funciones docencia, investigación, extensión y gestión. Caso 4

Áreas de análisis	Dimensiones	Caso 1 Maestría (1 acreditación) A		Caso 2 Doctorado (1 acreditación) A		Caso 3 Doctorado (2 acreditaciones) B	
		Impacto		Impacto		Impacto	
		Indicios de cambios hacia la mejora		Indicios de cambios hacia la mejora		Indicios de cambios hacia la mejora	
		Enunciativo	Fáctico	Enunciativo	Fáctico	Enunciativo	Fáctico
1. Función Docencia	1.1 Cuerpo de los profesores: titulación académica, dedicación, categorización, formación pedagógica, selección. (*subdimensión más afectada)	-	-	-	-	-	-
	1.2 Proceso-metodología de enseñanza-aprendizaje	-	-	-	-	-	-
	1.3 Currículum. Planes y programas	X	X	-	-	X	X
	1.4 Alumnos y graduados	-	-	-	-	X	-
2. Función Investigación	2.1 Profesores investigadores. Formación de recursos humanos.	-	-	X	-	-	-
	2.2 Proyectos de investigación.	-	-	-	-	-	-
	2.3 Financiamiento de la investigación.	-	-	-	-	-	-
	2.4 Productos de investigación.	X	-	X	-	-	-
	2.5 infraestructura-equipamiento y biblioteca	-	-	X	-	-	-
3. Función Extensión	3.1 Concepto de extensión.	-	-	-	-	-	-
	3.2 Programas de extensión.	-	-	-	-	-	-
4. Gestión	4.1 Gestión de la calidad de los procesos de evaluación y acreditación.	-	-	-	-	-	-
	4.2 Gobierno y Gestión	-	-	-	-	-	-

X: hallazgo de impacto
-: desde las fuentes utilizadas no se halló impacto. Esto no implica necesariamente que "no hubo impacto"
Fuente: elaboración propia a partir de la información obtenida en el análisis documental y en las entrevistas

9.3.4.3. Impacto de la acreditación de carreras de posgrado. Ciencias sociales

Caso 1: maestría en Ciencia Política del Instituto de Altos Estudios Sociales (acreditada en 1999). No solicitó categoría.

Del análisis documental, surgen indicios de cambios enunciativos hacia la mejora en la *función docencia,* dimensión "alumnos y graduados" (elevar la productividad de la carrera en términos de graduados; a tal efecto, una evaluación integral de los mecanismos de evaluación de desempeño de los alumnos, la dedicación efectiva de los docentes estables, el seminario de tesis, los instrumentos de apoyo y promoción a los alumnos —becas, subsidios— y la dedicación efectiva de estos pueden contribuir a identificar y resolver dificultades y mejorar el ritmo de graduación). También se hallaron indicios de cambios enunciativos en la *función investigación,* dimensión "proyectos de investigación" (considerar el desarrollo de actividades de investigación institucionales de la carrera) y dimensión "infraestructura, equipamiento y biblioteca" (fortalecer la dotación de recursos biblio-hemerográficos y de bancos de datos, de equipamiento informático y acceso a redes). También, en la *función extensión* (desarrollar actividades de transferencia para mejorar la articulación de la carrera con el entorno social y con las características del mercado, así como mantener una vinculación dinámica con la evolución de uno y otras).

Caso 2: maestría en Análisis de la Opinión Pública del Instituto de Altos Estudios Sociales (acreditada en 1999). No solicitó categoría.

Se hallaron indicios de cambios enunciativos hacia la mejora en la *función docencia,* dimensión "cuerpo de profesores", subdimensión "dedicación" (que se arbitren los medios para constituir una mínima dotación de profesores a tiempo completo). También para las dimensiones "currículum, plan de estudio y programas" (que se incorporen talleres de nivelación en matemáticas para los ingresantes provenientes de las ciencias sociales) y "alumnos y graduados" (que se instrumenten mecanismos para el incremento de la tasa de graduación, entre ellos la redefinición de los mecanismos de seguimiento de tesistas ya iniciados; en ese sentido, que se refuercen las competencias en dirección de tesis del cuerpo académico). Asimismo se hallaron indicios de cambios enunciativos hacia la mejora en la *función investigación,* dimensiones "proyectos de investigación" (que se instrumente un plan para el desarrollo de actividades de investigación en el marco de la carrera) e "infraestructura, equipamiento y biblioteca" (que se incorpore un mayor número de volúmenes y suscripciones especializadas a la biblioteca). Indicios de cambios enunciativos para la mejora también se encontraron para la *función extensión* (que se creen líneas de transferencia y de articulación de las actividades científico-tecnológicas y de transferencia de la universidad con la materia de la carrera) y para la *función gestión,* dimensión "gobierno y gestión" (que se aprovechen académicamente los convenios suscriptos, de modo que favorezca los objetivos de la maestría; que se incremente la dedicación horaria del director).

En el cuadro 9.6 se muestra, esquemáticamente, el impacto de la política de acreditación de carreras de posgrado en ciencias sociales, Instituto de Altos Estudios Sociales.

Cuadro 9.6. Impacto de la política de acreditación de carreras de posgrado en ciencias sociales, Instituto de Altos Estudios Sociales, en las funciones docencia, investigación, extensión y gestión. Caso 4

Áreas de análisis	Dimensiones	Caso 1: Maestría (1 acreditación) Impacto Indicio de cambios hacia la mejora		Caso 2: Maestría (1 acreditación) Impacto Indicio de cambios hacia la mejora	
		Enunciativo	Fáctico	Enunciativo	Fáctico
1. Función Docencia	1.1 Cuerpo de los profesores: titulación académica, dedicación*, categorización, formación pedagógica, selección. (*subdimensión afectada)	-	-	X	-
	1.2 Proceso-metodología de enseñanza-aprendizaje	-	-	-	-
	1.3 Currículum. Planes y programas	-	-	-	-
	1.4 Alumnos y graduados	X	-	X	-
2. Función Investigación	2.1 Profesores investigadores. Formación de recursos humanos.	-	-	-	-
	2.2 Proyectos de investigación.	X	-	X	-
	2.3 Financiamiento de la investigación.	-	-	-	-
	2.4 Productos de investigación.	-	-	-	-
	2.5 infraestructura-equipamiento y biblioteca	X	-	X	-
3. Función Extensión	3.1 Concepto de extensión.	-	-	-	-
	3.2 Programas de extensión.	X	-	X	-
4. Gestión	4.1 Gestión de la calidad de los procesos de evaluación y acreditación.	-	-	-	-
	4.2 Gobierno y Gestión	-	-	X	-

X: hallazgo de impacto
-: desde las fuentes utilizadas no se halló impacto. Esto no implica necesariamente que "no hubo impacto"
Fuente: elaboración propia a partir de la información obtenida *solo* en el análisis documental

En los casos analizados a continuación, todos pertenecientes a la ex-Escuela de Posgrado, muchos de los indicios de cambios hacia la mejora surgen de la propia autoevaluación presentada por la carrera para su acreditación, según se desprende del análisis documental.

Caso 3: maestría en Desarrollo Local de la Escuela de Posgrado (acreditada en 2004). No solicitó categoría.

En el análisis documental se hallaron indicios de cambios enunciativos hacia la mejora en la *función docencia,* dimensiones "cuerpo de profesores" (incorporar docentes con trayectoria en investigación), "currículum, plan de estudio y programas" (necesidad de flexibilizar el plan de estudios y desarrollar actividades complementarias, incorporar al plan la temática de cambio cultural prevista en los objetivos), "metodología de enseñanza-aprendizaje" (desarrollar mayor actividad práctica, como las pasantías) y "alumnos y graduados" (obtener mayores becas externas). Para la *función investigación,* se encontraron los siguientes indicios de cambios enunciativos hacia la mejora en la dimensión "infraestructura, equipamiento y biblioteca": fortalecer infraestructura y equipamiento e incorporar revistas más directamente vinculadas con el tema específico (desarrollo local, regional y problemática municipal). Por último, se hallaron indicios de cambios enunciativos para la *función gestión,* dimensión "gobierno y gestión" (cabe objetar el tiempo dedicado a la gestión por algunos de los integrantes del Comité Académico, que se considera limitado para cumplir, aun parcialmente, algunas de las funciones asignadas; por otra parte, si bien es aceptable el criterio de selección de autoridades elegido para iniciar la carrera, al tratarse de un programa que se presenta como de carácter continuo, debieran explicitarse los criterios de renovación a futuro, formalizar la renovación del convenio con [...]).

Caso 4: maestría en Antropología Social de la Escuela de Posgrado (acreditada en 2005). No solicitó categoría.

Se hallaron indicios de cambios enunciativos hacia la mejora en la *función docencia,* dimensiones "cuerpo de profesores" (debe reforzarse el cuerpo docente estable con la incorporación de docentes con trayectoria en investigación), "metodología de enseñanza-aprendizaje" (acumulación de trabajos finales que retrasa la presentación de las tesis por parte de los alumnos, dificultad para realizar trabajo de campo) y "currículum, plan de estudio y programas" (necesidad de consolidar la base de conocimientos sociohistóricos). También se hallaron indicios de cambios enunciativos hacia la mejora en la *función investigación,* dimensiones "profesores investigadores, formación de recursos humanos" (incorporar docentes con trayectoria en investigación, formalizar una política de becas de investigación propia de la institución y de la carrera), "proyectos de investigación" (estimular el desarrollo de investigaciones insertas en el posgrado: en la respuesta a la vista se pone de manifiesto la voluntad de revertir esta situación a través de la puesta en marcha de una serie de cursos de acción tendientes a reforzar la inserción de los cursantes en proyectos de investigación y a efectuar proyectos de investigación encarados como tesis de maestría y dirigidos por expertos, lo que se considera reforzará notablemente la investigación promovida desde el posgrado) y "productos de investigación" (incentivar la producción de publicaciones).

Caso 5: maestría en Ciencias de la Familia de la Escuela de Posgrado (acreditada en el año 2000). No solicitó categoría.

Del análisis de la resolución de acreditación, surgen indicios de cambios enunciativos hacia la mejora solo en la *función docencia,* dimensiones "currículum, plan de estudio y programas" y "alumnos y graduados" (solo cuatro alumnos completaron los seminarios y presentaron proyectos de tesis; en la respuesta a la vista se menciona la organización del Taller de Tesis como una acción tendiente a favorecer su finalización).

Caso 6: maestría en Gestión Ambiental (acreditada en 2001). No solicitó categoría.

Del análisis de la resolución, surgen indicios de cambios fácticos en la *función docencia,* dimensión "currículum, plan de estudio y programas" (respondiendo a la sugerencia de los pares evaluadores respecto a la escasez de asignaturas duras, se implementa como obligatoria la asignatura Química y Física del Medio Ambiente) y en la *función gestión* (en respuesta a una observación de CONEAU, la institución ha desdoblado la conducción de la maestría designando dos coordinadores). Además, se hallaron indicios de cambios enunciativos en la *función docencia,* dimensión "cuerpo de profesores", subdimensiones "dedicación" (que se tienda a alcanzar mayores dedicaciones de los docentes), "titulación" (que se incorporen docentes con destacados antecedentes docentes y científicos), "selección" (que se procure un mayor vínculo de los directores de tesis con la carrera) y "alumnos y graduados" (que se implementen mecanismos que aseguren el desarrollo y la presentación de las tesis en tiempo y forma).

Caso 7: proyecto de especialización en Cooperación Internacional de la Escuela de Posgrado (acreditada como proyecto en 2006). No solicitó categoría.

Surgen indicios de cambios enunciativos hacia la mejora en la *función docencia,* dimensiones "cuerpo de profesores" (que se formalice la incorporación de los integrantes del Comité de Orientación y Tutoría al cuerpo académico del posgrado) y "currículum, plan de estudio y programas" (que se acoten los objetivos de la carrera de manera acorde a lo indicado en los considerandos). También se hallaron indicios de cambios enunciativos hacia la mejora en la *función investigación,* dimensión "infraestructura, equipamiento y biblioteca" (que se propenda a la actualización permanente del material bibliográfico recomendado en los programas), y en la *función gestión,* dimensión "gobierno y gestión" (el director no cuenta con antecedentes en la investigación o la formación de recursos humanos; su perfil no se ajusta a uno de los objetivos formulados por la carrera [...]. No se presentan los convenios que garanticen la disponibilidad de ámbitos para su realización).

Caso 8: proyecto de maestría en Estudios Latinoamericanos de la Escuela de Posgrado (acreditada como proyecto en 2007). No solicitó categoría.

Del análisis documental, surge un indicio de cambio enunciativo y, probablemente, fáctico, realizado en la respuesta a la vista, en la *función docencia,* dimensión "cuerpo de profesores" (en respuesta a observaciones realizadas en el informe de evaluación, la unidad académica presenta nuevas fichas docentes;[66] del análisis de esas fichas surge que los diez docentes locales están adscriptos al CONICET —la mayoría de ellos en las categorías iniciales— o al Programa Nacional de Incentivos, lo cual se considera satisfactorio). También se hallaron indicios de cambios enunciativos y fácticos, por el cambio producido en la respuesta a la vista, en la dimensión "currículum, plan de estudio y programas" (las calificaciones y competencias previstas para el egresado se consideraron ambiciosas en relación con la propuesta; en respuesta a este señalamiento, la Resolución 40/07 CS establece nuevos objetivos específicos y modifica el perfil del egresado pretendido). También se halló un indicio de cambio fáctico relacionados con la composición del tribunal que evaluará las tesis. Este cambio se realiza en la respuesta a la vista e implica la explicitación de que uno de los miembros del tribunal deberá ser externo a la institución, según lo establece la normativa vigente RM 1168/97.

En el cuadro 9.7 se presenta, esquemáticamente, el impacto de la acreditación de carreras de posgrado en ciencias sociales, ex-Escuela de Posgrado, en las funciones sustantivas y en la gestión.

---

[66] Del análisis de la resolución de acreditación no se ha podido dilucidar si esas "nuevas fichas docentes" refieren a "nuevos docentes" o a que simplemente se mejoró la calidad de la información de las fichas docentes presentadas en primera instancia. Según se trate de uno u otro caso, el indicio de cambio es enunciativo o fáctico. A esta información se podría acceder a través de entrevistas.

Cuadro 9.7. Impacto de la política de acreditación de carreras de posgrado en ciencias sociales, Escuela de Posgrado, en las funciones docencia, investigación, extensión y gestión. Caso 4

Áreas de análisis	Dimensiones	Caso 3: Maestría (1 acreditación) Impacto		Caso 4: Maestría (1 acreditación) Impacto		Caso 5: Maestría (1 acreditación) Impacto		Caso 6: Maestría (1 acred.) Impacto		Caso 7: Especialización (1 acred.) Impacto		Caso 8: Maestría (1 acreditación) Impacto	
		Indicio de cambios		Indicio de cambios		Indicio de cambios		Indicio de cambios		Indicio de cambios		Indicio de cambios	
		E	F	E	F	E	F	E	F	E	F	E	F
1. Función Docencia	1.1 Cuerpo de los profesores: titulación académica, dedicación, categorización, formación pedagógica, selección.	X	–	X	–	–	–	X	–	X	–	X	X
	1.2 Proceso-metodología de enseñanza-aprendizaje	X	–	X	–	–	–	–	–	–	–	–	–
	1.3 Curriculum. Planes y programas	X	–	X	–	X	–	–	X	X	–	X	X
	1.4 Alumnos y graduados	X	–	–	–	X	–	X	–	–	–	–	–
2. Función Investigación	2.1 Profesores investigadores. Formación de recursos humanos.	–	–	X	–	–	–	–	–	–	–	–	–
	2.2 Proyectos de investigación.	–	–	X	–	–	–	–	–	–	–	–	–
	2.3 Financiamiento de la investigación.	–	–	X	–	–	–	–	–	–	–	–	–
	2.4 Productos de investigación.	–	–	–	–	–	–	–	–	–	–	–	–
	2.5 Infraestructura - equipamiento y biblioteca	X	–	–	–	–	–	–	–	X	–	–	–
3. Función Extensión	3.1 Concepto de extensión.	–	–	–	–	–	–	–	–	–	–	–	–
	3.2 Programas de extensión.	–	–	–	–	–	–	–	–	–	–	–	–
4. Gestión	4.1 Gestión de la calidad de los procesos de evaluación y acreditación.	–	–	–	–	–	–	–	–	–	–	–	–
	4.2 Gobierno y Gestión	X	–	–	–	–	–	–	X	X	–	–	–

X: hallazgo de impacto
–: desde las fuentes utilizadas no se halló impacto. Esto no implica necesariamente que "no hubo impacto"
Fuente: elaboración propia a partir de la información obtenida *solo* en el análisis documental

Conclusión del impacto de la acreditación de carreras de posgrado en ciencias de la salud, ciencias aplicadas y ciencias sociales

Desde el análisis documental, y en los casos de posgrados de ciencias aplicadas, también desde las entrevistas se hallaron indicios de cambios, en su gran mayoría enunciativos. En algunos casos (cuatro) se hallaron indicios de cambios fácticos en la instancia de respuesta a la vista o por acciones que responden a recomendaciones de una acreditación anterior.

Para ciencias de la salud, estos indicios de cambio hacia la mejora se concentran en la *función docencia*, dimensiones "cuerpo de profesores" y "currículum, plan de estudio y programas", y en la *función gestión*.

Para ciencias aplicadas, los indicios de cambios hacia la mejora pertenecen a la *función docencia*, dimensión "currículum, plan de estudio y programas", y, en menor medida, a la *función investigación*, dimensiones "profesores investigadores, formación de recursos humanos" y "productos de investigación". En estos casos, se trata de recomendaciones para la excelencia debido a que las carreras fueron acreditadas con máximas categorías.

Para ciencias sociales, los indicios de cambios hacia la mejora se detectaron para todas las dimensiones de la *función docencia*, con mayor frecuencia en las dimensiones "cuerpo de profesores" y "currículum, plan de estudio y programas". En menor medida, se hallaron indicios de cambios en las dimensiones de la *función investigación* y de la *función gestión*.

Desde un análisis documental no se pudieron hallar "obstáculos hacia la mejora".

De las entrevistas con las autoridades del Instituto de Tecnología (posgrados en ciencias aplicadas), surge un obstáculo relacionado con la presentación de un proyecto de posgrado cuyo carácter innovador parece haber superado la capacidad de evaluación de la CONEAU.

9.4. La política de evaluación y acreditación de la calidad universitaria. Percepción de actores institucionales

A continuación, se presenta la percepción y opinión de actores institucionales acerca de (1) la existencia de sistemas que evalúen y acrediten la calidad universitaria en general; (2) algunos aspectos del sistema de evaluación y acreditación universitario argentino; (3) el funcionamiento de la CONEAU; (4) el impacto de estos procesos en la organización y la cultura de la institución.

9.4.1. Opinión acerca de la existencia de sistemas externos que evalúen y acrediten la calidad universitaria

Todos los entrevistados se mostraron a favor de la existencia de sistemas externos que evalúen y acrediten la calidad universitaria. Se lo percibe como "altamente positivo", "favorable", "beneficioso para la propia universidad y para el sistema" y una "buena estrategia de mejora continua".

En la figura 9.1 se presenta una síntesis de la opinión de los entrevistados, según cargo.

Figura 9.1. Opinión acerca de la "existencia de sistemas externos que evalúan y acreditan la calidad universitaria", según cargo de los entrevistados. Caso 4

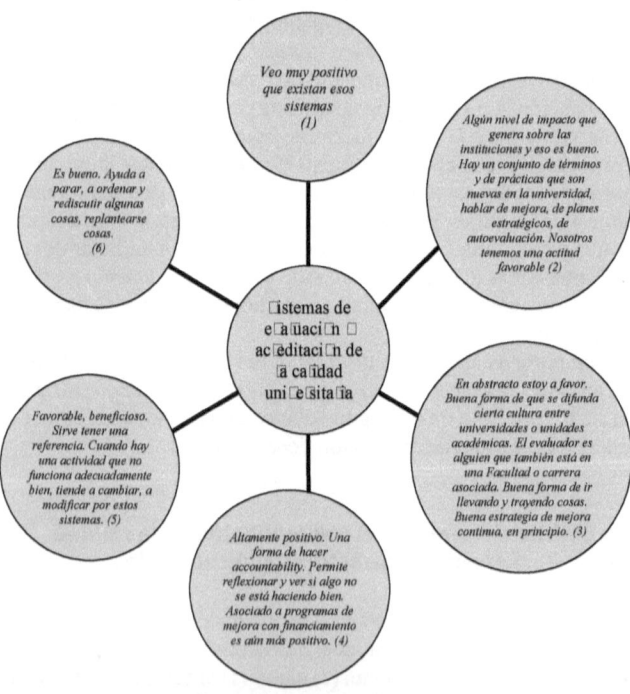

Referencias:[67]
(1) Secretario académico. Rectorado
(2) Asesor. Rectorado

---

[67] Las referencias para *todas las figuras* del apartado 9.4 son las mismas.

(3) Secretario académico (decano a partir de 2010). Escuela de Ciencia y Tecnología
(4) Director de la carrera de grado Ingeniería Electrónica. Escuela de Ciencia y Tecnología
(5) Secretario general y académico. Instituto de Tecnología
(6) Coordinadora de la carrera Ingeniería en Materiales. Instituto de Tecnología
Fuente: elaboración propia a partir de la información obtenida en las entrevistas

9.4.2. Acerca de algunos aspectos del sistema de evaluación y acreditación universitario argentino

a) Composición actual del gobierno de la CONEAU[68]

Los entrevistados comentan que hay una excesiva impronta política, pero no consideran que esto sea necesariamente negativo para el sistema:

> *La política tiene mayor vida en esa composición... no hay mucho más para decir, y ya te digo, en la resolución se ve dónde está la política entonces [...]. Decir otra composición es pensar que de otra forma estaría menos contaminada, quizás estaría más contaminada de otros ingredientes (secretario académico. Decano a partir de 2010. Escuela de Ciencia y Tecnología).*

En la figura 9.2 se muestra una síntesis de lo que expresaron los entrevistados que respondieron esta pregunta.

---

[68] Los miembros de la CONEAU son designados por el Poder Ejecutivo Nacional a propuesta de los siguientes organismos y en la cantidad que en cada caso se indica: tres por el Consejo Interuniversitario Nacional; dos por el Consejo de Rectores de Universidades Privadas; uno por la Academia Nacional de Educación; tres por la Cámara de Senadores de la Nación; tres por la Cámara de Diputados de la Nación, uno por el Ministerio de Educación, Ciencia y Tecnología de la Nación.

Figura 9.2. Opinión acerca de la "existencia de sistemas externos que evalúan y acreditan la calidad universitaria", según cargo de los entrevistados. Caso 4

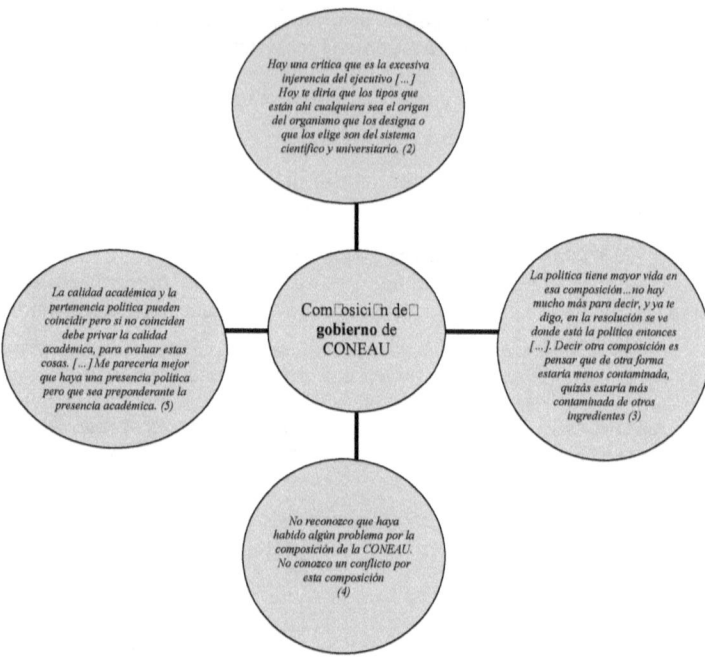

Referencias:
Véase la figura 9.1
Fuente: elaboración propia a partir de la información obtenida en las entrevistas

Acerca de la posibilidad de *incluir estudiantes en el gobierno de CONEAU*, todos los entrevistados manifestaron un rotundo "no". Se considera que el alumno debe tener otros canales de participación. En este sentido, las palabras de uno de los entrevistados son paradigmáticas:

Me da la sensación de que, según el dicho que entre lo sublime y lo ridículo solo hay un paso, incluir a los estudiantes me parece que no corresponde, digamos, el directivo de la CONEAU debería ser representación de los sectores políticos y de las más altas jerarquías académicas (director de la carrera Ingeniería Electrónica. Escuela de Ciencia y Tecnología).

En la figura 9.3 se muestra esquemáticamente la opinión de los entrevistados:

Figura 9.3. Opinión acerca de la inclusión de estudiantes en el gobierno de CONEAU, según cargo de los entrevistados. Caso 4

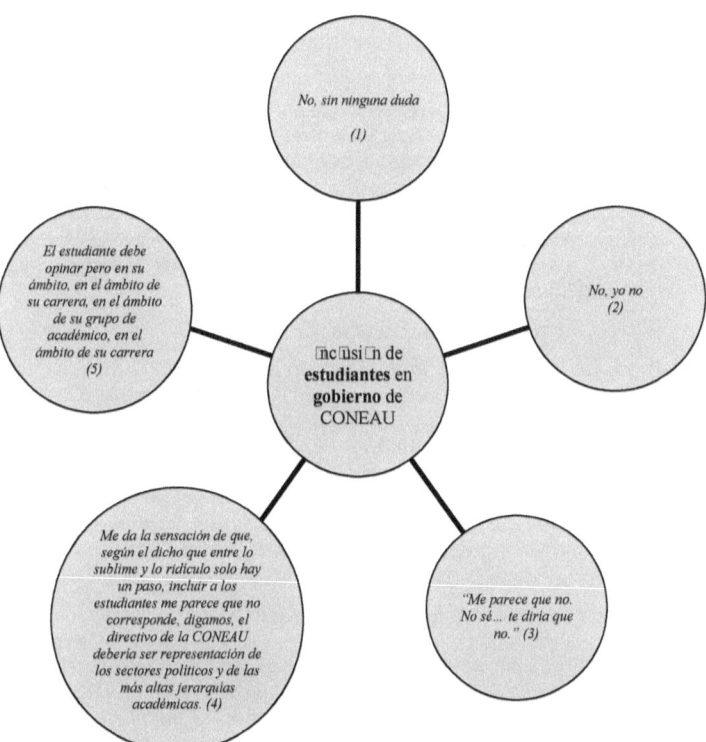

Referencias:
Véase la figura 9.1
Fuente: elaboración propia a partir de la información obtenida en las entrevistas

b) Opinión acerca de la obligatoriedad de la acreditación de carreras de grado y posgrado

Todos los entrevistados manifiestan que debe ser obligatorio acreditar las carreras de grado consideradas de riesgo social y que comprometen más directamente el interés público: el Estado debe garantizar al dueño del título y a la sociedad la calidad de esos graduados.

> *Es distinto con el tema de grado porque habilita… El Estado le está garantizando al dueño de ese título que le está dando una patente de corzo. Entonces, digamos, si vos vas a dar este título [...] entonces mostrame qué es lo que vas a*

hacer para formar a una persona que va a tener estas incumbencias (director de la carrera de Ingeniería Electrónica. Escuela de Ciencia y Tecnología).

Respecto a la acreditación de las carreras de posgrados, las opiniones se dividen en dos grupos. Un grupo mayoritario (todos menos uno) considera que sí debe ser obligatorio:

Sí, hay una zona medio gris en el caso de posgrados, porque yo entiendo que, no sé, un posgrado que se llama maestría en Psicoanálisis Clínico porque no es una especialización médica no habilita para el ejercicio profesional, pero tengo mis dudas. La persona dice "yo hice una maestría de Psicoanálisis Clínico con fulanito y qué sé yo [...] especializado en infancia"; andá y decile a esa persona que no está habilitada para trabajar con niños. Es complicado eso. [...] A mí me parece que está bien que sean acreditadas todas las de posgrado (directivo. Rectorado).

Sí, sí (secretario académico. Rectorado).

Yo soy de la idea de que un mínimo, digamos, habida cuenta de que el Ministerio dice una especialización, 360 horas, una maestría, 540 horas, bueno, yo diría que un mínimo hay que exigir, y cuando me fijo por ejemplo qué cosas se piden para un doctorado, digo, para una carrera de grado de ingeniería se pide mucho más detalle. [...] la resolución que se refiere a posgrado es modestísima en exigencias, y yo soy de la idea de que está muy bien, digamos, la acreditación obligatoria, la categorización veo muy bien que sea optativa (director de la carrera de Ingeniería Electrónica. Escuela de Ciencia y Tecnología).

Claro, me parece que el mínimo obligatorio, es necesario porque como país nosotros tenemos que garantizar a nuestra sociedad que la educación que le ofrecemos reúne los requisitos mínimos. Pero probablemente sea bueno diferenciar grado de posgrado en cuanto a buscar niveles de calidad... Pero hay condiciones mínimas de habilitación que deben cumplirse, sobre todo en las carreras de interés público, pero me parece que en todas, en todas, porque hace un poco al funcionamiento general de toda la comunidad, de toda la sociedad (secretario general y académico. Instituto de Tecnología).

Yo pienso que por el posgrado es razonable que haya un mínimo obligatorio y después niveles que son voluntarios, la categorización actual. Por ahí eso se podría implementar en el grado también (coordinadora de la carrera de Ingeniería en Materiales. Instituto de Tecnología).

Quien se manifestó a favor de la acreditación voluntaria de carreras de posgrado argumenta que las personas que se inscriben en un posgrado ya hicieron una carrera de grado y, por lo tanto, tienen más conocimiento para optar. Lo dejaría al libre albedrío de la universidad (parte de su autonomía) y también al libre albedrío del que se inscribe. Este directivo considera que se gasta mucho dinero y esfuerzo acreditando carreras que a veces ni siquiera se abren. Además considera que los pares no son infinitos. Evaluar todo va en desmedro de la calidad de la evaluación, porque no hay capacidad para hacerlo bien.

A continuación citamos las palabras textuales del entrevistado.

> *No me parece, no me parece que esté bien. Sí me parece que si existe la evaluación tiene que ser obligatorio decir si esa carrera está acreditada o no está acreditada. Me parece que se debería respetar la autonomía universitaria de hacer una carrera... En posgrado yo lo dejaría al libre albedrío de la universidad, y también es el libre albedrío del que se inscribe a hacer un posgrado, se supone que ya tiene criterio suficiente como para decir qué posgrado hace en general, cuánto va a pagar por el posgrado. Dado que no habilita para nada, yo no, me parece que se gasta muchísimo dinero, esfuerzo de CONEAU acreditando carreras de posgrado la mayoría de las cuales no se abren nunca, o sea, cuando dice "bueno, sí", no sé la cantidad de posgrados que hay en Argentina, no tengo el número ahora, 1.500... todas esas tuvieron que pasar por la acreditación y no necesariamente el número de carreras que están abiertas comparan con ese número, entonces... lleva un gran esfuerzo de la CONEAU, del Estado, uso de recursos, la gente que trabajó en evaluarte y después la carrera no la dieron porque descubrieron que no tenían matrícula suficiente, que habían interpretado que iban a tener 25 personas por año que iban a pagar tanta plata, en realidad consiguieron 12 que pagan menos, o sea, eso no debería ser así, cansa mucho a la gente que acredita, los pares evaluadores no son infinitos, más los recursos, el cansancio del evaluador va en desmedro de la calidad de la evaluación... es como de última (secretario académico. Decano a partir de 2010. Escuela de Ciencia y Tecnología).*

Alguno se inclina por acreditar todas las carreras de grado, no solo las de riesgo social. También manifiesta que, en todos los casos, la primera acreditación debería ser más fuerte, pero la segunda, más liviana:

> *Que sea más sencilla la continuidad, las nuevas veces que uno va reviendo las cosas, más sencilla para los evaluados y los evaluadores, de modo que puedan encarar otras evaluaciones de otras carreras, porque realmente creo que es muy bueno y sería muy bueno que lo hagan todas las carreras, no solo las de interés público. Hay otras que son muy importantes y hay carreras que, digamos, me parece que tienen como menos autoevaluación ya de por sí que lo que tienen las carreras técnicas, que tendrían que estar más acotadas. [...] más revisadas y sobre todo hoy en día que hay tanta carrera que ha aparecido, tanta carrera que ha aparecido, entonces [...]. Yo decía que vemos, por lo menos yo, deberían todas las carreras ser evaluadas, que la segunda fase de la evaluación tendría que ser más liviana para que haya tiempo para evaluar todas las carreras, no solo las carreras de interés público (coordinadora de Ingeniería en Materiales. Instituto de Tecnología).*

En el cuadro 9.8 se presenta una categorización de las respuestas a esta pregunta.

Cuadro 9.8. Opinión de los entrevistados, según cargo, acerca de la obligatoriedad de los sistemas de acreditación para carrera de grado de interés público, de posgrado y de todas las carreras de grado

Sistema Opinión de los entrevistados	Sistema de acreditación de carreras de grado: solo las de interés público		Sistema de acreditación de carreras de posgrado (que no habilitan para el ejercicio profesional)		Sistema de acreditación de todas las carreras de grado	
	Obligatorio	Optativo	Obligatorio	Optativo	Obligatorio	Optativo
(1) Secretario académico. Rectorado	X		X			
(2) Asesor. Rectorado	X		X			
(3) Secretario académico (Decano a partir de 2010). Escuela de Ciencia y Tecnología	X			X		
(4) Director de la carrera de grado Ingeniería Electrónica. Escuela de Ciencia y Tecnología	X		X			
(5) Secretario general y académico. Instituto de Tecnología	X		X			
(6) Coordinadora de la carrera Ingeniería en Materiales. Instituto de Tecnología			X		X	

Fuente: elaboración propia a partir de la información obtenida en las entrevistas

c) Acerca de si promoverían o no el funcionamiento de otras agencias además de la CONEAU

De los entrevistados, la mayoría se inclina por una única agencia de evaluación y acreditación de la calidad universitaria. Se argumenta que si el sistema es uno, compuesto por universidades de gestión pública y de gestión privada, la agencia también debería ser una, representante de la pluralidad del sistema:

> *Yo creo que es bueno que sea única. No me convence que haya varias. [...] Respecto a agencias disciplinarias, eso, sería CONEAU con sus departamentos (secretario académico. Rectorado).*

> *Veo complicado que hubiera agencias que acrediten por fuera de la CONEAU. El sistema es uno solo. Ahí hay un problema que es que en la cultura argentina el sistema parece no ser uno solo. Yo creo que ahí hay un problema más de la política de educación superior que de la CONEAU. Por ejemplo, me parece un bochorno que no haya fondos de investigación para las universidades y que pudieran competir igual que la universidad pública, yo creo que también el Ministerio debiera tener una política para privadas y que pensara también alguna forma de estímulo para las universidades privadas, pensando que es*

un sistema, y además está dentro de un sistema que los docentes trabajan en universidades públicas y privadas. Nosotros pensamos que hay un sistema universitario en que la oferta es de carreras que son de educación superior y, por lo tanto, toda la oferta es pública, y que hay gestión estatal y gestión privada, sería bueno que el organismo fuera uno (asesor. Rectorado).

La verdad es que no veo razón para que haya más de una. No, pienso que eso crearía mucha confusión, o sea, libre albedrío, se presentan o no se presentan, sí. Pero si se presentan puede ser a la CONEAU A o a la CONEAU B, entonces ahí vos ya tenés que distinguir si está acreditada o no; no, no está acreditada; bueno, sí, está acreditada, pero ¿quién la acreditó?, ¿la A o la B?, y ¿por qué no la C?... yo no veo esa descentralización... y en realidad lo que debe pasar también es que los pares son los mismos, no hay una enorme cantidad de gente (secretario académico. Decano a partir de 2010. Escuela de Ciencia y Tecnología).

Quien se manifestó a favor de la existencia de más de una agencia, lo hace argumentando que así se da más libertad a las universidades. En caso de existir, estas agencias deberían ser auditadas:

Sí, sí... prefiero el hecho de que haya más de un sector que haga el proceso de acreditación. Porque en realidad pienso siempre de que cuando tengo una duda de qué es lo que opino y una es una libertad más y la otra es una libertad menos, en general siempre me inclino por una libertad más, del tema que se trate, y yo diría que por supuesto que una agencia de acreditación como la FAPEYAU, por ejemplo, que es de hecho privada, va a tener sus auditorías y ella misma va a tener que, digamos, acreditar sus procedimientos. [...] Yo diría que —como seguramente esos institutos van a ser supervisados— el hecho de que existan me parece positivo (director de la carrera Ingeniería Electrónica. Escuela de Ciencia y Tecnología).

Como opinamos que esto sería bueno que se extendiera al resto de las carreras, entonces sí sería una tarea imposible, imposible. Si eso sucede, podría ser lo de varias agencias disciplinarias (asesor. Rectorado).

Uno de los entrevistados se manifiesta a favor de la existencia de varias agencias disciplinarias argumentando que esta composición sería más respetuosa de las lógicas de cada disciplina:

Estamos justo en el límite como para discutir estas cosas [...] Sería razonable lo de agencias disciplinarias. Me parece que tiene que ver con respetar la modalidad de evaluación, del criterio de los pares en cada disciplina, no generalizar demasiado, no valen las mismas reglas para todo en Medicina, en Biología, en Agronomía, hay que tener un poco la especificidad de cada propuesta y, en ese sentido, parecería que eso tiene cierta coherencia. Me gusta eso, ser respetuoso de las disciplinas, porque yo he aprendido mucho, en los años que he tenido de actividad en la universidad, a escuchar las propuestas desde otras áreas del conocimiento, y realmente me ha dado a veces una gran satisfacción entender justificaciones que yo a priori consideraba caprichosas, y he aprendido mucho en eso, y creo que hay que ser respetuoso de los usos y las costumbres de cada área disciplinar. [...] Sí, me inclino por las disciplinarias, públicas no estatales (secretario general y académico. Instituto de Tecnología).

La decana[69] se inclina por la opción de una agencia monopólica donde la participación de las asociaciones se dé a través de los pares evaluadores. Es decir, que los pares evaluadores representen a esas asociaciones. Por ejemplo, representantes del CONFEDI en el equipo de pares que evalúa una carrera de ingeniería (coordinadora de Ingeniería en Materiales. Instituto de Tecnología).

c) Sobre la eficacia (o no) de relacionar los procesos de evaluación y acreditación con mecanismos de financiamiento

Todos los entrevistados manifestaron la importancia de relacionar los procesos de acreditación con mecanismos de financiamiento. Se consideran paradigmáticas las palabras de una de las autoridades entrevistadas:

Y, la zanahoria tiene que estar, o sea, yo creo que nadie acreditaría con gusto si no fuera porque existe la posibilidad de pedir recursos a cambio (secretario académico. Decano a partir de 2010. Escuela de Ciencia y Tecnología).

Incluso se la considera un aliciente para tener muchas debilidades, ya que el PROMEI está relacionado con los planes de mejoramiento:

Claro que es un aliciente, es más, es un aliciente para tener muchas debilidades (secretario académico. Decano a partir de 2010. Escuela de Ciencia y Tecnología).

Cuando acreditás, cuando hacés la autoevaluación y te presentás, ya tenés identificadas cuáles son tus debilidades, sabés dónde querés que financien,... "me falta docente con perfil de tal y tal cosa", qué sé yo, y [...] "¿deberían incorporarse docentes?, ah, perfecto, ahora vamos al PROMEI", y hay un poquito de eso. Igual los evaluadores saben que todo el mundo hace eso y a veces les tirás ahí el tema y no lo agarran [...]. Es un elemento fuerte para pedir los recursos, sí. Sí, te comprometés a un plan de mejoras... la resolución es un compromiso que vos tomás... vos con eso, bueno, se abrió la ventanilla del PROMEI para dar [...], decimos "nosotros necesitamos esto porque tenemos estos compromisos asumidos". Sí, se hacen seguimientos, se hacen informes

Directivos de Rectorado consideran que sí es importante el financiamiento, pero que debiera ser más global, no asociado a cargos necesariamente, donde los indicadores no fueran solo de insumo para la generación de una oferta, sino indicadores de procesos y de resultados:

Bueno, el financiamiento, sin duda, sin duda creemos que el financiamiento favorecería mucho esta política de evaluación y de acreditación, pero nos

---

[69] Se refiere a la Decana del Instituto de Tecnología que como no pudo estar presente en la entrevista, dejó su opinión por escrito.

parece que no así como está hoy. O sea, hoy, ¿cómo es el esquema?, yo armo una carrera de Ingeniería, presento el proyecto, los tipos miran, dicen "a ustedes les faltan ingenieros acá, porque son todos físicos y biólogos los profesores", "ah, bueno", entonces cambiamos, ponemos más ingenieros, nombre y apellido, los concursamos con nombre y apellido, medio raro todo eso, pero no importa, y ya está, y te dieron el sello de calidad porque acreditaste, porque, bueno, los pares vieron que efectivamente... Ahora, después lo que pasa... ¿quién lo evalúa?, ¿cuánto evalúan si efectivamente vos te comprometiste a hacer investigación, a poner fondos específicos para la investigación?, ¿cuánto evalúan las horas de clase que trabajan los profesores?, ¿cuánto evalúan la calidad de esa docencia?, ¿cuánto evalúan el trabajo del que efectivamente se habla, tanto la tutoría, la asistencia, digamos, a los alumnos que vienen a las facultades? [...] la calidad del graduado mismo... el perfil finalmente que tienen esos graduados cuando salen al mercado. Vos produjiste un ingeniero en telecomunicaciones o en lo que quieras, ¿es bueno?, ¿es malo?, ¿alguien lo emplea?, Telecom lo emplea o dice este ingeniero es de la [nombre de la universidad], no lo queremos. [...] Lo que pasa es que, vos fijate, la CONEAU... ahí también hay un procedimiento donde el financiamiento es casi muy burocrático, ese mecanismo, ¿no?, ellos te dicen "bueno, si ustedes no tienen la acreditación de la CONEAU yo no los pongo en la lista del PROMEI", y las universidades públicas saben que cuando van al Ministerio de Educación discuten con los papeles en regla pero también discuten políticamente (asesor. Rectorado)

Hay otras carreras donde el producto final no es bueno porque sabemos que la docencia es débil y porque las evaluaciones son flojas, [...] Entonces, digo, eso no aparece en una evaluación que te otorga financiamiento para hacer una carrera. Me parece que una accountability correcta debiera tener presente ese tipo de cuestiones, porque finalmente de esas es de las que espera la sociedad que los recursos públicos sean bien distribuidos... yo nombré veinte profesores, y "¿cómo los nombraste?, ¿los buscaste por el diario?, ¿pusiste un amigo?, ¿hiciste un concurso abierto?, ¿buscaste los mejores?", después eso es lo que garantiza la calidad o no (asesor. Rectorado)

Uno de los directivos del Instituto de Tecnología menciona la necesidad de que exista más control sobre los fondos que se están entregando por estos mecanismos:

Sí, yo creo, en realidad a mí me resultaba, me sorprendían, digamos, proyectos de mejora de las ingenierías, si uno no tenía una buena acreditación era discutible, si tenía mucho apoyo o no, porque qué es lo que se iba a hacer con ese dinero no se sabía. En realidad, debería ser así, pero debiera haber un mecanismo, un mecanismo de control en la aplicación de esas posibilidades de financiamiento, más acotado a las condiciones de calidad que se quiere promover. Lo que quiero decir es que es entendible que la universidad que tiene o la carrera o la unidad académica que tiene dificultades de infraestructura va a necesitar una inversión importante para infraestructura y para poder optimizar el manejo de muchas de sus cosas académicas, pero bueno, tiene que haber un control de que eso realmente sea así. Ahora, todos los que teníamos dificultades o todos los que nos presentamos a acreditación teníamos... estábamos en condiciones de presentarnos a, por ejemplo, para las carreras de ingeniería es el PROMEI... presentarnos a los planes de mejora y pedir para las mejoras de las dificultades que nos habían encontrado. Ahora, en tal caso tiene una lógica, pero no sé si son los mejores los que se han usado. [...] En ese sentido, realmente debería haber también un mecanismo colectivo por ahí de seguimiento de esas aplicaciones, un comité de recomendaciones sobre las cuestiones de financiamiento, se me ocurre (secretario general y académico. Instituto de Tecnología).

También se menciona que sería importante el financiamiento del Estado para la mejora de los posgrados:

También tener en cuenta el financiamiento universitario en la parte de posgrado. [...] no ha habido en las carreras de posgrado, vía a posteriori de la acreditación, mecanismos de ayuda o de colaboración (secretario general y secretario académico. Instituto de Tecnología).

Es de destacar la opinión de uno de los entrevistados acerca de la importancia de unir financiamiento a la acreditación cuando se trata de carreras deficientes en un área donde el país necesita mejorar. En este caso, la parte industrial, cosa que no sucede con otras disciplinas:

Claro, tal vez el asunto de la ingeniería tenía una particularidad, una particular deficiencia, me parece, por la calidad de las ingenierías, por la cantidad de los aspirantes, y porque estábamos apuntando, supongo, a un país que esperaba levantar en la parte industrial. Entonces obviamente había que reforzarla. Sí, sí, además, bueno, carreras universitarias de Medicina demandan mucho presupuesto, es una de las que más demanda, pero francamente no hay carencia, tanta carencia de médicos, sino que están mal distribuidos. En cambio, ingenieros faltan [...] así que tenían que ir a reforzarlos, imprescindible (secretario general y secretario académico. Instituto de Tecnología).

En el figura 9.4, se presenta una síntesis de lo que dijeron los entrevistados acerca de relacionar directamente procesos de acreditación con mecanismos de financiamiento.

Figura 9.4. Opinión de los entrevistados, según cargo, acerca de relacionar directamente los procesos de evaluación y acreditación a mecanismos de financiamiento. Caso 4

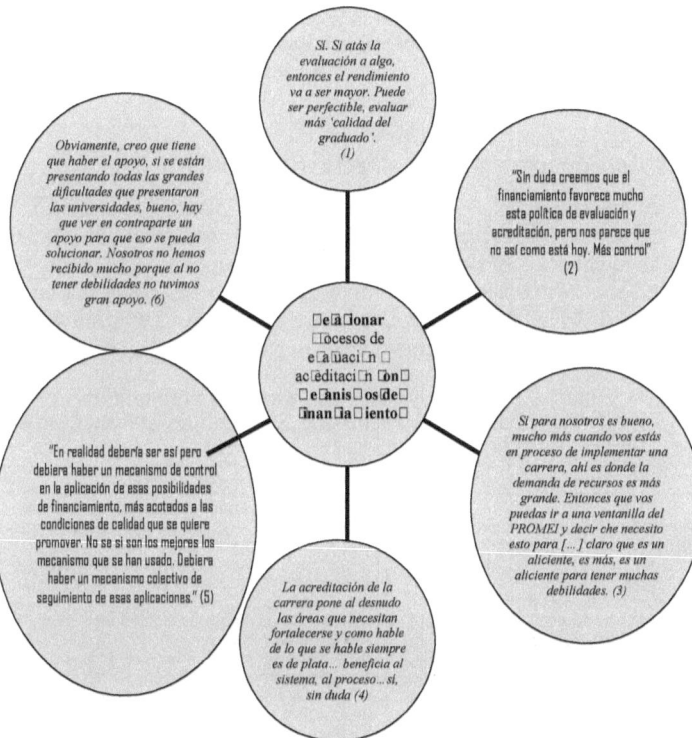

Referencias:
Véase la figura 9.1
Fuente: elaboración propia a partir de la información obtenida en las entrevistas

d) Sobre la posibilidad de crear un sistema de evaluación y acreditación con base en un único criterio de calidad: el más alto nivel de excelencia[70]

En esta universidad se considera que algo así es dificultoso de instrumentar, es decir, inviable por las dificultades que implicaría llevarlo a la práctica:

---

[70] Para meritar este concepto hay dos métodos. Uno sería en términos comparativos con carreras equivalentes o similares en otros países; otro, en términos de un criterio comparativo local.

Bien, lo único que veo ahí es la dificultad para la excelencia... bueno, digamos, el tema es cómo definir la excelencia, porque aparte, digamos, en una carrera de Ingeniería Electrónica podría haber excelencia por distintos aspectos y la excelencia de A a lo mejor no es la misma que la excelencia de B, porque se caracteriza por la excelencia en otro rubro... yo diría, dificultoso de instrumentar, mi respuesta sería sí, pero no la creo viable por dificultades instrumentales (director de Ingeniería Electrónica. Escuela de Ciencia y Tecnología).

9.4.3. Opinión sobre diversos aspectos de la CONEAU

a) Acerca de su funcionamiento y su impacto en la institución

De las entrevistas surgen aspectos positivos acerca del funcionamiento y de su impacto en esta institución, y también algunos aspectos a mejorar.

En el cuadro 9.9 se muestra una síntesis de lo expresado por los entrevistados. No se citan los cargos debido a que la agrupación, sin dejar de utilizar las palabras de los entrevistados, es elaboración propia.

Cuadro 9.9. Aspectos positivos y aspectos a mejorar del funcionamiento de CONEAU señalado por los entrevistados. Caso 4

"Aspectos positivos"	"Aspectos a mejorar"
▷ El proceso es muy útil, genera reflexión. Pero si la universidad mejora es por uno, es uno el que tiene que hacer los planes de mejora. ▷ El efecto no ha sido el mismo, pero siempre ha sido bueno. ▷ Tratar de mejorar lo que uno hace teniendo en cuenta los indicadores que CONEAU divulga respecto a uno eso ayuda. ▷ En grado los procesos de acreditación son muy bien hechos, muy profundos. Nos ha impactado bastante. ▷ Es muy valorado que se pueda acceder a financiamiento para los planes de mejora. ▷ La autoevaluación de las carreras de grado en sí mismas han ayudado mucho. ▷ La presencia de la CONEAU es considerada buena, no en absoluto, sino si uno quiere utilizarla para algo bueno. Muchas veces es un aliciente la amenaza de esa existencia casi religiosa, que lo va a ver todo, para que las cosas se hagan un poco mejor.	▷ La terminología invade demasiado ciertas formas de decir de la institución pero después, en la práctica, no se modifica demasiado. ▷ El tiempo que asigna la CONEAU a las acreditaciones de grado (autoevaluaciones) es un tanto jugado, un poco más de tiempo sería mejor. ▷ La segunda acreditación tendría que ser más sencilla, más liviana. ▷ En posgrado es más el cumplimiento de estándares pero no porque eso luego impacte sobre una práctica que implique una política de biblioteca, de investigación ▷ Uno quisiera que no hubiera filtraciones en la CONEAU, que no hubieran mecanismos de presión. ▷ El software no ayuda mucho. Instructivo muy burocratizado. Poco amigables los sistemas de recolección de la información ▷ Hay resistencia por la multiplicidad de lugares que te piden que hagas lo mismo ▷ Pares evaluadores: a veces hacen valer su lógica y tradición, esto es refractario a la innovación. ▷ Percepción de que lo político se filtra en el pleno de CONEAU. No siempre prevalece lo que dicen los pares en la resolución final. ▷ Se evalúa poco resultado (calidad del graduado)

Fuente: elaboración propia a partir de la información obtenida en las entrevistas

b) Comparando el impacto de la evaluación institucional, de la acreditación de grado y de la acreditación de posgrados

Los entrevistados consideran que el impacto de la evaluación institucional es muy bajo y que lo que más impacta en la mejora y en los cambios es la acreditación de carreras de grado, debido a que actúa sobre un espectro más amplio:

> *Impacta bastante en las carreras de grado, en las ingenierías, por ejemplo, [...] los procesos de acreditación están muy bien hechos, muy profundos [...] me consta que impactan bastante en el grado. [...] El de la universidad, ese sería el otro extremo, en el caso este particular me parece que no sé si su impacto fue muy grande, de hecho nosotros ahora estamos por lanzar el año que viene la siguiente autoevaluación para hacer una nueva evaluación institucional de la CONEAU y esperemos que el impacto sea mayor (secretario académico. Rectorado).*

> *Yo diría, los que hacen investigación de excelencia no necesitan nada que los impulse a continuar haciéndola. Yo diría que la acreditación de las carreras de grado ha hecho que gente que no pensaba que había que hacer investigación en su carrera, porque por ejemplo para eso está la Secretaría de Posgrado, perdón, la Secretaría de Investigación de la Universidad, ahora descubrió que en la carrera hay que tener tareas de investigación, entonces yo diría que no hay que convencer a los convencidos, sino a los que no se habían convencido. El impacto mayor lo veo en la acreditación de grado. Porque actúa sobre un espectro más amplio... y en particular sobre aquellos que todavía no hicieron el esfuerzo de incorporar investigación (director de Ingeniería Electrónica. Escuela de Ciencia y Tecnología).*

> *Creo que además las condiciones con que se encararon las evaluaciones en las carreras de grado fueron mejores que las que se emplearon en las acreditaciones de posgrado [...] suele pasar que a veces no hay evaluadores en el país en condiciones de hacer una medición, digamos, y eso no fue bien encarado, recién ahora está la CONEAU pensando en evaluadores externos, porque es una cuestión que lamentablemente produjo situaciones difíciles (secretario general y académico. Instituto de Tecnología).*

Cuadro 9.10. Impacto comparativo de la política de evaluación y acreditación de carreras de grado y posgrado según "nivel de incidencia en la mejora" y "nivel incidencia en la amplitud". Caso 4

Nivel de incidencia en la amplitud \ Nivel de incidencia en la mejora	Alta	Media	Baja
Mucha			
Media	Política de acreditación de carreras de grado de Ingeniería		Política de evaluación institucional
Baja		Política de acreditación de carreras de posgrado (ciencias de la salud, ciencias aplicadas y ciencias sociales)	

Fuente: elaboración propia a partir de la información obtenida en las entrevistas.

c) Principales dificultades y conflictos que han presentado los procesos de evaluación y acreditación

Se mencionan algunas dificultades referidas a la conformación de pares:

Una cosa negativa, te diría, a veces la conformación de pares es un problema... es un problema. Yo soy muy defensor, acá adentro he sido muy defensor de la lógica de los pares [...]. Algunos dictámenes observo que hay algunas contradicciones que son más de principio, yo he visto por ejemplo acreditaciones y dictámenes proponiendo la no acreditación de carreras de arquitectura, por ejemplo, en universidades privadas, [nombre] no acreditó originalmente y [...] tampoco, y vi los dos dictámenes, la verdad que las opiniones de los pares que eran tipos del sistema, profesores de arquitectura del sistema universitario, no sé si comprendieron claramente la cualidad de esos proyectos, o sea, me daba cuenta de que los tipos tenían en la cabeza un modelo de formación de arquitecto que es legítimo, pero me parece que esas universidades presentaron otros modelos que deberían haber sido atendidos en esa dimensión, ahí me parece que hay una lógica corporativa que obstaculiza la innovación. [...]. Yo creo que ahí la contradicción no es con la mirada de la CONEAU, la contradicción es vos armaste un grupo de pares que inevitablemente acudís a tipos que te hacen valer su lógica y su tradición... entonces eso para mí es un aspecto negativo, porque es refractario a la innovación (directivo. Rectorado).

Es el problema de los pares y los expertos. Es un problema ese de una evaluación pensada más por pares o una evaluación pensada más por expertos, ¿no?, expertos que, aun siendo pares, tienen una especie de legitimidad adicional.

> Lo que hicimos acá cuando sometimos la autoevaluación a expertos. Si vos ponés [nombres de expertos] en una comisión de esas características, está claro que no estás consultando solamente a un par, un tipo que está en el listado de la CONEAU... estás consultando a un referente (asesor. Rectorado).

También se menciona cierta desilusión por la calidad del dictamen recibido, debido a que no les decían nada nuevo. Esto se considera una "visión personal" relacionada con el trabajo que se hizo y el tiempo invertido en proporción a las recomendaciones recibidas:

> A ver, nosotros, ya te digo, acreditamos la Ingeniería Electrónica en 2008, sí. Tuvimos la visita de pares en octubre, creo que vinieron..., septiembre, octubre, no me acuerdo, vinieron los pares y dieron la resolución. La resolución no decía nada, decía "compromiso de mejora, tiene que crear el laboratorio de tecnologías aplicadas", eso era todo lo que nos objetaron, pero faltaba un laboratorio, a mí me dio una desilusión. Digo, porque habíamos hecho un laburo en serio, habíamos hecho toda una autoevaluación bastante profunda, era la primera que acreditábamos, entonces vos lo hacés con alguna otra expectativa, identificando debilidades, presentando un plan nuestro de mejoras, un plan de desarrollo de la carrera, o sea, habíamos hecho todo un trabajo, creo que entonces esperábamos una devolución acorde con el trabajo que hiciste, la devolución fue media que "bueno, si hacés un laboratorio ya está, listo", entonces es como cuando mandás un trabajo a publicar y en realidad estás esperando que el réferi te diga algo interesante del trabajo que mandaste, te objete o te acote o te diga algo que lo mejore. Bueno, qué sé yo, pero eso ya es a nivel personal me parece... creo que a la gente le decís "che, con los ojos cerrados te firmamos la acreditación, ¿querés?", "sí, dale, acreditame". Pero tuvo que ver también con el tiempo invertido, el trabajo que se hizo (secretario académico. Decano a partir de 2010. Escuela de Ciencia y Tecnología).

Problemas con el software y los campos del instructivo:

> El software no ayuda mucho. Lo han ido mejorando [...] hicieron que los que eran para categorización del programa de incentivos y CONEAU fueran compatibles, eso fue ya un adelanto. [...] Y después, bueno, poder actualizar versiones y poder importar las anteriores, que es una cosa trivial, pero no siempre pasaba (secretario académico. Decano a partir de 2010. Escuela de Ciencia y Tecnología).

> Me gustaría discutir las cosas que pregunta, cuáles son los campos que hay que llenar en el software y cuánta importancia se le da a eso, "indicar la metodología didáctica de la materia", "listar los materiales con que"..., qué sé yo, me parece que es medio así, como no de aportar mucho, digo, porque forma parte de lo que es la autoevaluación. En realidad habría que hacer que el docente ponga ahí todo lo que le falta, lo que no le falta, pero no tan esquemático, 250 caracteres, 1.600 caracteres para lo otro, muy burocratizado el instructivo, muchas cosas que se podrían mejorar en el instructivo seguro (secretario académico. Decano a partir de 2010. Escuela de Ciencia y Tecnología).

¿Qué otra cosa tenía el formulario?, la carga de las materias y sus correlativas ahí en la parte del plan de estudios, [...] si lo querés evaluar, agarrá el plan de estudios y fijate cómo son las materias, en ese sentido me parece que hay mucha burocracia ahí, que no, ni hablar cuando finalmente decís "lo terminé", compilás y: error, error, error... error, error, falta el piso, número de departamento... entrás a poner un puntito, espacio, rayita, y después, claro, entrás a poner rayitas por todos lados, resultado del convenio, rayita (secretario académico. Decano a partir de 2010. Escuela de Ciencia y Tecnología).

Aportar yo creo que aporta, pero lo que pasa es que ya después, por ejemplo, la segunda fase tendría que ser más sencilla... me parece que volver a llenar planillas, tendría que ser, no sé, no digo no llenar de todo eso, pero un poco más liviano, porque si uno ya hizo todo, ya mostró todos los laboratorios, todos los docentes, obviamente la planta docente se va renovando no tan rápido como uno quisiera, porque creo que todos tenemos el problema, que es un problema mundial, el de la edad de los docentes. [...] Pero bueno, esa es la parte que uno reniega de estas cosas que a veces tienen demasiado detalle, por ahí sí la primera vez, ¿la segunda vez tanto detalle? (coordinadora de Ingeniería en Materiales. Instituto de Tecnología).

Mención a los tiempos que asigna el procedimiento:

Quizás el tiempo que asigna la CONEAU sea un tanto jugado y un poco más de tiempo sería quizás mejor, pero también es cierto que si dieran un mes más de tiempo también parecería jugado y andaríamos pidiendo un mes más... Sigamos, no es irrealizable, solamente de que a veces uno lo realiza con una dedicación extrema (director de la carrera de Ingeniería Electrónica. Escuela de Ciencia y Tecnología).

Dificultades para lograr que la gente se involucre con estos procesos:

Ficha docente: en general lo resolvemos, dame un currículum y alguien lo pasa, alguien llena la ficha. No, pedirle al docente que la llene por motus proprio es casi imposible, pero para incentivo sí, por eso te digo que fue muy bueno, todo el mundo había llenado para recategorización, entonces mandame la ficha, ok, la ficha te la mando... eso, pero bueno, fue una suerte que tuvimos (secretario académico. Decano a partir de 2010. Escuela de Ciencia y Tecnología).

Bien, digamos que es difícil conseguir que un profesor..., hay que perseguir un poco a la gente, no por mala voluntad, pero uno le pide el currículum actualizado, el programa actualizado de la materia, la bibliografía actualizado, el programa de enseñanza, la metodología de la enseñanza y de la evaluación, llenar fichas y hay gente que dice "estoy cansado"... Bueno, lograr, no el espíritu de colaboración, porque lo tienen, pero a veces hay que perseguir a la gente y eso es una complicación (director de Ingeniería Electrónica. Escuela de Ciencia y Tecnología).

Para esto nosotros estamos haciendo y deshaciendo formularios, papeles y formatos, no es sencillo porque el apoyo informático de CONEAU es impor-

tante, pero realmente siempre ha habido muchísimas dificultades, es decir, han sido poco amigables los sistemas de recolección de información (secretario general y académico. Instituto de Tecnología).

Rutina de la autoevaluación:

Ahora, ya te digo, después de la experiencia de armar cuatro en un mes con las autoevaluaciones, formularios y qué sé yo, las autoevaluaciones salieron así como chorizo, no está bien tampoco entrar en esa fase de "hagamos en automático" (secretario académico. Decano a partir de 2010. Escuela de Ciencia y Tecnología)

Necesidad de que se evalúen más resultados:

Justamente lo que tocamos recién es en lo que yo te dije que la evaluación para mí es buena, es decir, el sistema de evaluación, pero este tal vez podría ser perfectible, porque por ejemplo justamente una mirada que hace falta en el sistema de [...] el graduado, la calidad del graduado... eso tendría que verse más, sí, es un poco como está evaluando hoy CONEAU, resultado mira muy poco (secretario académico. Rectorado).

d) Percepción de si están influyendo intereses políticos, partidarios, ideológicos en los procesos de evaluación y acreditación

Los entrevistados de Rectorado y del Instituto de Tecnología consideran que no están influyendo intereses políticos, partidarios, ideológicos en los procesos de evaluación y acreditación:

No (secretario académico y asesor. Rectorado).

Yo opino que no... en general no, no, no, yo creo que no, es decir, la apreciación global, la corrupción existe y puede haber alguna situación indeseada. [...] Nosotros percibimos como una cosa un poco más seria. Sí, seriedad, con las dificultades, que hemos acotado, de funcionamiento, porque es una tarea realmente de envergadura. [...] Tal vez nosotros seamos un grupo muy aislado (secretario general y académico. Instituto de Tecnología).

Uno de los entrevistados de la Escuela de Ciencia y Tecnología considera que sí, pero que esto no se da en el proceso de evaluación de los pares, sino cuando el dictamen llega al gobierno de CONEAU, para que dicte resolución. Este entrevistado estima, y argumenta con algunos ejemplos, que a veces, sobre todo en grado, el pleno de la CONEAU se aparta de la opinión de los pares:

Finalmente sí, finalmente termina influyendo seguramente, seguramente. Me parece que, en lo que respecta a las cuestiones puramente académicas, la evaluación de pares se hace honestamente. Pero el dictamen de la CONEAU es político, toma ingredientes de la política para [...] y en ese sentido puede pasar que no sea evaluada del mismo modo la universidad A que la B, la privada que la estatal, la que viene del norte, la que viene del sur, o sea, ahí creo que la política se filtra, pero es a la hora de la resolución final. Yo eso no lo considero evaluación, la evaluación termina con un informe de pares y eso no está contaminado. A veces los pares no dicen "acrediten", los pares recomiendan "no acreditar", pero cuando va el consejo directivo y resuelve el consejo directivo en general acredita, aún en contra de la resolución de los pares. Te digo, ahí hay una componente política. Que me parece que está medio como algo que flota en el ambiente, [...] si mirás las resoluciones, digamos, no te deja, más allá de lo que se puede llegar a decir, ¿no?, de decir tal caso o tal otro, después en la resolución decís "claramente acá esto de los pares no puede haber seguido con una recomendación de acreditar, esto se cambió en el consejo directivo." En ese sentido, puede ser negativo porque desalienta a los pares a hacer evaluaciones en serio si total después... Bueno, en posgrado creo que es un poco distinto. En grado es muy difícil, primero las instituciones en general abren la carrera antes de acreditar, por ejemplo, o si van a hacer reconocimiento de título, o las que se presentaron a acreditar con la carrera ya funcionando, yo no sé si hay alguna que no haya acreditado, puede haber. La gente que conoce un poco más el tema de la CONEAU o tiene más experiencia menciona algún caso por ahí, no "la carrera tal no acreditó". Es muy difícil que se cierre una carrera ya funcionando, con alumnos. Creo que es mucho más fácil decirle que no cuando arranca que decirle que no ya una vez que está instalada, en ese sentido la evaluación del proyecto de carrera debería ser más dura que la acreditación de la carrera... porque si hay un momento para decir que no es antes (secretario académico. Decano a partir de 2010. Escuela de Ciencia y Tecnología).

No obstante, considera, si bien hay un componente muy político, igual es bueno que exista CONEAU, como figura de observación:

Es bueno que esté ahí como figura de observación [...] y que uno le tenga temor, me parece que sería la figura de lo que es la CONEAU. Y después en realidad funciona, qué sé yo, a veces hace vista gorda mucho más de lo que debería, las cosas se terminan arreglando más políticamente que académicamente, entrás a mirar resoluciones de la CONEAU en la acreditación de carreras y te preguntás "bueno, y ¿cómo esta carrera acreditó si el plan de mejoras es más grande que hacer una carrera de nuevo?", o sea, si la hacés de cero, una carrera no te lleva tal trabajo, y bueno, entonces ahí te das cuenta de que hay un componente muy político también en la CONEAU que, bueno, termina con que la evaluación de pares es negativa y la resolución de CONEAU es acreditar (secretario académico. Decano a partir de 2010. Escuela de Ciencia y Tecnología).

En este sentido, se considera que es importante darles más poder a los pares evaluadores, que la resolución final debería incluir la firma de pares y lo que recomendaron:

Lo que hace a la calidad, me parece que hay que darles más poder a los pares... incluso en la resolución deberían firmar los pares. Porque el de la vista viene firmada, pero no la final. Los pares evaluadores fueron estos y decir los pares recomiendan tal cosa. Después si el consejo directivo quiere cambiar la resolución que diga "le cambiamos la resolución a los pares". En la práctica, hoy, finalmente los pares no aparecen, la firma de ellos no aparece en ningún lado, entonces [...], y esto ¿quién lo evalúa?, ¿estaban de acuerdo?, ¿no estaban de acuerdo?, pero bueno, ahí hay que dejarle lugar, hay que correr un poco la vara política y nadie quiere correr la política porque la política es lo que te da poder. [...] Si vos tenés acceso a la comisión directiva de la CONEAU y hablás directamente con el presidente, con el no sé qué, y sos capaz de sacar un dictamen y poner otro, ya sos alguien, ¿no?, tu función es muy valorada, las universidades van a querer tener un tipo así, como no, este tipo me saca y me pone cosas en la CONEAU a voluntad... pero imagino que eso funciona así, o sea, es un organismo político, entonces, qué sé yo (secretario académico. Decano a partir de 2010. Escuela de Ciencia y Tecnología).

El otro entrevistado de la Escuela de Ciencia y Tecnología, que además tiene la experiencia como par evaluador, reconoce que a veces ha habido algunos pares que se consideraban extremos defensores de la universidad pública, que con respecto a eso hubo un poco de ideología, pero nada que pudiera alterar la legitimidad del proceso:

No digo que nunca he visto aparición de ideologías, por ejemplo, como par, pero tampoco con algo tan marcado que implique un vuelco y sobre todo porque en definitiva eso origina una discusión calificadora. Por ejemplo, en una reunión de pares diciendo "en esta universidad privada los profesores no están por concurso", entonces otro opinando, "en realidad el concurso solo es uno de los mecanismos para elegir al personal docente, si tienen un mecanismo que sea llamar a las personas a presentarse, un comité académico analiza los currículums, tiene entrevistas y selecciona al mejor candidato, uno dice tiene un mecanismo de selección". "Si es que en realidad después hacen consultas a los alumnos para ver qué es lo que opinan de los profesores tiene un mecanismo para mantener los cargos". "El hecho de que eso no se llame concurso no significa que el mecanismo no exista". Había algunos que se consideraron extremos defensores de la universidad pública y cualquier cosa que se aparte de sus procedimientos no era lo mismo, pero yo veía que en la discusión entre los pares eso se clarificaba, en ningún lado de la 1232 o sus similares dice concurso, sino que habla de mecanismos... de hecho el CRUP participó en la redacción de las resoluciones ministeriales, así que, digamos [...] Con respecto a eso hubo un poquitito de ideología pero nada que pueda alterar la legitimidad del proceso (director de Ingeniería Electrónica. Escuela de Ciencia y Tecnología).

Se citan las palabras del director general y académico del Instituto de Tecnología acerca de la importancia de que verdaderamente no haya filtraciones de este tipo en CONEAU:

> Uno quisiera que no hubiera filtraciones en la CONEAU, que no hubiera mecanismos de presión, que no hubiera cosas que realmente algo podría haber. No me consta, he tenido comentarios, pero no me consta... no me consta, no me consta. He tenido un comentario [...], sería una pena que eso no desaparezca totalmente, porque en un momento yo creo que CONEAU trabajó con mucha seriedad, me preocuparía que esto no siga por ese camino y alguna vez haber tenido algún indicio me preocupó más. Nosotros, en todos los vínculos que hemos tenido con CONEAU, siempre hemos tenido una respuesta muy ajustada a lo que la reglamentación estipulaba, a lo que se había pactado, jamás nada fuera de lo que correspondía, nunca tuvimos ningún indicio de que no fuera así, con lo cual yo siempre los defendía muchísimo al proceso, al proyecto, al estilo, a los técnicos de CONEAU [...]. Bueno, pero digo, más allá de eso siempre nuestro vínculo con CONEAU fue realmente que a mí me hiciera pensar muy respetuosamente del trabajo de la gente de CONEAU, y cuando escuché ese comentario me desilusionó un poco saber que podía haber algo de verdad, me gustaría mucho que no fuera así, pero nosotros jamás tuvimos ningún indicio en eso (secretario general y académico. Instituto de Tecnología).

e) Opinión acerca de la conveniencia (o no) de hacer públicos los resultados de no acreditación de las carreras

En general se considera que es importante hacer público todo. Al respecto, es de destacar la opinión de los entrevistados de Rectorado sobre la necesidad de hacer público todo pero en un lenguaje que llegue a toda la sociedad, principalmente a padres y a alumnos potenciales o actuales:

> El diálogo entre la CONEAU y las familias es un discurso críptico, ninguna familia podría entender ni un informe de una evaluación externa ni un informe de acreditación, porque están hechos para el sistema. [...] y ahí hay como una misión que no está cumplida. [...] Me acuerdo que cuando se cumplieron 10 años de CONEAU, Brunner, que fue muy crítico dijo: "Está muy bien la CONEAU, qué sé yo, pero vamos a ver cuál de estos cuatro objetivos que se planteó originalmente la CONEAU lo cumplió", y uno era este, ¿cuánto mejoró la elección de una institución o de una carrera de parte de las familias y de los alumnos el trabajo de la CONEAU?, poco. Me parece que ahí hay una vocación de no violar un acuerdo como un acuerdo corporativo, bueno, hablamos entre nosotros, discutimos, circulamos esta información entre nosotros y estamos de acuerdo. Me parece que el paso sería, bueno, que esto sea efectivo en la misma línea de la accountability en la rendición de cuentas a la sociedad para que la gente pueda elegir (asesor. Rectorado).

> Mirá, vos sabés que..., te cuento una experiencia que tuve. Mi hija estudiaba medicina y hace unos diez años me enteré que existía algo que se llamaba CONEAU, no sé cuándo fue, y que habían acreditado carreras de medicina, entonces empecé a leer las evaluaciones de medicina de distintas universidades... sí, y ahí me enteré cuál era la universidad que mejor medicina ofrecía,

cuál era chanta, qué sé yo, ella, Jorgelina, estudiaba en la UBA, así que la UBA estaba más allá del bien y del mal, entonces yo descubrí "la pucha, eran informes muy bien hechos", entonces dije "qué lástima que esto no es público", era público, porque yo entré por internet y escarbando enseguida llegué, pero que sea que la gente lo conozca más, para que vea, "mirá, esta que uno cree que era una universidad tan buena mirá lo que es, lo que dicen sobre medicina acá, esta otra que nadie la conocía mirá qué bien opinan", es decir, eso me pareció fabuloso a mí, es decir, como padre de una alumna, ¿no? De todos modos, conocer esa información cuando uno decide... en lo personal a mí me gustaría mucho saber cómo es una escuela... qué sé yo... (secretario académico. Rectorado).

Sería bueno que pudiera ser en un lenguaje un poco más llano, más comunicable todo eso (asesor. Rectorado).

Uno de los entrevistados manifestó que se inclina por no hacer públicos los resultados de no acreditación de una carrera; se considera "partidario de las felicitaciones públicas y de los reproches privados":

Ahí yo tendría mis dudas sobre si el beneficio es superior al daño. [...]. Me parece que no procedería al escrache público de decir que no acreditó. Digamos, soy partidario de las felicitaciones públicas y los reproches privados, en ese sentido, decir que no acreditó privadamente. Para mí el mayor castigo sería decirle al Ministerio "decí que no matriculen más" (director de Ingeniería Electrónica. Escuela de Ciencia y Tecnología).

f) Opinión sobre la conveniencia de hacer públicos los listados de pares evaluadores y la frecuencia con la que son designados. Opinión sobre el proceso de selección de los pares evaluadores y sobre su desempeño (prejuicios o preconceptos, sesgos, conductas o trato, humildad, modestia o soberbia, etcétera)

Todos los entrevistados consideran que es conveniente hacer públicos los listados de los pares y la frecuencia con la que son designados:

La idea de la CONEAU sana es que no hay carrera de evaluador... no, no, no se lo decían, simplemente ya fue demasiado tiempo y no se lo llama más. [...] la idea es que para la CONEAU no hay evaluadores a perpetuidad, a menos que haya un cataclismo que haga que no hay a quién mandar, pero se supone que nadie debería ver que su carrera especialmente es ser evaluadores, de todos modos lo que pagan es tan poco que nadie va a pensar seriamente... sí, pero la idea es que los evaluadores sean rotativos. Bueno, de hecho la respuesta a esa pregunta [¿deberían ser públicos el listado y la frecuencia?] es sí (director de Ingeniería Electrónica. Escuela de Ciencia y Tecnología).

A mí parecer que sí, deberían ser públicos el listado y la frecuencia (secretario general y académico. Instituto de Tecnología).

Sí. Sí, yo no sé, uno ya no sabe si no hay gente que ya vive evaluando y que no hace otra cosa más [...] por la falta de evaluadores que hay (coordinadora de Ingeniería en Materiales. Instituto de Tecnología).

Acerca de la actuación de los pares surgen algunas consideraciones como las siguientes:

a) ¿Pares evaluadores o expertos?

Una cosa negativa te diría, a veces la conformación de pares es un problema... es un problema. Yo soy muy defensor, acá adentro he sido muy defensor de la lógica de los pares [...]. Algunos dictámenes observo que hay algunas contradicciones que son más de principio, yo he visto, por ejemplo, acreditaciones y dictámenes proponiendo la no acreditación de carreras de arquitectura, por ejemplo, en universidades privadas, [nombre] no acreditó originalmente y [...] tampoco, y vi los dos dictámenes, la verdad que las opiniones de los pares, que eran tipos del sistema, profesores de arquitectura del sistema universitario, no sé si comprendieron claramente la cualidad de esos proyectos, o sea, me daba cuenta de que los tipos tenían en la cabeza un modelo de formación de arquitecto que es legítimo, pero me parece que esas universidades presentaron otros modelos que deberían haber sido atendidos en esa dimensión, ahí me parece que hay una lógica corporativa que obstaculiza la innovación. [...]. Yo creo que ahí la contradicción no es con la mirada de la CONEAU, la contradicción es "vos armaste un grupo de pares e inevitablemente acudís a tipos que te hacen valer su lógica y su tradición"... entonces eso para mí es un aspecto negativo porque es refractario a la innovación (directivo. Rectorado).

Es el problema de los pares y los expertos. Es un problema ese de una evaluación pensada más por pares o una evaluación pensada más por expertos, ¿no?, expertos que aun siendo pares tienen una especie de legitimidad adicional. Lo que hicimos acá cuando sometimos la autoevaluación a expertos. Si vos ponés [nombres de expertos] en una comisión de esas características, está claro que no estás consultando solamente a un par, un tipo que está en el listado de la CONEAU... estás consultando a un referente (asesor. Rectorado).

b) Formación de pares:

Formación como par... cero, al contrario, te rechaza. Yo llegué y me tiraron un montón de cajas, carpetas, dije para qué estoy acá y no en mi casa... pero bueno, hay que darle tiempo (secretario académico. Rectorado).

Para mí también es interesante que la CONEAU paga a los evaluadores. [...] creo que es importante que esas caras públicas sean reconocidas, generan mayor responsabilidad. El CONICET no lo hace, las universidades no lo hacen, pero la CONEAU lo hace y eso me parece que ayuda al sistema (secretario académico. Rectorado).

c) **Comportamiento de algunos pares:**

Había algunos pares que se consideraron extremos defensores de la universidad pública, y cualquier cosa que se aparte de sus procedimientos no es lo mismo, pero yo veía en la discusión entre los pares que eso se clarificaba, en ningún lado de la 1232 o sus similares dice "concurso" sino habla de "mecanismos" (director de Ingeniería Electrónica. Escuela de Ciencia y Tecnología).

d) **Influencia de algunos técnicos en el trabajo de los pares:**

Técnico que coordina el proceso: él puede tener incidencia. [...] digamos, a ver, puede tenerla porque, por ejemplo, puede tener control sobre en qué invierte su tiempo el par evaluador, puede cambiar alguna frase para darle un estilo CONEAU y transformarla para que uno a lo mejor ponga "aceptable", "bueno", o algo por el estilo, yo no diría que es tremendamente decisivo, pero que el impacto es neutro no, yo diría que no es necesariamente neutro. Claro, si yo estoy convencido de que esto tenía que acreditar no va a aparecer como no acreditado, o viceversa. Pero sí, no son neutros y alguna vez hemos protestado con alguna técnica que se metía en lo que los pares de ese comité considerábamos atribución propia, de hecho la redacción final suele ser de ella, de manera que [...]. Sí, digamos, podría ocurrir, bueno, en particular la técnica como ha visto muchas algún párrafo bueno se copian, peor sería que haya influido decisivamente en la redacción cambiando algún concepto, pero de todos modos a la larga si yo soy evaluador y el texto no es lo que yo puse y no me refleja, no firmo... pero sí, el toque final suele ser de la técnica, digo la técnica porque la mayoría son damas. [...] Pero alguna vez, ya digo, alguna de las muchas veces que me tocó una vez hubo una que buscaba algo más... Otras veces eran mucho más, por ejemplo, una técnica que decía "no se olviden de ir a la oficina de concursos", más bien orientaba mi tarea pero para decirme "ojo, no nos vamos a ir de esta visita que estamos haciendo a tal provincia sin haber visto algo de lo cual después vamos a tener que opinar", lo cual me parecía de ayuda y no para torcer el brazo (director de Ingeniería Electrónica. Escuela de Ciencia y Tecnología).

e) **Recusación de pares:**

Es muy difícil la justificación de la recusación... la única que admiten es que haya enemistad manifiesta, ¿cómo lo demostrás?... tenés que tener una disputa internacional en un texto, un libro... que esté publicado, es muy complejo eso, entonces es muy difícil los mecanismos de..., no son digamos muy efectivos los mecanismos de recusación, me parece, que debieran [...]. Sí, o porque pueda haber una discrepancia en el criterio de consideración de cómo se debe enseñar tal cosa, eso muchas veces pasa, cómo se debe enseñar matemática en tal, y uno piensa hay que hacerla así, el otro piensa hay que hacerla asá, y que eso vaya a una discusión así sería, digamos, debería tener algún reflejo en eso. Tal vez, de la cantidad de pares evaluadores que uno selecciona tendría que haber algún número donde pudiera haber algún recusado, pero la mayoría no lo sea, digo, si uno tuviera pocos evaluadores, como vos decís, vos podrías, porque uno podría discrepar (secretario general y académico. Instituto de Tecnología).

9.4.4. El impacto de estos procesos en la organización y la cultura de la institución

a) Creación de unidad específica a cargo del seguimiento de procesos de evaluación y acreditación de la calidad

No existen áreas específicas. A nivel de Rectorado se está pensando en crear el área de "análisis institucional", dependiente de la Secretaría Académica. Se menciona la creación del Observatorio de Educación Superior y un trabajo muy articulado entre el Observatorio, que hace la tarea más de investigación, y la Secretaría Académica, que tienen objetivos de gestión institucional:

No, no tenemos una oficina que se llame así aun cuando estamos desarrollando una unidad que podríamos llamarla de "análisis institucional", es todo muy incipiente, esto está más en nuestra cabeza que en la práctica concreta, pero esta es una gestión, [nombre del secretario académico] es secretario hace dos años y unos meses,... estamos configurando una unidad que en principio llamamos algo así como Unidad de Análisis Institucional, o algo por el estilo, que es básicamente la responsable de pensar primero de procesar información y de producir informes significativos con esa información [...] por otro lado, la secretaría es una especie de filtro de todas las presentaciones que hace la universidad institucionalmente, o sea, todo lo que tiene que ver con el vínculo con CONEAU, por ejemplo, dar respuestas a las vistas cuando hay un proceso de acreditación de carreras de grado, de posgrado. [...] Tenemos una dirección de posgrado que hace esa tarea, o sea, hay en la secretaría un perfil de su práctica que está muy asociado a lo que sería la evaluación, [...] hace un par de años la universidad creó un observatorio de educación superior... ese observatorio originalmente tenía una doble función, por un lado, trabajar más sobre lo que sería la teoría de la filosofía política de la universidad, o sea, un registro claramente teórico, y por el otro, trabajar con lo que sería investigación institucional, vinculado, en este caso..., te digo, esto es muy incipiente, porque yo creo que está reformulándose ese observatorio... la investigación del desarrollo de las profesiones y las disciplinas,... con la idea de abordar el conjunto de las disciplinas de la universidad que, por cierto, es muy amplio, porque va de la filosofía hasta la energía nuclear, digamos. De hecho tenemos una ingeniería en energía que está recién creada. Eso es muy incipiente todavía, entonces te diría que por ahora lo que se ve, lo que hemos hecho, es un trabajo muy articulado entre el observatorio que hace la tarea más de investigación y la secretaría que tiene objetivos mucho más de la gestión institucional, pero que en algún punto se asocia al observatorio en ese tipo de cuestiones (asesor. Rectorado).

En las unidades académicas no existe una unidad específica a cargo de estos procesos. En la Escuela de Ciencia y Tecnología se menciona la creación de una Comisión Curricular, el seguimiento personal del mismo secretario académico y la revisión de todo pasa por el director de la carrera de Ingeniería Electrónica, experto en estos procesos por haber sido par evaluador y actual miembro de la Comisión Asesora:

> *No así formalmente, [...] definimos una comisión curricular común para las tres carreras. Porque buena parte de la tarea que tenemos de acá a los próximos seis años seguramente es implementar y acreditar, implementar y acreditar, entonces de alguna manera, si bien no está formalizado que existe la comisión de acreditación, ya te digo, todo lo que se hace es "ah, esto va a servir para CONEAU, esto va a servir para CONEAU", entonces va a parar al armario donde van las cosas que algún día vamos a tener que sacar y poner en la autoevaluación, en el instructivo. En ese sentido, te decía que hay como una acreditación continua. Además, está el director de la carrera Ingeniería Electrónica, tiene mucha experiencia. Todo lo que hacemos acá, acreditaciones, en algún momento pasa por su filtro y él dice sí está bien, no, no está bien, hay que hacer otra cosa, o sea, es el referente de lo que es acreditación ante CONEAU de cualquier carrera, está más involucrado en Electrónica, pero en las otras cuatro en realidad fue un poco el que marca eso (secretario académico. Decano a partir de 2010. Escuela de Ciencia y Tecnología).*

> *Hay alguna unidad que se llama [nombre del secretario académico]. El secretario académico nuestro es alguien que está en todas. [...] Hay una comisión de seguimiento curricular que, por otra parte, es una exigencia del proceso de acreditación y se encontró como muy conveniente, pero no para seguir la acreditación, para seguir el desarrollo de la carrera (director de Ingeniería Electrónica. Escuela de Ciencia y Tecnología).*

En el Instituto de Tecnología, tampoco hay una unidad específica ni se considera necesario, debido a que, al ser tan pocos, todos de alguna manera colaboran:

> *Somos poquitos... todos colaboran de alguna manera. [...] Así que bueno, en este momento yo estoy a la cabeza de la parte de ingeniería, pero no es que tenemos una comisión ad hoc. Yo estoy en la gestión, fundamentalmente en este momento estoy en la coordinación de ingeniería, estoy en la gestión, si bien soy JTP en laboratorio, pero así que en esto estoy, sí, llevando adelante lo que es la carga de todos los datos. ¿Con posgrados cómo vamos a hacer? [...] Seguramente van a tener que por ahí coordinar un poquito más, porque son tres, pero no sé quién va a estar a la cabeza, no sé si será el secretario académico directamente, como son tres, acá no había casi opción, era una carrera y yo (coordinadora de Ingeniería en Materiales. Instituto de Tecnología).*

> *No, porque eran cosas que habitualmente hacíamos, es decir, los tenemos distribuidos, no hemos creado un lugar especial (secretario general y académico. Coordinadora de Ingeniería en Materiales).*

b) Percepción acerca de si a partir de estos procesos, en la propia universidad/facultad/unidad se está generando una "cultura de la evaluación y de la calidad" o si más bien "prevalece el cuidado de los aspectos técnicos necesarios para acreditar"

Los entrevistados consideran que prevalece una cultura de evaluación, ente otros motivos, porque es la cultura del trabajo de ciencia. Someterse a mecanismos de evaluación de pares es lo habitual:

> *Sí, sí, eso está por lo menos en términos de lo que nosotros podríamos considerar una cultura, sin duda, y creo que vamos prontamente a trabajar en una evaluación de la práctica docente por los alumnos (secretario académico. Rectorado).*

También se considera que cuidar los aspectos técnicos necesarios no es menor y que hay que saber hacerlo para acreditar:

> *Yo creo que en general acá ya existía una cultura de rendir cuentas, un investigador tiene que dar sus informes periódicamente, la evaluación de los pares es una, ser evaluado por pares es una práctica corriente, todos ganamos los cargos por concurso, de manera que el criterio "hay que responder ante otros" estaba (director de Ingeniería Electrónica. Escuela de Ciencia y Tecnología).*

> *Acá lo que pasa es que la cultura no es que se está creando una cultura, ya teníamos una cierta cultura de la calidad... porque es la cultura del trabajo en ciencia, en ciencias ese tipo de mecanismos de evaluación son tradicionalmente los usados, porque son los pares evaluadores los que opinan sobre la calidad de un trabajo, sobre si es relevante, y se discute y la publicación internacional y los referatos, etc., son cosas habituales. En el ámbito de las otras disciplinas las modalidades son algo diferentes (secretario general y académico. Instituto de Tecnología).*

> *Más que nada hay una cultura de la calidad (coordinadora de Ingeniería en Materiales. Instituto de Tecnología).*

Es de destacar la opinión del secretario académico de la Escuela de Ciencia y Tecnología (decano a partir de 2010) acerca de que para acreditar es más importante "parecer" que "ser", mientras que para la calidad lo que importa es la cultura de la institución, una cultura de mejora continua. Con el cuidado de los aspectos técnicos, ya se tiene un primer paso:

> *A ver, con el cuidado de los aspectos técnicos ya tenés un gran paso... o sea, si no cuidás los aspectos técnicos, no vas a acreditar. Si la calidad no es lo que debería... quizás acredites, o sea, hay que parecer, es más importante parecer, no sé si es tan importante ser... para acreditar. Sí, es importante que uno parezca que hace las cosas bien, que tiene todo ordenado, que está todo. Para la calidad es importante la cultura de la institución. O sea, necesitás tener una cultura de mejora continua para la calidad, tenés que ponerte [...] tu objetivo, siempre tiene que estar un poco más allá del lugar donde fuiste, eso te lo define el perfil de la autoridad, el perfil de la planta docente. [...] O*

sea, vos podés no tener docentes específicos en esta carrera, digamos, para en Ingeniería Electrónica nosotros no tenemos docentes específicos. Una persona que viene a evaluar ¿qué tiene que evaluar?, tiene que evaluar cuál es la cultura del cuerpo docente, saber que está formado, qué hace..., físicos, químicos, matemáticos, biólogos, bueno, ¿esta gente qué hace?, anda dando clase de universidad en universidad, de escuela en escuela o tiene proyectos de investigación, publican, hacen desarrollos [...] entonces vos ahí ves la cultura (secretario académico. Decano a partir de 2010. Escuela de Ciencia y Tecnología)

c) Opinión sobre la siguiente afirmación de actor universitario publicada recientemente: "Se ha generado una burocracia evaluadora que ha terminado por ser más reconocida, incluso, que la misma actividad que juzga. [...]. Estos mecanismos requieren completar innumerables planillas, controles y registros, lo que no ha hecho sino complicar aún más el ya difícil funcionamiento universitario"

Los entrevistados manifestaron no estar de acuerdo con esta apreciación. Si bien consideran que los procedimientos y el sistema en sí pueden ser perfectibles y que hay burocracia, reconocen que el problema es también de las universidades que aún no tienen sólidos sistemas de gestión de la información ni cultura de evaluación y mejora continua.

En la figura 9.5 se presenta, esquemáticamente, la opinión de los entrevistados:

Figura 9.5. Opinión, según cargo de los entrevistados, acerca de si la CONEAU se ha convertido en una burocracia evaluadora (planillas, controles y registros) más reconocida que la misma actividad que juzga. Caso 4

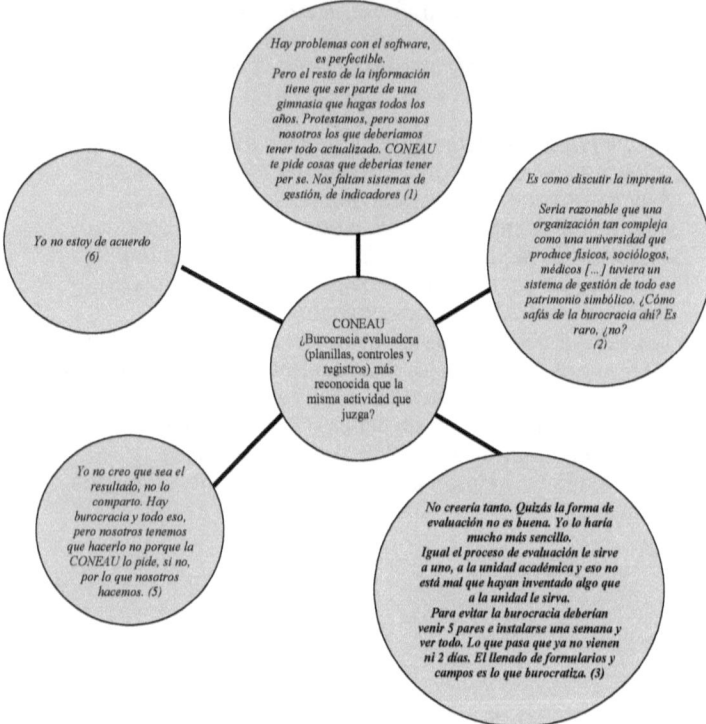

Referencias:
Véase la figura 9.1
Fuente: elaboración propia a partir de la información obtenida en las entrevistas

d) Percepción acerca de qué ha crecido más: la "cultura de la calidad y de la evaluación" o "rutinas escritas, guiones y manuales de reglas que proveen tipos de cuándo hacer qué y con qué personas a cargo"

Se percibe que ha crecido más la cultura de la calidad y de la evaluación y que se trata de un problema de madurez, de entender que la actitud no es hacer lo que manda la CONEAU, sino mejorar las carreras y mostrar eso a CONEAU.

Uno de los entrevistados considera que a veces se estandariza para la general sin contemplar algunas especificidades:

> *Claro, el tema de CONEAU hay muchas cosas que están hechas para lo general y nosotros somos bastante particulares, entonces a veces hay que mostrar la particularidad, no podemos, o sea, para nosotros algunas cosas meternos en las generales sería cambiar nuestra esencia (coordinadora. Ingeniería en Materiales. Instituto de Tecnología).*

e) Uso que hacen las autoridades sobre los resultados de los procesos acreditación

Para uno de los directivos de la Escuela de Ciencia y Tecnología, la acreditación de la carrera no es algo que las autoridades de la universidad destaquen sobremanera. Considera que quizá todavía no hay mucha conciencia de lo importante que es que acredite la carrera, o del costo que tiene no acreditar. Tampoco se usa para hacer propaganda. Sí menciona que acompañan el proceso, saben que una universidad de prestigio tiene que acreditar y que, además, eso trae financiamiento:

> *Bueno, a ver, el hecho de que la carrera se acreditó, por ejemplo, no es un hecho que las autoridades de la universidad destaquen sobremanera. Existe, digamos, por el contrario, más tradición en exaltar algo físico, por ejemplo, se inauguró un nuevo auditorio y hoy viene el intendente y otras autoridades a ver la maravilla que es el nuevo auditorio, si hubo alguna. La acreditación de las carreras debo confesar que, si no fuera que yo, cuando me mostraron la propaganda de la carrera de Ingeniería Electrónica, dije "no, acá falta acreditada", el folleto salía de cualquier manera. Digamos que no sé hasta qué extremo se sabe cuán importante es, de hecho de todas las carreras que hay en la universidad son muy poquititas las que tienen que acreditar, y yo no estoy tan seguro de que las autoridades tengan claro que si yo no acreditaba la carrera, no digo que me pegue un tiro, pero... no sé hasta qué punto se dan cuenta de que tiene ese nivel de trascendencia. Digamos, no se usa para hacer propaganda, de hecho. Pero las autoridades acompañan el proceso, sobre todo porque saben que hay fondos (director de Ingeniería Electrónica. Escuela de Ciencia y Tecnología).*

Para el Instituto de Tecnología, la acreditación fue una oportunidad para que se difundiera más la carrera, debido a que fue una de las pocas que acreditó por seis años, esto generó interés:

> *Sí, bueno, ha sido rápidamente conocida, identificada. Porque a la Comisión Nacional [nombre] la conoce todo el mundo, pero esta carrera que era nueva no, pero al estar acreditada por seis años, de las primeras, que fue las primeras poquitísimas, entonces decían "uh, [nombre de la universidad] cómo es, es una universidad nueva que tiene" [...] el que no conoce es el público, y al público, yo te digo la verdad, a los chicos y a los padres, que esté acreditada o que no esté acreditada no les interesa en particular (coordinadora Ingeniería en Materiales. Instituto de Tecnología).*

f) Percepción de la actitud de actores institucionales frente a estos procesos

En el cuadro 9.11 se muestra la percepción que tienen los entrevistados de la actitud de directivos, profesores y estudiantes ante de estos procesos.

Cuadro 9.11. Percepción que tienen los entrevistados de la actitud de directivos, profesores y estudiantes ante de estos procesos. Caso 4

	Directivos	Profesores	Estudiantes
(1) Secretario académico. Rectorado	En muchos casos somos firmes, duros y coincidimos con la CONEAU, insistimos en que hay que atender a esas recomendaciones, en otros no somos tan eficaces.	Me parece que acá lo que hay, en algunos posgrados, lo que yo observé es como "y bueno pero no entienden lo nuestro", qué sé yo, tenemos una maestría en el Instituto de mucha calidad de la Universidad que no ha acreditado, bueno, no ha acreditado, qué sé yo, nosotros inclusive el posgrado hizo un análisis, te hablo de ensayos, y ahí hay una posición demasiado defensiva, poco abierta a entender cuáles fueron las observaciones, así de rechazo a la CONEAU, "no entienden lo que hacemos nosotros", etc., etc., una actitud corporativa de conjunto de los docentes,... El resto me parece que tiene una actitud favorable.	Deben saber que las carreras se acreditan... pero no es un tema.
(2) Asesor. Rectorado	Nosotros no somos muy prototípicos en ese sentido [...] porque coincidimos demasiado con la CONEAU y tenemos una mirada poco defensiva de cualquier oferta de la universidad.	Hay de todo	No rechazo. Pero ahí quizás el problema sería que pensando no solo en los estudiantes actuales sino en los aspirantes o los potenciales estudiantes ahí hay una deficiencia también porque la verdad que vos tenés una buena evaluación de una carrera y el diálogo entre la CONEAU y las familias, digo, es un discurso críptico, ninguna familia podría entender ni una evaluación externa ni un informe de acreditación.
(3) Secretario académico (decano a partir de 2010). Escuela de Ciencia y Tecnología	A los directivos les interesa que uno se presente a acreditar y que acredite bien... en buena parte porque viene el financiamiento.	Los profesores en algunos casos, hay profesores que son específicos del área de ingeniería [...] están algo acostumbrados. Lo que son las áreas básicas, salvo que gente que esté vinculada a algún posgrado, fue la primera experiencia de acreditación pero no, en general bien, o sea, un poco de, bueno, esto sirve para dar respuesta, esto va a servir para que la universidad crezca... entonces colaboran, sí.	Bueno, ya te digo, nosotros hicimos en ingeniería hicimos mucha, quisimos hacerlo bien, como nosotros nos imaginamos que es bien. Entonces los estudiantes participaron, se enteraron cuando venían los pares evaluadores [...] con los estudiantes. Los estudiantes necesitan saber que la carrera está acreditada, ellos saben que tiene que estar acreditada entonces preguntan, bueno, ¿por qué la carrera no está acreditada?, bueno, estamos en proceso, participamos ahora. En ese sentido la CONEAU existe para todos... bien, o sea que la actitud es de participación al menos en esta Facultad. Y quieren que esté acreditada... Nos conocemos casi todos.... los conozco a todos, he tenido alumnos, digo no hay una actitud militante en contra de la CONEAU, como en la UBA.

	Directivos	Profesores	Estudiantes
(4) Director de la carrera de grado Ingeniería Electrónica. Escuela de Ciencia y Tecnología	Si algo tiene claro el rector es que un proceso de acreditación de una carrera viene asociado con un programa de financiamiento para mejora. De manera que, digamos, no le cabe ninguna duda a él que esto es algo que quiere hacer. Así que él tiene clarísimo de que por supuesto que en una universidad de prestigio tiene que acreditar y por supuesto que acreditar significa acreditar hoy y mañana ir a ver al SPU a decirle "hola, Alberto, necesito presupuesto para la carrera que acabamos de acreditar". Así que si la pregunta era si las autoridades acompañan el proceso definitivamente lo acompañan.		De esta suerte es un proceso que pasó con los muchachos que estaban muy interesados en la universidad y no entendieron muy bien qué era el proceso de acreditación, y lo máximo que hubo fue una vez los evaluadores los quisieron entrevistar entonces nosotros los convocamos y les dijimos bueno miren acá va a haber unas personas que quieren ayudarnos para encontrar los mejores rumbos para la universidad y quieren tener una visión global y quieren saber la opinión de ustedes así que por favor vayan, eran 2 en el 1° año, opinen lo que tengan que opinar y gracias por haber concurrido. [...] a tal punto de que en realidad fueron los evaluadores los que tuvieron que explicarles para qué estaban ellos porque nosotros los presentamos como diciendo con la idea de que vienen a ayudarnos con el proceso de mejora continua. No sé si los impactó o no los impactó a los evaluadores, pero los alumnos no sabían para qué estaban ellos. Ahora, debo confesarte que tampoco me interesaba propagar demasiado porque del acceso para el otro lado está no ciencia y técnica sino humanidades y en humanidades hay un grupo combativo que entiende que el proceso de acreditación por supuesto que es una genuflexión ante los sistemas financieros internacionales que corresponde a una conspiración contra la Argentina y cosas por el estilo, bueno, por fortuna ellos no se enteraron, aunque no son de la escuela los tenemos del otro lado del pasillo
(5) Secretario general y académico. Instituto de Tecnología		Y, es muy dispar, hay de todo. Pero en general realmente hay una aceptación porque además yo creo que ellos han compartido la alegría que para nosotros ha sido acreditar por seis años. Además, nosotros empezamos con la CAP en el 95. Y la Universidad recién había sido acreditada y entrabas vos por la columna de las carreras acreditadas con máximo nivel y había muy pocos posgrados, además era voluntario.	En realidad yo creo que en general nuestros alumnos —no creo que sean muy distintos al de la comunidad argentina— que me parece que nadie tiene demasiado en cuenta esta cuestión. En general creo que la comunidad, la sociedad no tiene un buen registro de eso… —no, no, los padres ni ellos teniendo la posibilidad de ir y de mirar y decir ah bueno—. En el posgrado sí preguntan más.

	Directivos	Profesores	Estudiantes
(6) Coordinadora de la carrera Ingeniería en Materiales. Instituto de Tecnología		Resignación, resignación. Hay que estar corriéndolos, "mándame la ficha por favor", bueno, no me la mandaste, dame el currículum que yo te lo paso". La fecha esta es pésima, pésima porque todos están cerrando cosas. Por supuesto todos quieren colaborar para que esto salga más sabiendo que es la acreditación por seis años obviamente todo el mundo quiere mantener [...] Que en realidad es el volcado de cosas porque ellos su actividad sí lo hacen.	Ellos prácticamente no están, no están porque la vez pasada tenían el examen Accede, que ahora no está... estaba un poco más, directamente estaban en tener que intervenir. Ellos saben que yo estoy, estamos acreditando, que yo estoy con eso y que los tengo abandonados en algunas cosas. Están orgullosos de estudiar, para ellos saben, lo sienten como un privilegio y ellos en la medida de lo posible hacen la difusión de responder a otros que vengan a estudiar acá porque ellos están orgullosos de venir a estudiar acá. No hay resistencias con la CONEAU no, para nada, no, no. No, todo lo que pudiera ser colaboración, lo que pasa que uno no les pide, están los exámenes. En el posgrado sí preguntan más.

Fuente: elaboración personal a partir de la información obtenida en las entrevistas

De las entrevistas surge que existe una actitud a favor y comprometida por parte de directivos hacia estos procesos. Los entrevistados perciben que la participación de los docentes es dispar; algunos se comprometen más, pero otros lo viven como una tarea de completar fichas y programas, por lo que "hay que perseguirlos". No se percibe una participación e involucramiento de los profesores en todo el proceso de acreditación. Respecto a los estudiantes, se expresa que no existe una actitud de rechazo a CONEAU y que necesitan saber si la carrera está acreditada. De las entrevistas, surge que alumnos de la Escuela de Ciencia y Tecnología participaron más que los del Instituto de Tecnología. Esto puede deberse a cómo se ha encarado en proceso en una y otra unidad académica.

Se manifiesta que los alumnos de posgrado suelen preguntar, más que los de grado, si la carrera está acreditada. Pero no se menciona una participación activa de estos en el proceso.

g) Los principales cambios hacia la mejora y frenos a la innovación producidos en los últimos años en cada institución (o unidad académica, o carrera) y su relación con los procesos de evaluación y acreditación

En la Escuela de Ciencia y Tecnología se halla alguna relación entre los principales cambios hacia la mejora y los procesos de acreditación: "Se hubieran hecho igual, pero la acreditación catalizó", "la CONEAU te pone plazos, entonces tenés que cumplir". En cuanto al obstáculo financiero se menciona una relación positiva con estos procesos gracias a la existencia del PROMEI. También se menciona una relación entre obstáculos (el docente no cambia con la misma velocidad que cambia la lógica) y el proceso de acreditación: "Esta cosa estructuradita, de tener que tener esto, esto, tantas horas... igual te queda lugar... pero es como demasiado meter todo en raviolcitos". Igual se admite que "la norma deja márgenes razonables".

En el Instituto de Tecnología no se halla relación entre los cambios más significativos producidos en los últimos años y estos procesos. Tampoco se relacionan obstáculos.

En el cuadro 9.12 se presenta una síntesis de la opinión de los entrevistados.

Cuadro 9.12. Relación entre los cambios más significativos hacia la mejora y su relación con los procesos de evaluación y acreditación. Caso 4

	Mención de los cambios hacia la mejora más significativos	Relación entre esos cambios y los procesos de evaluación y acreditación	Mención de obstáculos, problemas, frenos a la innovación más significativos	Relación entre esos obstáculos, problemas, frenos a la innovación y los procesos de evaluación y acreditación
(3) Secretario académico (decano a partir de 2010). Escuela de Ciencia y Tecnología	1. Acá empezamos por cambios de planes de estudios, los planteamos en los últimos dos años, digamos, [...] de las carreras de grado, no motivado por CONEAU sino más bien por alguna autoevaluación interna que hicimos de cómo venía funcionando el curso preparatorio, el curso del primer cuatrimestre [...]. 2. El tema de tener ahora gente que venga de otra área a mirar lo que los científicos hacemos creo que es una buena cosa también. [...] 3. La mudanza al campus	Se hubieran hecho igual. *La acreditación, si querés, catalizó.* El primero que hicimos fue en ingeniería electrónica cuando tuvimos que presentarnos a acreditar entonces sí nos vamos a acreditar presentemos un plan de estudio ya hecho en base a lo que pensamos que tenemos que hacer, que fue todo un lío, no fue fácil, no es que rápidamente nos pusimos de acuerdo este es el nuevo plan de estudios, no, hubo una que remaría, para llegar a algún acuerdo se trabajó mucho dentro de la comisión de acreditación, se trabajó en paralelo con el [...], digo la CONEAU no fue ajena a lo que se hizo pero era algo que ya se venía discutiendo y quizás si se hubiera hecho con otros tiempos pero se hubiera terminando haciendo... pero [...] en realidad el hecho de tener ya te digo CONEAU te pone también plazos entonces tenés que cumplir con esos plazos... porque lo lógico era, bueno, si vamos a acreditar la carrera cambiemos los planes de estudio antes de acreditarla, porque después los ves la CONEAU y que nos diga si está bien, después en ese sentido funcionó. Hoy estamos medio evaluando si los cambios fueron para peor o para mejor pero hay cuestiones que mejoraron y cuestiones que empeoraron. No se puede, milagros tampoco se hacen.	1. El tema financiero es un problema. [...] 2. Es difícil cambiar estructuras, ¿no?, a ver, nosotros estamos empezando a incursionar en las ingenierías, no es que nos ponemos a revisión de ingenierías de mucho tiempo, en algunos casos estamos transformando áreas que eran de servicio [...] electrónica vamos a pedir para distintas carreras, carrera de grado, de pregrado, no tenía una hipótesis de conflicto en sí mismo. Ahora hay una carrera que está asociada a área electrónica, cambia la lógica, cambia la lógica, cambian los objetivos del área, cambia la lógica con la cual tenés que funcionar,... *el docente no cambia con la misma velocidad con que cambia la lógica*, hay una zona gris en la cual por ahí no tenés toda la gente o la gente que quisieras de acá para llegar a un punto donde querés llegar entonces ya te digo eso está asociado más al hecho puntual si querés de que somos una universidad nueva... me parece que entonces es la característica de una universidad nueva, empezó en algún momento yendo en alguna dirección. *Y ahora redireccionarse para otro lado que cambia la lógica, no necesariamente estás preparado para hacer un cambio... quizás tenés la cultura necesaria para hacerlo,* y creo que la tenemos, pero no todos la cultura necesaria para que el cambio se produzca. Entonces es una cosa interesante también, ¿no?, vos te tenés que fijar algún objetivo donde querés llegar y empezar, la autoevaluación es buena, a dónde salimos, que cada uno tiene que decir lo que es, lo que hace, lo bueno, por lo menos en estos procesos que implican el cambio, no sé si el estado estacionario cuando en realidad empieza a ser un... en algún momento tenés que decirle a la gente ustedes hacen las cosas bien o no acrediten más, o antes, pero cuando vos estás arrancando, seguro que es necesario.	2. En sentido positivo: PROMEI A veces [...] tan estructuradas las resoluciones ministeriales respecto de qué contenidos tienen que tener... qué carga horaria, y la ingeniería en realidad es dinámica, o sea que vos digas hoy que la ingeniería ambiental tiene que formar en contenidos de tal y tal cosa dentro de diez años seguramente va a estar absolutamente desactualizado, no va a servir para nada pero las carreras van a tener que obligatoriamente estar atadas a eso entonces es como que no le permitís demasiado, no le das posibilidad de evolución, de creatividad. Creo que eso igual están, ya están en un proceso de cambio para que en el 2020 se va a acreditar por competencias... me va a gustar ver cómo va a funcionar eso. [...] sí, esta cosa estructuradita, de tener que tener esto, esto, tantas horas... igual te queda lugar... *pero es como demasiado meter todo en raviolitos*.

Menção de los cambios hacia la mejora más significativos	Relación entre esos cambios y los procesos de evaluación y acreditación	Mención de obstáculos, problemas, frenos a la innovación más significativos	Relación entre esos obstáculos, problemas, frenos a la innovación y los procesos de evaluación y acreditación
(4) Director de la carrera de grado Ingeniería Electrónica. Escuela de Ciencia y Tecnología			Estandarización: cuando uno toma la resolución 1232 por ejemplo de la carrera de ingeniería electrónica [...] *coloca realmente los contenidos mínimos* y uno tiene del orden de 1/3 por lo menos del total de la carga horaria para darle el sabor a la carrera... en realidad *cuando planeamos todo descubrimos que tenemos márgenes, de manera que uno puede colocar las materias adicionales que quiera o aumentar la carga horaria. La norma nos deja márgenes razonables.*

Mención de los cambios hacia la mejora más significativos	Relación entre esos cambios y los procesos de evaluación y acreditación	Mención de obstáculos, problemas, frenos a la innovación más significativos	Relación entre esos obstáculos, problemas, frenos a la innovación y los procesos de evaluación y acreditación
(5) Secretario general y académico. Instituto de Tecnología — 1. Becas: teníamos situaciones críticas con las becas, para nosotros es importante que el estudiante tenga dedicación exclusiva al estudio. [...]. Ahora se ha superado, pero se ha superado porque ha habido un cambio en la política en el país con respecto al área de ciencia y tecnología importante, valiosa y para nosotros de impacto fuerte, o sea, el hecho de ahora tener becas con facilidad es para nosotros un cambio importante. 2. Estamos en un proyecto de tener un edificio propio [...].	No, en realidad no.		

Fuente: elaboración personal a partir de la información obtenida en las entrevistas

h) Percepción acerca de si la CONEAU ha fomentado la emergencia y consolidación de una "cultura de evaluación" a nivel de todo el sistema universitario argentino

Los entrevistados consideran que se ha dado un impacto a nivel sistema universitario, y que éste es positivo, fomenta la cultura de la evaluación:

> Bueno, por ejemplo, el hecho de que haya habido un proceso de acreditación de la carrera de Ingeniería Electrónica donde hubo contenidos más o menos estándares en ciencias básicas hizo, por ejemplo, que otras carreras que no son de electrónica y hasta no son de ingeniería se subieran al proceso y diseñaran sus propios diseños curriculares nuevos sobre la base de lo que construyó Ingeniería Electrónica. [...] Es decir que ahora la parte de ciencias básicas se uniformó en la forma en que presentamos a la CONEAU (director de Ingeniería Electrónica. Escuela de Ciencia y Tecnología).

> A nivel Sistema Universitario Argentino, sí. También el programa de incentivos ha hecho eso. Digamos, por ejemplo, le puedo comentar el programa de incentivos, como había docentes investigadores de universidades privadas que querían estar categorizados en el programa de incentivos no para cobrar, sino para estar categorizados (por ahora, no pueden, pero quieren). O sea, genera una actitud, es decir, hay mecanismos de evaluación de las personas... bien, de hecho yo participé de la Comisión Nacional de Categorización y una de las cosas que decíamos es que deberíamos categorizar a los docentes de las universidades públicas, porque es algo así como un sellito de calidad y no tiene que estar restringiéndola a lo financiero. Exactamente, pero digamos, bueno, yo me fui hará dos años sin poder concretar esa idea, pero hago el comentario porque sí creo que fomenta la cultura de evaluación (director de Ingeniería Electrónica. Escuela de Ciencia y Tecnología).

> Yo noté cambios, en el ambiente en las universidades, hay universidades que se nota el cambio, se han movido, se han tenido que mover mucho. Sí, hubo, la verdad yo creo que se notó. Fue bueno, yo opino que fue bueno, fue bueno, ojalá se mantenga por ahí aflojando en algunas cosas (coordinadora. Ingeniería en Materiales. Instituto de Tecnología).

i) Balance del impacto de estos procesos en la propia universidad/facultad/unidad

Como se ha podido mostrar a lo largo del capítulo, los entrevistados a nivel de Rectorado y de las dos unidades académicas entrevistadas hacen un balance positivo del impacto de estos procesos en esta institución. También se reconoce que el sistema es perfectible.

Lo que más se destaca de este caso de estudio es que la mirada está más focalizada en los procesos internos (autoevaluación, planes de mejora elaborados por ellos y no por CONEAU) y en el aprovechamiento que la institución hace de esta política. También se destaca la frecuente mención a los programas de financiamiento que acompañan estos procesos: "Yo creo que nadie acreditaría con gusto si no fuera porque existe la posibilidad de pedir recursos a cambio".

9.5. Reflexiones finales

El impacto en las funciones sustantivas y en la gestión varía según el tipo de política —evaluación institucional, acreditación de carreras de grado, acreditación de carreras de posgrado— y según la etapa o fase de maduración de implementación de cada una, correspondiéndose con lo afirmado por varios autores (Strydom, Zulu y Murray, 2004; Jeliazkova y Westerheijden, 2002; Hopkin, 2004). El impacto varía también según el modo, la actitud y la cultura con la que "institucionalmente" responden a estos procesos los actores de las unidades académicas y del Rectorado. Esto remite al enfoque internalista descripto por Clark (1991) y a la mirada del nuevo institucionalismo en el análisis organizacional (Powell y Dimaggio, 1991).

Para este caso de estudio, se concluye que la política de evaluación y acreditación de la calidad universitaria impactó levemente produciendo cambios enunciativos y fácticos hacia la mejora en las funciones sustantivas y en la gestión. La magnitud del impacto responde a que tanto el Rectorado como las unidades académicas estudiadas dieron muestras de ser instituciones cuya docencia, y principalmente la investigación, es una de sus fortalezas.

El impacto más fuerte se da en la *función gestión,* sobre todo por el aprovechamiento que se hace de las autoevaluaciones de carreras, y en algunas dimensiones de la *función docencia* y de la *función investigación,* por los propios planes de mejora, varios relacionados a los programas de financiamiento (PROMEI). Es decir, los cambios hallados en la *función docencia e investigación* tienen estrecha relación con el PROMEI y con el proceso de autoevaluación de la carrera. Los entrevistados reconocen que el proceso es muy útil, debido a que produce mecanismos que generan reflexión y a que permite acceder a financiamiento para planes comprometidos.

En posgrados se hallaron indicios de cambios enunciativos y algunos fácticos hacia la mejora. No obstante, falta completar esta información con más entrevistas en el área de ciencias sociales, cuyos posgrados se analizaron solo documentalmente.

Es de destacar que, también en este caso de estudio, se admite el uso de CONEAU para legitimar acciones directivas: "A veces, el hecho de decir 'CONEAU' demanda que hagamos tales o cuales actividades, ayuda a que se facilite, a que haya menos resistencia en el ámbito del cuerpo docente y por ende una mejora".

Prácticamente no se reconocen obstáculos hacia la mejora como consecuencia de la política de evaluación y acreditación de carreras. No obstante, de las entrevistas con las autoridades del Instituto de Tecnología (posgrados en ciencias aplicadas) surge un obstáculo relacionado con la presentación de un proyecto de posgrado cuyo carácter innovador parece haber superado la capacidad de evaluación de la CONEAU.

A partir del análisis de la percepción de actores, puede afirmarse que los cambios analizados se ubican más del lado de los denominados "sustantivos", es decir, provenientes de fuerzas endógenas de la institución, que reactivos, o sea, cambios debidos a fuerzas exógenas a la organización, en este caso la política de evaluación y acreditación (Powell y Dimaggio, 1991; Varela, 2007). Dentro de la tipología utilizada por Camou (2007), esta institución se ubicaría, entre la "adopción plena" a estas políticas y la "resistencia instrumental", más cerca de la primera. Es decir, se aceptan plenamente los fines de la evaluación y de la acreditación y se rechazan algunos medios (pocos) referidos a procedimientos de la CONEAU. Es mayor la aceptación de los medios instrumentales para la evaluación institucional. Este grado de aceptación disminuye un poco en la acreditación de carreras de grado. Para la acreditación de carreras de posgrados se debería aumentar el número de entrevistas antes de afirmar si hay o no aceptación de los medios instrumentales.

La visión de los entrevistados aporta luces y líneas de acción para profundizar y mejorar el sistema de evaluación y acreditación de la calidad universitaria, tanto desde la política pública como desde políticas y procesos institucionales.

A continuación, se expone un decálogo para la posible mejora de las políticas y de los procesos (tanto externos como internos) de evaluación y acreditación de la calidad universitaria, elaborado a partir del análisis de la perspectiva de los actores de este caso de estudio:

1. Asegurar que lo político no se filtra en el pleno de CONEAU, a fin de que prevalezca lo que dicen los pares evaluadores.
2. Transparentar la información, hacerla pública, lograr que se llegue a todos los actores de la sociedad, principalmente a potenciales alumnos y familias. Revisar la terminología, simplificarla.
3. Revisar los tiempos que se asignan a las autoevaluaciones de las carreras de grado. Se perciben escasos.
4. Simplificar y alivianar la segunda acreditación. Evaluar más resultado, calidad del graduado.
5. Asegurar que la acreditación de carreras de posgrados impacte más allá del cumplimiento de estándares. Que se transforme en una práctica que implique, por ejemplo, una política de biblioteca, de investigación, etcétera.
6. Dejar al libre albedrío de las instituciones y de los potenciales alumnos de posgrado (adultos con capacidad de elegir) la elección de posgrados acreditados o no acreditados. Es decir, pensar en una acreditación de posgrados voluntaria.
7. Revisar el software y los campos del instructivo. Se podría estar pidiendo información innecesaria. Instructivo muy burocratizado. Parecen poco

amigables los sistemas de recolección de la información Hay resistencia por la multiplicidad de lugares en que se pide lo mismo.
8. Asegurar visita de los pares *in situ* y con más márgenes de tiempos. Entrenar a los pares evaluadores: a veces hacen valer su lógica y tradición, lo que se considera refractario a la innovación.
9. Controlar el uso de fondos que se destinan por los PROMEI.
10. Mejorar los sistemas internos de gestión de la información de las instituciones a fin de responder a estos procesos con menor sensación de carga burocrática. Mejorar la participación de profesores y estudiantes en estos procesos.

10. Discusión y conclusiones

Como se ha dicho en varias partes de esta investigación, se concluye que los cambios hallados en las instituciones universitarias a partir de los procesos de evaluación y acreditación no pueden ser considerados un "efecto neto" de estas políticas. Es decir, no pueden aislarse totalmente de otros factores, en particular de las lógicas institucionales, tal como se ha podido apreciar en los análisis de casos. No obstante, se han identificado influencias de estas políticas en los cambios producidos en las instituciones por su implementación.

Varios autores coinciden en que los sistemas de aseguramiento de la calidad tienen diversas fases de maduración (Strydom, Zulu y Murray, 2004; Jeliazkova y Westerheijden, 2002; Hopkin, 2004). Los resultados de este estudio dan cuenta de que el impacto en términos de cambios fácticos hacia la mejora es mayor para aquellas políticas que han pasado por más de una fase de evaluación/acreditación y también sobre aquellas instituciones con mayor "cultura de la evaluación", reflejada en instancias organizacionales internas con desenvolvimiento concreto y legitimado.

I. Impacto de la política de evaluación institucional, de acreditación de carreras de grado y de acreditación de carreras de posgrado

a) Impacto de la política de evaluación institucional

Se hallaron indicios de cambios enunciativos hacia la mejora en *todas las funciones* analizadas. Cabe advertir que los cambios enunciativos en parte responden a "estrategias adaptativas" de las instituciones ante las regulaciones del Estado. Aun cuando eventualmente las instituciones no están en un todo de acuerdo con las recomendaciones realizadas por CONEAU, estas manifiestan acuerdo con las sugerencias y disposición para mejorar.

Se hallaron cambios fácticos en la *función docencia,* dimensión "alumnos y graduados" para los casos 1 y 2; dimensión "cuerpo de profesores" para los casos 2, 3 y 4; dimensión "currículum, plan de estudio y programas" para los casos 2 y 4; dimensión "infraestructura, equipamiento y biblioteca" para el caso 4. También se encontraron cambios fácticos en la *función gestión*, dimensión "gestión de la calidad de los procesos de evaluación y acreditación", en todos los casos estudiados.

Prácticamente no se identificaron "obstáculos para la mejora" relacionados con la política de autoevaluación y evaluación externa (véanse los puntos 6.3.1; 7.3.1; 8.3.1; 9.3.1).

Es de señalar que los cuatro casos han realizado una sola evaluación institucional. La percepción de los entrevistados es que el impacto fue más bien leve. No obstante, en los cuatro casos se considera relevante realizar una segunda evaluación institucional. Se espera que luego de una segunda vuelta se pueda acceder a mayor información acerca de cambios fácticos y su relación con este proceso. En este sentido, si bien todos los casos manifestaron la intención de realizar su segunda evaluación institucional, para el caso 1 y el caso 4 esto será una realidad a partir de 2010.

En el cuadro 10.1 se presenta un esquema del impacto de la política de evaluación institucional en las funciones sustantivas y en la gestión de los casos estudiados.

Cuadro 10.1. Impacto de la política de evaluación institucional en las funciones de docencia, investigación, extensión y gestión de los casos estudiados

Áreas de análisis	Dimensiones	Caso 1 - Privada - Pequeña - 90 - Capital Federal		Caso 2 - Estatal - Grande - Antigua - Interior del país		Caso 3 - Privada - Mediana - Antigua - Interior del país		Caso 4 - Estatal - Pequeña/med. - 90 - Conurbano bonaerense	
		Cambio hacia la mejora		Cambio hacia la mejora		Cambio hacia la mejora		Cambio hacia la mejora	
		E	F	E	F	E	F	E	F
1. Función Docencia	1.1 Cuerpo de profesores: Cuerpo de profesores: titulación académica, dedicación, categorización, formación pedagógica, selección.	X		X	X	X	X	X	X
	1.2 Proceso-metodología de enseñanza-aprendizaje.	X		X		X		X	
	1.3 Currículum. Plan de estudio y programas.	X		X	X	X		X	X
	1.4 Alumnos y graduados.	X	X	X	X	X		X	

Áreas de análisis	Dimensiones	Caso 1 - Privada - Pequeña - 90 - Capital Federal		Caso 2 - Estatal - Grande - Antigua - Interior del país		Caso 3 - Privada - Mediana - Antigua - Interior del país		Caso 4 - Estatal - Pequeña/med. - 90 - Conurbano bonaerense	
		Cambio hacia la mejora		Cambio hacia la mejora		Cambio hacia la mejora		Cambio hacia la mejora	
		E	F	E	F	E	F	E	F
2. Función Investigación	2.1 Profesores investigadores. Formación de recursos humanos.	X		X		X		X	
	2.2 Proyectos de investigación.	X		X		X		X	
	2.3 Financiamiento de la investigación.	X		X		X		X	
	2.4 Productos de investigación.	X		X		X		X	
	2.5 Infraestructura, equipamiento y biblioteca.	X		X		X		X	X
3. Función Extensión	3.1 Concepto de extensión.	X		X		X			
	3.2 Programas de extensión.	X		X		X		X	
4. Función Gestión	4.1 Gestión de la calidad de los procesos de evaluación y acreditación.	X	X	X	X	X	X	X	X

Referencias:
X: cambio enunciativo (E)
X: cambio fáctico (F)
Fuente: elaboración propia (véanse los puntos 6.3.1; 7.3.1; 8.3.1; 9.3.1)

Cabe interrogarse si el impacto relativamente menor de los procesos de evaluación institucional, respecto de los de acreditación, es por su baja visibilidad al interior de las instituciones en virtud del propósito eminentemente de "mejora de la calidad" y no de "aseguramiento de la calidad". Como en Argentina la evaluación externa institucional no conlleva a mecanismos de financiamiento *ad hoc* para la mejora, tales como los "contratos programa" de Francia o el otorgamiento de becas y créditos estudiantiles en Estados Unidos, la evaluación institucional no sería mirada por las instituciones como una actividad de alto beneficio. Puede estimarse entonces que será mayor el impacto de los procesos de evaluación externa de la calidad cuando mayor sea su vinculación con instrumentos estatales de apoyo al mejoramiento de la calidad. En Estados Unidos esto es evidente por el condicionamiento de la accesibilidad a programas de becas y créditos estudiantiles a la acreditación (evaluación) de las instituciones. En Argentina no existen instrumentos explícitos de apoyo a la "salida" de los procesos de evaluación institucional. Además, el resultado de la evaluación institucional no tiene un costo en términos de pérdida de "validez nacional o reconocimiento oficial", como sucede en los procesos de acreditación de carreras de grado y posgrado, cuya acreditación está directamente relacionada a la validez de los títulos.

b) Impacto de la política de acreditación de grado: ciencias de la salud, carreras de Medicina

El caso 4 no posee carrera de Medicina, y los otros tres casos pasaron por más de una fase de acreditación.

Se hallaron cambios enunciativos y fácticos en la *función docencia*, dimensión "cuerpo de profesores", en los casos 2 y 3, y dimensiones "metodología de enseñanza-aprendizaje", "currículum, plan de estudio y programas", "alumnos y graduados" en los tres casos.

Esta política impactó produciendo cambios hacia la mejora en varias dimensiones de la *función investigación* en los casos 2 y 3. En el caso 1, no impactó debido a que la investigación es considerada, por los pares evaluadores y por la propia institución, una fortaleza de esta unidad académica. Se hallaron indicios de cambios enunciativos y fácticos en la *función extensión* en los casos 1 y 3 y en la *función gestión* en los tres casos.

Se hallaron pocos "obstáculos hacia la mejora" relacionados a la *función gestión* y, en el caso 3, a la *función docencia*, dimensión "alumnos y graduados" (véanse los puntos 6.3.2; 7.3.2; 8.3.2).

En el cuadro 10.2 se presenta un esquema del impacto de esta política en las funciones sustantivas y en la gestión.

Cuadro 10.2. Impacto de la política de acreditación de carreras de grado: carreras de Medicina, en las funciones de docencia, investigación, extensión y gestión de los casos estudiados

Áreas de análisis	Dimensiones	Caso 1 - Privada - Pequeña - 90 - Capital Federal - Facultad de Ciencias Biomédicas		Caso 2 - Estatal - Grande - Antigua - Interior del país - Facultad de Ciencias Médicas		Caso 3 - Privada - Mediana - Antigua - Interior del país - Facultad de Ciencias de la Salud		Caso 4 - Estatal - Pequeña/med - 90 - Conurbano bonaerense	
		Cambio hacia la mejora		Cambio hacia la mejora		Cambio hacia la mejora		Cambio hacia la mejora	
		E	F	E	F	E	F	E	F
1. Función Docencia	1.1 Cuerpo de profesores: Cuerpo de profesores: titulación académica, dedicación, categorización, formación pedagógica, selección.	X		X	X	X	X	No posee carrera de Medicina	
	1.2 Proceso-metodología de enseñanza-aprendizaje	X	X	X	X	X	X		
	1.3 Currículum. Plan de estudio y programas	X	X	X	X	X	X		
	1.4 Alumnos y graduados	X	X	X	X	X	X		

Áreas de análisis	Dimensiones	Caso 1 - Privada - Pequeña - 90 - Capital Federal -Facultad de Ciencias Biomédicas		Caso 2 - Estatal - Grande - Antigua - Interior del país - Facultad de Ciencias Médicas		Caso 3 - Privada - Mediana - Antigua - Interior del país - Facultad de Ciencias de la Salud		Caso 4 - Estatal - Pequeña/med - 90 - Conurbano bonaerense	
		Cambio hacia la mejora		Cambio hacia la mejora		Cambio hacia la mejora		Cambio hacia la mejora	
		E	F	E	F	E	F	E	F
2. Función Investigación	2.1 Profesores investigadores. Formación de recursos humanos.					X	X	No posee carrera de Medicina	
	2.2 Proyectos de investigación.			X	X	X	X		
	2.3 Financiamiento de la investigación.					X	X		
	2.4 Productos de investigación.			X	X	X	X		
	2.5 Infraestructura, equipamiento y biblioteca.			X	X	X			
3. Función Extensión	3.1 Concepto de extensión.	X	X						
	3.2 Programas de extensión.	X				X	X		
4. Función Gestión	4.1 Gestión de la calidad de los procesos de evaluación y acreditación.	X	X	X	X	X	X		

Referencias:
X: cambio enunciativo (E)
X: cambio fáctico (F)
Fuente: elaboración propia (véanse los puntos 6.3.2; 7.3.2; 8.3.2)

Se concluye entonces que los procesos de acreditación de la calidad en esta área de conocimiento han sido significativos para la mejora. Se estima (conjetura a someter a prueba en futuras investigaciones) que en todas las carreras de Medicina de instituciones universitarias estatales se modificaron las relaciones técnicas docente/alumno a través de sistemas explícitos de selección del ingreso (*numerus clausus* directos o encubiertos a través de exámenes de ingreso). La visibilidad pública de la medicina, o sea la imagen que la sociedad tiene sobre la salud y los portadores de conocimiento para enfrentar los problemas de salud, es suficientemente determinante como para que las instituciones adopten todas las medidas necesarias (inducidas por los procesos de acreditación) para alcanzar los niveles de calidad exigidos. A *contrario sensu* de la conclusión alcanzada sobre la baja influencia al interior de las instituciones de los procesos de evaluación institucional, el caso de la carrera de Medicina es paradigmático en términos de impacto fáctico independientemente de la presencia o ausencia de instrumentos de apoyo estatal condicionados a la acreditación previa.

c) Impacto de la acreditación de carreras de grado: ciencias aplicadas, carreras de Ingeniería

En los casos 1, 2 y 3, las carreras pasaron por más de un proceso de acreditación. En el caso 4, la carrera perteneciente al Instituto de Tecnología solo atravesó un proceso completo de acreditación, debido a que acreditó por seis años, a diferencia de los otros tres casos, que acreditaron por tres años con compromisos de mejora. En la Escuela de Ciencia y Tecnología, se trata de una carrera nueva y de algunos proyectos, por lo que solo han pasado por un proceso de acreditación.

Se hallaron cambios enunciativos y fácticos para casi todas las dimensiones de las *funciones de docencia, investigación, extensión y gestión,* para los casos 1, 2 y 3. Para la carrera de Ingeniería perteneciente al Instituto de Tecnología (caso 4), solo se hallaron cambios enunciativos y fácticos en la *función gestión,* y en una dimensión de la *función docencia.* Esto se debe a que este instituto tiene mucha trayectoria en docencia e investigación.

Para la carrera de Ingeniería perteneciente a la Escuela de Ciencia y Tecnología (caso 4), se hallaron cambios fácticos en casi todas las funciones y dimensiones, atribuibles principalmente a la autoevaluación de las carreras (para su acreditación) y a algunos avances de la carrera que ya está en funcionamiento. Algunos de estos cambios se relacionan estrechamente con el PROMEI.

No se identificaron obstáculos hacia la mejora en relación con la implementación de esta política (véanse los puntos 6.3.3; 7.3.3; 8.3.3; 9.3.2; 9.3.3).

En el cuadro 10.3 se presenta, esquemáticamente, el impacto de la política de acreditación de carreras de Ingeniería en las funciones sustantivas y en la gestión.

Cuadro 10.3. Impacto de la política de acreditación de carreras de grado: ciencias aplicadas, carreras de Ingeniería (en el marco de otras carreras de Ingeniería de la unidad académica, acreditadas con anterioridad), en las funciones de docencia, investigación, extensión y gestión de los casos estudiados

Áreas de análisis	Dimensiones	Caso 1 - Privada - Pequeña - 90 - Capital Federal Facultad de Ingeniería Cambio hacia la mejora		Caso 2[71] - Estatal - Grande - Antigua - Interior del país Facultad de Ciencias Exactas, Físicas y Naturales Cambio hacia la mejora		Caso 3 - Privada - Mediana - Antigua - Interior del país Facultad de Ingeniería Cambio hacia la mejora		Caso 4 - Estatal - Pequeña/med. - 90 - Conurbano bonaerense Instituto de Tecnología Cambio hacia la mejora		Escuela de Ciencia y Tecnología Cambio hacia la mejora	
		E	F	E	F	E	F	E	F	E	F
1. Función Docencia	1.1 Cuerpo de profesores: Cuerpo de profesores; titulación académica, dedicación, categorización, formación pedagógica, selección.	X		X	X	X	X	X			X
	1.2 Proceso-metodología de enseñanza-aprendizaje	X	X	X	X	X	X				
	1.3 Curriculum. Plan de estudio y programas	X	X	X	X	X	X			X	X
	1.4 Alumnos y graduados		X	X	X	X	X				X
2. Función Investigación	2.1 Profesores investigadores. Formación de recursos humanos.	X	X	X	X	X	X	X	X		X
	2.2 Proyectos de investigación.	X	X	X	X	X	X				X
	2.3 Financiamiento de la investigación.	X	X	X	X	X	X				X
	2.4 Productos de investigación.	X	X	X	X	X	X				X
	2.5 Infraestructura, equipamiento y biblioteca	X	X	X	X	X	X	X			X
3. Función Extensión	3.1 Concepto de extensión.	X	X	X	X	X					X
	3.2 Programas de extensión.									X	X
4. Función Gestión	4.1 Gestión de la calidad de los procesos de evaluación y acreditación.	X	X	X	X	X	X	X	X	X	X

Referencias:
X: cambio enunciativo (E)
X: cambio fáctico (F)
Fuente: elaboración propia (véanse los puntos 6.3.3; 7.3.3; 8.3.3; 9.3.2; 9.3.3)

[71] En todos estos cambios, los entrevistados reconocen la fuerte influencia de la nueva gestión a partir de 2004 y de los programas PROMEI.

Se concluye que el impacto de la acreditación de carreras de grado en esta área del conocimiento ha sido significativo, principalmente en aquellas unidades académicas más débiles en su trayectoria de investigación. Nos encontramos también con un caso similar al de la carrera de Medicina, en términos de cambios importantes en el desarrollo de los programas de docencia en las ciencias de la ingeniería. Como ya se ha dicho, en Argentina existen programas de financiamiento para apoyar las mejoras comprometidas por las instituciones universitarias estatales a partir del proceso de acreditación. Las instituciones privadas no están alcanzadas por estos incentivos.

d) Impacto de la política de acreditación de carreras de posgrado

La mayoría de los cambios detectados en las resoluciones de acreditación analizadas se corresponden con lo que hemos denominado "cambios enunciativos hacia la mejora". Se encontraron *pocos* cambios "fácticos hacia la mejora", es decir, cambios producidos por la carrera en oportunidad de la respuesta al informe de evaluación realizado por el Comité de Pares Evaluadores (lo que técnicamente se denomina "respuesta a la vista") o en respuesta a las recomendaciones de una acreditación anterior. Esto no necesariamente implica que no se produzcan cambios hacia la mejora en los posgrados a raíz del proceso de acreditación, sino más bien estaría mostrando las limitaciones que tiene —en la etapa actual de maduración de esta política— el uso de resoluciones de acreditación de carreras de posgrado como fuente de información para analizar cambios fácticos. Otras limitaciones no analizadas podrían estar vinculadas a los bajos incentivos estatales a los posgrados acreditados con alta calidad (tipo A), en comparación a otros sistemas nacionales de acreditación no obligatoria de carreras de posgrados, pero con alto apoyo al segmento de programas de alta calidad.

Entre las limitaciones identificadas en la investigación, se señalan principalmente tres. Primero, la escasez de información volcada en las resoluciones de acreditación analizadas. Segundo, la mayoría de los casos analizados solo cuenta con una primera acreditación (como proyecto o como carrera en funcionamiento). Tercero, el procedimiento de acreditación de carreras de posgrado no contempla una situación intermedia (acreditar con compromisos de mejora) como sucede con las acreditaciones de carreras de grado y, además, en muchos casos la visita de los pares a la institución no se realiza o, cuando se realiza, es muy breve y a cargo de un solo par evaluador.

Lo descrito antes permite afirmar que la indagación de cambios en carreras de posgrado a partir de un análisis documental es metodológicamente apropiada pero insuficiente. Como surge de las entrevistas, muchos de los cambios se realizan antes de su presentación a la acreditación a fin de adecuar/acomodar la carrera a los estándares de acreditación definidos por la Resolución Ministerial 1168/97: "Estándares de Acreditación para Carreras de Posgrado". Esta situación no puede observarse desde las resoluciones de acreditación. Además, las entrevistas se focalizaron en los directivos de las unidades académicas y en muy pocos directores de carreras de posgrado. Debido al tipo de información a la que hemos accedido, hemos optado por hablar de "indicios" de cambios tanto enunciativos como fácticos.

Los indicios de cambio de aquellas carreras que han pasado por más de un proceso de acreditación son más contundentes y reales (fácticos) debido a que dan cuenta de recomendaciones efectuadas por CONEAU en la acreditación anterior (véanse los puntos 6.3.4; 7.3.4; 8.3.5; 9.3.4).

Se hallaron algunos obstáculos hacia la mejora relacionados con la no acreditación de proyectos de carreras considerados por los actores entrevistados como "relevantes para la sociedad y la universidad" (casos 1 y 3) o "innovadores" (caso 4). También se mencionaron obstáculos referidos a la aplicación del estándar de titulación debido a que, en algún caso, obligó a dejar de lado a profesores cuya trayectoria es considerada muy relevante por las autoridades. Otros obstáculos mencionados se relacionan con el procedimiento de acreditación: a) en muchos casos termina evaluando un solo par (se reparten las carreras entre varios y cada uno evalúa una); b) no se están realizando visitas de los pares a las instituciones, lo que se considera daría mayor legitimidad a la evaluación; c) no existe una norma clara que exprese cuándo una carrera es A, B o C; en este sentido, se objeta desproporción entre los textos de las resoluciones y las categorías finalmente asignadas. Los problemas mencionados podrían estar dando lugar a la arbitrariedad en la evaluación de carreras de posgrado.

A diferencia del fuerte impacto de la acreditación en las carreras de grado, la influencia del proceso de evaluación externa de los programas de posgrados es relativamente menor. Eventualmente, ello obedece a evidentes deficiencias de los procesos de evaluación externa de los posgrados, que resultan en "estrategias adaptativas" de las instituciones para alcanzar la acreditación y, por lo tanto, promover la inscripción de alumnos a programas no conducentes a ejercicios profesionales regulados. Cabe en este punto interrogarse sobre la conveniencia o no de contar con una política pública basada en la acreditación obligatoria de programas de posgrados con base en estándares mínimos de calidad, o la práctica internacionalmente extendida de la acreditación voluntaria basada en estándares de alta calidad.

Puede concluirse que el impacto de la acreditación, tanto en carreras de grado como de posgrado, está más asociado al carácter vinculante de la acreditación para el funcionamiento de las carreras, ya que, en el extremo, el marco regulatorio universitario establece que en el supuesto de que no se alcancen los estándares de calidad predeterminados por la propia comunidad académica, la carrera debería interrumpir la incorporación de nuevos alumnos, o sea, la apertura de nuevas cohortes.

II. Percepción de actores institucionales

La percepción de los actores entrevistados puede ubicarse en un continuo que va desde lo que se ha denominado "adopción plena" (aceptan los medios y los fines de la política de evaluación y acreditación de la calidad universitaria) a "resistencia pasiva" (aceptan los fines pero rechazan algunos medios de instrumentalización como exceso de burocratización, posible arbitrariedad en la evaluación, respuestas formales, entre otros). (Camou, 2007.)

En el cuadro 10.4 se presenta la ubicación de estas políticas en el continuo que va desde la adaptación plena a la resistencia pasiva. No se hallaron percepciones que permitan ubicar estas políticas en la "adopción pragmática" (rechaza los fines pero acepta los medios) ni en la "resistencia activa" (rechaza los fines y los medios). (Véanse los puntos 6.4; 7.4; 8.4; 9.4.)

Cuadro 10.4. Ubicación de las políticas de evaluación y acreditación de la calidad universitaria, según caso de estudio, a partir de la percepción de actores institucionales

	Adopción plena *(Acepta los medios y los fines de la evaluación y acreditación)*		**Resistencia pasiva** *(Acepta los fines pero rechaza algunos medios de instrumentalización por exceso de burocratización, arbitrariedad en la evaluación, etc.)*	
Niveles en el continuo	1	2	3	4
Caso 1	EI	ACGI ACPCSA	ACGM ACPCSO	ACPCA
Caso 2	EI	ACGI ACPCA	ACGM ACPCSA ACPCSO	
Caso 3	EI	ACGI ACPCA	ACGM ACGA ACPCSO	ACPCSA
Caso 4	EI	ACGI	ACPCA	

Referencias:
EI: Evaluación Institucional
ACGI: Acreditación de carreras de grado de Ingeniería
ACGM: Acreditación de carreras de grado de Medicina
ACGA: Acreditación de carreras de grado de Arquitectura
ACPCSA*: Acreditación de carreras de posgrado de Ciencias de la Salud
ACPCA: Acreditación de carreras de posgrado de Ciencias Aplicadas
ACPCSO*: Acreditación de carreras de posgrado de Ciencias Sociales
*: Para el caso 4 solo se realizó el análisis documental, por lo que no se puede ubicar las políticas, según la percepción de actores, en estas categorías.
Fuente: elaboración propia sobre el modelo de Camou (2007) y la información obtenida en las entrevistas (véanse los puntos 6.4; 7.4; 8.4; 9.4).

La percepción de los actores acerca del funcionamiento de CONEAU y del sistema de evaluación y acreditación universitaria argentina refleja fortalezas y debilidades, luces y sombras (véanse los puntos 6.4-6.5; 7.4-7.5; 8.4-8.5; 9.4-9.5), que merecen ser tenidas en cuenta para una propuesta de mejora del actual sistema.

III. Casos paradigmáticos

De todos los casos analizados, cabe destacar algunos por la magnitud del cambio producido y su estrecha relación con la implementación de estas políticas:

1. Incorporación del cupo de ingreso en la carrera de Medicina del caso 2 (véase 7.3.2).
2. Incremento sustantivo de la investigación en ciencias aplicadas en los casos 1 y 3 (véase 6.3.3; 8.3.3).
3. Incremento de la investigación en ciencias de la salud, caso 3 (véase 8.3.2).
4. Mejoras sustantivas por acceso al POMEI, casos 2 y 4 (véanse 7.33; 9.33).
5. Creación de áreas para el seguimiento continuo de estos procesos (oficinas de calidad), casos 1 y 3 (véanse 6.4.4; 8.4.4).
6. Promoción interna de una segunda evaluación institucional en todos los casos. Esto se ha iniciado en los casos 1 y 4 (véanse 6.3.1, 7.3.1; 8.3.1; 9.3.1).
7. Caso de un posgrado cuyo carácter innovador parece haber superado las capacidades de evaluación de CONEAU, caso 4 (véase 9.3.4.2).
8. Incorporación del cupo de ingreso en la carrera de Medicina del caso 2 (véase 7.3.2).
9. Incremento sustantivo de la investigación en ciencias aplicadas en los casos 1 y 3 (véanse 6.3.3; 8.3.3).
10. Incremento de la investigación en ciencias de la salud, caso 3 (véase 8.3.2).
11. Mejoras sustantivas por acceso al POMEI, casos 2 y 4 (véanse 7.33; 9.33).
12. Creación de áreas para el seguimiento continuo de estos procesos (oficinas de calidad), casos 1 y 3 (véanse 6.4.4; 8.4.4).
13. Promoción interna de una segunda evaluación institucional en todos los casos. Esto se ha iniciado en los casos 1 y 4 (véase 6.3.1, 7.3.1; 8.3.1; 9.3.1).
14. Caso de un posgrado cuyo carácter innovador parece haber superado las capacidades de evaluación de CONEAU, caso 4 (véase 9.3.4.2).

IV. Sugerencias de mejora del sistema de evaluación y acreditación de la calidad universitaria en Argentina

a) Desde la perspectiva de los actores entrevistados

A continuación, se expone un decálogo para la posible mejora de las políticas y de los procesos (tanto externos como internos) de evaluación y acreditación de la calidad universitaria:

1. Revisar la composición actual del gobierno de CONEAU. En este sentido, se infiere la observación de dar mayor participación a los representantes de las asociaciones de facultades y de "terceros interesados", y disminuir el número de representantes del Congreso Nacional. Una variante es la creación de agencias públicas no estatales, de tipo disciplinario, auditables por CONEAU, como en el modelo alemán, mexicano y estadounidense.
2. Mejorar el entrenamiento de los pares. Observar la actuación de los técnicos a fin de asegurar que no están influyendo en las evaluaciones. Dar a las instituciones la posibilidad de recusar sin causa a un número limitado de pares.
3. Asegurar que evalúe un comité de pares (no un solo par) y que se realice la visita a las instituciones, principalmente en la acreditación de carreras de posgrados.
4. Evitar la falacia procedimentalista: confianza ciega en los procesos. De "proceso-forma" solo surge "proceso-forma", no surge una mejora de la sustancia.
5. Evaluar más resultados, calidad de la formación del graduado.
6. Agilizar los procedimientos, acortar los tiempos, principalmente en la acreditación de los posgrados. Estudiar la posibilidad de pasar a un sistema voluntario de acreditación de posgrados más unido al "sello de calidad" que a la validez nacional del título, dejando la validez del título en manos de un control más liviano ya sea por parte del Ministerio de Educación o de la misma CONEAU.
7. Evitar el tecnicismo esotérico. Fomentar un mayor encuentro entre el estamento técnico, de gestión y el de los profesores.[72] Promover la participación de los estudiantes en estos procesos.
8. Crear una norma de ponderación de estándares que dé sustento a las categorías asignadas a las carreras de posgrado.

---

[72] La teoría de Barnnet (2003) previene acerca del peligro de que se instale la calidad como una ideología externa al profesorado —calidad como ideología perniciosa— generando resistencia a los procesos de mejora y de cambio. Para que la calidad sea una ideología virtuosa debe necesariamente relacionarse con las necesidades de los profesores, con sus normas y juicios de valor; en definitiva, con sus culturas académicas (Aiello, 2005).

9. Mejorar la gestión del conocimiento del sistema de evaluación y acreditación: sistematizar ese conocimiento, oxigenarlo, darle transparencia, ponerlo, darle visibilidad para que todos puedan acceder. Transparentar el sistema: hacer públicas todas las resoluciones de acreditación, los CV de los evaluadores y la frecuencia con la que estos son designados.
10. Articular los procesos de evaluación institucional y de acreditación de carreras de grado y posgrado.

b) Desde una perspectiva integrada: nuevas formas de organización del sistema de evaluación y acreditación de la calidad universitaria argentina

A la luz de la experiencia europea, sobre todo en término de "tendencias" (capítulo 4) y del análisis realizado para el caso argentino, se propone un posible sistema de evaluación y acreditación de la calidad universitaria, además de lo ya propuesto en V. *a)* de este apartado:

1. A nivel de evaluación de instituciones: implementar la "auditoría institucional" a fin de ayudar a construir (o consolidar) los *Sistemas Internos de Aseguramiento de la Calidad*. Esto presupone aumentar la confianza para que las instituciones sean las verdaderas responsables de la calidad, lo que implica evaluar la institución en su totalidad, con foco en el sistema interno de aseguramiento de la calidad. Es decir, evaluar cómo las instituciones monitorean su propia calidad y cómo ellas mejoran los resultados (sobre todo resultados del aprendizaje). (Véase el capítulo 4: Dinamarca, Noruega, Finlandia, Suiza, Alemania, Holanda, Reino Unido).
2. Acreditación obligatoria de carreras de grado de interés público asociada directamente a los programas de financiamiento, tipo PROMEI, tanto para universidades estatales como para las privadas.
3. Acreditación voluntaria de carreras de posgrado asociada a "sello de calidad" o a "premios a la excelencia" (véase "premios a la excelencia", caso Suecia, capítulo 4) y no a la validez nacional del título. La existencia de un buen sistema interno de aseguramiento de la calidad debe garantizar que las instituciones evalúen sus propios programas de posgrados. La agencia debe controlar cómo lo hacen y que lo hagan periódica y sistemáticamente.
4. Diversificar el sistema: agencias públicas no estatales de tipo disciplinario para la evaluación de la calidad de las carreras de grado y posgrado (Estados Unidos, México, Alemania, Chile). Por ejemplo, una agencia pública no estatal para ciencias de la salud, en la que participen AFACIMERA como asociación de unidades académicas, la Academia Nacional de Medicina, el Ministerio de Salud, la Asociación Médica de

la República Argentina. O en el caso de Ingeniería, el Consejo Argentino de Ingenieros, el CONFEDI, ente otros.
5. Obligación de que las agencias (disciplinarias y de auditoría institucional) se sometan periódicamente al cumplimiento de estándares tipo ESG (European Standards and Guidelines for Quality Assurance), como las agencias europeas.
6. Tender a la construcción de un *ranking* de universidades y carreras, no como función de las agencias, sino como consecuencia natural de sus resultados. Esto podría estar en manos de un observatorio de la educación superior.
7. Aplicar una ponderación a los estándares de acreditación de carreras de grado y posgrado a fin de disminuir posibles arbitrariedades de la evaluación.
8. A nivel procedimiento: entrenamiento intensivo de los posibles pares evaluadores. Seleccionarlos luego de ver su actuación en el entrenamiento. Contar con la participación de pares externos.
9. No perder de vista la "capacidad evaluativa" del sistema. Es preferible evaluar menos pero hacerlo bien, que evaluar más pero con el riesgo de hacerlo arbitrariamente. Esto perjudica a las universidades y desgasta a los evaluadores.
10. Desburocratizar y simplificar los procedimientos. Es llamativo que ya se estén creando en nuestro país "consultoras de evaluación y acreditación universitaria"[73] a fin de asesorar a las instituciones en la presentación de carreras de grado y posgrado ante CONEAU. Estas consultoras están conformadas, entre otras personas, por extécnicos de la agencia. Se considera que el proceso debería ser intrínseco y connatural (*ethos* cultural) a la propia gestión académica, a la cultura de docentes e investigadores. Complejizar de tal forma el proceso hasta el punto de que las instituciones se vean en la necesidad de acudir a "consultoras" para aprender a presentar carreras, está muy lejos de promover una cultura interna de evaluación y mejora continua de la calidad.
11. Evaluar más resultados, sobre todo de aprendizaje, de investigación y de calidad de formación de los graduados. En este sentido, cabe mirar la tendencia europea de las "auditorías de calidad" donde el foco de la evaluación externa se pone en los sistemas internos de aseguramiento de la calidad y en los resultados en términos de mejora de las funciones sustantivas que estos demuestran con sus propios procesos y procedimientos.

---

[73] Véase disponible en línea: <www.consultoradominos.com.ar>.

V. Los hallazgos y su relación con los estudios relevados en el estado del arte

Los resultados de esta investigación cubren parte del vacío reconocido por diversos autores acerca de la necesidad de realizar estudios tendientes a examinar la relación entre las políticas regulatorias y lo que sucede al interior de las instituciones, con el fin de medir cómo impactan en el núcleo del comportamiento académico. Siguiendo a Dill (2003), se espera haber aportado evidencia empírica en un esfuerzo por generar conocimiento para el diseño o rediseño de futuras regulaciones.

En línea con lo demostrado por la mayoría de los estudios nacionales e internacionales relevados para esta investigación, se halló que la política de evaluación y acreditación es *uno* de los detonantes del cambio universitario. Se demostró cómo la evaluación y la acreditación tienen un poderoso rol inicial como catalizador de los cambios (Carr, Hamilton y Meade, 2005).

Como ha afirmado la misma CONEAU (2002), el sistema de evaluación y acreditación es solo uno de los instrumentos (más que nada, una plataforma) que puede aportar al mejoramiento de la calidad en las instituciones universitarias. Las expectativas sobre sus efectos y la valoración que de ellos se haga deben ponderar esta característica. Con estas expectativas y precauciones, se puede concluir que los resultados hallados en esta investigación muestran cambios concretos en las funciones universitarias y una relación con la implementación de los procesos de evaluación y acreditación de la calidad en cuatro universidades argentinas. Se considera así que estos hallazgos aportan algo de luz y de evidencias a lo planteado por CONEAU (2002: 7, 8 y 59):

> *No se ha constatado qué cambios han tenido lugar en las instituciones ni dimensionado su magnitud; ya que se han realizado inferencias basadas en la información disponible en la CONEAU, que es limitada porque responde a las demandas del organismo y que podría estar sesgada por la adecuación formal de las instituciones hacia las pautas de evaluación [...]. Es necesario que el presente informe se confronte con un estudio sobre las apreciaciones al respecto de los distintos actores de las instituciones universitarias y sobre los efectos realmente registrados a partir de dichos procesos.*

En línea con lo hallado por Hagerty y Stark (1989), entrevistados de los cuatro casos estudiados sugieren la necesidad de evaluar más los resultados, en términos de los aprendizajes de los alumnos y de calidad del graduado. En este sentido, la prueba ACCEDE fue un avance y la percepción de los actores ha sido mayoritariamente positiva. Como sucede en otros países, se observa que este primer ciclo de procesos de evaluación y acreditación ha impactado en la adopción de esta filosofía por parte de la gestión central de la institución. En línea con lo que proponen Nilsson y Walhen (2000), podría esperarse que para un segundo ciclo se enfatice más en la mejora y evaluación de los productos que de los procesos.

Los resultados dan cuenta de que se está construyendo un sistema de aseguramiento y mejoramiento de la calidad en las universidades como respuesta a los requerimientos de la política pública. En los casos 1, 3 y 4, estos sistemas se constituyeron a nivel central, con apoyo en las unidades académicas. En el caso 2, estas áreas se concentran en las unidades académicas estudiadas. No obstante, de las entrevistas con las autoridades del Rectorado de este caso de estudio, surgió la necesidad de desarrollar y fortalecer un área central a cargo de la coordinación de estos procesos. Como se ha demostrado en estudios internacionales (Nilsson y Walhen, 2000, entre otros), aquí también se observa un inicio de un cambio cultural: cada universidad está construyendo su propio sistema de aseguramiento y mejora de la calidad de acuerdo a sus características.

Los casos estudiados se ubican, según la reacción institucional frente a estos procesos de aseguramiento de la calidad, entre la fase de los sistemas "embrionarios" y los "evolutivos", sin llegar a considerarse aún sistemas "maduros" en los términos planteados por Hopkin (2004). Esto se refleja, principalmente, en la percepción de la mayoría de los entrevistados acerca de la escasa (o difícil) participación de profesores y del desinterés de los estudiantes por estos procesos.

En línea con lo hallado por otros investigadores (Houston y Maniku, 2005), entrevistados de los casos 2 y 3 (universidades ubicadas en el interior del país) hicieron recurrente referencia a la necesidad de ser evaluados de acuerdo a su realidad contextual.

Pese a las críticas, se halló que la evaluación y la acreditación producen un impacto positivo en cuatro instituciones altamente contrastantes, con matices en cada una. El impacto se observa en las funciones y dimensiones analizadas. Si bien esto se asemeja a lo demostrado por Del Castillo (2004) en su estudio de impacto de dos universidades mexicanas, esta investigación demuestra mayor impacto (en términos de cambios enunciativos y fácticos) en la *función gestión*, apartándose —en este punto— del hallazgo de esta autora.

Las evidencias empíricas de esta investigación no se condicen totalmente con lo afirmado por López Segrera (2003). Este autor describe cómo en Argentina (a través de la CONEAU), en México (vía la CONAEVA), en Brasil (con CAPES y el SINAES), en Uruguay (a través de la Universidad de la República) y en Cuba (mediante el Ministerio de Educación Superior —MES—), se está construyendo una "cultura de la evaluación" donde, paulatinamente, no solo las autoridades, sino también los propios estudiantes, comienzan a tomar conciencia de la presencia de la evaluación como herramienta de mejoramiento. Como se ha dicho, en los cuatro casos estudiados para este libro, los directivos perciben escasa participación y desinterés de los estudiantes en estos temas. No obstante, para afirmar esto con mayor solidez empírica, se requiere de un estudio cuya fuente de información sean los mismos estudiantes.

Contrastando los resultados de esta investigación con algunos trabajos nacionales, puede afirmarse que se aportan nuevas evidencias en línea a lo relevado por otros autores nacionales como Isuani (2003), Brunner y Martínez Nogueira (1999) y Campos (2007). Se distancia un poco de una de las conclusiones de Vázquez (2008), que dice que los procesos de evaluación no significan estímulos para la innovación en la base del sistema, ni siquiera estímulos para realizar cambios superficiales.[74] Aunque sí se comparte con esta autora que no siempre la evaluación queda instalada como un proceso continuo de retroalimentación.

Siguiendo a Harvey (2008), ¿estamos realmente mejorando o se trata solo de apariencias? Los resultados de esta investigación demuestran que estas políticas son un instrumento detonante del cambio hacia la mejora real, y no solo aparente, de las funciones sustantivas y de la gestión. No obstante, se percibe un alto costo tanto para las universidades como para la agencia en términos de procedimientos y recursos humanos y financieros para alcanzarla.

Cabría preguntarse: ¿a qué costo estamos mejorando? En este sentido, la mejor política, con los fines más nobles, podría desvirtuarse si no se instrumenta adecuadamente.

Otros interrogantes de Harvey (2008) han sido respondidos por esta investigación. Ante la pregunta "¿se está haciendo algo más allá de 'hacer parecer' que las cosas son mejores?", la respuesta es afirmativa, y lo sabemos porque aportamos evidencia empírica que confirma la afirmación. "El aseguramiento de la calidad ¿es la herramienta principal de la mejora?": hoy sí, porque hay indicios suficientes de que la evaluación y la acreditación son las herramientas principales para el mejoramiento de la calidad, pero no las únicas, ya que también es muy importante la cultura de las instituciones. Por lo tanto, en término tendenciales, cabría plantear la siguiente hipótesis: internalizadas las prácticas de evaluación como habituales y permanentes en las instituciones, la revisión/evaluación externa tendrá un impacto menor. Dice Harvey: "¿Los 20 años de aseguramiento de la calidad han tenido algún impacto?". En nuestras palabras: "¿Los 15 años de funcionamiento de los mecanismos estatales de evaluación y acreditación de la calidad han tenido algún impacto?". Evidentemente, sí.

Decir que el impacto en términos hacia la mejora de las funciones sustantivas es negativo sería contradecir la evidencia empírica recogida. A su vez, no admitir el grave peligro al que se está exponiendo la misma política

---

[74] Es de señalar que el trabajo de Vázquez se focalizó en el impacto de la evaluación institucional. En este sentido, nuestra investigación también mostró que, de las tres políticas, la que menos impacto tuvo fue la de evaluación institucional. No obstante, esto puede estar relacionado, como hemos dicho, con la fase de maduración de esta política.

pública al no instrumentar, en términos más sencillos y transparentes, sus procedimientos, particularmente en el caso de los programas de posgrado, sería igual de falaz.

Por otra parte, desde las universidades debe plasmarse la urgencia de instrumentar sistemas de gestión de la información que promuevan una cultura de evaluación continua y no solo para cuando llega el momento de evaluar o acreditar ante alguien, en este caso, CONEAU. Esto alivianará sin duda la percepción de "engorro" y "fastidio" que, según los entrevistados, se vive "durante" el desarrollo de estos procesos.

Mejorar la calidad de una universidad es mejorar la invención del conocimiento, su transmisión y su transferencia a la sociedad. Los instrumentos de política pública, como es una política de evaluación y acreditación, son un medio que, si bien hasta el momento demuestra haber ayudado al logro de estos fines, podría llegar a obturarlos si no se somete a una seria revisión, interna y externa, de su instrumentalización, en todas sus fases.

Al respecto, parece oportuno reiterar la percepción de dos entrevistados, uno del caso 1 (universidad pequeña, de gestión privada, de la década de 1990, del aglomerado metropolitano de Buenos Aires) y otro del caso 2 (universidad grande, de gestión estatal, antigua, del interior del país):

La evaluación y la acreditación son una cosa muy importante y me da miedo que, como es un poco burocrática —entre comillas—, se pierda la oportunidad de hacer algo bien, que la gente se le ponga en contra simplemente porque no está del todo bien ejecutada. Eso para mí es negativo, porque se puede estar perdiendo un instrumento muy bueno. Ya hay gente en contra, y si se ganan más enemigos porque dicen "uy, viste la CONEAU las cosas que está haciendo, los pares que te manda, los estándares que te aplica..." [...] podría terminar en que la CONEAU desaparezca, CONEAU o lo que fuera, y eso es negativo. Me parece que se corre un riesgo grande al no hacer todavía mejor de lo que se hace, pero sin duda creo que es positivo que exista (director del Departamento de Educación Médica. Facultad de Ciencias Biomédicas. Caso 1).

No quisiera, no me entusiasma la idea de que por este tipo de impacto negativo que tienen estas nuevas exigencias sobre el sistema nos volvamos sobre una especie de autonomía mal entendida, y que consiste en "total lo sustancial y lo bueno ya lo veníamos haciendo, esto es puro papelerío", porque no creo en eso. Hasta que no aparecen procesos de evaluación transparentes y públicos ante instancias externas, no estamos sabiendo y tendemos a repetir lo que estamos haciendo, si lo estábamos haciendo bien, bueno, pero hay cosas que no se están haciendo bien en las universidades y esos automatismos son muy negativos. Tendemos a conservar lo que se hace mal. Así que esto genera alguna presión positiva externa que me parece que ayuda y que hay que mantener (rector. Caso 2).

A modo de reflexión final, cabe destacar que los resultados de este trabajo constituyen un aporte útil para el conocimiento y la mejora de un sistema de evaluación y acreditación que tiene la enorme ventaja de haber cumplido 15 años desde su gestación. Se considera que los sistemas de evaluación y acreditación de la calidad universitaria son medios instrumentales, siempre perfectibles, en orden al aseguramiento y mejoramiento del principal compromiso de toda universidad: el amor a la verdad, su descubrimiento, su transmisión y su transferencia a la sociedad.

11. Referencias bibliográficas

"Accreditation Council Processes and Procedures", en *Quality in Higher Education*, vol. 12, núm. 1, abril de 2006, pp. 95-106.

Aiello, M. (2005), "El impacto de la evaluación institucional universitaria en la cultura académica de los profesores", tesis de doctorado no publicada, Universidad Autónoma de Barcelona, Departamento de Didáctica, España.

Apodaca, P. (1999), "Evaluación de los resultados y del impacto", en *Revista de Investigación Educativa*, vol. 17, núm. 2, pp. 263-337.

Barnett, R. (2003), *Beyond all Reason. Living with Ideology in the University*, Buckingham, The Society for Research into Higher Education & The Open University Press.

Barsky, O.; Sigal, V. y Dávila, M. (coords.) (2004), *Los desafíos de la universidad argentina*, Buenos Aires, Universidad de Belgrano, Siglo Veintiuno Ediciones.

Bollag, B. (2004), "Opening the Door on Accreditation", *The Chronicle of Higher Education*, A22-A24.

Bourdieu, P. (1987), *Cosas dichas*, Buenos Aires, Gedisa.

Bourdieu, P. (1989), *Homo Academicus*, Stanford, Standford University Press.

Bourdieu, P. (1994), *Algunas propiedades de los campos en sociología y cultura*, México, Grijalbo.

Brunner, J. (1994), "Educación superior en América Latina: coordinación, financiamiento y evaluación", en C. Marquís (comp.), *Evaluación universitaria en el Mercosur*, Buenos Aires, Ministerio de Cultura y Educación, Secretaría de Políticas Universitarias.

Brunner, J. y Martínez Nogueira, R. (1999), "Evaluación preliminar y metodología para la evaluación de impacto", en *Infomec. Boletín Informativo del Fondo para el Mejoramiento de la Calidad Universitaria (FOMEC)*, noviembre de 1999, año 4, núm. 8, pp. 15-51.

Camou, A. (2007), "Los juegos de la evaluación universitaria en la Argentina. Notas sobre interacciones conflictivas entre Estado y universidad", en P. Krotsch, A. Camou, M. Prati (coords.), *Evaluando la evaluación. Políticas universitarias, instituciones y actores en Argentina y América Latina,* Buenos Aires, Prometeo, pp. 29-68.

Campos, M. S. (2007), "Acreditación de las carreras de Medicina: formalismo o mejora institucional", tesis de maestría, Escuela de Educación, Universidad de San Andrés, Argentina.

Campos, M. S. (2012), "La acreditación de carreras de Medicina en la Argentina: entre la danza ritual y la mejora de la calidad. Un estudio de casos", tesis de doctorado, Escuela de Educación, Universidad de San Andrés, Buenos Aires, Argentina.

Campos, S.; Corengia, Á.; Larripa, S.; Vázquez, C. y Mujica; M. G. (2007), "El estudio de las políticas y los procesos de evaluación de (y en) universidades argentinas: aportes metodológicos", ponencia presentada en La Universidad como Objeto de Investigación, Universidad Nacional del Centro de la provincia de Buenos Aires, 30 y 31 de agosto 2007, publicada en CD.

Carr, S.; Hamilton, E.; Meade, P. (2005), "Is It Possible? Investigating the Influence of External Quality Audit on University Performance", en *Quality in Higher Education,* vol. 11, núm. 3, noviembre de 2005, pp. 195-211.

Clark, B. (1991), *El sistema de Educación Superior. Una visión comparativa de la organización académica,* México, Universidad Autónoma Metropolitana (UAM).

CONEAU (1997), *Lineamientos para la evaluación institucional.*

CONEAU (2002), *Contribuciones para un análisis de impacto del sistema de evaluación y acreditación.* Disponible en línea: <www.coneau.gov.ar>.

Corengia, Á. (2005), "Estado, mercado y universidad en la génesis de la política de evaluación y acreditación universitaria argentina (1990-1995)", tesis de maestría, Universidad de San Andrés, Escuela de Educación, Argentina.

Corengia, Á. (2010), "Impacto de las políticas de evaluación y acreditación en universidades de la Argentina. Estudio de casos", tesis de doctorado, Buenos Aires, Escuela de Educación, Universidad de San Andrés.

Del Bello, J. C., Barsky O. y Giménez, G. (2006), *La universidad privada argentina,* Buenos Aires, Libros del Zorzal.

Del Bello, J. C.; Barsky, O. y Giménez G. (2007), *La universidad privada en Argentina,* Consejo de Rectores de Universidades Privadas, Buenos Aires, Libros del Zorzal.

Del Castillo, G. (2004), "El impacto de la evaluación externa en dos instituciones de educación superior en México: la Universidad Autónoma

Metropolitana-Azcapotzalco y la Universidad Iberoamericana", en *Perfiles Latinoamericanos,* núm. 25, diciembre de 2004.

Dill, D. (2003), "An Institutional Perspective on Higher Education Policy: The Case of Academic Quality Assurance", en J. Smart (ed.), *Higher Education: Handbook of Theory and Research,* Dordrecht, Kluwer, vol. XVIII, pp. 669-699.

Durand, J.; Gregoraz, D. (2005), "Aplicación de técnicas de gestión de conocimiento para la mejora de la calidad institucional en la Universidad Austral", documento de trabajo.

Durkheim, E. (1982), *La división social del trabajo,* Madrid, Akal.

Durkheim, E. (1992), *Historia de la educación y de las doctrinas pedagógicas,* Madrid, La Piqueta.

Espinoza D. O. et al. (1994), *Manual de autoevaluación para instituciones de educación superior. Pautas y procedimientos,* Chile, CINDA/PROMESUP-OEA

European Association for Quality Assurance in Higher Education (ENQA), "Los criterios y las directrices para la garantía de la calidad en el Espacio Europeo de Educación Superior". Disponible en línea: <http://www.aneca.es/active/docs/enqa_criteriosydirectrices_261005.pdf>.

Fernández Lamarra, N.; Cóppola, N. (col.) (2007), *Educación superior y calidad en América Latina: los procesos de evaluación y acreditación,* 1a ed., Caseros, Argentina, Eduntref.

García de Fanelli, A. M. (2002), "Estudios de posgrado en la Argentina: una visión desde las maestrías de ciencias sociales", documento 119, Buenos Aires, CEDES.

Gibbons, M. (1998), *Pertinencia de la educación superior en el siglo XXI,* Nueva York, Education: The World Bank.

Global University Network Innovation (GUNI) (2006), *La educación superior en el mundo 2007. Acreditación para la garantía de la calidad, ¿qué está en juego?,* Madrid, Mundi-Prensa.

Guerrini, V.; Pérez Rassetti, C.; Jeppesen, C. (2002), *Evaluación integral de los procesos en la acreditación de grado,* Buenos Aires, Documentos CONEAU.

Hagerty, B.; Stark, J. (1989), "Comparing Educational Accreditation Standards in Selected Professional Fields", en *Journal of Higher education,* vol. 60, núm. 1, enero-febrero de 1989, pp. 1-20.

Harvey, L. (2006), "Impact of Quality Assurance: Overview of a Discussion between Representatives of External Quality Assurance Agencies", en *Quality in Higher Education,* vol. 12, núm. 3, noviembre, pp. 287-290.

Harvey, L. (2008), "Assaying Improvement", conferencia en el 30th Annual EAIR Forum Polishing the Silver: Are We Really Improving Higher Education?, Copenhagen, Dinamarca, 24-27 de agosto de 2008.

Harvey, L. y Green, D. (1993), "Defining Quality", en *Assesment and Evaluation in Higher Education*, vol. 18, núm. 1, pp. 100-114.

Hendel, D.; Lewis, D. (2005), "Quality Assurance of Higher Education in Transition Countries: Accreditation-Accountability and Assessment", en *Tertiary Education and Management*, núm. 11, pp. 239-258.

Hopkin, A. (2004), "Frame Factors and a Quality Assurance Agency in an 'Embryonic' Higher Education System", en *Quality in Higher Education*, vol. 10, núm. 3, noviembre de 2004, pp. 181-195.

Houston, Don; Maniku, Ahmed Ali (2005), "Systems Perspectives on External Quality Assurance: Implications for Micro-States", en *Quality in Higher Education*, vol. 11, núm. 3, noviembre de 2005, pp. 213-226.

Iazzetta, O. (2007), "La educación superior. ¿Bien social o bien público?", en M. Marquina, M.; Soprano, G. (coords.), *Ideas sobre la cuestión universitaria*, aportes de la RIEPESAL al debate sobre el nuevo marco legal para la Educación Superior (pp. 25-35), Buenos Aires, UNGS.

IESALC (2007), *Informe de la Evaluación Externa de la CONEAU, de Argentina*, documento del Instituto para la Educación Superior de América Latina y el Caribe.

Isuani, E. (2003), *Estudio sobre algunos resultados de la labor de la Comisión Nacional de evaluación y Acreditación Universitaria Argentina (CONEAU)*, Documentos CONEAU, Argentina.

Jeliazkova, M. y Westerheijden, D. F. (2002), "Systemic Adaptation to a Changing Environment: Towards a Next Generation of Quality Assurance Models", en *Higher Education*, núm. 44, pp. 433-448.

Kells, H. R. (1995), "Sistemas de evaluación nacional y de autorregulación universitaria: sus implicancias para Argentina", en Evaluación Universitaria. Memorias del II Taller sobre Experiencias de Evaluación Universitaria, tomo I, Buenos Aires, McyE.

Krotsch, P. (1999), "El proceso de formulación e implementación de las políticas de evaluación de la calidad en la argentina", ponencia en Un marco de calidad: evaluando la evaluación, quinta conferencia de la Red Internacional de Agencias para el Aseguramiento de la Calidad en la Educación Superior, Santiago de Chile.

Krotsch, P. (2001), *Educación superior y reformas comparadas*, Buenos Aires, Universidad Nacional de Quilmes.

Krotsch, P.; Camou, A. y Prati, M. (coords.) (2007), *Evaluando la evaluación. Políticas universitarias, instituciones y actores en Argentina y América Latina*, Buenos Aires, Prometeo.

Krotsch, Pedro (2002), "El proceso de formación e implementación de las políticas de evaluación de la calidad en la Argentina", en Pedro Krotsch (coord.), *La universidad cautiva. Legados, marcas y horizontes*, La Plata, Al Margen & UNLP.
Llano, A. (2003), *Repensar la universidad. La universidad ante lo nuevo*, Madrid, Ediciones Internacionales Universitarias.
Lemaitre, M. J. y Zenteno, M. E. (eds.) (2012), *Aseguramiento de la calidad en Iberoamérica. Educación superior. Informe 2012*, Santiago de Chile, Unión Europea, Universia, CINDA.
López Segrera, F. (2003), *Los proceso de evaluación institucional en América Latina. Medición de su impacto en el caso cubano*, Salamanca, Documento Provisional.
Márquez, A. y Marquina, M. (s/f), *Evaluación, acreditación, reconocimiento de títulos. Habilitación, enfoque comparado*, Buenos Aires.
Maxwell, J. A. (1996), *Qualitative Research Design. An Interactive Approach*, caps. I, IV, V, VII, Londres, Sage Publications.
Mignone, E. F. (1992), *Calidad y evaluación universitaria*, Ministerio de Cultura y Educación. Secretaría de Educación. Programa Nacional de Asistencia Técnica para la Administración de los Servicios Sociales en la República Argentina (PRONATASS).
Mignone E. F. (1995), "Evaluación, acreditación, habilitación. Alternativas, modelos y situación de contexto", mimeo.
Mignone. E. F. (1998), *Política y universidad. El Estado legislador*, Buenos Aires, Palabra Gráfica y Editora.
Mollis, M. (comp.) (2003), *Las universidades en América Latina. ¿Reformadas o alteradas? La cosmética de poder financiero*, Buenos Aires, CLACSO.
Mujica, M. G. (2008), "*Procesos de evaluación institucional en la educación superior en Argentina. Una mirada desde la gestión privada*", tesis de maestría, Universidad de San Andrés, Escuela de Educación, Argentina.
Neave, G. (2001), *Educación superior: historia y política. Estudios comparativos sobre la universidad contemporánea*, Barcelona, Gedisa.
Neiman, G. y Quaranta, G. (2006), "Los estudios de caso en la investigación sociológica", en Vasilachis de Gialdino (coord.), *Estrategias de investigación cualitativa*, Barcelona, Gedisa, pp. 213-237.
Nilsson, K.; Wahlen, S. (2000), "Institutional Response to the Swedish Model of Quality Assurance", en *Quality in Higher Education*, vol. 6, núm. 1, pp. 7-18.
Pérez Lindo, A. (1995), "Dimensiones de la gestión del conocimiento", en A. Pérez Lindo (coord.), *Gestión del conocimiento. Un enfoque*

aplicable a las organizaciones y a la sociedad, Buenos Aires, Norma, pp. 15-79.

Peón, C. y Pugliese J. C. (2003), "Análisis de los antecedentes, criterios y procedimientos para la evaluación institucional universitaria en la Argentina (1996/2002)", documentos de trabajo, núm. 101, Universidad de Belgrano.

Pillai, K.; Srinivas, G. (2006), "A Study of the Post-accreditation Scenario in the North Eastern Region of India: a meta-evaluation of the National Assessment and Accreditation Council processes and procedures", en *Quality in Higher Education*, vol. 12, núm. 1, abril de 2006, pp. 95-106.

Powell, W. y Dimaggio, P. (eds.) (1991), *El nuevo institucionalismo en el análisis organizacional*, México, Fondo de Cultura Económica.

Pujadas, C. (1995), "La experiencia internacional en la aplicación de programas de calidad en las universidades", en *Serie universidades, gestión y evaluación de la calidad de enseñanza*, Unión Industrial Argentina. Seminario sobre búsqueda y metodologías de programas de calidad a partir de diálogo empresa - universidad.

Radamés Borroto Cruz, E.; Syr Salas Perea, R. (2004), "Acreditación y evaluación universitarias", en *Revista Cubana Educación Superior*, vol. 18, núm. 3, La Habana, mayo-agosto de 2004.

Reisberg, L. (1994), "Evaluación de la educación superior: experiencia de los Estados Unidos", en Marquis, C. (comp.), *Evaluación universitaria en el Mercosur*, Buenos Aires, Ministerio de Cultura y Educación, Secretaría de Políticas Universitarias.

República Argentina (1995), Ley de Educación Superior 24521.

Sánchez Martínez, E. (2006), *Una década de evaluación y acreditación en Argentina. Balance y perspectivas*, Intervención en el panel Una década de evaluación y acreditación argentina, organizado por la CONEAU, Buenos Aires, 24 de agosto de 2006.

Scheele, K. (2004), "Licence to Kill: About Accreditation Issues and James Bond", en *Quality in Higher Education*, vol. 10, núm. 3, pp. 285-293.

Schwarz, S. y Westerheijden, D. (eds.) (2004), *Accreditation and Evaluation in the European Higher Education Area*, Dordrecht, Kluwer.

Soneira, A. J. (2006), "La 'Teoría fundamentada en los datos' (Grounded Theory) de Glaser y Strauss", en Vasilachis de Gialdino, I. (coord.), *Estrategias de investigación cualitativa*, Barcelona, Gedisa, pp. 153-173.

Stensaker, B.; Harvey, L. (2006), "Old Wine in New Bottles? A Comparison of Public and Private Accreditation Schemes in Higher Education", en *Higher Education Policy*, vol. 19, núm. 1, pp. 65-85.

Strydom, J.; Zulu, N.; Murray, L. (2004), "Quality, Culture and Change", en *Quality in Higher Education*, vol. 10, núm. 3, noviembre de 2004, pp. 207-217.
Tedesco, J. (2000), *Educar en la sociedad del conocimiento*, Buenos Aires, Fondo de Cultura Económica de Argentina.
Thrash, P. (1979), "Accreditation: A Perspective", en *The Journal of Higher Education*, vol. 5, pp. 115-120.
Toribio, D. (1995), "La evaluación en la transformación del sistema universitario argentino", en Universidades. Gestión y Evaluación de la Calidad Universitaria, publicación del seminario sobre búsqueda de metodologías de programas de calidad a partir del diálogo empresa-universidad, Buenos Aires, Unión Industrial Argentina.
Tsui Chung Bing Sum, C. (2002), "Quality in Higher Education: Policies and Practices. A Hong Kong Perspective. Introduction and Research Approach", tesis de doctorado en curso.
Varela, S. (2007), "Las dinámicas del cambio en las universidades estatales. Una aproximación desde el neoinstitucionalismo a la experiencia reciente de la UNICEN", en Krotsch, P., Camou, A. y Prati, M. (coords.), *Evaluando la evaluación. Políticas universitarias, instituciones y actores en Argentina y América Latina*, Buenos Aires, Prometeo.
Varghese, N. (2004), "Institutional Restructuring in Higher Education in Asia: Trends and Patterns", paper presentado en el Policy Forum on Institutional Restructuring in Higher Education in Asia, 23-24 de agosto de 2004, Hue City, Vietnam, UNESCO.
Vázquez, C. (2008), "Impacto de las políticas de evaluación en universidades nacionales argentinas", tesis de maestría no publicada, Universidad de San Andrés, Escuela de Educación, Argentina.
Westerheijden, D. (1999), "Where are the Quantum Jumps in Quality Assurance? Developments of a Decade of Research on a Heavy Particle", en *Higher Education,* núm. 38, pp. 233-254.
World Bank (2002), *Constructing Knowledge Societies: New Challenges for Tertiary Education,* Washington DC, World Bank.
Yin, R. K. (1984), *Case study research: design and methods,* California, Sage Publications.

Sitios web consultados

Coneau: http://www.coneau.gov.ar
Secretaría de Políticas Universitaria: www.spu.gov.ar
Agencias de Aseguramiento de la Calidad Europeas:

EVA: http://www.eva.dk
NOKUT: http://www.nokut.no
Suecia: http://english.hsv.se
OAR (Austria): http://www.akkreditierungsrat.at
CNVSU: http://www.vsu.it
OAQ (Suiza): http://www.oaq.ch
ACQUIN: http://www.acquin.org
Akkreditierungsrat (Alemania): http://www.akkreditierungsrat.de
NVAO: http://www.nvao.net
NQA: http://www.nqa.nl
BAC: http://www.the-bac.org
QAA: http://www.qaa.ac.uk
AERES: http://www.aeres-evaluation.fr
ENQA: www.enqa.eu
EQAR: www.eqar.eu
ECA www.ecaconsortium.net

APÉNDICES

APÉNDICE I: Estado del universo de universidades argentinas según la implementación (o no) de procesos de evaluación institucional, de acreditación de carreras de grado y de acreditación de carreras de posgrado. Información elaborada al mes de julio de 2007, al momento de seleccionar los casos de estudio para esta investigación.

Cuadro 1. Universidades de gestión estatal: estado acerca de la implementación de los procesos de evaluación y acreditación a julio de 2007

N°	Nombre	Año de creación	Proceso de Evaluación Institucional (auto y externa)	Proceso de Acreditación de Grado		Proceso de Acreditación de Posgrados		
				Medicina	Ingeniería	Ciencias de la Salud	Ciencias Aplicadas	Ciencias Sociales
1	Universidad de Buenos Aires	1821	NO	NO	SÍ	SÍ	SÍ	SÍ
2	Universidad Nacional de Catamarca	1972	NO	NO	SÍ	SÍ	NO	SÍ
3	Universidad Nacional de Chilecito	2002/2003	NO	NO	NO	NO	NO	NO
4	Universidad Nacional de Córdoba	1613	SÍ	SÍ	SÍ	SÍ	SÍ	SÍ
5	Universidad Nacional de Cuyo	1939	SÍ	SÍ	SÍ	SÍ	SÍ	SÍ
6	Universidad Nacional de Entre Ríos	1973	NO	NO	SÍ	SÍ	NO	SÍ
7	Universidad Nacional de Formosa	1988	NO (Acuerdo Firmado)	NO	NO	NO	NO	NO

N°	Nombre	Año de creación	Proceso de Evaluación Institucional (auto y externa)	Proceso de Acreditación de Grado		Proceso de Acreditación de Posgrados		
				Medicina	Ingeniería	Ciencias de la Salud	Ciencias Aplicadas	Ciencias Sociales
8	Universidad Nacional de General San Martín	1992	SÍ	NO	SÍ	SÍ	SÍ	SÍ
9	Universidad Nacional de General Sarmiento	1992	NO (Acuerdo Firmado)	NO	SÍ	NO	NO	SÍ
10	Universidad Nacional de Jujuy	1973	NO (Acuerdo Firmado)	NO	SÍ	NO	NO	SÍ
11	Universidad Nacional de la Matanza	1989	SÍ	NO	SÍ	NO	SÍ	SÍ
12	Universidad Nacional de la Pampa	1973	SÍ	NO	SÍ	NO	NO	SÍ
13	Universidad Nacional de la Patagonia Austral	1994	SÍ	NO	NO	NO	NO	NO
14	Universidad Nacional de la Patagonia San Juan Bosco	1980	SÍ	NO	SÍ	NO	SÍ	SÍ
15	Universidad Nacional de la Plata	1905	NO (Acuerdo Firmado)	SÍ	SÍ	SÍ	SÍ	SÍ
16	Universidad Nacional de la Rioja	1994	En proceso	SÍ	SÍ	NO	SÍ	SÍ
17	Universidad Nacional de Lanús	1995	SÍ	NO	NO	SÍ	SÍ	SÍ
18	Universidad Nacional de Lomas de Zamora	1972	SÍ	NO	SÍ	NO	NO	SÍ
19	Universidad Nacional de Luján	1972	SÍ	NO	SÍ	NO	SÍ	SÍ
20	Universidad Nacional de Mar del Plata	1975	NO	NO	SÍ	NO	SÍ	SÍ
21	Universidad Nacional de Misiones	1973	En proceso	NO	SÍ	NO	SÍ	SÍ

N°	Nombre	Año de creación	Proceso de Evaluación Institucional (auto y externa)	Proceso de Acreditación de Grado		Proceso de Acreditación de Posgrados		
				Medicina	Ingeniería	Ciencias de la Salud	Ciencias Aplicadas	Ciencias Sociales
22	Universidad Nacional de Quilmes	1989	NO (Acuerdo Firmado)	NO	SÍ	NO	SÍ	SÍ
23	Universidad Nacional de Río Cuarto	1971	SÍ	NO	SÍ	SÍ	SÍ	SÍ
24	Universidad Nacional de Rosario	1968	En proceso	SÍ	SÍ	SÍ	SÍ	SÍ
25	Universidad Nacional de Salta	1972	SÍ	NO	SÍ	SÍ	SÍ	SÍ
26	Universidad Nacional de San Juan	1973	SÍ	NO	SÍ	NO	SÍ	SÍ
27	Universidad Nacional de San Luis	1973	SÍ	NO	SÍ	NO	SÍ	SÍ
28	Universidad Nacional de Santiago del Estero	1973	SÍ	NO	SÍ	NO	SÍ	SÍ
29	Universidad Nacional de Tres de Febrero	1995	NO	NO	NO	NO	SÍ	SÍ
30	Universidad Nacional de Tucumán	1921	SÍ	SÍ	SÍ	SÍ	SÍ	SÍ
31	Universidad Nacional de Villa María	1995	NO (Acuerdo Firmado)	NO	NO	NO	NO	NO
32	Universidad Nacional del Centro de la Provincia de Buenos Aires	1974	SÍ	NO	SÍ	SÍ	SÍ	SÍ
33	Universidad Nacional del Comahue	1971	NO (Acuerdo Firmado)	SÍ	SÍ	NO	SÍ	SÍ
34	Universidad Nacional del Litoral	1919	SÍ	NO	SÍ	SÍ	SÍ	SÍ
35	Universidad Nacional del Nordeste	1956	SÍ	SÍ	SÍ	SÍ	SÍ	SÍ

N°	Nombre	Año de creación	Proceso de Evaluación Institucional (auto y externa)	Proceso de Acreditación de Grado		Proceso de Acreditación de Posgrados		
				Medicina	Ingeniería	Ciencias de la Salud	Ciencias Aplicadas	Ciencias Sociales
36	Universidad Nacional del Noroeste de la Provincia de Buenos Aires	2002	NO	NO	NO	NO	NO	NO
37	Universidad Nacional del Sur	1956	SÍ	NO	SÍ	NO	SÍ	SÍ
38	Universidad Tecnológica Nacional	1959	NO (Acuerdo Firmado)	NO	SÍ	NO	SÍ	SÍ

Fuente: elaboración personal con base en www.coneau.gov.ar y www.spu.gov.ar

Cuadro 2. Universidades de gestión privada: estado acerca de la implementación de los procesos de evaluación y acreditación a julio de 2007

N°	Nombre	Año de creación	Proceso de Evaluación Institucional (auto y externa)	Proceso de Acreditación de Grado		Proceso de Acreditación de Posgrados		
				Medicina	Ingeniería	Ciencias de la Salud	Ciencias Aplicadas	Ciencias Sociales
1	Universidad CAECE	1968	NO (Acuerdo Firmado)	NO	NO	SÍ	SÍ	SÍ
2	Pontificia Universidad Católica Argentina	1959	SÍ	NO	SÍ	SÍ	SÍ	SÍ
3	Universidad Argentina de la Empresa	1968	SÍ	NO	SÍ	NO	NO	SÍ
4	Universidad Argentina John F. Kennedy	1981	NO	NO	NO	SÍ	NO	SÍ
5	Universidad Católica de Córdoba	1959	NO	SÍ	SÍ	SÍ	SÍ	SÍ
6	Universidad Católica de Cuyo	1963	NO	SÍ	NO	NO	NO	SÍ
7	Universidad Católica de La Plata	1968	NO	NO	NO	NO	NO	SÍ
8	Universidad Católica de Salta	1968	Iniciada	NO	SÍ	NO	SÍ	SÍ

N°	Nombre	Año de creación	Proceso de Evaluación Institucional (auto y externa)	Proceso de Acreditación de Grado		Proceso de Acreditación de Posgrados		
				Medicina	Ingeniería	Ciencias de la Salud	Ciencias Aplicadas	Ciencias Sociales
9	Universidad Católica de Santa Fe	1960	NO (Acuerdo Firmado)	NO	NO	NO	SÍ	SÍ
10	Universidad Católica de Santiago del Estero	1969	NO (Acuerdo Firmado)	NO	NO	NO	NO	SÍ
11	Universidad de Belgrano	1968	SÍ	NO	SÍ	NO	SÍ	SÍ
12	Universidad de Concepción del Uruguay	1990	NO (Acuerdo Firmado)	NO	SÍ	NO	NO	SÍ
13	Universidad de Mendoza	1962	SÍ	SÍ	SÍ	NO	SÍ	SÍ
14	Universidad de Morón	1968	NO	SÍ	SÍ	NO	SÍ	SÍ
15	Universidad del Aconcagua	1968	SÍ	SÍ	NO	SÍ	NO	SÍ
16	Universidad del Museo Social Argentino	1961	SÍ	NO	NO	SÍ	NO	SÍ
17	Universidad de la Fraternidad de Agrupaciones Santo Tomás de Aquino	1991	SÍ	NO	NO	NO	NO	NO
18	Universidad del Salvador	1959	NO	SÍ	SÍ	SÍ	NO	SÍ
19	Universidad de la Marina Mercante	1989	NO	NO	SÍ	NO	NO	NO
20	Universidad Juan Agustín Maza	1963	Iniciada	NO	SÍ	NO	NO	SÍ
21	Universidad Notarial Argentina	1968	NO (Acuerdo Firmado)	NO	NO	NO	NO	SÍ
22	Universidad Adventista del Plata	2002	SÍ	SÍ	NO	NO	NO	NO
23	Universidad Austral	1991	SÍ	SÍ	SÍ	SÍ	SÍ	SÍ
24	Universidad Champagnat	1991	NO	NO	NO	NO	SÍ	SÍ
25	Universidad de Ciencias Empresariales y Sociales	1991	SÍ	SÍ	NO	SÍ	SÍ	SÍ

N°	Nombre	Año de creación	Proceso de Evaluación Institucional (auto y externa)	Proceso de Acreditación de Grado		Proceso de Acreditación de Posgrados		
				Medicina	Ingeniería	Ciencias de la Salud	Ciencias Aplicadas	Ciencias Sociales
26	Universidad de Palermo	1990	SÍ	NO	NO	NO	SÍ	SÍ
27	Universidad de San Andrés	1990	SÍ	NO	NO	NO	NO	SÍ
28	Universidad Maimónides	1990	SÍ	SÍ	NO	SÍ	SÍ	SÍ
29	Universidad Blas Pascal	1990	SÍ	NO	NO	NO	NO	NO
30	Universidad Torcuato Di Tella	1991	SÍ	NO	NO	NO	NO	SÍ
31	Universidad del Norte Santo Tomás de Aquino	1965	SÍ	NO	SÍ	NO	NO	SÍ
32	Universidad del Centro Educativo Latinoamericano	1992	SÍ	NO	NO	NO	NO	NO
33	Universidad del Cine	1993	SÍ	NO	NO	NO	NO	NO
34	Universidad Atlántida Argentina	1994	NO (Acuerdo Firmado)	NO	NO	NO	NO	NO
35	Universidad de Flores	1994	En proceso	NO	NO	NO	NO	NO
36	Universidad de la Cuenca del Plata	1993	SÍ	NO	NO	NO	NO	SÍ
37	Universidad de Congreso	1994	NO (Acuerdo Firmado)	NO	NO	NO	NO	NO
38	Universidad Empresarial Siglo 21	1995	SÍ	NO	NO	NO	SÍ	SÍ
39	Universidad Abierta Interamericana	1995	SÍ	SÍ	NO	NO	SÍ	SÍ
40	Universidad del CEMA	1995	SÍ	NO	NO	NO	NO	SÍ
41	Universidad Favaloro	1992	SÍ	SÍ	SÍ	SÍ	SÍ	NO

Fuente: elaboración personal con base en www.coneau.gov.ar y www.spu.gov.ar

APÉNDICE II: Guía de análisis de contenido. Fuentes documentales

Cuadro 1. Guía de análisis de contenido de los documentos

---
1. Cambios enunciativos:
i) Aspectos a mejorar detectados por la institución en el proceso de autoevaluación de la institución o de la carrera.
ii) Aspectos a mejorar detectados por CONEAU en el proceso de evaluación externa o en el proceso de acreditación de carreras.
iii) Recomendaciones o requerimientos para el aseguramiento y mejoramiento de la calidad realizados por CONEAU en la evaluación externa de la institución o en la etapa de acreditación de carreras.
iv) Consideraciones de la carta del rector en respuesta a las observaciones del informe de evaluación externa (indicios de que asume o rechaza recomendaciones para el mejoramiento).
v) Compromisos y planes de mejora presentados por las instituciones para subsanar debilidades.
2. Cambios fácticos:
i) Cambios para la mejora efectivamente realizadas por la institución para subsanar debilidades detectadas durante el mismo proceso de evaluación institucional y/o acreditación de carreras.
ii) Cambios para la mejora efectivamente realizados por la carrera (de grado o posgrado) en respuesta a los requerimientos efectuados por CONEAU: respuesta a la vista.
iii) Cambios para la mejora efectuados en respuesta a requerimientos o recomendaciones de CONEAU en una acreditación anterior.

Fuente: elaboración propia

Cuadro 2. Fuentes documentales analizadas para cada caso de estudio

	Política de evaluación institucional	Política de acreditación de carreras de grado	Política de acreditación de carreras de posgrado
Caso 1	- Informe de Evaluación Externa - Carta del rector con la que se cierra el proceso.	Tres resoluciones de acreditación de carreras de grado (dos de medicina; una de ingeniería industrial)	Resoluciones de acreditación de 13 carreras de posgrados (tres de ciencias de la salud; una de ciencias aplicadas; nueve de ciencias sociales). En algunos casos, más de una resolución por carrera, porque hubo reacreditación.
Caso 2	- Informe de Evaluación Externa - Carta del rector con la que se cierra el proceso.	Tres resoluciones de acreditación de carreras de grado (dos de medicina; una de ingeniería industrial)	Resoluciones de acreditación de 13 carreras de posgrados (cuatro de ciencias de la salud; cuatro de ciencias aplicadas; cinco de ciencias sociales). En algunos casos más de una resolución por carrera, porque hubo reacreditación.
Caso 3	- Informe de Evaluación Externa - Carta del rector con la que se cierra el proceso.	Cuatro resoluciones de acreditación de carreras de grado (dos de medicina; dos de ingeniería electrónica, orientación en Telecomunicaciones)	Resoluciones de acreditación perteneciente a ocho carreras de posgrados (cinco de ciencias aplicadas y tres de ciencias sociales). Este caso de estudio aún no posee posgrados en Ciencias de la Salud, aunque sí tiene proyectos en proceso de acreditación ante CONEAU.
Caso 4	- Informe de Evaluación Externa - Carta del rector con la que se cierra el proceso.	Dos resoluciones de acreditación correspondiente a carreras de grado (una de Ingeniería en Materiales, una de Ingeniería Electrónica)	Resoluciones de acreditación de 13 carreras de posgrados (dos de ciencias de la salud; tres de ciencias aplicadas; ocho de ciencias sociales).

Fuente: elaboración propia

APÉNDICE III: Guías de entrevistas. Información sobre las entrevistas

Guía de entrevista a directivos de las instituciones

I. Protocolo de presentación

En esta investigación se busca describir el impacto de la política de evaluación y acreditación universitaria argentina en las *funciones sustantivas* de la universidad (docencia, investigación, extensión) y en la gestión.

La primera etapa se realizó sobre la base de fuentes documentales (resoluciones de acreditación, informes de evaluación externa). En esta segunda etapa se busca conocer la opinión que los de actores del sistema (universidades de gestión estatal y gestión privada) tienen sobre el impacto de esta política en el mejoramiento (o no) de las funciones universitarias.

Se trata de un estudio de cuatro universidades seleccionadas por "tipo de gestión" (dos estatales y dos privadas), tamaño (dos grandes/medianas y dos pequeñas), año de creación (dos antiguas y dos creadas después de los años noventa) y ubicación geográfica (dos del interior del país y dos de Buenos Aires). Como criterios constantes se tuvieron en cuenta que las universidades elegidas hubieran implementado los tres procesos cuyo impacto se intenta medir: evaluación institucional, acreditación de carreras de posgrado y acreditación de carreras de grado (particularmente se buscó que tuviesen carreras de grado de Medicina y/o Ingeniería acreditadas, ya que estas disciplinas fueron las primeras incluidas en el régimen estatal de acreditación obligatoria (art. 43 de la Ley de Educación Superior 24521/95)).

II. A continuación, se presentan preguntas orientativas de la entrevista. En la mayoría de los casos, no se trata de preguntas cerradas, sino de líneas temáticas que se estima ayudarán a focalizar la conversación en el objeto de estudio

Se guardará absoluta confidencialidad de los nombres de las universidades seleccionadas y de las personas entrevistadas. Daremos a conocer los criterios de selección de los casos y los cargos de las personas entrevistadas.

1. ¿Cuál es su opinión acerca de que existan Sistemas de Evaluación y Acreditación Universitaria?

2. A 13 años de la creación de la Comisión Nacional de Evaluación y Acreditación Universitaria, ¿cuál es su opinión acerca de su funcionamiento, más concretamente de su incidencia en la mejora (o no) de la calidad del Sistema Universitario Argentino?

3. ¿Qué impacto tiene la "evaluación institucional" en su universidad?

4. ¿Qué impacto tiene la "acreditación" de la carrera de "grado de Medicina" en su universidad/unidad académica?

5. ¿Qué impacto tiene la "acreditación" de la carrera de "grado de Ingeniería" en su universidad/unidad académica?

6. ¿Qué impacto tiene la "acreditación" de los "posgrados" (proyectos y carreras en funcionamiento) en su universidad/unidad académica?

7. De los tres procesos de evaluación (evaluación institucional, acreditación de carreras de grado, acreditación de carreras de posgrado), ¿cuál cree usted que ha tenido mayor impacto en la mejora de la investigación, de la docencia, de la extensión y de la gestión? ¿Por qué?

8. A su juicio, ¿cuál (o cuáles) son las principales dificultades que presentan estos procesos?

9. A continuación le presentaré un cuadro con las áreas y dimensiones de análisis donde particularmente focalizamos la mirada para ver si hay (o no) cambio hacia la mejora como consecuencia de la implementación de estos procesos. Le agradeceré su opinión al respecto.

Categorías
(-1) obstaculizó cambios hacia la mejora;
(0) no produjo cambios hacia la mejora;
(1) produjo cambios hacia la mejora;
(nc) no contesta

Cuadro 1. Cambios hacia la mejora, producidos u obstaculizados por los procesos de evaluación y acreditación universitaria argentina

Áreas de análisis	Dimensiones	Procesos de: - Evaluación Institucional **(EI)** - Acreditación de Carrera de grado de Medicina **(ACGM)** - Acreditación de Carrera de Grado Ingeniería **(ACGI)** - Acreditación de carreras de Posgrado **(ACP)**			
		EI	ACGM	ACGI	ACP
1. Función Docencia	1.1 Cuerpo de los profesores:				
	1.1.1 Titulación académica				
	1.1.2 Dedicación				
	1.1.3 Categorización				
	1.1.4 Formación pedagógica				
	1.1.5 Selección				
	1.2 Proceso-metodología de enseñanza-aprendizaje				
	1.3 Currículum. Plan de estudio y programas				
	1.4 Alumnos y graduados				

Áreas de análisis	Dimensiones	Procesos de: - Evaluación Institucional **(EI)** - Acreditación de Carrera de grado de Medicina **(ACGM)** - Acreditación de Carrera de Grado Ingeniería **(ACGI)** - Acreditación de carreras de Posgrado **(ACP)**			
		EI	ACGM	ACGI	ACP
2. Función Investigación	2.1 Profesores investigadores. Formación de recursos humanos.				
	2.2 Proyectos de investigación.				
	2.3 Financiamiento de la investigación.				
	2.4 Productos de investigación.				
	2.5 infraestructura, equipamiento y biblioteca				
3. Función Extensión	3.1 Concepto de extensión.				
	3.2 Programas de extensión.				
4. Gestión	4.1 Gobierno y gestión				
	4.2 Gestión de la calidad de los procesos de evaluación y acreditación.				

En los casos que señaló -1, es decir "obstaculizó cambios hacia la mejora" y 1 "produjo cambios hacia la mejora", ¿Podría dar ejemplos concretos? Fuente: elaboración propia

10. En los últimos años, ¿cuáles han sido los cambios más significativos hacia la mejora en su universidad/unidad académica?

11. ¿Qué relación existe entre esos cambios y los procesos de evaluación institucional y de acreditación de carreras?

12. En los últimos años, ¿cuáles han sido los principales obstáculos, frenos a la innovación, etc., que ha tenido su universidad/unidad académica?

13. ¿Qué relación existe entre esos obstáculos y los procesos de evaluación institucional y de acreditación de carreras?

14. En su universidad/unidad académica, ¿se ha creado una unidad específica para el seguimiento de estos procesos? En caso afirmativo, ¿cómo se llama y qué funciones tiene a cargo? ¿Podría describir la conformación de este equipo y la formación de las personas a cargo?

15. A partir de estos procesos, ¿considera que en su universidad/unidad académica se está generando una "cultura de la evaluación y de la calidad"? ¿O más bien diría que prevalece el cuidado de los aspectos técnicos "necesarios para acreditar"?

16. ¿Qué uso hacen las autoridades de su universidad de los resultados de la acreditación de las carreras de grado y posgrado? ¿Y de los resultados de "no acreditación"?

17. ¿Cree que sería más eficaz relacionar más la evaluación institucional y la acreditación de carreras con mecanismos de financiamiento? ¿Por qué? En caso afirmativo, ¿cómo lo haría?

18. Si tuviera que hacer un balance del impacto de estos procesos en su universidad, ¿qué diría de positivo y qué de negativo?

19. Si tuviera que hacer un balance del impacto de estos procesos en el sistema universitario argentino, ¿qué diría de positivo y qué de negativo?

20. ¿Qué grado de legitimidad tiene el Sistema de Evaluación Institucional y el de Acreditación de carreras de grado y posgrado en su universidad/unidad académica?

21. ¿Cómo describiría la actitud de los estudiantes de su universidad/unidad académica frente a la evaluación institucional? ¿Y frente a la acreditación de carreras de grado? ¿Y frente a la acreditación de carreras de posgrado?

22. ¿Cómo describiría la actitud de los directivos de su universidad/unidad académica —decanos, directores de carreras, etc.— frente a la evaluación institucional y frente a la acreditación de carreras de grado y posgrado?

23. ¿Cómo describiría la actitud de los profesores de su universidad/unidad académica frente a la evaluación institucional y frente a la acreditación de carreras de grado y posgrado?

24. ¿Cómo describiría la actitud del personal técnico y administrativo en su universidad/unidad académica frente a la evaluación institucional y frente a la acreditación de carreras de grado y posgrado?

25. ¿Cuáles han sido los principales conflictos que han surgido por estos procesos y cómo se han encarado?

26. ¿Cuál es su opinión respecto de la composición actual del gobierno de la CONEAU? Le recuerdo: los miembros de la CONEAU son designados por el Poder Ejecutivo Nacional a Propuesta de los siguientes organismos y en la cantidad que en cada caso se indica:
- Tres por el Consejo Interuniversitario Nacional
- Uno por el Consejo de Rectores de Universidades Privadas
- Uno por la Academia Nacional de Educación
- Tres por el Senado de la Nación
- Tres por la Cámara de Diputados de la Nación
- Uno por el Ministerio de Educación, Ciencia y Tecnología de la Nación

¿Sugeriría una conformación distinta? En caso afirmativo, ¿cómo y por qué?

27. ¿Cree que en la evaluación institucional y en la acreditación de carreras están influyendo intereses políticos partidarios, ideológicos? En caso afirmativo, ¿tiene algún ejemplo para ilustrar su afirmación?

28. ¿Cuál es su valoración acerca de que la evaluación institucional y la acreditación de carreras de grado y posgrado sean procesos obligatorios?

29. ¿Promovería el funcionamiento de otras agencias de evaluación y acreditación universitaria tal como prevé la Ley de Educación Superior vigente? ¿Por qué?

30. ¿Revisaría alguna función u la organización de la CONEAU? En caso afirmativo, cuáles y por qué.

31. ¿Cree que el sistema de evaluación de la calidad mejoraría si la CONEAU hiciera públicos también los resultados de *no acreditación* de las carreras a fin de cumplir con la obligación que tiene el Estado de informar a la sociedad?

32. A su juicio, ¿debería ser público el listado de pares evaluadores y la frecuencia en que estos son designados? ¿Por qué?

33. ¿Cuál es su opinión acerca de la posibilidad de crear un sistema voluntario de acreditación con base en un único criterio de calidad: el más alto nivel de excelencia? Es decir, una acreditación voluntaria, de estándares máximos (actualmente es obligatoria) y de estándares mínimos.

34. Recientemente se ha publicado la siguiente afirmación de un actor universitario:[75] "Se ha generado una burocracia evaluadora que ha terminado por ser más reconocida, incluso, que la misma actividad que juzga. [...]. Estos mecanismos requieren completar innumerables planillas, controles y registros, lo que no ha hecho sino complicar aún más el ya difícil funcionamiento universitario". ¿Cuál es su opinión al respecto?

35. ¿Cree que es necesario mantener la acreditación obligatoria de posgrados (proyectos y carreras) que no habilitan para el ejercicio profesional? ¿Por qué?

36. ¿Cree que es necesario acreditar todas las carreras de grado? O, como contempla la actual Ley de Educación Superior, ¿solo aquellas que comprometen más directamente el interés público? ¿Por qué?

37. ¿Considera que CONEAU ha fomentado la emergencia y consolidación de una cultura de la evaluación a nivel de todo el sistema universitario argentino?

38. A su juicio, en su universidad/unidad académica ¿qué ha crecido más, la "cultura de la calidad y de la evaluación" o "rutinas escritas, guiones y manuales de reglas que proveen tipos de cuándo hacer qué y con qué personas a cargo"?

39. ¿Qué modelo considera más pertinente y por qué?:

a) una sola agencia estatal de evaluación y acreditación de la calidad o

b) agencias públicas no estatales de tipo disciplinario para la evaluación de la calidad de las carreras de grado y posgrado (Estados Unidos, México, Alemania, Chile). Por ejemplo, una agencia pública no estatal para ciencias

---

[75] Entrevista a Guillermo Jaim Etcheverry, "La gestión universitaria", en Gvirtz, Silvina y Antonio Camou (coords.), *La universidad argentina en discusión*, Buenos Aires, Granica, 2009, p. 300.

de la salud, en la que participen AFACIMERA como asociación de unidades académicas, la Academia Nacional de Medicina, el Ministerio de Salud, la Asociación Médica de la República Argentina. O en el caso de Ingeniería, el Consejo Argentino de Ingenieros, el CONFEDI, ente otros.

40. Quisiera agregar algo, consideraciones, valoraciones, etc.

Muchas gracias por su colaboración.

Nota: esta guía se fue adaptando al cargo del entrevistado: rector, decano, director de carrera, responsable de procesos de acreditación.

Información acerca de las entrevistas realizadas: unidad académica, cargo de las personas entrevistadas, día y duración de cada entrevista

Cuadro 1. Unidad académica, cargo de las personas entrevistadas, día y duración de cada entrevista. Caso 1

N°	Unidad Académica	Cargo	Día de la entrevista	Duración
1	Rectorado	Rector	04/06/2009	1h 07'
2	Facultad de Ciencias Biomédicas	Secretaria académica	18/06/2009	1h 53'
3	Facultad de Ciencias Biomédicas	Coordinadora de acreditación	18/06/2009	1h 40'
4	Facultad de Ciencias Biomédicas	Director del Departamento de Educación Médica	18/06/2009	1h 46'
5	Facultad de Ciencias Biomédicas	Integrante del Departamento de Educación Médica	23/06/2009	1h 41'
6	Facultad de Ciencias Biomédicas	Directiva de una carrera de posgrado en Ciencias de la Salud	29/06/2009	1 h 08'
7	Facultad de Ingeniería	Secretario académico	25/06/2009	1 h 52'
8	Facultad de Ingeniería	Coordinadora de acreditación	29/06/2009	1 h 30'
9	Facultad de Ingeniería	Decano	16/07/2009	3 h 34'
10	Facultad de Ingeniería	Director de un proyecto de carrera de posgrado	23/07/2009	2 h 33'
11	Facultad de Comunicación	Director de Posgrados	25/06/2009	2 h 12'
12	Facultad de Derecho	Decano	26/06/2009	1 h 25'
13	Facultad de Derecho	Director de una carrera de posgrado	21/08/2009	1 h 51'

Fuente: elaboración propia

Cuadro 2. Unidad académica, cargo de las personas entrevistadas, día y duración de cada entrevista. Caso 2

N°	Unidad Académica	Cargo	Día de la entrevista	Duración
1	Rectorado	Rector	16/09/2009	48'
2	Rectorado	Ex secretaria de Asuntos Académicos de la Universidad. Actualmente trabaja en Rectorado	14/09/2009	1 h 20'
3	Rectorado	Secretaria de Asuntos Académicos	14/09/2009	1 h 20'
4	Rectorado	Subsecretaria de Posgrado, depende de Secretaría de Asuntos Académicos	14/09/2009	1 h 20'
5	Rectorado	Subsecretaria de Grado, depende de Secretaría de Asuntos Académicos	14/09/2009	1 h 20'
6	Facultad de Ciencias Exactas, Físicas y Naturales	Decano	14/09/2009	1 h 26´
7	Facultad de Ciencias Exactas, Físicas y Naturales	Subsecretaria de evaluación institucional	14/09/2009	1 h 20'
8	Facultad de Ciencias Médicas	Secretaria académica	16/09/2009	1 h 23'
9	Facultad de Ciencias Médicas	Ex secretario académico	16/09/2009	1 h 23'
10	Facultad de Ciencias Médicas	Subsecretario académico de Posgrados	15/09/2009	46'
11	Facultad de Ciencias Médicas	Coordinadora de Acreditación de posgrado	16/09/2009	1 h 18'
12	Facultad de Derecho y Ciencias Sociales	Decano	18/09/2009	41'
12	Facultad de Derecho y Ciencias Sociales	Secretaria académica	17/09/2009	1 h 35'
14	Facultad de Derecho y Ciencias Sociales	Prosecretaria académica	17/09/2009	1 h 35'
15	Facultad de Derecho y Ciencias Sociales	Secretaria de Posgrado	18/09/2009	46'
16	Facultad de Derecho y Ciencias Sociales	Prosecretario de Posgrado	18/09/2009	46'
17	Facultad de Derecho y Ciencias Sociales	Secretaria administrativo de posgrado	18/09/2009	46'

Fuente: elaboración propia

Además, se pudo asistir a la reunión con directores de centros formadores a cargo del área de acreditación de posgrados de la Facultad de Ciencias de la Salud, 17/09/2009, duración 1 h 05'

Cuadro 3. Unidad académica, cargo de las personas entrevistadas, día y duración de cada entrevista. Caso 3

N°	Unidad Académica	Cargo	Día de la entrevista	Duración
1	Rectorado	Secretario académico	09/10/2009	44'
2	Rectorado	Departamento de Evaluación y Acreditación Permanente (persona a cargo)	06/10/2009	1 h
3	Rectorado	Departamento de Evaluación y Acreditación Permanente (integrante)	06/10/2009	1 h
4	Facultad de Ingeniería	Secretaria administrativa (miembro del Consejo de Dirección)	05/10/2009	1 h 11'
5	Facultad de Ingeniería	Secretario académico	05/10/2009	1 h 20'
6	Facultad de Ingeniería	Decano (nuevo rector a partir de 2010)	06/10/2009	41'
7	Facultad de Arquitectura y Urbanismo y Diseño	Decano	05/10/2009	1 h 38'
8	Facultad de Arquitectura y Urbanismo y Diseño	Secretaria académica	05/10/2009	1 h 38'
9	Facultad de Ciencias de la Salud	Vicedecana	07/10/2009	1 h 12'
10	Facultad de Ciencias de la Salud	Secretario administrativo (miembro del Consejo de Dirección)	07/10/2009	1 h 12'
11	Facultad de Ciencias de la Salud	Decano	09/10/2009	37'
12	Facultad de Ciencias Jurídicas y Sociales	Secretaria académica	08/10/2009	1 h 21'

Fuente: elaboración propia

Cuadro 4. Unidad académica, cargo de las personas entrevistadas, día y duración de cada entrevista. Caso 4

N°	Unidad Académica	Cargo	Día de la entrevista	Duración
1	Rectorado	Secretario académico	17/12/2009	1 h 12'
2	Rectorado	Consultor/Asesor	17/12/2009	1 h 12'
3	Escuela de Ciencia y Tecnología	Secretario académico (decano a partir de 2010)	11/12/2009	1 h 26'
4	Escuela de Ciencia y Tecnología	Director de carrera de grado	11/12/2009	1 h 15'
5	Instituto de Tecnología [nombre]	Coordinadora de carrera de grado	15/12/2009	53'
6	Instituto de Tecnología [nombre]	Secretario general y académico	29/12/2009	1 h 54'

Fuente: elaboración propia
Número total de personas entrevistadas: 48

Guía de entrevista para integrantes de la agencias europeas de aseguramiento de la calidad

Objetivo
El objetivo general de esta investigación es estudiar la evolución y las tendencias de los sistemas de evaluación y aseguramiento de la calidad de la educación superior a nivel internacional, desde una perspectiva de estudios comparados.

Relevancia
La investigación de este objeto de estudio desde una perspectiva internacional, particularmente en términos prospectivos (tendencias), contribuirá al análisis de la problemática nacional en la materia. El mejoramiento del sistema de evaluación y acreditación universitaria argentina no solo debe recoger las lecciones de la experiencia, sino también la evolución y las tendencias que se registran a escala mundial. Este proyecto se inscribe en esa perspectiva, buscando ser una contribución

A continuación se presentan *preguntas orientativas* para la entrevista. No se trata de preguntas cerradas, sino de líneas temáticas que estimamos ayudarán a focalizar el objeto de estudio.
1. ¿Cómo surgió el Sistema de Aseguramiento de la Calidad de las Universidades en ese país? ¿Cómo evolucionó?
2. ¿Qué se evalúa/acredita?
   Unidades de análisis:
   - La universidad como un todo
   - Carreras de grado
   - Carreras de posgrado
   - Profesores
   - Insumos, procesos, resultados. Solo resultados
   - Otros
3. ¿Quién evalúa?
   Agencia/s evaluadora/s / Acreditadora/s:
   - Nombres
   - Año de creación
   - Naturaleza: pública, privada, pública no estatal, asociación de universidades, etc.
   - Sistema monopólico o variedad de agencias (públicas, privadas, disciplinares, etc.)
   - Composición de la agencia: integrantes
   - Funciones
4. ¿Cómo se evalúa/acredita?
   - Procedimientos
   - Criterios/estándares (mínimos o máximos)
   - Voluntaria/obligatoria
   - *Ex ante/ex post*
5. ¿Para qué se evalúa/acredita?
   - Para el aseguramiento de la calidad
   - Para el mejoramiento de la calidad
   - Para el reconocimiento-habilitación de títulos/instituciones
   - Para controlar
6. ¿Cuáles son los efectos: premios/castigos?
   - Prestigio institucional
   - Imposibilidad de continuar operando en el sistema
   - Obtener mayor financiamiento o perderlo
   - Prestigio del programa en función de la evaluación recibida
   - Posibilidad/imposibilidad de comenzar/continuar el dictado de un programa
7. ¿Qué relación existe entre evaluación/acreditación y financiamiento?
8. ¿Existen evidencias de un creciente desarrollo de la cultura de la evaluación en las instituciones universitarias expresada en la instalación de

unidades de calidad total/unidades de mejora continua en las propias instituciones? ¿Se está produciendo en el sistema un "corrimiento" de la evaluación externa hacia el aseguramiento de la calidad a escala institucional, a través del autoexamen o autoevaluación, tomando como modelo la experiencia industrial por la que pasó del control y verificación a la implementación de sistemas totales de calidad?
9. ¿Existen evidencias empíricas de que estos procesos están mejorando la calidad universitaria? Es decir, ¿se está realmente mejorando la invención del conocimiento y su transmisión?
10. ¿Cuáles son las principales dificultades que se presentan al evaluar/acreditar la calidad en las instituciones y en las propias agencias?
11. ¿Qué grado de legitimidad tiene el Sistema de Aseguramiento de la Calidad en ese país? Hay diferencias entre distintos actores/instituciones/tipo de universidades respecto de la evaluación y la acreditación.
12. ¿Cómo describiría la actitud de los estudiantes universitarios frente a la evaluación y acreditación universitaria?
13. ¿Cuáles han sido los principales conflictos y cómo se han encarado?
14. ¿Cómo es la relación de las universidades más prestigiosas con la agencia: colaboran, la ignoran, la combaten? ¿Cómo ha sido la evolución de esta relación en el tiempo?
15. ¿Los resultados de las acreditaciones son utilizados en ranking? ¿Cuál es la opinión de la agencia respecto a los rankings?
16. ¿La agencia es evaluada? En caso afirmativo, cómo y quién la evalúa.
17. ¿Hacia dónde se dirigen las tendencias del Sistema de Aseguramiento de la Calidad en ese país?

Además, observaremos aspectos "simbólicos" de las agencias:
- calidad e importancia de las instalaciones,
- "imagen institucional",
- disponibilidad de medios,
- cultura de servicio o de control,
- calidad de las publicaciones,
- calidad de las páginas web,
- etc.

A continuación, en el cuadro 5 se detallan las agencias visitadas y los nombres y cargos de las personas entrevistadas.

Cuadro 5. Agencias visitadas y personas entrevistadas

	PAÍS	CIUDAD	NOMBRE DE LA AGENCIA	SIGLA	DÍA DE LA ENTREVISTA	NOMBRE Y CARGO DE LOS ENTREVISTADOS
1	DINAMARCA	COPENHAGUE	THE DANISH EVALUATION INSTITUTE	EVA	27 DE AGOSTO 2008	- TINE HOLM (DIRECTOR OF PROJECTS OF HIGHER EDUCATION)
2	NORUEGA	OSLO	NASJONALT ORGAN FOR KVALITET I UTDANNINGEN (NORWEGIAN AGENCY FOR QUALITY ASSURANCE IN EDUCATION)	NOKUT	29 DE AGOSTO	- GRO HANNE AAS (SENIOR ADVISER, SECTION FOR QUALITY SYSTEMS) - LUNA LEE SOLHEIM (ADVISER, SECTION FOR ACCREDITATION)
3	SUECIA	ESTOCOLMO	HÖGSKOLEVERKET - THE SWEDISH NATIONAL AGENCY FOR HIGHER EDUCATION	NAHE	2 DE SEPTIEMBRE	- JEAN-PIERRE ZUNE. (PROJECT MANAGER) - JANA HEJZLAR. (PROJECT MANAGER)
4	FINLANDIA	HELSINKI	FINNISH HIGHER EDUCATION EVALUATION COUNCIL	FINHEEC	4 DE SEPTIEMBRE	- HELKA KEKÄLÄINEN (SECRETARY-GENERAL) - MATTI KAJASTE (ADVISER)
5	FINLANDIA	HELSINKI	EUROPEAN ASSOCIATION FOR QUALITY ASSURANCE IN HIGHER EDUCATION	ENQA	5 de SEPTIEMBRE	- EMMI HELLE (Secretary General) – NATHALIE COSTES (Project Manager) – TEEMU SUOMINEN (Project Coordinator)
6	AUSTRIA	VIENA	ÖSTERREICHISCHER AKKREDITIERUNGSRAT (AUSTRIAN ACCREDITATION COUNCIL)	OAR (AAC)	9 DE SEPTIEMBRE	- ELISABETH FIORIOLI
7	ITALIA	ROMA	COMITATO NAZIONALE PER LA VALUTAZIONE DEL SISTEMA UNIVERSITARIO (Comité Nacional de evaluación del sistema universitario)	CNVSU	11 DE SEPTIEMBRE	- GUIDO FIEGNA (Membro di Comitato) - ALESSIO - ANCAIANI (Membro di Segreteria Tecnica)
8	SUIZA	BERNA	ORGAN FÜR AKKREDITIERUNG UND QUALITÄTSSICHERUNG DER SCHWEIZERISCHEN HOCHSCHULEN (Center of Accreditation and Quality Assurance of the Swiss Universities)	OAQ	12 DE SEPTIEMBRE	ROLF HEUSSER -Director

	PAÍS	CIUDAD	NOMBRE DE LA AGENCIA	SIGLA	DÍA DE LA ENTREVISTA	NOMBRE Y CARGO DE LOS ENTREVISTADOS
9	ALEMANIA	BAYREUTH	AKKREDITIERUNGS, CERTIFIZIERUNGS UND QUALITÄTSSICHERUNGS INSTITUTS (Accreditation, Certification and Quality Assurance Institute)	ACQUIN	15 DE SEPTIEMBRE	- HELKE BIEHL (Gremienbetreuung) -CHRISTOPH AFFELD (Referent)
10	ALEMANIA	BONN	STIFTUNG ZUR AKKREDITIERUNG VON STUDIENGÄNGEN IN DEUTSCHLAND (Foundation for the Accreditation of Study Programmes in Germany)	AKKREDITIERUNGSRAT	16 DE SEPTIEMBRE	FRANZ BÖRSCH - PROGRAMME MANAGER
11	HOLANDA	DEN HAAG (La Haya)	NEDERLANDS-VLAAMSE ACCREDITATIEORGANISATIE - Accreditation Organisation of the Netherlands and Flanders	NVAO	18 DE SEPTIEMBRE	MARK FREDERIKS – International Affairs
12	HOLANDA	DEN HAAG (La Haya)	International Network for Quality Assurance Agencies in Higher Education.	(INQUAAHE)	18 DE SEPTIEMBRE	MARK FREDERIKS – International Affairs
13	HOLANDA	UTRECHT	NETHERLANDS QUALITY AGENCY	NQA	19 DE SEPTIEMBRE	NEL GÖBEL – Auditor / REMCO VAN DER DUSSEN - Auditor
14	REINO UNIDO	LONDRES	BRITISH ACCREDITATION COUNCIL	BAC	22 DE SEPTIEMBRE	STEPHEN VICKERS (Chief Executive) – GINA HOBSON (Accreditation Manager)
15	REINO UNIDO	GLOUCESTER	QUALITY ASSURANCE AGENCY FOR HIGHER EDUCATION	QAA	23 DE SEPTIEMBRE	STEPHEN JACKSON - Director of Reviews
16	FRANCIA	PARIS	AGENCE D'EVALUATION DE RECHERCHE ET DE L'ENSEIGNEMENT SUPERIEUR	AERES	26 DE SEPTIEMBRE	ANNICK REY - Delegada para la Calidad y la Coordinación de Estudios

Fuente: elaboración propia

Esta tirada de 100 ejemplares se terminó de imprimir en mayo de 2015 en Imprenta Dorrego, Dorrego 1102, CABA

www.ingramcontent.com/pod-product-compliance
Lightning Source LLC
Chambersburg PA
CBHW031700230426
43668CB00006B/59